臺灣通史

原文＋白話文注譯

上

連橫 著

五南圖書出版公司 印行

總目錄

（原文頁碼／譯文頁碼）

上冊

連戰序　1
林資修序　張崑將、張溪南　3／5
連橫自序　張崑將、張溪南　7／9
徐珂序　張崑將、張溪南　13／15
章炳麟序　張崑將、張溪南　17／19
徐炳昶序　張崑將、張溪南　21／25
張繼序　張崑將、張溪南　32／34
西崎順太郎序　張崑將、張溪南　36／38
尾崎秀眞序　張崑將、張溪南　40／42
海南下村宏序　張崑將、張溪南　45／47
凡例　49
卷一開闢紀　蔡振豐　1／20
卷二建國紀　陳有志　51／77
卷三經營紀　林金進　121／145
卷四獨立紀　張崑將、張溪南　185／197
卷五疆域志　林金進　219／241
安平縣　222／247
嘉義縣　223／249
鳳山縣　224／251
恆春縣　225／252
澎湖廳　225／253
淡水縣　227／256
新竹縣　228／257
宜蘭縣　228／259
基隆廳　229／260
南雅廳　230／262
臺灣縣　231／262
彰化縣　232／264
雲林縣　232／266
苗栗縣　233／267
埔裏社廳　234／268
臺東直隸州　235／271
卷六職官志　林金進　293／307
卷七戶役志　林金進　323／337
卷八田賦志　林金進　345／368
官莊　354／385
隆恩　356／388
抄封　357／391
番租　358／392
屯租　360／396

隘租　361／398
卷九度支志／林金進　401／435
卷十典禮志／林金進　459／479
慶賀　459／479
接詔　460／480
迎春　460／481
耤田　461／482
祭社　461／483
釋菜　462／484
祭纛　462／485
大操　463／485
旌表　463／486
鄉飲　464／486
祀典　465／488
卷十一教育志　陳秀貞　491／503
中冊
卷十二刑法志　李朝凱　1／6
卷十三軍備志　李朝凱　15／95
屯丁　64／159
隘勇　77／175
鄉勇　83／183
師船　85／187
炮臺　90／194
卷十四外交志　張崑將、張溪南　201／218
日本聘問　201／219
呂宋經略　203／221
英人之役　204／224
美船之役　207／228
牡丹之役　208／230
法軍之役　211／237
卷十五撫墾志　張崑將、張溪南　251／286
卷十六城池志　李文容　359／374
衙署　365／385
局所　370／391
卷十七關征志　吳昆財　395／406
卷十八榷賣志　吳昆財　419／433
鹽　419／433
硫磺　421／436
煤　422／437
煤油　425／441
樟腦　426／442
沙金　428／446
阿片釐金　430／448

卷十九郵傳志 黃富三 453/472
陸運 453/473
航運 464/483
郵電 468/488
燈臺 470/490
卷二十糧運志 吳昆財 493/505
倉儲 500/512
卷二十一鄉治志 李文容 519/528
卷二十二宗教志 廖忠俊 543/564
神教 543/565
道教 547/569
佛教 548/570
景教 552/574
回教 554/577
卷二十三風俗志 吳昆財 589/604
歲時 589/605
宮室 592/609
衣服 594/610
飲食 596/612
冠婚 598/614
喪祭 600/618
演劇 602/619
歌謠 602/620
卷二十四藝文志 劉昶亨 621/629
卷二十五商務志 李朝凱 633/644
卷二十六工藝志 李朝凱 659/665
紡織 660/666
刺繡 661/669
雕刻 662/669
繪畫 662/670
鑄造 662/670
陶製 663/671
煆灰 663/671
燒煉 663/672
竹工 664/672
皮工 664/672
卷二十七農業志 吳昆財 673/706
稻之屬 680/715
菽之屬 682/718
麥之屬 683/719
黍之屬 683/719
稷之屬 684/719
枲之屬 684/720
藍之屬 684/720

諸之屬 685／720
蔗之屬 685／721
茶之屬 686／721
菰之屬 686／721
蔬之屬 687／722
果之屬 688／724
卷二十八虞衡志　李朝凱 745／778
草之屬 745／779
木之屬 749／783
竹之屬 754／789
藤之屬 755／791
花之屬 756／791
卉之屬 758／794
畜之屬 761／798
禽之屬 762／798
獸之屬 764／801
蟲之屬 765／802
魚之屬 768／804
介之屬 773／811
礦之屬（附） 775／814

下冊

卷二十九列傳一
顏、鄭列傳　張崑將、張溪南 1／31
寧靖王列傳　李文容 5／39
諸臣列傳　吳昆財 7／43
諸老列傳　李文容 16／52
陳永華列傳　吳昆財 23／64
林圯、林鳳列傳　黃美玲 25／67
劉國軒列傳　張崑將、張溪南 26／68
卷三十列傳二
施琅列傳　吳昆財 79／106
吳球、劉卻列傳　黃美玲 86／115
朱一貴列傳　張崑將、張溪南 87／117
歐陽凱列傳　黃美玲 94／130
藍廷珍列傳　張崑將、張溪南 96／132
楊、殷、阮、王列傳　張崑將、張溪南 102／144
卷三十一列傳三
王世傑列傳　黃美玲 151／182
吳鳳列傳　吳昆財 154／186
施、楊、吳、張列傳　吳昆財 156／188

林、胡、張、郭列傳　吳昆財　159／193
臺東拓殖列傳　黃美玲　161／196
吳福生、黃教列傳　張崑將、張溪南　164／200
林爽文列傳　張崑將、張溪南　166／203
孫景燧列傳　張崑將、張溪南　172／215
福康安列傳　張崑將、張溪南　174／219
楊廷理列傳　吳昆財　177／227
鄭其仁、李安善列傳　吳昆財　179／229
陳周全、高夔列傳　吳昆財　180／231

卷三十二列傳四

海寇列傳　吳昆財　233／267
王得祿列傳　張崑將、張溪南　238／274
謝、鄭列傳　張崑將、張溪南　241／280
吳沙列傳　吳昆財　242／283
姜、周列傳　張崑將、張溪南　246／288
許尙、楊良斌列傳　黃富三　247／290
姚、徐列傳　黃富三　249／293
張丙列傳　張崑將、張溪南　254／299
方振聲列傳　黃富三　257／306
李石、林恭列傳　張崑將、張溪南　258／307
鄭勒先列傳　黃富三　260／311
郭光侯、施九緞列傳　黃富三　261／312

卷三十三列傳五

戴潮春列傳　張崑將、張溪南　321／360
林文察列傳　張崑將、張溪南　329／377
丁日健列傳　劉昶亨　331／382
林奠國列傳　吳昆財　332／383
林占梅列傳　林靜宜　335／388
羅、陳列傳　黃富三　338／396

沈葆楨列傳　吳昆財　341／399
袁聞柝列傳　吳昆財　344／404
劉銘傳列傳　吳昆財　347／407
劉璈列傳　吳昆財　352／414
林平侯列傳　吳昆財　356／420

卷三十四列傳六

循吏列傳　林靜宜、卓克華　425／472
陳璸　425／472
季麒光　426／477
蔣毓英　428／481
張玥　429／481
靳治揚　429／482
李中素　429／482
衛臺揆　430／482
孫元衡　430／483
宋永清　430／483
周鍾瑄　431／484
黃叔璥　431／485
秦士望　431／486
陸鵬　432／486
曾日瑛　432／487
朱山　432／487
胡邦翰　434／489
胡建偉　434／490
薛志亮　435／491
吳性誠　436／493
蔣鏞　436／493
周凱　437／494
曹謹　437／495
曹士桂　439／497
嚴金清　439／498
陳星聚　440／498
流寓列傳　林靜宜、張崑將、張溪南、陳有志、吳克、熊昇　440／499
郁永河　440／499
藍鼎元　441／502
陳夢林　443／506
洪壽春　444／508
蔡推慶　444／509
查元鼎　445／509
呂世宜　445／510
林豪　446／512
梁成枬　447／514

鄉賢列傳

吳克、熊羿、吳昆財 448／516
王鳳來 449／517
陳震曜 449／518
鄭崇和 452／522
鄭用錫 453／523
鄭用鑑 454／526

文苑列傳

吳昆財 455／526
王璋 456／527
王喜 456／528
王之敬 456／528
許遠 457／528
張鈺 457／529
陳必琛 457／529
王克捷 457／529
馬琬 461／535
莊敬夫 461／535
徐恢纘 462／536
林覺 462／536
陳思敬 462／536
林朝英 463／537
王士俊 463／538
郭菁英 463／538
黃驤雲 464／539
陳改淑 464／539
呂成家 464／540
蔡廷蘭 465／540
魏宏 465／541
彭培桂 466／543
陳維英 466／543
吳子光 467／544
陳肇興 467／544
黃敬 468／545
吳鴻業 469／547
王獻琛 470／549
楊克彰 471／549

卷三十五列傳七

孝義列傳

吳昆財 551／589
蕭明燦 552／591
侯瑞珍 553／591
陳仕俊 553／591
劉日純 553／592
劉思勳 554／593
丁克家 555／594

鄭用鈺　555／594
李錫金　556／595
張首芳　557／597
陳緝熙　558／597
翁林萃　558／598
黃朝品　559／598
鄭如蘭　559／599
洪騰雲　559／600
薛應瑞　560／600
辛齊光　560／600
方景雲　561／601
張仲山　561／602
林全籌　562／602

勇士列傳　黃美玲　563／604

曾　切　564／605
莊　豫　565／606
詹阿祝　566／608
阿　蚌　567／610

貨殖列傳　黃美玲　568／610

陳福謙　568／611
李春生　569／612
黃南球　570／613

列女列傳　黃美玲　571／614

魯王公主　572／617
懷安侯夫人　573／617
傅璇妻　574／618
謝燦妻　574／619
王曾儒妻　574／619
辜湯純妻　575／619
楊茂仁妻　575／620
陳守娘　576／621
李時燦妻　576／621
金仁妻　576／622
大南蠻　577／622
陳清水妻　577／623
汪劉氏　578／623
傅　氏　578／623
楊邦重妻　578／624
陳玉花妻　579／624
楊舒祖妻　579／625
吳茂水妻　579／625
郭榮水妻　580／626
吳氏女　580／626
何子靜妻　581／627

吳彭年列傳　潘朝陽　641／658
唐、劉列傳　張崑將、張溪南　644／663

卷三十七附錄

後　序　673
連雅堂先生家傳　674
連雅堂先生年表　682

林楊氏　581／627
余林氏　582／628
李聯城妻　583／629
王家霖妻　583／630
陳周氏　584／630
鄭、徐二氏　584／630
徐、陳氏　584／630
呂阿棗　584／631
許裕妻　585／632
蔡欽妻　585／632
郭克誠妻　586／632
吳循娘　586／633
劉正娘　587／633
高悉娘　587／634
黃廣生妻　587／634
劉氏女　587／634

卷三十六列傳八

丘逢甲列傳　張崑將、張溪南　637／649
吳、徐、姜、林列傳　潘朝陽　638／651
林崑岡列傳　李文容　640／656

表目

延平郡王世系表　74
鄭氏中央職官表　301
鄭氏臺灣職官表　301
清代職官表　302
民主國職官表　306
清代臺灣戶口表一　327
清代臺灣戶口表二　328
清代徵收丁稅表一　328
清代徵收丁稅表二　329
清代徵收丁稅表三　329
清代徵收番餉表一　330
清代徵收番餉表二　333
荷蘭王田租率表　362
鄭氏官田租率表　362
鄭氏文武官田租率表　362
鄭氏文武官田稅率表　363
鄭氏田園徵賦表　363
清代民田租率表一　363
清代民田租率表二　364
清代民田租率表三　364
清代民田租率表四　364
清代民田租率表五　365
清代屯田租率表　366
清代番大租率表　366
阿里山番租率表　366
清代田園甲數表　367
清代田園徵賦表　367
臺灣縣歲入表　414
臺灣縣歲出表　414
鳳山縣歲入表　417
鳳山縣歲出表　417
諸羅縣歲入表　419
諸羅縣歲出表　420
彰化縣歲入表　422
彰化縣歲出表　422
淡水廳歲入表　424
淡水廳歲出表　424
澎湖廳歲入表　425
澎湖廳歲出表　425
噶瑪蘭廳歲入表　425
噶瑪蘭廳歲出表　426
臺灣文官養廉表　427

臺灣武官養廉表 428
臺灣武官俸薪表 429
臺灣兵餉支給表 430
噶瑪蘭營兵餉表 431
臺灣勇營月餉表 432
建省以後歲入總表 433
各府廳縣壇廟表 465
臺灣儒學表 499
臺灣書院表 500

連戰序

《臺灣通史》是先祖父連橫先生一生寫作中最具代表性的著作，更是一部臺灣史開山奠基的經典著作，它終結了「臺灣無史」的境況。這本著作寫於一九〇八年至一九一八年，歷經十年的光陰心血完成，由雅堂書局、臺灣通史社出版。由於本書撰寫前曾盡可能全面地搜羅了日據以前的各種史料，並在書中以近乎百科全書式的呈現，故而更成為欲深透了解臺灣所必讀的重要典籍。

在《臺灣通史》的序言中，雅堂先生就載明：夫史者，民族之精神，而人群之龜鑑也。代之盛衰，俗之文野，政之得失，物之盈虛，均於是乎在。故凡文化之國，未有不重其史者。當時他寫作的背景，臺灣已因清廷戰敗，於《馬關條約》後割讓於日本，淪為異族統治。因此寫就《臺灣通史》的同時，他也感慨到：古人有言，「國可滅，而史不可滅」。因此他嘔心瀝血，窮盡查證，《臺灣通史》寫作仿司馬遷《史記》，屬紀傳體史著，全書三十六卷，有四紀、二十四志、六十傳，總計約六十萬字。

本書記述上起隋大業三年（六〇七），下迄清光緒二十一年（一八九五）乙未割讓臺灣，共約一千二百九十年之史事。先祖父以文筆典雅優美著稱，此書字裡行間洋溢著自然而感人的民族精神、愛國思想和鄉土情懷，流露出維護中華文化的堅定決心，與熱愛社會、關切人民大眾的誠摯衷忱，實在更是一部全盤認識臺灣歷史文化的寶典。

惟原書百年前係以文言文撰就，現今一般人，尤其青年學子較少接觸文言文，閱讀或稍感吃力。古云：開卷有益，為讓《臺灣通史》能讓這一代年輕人親近、接觸、閱讀，連震東文教基金會因此開啓「臺灣通史白話文版體」編譯寫作計畫，特敦請（吳克、吳昆財、李文容、李朝凱、卓克華、林金進、林靜宜、張崑將、張溪南、陳有志、陳秀貞、黃美玲、黃富三、廖忠俊、熊羿、劉昶亨、潘朝陽、蔡振豐）共十八位名教授共襄盛舉，蒙慨允撥冗，協力將全書譯為語體文，以方便閱讀，感不勝言。

在《臺灣通史》出版已逾百年之際，個人深盼因語體文譯本的刊行，能讓社會各界，特別是青年朋友們，能更深透、更正確了解臺灣的歷史及這塊土地與人民！婆娑之洋，美麗之島，臺灣先民從閩粵跨越黑水溝，跋涉抵臺，篳路藍縷，以啓山林，這段艱辛的移民開拓歷史，子子孫孫都不能忘，這才是中華民族，炎黃子孫，所該保有的慎終追遠人文情懷。而我女惠心，以有限的條件，釋放一己無限的能力，值得所有家人為她齊心鼓勵！

林資修序

臺灣背歸墟而面齊州[1]，豈即列子之所謂「岱輿、員嶠」[2]耶？志言臺灣之名不一，或曰「大宛」，或曰「臺員」；審其音，蓋合「岱輿、員嶠」二者之名而一之爾。其地自鄭氏建國以前，實為太古民族所踞，不耕而飽，不織而溫，以花開草長驗歲時，以日入月出辨晝夜，巖居谷飲，禽視獸息，無人事之煩，而有生理之樂。斯非古之所謂仙者歟？抑亦因生齒未繁，乃得以坐享天地自然之利爾！

聞之故老言，吾族適此之先，嘗傭耕於諸番，為之誅荊榛、立阡陌，終歲勤動，不遑（沒有時間）寧處，所贏者即節衣縮食之餘也。彼坐收十五之稅，而常苦不足，終且貨其產於我；則我勞而彼逸，我儉而彼奢也。故觀夫草衣木食之時，天之福諸番不可謂不厚矣。使其閉關自守，無競於人，雖至今嘯傲滄洲[3]可也。一旦他人入室，乘瑕蹈隙，月進而歲不同；乃彼昏不知，猶懵（ㄇㄥˊ，懵懵，無知）焉無改。夫因陋就簡之習，則其得於天而失於人也固宜。

抑又聞之，吾先民之墾草此土也，其葬於蛇豕之腹、埋於榛莽之墟者，不知凡幾，故又呼之曰

---

1 歸墟一詞之典故出自《列子．湯問》：「渤海之東，不知幾億萬里，有大壑焉，實惟無底之谷，其下無底，名曰歸墟……湯又問曰：『四海之外奚有』革曰：『猶齊州也』。」歸墟即傳說中海上仙山，齊州即中州，古稱中國。

2 岱輿和員嶠即古代傳說中渤海之東的五座仙山之二，典故出自《列子．湯問》：「渤海之東不知幾億萬里，有大壑焉。……其中有五山焉：一曰岱輿，二曰員嶠，三曰方壺，四曰瀛洲，五曰蓬萊。」

3 滄洲，古時稱隱士的居處，此處借指臺灣。李白〈江上吟〉有詩句：「興酣落筆搖五嶽，詩成笑傲凌滄洲。」

「埋冤」[4]。然卒底於成者，則前仆後繼、慘淡經營之力也。訖於今，休養生息數百年，取益多而用益宏，食者眾而生者寡。雖然，微大力者負之而走，吾知喬木先疇[5]猶將易主，而況巧拙相懸、強弱異勢乎？彼深山窮谷中雕題（雕題，額頭刺青）鑿齒（原住民拔除領牙之俗）之遺，固已竊笑於旁而議其後矣。世之讀此書者，其亦念篳路藍縷之勤，而憮然於城郭人民之變也哉！

丙辰夏五，東寧林資修序於霧峰之麓

4 埋冤，臺語發音為tâi uan，音很接近臺灣的臺語發音。

5 喬木，在此借用為故里、故居；先疇，祖先遺留下來的田地。

譯文

張崑將、張溪南・注譯

傳說中臺灣背對著歸墟面向中州，那不就是《列子》書中所稱的「岱輿」和「員嶠」嗎？史書上記載臺灣的得名都不一樣，有說是「大宛」，有的說是「臺員」；仔細推究其發音，大概是將「岱輿、員嶠」二個名稱的發音各取一音合起來念。這個地方在明鄭建國以前，其實是有遠古的民族盤踞在此生活，不用耕種就能溫飽，不必織衣也能取暖，觀察花開、草長的生長情況來判定一年四季，用日落月出來分辨日夜，住在山洞裡，渴了就到溪谷取水來喝，和鳥獸一樣覓食和作息，沒有人跟人之間的糾葛和煩惱，每天都活得快快樂樂，這難道不就是古人所說的神仙生活嗎？或者是當時人口並沒有很多，可以無盡享用大自然的資源啊！

我聽老一輩的人說過，我們祖先遷居來臺的時候，曾經被原住民僱用耕作，為他們深入荒地砍除叢生的荊棘、開闢農田，一年到頭勤奮勞動，沒有時間過舒服日子，能夠存下來的積蓄都是每天省吃儉用而來的。他們抽取收成一半的租稅，但還常常覺得不夠，甚至還把生產的東西賣回給祖先們；這樣造成我的祖先們更加勤奮而他們逐漸安樂怠惰，祖先們生活儉樸而他們卻更奢侈浪費。所以上天佑助原住民不可說不優渥，如果讓他們關守在此，不跟外界交往競爭，即使到現在還可以在臺灣逍遙自在。一旦有外人開始入侵，趁虛而入，每月逐年慢慢累積；他們居然渾然不知，依舊迷糊沒有改變；原本不好的習性如果繼續沿襲而不求改變，那麼儘管從上天那邊得到的資源被入侵的外人搶走也是必然會發生的結果。

我還聽說，先民們到臺灣來墾荒，被毒蛇猛獸呑食、埋骨在荒野的，不知有多少人，所以又有人稱呼臺灣爲「埋冤」。最終能在這裡生存並有所成就的，乃是靠著先民們不怕困難勇往直前，在艱苦環境中繼續奮發工作的毅力。直到現在，臺灣數百年來生活安定、人口日益成長，資源取用越來越多而廣；消耗資源的人日漸增多，但是能夠產出的資源卻越來越少。雖然入侵的強權有的戰敗離開，但我明白這些先祖遺留下來的故居田產仍然還會被人占領，何況強權者的巧詐和原住民的拙樸之間差距很大，強盛和衰弱的狀態也完全不同！原住民在深山幽谷間仍然保留額頭刺青和拔除上頜牙齒的成年禮等風俗，不但一向被暗中譏笑且還被後世說三道四。世人閱讀此書時，在體念先民駕柴車、穿破衣以開闢山林的勤奮精神之餘，對於這片土地上人民的變動和遷徙也應有所惋惜悵然！

丙辰（一九一六）夏五，東寧林資修序於霧峰之麓

連橫自序

臺灣固無史也。荷人啓之、鄭氏作之、清代營之，開物成務，以立我丕（大）基，至於今三百有餘年矣。而舊《志》誤謬，文采不彰，其所記載，僅隸有清一朝，荷人、鄭氏之事闕而弗錄，竟以島夷、海寇視之。烏乎（烏乎，通「嗚呼」）！此非舊史氏之罪歟？且《府志》重修於乾隆二十九年，臺、鳳、彰、淡諸《志》雖有續修，侷促一隅，無關全局，而書又已舊。苟欲以二、三陳編，而知臺灣大勢，是猶以管窺天、以蠡測海，其被囿也亦巨矣。

夫臺灣固海上之荒島爾，篳路藍縷以啓山林，至於今是賴。顧自海通以來，西力東漸，運會之趨，莫可阻遏。於是而有英人之役、有美船之役、有法軍之役；外交兵禍，相逼而來，而舊《志》不及載也。草澤群雄，後先崛起，朱、林（朱一貴、林爽文）以下，輒啓兵戎，喋血山河，藉言恢復，而舊《志》亦不備載也。續以建省之議，開山撫番，析疆增吏，正經界、籌軍防、興土宜、勵教育，綱舉目張，百事俱作，臺灣氣象一新矣。夫史者，民族之精神，而人群之龜鑑也；代之盛衰、俗之文野、政之得失、物之盈虛，均於是乎在。故凡文化之國，未有不重其史者也。古人有言：「國可滅，而史不可滅。」是以郢書燕說猶存其名，晉乘楚杌語多可採。然則臺灣無史，豈非臺人之痛歟？

顧修史固難，修臺之史更難，以今日而修之尤難。何也？斷簡殘編，蒐羅匪易，郭公夏五（《左傳》典故，比喻缺失的文字），疑信相參，則徵文難；老成凋謝，莫可諮詢，巷議街譚，事多不實，則考獻難。重以改隸之際，兵馬倥傯（ㄎㄨㄥˇ ㄗㄨㄥˇ。兵馬倥傯，兵荒馬亂），檔案俱失，私家收拾，半付祝融，則欲取金匱石室之書，以成風雨名山之業，而有所不可。然及今為之，尚非甚難。若再經十年、二十年而後修之，則真有難為者。是臺灣三百年來之史，將無以昭示後人，又豈非今日我輩之罪乎？

橫不敏，昭告神明，發誓述作，兢兢業業，莫敢自遑（閒暇）。遂以十稔（ㄖㄣˇ，年）之間，撰成《臺灣通史》，為〈紀〉四、〈志〉二十四、〈傳〉六十，凡八十有八篇，表圖附焉。起自隋代、終於割讓，縱橫上下，鉅細靡遺，而臺灣文獻於是乎在。

洪維我祖宗渡大海，入荒陬（ㄗㄡ。荒陬，指偏僻荒遠之處），以拓殖斯土，為子孫萬年之業者，其功偉矣。追懷先德，眷顧前途，若涉深淵，彌自儆惕。烏乎念哉！凡我多士及我友朋，惟（惟，通「唯」）仁惟孝，義勇奉公，以發揚種性，此則不佞（不佞，謙稱語）之幟也。婆娑之洋，美麗之島，我先王先民之景命，實式（用）憑之！

中華民國七年秋八月朔日，臺南連橫雅堂自序於劍花室

譯文

張崑將、張溪南・注譯

臺灣本來是沒有史書的。自從荷蘭人開啓其近代文明，鄭成功接著加以建設，清朝繼續經營，開發資源、建立制度，奠定了臺灣宏大的基業，到現在已經三百多年了。可是舊有的府、廳、縣志內容多所錯誤，文辭內容不明顯，只記載清朝一代，荷蘭人和明鄭的史事有許多缺漏而沒有載錄的，竟然把他們當成島國夷狄和海上盜匪。唉！這不是舊時史官的罪過嗎？況且《臺灣府志》[1]是在乾隆二十九年（一七六四）重修的，臺灣縣、鳳山縣、彰化縣、淡水廳等各地志書雖然也有陸續編修，但只侷限於各區域，和全島的史事無所關連，如今這些史書所載記的事蹟也都是很久以前的事了，如果只想憑兩三部陳舊的志書來了解臺灣的整體局勢，這就好像用竹管觀看天空、拿葫蘆水瓢來測量海水那般，會被嚴重的侷限住。

臺灣原本是海上的一座荒島罷了！前人駕柴車、穿破衣，來開闢山林荒地，到今天我們都還享

1 《臺灣府志》前前後後共刊行有六個版本，分別是(1)蔣毓英《臺灣府志》（清康熙二十八年，一六八九年刊行）、(2)高拱乾《臺灣府志》（清康熙三十五年，一六九六年刊行）、(3)周元文《重修臺灣府志》（清康熙五十七年，一七一八年刊行）、(4)劉良璧《重修福建臺灣府志》（清乾隆六年，一七四一年刊行）、(5)范咸《重修臺灣府志》（清乾隆十二年，一七四七年刊行）、(6)余文儀《續修臺灣府志》（清乾隆二十九年，一七六四年刊行）。序文言清乾隆二十九年重修的《臺灣府志》當指的是余文儀的《續修臺灣府志》。

受其餘蔭。但自從海運開通以來，西方勢力逐漸向東方發展侵略，時勢所趨，阻擋不了。於是就有了英人的鴉片戰爭，有美國商船誤闖恆春外海的事件[2]，有中法越南戰爭[3]，外交和戰爭的禍事接連相逼，以前的志書中卻沒有提及。臺灣民間各地豪強並起，先後起事，從朱一貴、林爽文以下，常常引發戰端，血染山河，以反清復明爲號召，這些民變，以前的志書也沒有完整的記載。後來因爲有設立行省的決定，開發山地、安撫番族，重新劃分行政區域並增加官員編制，清丈田界，謀劃軍事防務，興振土地資源的利用，推廣獎助教育，掌握要領分層負責推動，各行各業大小事務一一興辦，臺灣的景況爲之煥然一新！

歷史，是民族的精神所在，更可作爲爲人處事的警惕與借鏡。時代的興盛或衰微，風俗的文明或野蠻，政治的成功或失敗，文物的豐盛或貧乏，都一一呈現在歷史中。所以凡是文化興盛的國家，沒有不重視歷史的。古人說過：「國家可以滅亡，但歷史不能夠消失。」[4]所以即使是燕國丞相誤解郢

---

2 美國商船艦羅發號（Rover，又譯羅妹號）事件，發生於一八六七年三月，因羅發號在恆春外海發生船難，誤闖排灣族領地被殺，被視為侵略者，船長約瑟·杭特（Joseph Hunt）等十三人被殺，繼而引發連串的外交事件。

3 中法越南戰爭，發生在一八八三年十二月至一八八五年四月間（清光緒十一月至十一年二月間），是清朝為了保護越南而與法國發生的戰爭。

4 「國可滅，史不可滅」的典故當出自《元史·董文炳傳》，董文炳隨蒙古將軍伯顏滅南宋，對南宋的史書交代務必保存下來，載曰：「時翰林學士李槃奉詔招宋士至臨安，文炳謂之曰：『國可滅，史不可沒。宋十六主，有天下三百餘年，其太史所記具在史館，宜悉收以備典禮。』乃得宋史及諸注記五千餘冊，歸之國史院。」另這句話曾出現在明朝黃宗羲〈戶部州清史司主事兼經筵講官次公董公墓志銘〉（清康熙四年，一六六五作）：「嘗讀《宋史》所載二王之事，何其略也……國可滅，史不可滅，後之君子能

無遺憾耶？」

人信件那種穿鑿附會的事，因爲有記載，所以到現在大家都還知道；即使古代晉國、楚國的史書，也有很多可採用的資料。既然如此，臺灣沒有史書，豈不是臺灣人的悲哀嗎？

但是編纂史書本來就不容易，而要編修臺灣的歷史更是困難，在現在這時候想要來編修更是難上加難。爲什麼呢？殘缺散亂的史料蒐集不易；文字缺誤讓人半信半疑，增加考證的難度。學養豐富的耆老紛紛凋零，以致沒有可以徵詢的對象；大街小巷中的民間議論和傳聞，大多不眞實，想要查證也很難。再加上政權交替之際，兵荒馬亂，官署檔案全都散失不見，即使有平民私人的收藏，也多半被焚毀，想取用祕藏的重要文書，來完成亂世不朽的著作，幾乎不可能。然而能從現在及時進行，還不算太難，如果再等十年、二十年後再來編修，那就眞的很難完成了。這樣臺灣三百年來的歷史，就無法明白呈現給後人，那豈不是我們這一代的人的罪過嗎？

我並不是很聰敏的人，曾經明白告知神明，立誓要撰寫有關臺灣歷史的著作，戒愼恐懼、認眞小心，絲毫不敢懈怠。於是用十年的時間，寫成《臺灣通史》。全書有〈紀〉四篇，〈志〉二十四篇，〈傳〉六十篇，共計八十八篇，另附有表和圖。年代從隋代開始寫起，一直到臺灣割讓日本爲止，從古至今、縱橫連貫，大小事都仔細蒐集而不遺缺，臺灣的相關文獻都全在這本書裡。

我們偉大的祖先，橫渡大海，進入蠻荒偏僻的地方，開墾並移居到這片土地上，爲後代子孫立下永恆的基業，他們的成就和功勛眞是偉大。緬懷祖先們的德行，顧念國家民族發展的前途，未來必須要像徒步走過深水那般，更加警覺戒愼。大家要切記啊！諸位愛國的志士們，還有我的朋友們，爲人處事須仁愛孝悌，忠義勇武為國效力，發揚光大我中華民族，這就是我的期待和目標。婆娑的海洋，美麗的島嶼，先王先民們被授予的天命，是我們依託的所在。

中華民國七年（一九一八）秋八月朔日[5]，臺南連橫雅堂自序於劍花室

5 朔日，農曆每月初一。

徐珂[1]序

左丘明作《春秋傳》，以三十卷括二百四十年之事，于會昇賢之。司馬遷作《史記》，敘三千年事，僅五十萬言；班固作《漢書》，敘二百四十年事，至八十萬言。其煩（詳細）省之異若是。張世偉乃謂班不如馬[2]；劉知幾則言古今不同，勢使之然，不得斥近史為蕪累（蕪累，繁雜冗長）。然哉！然哉！今珂讀連君雅堂《臺灣通史》，見其煩省適中，而三復歎（歎，通「嘆」）美之者以此。通史者，通貫古今之史，與斷代史異，則尤易煩不易省者。雅堂為是，凡一千二百九十年之事，悉具於八十八篇，而乃鉅細畢舉，無漏無蔓（繁瑣累贅）。蓋為〈紀〉四、為〈志〉二十四、為〈傳〉六十，踵龍門（司馬遷字龍門）之例而變通之，附表於志中，取便觀覽，為今之學者計也。其所紀載，始隋大業元年，終清光緒二十一年。臺灣文獻，於是不墜。

抑珂嘗聞之，知幾謂作史須兼才、學、識三長。雅堂才、學偉矣，其識乃尤偉。知民為邦本，非民則國曷以立，故於民生之豐嗇（ㄙㄜˋ，貧缺）、民德之隆污（隆，高潔。污，低下）詳言之，視昔

1 徐珂（一八六九—一九二八），原名昌，字仲可，浙江杭縣（今杭州市）人。清光緒十五年（一八八九）舉人，後任商務印書館編輯。光緒二十七年（一九〇一）在上海擔任《外交報》、《東方雜誌》的編輯，民國前一年（一九一一），接管《東方雜誌》的「雜纂部」。編著有《清稗類鈔》、《歷代白話詩選》、《古今詞選集評》等書。

2 張世偉即西晉張輔，字世偉，曾批判班固的《漢書》過以繁瑣，不如司馬遷的《史記》，《晉書‧張輔傳》：「班固敘二百年事乃八十萬言，煩省不同，不如遷一也。」

之修史從重兵、刑、禮、樂者何如耶？珂不敏，比亦粗有撰述，於民事輒致詳，猶雅堂之志也。既卒讀，爰（於是）書此以歸之。

中華民國十四年仲夏，杭縣徐珂謹書於上海

譯文

張崑將、張溪南・注譯

春秋時代左丘明撰寫《春秋傳》，用三十卷來涵蓋二百四十年的史事，大家頗爲尊崇。西漢司馬遷編寫《史記》，記述三千年的史事，卻只有五十萬字；東漢班固創作《漢書》，記載二百四十年的史事，卻用到八十萬字。詳細簡略的差異如同這般，西晉的張輔就曾說過班固的《漢書》不如司馬遷的《史記》；唐代劉知幾則認爲言古今情勢不同，視情況而定，不能就這樣責備近史太繁瑣累贅[1]。是啊！是啊！現今我讀連雅堂先生的《臺灣通史》，發現內容繁簡適中，這也是我爲何會再三爲其讚嘆的原因。所謂通史，必須融會貫通古今的歷史，和斷代史不一樣，通常容易流於繁瑣冗長不容易簡約扼要。雅堂這本通史就能達到這境界，總共一千二百九十年的史事，全部寫入於八十八篇中，而且大小事蹟都能舉列，沒有遺漏也不致蕪雜冗長。全書總共分爲〈紀〉四篇、〈志〉二十四篇、〈傳〉六十篇，承繼司馬遷寫《史記》的體例且能有所變通，將表放置於〈志〉中，便於閱覽，特別是爲現今學者參照時所設想的。記載的年代，從隋朝大業元年（六〇五）開始，結束於清光緒二十一年（一八九五）。臺灣文獻，因此沒有散失中斷。

---

1 劉知幾著有《史通》，卷九〈煩省〉有言：「夫論史之煩省者，但當要其事有妄載，苦於榛蕪，言有闕書，傷於簡略，斯則可矣。」他認為史書要繁細或簡略自有其必要，不可據以論優劣。

而且我曾聽說，劉知幾說過：創作史書須兼備有表達史料的文才、掌握史料的學養、研究史料的識見等三項專長。[2] 雅堂的文才、學養不但宏大，他的識見更是卓越。因明白百姓為國家之根本，沒了人民國家如何能存在，所以他在民生問題的富饒或短缺、世道風俗的高低特別詳細記載，我看以前史書的編纂較重視軍事、法律、禮樂典制這方面，為何呢？我不太明白，但是雅堂的這本志書，比較起來，在這些方面還是有粗略的撰述，但對於百姓攸關的事蹟每每都能寫得很詳盡。我已拜讀完畢，便寫此序文回贈。

中華民國十四年仲夏，杭縣徐珂謹書於上海

2 有關劉知幾談論「作史須兼才、學、識三長」此典故出自後晉時劉昫所著《舊唐書．劉子玄本傳》，乃禮部尚書鄭惟忠和劉知幾的對話，後來這段對話也被《舊唐書》、《唐會要》、《新唐書》和《冊府元龜》等收錄。

章炳麟[1]序[2]

偉哉！鄭延平之啓臺灣也。以不毛之地、新造之國，而抗強胡百萬之眾，至於今遂為海中奧（隱密深奧）區焉。余昔者聞其風烈，以為必有遺民舊德在也。直（適值）富有票舉兵（富有票乃代指唐才常所成立的自立會，自立會於一九〇〇舉兵革命失敗），余與其人多往復，為有司所牽，遯而至臺灣。臺灣隸日本已七年矣，猶以鄭氏舊事，不敢外視之。逾十年，漢土光復。又十四年，遺民連雅堂以所作《臺灣通史》見示。

臺灣故國也。其於中國，視朝鮮、安南（越南）為親。志其事者，不視以郡縣，而視以封建之國，故署曰《通史》，蓋《華陽國志》之例也。鄭氏多武功，政治闊略，清人得之，從事亦尚簡，故所言不能如《華陽國志》詳備。若其山川、邑落、物產、謠俗之變，則往往具矣，然非作者之志也。

---

1 章炳麟（一八六九—一九三六），原名學乘，字枚叔，以紀念漢代辭賦家枚乘。後因敬慕顧炎武（顧絳），改名為絳，號太炎。後又改名炳麟，浙江餘杭人。清末民初思想家、史學家、樸學大師、國學大師。為了鼓吹革命，曾七度被追捕，三入牢獄，但革命之志終不屈撓。辛亥革命後，卻遠離政治，專心治學，在經學、史學、文字聲韻等方面有很深的造詣，著有《儒術新論》、《訂孔》、《新方言》、《文始》、《小學答問》等書，著述多達四百餘萬字。

2 這篇序文原稱〈臺灣通史題辭〉，是章太炎題寫於民國十六年（一九二七），由張繼代連橫請章太炎題寫的，奇怪的是，這篇題辭寫完後，不知何故，竟沒有寄給連橫，以致連橫先生並不知道章太炎寫了這篇序言。但這篇文字在民國二十七年（一九三八）收入了《太炎文錄續編》，當事人連橫和太炎都已經去世，直到民國四十四年（一九五五），臺灣再度出版《臺灣通史》時才把這篇序言列入，如今這份題辭手稿珍藏在杭州名人紀念館。

作者之志，蓋以為道士訓者，必求其地建置之原。臺灣在明時，無過海中一浮島，日本、荷蘭更相奪攘，亦但羈縻（羈縻，牽制、維繫）不絕而已，未足云建置也。自鄭氏受封，開府其地，子遺士女，輻湊（人物聚集）於赤崁，銳師精甲環列而守，為恢復中原根本，然後屹然成巨鎮焉。鄭氏繫於明，明繫於中國，則臺灣者實中國所建置。其後屬清、屬日本，視之若等夷。臺灣無德於清，而漢族不可忘也。余始至臺灣，求所謂遺民舊德者，千萬不可得一二。今觀雅堂之有作也，庶幾其人歟？

豪傑之士無文王而興者，鄭氏也。後之豪傑，今不可知。雖然，披荊棘、立城邑於三百年之上，使後世猶能興起而誦說之者，其烈蓋可忍乎哉？雅堂之書，亦於是為臺灣重也！

中華民國十六年一月，章炳麟

譯文

張崑將、張溪南・注譯

眞是偉大啊！延平郡王鄭成功開拓臺灣的事蹟。在荒涼貧瘠的地方，建立新的國家，卻能抵抗滿清百萬雄師，到如今竟能成爲海上深奧隱妙的地區。我以前聽說這地方風土民情剛直威猛，認爲必定有許多先民們留下的德行善績。戊戌政變後，因爲我和參與其事的人經常來往，被官方通緝，逃避到臺灣[1]。臺灣歸日本統治已經有七年了[2]，卻還談論並保存以前鄭成功的史蹟，不敢將其當成外來的政權。再過十年[3]，中國故土上漢民族革命成功，滿清政府被推翻。再經過十四年[4]，在臺灣的遺民連雅堂將他的著作《臺灣通史》寄給我閱覽。臺灣，是固有中國的領土。其在中國的地位，是比朝鮮、越南還要親密，編修其歷史，沒有將其當成省、縣般的地方政府層級，而是將其看作封土建國的諸侯國，所以書名取爲「通史」，大致上和《華陽國志》這種地方志書同類型[5]。鄭成功在軍事方面

---

1 章炳麟曾於一八九八年十二月間，因戊戌政變避禍流亡到臺灣臺北，受邀主編《臺灣日日新報》漢文欄，但於隔年六月間便轉往日本東京。

2 此處言臺灣歸日本統治七年，應是一九〇二年時，當時章炳麟二次被清廷追捕，東渡到日本，住在梁啓超主持的新民叢報館。

3 一九〇二年再過十年即一九一二年，滿清政府被推翻，民國創建。

4 即章太炎寫下這篇「題辭」的年代—民國十六年（一九二七）一月。

5 《華陽國志》，東晉常璩撰於晉穆帝永和四年至永和十年（三四八—三五四），是記述古代中國西南地區歷史、地理、人物等的地方志著作。

有很深廣的成就，但是在治理國家方面卻顯得疏放鬆散，清朝攻下臺灣後，各項制度的建立也很簡化，所以在這方面的記述沒有《華陽國志》那麼詳細完整，其他如自然景觀、聚落、物產、風俗民情的變化等記載，大部分算完整，但這並不是作者（連雅堂）編纂此書的抱負；作者的抱負，我大概認爲他就好像一個能說出土地價值好壞的人，一定會去探究這片土地創置建設時的根源。臺灣在明朝時代，只不過是海中的一座島嶼，日本、荷蘭相繼來侵奪，也只是遂行高壓懷柔手段想持續統治而已，並沒有好好的建設。自從鄭成功受封延平王後，設置府縣開拓臺灣，收留渡海的遺民和老百姓，聚集於赤崁開墾，派出裝備精良的精銳部隊緊緊守護，建設臺灣爲恢復中原故土的根據地，終於穩固挺立成強大的鎮守之地。鄭成功始終奉明正朔，而明朝是中國的朝代，所以臺灣實際上是中國所創置建設的。之後臺灣受清朝、日本統治，他們將臺灣當成夷狄之邦。清朝並沒有對臺灣有任何澤蔭，我漢民族不可或忘。我當初到臺灣，想探求先民們留下的德行善績，千萬人中找不到幾個，現在看到雅堂有這本大作，或許可以說他就是這少數人之一吧？

自古豪傑的人才，並不需要有如周文王這樣明哲之士的啓發就能奮發有成，鄭成功就是這樣的人。之後能否再產生這類的豪傑，現在看不出來。儘管如此，在臺灣開疆闢土，建立城邦超過三百年，讓後代的人還能奮發興起而津津樂道，他的顯赫功績是可忽略的嗎？雅堂的這本書，也因此是臺灣重要的代表作。

中華民國十六年（一九二七）一月，章炳麟

徐炳昶[1]序

中華民國三十四年，連雅堂先生所著之《臺灣通史》第一次在國內印行。六月，排版將畢，其哲嗣連定一先生命余作敘。余與定一先生十餘年故交，誼不敢辭，乃秉筆而言曰：

凡住居於此員輿上之民族，苟能不安僿（ㄙㄞˋ，粗鄙）野，黽勉（勉勵、努力）前進，均必能在文化上有所貢獻，以傳遺後世，以沾溉（沾溉，比喻惠澤後人）人類。惟（惟，通「唯」）因時地不同，環境差殊，故每民族所創造之文化均必押有其環境之印記，於大同之文化體中有特異焉。此特異點與創造民族之盛衰分合有密切之關係，籀繹（籀音ㄓㄡˋ。演繹又稱外籀，此合稱籀繹，乃一種推理方法）古史者不可不慎思而明辨之也。

我中華民族所創造之文化為世界鉅大文化之一，殊無疑義。其特異點，依吾人之所探尋，蓋有三端：一曰緩，二曰久，三曰穩。自人類學者證明吾民族為中華之土著而外來之說絀（ㄔㄨˋ，貶斥），

---

1 徐炳昶（一八八八—一九七六），字旭生，筆名虛生，河南唐河人，考古學家、歷史學家。一九一三年考取公費留學生，前往法國留學，進入巴黎大學學習哲學。一九一九年回到中國，任教於開封第一師範學校。一九二一年被聘為北京大學哲學系教授，一九二六年出任北京大學教務長。一九二七年任中瑞（中國、瑞典）西北科學考察團團長，與瑞典團長斯文赫定率團前往中國西北地區進行考察。一九二九年起先後擔任國立北平大學女子師範學院院長、國立北平師範大學校長，一九三七年出任國立北平研究院史學研究所所長，一九四〇年起任第二至四屆國民參政會參政員，一九四七年當選第一屆國民大會代表。國民政府遷臺後，徐旭生出任中共中國科學院考古研究所一級研究員，一九五七年加入中國共產黨，文化大革命期間受到迫害，一九七六年一月逝世。

其奠居於斯土也已不知其綿歷幾萬年。從有傳說計起，炎、黃、羲、皞（炎帝、黃帝、伏羲。此處皞應指少昊）以後蓋已超過五千年。其同時之文化民族，若埃及人、若兩河間人，其進入歷史皆比中國較早。埃及之第十二朝（西元前二十與十九兩世紀）與將來第十八朝之阿門諾斐斯四世時（西元前十四世紀），其聲名文物蓋已燦然大備。巴庇倫之哈莫拉比王（西元前二十二世紀末），文治武功烜赫當時；其詳備法典所刻之原石尚在，為歷史家之異珍。希臘民族脫游牧而進農事已當我商代後期，其傳說歷史晚於我國者一、兩千年；然其文化突飛猛進，至我國春秋、戰國之交，已足冠冕群倫。我國炎帝族之肇始農業，當在距今四千年之前。然夏、商古史，猶復唵昧（唵音ㄢˇ，當作「晻」。晻昧，埋沒不明）；周代蹶起，文化始漸可與哈莫拉比時相比；及孔、老、墨諸子勃興，而哲學思想始得與後進之希臘諸賢哲並駕。經歷奕世（奕世，累代），始躋於高度文化之林，則其緩也。埃及及兩河間之古代文化，至西元前二、三世紀已完全泯滅。希臘高尚文化，至後六世紀茹斯底年大帝封閉雅典學校後亦薪盡火絕。而中國之文化獨迢遰（ㄊㄧㄠˊ ㄉㄧˋ，即迢遞，遙長）四、五千祀，未嘗中絕。自秦始皇至今二千餘年，史事之載於正史者無一年之缺逸，尤為世界各國之所無有，則其久也。埃及前有希克索諸王之殘掠，後有亞敘里人之蹂踐。兩河間前經赫底特人之橫掃，後經迦塞特人之潛入。亞敘里大帝國興勃亡忽，擬迹秦、隋。迦勒底後起，數十年而滅，蓋無足述。此諸國者，其興也馳騖（ㄨˋ，迅速）震耀，舉世駴（ㄒㄧㄝˋ，驚異）眩（迷惑）；其頹也昏昧黤黮（ㄧㄢˇ ㄊㄢˇ，黑暗不明），永永長夜。希臘人思想文藝之所詣，騰踔（ㄓㄨㄛˊ，超越。騰踔，飛躍）高躋，匪惟超前，抑幾絕後，其末葉之所遭尚不致如前二方之慘悽；然在中世紀，其鴻文玄著不過匿迹（迹通「跡」）於修道院蛛網塵封之間。比贊庭帝國文人名延一線之傳，然亦不過尚能尋章摘句，作盲目之景行而已。我國三代、秦、漢二千餘年，止有朝代之嬗（ㄕㄢˋ，更替）易，卻無淺化人民入撼文教之礎石。南北朝、五代、金、元及明清之交，雖或禹域（禹域，指中國）雲擾、或異族篡統，而仁人義士當茲八方同昏之際，仍風雨如晦，雞鳴不已，獨握天樞以爭剝復（剝復，盛衰）之運，卒能使舊有文化不惟不因離亂而致萎苶（ㄋㄧㄝˊ，疲累），反因思想之奮厲而愈啓光芒。結果異方侵入之淺化人士因仰羨而同化，歷阽危（阽音ㄉㄧㄢˋ。阽危，危險）一次而我中華民族增庶增強一次。即至近百年來，我兵力、經濟、文化皆受西方人嚴重之壓抑，而終受有廣土眾民以備此八、九年獨立抗戰之潛能，則其穩也。緩近於絀（不足）而穩毗（ㄆㄧˊ，輔助）於優，久介其間而斡（ㄨㄛˋ，運轉）其運。微久無以補緩之缺，微穩亦無以奠久之基。然微緩，則其於政也，多強迫急制之音，少優柔饜飫（ㄧㄢˋ ㄩˋ，飽食）之趣，故亦終難收可大可久之效。則緩與穩雖似優絀相反，而實係一事的兩方，去此一則彼一亦失。斯義對庶政或非顯著，而惟異族相遇，俗遺化殊，急若束溼（捆扎溼物。形容舊時官吏馭下苛酷急切），雖亦偶獲近效，而欲其雍容涵育，久且鎔（ㄖㄨㄥˊ，融合）為一體，絕不可得。一旦束斷，淩亂潰散，或返其故，或且有甚於故者。我國數千年來，與四周淺化人民之相處，毫無奇策，亦惟是「修其教不易其俗，齊其政不易其宜（習慣）」，「用夷禮則夷之，進於中國則中國之」。漸漬（指漸漸改變同化）之以文化，而不束縛之以政刑。只注意於風俗習慣之漸由異而之同，絕不設法加強各民族間之此疆與彼界。無迫促同化之意，而潛移默化，皆可裒（ㄅㄠˊ，懷抱）孕鎔合於不自覺。以視十九世紀東西列強所用之禁用語言、迫抑習俗之政策，大異其趣。不急同化者終得同化，急於同化者卒難同化，自然演進之遲速與人意中之遲速常多睽違（睽違，分離、相悖）。天下事大抵然哉！

臺灣與我閩疆一葦可通。其通中國也自隋，至今日千餘年，即至明季鄭氏與荷蘭人之互爭，亦千有餘年也。此千餘年間，我閩、廣人民與斯地土著逐漸融合之陳迹，雖史缺有間，而用近一、二百年間我僑民在南洋諸島與土民融合之經歷相比較，固不難想像以得。我國僑民在臺灣者經歷久遠，至鄭氏時與土人蓋已融為一體。雖高山深谷之中，因地勢之限隔，小有流遺（流遺，流風遺俗），未盡同化，而全局固無大殊異。明季之爭，非鄭氏與荷蘭人之爭，乃吾中華民族與少數侵入之西洋人相爭，故其勝敗之數不待著蔡（著音ㄕ，占卜。著龜，因大龜出蔡地，故稱為「著蔡」）。此後斯土雖隨全國之後由清廷征服，而我民族同化之偉業固仍繼續進行。清末，日本人竊據，以數十年之力即欲攫為己有。其施政也，又徒暴力以壓，迫切以求。四、五十年中，未嘗念及土著之應有選舉權與否。及迫於喪失，始思開放一小部分不平等之應得以為釣餌。所施極狹，所願奇奢，多見其不知量也。

今日故土恢復在即，吾國人對於斯土千餘年之經歷，亟宜有所研討以備來日之鑒戒。而有關之典籍文獻殊未豐富，識者憾之。雅堂先生為吾國者民黨，邃於史學，積數十年之力，成《臺灣通史》巨著。余嘗讀其書，吾先民千餘年艱辛締造之遺跡罔弗覶（ㄌㄨㄛˊ，覶縷，委曲詳述，極力刻劃）陳。且斯時正值日本人壓迫唆（ㄙㄨㄛ，指使）削之際，故先生對於民族之痛褱（ㄏㄨㄞˊ，通「懷」）之至深。於割地後諸英傑毫無希望，而猶艱貞力爭自由之逸事再三致意。且搜羅弘富，於島中動植礦物之蘊藏，亦皆據耳目之所覩（覩，通「睹」）聞，據實列述，不作浮光掠影之談。乃嘆邦人君子，如尚不願將祖先之所慘淡經營者完全置諸腦後，則對此書允宜人手一編。惟前僅印行於日本，國人得之非易。今幸商務印書館主人不顧抗戰八年後印刷之困難，勉力排印，已可與邦人君子相見。又喜勝利在望，父老兄弟歸祖國之褱袌有日。斯書印成正值其時，故不辭愚陋，略書數語以志欣感。又希望國人鑑於我民族及荷蘭人、日本人在斯土盛衰遞嬗（ㄕㄢˋ。遞嬗，交替轉換）之往事，葆（保持）吾所長、勉吾所短，以綿續吾先民之豐功偉烈於無窮也！

中華民國三十四年六月十五日，徐炳昶敬敘於雲南昌穀縣絡索坡之適然居寓齋

譯文

張崑將、張溪南．注譯

中華民國三十四年（一九四五）連雅堂先生所著作的《臺灣通史》第一次在國內印行，六月，排版即將完成，他的公子連定一[1]要我作序。我和定一先生有十幾年的老交情，礙於情分不敢拒絕，於是便提筆寫道：

舉凡居住在地球上的民族，若能不耽溺於閉塞粗鄙的地方，努力前進，都一定能在文化上有所貢獻，記錄成書流傳給後代，惠澤後人。但因時間、空間不同，各地環境有差別，所以每一個民族所創造的文化都必定烙存有該環境特有的痕跡，在世界大文化體系中有其特殊且不同之處。這個特異的部分跟創造民族的興盛衰落、分裂整合有很密切的關聯，編纂演繹古代歷史的人不能不謹慎思慮並且分辨清楚。我中華民族所創造的文化爲世界重大文化之一，這是不容懷疑的，其特別優異處，根據我的探索研究，大概有三項特點：一是慢慢醞釀不急躁（緩），二是源遠流長（久），三是沉著安定（穩）。從人類學者研究證明我們的民族是中華地區的原始居民，所謂從外遷徙而來的說法的是不能採信的，中華民族安居在這塊土地上已經不知綿延幾萬年了，從有傳說開始計算起，炎帝、黃帝、伏

---

1 連震東（一九〇四—一九八六），字定一，臺灣臺南市中西區人，連橫之子，中華民國前副總統連戰之父，曾任內政部部長、總統府國策顧問、首任臺北縣縣長等職。

羲氏、少昊等上古帝王以後大概已經超過五千年，同時期有文化發展的民族，如埃及民族、中東的兩河流域民族，他們進入歷史的舞臺都比中國早，埃及的第十二王朝（西元前二十、十九兩世紀）與第十八王朝的阿門諾斐斯四世[2]時代（西元前十四世紀），他們創造的歷史聲譽、文明和器物相當完備。巴比倫的漢摩拉比王[3]（西元前二十二世紀末），在政治和軍事的成就有很高的威望，他所制定的周詳完備的《漢摩拉比法典》刻在石碑上，至今仍然保存著，成爲歷史學家們特殊而珍貴的研究對象。希臘民族脫離游牧時代進入農業時代相當於我國商朝後期，他們的傳說與歷史比我國晚了一、兩千年；但他們的文化突飛猛進，到了我國春秋、戰國交替的年代，堪稱是當時國際間最偉大的。我國從炎帝（神農氏）的部落開啓農業時代，至今四千年之前，到了夏、商時代的上古史，尚且隱晦不明；周朝興起後，中華文化開始能和漢摩拉比王的文明相比；一直到孔子、老子、墨子等諸子百家蓬勃興起，中國的哲學思想終於能和西方後來居上的希臘賢能的哲學家們並駕齊驅。經歷幾代的演變，中華文化方才登上高度文化之林，就是有慢慢醞釀不急躁的特性。

埃及及兩河流域的古文明，到了西元前二、三世紀就已經完全消失不見。希臘的高尚文化，到

2 阿門諾斐斯四世的真名是阿門霍特普，意為「阿門的僕人」。「阿門」是埃及主神的名字。希臘語文獻中將他的名字寫為「阿門諾斐斯」，西方考古學界習慣使用這名字。

3 哈莫拉比王，阿拉伯語，或譯為漢摩拉比、漢謨拉比、漢穆拉比等，是兩河流域巴比倫王國的第六任國王，在位時文治武功鼎盛，並制定《漢摩拉比法典》，刻寫於高超過二．四公尺的巨大玄武岩石碑上，此碑於一九〇一年出土，現藏於法國巴黎羅浮宮博物館。

了西元六世紀茹斯底年大帝封閉雅典學院後也宣告薪火斷絕[4]，而中國文明獨獨能源遠綿延四、五千年，未曾中斷，從秦始皇時代以來到現在已二千餘年，正史中相關史事的載錄沒有缺漏任何一年，這更是世界各文明古國所沒有的，這就是源遠流長的特性。

埃及前有希克索諸王的殘害掠奪[5]，後有亞敘里人之踐踏蹂躪[6]。兩河流域初有赫底特人之侵略掃蕩，後來又歷經迦塞特人潛入擾亂。亞敘里大帝國突然興起又忽然滅亡，大概相當於我國秦朝到隋朝之間。迦勒底[7]王朝後來興起，也才數十年就滅亡了，兩河流域找不到古文明的足跡。這些文明古國，興起的時候風馳雷電般威猛，全世界爲之驚異目眩；但是在衰敗時頓時昏沉黑暗，陷入永恆的漫漫長夜。希臘人在哲學思想和文藝方面的成就，騰升到很高的境界，不但超越前人，也幾乎很難再有

---

4 茹斯底年大帝，一般翻譯為「查士丁尼大帝」（拉丁語，約四八三—五六五），五二七年到五六五年擔任羅馬帝國皇帝，由於他收復了許多失土並編纂《查士丁尼法典》，功業彪炳，因此被尊稱為查士丁尼大帝。五二九年查士丁尼大帝封閉雅典學院（又稱柏拉圖學園），該學園由古希臘哲學家柏拉圖於西元前三八五年創辦，前後延續近千年，以開放性的研討學風、自由的學術精神著名。

5 希克索（Hyksos），是古代西亞的一個部族聯盟，於西元前十七世紀進入埃及東部，消滅了埃及虛弱的第十三王朝（首都孟斐斯），並在那裡建立了第十五和第十六王朝（約西元前一六七四—一五四八）。

6 亞敘里人，應是指亞述帝國（英語：Assyria empire，西元前九三五—六一二），是興起於美索不達米亞（兩河流域）的國家，西元前八世紀末，亞述逐步強大，先後征服了小亞細亞東部、敘利亞、腓尼基、巴勒斯坦、巴比倫尼亞和埃及等地，定都於尼尼微（今伊拉克摩蘇爾附近）。

7 迦勒底（阿拉伯語），在現今伊拉克南部及科威特。西元前六二五年，迦勒底人奪得巴比倫尼亞的王位，建立了迦勒底王朝，亦即新巴比倫王國。尼布甲尼撒二世在位時，帝國版圖大為擴張，勢力達至頂峰，征服猶大王國，並攻占了耶路撒冷。他死於西元前五六二年，兒子繼位後，二十餘年便被波斯王國所滅。

此盛況，其最後時期所面臨的狀況還沒有前述兩者（埃及、兩河流域）那麼悽慘，但是在中世紀，他們那些深妙的重大著作也只能收藏在修道院中那布滿蜘蛛網和灰塵的書櫃裡，比拜占庭帝國[8]那些有文德的人多傳延一些時日，但也流於只知表面詞彙的藻飾、缺乏內涵，讓人盲目推崇而已。我國從夏商周三代歷經秦朝、漢朝有二千多年，只有完成朝代的更替，卻沒有周邊文化後進民族進入中華而撼動我中華文教的基礎，從南北朝、五代十國、金朝、元朝一直到明朝、清朝的交替，中國境內雖然有時紛亂如雲，有時遭遇外族占領統治，那些有德行並信守節義的人在各地都昏暗迷惑的時刻，即使身處風雨交加、天色黑暗的險惡環境中也不改變其氣節，獨自堅強掌握重要的權位努力扭轉乾坤、翻轉盛衰的命運，最終能使舊有文化不但不因離散紛亂而萎靡，反而因思想的振奮激發得更加光亮。結果凡是異族入侵後都因仰慕中華文化而被同化，每經歷一次危險的亂事我中華民族就更壯大一次。到了近百年來，我軍事力量、經濟、文化都受到西方人嚴重的壓抑，最後因爲有此廣大的領土和團結一心的百姓爲後盾，激發了長達八、九年對日獨立抗戰的潛力，就是因爲有沉著安定的特性。

（中華文化）不急躁的特性（緩）雖然有些侷限，但是沉著安定的特性（穩）卻能輔其不足成爲更優，又因能遠源流長（久），讓「緩」和「穩」能交相運轉。所以（中華文化）若沒有辦法維持這麼久遠的時間，就無法補足慢慢醞釀（緩）的侷限；沒有沉著安定（穩）的特性也無法奠定長治久安的基礎。然而，若不能慢慢醞釀（緩），那麼在施政上，就會流於威迫急就章的調性，少了悠閒飽食、從容不迫的趣味，所以最終還是很難有可大可久的效果。「慢慢醞釀」的侷促與「沉著安定」的

8 拜占庭（Byzantine）帝國，即東羅馬帝國（三三〇—一四五三），羅馬帝國在西元三九五年分裂之後，繼承羅馬帝國正統政權，據有東半部領土的帝國，拜占庭帝國的首都就是拜占庭，即君士坦丁堡，也就是今日土耳其的伊斯坦堡。

優點表面看起來相反，事實上是一事平衡的兩端，將其中一端除去，另外一端也會跟著消失。這些道理對於一般政務的施行來說或許沒那麼深刻感受，只有在和外族接觸時，要如何將各族留傳下來的不同風俗習慣融合便可明白，如果要將其像溼物那般苛酷急切捆綁在一起，雖然偶爾會有短期的效果，但要想長久溫和從容、涵養化育鎔鑄爲一體，絕不可能的。一旦那捆綁的線斷了，便會紛亂潰散，回復到以前的模樣，甚至比原來的模樣還糟糕。我國數千年來，跟四周文化後進人民融入我中華文化的民族相處，完全沒有特別的對策，唯有依據《禮記．王制》所說：「對各地民族，應注重對他們對禮義的教化，而不必改變他們原有的習俗；強調政令的統一，而無須改變他們的原本的生活習慣。」[9]韓愈也說過「（孔子作《春秋》）對於採用夷狄禮俗制度的諸侯，便將其列爲夷狄之邦；對於採用中原禮俗的諸侯，就認同他們是中國人。」[10]用文化來逐漸感染融化，而不是用政令刑罰來約束；只關注風俗習慣逐步由異而同的過程，絕不會強力在各民族間畫上界線。沒有強迫同化的意圖，潛移默化，都可懷抱孕育融合不同文化的民族於不自覺當中。相對來看，這和十九世紀東西方那些軍事強國所頒布禁止使用自己民族語言、逼迫壓抑各民族習俗的政策，截然不同。用逐漸感染方式不急躁同化

9 「修其教不易其俗，齊其政不易其宜」這句話的典故出自《禮記．王制》：「……民生其間者異俗：剛、柔、輕、重、遲、速異齊，五味異和，器械異制，衣服異宜。修其教不易其俗，齊其政不易其宜。中國、戎夷五方之民，皆有性也，不可推移……」主要在談論中國古代對於異族統治的方法和原則。

10 「用夷禮則夷之，進於中國則中國之」這句話出自唐朝韓愈〈原道〉：「……孔子之作《春秋》也，諸侯用夷禮則夷之，進於中國則中國之。經曰：『夷狄之有君，不如諸夏之亡。』……」是韓愈復古崇儒、攘斥佛老的代表作；抨擊藩鎮割據，力陳加強君主集權。

的終能達到同化的效果，用逼迫壓抑手段急於同化的最後卻難以同化，自然演進的快慢與人爲的快慢常是相背離的，天下事大致是如此啊！

臺灣和中國大陸福建距離很近，小船即可通行，和中國相通從隋代就開始，到現在已經千餘年，即使到了明末鄭成功和荷蘭人的爭戰，也超過千年。這一千多年來，臨海福建、廣東的人民和臺灣原住民有逐漸融合的跡象，雖然歷史缺漏了這時期的記載，但用近一、二百年間我僑民在南洋諸島與當地原住民融合之經歷來比對，就不難想像當時情況。在臺灣的中國僑民歷經久遠，到鄭成功時代已經和原住民融爲一體，臺灣多高山深谷，因地勢關係限縮了活動範圍，以致有些地方雖然沒有同化，但整體來說沒什麼差別。明末的戰爭，並不只是鄭成功與荷蘭人的戰爭，是我中華民族與少數入侵的西洋人的戰爭，所以其勝敗的命運自然不用占卜便知結果。此後臺灣雖然繼全中國之後被清廷征服統治，但是我民族同化的偉大工程依然繼續進行。清末，日本人竊據臺灣，花了數十年的工夫想將臺灣奪爲己有，其施政卻只以暴力壓迫，急切的想讓臺灣歸順，四、五十年中，不曾想到臺灣人民應選舉權的權利，到最後因害怕喪失民心，才考慮開放一小部分不平等但卻是應得的權利來誘人上鉤，日本人開放的權利非常少，但想獲取的東西太多，非常的不自量力。

現在這塊固有領土即將收復，我國人對於臺灣千餘年的歷史種種，應該要有所研討以備未來的警惕和借鑑，但相關的典籍文獻並不太豐富，有見識的人深以爲憾。雅堂先生爲我國之一介平民，卻精通史學，累積數十年的努力，完成《臺灣通史》這本大作，我已經拜讀其書，對於我先民千餘年艱辛締造的遺跡無不極力刻劃陳述，且當時正值日本人對臺灣人民壓迫剝削的時刻，雅堂先生對於這民族的悲痛感懷至深，所以在臺灣割讓日本後，許多民族英豪即使知道無力回天，卻仍然堅毅忠貞的爲自由奮力爭戰的遺聞軼事，再三鋪陳傳達眞意。且這部大作資料收集廣博豐富，對於島上動植物、花卉、農作物的生長儲藏，也都依據親身經歷、所見所聞，依照實際情形列舉敘述，不作膚淺空泛、不著邊際的記述。我不禁要感嘆，國內有才德的諸位先生們啊！如果還不想將祖先開疆闢土的艱苦與成果完全拋諸腦後，那麼這本書就應該人手一冊好好研讀。之前本書只印行於日本，國人想拿到很不容易，現在多虧商務印書館老闆不顧抗戰八年後印刷業面臨的困境，想辦法排版印行，已經可以和國內諸位先生們子相見。又欣喜抗戰勝利在望，臺灣父老兄弟們回歸祖國懷抱的日子即將來到，這本書的印行正是時候，所以不辭愚陋，簡略寫下這些話表達我歡欣的感觸。又希望國人鑑於我中華民族和荷蘭人、日本人在臺灣盛衰更迭演變的往事，繼續保衛我民族的優點、改進缺點，以延續我先民的豐功偉業於無窮無盡！

中華民國三十四年六月十五日，徐炳昶敬敘於雲南昌穀縣絡索坡之適然居寓齋

張繼[1]序

自開羅會議決定臺灣復歸我有，舉凡臺灣歷史、地理、政治、經濟，益成為國人研究之對象。然有系統之著述，尚不多覯，學者病焉。

《臺灣通史》者，史家臺灣連雅堂先生之遺著也。憶初刊於二十年前時，余得先讀。以子長、孟堅之識[2]，為船山、亭林之文[3]，敘述自隋代以至甲午千餘年間之事，綱舉目張，鉅細靡遺，且包藏

1 張繼（一八八二—一九四七），原名溥，字溥泉，河北滄縣人。十八歲時留學日本早稻田大學學習經濟，在此期間開始接觸革命思想，結識了章太炎、黃興、孫中山等。後因和鄒容一起剪掉清朝在日監學姚文甫的辮子而被驅逐回國，任章太炎主辦的《蘇報》參議，後又參與改辦《國民日日報》。不久因廣西巡撫王之春遇刺未遂案牽連被捕。出獄後重赴日本，一九〇五年加入同盟會，任同盟會機關報《民報》編輯兼發行人。民國成立後，一九一三年被選為第一任參議院議長，不久因宋教仁遇刺事件，國民黨人為袁世凱驅逐。張繼赴九江討袁，失敗後追隨孫中山流亡赴日本，參與建立中華革命黨。一九二〇年張繼回國後，一九二四年被選為國民黨第一屆中央監察委員。張繼曾支持孫中山的聯俄容共後，被歸為西山會議派的成員。北伐結束後張繼任南京國民政府司法院副院長兼北平政治分會主席，後任國民黨中央監察委員、國民會議主席團委員、立法院院長等。西安事變之後，國共重新合作。張繼曾於一九三九年訪問延安。晚年多參與編寫國民黨黨史和民國史的撰寫，也參與了故宮博物院的建立，並連任國府委員和國民黨中央監察委員。一九四六年出席制憲國民大會並被選為主席團成員，年底出任國史館館長，一六四七年年底在南京病逝。連橫曾將連震東託孤於張繼，連戰也因此在西安出生。

2 司馬遷字「子長」，班固字「孟堅」；前者著《史記》，後者寫《漢書》，是漢代有名的歷史學家。

3 王夫之自號「船山病叟」，人稱「船山先生」；顧炎武，學者尊稱為「亭林先生」，兩人為明末大儒，文章講求經世致用，不事藻

人類生存為歷史進化重心之奧義，洵為近世中國史學之偉作也。余曾代乞章太炎先生為之作序。近者商務印書館聞雅堂哲嗣震東君存有是書，欲其重版以餉國人。且以著者抱失地之痛，抒故國之思，激發正氣，非斯人不能作也；因徵諸震東。震東亦以是書如流傳宇海，不特彰先人之精忠，亦且發潛德之幽光[4]，欣然許之。乞序於余。

雅堂先生平生著作豐富，《臺灣通史》而外，如《臺灣詩乘》、《臺灣語典》及詩文集等書，無不充沛民族精神、愛國熱誠。嘗以臺灣所失者土地，而長存者精神；民族文化不滅，民族復興亦可期。民國二十二年，震東返國，賫（ㄐㄧ，持）雅堂致余書曰：「昔子胥在吳，寄子齊國；魯連蹈海，義不帝秦。況以軒轅之胄，而為異族之奴，椎心泣血，其能無痛？且弟僅此子，雅不欲其永居異域，長為化外之民，因命其回國，效命宗邦也。」真摯沉痛，大義凜然，感動之深，歷久難釋。今勝利到臨，臺灣收復，指日可待。余向以雅堂存臺灣於文化者，今竟重光臺灣，雖雅堂不及目覩（覩，通「睹」），而震東克紹先人遺志，服務祖國，且已實際參加收復臺灣之工作，而其嘔心之作，又得隨鄉邦重光而重刊之，永垂不朽，雅堂有知，亦可含笑於九泉矣。今後臺灣歷史，應如何發揚光大之，深有賴於讀是書者，而於震東君尤殷殷屬望焉。

中華民國三十四年八月張繼於倭寇正式無條件投降日

飾，樸素自然，和黃宗羲並稱「明末三大儒」。

4 「發潛德之幽光」原文出自韓愈〈答崔立之書〉：「誅姦諛於既死，發潛德之幽光。」韓愈原意是：對於奸詐阿諛之徒，就算是已經死了也要對其口誅筆伐；對於美德，即便是潛在沒有被發現的也要極力發揚其光輝。

譯文
張崑將、張溪南・注譯

自從開羅會議決定將臺灣歸還給我國，凡是跟臺灣相關的歷史、地理、政治、經濟等，更加成爲國人研究的對象。但是有系統的著作，還不多見，這讓許多學者不滿和憂心。

《臺灣通史》一書，是臺灣史學家連雅堂先生之遺作。記得二十年前剛出刊印行時，我就已經先行拜讀。能夠用如司馬遷、班固那般的史學視野，寫出如王夫之、顧炎武那般經世致用的文章。這本書敘述從隋朝到甲午戰爭間千餘年間的事，綱要分明、條理清楚，無論大小地方都仔細不遺漏，且隱藏人類生存爲歷史進化重心的深奧精妙道理，確實是近世中國史學的偉大作品。我曾經代向章太炎先生求爲這本書寫序，最近商務印書館聽說雅堂的公子震東先生保存有這本書，想重新出版印行以回饋國人。況且作者以懷抱臺灣割讓日本的悲痛，字裡行間常抒發對故國的思念，充滿凜然正氣，沒有如此境遇的人是無法寫出這樣的作品。因此向震東徵詢，震東也認爲這本書如果能流傳海內外，不僅能彰顯他父親對國家民族的忠誠，也可發揚潛在美德的光輝，便高興的答應出版，他也求我幫這本書寫序。

雅堂先生一生的著作很豐富，除了《臺灣通史》以外，如：《臺灣詩乘》、《臺灣語典》和詩文集等書，著述內容充滿了豐沛的民族精神和愛國熱誠，他曾經說：臺灣失去的是土地，但臺灣精神卻永存不息；只要民族文化不消滅，民族復興指日可待。民國二十二年（一九三三），震東回到祖國，捎來雅堂寫給我的信說：「伍子胥雖然是吳國的臣子，卻將兒子託孤給齊國的鮑牧（已預知吳王夫差將會被勾踐打敗）；魯仲連寧可跳東海而死也不願當秦國的子民（因秦是棄禮義之邦）。如今身為黃帝子孫，卻淪為異國（日本）的奴役，捶胸泣血，能不哀痛至極？況且弟只有這個兒子，非常不希望他永遠居住在異邦，成為沒有文明教化的人民，因此要他回到祖國，將來為國家民族效命。」信件內容眞實誠懇卻很沉痛，為了公理正義、堅強不屈，讓我深受感動，久久不能忘懷。如今勝利即將到來，收復臺灣的願望即將實現。我向來認為雅堂是將臺灣存在於文化之中，現在臺灣終於重見光明，雖然雅堂來不及親眼看到，但震東繼承父親遺志，服務祖國，而且已經實際參加收復臺灣的工作，雅堂這部嘔心瀝血的著作，又能隨著臺灣光復而重新刊印，永遠流傳而不消失，他地下有知，也應該能含笑九泉了。以後臺灣歷史，要如何將其發揚光大，非常需要依靠閱讀這本書，對於震東先生來說，更是懇切的期待。

中華民國三十四年八月張繼於倭寇正式無條件投降日

西崎順太郎[1]序

日俄戰後，余游韓國，馳聘八道，察地理，採人情，欲以知其二千年間之歷史，涉獵古書，旁及野乘，而韓國之史不全，僅有單簡之正史，記其治亂興廢之事；而民族進化之徑路，國家裡面之實狀，終不得知，深以為憾。昨年夏，游越南，欲求其史而考之，亦同此感。蓋以東洋諸國，古來編史者多重於治亂興廢，典禮職制，述載繁冗，而國民之生活思想之變遷，民族發達之裡面，反若不甚置意者。近時研究支那古史者，前後輩出，而學者之所苦，則在此點。現際所傳支那古代裡面之真相，多係後人之稽查考斷，而於古史之上，殆不能捕捉也。

余客臺灣，閱今四載，常蒐本島攸關史書，以裨補寡聞，而其書悉為鄭氏以後之政治史書，名雖異，其所紀載大略相同。總督府置史官，正史之外，多集資料，研究考察，雖得便宜，而未見有通史以一貫之，是欲究其全史，能無隔靴搔癢之感乎。畏友連君雅堂，臺南文壇之翹楚也，文章雄健，學問該博，讀破萬卷之書，議論天下大勢，其所以啓發島民者，固為不尠（ㄒㄧㄢˇ，罕見、稀少），而史學尤極蘊奧（蘊奧，精妙深奧），足備一家之見。頃著《臺灣通史》，將以上梓（ㄗˇ，出版），

1 西崎順太郎：日本石川縣金澤市出生，為西崎家的養子，曾在金澤擔任新聞記者，無緣進入政界，於大正初年渡臺，擔任《臺南新報社》主筆，從序文署名的職稱看來，這個序文正是他擔任主筆之時，當與連雅堂有文人深厚的交誼。西崎以八十四歲高齡，長眠於臺灣，戰後家族移其骨灰回日本關東。參《富奧鄉土史》（富奧農業協同組合，一九七五年）之「資料集八：鄉土に育まれた人物」。

余見其全書凡三十有六卷，起〈開闢紀〉，次〈建國〉、〈經營〉、〈職官〉、〈戶役〉、〈田賦〉以及〈商務〉、〈工藝〉、〈風俗〉，事關史實，悉纂錄之。殊如〈虞衡〉一篇，網羅本島所關博物之資料，史實以外，更俾大益。識見之該博，考察之周詳，誠堪敬服。此書刊行，不特足資本島之文明，更足以貢獻帝國學界者為不少，著者之勞，有足多焉，故為之序。

大正七年秋九月，巒洲 西崎順太郎序於臺南新報社

譯文

張崑將、張溪南・注譯

日俄戰爭以後，我到韓國遊歷，踏遍朝鮮八道[1]，考察其地理環境，查探當地風土人情，想藉以了解韓國漫漫兩千年的歷史，並查閱其古代典籍，蒐集不少野史資料，但韓國史料並不周全，僅有簡單的官方正史，約略記錄政治上治亂興廢的事蹟，至於有關整個民族如何演變進步的脈絡，和國家內部實際的情況，都沒有資料可了解，讓我感到相當遺憾。去年夏天，我去了趟越南，想查考其史料，也有同樣的感覺。大概東洋一帶的這些國家，自古以來編纂歷史者大多偏重於治亂興廢和典章制度的記錄，記述繁瑣冗長，但對於有關國民生活與思想變化、民族興盛發展的內涵，卻反而不太留意著墨。近年來研究中國古代史的學者，陸續有許多人才投入，但這也造成研究古史學者的困擾和辛苦，因爲現在流傳的中國古代歷史的所謂眞相，大部分是後代學者的考證和論斷，至於眞正的古代史料，恐怕已無法採集獲得。

我客居臺灣至今已有四年，經常收集島內有關的史書，來增廣見聞，而這些大多是明鄭以後的政治性史書，書名雖然有所不同，但所記載的內容大致千篇一律。日本總督府雖然編制有史官，除官方正史之外，其他部分的資料也有廣加蒐集，在研究考察上的取得雖很方便，但還是沒產生一部完整

1 八道，意即朝鮮八道，是現在南北韓的行政區劃分的基礎，八個行政區為：京畿、江原、慶尚、忠清、全羅、平安、咸鏡與黃海。

而連貫的通史，所以想了解臺灣歷史全貌，總有隔靴搔癢的感覺。我所敬畏的朋友連雅堂君，是臺南地區文壇非常優秀突出的人才，文章鏗鏘有力，學識淵博，讀破萬卷書，析論天下局勢，著書立說，不但啓迪臺灣人民良多，在史學方面更展現其深奧的內涵，見解獨特足以自成一家體系。最近著有《臺灣通史》一書，即將付印，全書共有三十六卷，從〈開闢紀〉開始，依次是〈建國紀〉、〈經營紀〉、〈職官志〉、〈戶役志〉、〈田賦志〉以及〈商務志〉、〈工藝志〉、〈風俗志〉等，凡是跟歷史有關的人事物，都採錄彙整編輯。特別是〈虞衡志〉這篇章，將臺灣島上所有動植物的資料網羅記錄，在史實之外，更增添很大的效益；由此可見其人見識之淵博，其書考察之周密詳實，讓人由衷敬佩。此書刊行後，不僅可充實島上的文明，更能貢獻不少珍貴資料給帝國（日本）學界參考；其著述此書備極辛勞，但其成就足堪讚美，故特爲其寫序。

大正七年（一九一八）秋九月巒洲 西崎順太郎序於臺南新報社

尾崎秀眞[1]序

史何以作乎？史為人類進化得失之林，不可不作也。環地球而族之人類，莫不有史。惟（惟，通「唯」）野蠻無史，無史所以長終古而蠻野也。抑史為世界人類所共有，無貴賤，無畛域（ㄓㄣˇ ㄩˋ，範圍、地域），髮櫛（梳理頭髮）緡貫（緡，音ㄇㄧㄣˊ，成串的錢。緡貫，指將文錢貫串起來），昭示來今。立言貴碩大光明，不偏不黨。發潛德之幽光，除奸回於既死者[2]，非國家編纂事業，世界的史家之事業也。臺灣之見於史者，始於隋之大業六年，其後西踞荷爭，忽而鄭，忽而清，治亂相承，波瀾重疊，文獻上固無可徵者。然而茫茫上古，純野蠻民族自生自滅之世，無從寫起。史之稍修，不過有清領臺二百餘年間，所著臺灣府縣廳志而已。而其編纂多出於清代吏人之手，非史家也；其筆削往

1 尾崎秀真（一八七四—一九五二）：原名秀太郎，字白水、號古邨，日本岐阜縣人。一九〇一年受聘為《臺灣日日新報》記者來臺，並在一九〇三年籾山逸也（衣洲）離臺後繼之兼漢文版主筆，直到一九二二年四月自臺灣日日新報社退職。一九二二年四月，尾崎受聘「臺灣總督府史料編纂委員會」之編纂工作，三年期滿而解散。一九二九年，臺灣總督府史料編纂委員會再起，尾崎秀真再次被命為編纂員，編纂了一八九五年至一九一九年之日誌長編，是為《臺灣史料稿本》。在史學方面，尾崎還編著有《義人吳鳳》、《鄭成功—閩海の王者》、《臺灣史料集成》等著作。一直到一九四六年尾崎才隨著日本戰敗而返日，共居臺四十餘年，在文學、歷史學、考古學等方面皆受到當局倚重，是日本殖民時期代表性的文化人之一。以上參考鍾淑敏〈《臺灣日日新報》漢文部主任尾崎秀真〉，收入《臺灣人物誌》，頁八—九。本序文寫於一九一八年，正是尾崎任職於《臺灣日日新報》主筆期間。

2 「發潛德之幽光，除奸回於既死者。」原文出自韓愈〈答崔立之書〉：「誅姦諛於既死，發潛德之幽光。」韓愈原意是：對於奸詐阿諛之徒，就算是已經死了也要對其口誅筆伐；對於美德，即便是潛在沒有被發現的也要極力發揚其光輝。

往為識者所譏，顧個人獨力編纂良難。大史眼不易得，難一。得之，而不肯肩自鋭任。譬如唐之韓、柳，尚躊躇觀望，餘可知矣，難二。材料散佚，探討無從，難三。今連子讀萬卷書，行萬里路，鎔鑄經史，貫穿古今。其史眼即禪家最上乘正法眼也。憤臺灣史乘未備，世方熙熙攘攘，競競逐逐於利，此獨超然物外，閉戶著書，前無古人，後無來者，非肩自鋭任者，曷克臻此。臺灣史料常以撫墾拓殖最為偉觀，而前賢之蓽路襤褸，往往見遺小儒，湮沒不彰。連子獨搜羅剔刮，廓（ㄎㄨㄛˋ，開拓）而明之；或摭（ㄓˊ，取）採父老口碑，或徵於北京史館，綱舉目張，探討極富，故能蔚然成為《臺灣通史》，雖曰人事，豈非天之誕降其奇，使完茲編纂使命哉。連子非官也，一介之史家也。臺灣，南國長春，四時若夏，花開子結，獸走禽飛，沿海波翻濤湧，魚嘯龍悲[3]，天之蒼蒼，其正色耶？[4]三光（日月星辰）在上，照見古來許多民族憑陵剪屠、興亡、淘汰，天何言哉，史家代為之言也。臺灣今日當我國圖南關門海峽，為東西文化潮流折衝樞紐，臺灣雖小，業成為世界的臺灣。烏乎（烏乎，通「嗚呼」），若然，則連子之編纂《臺灣通史》，其使命一為此後之豫言（豫言，預言）者。

大正戊午中秋前三日，白水尾崎秀真序於臺灣讀古村莊之桂子香處

---

3 此句原文出自蘇轍〈黃州快哉亭記〉：「晝則舟楫出沒於其前，夜則魚龍悲嘯於其下，變化倏忽，動心駭目，不可久視。」描寫快哉亭白天、黑夜不同的景象，「舟楫出沒」和「魚龍悲嘯」景物倏忽變化，令人「驚心駭目，不能久視」。序者似乎有意藉此典故強調臺灣海岸風景的氣勢和變化。

4 原文出自《莊子．逍遙遊》：「天之蒼蒼，其正色邪？其遠而無所至極邪。」因為距離天空很遠，所以看不到盡頭，序者似乎想用此句話來隱喻我們在世上所見的景象都是虛幻的。

譯文

張崑將、張溪南・注譯

為何要編纂歷史？因為歷史猶如是人類察覺得失、演進變化的大森林，不能不編纂，所以環視地球上不同種族的人類，都會有歷史的載記。只有野蠻的國家無史，也因為他們沒有歷史的紀錄，所以始終還是蠻荒落後的國家。歷史是世界人類共同擁有存在的事實，不分貴賤、不分地域，要像梳理頭髮、用繩穿貫錢幣那般謹慎小心，以明告世人。相關的記載和議論首重宏觀且光明磊落，不偏倚、不結黨營私；激發潛在道德良心的光輝，對於奸詐阿諛之人，就算已經死了也要口誅筆伐聲討，不當國家機器的傳聲筒，這是世界上所有史學家應有的志業和堅持。臺灣開始有歷史記載時，是隋朝大業六年（六一〇），後來歷經西班牙盤踞，荷蘭人占領，接著變成明鄭王朝，又轉而清朝統治，治亂之間接連不斷，波瀾起伏連連，歷史文獻沒有可徵信查考的。然而上古時期混沌不明，純然是野蠻民族自生自滅的時代，沒有資料可供編寫。臺灣史稍見有編修的時期，是清朝統治臺灣二百多年期間，臺灣府、縣、廳所編著的各類地方志書而已。這些方志的編纂大多出自清朝官吏之手，並非由史學家負責；其文筆的內容和風格往往被有識之士批判，所以要由個人之力獨自編纂史書難度的確很高，要找到有遠大歷史宏觀氣度的人很不容易，這是修史的第一重難度。即使找到了這樣的人才，卻有可能不肯肩負重任、勇往直前，譬如唐朝時代的韓愈、柳宗元，有史家風範卻仍猶豫觀望，其他的就可想而知了，這是修史的第二重難度。而史料經常散失不見，無從探查討論，這是修史的第三重難度。連雅堂君讀萬卷書、行萬里路，能從經典、史書中提煉寫作素材，從古至今融會貫通，他的歷史宏觀視野猶如禪宗心法的最上乘功夫—正法眼（能透見真理的智慧眼）。我常感嘆臺灣有關歷史的著作不很完備，大部分的人來來去去、忙碌一生，競相追逐的只是利，唯獨他能淡薄名利，不爲物慾所左右，閉門專心寫作此書，之前沒有人達成，之後也不會有，空前絕後，如果沒有肯肩挑重任、勇往直前的精神，是不可能完成的。臺灣的史料中以撫番、拓荒、墾居等資料最爲豐富可觀，先民們駕簡陋的柴車、穿破衣以開闢山林的艱苦奮鬥情境，往往被視野狹窄的修史儒吏所忽略遺落，許多事蹟被埋沒不明。連雅堂先生特別能夠廣博蒐集，並精挑細選正確的史料，完整且明白呈現；有些部分會採集地方耆老的口述，有些部分會求證於北京「清史館」[1]的臺灣歷史資料，綱要分明、條理清楚，探查和考證的內容極爲豐富，所以能蓬勃成就《臺灣通史》一書，這雖然是人爲的努力所完成的，但難道不是天命特意誕生這樣的奇才，來完成編纂這部史書的使命？連先生並沒有顯赫的官位，就是一個卑微的史學家。臺灣，有東亞南島長春的風情，四季如夏，植物能依時序開花結果，飛禽走獸生機盎然，沿海波濤洶湧，魚、龍在水中悲切長鳴，氣勢磅礴，令人目不暇給，而我們舉頭所見的蒼茫蔚藍的天空，難道就是天空本來的顏色嗎？日、月、星三光在上，照映出自古以來許多民族仗勢殺伐、興亡更替、淘汰消失，天是如何來表達其意志的呢？是用史學家來代替發言。臺灣現在儼然已成爲我國（日

1 連橫三十六歲時（一九一四），曾獲中華民國之「清史館」館長趙爾巽延聘為名譽協修，故能取得臺灣歷史的第一手相關資料，作為編寫《臺灣通史》的參考。

本）向南發展的另一個關門海峽[2]，是東西文化潮流交會的重要關鍵地方；臺灣雖然小，但已經成爲世界的臺灣。嗚呼！若眞是這樣，那麼連先生編纂《臺灣通史》，便負有爲後世預言的使命。

大正戊午（一九一八）中秋前三日，白水 尾崎秀眞序於臺灣讀古村莊之桂子香處

2 關門海峽，是位於日本本州、九州兩大島之間的海峽，連接日本海（韓國稱為「東海」）與瀨戶內海。自古以來關門海峽就是日本防守外國軍艦來襲或是出動軍艦的關鍵軍事海域。

海南下村宏[1]序

連雅堂氏，當代逸民也；久寓鯤溟[2]，著述頗豐。頃寄《臺灣通史》稿本，請序於余，余披而閱之，俶（ㄔㄨˋ，開始）載於蘭人占據，獲麟（孔子纂《春秋》止於獲麟，此借用獲麟表示截止之意）於乙未變革；至其敘清朝經營事蹟，則典據精深，記述詳明；乃與江日昇《臺灣外記》首尾相應，可謂文獻大宗矣。竊以唐巡撫獨立倡亂之事，寔非所以忠於清朝，仁於臺疆，悖義喪理，蒙昧殊甚，與鄭氏護持明朝殘局者全異其選。惟（惟，通「唯」）以我朝視之，則勝國游魂，寧為可憫耳，狂暴何咎？較諸《臺灣外記》，恨史材既有軒輊（ㄓˋ。軒輊，高低、優劣），余頗為雅堂氏惜之。雖然，江氏《外記》，體裁酷近稗官小說，讀者往往顰（ㄆㄧㄣˊ，皺眉）眉；《通史》則不然，專仿

---

1 下村宏（一八七五—一九五七）：字海南，日本和歌山縣人，曾擔任過臺灣總督府民政局民政長官、臺灣總督府總務長官、國務大臣兼情報局總裁。在臺灣任內，曾推行臺灣教育令、市區改正、日月潭發電等計畫。一九二一年從臺灣退官後，也活躍在日本《朝日新聞社》，並成為貴族院議員，甚至在戰爭末期擔任情報局總裁，戰後一度被認定為戰犯，短期被拘留，隨即被釋放，免除公職。本序文寫於一九二〇年秋天，正好是其在民政部民政長官剛退官之際，回日本之前的時間點。

2 鯤溟，泛指臺灣。連橫，《雅堂文集．卷三．臺灣史跡志》「七鯤鯓」：「今詩家稱臺灣為鯤溟，而舊《志》亦有『沙鯤漁火』之景。」（臺北市：臺灣銀行經濟研究室，一九六四），頁二二六。

龍門[3]格式，〈紀〉、〈傳〉、〈志〉、表分類有法；矧（ㄕㄣˇ，況且）又氣象雄渾，筆力遒建，論斷古今，吾幾不能測其才之所至，蓋近世巨觀也。即題此言返之。

庚申秋九月穀旦海南下村宏

3 《史記》作者司馬遷生於「龍門」（今陝西省韓城市），故以龍門代稱司馬遷。

譯文

張崑將、張溪南・注譯

連雅堂先生，可以說是這時代高風亮節的隱士奇人；他久居臺灣，關於臺灣風物的著作非常多。前不久寄來《臺灣通史》的文稿，要我幫他寫序，我翻閱拜讀，本書從荷蘭人占據臺灣開始寫起，結束於乙未年（一八九五）臺灣割讓後的變局；有關清朝在臺灣的經營事蹟，能根據典籍考證深入且精確，記錄詳實而完整，這和江日昇所著的《臺灣外記》有首尾呼應之妙，堪稱文獻界的皇皇巨著。我個人認爲唐景崧巡撫帶領臺民獨立建民主國的亂事，並非出自於對清朝的忠誠，也沒有懷抱想拯救臺灣的仁心，實在是違背仁義喪失理性的行爲，非常愚昧無知，這與鄭成功護持明室殘局的忠心不能相提並論。以我國（日本）的立場來看，這些亡國遊魂，是可憐憫的，但他們狂暴的抵抗行動到底是要向誰興師問罪？相較於《臺灣外記》，可嘆這歷史素材本身就存有爭議，這也讓我頗爲雅堂先生感到惋惜之處。[1] 儘管如此，但江氏的《臺灣外記》描寫體裁接近街談巷說的小說形式，內容因過於荒誕常讓讀者皺眉懷疑；《臺灣通史》就不一樣了，專仿司馬遷寫《史記》的格式，依〈紀〉、

---

1 因唐景崧組臺灣民主國抗日一事，寫序者下村宏（曾任臺灣總督府民政局民政長官、臺灣總督府總務長官）為日本政府官員，在這部分史料的觀點上似乎不太認同連雅堂的記述，故有「恨」、「惜」的字眼出現。

〈傳〉、〈志〉、〈表〉分門別類；況且內容氣象萬千、雄厚博大，文筆強勁流暢，評論古今精當，其文才更是高深莫測。總之，這本書是近代的曠世巨著。謹題寫此文回敬。

庚申年（一九二〇）秋天九月吉日海南下村宏

凡例*

一、此書始於隋大業元年、終於清光緒二十一年，凡千二百九十年之事，網羅舊籍，博採遺聞，旁及西書，參以檔案，而追溯於秦、漢之際，故曰通史。

一、此書略倣龍門之法，曰紀、曰志、曰傳，而表則入於諸志之中。

一、前人作史，多詳禮樂兵刑，而於民生之豐嗇、民德之隆污，每置缺如。夫國以民爲本，無民何以立國？故此書各志，自鄉治以下尤多民事。

一、輿地一志，或曰地理、或曰疆域。夫地理屬於自然，山嶽、河川是也；疆域由於人爲，府、縣、坊、里是也。故此書僅志疆域，而地理別爲撰述。

一、臺灣地名多譯番語。如宜蘭未入版圖之時曰「蛤仔難」、或作「甲子蘭」，設廳之際稱「噶瑪蘭」，改縣之後又稱「宜蘭」。故必照其時之名以記，庶免誤會。

一、臺灣虞衡之物多屬土名，著者特爲考證，釋以漢名。疑者則缺。

一、宦游士夫，僅傳在臺施設之事；若臺灣人物，則載其一生。

一、作史須有三長；棄取詳略，尤貴得宜。顧臺灣前既無史，後之作者又未可知，故此書寧詳毋略、寧取毋棄。

＊1 本書所用之底本為臺灣文獻叢刊本，並參考臺灣通史社版本予以校改。

2 原文用字中異體字有參雜不一者，本書皆予以統一，如「埔里社」、「埔裏社」統一為「埔裏社」，「琅璚」、「瑯璚」統一為「琅璚」，「砲」、「礮」統一為「炮」等。——校閱者注

卷一　開闢紀

臺灣固東番之地，越在南紀，中倚層巒，四面環海。荒古以來，不通人世，土番魋（ㄊㄨㄟˊ，通「椎」，椎形的髮髻）結，千百成群，裸體束腰，射飛逐走，猶是游牧之代。以今石器考之，遠在五千年前，高山之番，實為原始；而文獻無徵，搢紳之士固難言者。按史秦始皇命徐福求海上三神山，去而不返；又曰：「自齊威宣、燕昭使人入海求蓬萊、方丈、瀛洲。此三神山者，其傳在渤海中，去人不遠，患且至，則船風引而去。蓋嘗有至者，諸僊（ㄒㄧㄢ，仙）人及不死之藥皆在焉。其物禽獸盡白，而黃金銀為宮闕。未至，望之如雲。及到，三神山反居水下。臨之，風輒引去，終莫能至云。世主莫不甘心焉。及至秦始皇幷天下，至海上，則方士言之，不可勝數。始皇自以為至海上而恐不及矣，乃使人齎（ㄐㄧ，攜）童男女入海求之。船交海中，皆以風為解，曰未能至，望見之焉。」或曰，蓬萊、方丈為日本、琉球，而臺灣則瀛洲也；語雖鑿空，言頗近理。蓋以是時航術未精，又少探險海外，飄渺虛無，疑為僊境，陋矣。臺灣與日本、琉球鼎立東海，地理氣候大略相同，山川美秀，長春之花、不黃之草，非方士所謂僊境也歟？徐福有來臺灣，今雖無可確證，而五百男女之散處日本、琉球者，後嗣不絕；然則秦時男女或有往來臺灣者，未可知也。或曰，澎湖則古之方壺，而臺灣為岱員；於音實似。列子夏革曰：「渤海之東，不知幾億萬里，有大壑焉。實維無底之谷，其下無底，名曰歸虛。其中有五山焉：一曰岱輿，二曰員嶠，三曰方壺，四曰瀛洲，五曰蓬萊。其山高下周旋三萬里，其頂平處九千里，山之中相去七萬里，而五山之根無所連著，常隨潮波上下往還，不得暫峙焉。僊聖毒之，訴之於帝。帝怒，流於西極，失群聖之所居。乃命禺彊使巨鼇十五舉首而戴之，迭為三番，六萬歲一交焉；五山始峙。」夫澎湖與臺灣密邇。巨浸隔之，黑流所經，風濤噴薄，瞬息萬狀，實維無底之谷，故名落漈；又有萬水朝東之險，而言「風輒引去」也。臺灣之山有高至海拔一萬三千六百餘尺、為東洋群山之特出者，長年積雪，其狀如玉，故曰「望之如雲」也。或曰，臺灣為古之東鯷。《後漢書．東夷傳》曰：「會稽海外有東鯷人，分為二十餘國。又有夷洲、澶洲。傳言秦始皇遣方士徐福將童男女數千人入海求蓬萊神仙，不得，徐福畏誅，遂止此洲。會稽東冶縣人有入海行、遭風流移至澶洲者，所在絕遠，不可往來。」然則臺灣之為瀛洲、為東鯷，澎湖之為方壺，其說固有可信。而澎湖之有居人，尤遠在秦、漢之際。或曰，楚滅越，越之子孫遷於閩，流落海上，或居於澎湖，是澎湖之與中國通也已久，而其見於載籍者則始於隋代爾。

《海防考》曰：「隋開皇中，嘗遣虎賁陳稜略澎湖地。其嶼屹立巨浸中，環島三十有六，如排衙。居民以苫茅為廬舍，推年大者為長，畋漁為業。地宜牧牛羊，散食山谷間，各氂（ㄌㄧˊ，割劃）耳為記。稜至撫之，未久而去。」是為中國經略澎湖之始，而亦東入臺灣之機也。當是時，宇內既平，南北混一，聲靈所布，訖於南蠻。而澎湖地近福建，海道所經，朝發夕至。漳、泉沿海之黎民早已來往，耕漁並耦，不侵不釁，幾為熙皞之世。唯是書所言，頗有錯謬。陳稜之拜虎賁，事在大業三年，而此為開皇中，相去幾十餘載。豈為追述之辭？若其經略臺灣，則詳於《隋書》之〈琉球傳〉也。其傳曰：「流求國在海中，當建安郡東，水行五日而至。土多山洞。其王姓歡斯氏，名渴刺兜，不知其由來，有國世數也。彼土人呼之為『可老羊』，妻曰『多拔荼』。所居曰波羅檀洞，塹（ㄑㄢˋ）柵三重，環以流水，樹棘為藩。王所居舍，其大一十六間，琱刻禽獸，多鬥鏤樹，似橘而葉密，條纖如髮之下垂。國有四、五帥，統諸洞，洞有小王。往往有村，村有鳥丫帥，並以善戰者為之，自相樹立，主一村之事。男女皆以白紵（ㄓㄨˋ，即「苧」，其纖維可用來紡織）繩纏髮，從項後盤繞至額。其男子用鳥羽為冠，裝以珠貝，飾以赤毛，型制不同。婦人以羅紋白布為帽，其形正方；織鬥鏤皮並雜毛以為衣，製裁不一；綴毛垂螺為飾，雜色相間，下垂小貝，其聲如珮；綴璫施釧，懸珠於頸；織籐為笠，飾以毛羽。有刀弰（ㄕㄠ，應作「鞘」）、弓箭、劍鈹（ㄆㄧ，古代兵器）之屬。其處少鐵，刃皆薄小，多以骨角輔助之。編紵為甲，或用熊豹皮。王乘木獸，令左右輿之，而導從不過數十人。小王乘機，鏤為獸形。國人好相攻擊，人皆驍健善走，難死而耐創。諸洞各為部隊，不相救助。兩陣相當，勇者三、五人出前跳躁，交言相罵，因相擊射。如其不勝，一軍皆走，遣人致謝，即共和解，收取鬥死者聚食之，仍以髑髏（ㄉㄨˊ ㄌㄡˊ，死人頭骨）將向王所。王即賜以冠，使為隊帥。無賦斂，有事均稅。用刑無常準，皆臨事科決。犯罪皆斷於鳥丫帥，不服，則上請於王，王令臣下共議定之。獄無枷鏁（ㄙㄨㄛˇ，即「鎖的異體字」），唯用繩縛。決死刑以鐵錐，大如筯（ㄓㄨˋ，同「箸」，筷子），長尺餘，鑽項殺之。輕罪用杖。俗無文字，望月盈虧以紀時節，候草木榮枯以為年歲。其人深目長鼻，頗類於胡，亦有小慧。無君臣上下之節、拜伏之禮。父子同床而寢。男子拔去髭（ㄗ，嘴邊鬍鬚）鬚，身上有毛皆除去。婦人以墨黥手，為蟲蛇之文。嫁娶以酒肴珠貝為聘。或男女相悅，便相匹耦（ㄡˇ，同「偶」，相對，同伴）。婦人產乳，必食子衣。產後以火自炙，令汗出五日便平服。以木槽中暴海水為鹽，木汁為酢，釀米麴為酒，其味離薄。食皆用手。偶得異味，先進尊者。凡有宴會，執酒者必待呼名而後飲。上王酒者亦呼王名銜杯。其飲頗同突厥，歌呼蹋蹴（ㄘㄨˋ，踩踏），一人唱，眾皆和，音頗哀怨，扶女子上膊搖手而舞。死者氣將絕，舉至庭前，親朋哭泣相弔。浴其屍，以布帛纏之，裹以葦草，櫬土而殯，上不起墳。子為父者，數月不食肉。其南境風俗少異，人有死者，邑里共食之。有熊、羆、豺、狼，尤多豬、雞；無牛、羊、驢、馬。厥田良沃。先以火燒，而引水灌。持一插，以石為刃，長尺餘，闊數寸，而墾之。土宜稻、粱

（粱，當作「粱」）、禾、黍、麻、赤豆、胡黑豆等。木有楓、栝（ㄍㄨㄚ）、樟、松、梗、楠、枌（ㄈㄣˊ）、梓、竹、籐。果、蓏同於江表。風土氣候與嶺南相類。俗祀山海之神，祭以酒肴。戰鬥殺人，便將所殺之人祭其神。或倚茂樹起小屋；或懸髑髏於樹上，以箭射之；或累石繫幡以為神主。王之所居，壁下多聚髑髏以為佳。人間門戶上必安獸頭骨角。大業元年，海師何蠻等言：『每春秋二時，天清風靜，東望依稀，似有煙霧之氣，亦不知幾千里』。三年，煬帝令羽騎尉朱寬入海訪異俗，何蠻言之，遂與蠻俱往。因到流求國，言不相通，掠一人而返。明年，帝復令寬慰撫之，不從，寬取其布甲而還。時倭國使來朝，見之曰：『此夷邪久國人所用也』。帝遣虎賁陳稜、朝請大夫張鎮周率兵，自義安浮海至高華嶼，又東行二日至鼅鼊嶼，又一日便至流求。初，稜將南方諸國人從軍，有崑崙人頗解其語，遣人慰諭之，流求不從，拒逆官軍。稜擊走之。進至其都，焚其宮室，載軍實而還。自爾遂絕。」其〈陳稜傳〉曰：「大業三年拜虎賁中郎將，後三歲，與朝請大夫張鎮周發東陽兵萬餘人，自義安泛海擊流求國，月餘而至。流求人初見船艦，以為商旅，往往詣軍中貿易。稜率眾登岸，遣鎮周為先鋒。其主歡斯渴刺兜遣兵拒戰，鎮周頻擊破之。稜進至低沒檀洞，小王歡斯老模率兵拒戰，稜擊破之，斬老模。其日霧雨晦冥，將士皆懼。稜刑白馬祭海神，既而開霽。分為五軍，趨其都邑。渴刺兜率眾數千逆拒。稜又遣鎮周為先鋒，擊走之，乘勝逐北，至其柵。渴刺兜背柵而陣，稜盡銳擊之，從辰至未，苦鬥不息。渴刺兜自以軍疲，引入柵。稜遂填塹，攻破之，斬渴刺兜，獲其子島槌，虜男女數千而歸。」《閩書》亦曰：「福州之福盧山，當隋之時，曾掠琉球五千戶置此，尚有其裔。」是琉球者，臺灣之古名；今之琉球，古曰沖繩。《蓉洲文稿》曰：「臺灣、海中番島，考其源則琉球之餘種，自哈剌分支，近通日本，遠接呂宋，控南澳、阻銅山，以澎湖為外援。」哈喇之音似為渴刺，而波羅檀之地今在何處，或以為葫蘆墩，於音相近，或以為琅璚之部落。當隋之時，大安、大甲兩溪匯合一流，濁水以北，猶巨海也，波羅檀為海濱高原，王都於是，以固險也。故自隋書以至宋、元所言之琉球，多屬臺灣。

先是大中七年八月，商人欽良暉歸自日本，與倭僧圓珍同船，為北風漂至琉球，見岸上數十人各執刀戈，良暉大驚，圓珍力祈不動尊，既而風回，乃至福建；是為日人發見臺灣之始，其後遂不往來也。

唐貞觀間，馬來群島洪水，不獲安處，各駕竹筏避難，漂泊而至臺灣。當是時，歡斯氏遭隋軍之後，國破民殘，勢窮蹙（ㄘㄨˋ，緊迫、窘迫），馬人乃居於海澨，以殖其種。是為外族侵入臺灣之始。故《臺灣小志》曰：「生番之語言，出自馬來者六之一，出自呂宋者十之一，迤北十七村多似斐利賓語，說者謂自南洋某島遷來。」其言近似。而統一之者為卑南王。王死之後，各社分立，以至今日。及唐中葉，施肩吾始率其族遷居澎湖。肩吾、汾水人，元和中舉進士，隱居不仕，有詩行世。其題澎湖一詩，鬼市、鹽水，足寫當時之景象。而終唐之世，竟無與臺灣交涉也。歷更五代，終及兩宋，中原板蕩，戰爭未息，漳、泉邊民漸來臺灣，而以北港為互市之口；故臺灣舊詩有「臺灣一名北港」之語。北港在雲林縣西，亦謂之「魍港」。當是時，馬人之在臺灣者族強勢大，遂攘土番而分據南北焉。淳熙之間，琉球酋長率數百輩，猝至泉之水澳、圍頭等村肆行殺掠。喜鐵器及匙筋（筋，當作「筯」，下同），人閉戶則免，但刓（ㄨㄢ，挖）其門鐶而去。擲以匙筋，則頫（ㄈㄨˇ，俯）拾之。見鐵騎，爭刓其甲，駢（ㄆㄧㄢˊ，相連並列）首就戮，而不知悔。臨敵用鏢鎗，繫繩十餘丈為操縱，蓋惜其鐵而不忍棄也。不駕舟楫（ㄐㄧˊ，船槳，代指船），縛竹為筏，急則群舁（ㄩˊ，抬舉）之，泅水而遁。與那國者，沖繩之一島也。昔有長耳國人渡來，掠人為害。與那國人謀防禦，造巨屨，投之海；長耳國人見而驚去。是為臺灣番族侵掠外洋之始，而此為馬人也。其黠者且乘艋舺渡大海至呂宋，以物交物，轉貿於高山之番，至今猶有存者。故《宋史》曰：「流求國在泉州之東，有海島曰澎湖，煙火相望。旁有毗舍耶國，語言不通，袒裸盱睢（ㄒㄩ ㄙㄨㄟ，睢盱，質樸），殆非人類。」蒙古倔起，侵滅女真，金人泛海避亂，漂入臺灣。宋末零丁洋之敗，殘兵義士亦有至者。故各為部落，自耕自贍，同族相扶，以資捍衛。

元世祖既宅區夏，餘威震於殊俗，南洋諸島悉入帡幪。至元十八年，元師伐日本，至九州海上，遇颶熸（ㄐㄧㄢ，滅）焉。諸將各擇堅艦遁，至澎湖及臺灣西岸，再遇風，乃歸福建。二十三年，整兵造艦，謀再舉，未發而止。二十八年秋九月，命海船副萬戶楊祥、合迷、張文虎並為都元帥，將兵征琉求，置左右兩萬戶府，官屬皆從祥選辟。既又用福建吳志斗言祥不可信，宜先招諭之。乃以祥為宣撫使，佩虎符，阮鑒兵部員外郎，志斗禮部員外郎，並銀符，齎詔往琉求。明年，不得達琉求而還。夫元之謀伐琉球，蓋欲以扼日本也。故《元史》曰：「琉求在南海之東，漳、泉、興、福四州界內。澎湖諸島與琉求相對，亦素不通。天氣清明時，望之隱約，若煙若霧，其遠不知幾千里也。西、南、北岸皆水，至澎湖漸低，近琉求則謂之落漈。漈者，水趨下而不回也。凡西岸漁舟到澎湖已下，遇颶風發作，漂流落漈，回者百一。琉求，在外夷最小而險者也，漢、唐以來，史所不載；近代諸番市舶，不聞至其國者。世祖至元二十八年九月，海船副萬戶楊祥請以六千軍往降之；不聽命，則遂伐之。朝廷從其請。繼有書生吳志斗者，上言生長福建，熟知海道利病，以為若欲收附，且就澎湖發船往諭，相水勢地利，然後興兵未晚也。冬十月，乃命楊祥充宣撫使，給金符，吳志斗禮部員外郎，阮鑒兵部員外郎，並給銀符，往使琉求。詔曰：『收撫江南已十七年，海外諸番罔不臣屬，唯琉求邇在閩境，未曾歸附，議者請即加兵。朕維祖宗立法：凡不庭之國，先遣使招諭，來則安堵如故；否則必致征討。今止其兵，命楊祥、阮鑒往諭汝國，果能慕義來朝，存爾國祀，保爾黎蔗（蔗，當作「庶」。黎庶，平民）；若不效順，自恃險阻，舟師奄及，恐貽（ㄧˊ，遺留）後悔。爾其慎擇之！』二十九年三月二十九日，自汀路尾澳舟行。至是日巳時，海洋中正東，望見有山長而低者，約去五十里。祥稱是為琉求國，鑒稱不知的否。祥乘小舟至低山下，以其人眾，不敢自上岸，命軍官劉閏等二百餘人，以小舟十一艘載軍器，領三嶼人陳輝者登岸。岸上人眾不諳三嶼人語，為其殺死者三人，遂還。四月二日至澎湖，祥責鑒、志斗已到琉求文字，二人不從。明日，不見志斗蹤跡，覓之無有也。先是志斗嘗斥言祥生事要功，欲取富貴，其言誕妄難信。至是疑祥害之。祥顧稱志斗初言瑠球不可往，今祥已至琉求而還，志斗懼罪逃去。志斗妻子訴於官。有旨發祥、鑒還福州置對，後遇赦，不竟其事。成宗大德元年，福建省平章政事高興言：『今立省泉州，距琉求為近，可伺其消息。或宜招宜伐，不必它調兵力，興請就近試之』。九月，高興遣省都鎮撫張浩、福州新軍萬戶張進赴琉求國，擒生口一百三十餘人而還。」是為中國再略臺灣之事。當是時，澎湖居民日多，已有一千六百餘人，貿易至者歲常數十艘，為泉外府。至元中，乃設巡檢司，隸同安。澎湖之置吏行政自茲始。

明初宇內未平，桀（ㄐㄧㄝˊ，凶暴）驁（ㄠˊ，狂傲）之徒聚為海寇，出入澎湖，以掠沿海。洪武五年，信國公湯和經略海上，議徙澎民於近郭，以絕邊患。廷議可之。二十年，遂廢巡檢，盡徙其人於漳、泉，而墟其地。自是澎湖遂為海寇巢窟。永樂中，太監鄭和舟下西洋，諸夷靡不貢獻，獨東番遠避不至。東番者，臺灣之番也。和惡之，率師入臺。東番降服。家貽一銅鈴，俾掛項間。其後人反寶之，富者至掇數枚。是為中國三略臺灣之事。初，和入臺，舟泊赤崁，取水大井。赤崁，番社名，為今臺南府治，其井尚存。而鳳山有三寶薑，居民食之疾瘳，云為鄭和所遺。則和入臺且至內地，或謂在大岡山也。嘉靖四十二年，海寇林道乾亂，遁入臺灣。都督俞大猷追之至海上，知水道紆（ㄩ，曲折）曲，時哨鹿耳門以歸，乃留偏師駐澎湖，尋罷之。居民又至，復設巡檢；已亦廢之。道乾既居臺灣，從者數百人，以兵劫土番，役之若奴。土番憤，議殺之。道乾知其謀，乃夜襲殺番，以血釁（ㄒㄧㄣˋ，以血祭拜）舟，埋巨金於打鼓山，逸之大年。

萬曆二十年，日本伐朝鮮，沿海戒嚴。哨者謂有將侵淡水、雞籠之議，明廷以澎湖密邇（ㄦˇ，近），議設兵戍險。二十五年，始設游兵，春冬汛（軍隊駐守）守。於是澎湖復為中國版土。四十五年，日人入龍門港，遂有長戍之令。初，日本足利氏之末葉，政亂民窮，薩摩、肥前諸國之氓相聚為盜，駕八幡船，侵掠中國沿海，深入閩、浙，而以臺灣為往來之地，居於打鼓山麓，名曰高砂，或曰高山國。高砂為日本播州海濱之地，白沙青松，其境相似，故名；或曰是番社之名也。當是時，日本征夷大將軍豐臣秀吉既伐朝鮮，謀併臺灣。二十一年十一月，命使者原田孫七郎至呂宋，途次賜書高山國，勸其入貢。書曰：「夫日輪所照臨，雖至海岳、山川、草木、禽蟲，莫不受他恩光也。予際欲處慈母胞胎之時，有瑞夢。其夜日光滿室，室中如晝，諸人不勝驚愕。相士相聚占卜之，曰：『壯年輝德色於四海，發威光於萬方之奇異也』。故不出十年之中，而誅不義，立有功，平定海內。異邦遐（ㄒㄧㄚˊ，遠方）陬（ㄗㄡ，角落，偏僻）嚮風者，忽出鄉國，遠泛滄海，冠蓋相望，結轍於道，爭先而服從矣。朝鮮國者，自往代於本朝有牛耳盟，久背其約。況又予欲征大明之日，有反謀。此故命諸將伐之。國王出奔，國城付一炬也。聞信已急，大明出數十萬援兵，雖及戰鬥終依不得其利，來敕使於本邦肥之前州而乞降。繇（ㄧㄠˊ，隨）之築十個城營，收兵於朝鮮域中慶尚道，而履決真偽也。如南蠻琉球者，年年獻土宜，海陸通舟車，而仰予德光。其國未入幕中，不進庭，罪彌天。雖然不知四方來享，分為其地疏志，故原田氏奉使命而發船。若是不來朝，可令諸將攻伐之。生長萬物者日也，枯渴萬物者亦日也。思之不具！」是為日本經略臺灣之始。三十二年，山田長政赴暹羅，途次臺灣。於時日本人在臺日多，或採金於哆囉滿，或寄居小琉球。既復攻雞籠番，脅取其地。明朝憂之，乃增澎湖遊兵。秀吉死，德川家康嗣大將軍，戡平內亂，圖遠略，獎勵海外貿易，其船之出洋者給朱印狀以保護之。四十三年，村山等安受高砂渡航朱印狀。等安，肥前人，奉景教，家康委以經略臺灣之事。欲利用其教以收服土番，乃率其子來。家康以兵三千與之，欲取為附庸。然以無援，故不成。先是中山遣使於明曰，日本有取臺灣之議，明廷命警備沿海，及是而罷。

天啓元年，海澄人顏思齊率其黨入居臺灣，鄭芝龍附之；事在其傳。於是漳、泉人至者日多，闢土田，建部落，以鎮撫土番，而番亦無猜焉。居無何，思齊死，眾無所立，乃奉芝龍為首。芝龍最少，才冠其群，陸梁海上，官軍莫能抗。朝議招撫。以蔡善繼習芝龍，為書招之。芝龍感激歸命。及降，善繼坐戟門，令芝龍兄弟泥首，芝龍屈意下之，而一軍皆譁，竟叛去。復居臺灣，劫截商民，往來閩、粵之間。六年，泊於漳浦之白鎮，與官軍戰勝，遂趣中左所。中左所者，廈門也。督師俞咨皋與戰敗，又佚之。中左人開門納之。崇禎元年九月，率所部降於督師熊文燦，而其黨有留臺灣者。當是時，海寇曾一本、李魁奇先後據澎湖，以侵掠福建，嗣為官軍所滅。

先是萬曆初，有葡萄牙船航東海，途過臺灣之北。自外望之，山嶽如畫，樹木青葱，名曰科摩沙，譯言美麗。是為歐人發見臺灣之始。越三十餘年，而荷人乃至矣。荷蘭為歐洲強國，當明中葉，侵奪爪哇，殖民略地，以開東洋貿易之利。萬曆二十九年，荷人駕夾板，攜巨炮，薄（ㄅㄛˊ，通「迫」，逼近）粵東之香山澳，乞互市。粵吏難之，不敢聞於朝。當是時，中國閉關自守，不知海外大勢，而華人之移殖南洋者已數百萬，政府且欲禁之。海澄人李錦久居大年，習荷語。其友潘秀、郭震亦賈於南洋者。錦見荷酋麻韋郎曰：「若欲通商，無如漳州。漳州之南有澎湖，南北交通之要地也，誠能踞而守之，則互市不難。」麻韋郎曰：「守土官不許，奈何？」曰：「稅使高寀（ㄘㄞˇ）嗜金錢，無遠慮，若厚賄之，必奏聞。得天子一報可，而守土官誰敢抗哉？」錦乃為作書，一移寀及兵備守將，令秀、震齎往。守將陶拱聖大駭，亟白當事，繫秀於獄。震懼不敢入。而荷人俟之久，三十七年秋七月，駕二巨艦抵澎湖。時明兵已撤，遂登陸，伐木築屋，為久居計。錦潛入漳州，詭言被獲逃歸。守吏知其事，並下獄。遣使說荷人去澎，不諧。高寀亦令密使周之範往見荷人，說以三萬金餽寀，即許互市。荷人喜，與約。事垂成矣，總兵施德政偵其事，檄都司沈有容將兵往諭。有容負膽智，大聲論辯。荷人心折，曰：「我從未聞此言。」索還所餽金，以貨物贈寀。寀不答。福建巡撫徐學聚亦嚴禁國人下海，犯者誅。錦等旋論死，而荷人亦去澎湖。

天啓二年，荷人再乞互市，不許，遂侵掠沿海。冬十月，荷將以船艦十七艘再至澎湖，據之。澎民數千謀拒守。荷人劫以兵，奪漁舟六百餘。築城媽宮，役死者千三百人。復於風櫃尾、金龜頭、蒔裏、白沙、漁翁諸島各造炮臺，以防守海道。初，荷人撤退澎湖之時，巡撫南居益上疏請修防備，未舉而荷人再至；復上疏請逐。天啓三年夏六月，以兵二千入鎮海港，破炮臺，進攻媽宮城。荷人恐，潛結海寇，以八船窺福建，出沒金、廈間。四年春正月，居益復遣總兵俞咨皐伐之，荷人大敗，禽其將高文律，斬之。八月，荷人請和，許之，與互市，乃退澎湖，而東入臺灣。先是，海澄人顏思齊居臺灣，鄭芝龍附之。既去，而荷人來，借地於土番。不可。紿（ㄉㄞˋ，欺騙）之曰：「願得地如牛皮，多金不惜。」許之。乃剪皮為縷，周圍里許，築熱蘭遮城以居，駐兵二千八百人。附近土番多服焉。

六年夏五月，西班牙政府自呂宋派遠征軍，以朗將之，率戰艦入據雞籠，築山嘉魯城，駐兵防守。而臺之南北遂為荷、西二國所割據。當荷人入臺之前，日本人已先在此；以臺灣為南洋所經之地，往來頻繁。及荷人至，課丁稅；日人以先來之故，不從，法令亦不能強其奉行。於是始與臺灣領事有隙。爪哇總督嘉爾匾芝欲挫日本貿易，擢（ㄓㄨㄛˊ，提拔）其子俾敕爾盧為臺灣領事，且命至長崎理交涉之案。俾敕爾盧蒞任未久，而濱田彌兵衛之事起。初，長崎代官末次平藏受幕府命，航海往福州，途次澎湖，為荷人所苦。歸大憤，欲雪恥，謀諸長崎市人濱田彌兵衛。彌兵衛素負勇俠，慨然許之。與其弟小左工明子新藏率市中壯士十二人，以崇禎八年春三月二十日至臺。同船華人某告荷人。荷人驗其船，搜奪兵器及楫，留之。牒（ㄉㄧㄝˊ，文書）報爪哇總督，請處分。彌兵衛淹留四月，不得歸，罄售貨物，久之無所得食，憤甚。六月二十九日，率眾三人至領事廳，預伏援兵，面求解纜。不聽。彌兵衛大怒，直前劫之，左右愕眙（ㄧˊ，瞪著直視），伏兵盡起。有執兵入衛者，新藏揮刀斬之，諸皆畏懼莫敢動。乃拉領事歸旅館。領事告其屬，示媾（ㄍㄡˋ，議和）意。若日人果有復仇之心，則以兵拒之。彌兵衛亦慮有變，乃與立約。曰：以領事之子及官一、荷人三為質，而日本亦以末次平藏之姪及五人交質。曰：荷蘭領事須放前捕土番十一人，及華人通譯，並歸其財產。曰：應以相抵之物贈彌兵衛，以洗前恥。曰：日本人所失華絲二萬觔（ㄐㄧㄣ，斤），須以八萬六千盾賠償之。凡約五日而成。七月初四日交質。明日，囚荷人於長崎。既而領事之子瘐死（瘐音ㄩˇ。瘐死，餓死）獄中。其後七年，始放荷人歸國。自是日人之勢力始震於臺灣。及鎖港之令行而後絕跡。

二年，西人復入淡水，築羅岷古城，為犄角（犄音ㄐㄧ。犄角，倚靠、支援），駐領事，闢土田，以鎮撫土番。當是時，雞籠、淡水均為荒穢之地，華人亦少至者，草茀瘴毒，居者輒病死，故西人亦大費經營也。五年，西船遭颶至蛤仔難海岸，為土番劫殺，發兵討之。六年，西人始至大浪泵，南訖竹塹，謀殖民，而神甫輒遭番害，乃止。

當荷人入臺之時，福建沈鈇（ㄈㄨ）上書巡撫南居益曰：「紅夷潛退大灣，蓄意叵測。征兵調兵，殊費公帑。昨僭陳移檄（ㄒㄧˊ，文書通告）暹羅，委官宣諭，約為共逐。未知可允行否？澎湖雖僻居海外，實泉、漳門戶也。無論紅夷灣泊，即日本、西洋呂宋諸國亦所必經，地最險要，山尤平坦。南有港門，直通西洋，紅夷築城據之。北有港門，名鎮海港，官兵渡澎居之。中間一澳，從南港門而入，名曰暗澳，可泊舟數百隻。四圍山地，可開作園，栽種黍稷瓜果，牧養牛羊牲畜，未可遽墾為田，以山多頑土，無泉可灌也。今欲使紅夷不敢居住澎湖，諸國不得往來澎湖，其策有六：一曰專設游擊一員，鎮守湖內；二曰招募精兵二千餘名，環守湖外；三曰造大船，製火器，備用防守；四曰招集兵民，開墾山蕩，以助糧食；五曰建設公署營房，以妥官兵；六曰開通東西洋呂宋商船，以備緩急。此六議似當斟酌舉行者。夫澎湖險地，什倍南澳，地在海島，夙盜藪（ㄙㄡˇ，聚集所在）也。萬曆初年，撫臺劉凝齋公祖移會廣東制臺，題設副總兵坐鎮於中，抵今兵民完聚，田土開闢，屹為海邦重鎮，俾夷不敢窺伺，漳、潮賴以安枕，信明驗矣。今澎湖可倣而行之；請設游擊一員，坐鎮湖內，仍設左右翼把總哨官，為之輔佐，擇閩中慣歷風濤、諳練水路者充之；無事則演藝守汛，有事則料敵出奇，俾諸夷不得復窺中土。並議久任責成，凡兵之進退、糧之出入，咸游擊是賴，三載加銜，六載成勳，特陞大將。每歲或委廉幹佐貳，不時查點。如兵士有虛捏、月糧有剋減，參處查究，追出銀兩以充兵餉；庶知勸懲，永奠沃壤。殆與南澳一鎮，並為閩中屏翰矣。此議設游擊之策一也。夫有官守，必有兵戍。戍守哨探之兵，非二千餘名不可。每名月糧九錢，此定例也。其糧餉或出自漳、泉二府，或支自布政司庫，原有定議。沿海捕魚之民，慎擇以充之。或撥出洋遠探若干名，遇賊則攻擊之；或撥守港內若干名，有警則應援之。游擊標下親兵與把總哨官人役，各自另設，不許占用水陸戍兵一人，不許虛冒戍兵月糧一分。其月糧按季開支。該道委海防館照名數鑿鑿包封，逐名唱給，不許將官總哨代領，以防剋減；尤不許防館吏書需索常例，以奪兵食。此游兵營堡宿弊，亟宜申明禁革之。凡汛地之守探，具數總報院道，以便查考。夷情之緩急，飛報院道防館，以便調度。一或誤事，自有軍法。庶水陸並進，犬牙相制；澎島一帶，可保無虞。此議戍兵之策二也。夫各寨游船，每板薄釘稀，委官製造，價銀十不給半，一遇海濤，便自潰裂，安可出戰？今宜令駕船者領價監造。每船歷幾汛方許修理，載幾汛方許改拆，而拆造僅給半價，則造船駕船均出一手，或不敢以敝漏之舟，自試蛟龍之窟耳。若火藥，尤紅夷所懼者。中左所火攻，已破其膽。火舟四集，自爾宵遁，則火舟當多備明甚。而大銃大船尤不可少者。宜造大船十餘隻，安置大銃十餘門，布列港口，俟賊至夾攻之。夷酋憚（ㄉㄢˋ，懼怕）我長技，不唯不敢侵我疆土，且遠遁無敢再出矣。此議造船火器之策三也。澎湖山地，雖云頑土，不堪墾田，而遍度膏腴之區，或可播種禾穀者。即黍、稷、麻豆、甘蔗、果木，均可充兵民口食之需。須廣招同安、海澄濱海黎庶之田園可耕者，多四、五百人，少亦二、三百人，俾挈（ㄑㄧㄝˋ，攜帶）犁鋤種子以往。就居撥地，聽其墾種。每人量給二、三十畝，仍帶妻子，方成家業。並畜牛羊，捕釣魚類，少資糊口。仍禁游擊總哨各官，不許索租粒食。各戍兵下班之日，有能用力種植者亦聽之。明示十年以內，決不抽稅。俟十年以後，田園果熟，酌量每畝抽銀二、三分，以為犒賞官兵之費用。務使民兵相安，永遠樂業。此議招民開墾園地之策四也。夫官既守海，必有公廨（ㄒㄧㄝˋ，官署）居之。戍兵、寓民，亦須藉營房、寮舍為藏身計。今議蓋游擊府公署，或在鎮海港口，或在娘媽宮前，當查舊基擴充之。標兵量撥百名，環列左右。仍設倉廒（ㄠˊ，糧倉）數間，為貯糧之所。擇寬廣為較場，以備操練。而暗澳口相對二銃城及東北面大中墩，各量置營舍，以為守禦，方免各兵暴露。船兵營兵輪流撥用，少均勞逸。即招募種植民居，就今自蓋房舍，或官量給房價，咸附兵營居住，相依為命，守望相助。此議設官廨、兵營之策五也。夫澎湖大灣上下，官兵船隻把港，則番船不許出入，紅夷不許互市，無待言者。然泉、漳二郡商民，販東西兩洋，以代農賈之利，比比然也。自紅夷肆掠，洋船不通，海禁日嚴，民生憔悴。一夥豪右奸民，倚藉勢官，結納游總官兵，或假給東粵高州、閩省福州及蘇、杭買貨文引，載貨物出外海，徑往交趾、日本、呂宋等國買賣覓利。中以硝磺器械違禁，接濟更多，不但米糧飲食也。禁愈急而豪右出沒愈神，法愈嚴而衙役賣放更飽。且恐此輩營生無路，東奔西竄，如李旦、黃明佐之儔仍走夷鄉，代為畫策，更可慮也。故不如俟澎湖島設兵鎮後，紅夷息肩，暫復舊例，聽洋商明給文引，往販東西二洋。經過澎湖，赴游府驗引放行，不許需索阻滯。回船之日，若有夷人在船，即拿送上司，以奸細論。庶可生意飽商民之腹，亦可以夷增中國之利。俟澎湖設官建城之後，可徐議為之。此議通商便民之策六也。以上迂議六款，似可為澎湖善後之一助。而通商一款，亦聊備後日變通之微權。伏望憲臺不棄迂朽，仍會藩、臬、巡海、守巡司道洎（ㄐㄧˋ，及）總兵、副、參等衙門。面議停妥，一面題請，一面舉行。非但澎湖一島堪與南澳並稱重鎮，而八閩士民永有攸賴矣。」居益不從。

八年，給事中何楷奏陳靖海之策，其言曰：「今欲靖寇氛，非墟其窟不可。其窟維何？臺灣是也。臺灣在澎湖島外，距漳、泉止兩日夜程，地廣而腴。初，貧民至其地，窺漁鹽之利，後見兵威不及，往往聚而為盜。近則紅毛築城其中，與奸民互市，屹然（屹音ㄧˋ。屹然，挺立）一大部落。墟之之計，非可干戈從事，必嚴通海之禁，俾紅毛無從謀利，奸民無從得食，出兵四犯，我乘其虛而擊之，可大得志。紅毛舍此而去，然後海氛可靖也。」不聽。

十年，荷人犯粵東，乞互市，不許，歸而整理臺灣。先是東印度公司經營爪哇，及據臺灣，更增勢力。數年之間，地利日闢。厥土黑壤，一歲三熟。而華人來者日多，凡有一萬五、六千人，以與中國、日本互市。守吏俸祿薄，不足用，亦各營商業，博私利。於是荷人商務冠於東洋。然課稅繁重。制王田，募民耕之，計田以甲，每丁徵稅四盾。領臺之初，歲收三千一百盾，其後增至三萬三千七百盾。蓋移殖者眾，而歲入亦巨也。

十二年，東印度公司派員來臺，視行政。六月，荷將郎必即里哥率夾板犯閩浙，閩撫鄒維璉拜鄭芝龍為將，破之。自是不敢窺閩海。

十三年，荷人以西人之據北部也，上書爪哇總督，欲發兵逐之。而西人方與葡萄牙合，謀奪其海權。然荷人國力方盛。夏五月，臺灣領事波宇烈士致書西人，請撤退，曰：「余不忍生民罹禍，女其速舉城降。」西領事昂薩路復曰：「城固在也，女其來取！」八月，荷人以戰艦攻雞籠，不勝。已而呂宋有事，裁戍兵，荷人乘勢攻之。翌年春三月，又以兵五百伐淡水。西人戰不利，閉城守，久而援絕。九月初四日，乃棄城走。凡西人據臺十六年，而為荷人所逐。

弘光元年，臺灣領事集歸化土番之長老，設評議會，以布自治之制。分番社為南、北二路，立村長，理民政，奉領事約束。每年三月初八日開於北路，四月初四日開於南路。其時歸化番社，曰新港，曰目加溜灣，曰蕭壟，曰麻荳，曰大穆降，曰大傑顛。每年五月初二日，主計官集公所，召商贌社（贌音ㄆㄨˊ。贌社，漢人商賈與原住民貿易的租稅制度），謂之社商。凡番耕獵之物悉畀（ㄅㄧˋ，給予）之，而與以日用之物。其令嚴密，番莫敢犯。當是時，土地初闢，森林未伐，麋鹿之屬滿山谷，獵者領照納稅，其皮折餉，售於日本，肉則為脯。荷人以牧畜之利，南北二路設牛頭司，放牧生息，千百成群。犢大，設欄禽之，以耕以輓（ㄨㄢˇ，運輸）。

永曆二年。荷人始設耶穌教堂於新港社，入教者已二千餘人。各社設小學，每學三十人，課以荷語、荷文及新舊約。牧師嘉濟宇士又以番語譯《耶教問答》及《摩西十誡》授番童，拔其畢業者為教習。於是番人多習羅馬字，能作書。削鵝管略尖斜，注墨於中，揮寫甚速，凡契券公文均用之。三年，五學學生凡六百餘名。荷人又與番婦婚，教化之力日進。

十年，荷人復築城赤崁，背山面海，置巨炮，增戍兵，與熱蘭遮城相犄角。華人移住雖多，終為所苦，遂進而謀獨立。十一年，甲螺（為荷蘭政府所擁立或承認的地方頭目、首領）郭懷一集同志，欲逐荷人，事洩被戮。懷一在臺開墾，家富尚義，多結納，因憤荷人之虐，思殲滅之。九月朔，集其黨，醉以酒，激之曰：「諸君為紅毛所虐，不久皆相率而死。然死等耳，計不如一戰。戰而勝，臺灣我有也。否則亦一死。唯諸君圖之！」眾皆憤激欲動。初七夜伏兵於外，放火焚市街，居民大擾，屠荷人，乘勢迫城。城兵少，不足守，急報熱蘭遮。荷將富爾馬率兵一百二十名來援，擊退之。又集歸附土番，合兵進擊，大戰於大湖，郭軍又敗，死者約四千。是役華人誅夷者千數百人。

懷一之謀既挫，數年無事。及聞延平郡王鄭成功威震東南，荷人恐，增兵備。而成功以中原多故，未遑征討。金陵敗後，窮蹙兩島，乃稍稍議遷。荷人亦大戒嚴，輒捕華人之富家為質，遇有嫌疑，即囚之，或殺之。華人含恨，遂洶洶欲動。十四年，臺灣領事鄂易度請援於印度公司。命爪哇派艦十二，運兵來守。於是臺灣戍兵計有三千五百人。艦將以為無恐，移書廈門，詰成功曰：「若欲戰乎？抑欲和乎？」成功答曰：「余不欲戰也。」而臺灣領事終不釋。荷蘭評議會謂其多事，召歸兵艦。艦長既還，遂劾鄂易度畏怖，將召歸，以郭冷谷代之。未至而鄭師來伐。

十五年，成功在兩島，地蹙軍孤，議取臺灣。適荷蘭甲螺何斌負債走廈，盛陳沃野千里，為天府之國，且言可取狀。成功覽其圖嘆曰：「此亦海外之扶餘也！」召諸部計議。吳豪對曰：「藩主以進取臺灣下問，豪聞其水路險惡，炮臺堅利，縱有奇謀，亦無所用，不如勿取。」成功曰：「此常俗之見，不足用於今日。」黃廷曰：「果如吳豪之言，是以兵與敵也。勿取為便。」成功又曰：「此亦常見爾。」馬信曰：「藩主所慮者，以諸島難以久拒清人也。夫欲壯其枝葉，必先固其根本，此萬全之計。今乘將士閒暇，不如先統一旅，往視其地，可取則取，否則作為後圖，亦未為晚。」而諸將終以險遠為難。唯楊朝棟力陳可取。成功意銳，捩（ㄌㄧㄝˋ，轉動）舵東甲，率兵二萬五千。三月泊澎湖，令陳廣、楊祖、林福、張在守之。狥曰：「本藩矢志恢復，念切中興。曩者出師北討，未奏膚功（大功），故率我將士，冒波濤，欲闢不服之地，暫寄軍旅，養晦待時。非敢貪戀海外，苟延安樂也。唯天唯祖宗之靈，其克相余！」至鹿耳門，則水驟漲丈餘，大小戰艦啣尾而渡，縱橫畢入。荷人大驚，以為自天而下。引兵登陸，克赤崁城。荷人退保熱蘭遮，以兵二百四十擊鄭師。鄭師四千繞城戰，荷軍大敗，亡一隊長。而鄭艦亦擊沉荷艦，餘悉遁。荷艦摩阿利走報爪哇，阻風五十三日始達。鄭師攻城不下。四月二十六日，成功命使者以書告曰：「執事率數百之眾，困守城中，何足以抗我軍？而余尤怪執事之不智也。夫天下之人固不樂死於非命，余之數告執事者，蓋為貴國人民之性命，不忍陷之瘡痍（ㄔㄨㄤ ㄧˊ，民生凋蔽）爾。今再命使者前往致意，願執事熟思之。執事若知不敵，獻城降，則余當以誠意相待。否則我軍攻城，而執事始揭白旗，則余亦止戰，以待後命。我軍入城之時，余嚴飭將士，秋毫無犯，一聽貴國人民之去。若有願留者，余亦保衛之，與華人同。夫戰敗而和，古有明訓；臨事不斷，智者所譏。貴國人民遠渡重洋，經營臺島，至勢不得已而謀自衛之道，固余之所壯也。然臺灣者，中國之土地也，久為貴國所踞。今余既來索，則地當歸我，珍瑤不急之物悉聽而歸。若執事不聽，可揭紅旗請戰，余亦立馬以觀，毋游移而不決也。生死之權，在余掌中，見機而作，不俟終日。唯執事圖之！」鄂易度復書不從。其明日果樹紅旗，聚男子於城中，毀市街。鄭師攻之不克，乃築長圍以困之，出略平野。於是多殺荷人，報宿怨也。鄭師捕其商人羅谷具，令入城勸降。荷人不從。又捕其民五百，悉斬以狥（ㄒㄩㄣˋ，通「殉」）。爪哇評議會既劾鄂易度，以郭冷谷代之；方二月而摩阿利至，始知鄭師伐臺，乃復鄂易度之職，派兵七百、船十艘馳援。郭冷谷既至臺灣，遠望紅旗，而港口又鄭艦雲集，懼向日本而去。既而爪哇援兵踵至，城兵亦乘勢出擊。鄭師力戰，荷軍又敗，失船二。乃召回雞籠、淡水戍兵，潛載婦孺逃歸，謀死守。於是鄭師暫息。會清使自福州來，約荷人先取金、廈，荷人從之，調軍艦五艘往，遭風破沒，餘艦又歸爪哇，而臺灣之兵力愈薄。當鄭師之按兵也，有華人自城中出，請急攻，陷其南隅。荷人恐。成功又告之，乃降。十二月初三日，率殘兵千人而去，而臺灣復為中國有矣。是役也，陷圍七月，荷兵死者千六百人。自天啓四年，至永曆十五年，荷蘭據有臺灣凡三十八年，而為成功所逐。於是鄭成功之威名震乎寰宇。

連橫曰：臺灣之名，始於何時，志乘不詳，稱謂互異。我民族生斯長斯，聚族於斯，而不知臺灣之名義，毋亦數典而忘其祖歟？余嘗考之史籍，驗之地望，隋、唐之際，以及宋、元，皆稱琉球。明人不察，乃呼東番。故《鳳山縣志》曰：「或元以前，此地與澎湖共為一國，而同名琉球。」《臺灣小志》亦曰：「閩人初呼臺灣為小琉球，而稱沖繩為大琉球。」稱臺灣為小琉球，不知其何所據？《文獻通考》謂琉球在泉州之東，有島曰澎湖，水行五日而至，旁為毗（ㄆㄧˊ）舍耶。《臺海使槎（ㄔㄚˊ）錄》謂毗舍耶則指臺灣，非也。毗舍耶為呂宋群島之一，密邇臺灣，其名猶存，故曰其旁也。而舊時之稱者曰北港。《方輿紀略》曰：「澎湖為漳、泉門戶，而北港即澎湖之唇齒。失北港則唇亡齒寒，不特澎湖可慮，即漳、泉亦可憂也。北港在澎湖東南，亦謂之臺灣。」按北港一名「魍港」，即今之「笨港」，地在雲林縣西，曩為海船出入之口，而往來者遂以北港名臺灣也。《臺灣縣志》曰：「荷蘭入北港，築城以居，因稱臺灣。」然臺灣之名果始於荷人否？志稱荷蘭設市於北，築磚城，制若崇臺。海濱沙環水曲曰灣，又泊舟處概謂之灣。此臺灣所由名也。如志所言，拘泥文字，以為附會之說，臺灣果出荷人，則荷人著書當用其名，何以又稱為小琉球耶？《蓉洲文稿》曰：「萬曆間，海寇顏思齊踞有其地，始稱臺灣。」思齊踞臺早於荷人三年，若徵此說，則臺灣非出於荷人也明矣。然「蓉洲」之說亦有未確者。〈瀛壖（ㄖㄨㄢˊ）百詠序〉曰：「明季周嬰《遠遊篇》，載〈東番〉一篇，稱其地為臺員，蓋閩音之訛也。」臺灣之名入中國始於此。據是則土番之時，閩人已呼東番為臺灣矣。周嬰，閩之莆田人。當明中葉，漳、泉人已有入臺僑住者，一葦可航，聞見較確。或曰：臺灣原名「埋冤」，為漳、泉人所號。明代漳、泉人入臺者，每為天氣所虐，居者輒病死，不得歸，故以埋冤名之，志慘也。其後以「埋冤」為不祥，乃改今名。是亦有說。延平入處，建號東都。經立，改名東寧。是則我民族所肇造，而保守勿替者。然則我臺人當溯其本，右啓後人，以毋忘華路藍縷之功也。

譯文

蔡振豐．注譯

臺灣原來是大陸東邊土番所居之處，地屬南方江漢蠻夷之境。其地形中間是層疊的山巒，四面為海洋所環繞。自上古洪荒以來，此地與文明世界隔絕，土番頭上結著椎形的髮髻，千百人自成一個聚落，裸袒上身，以束腰的衣裙蔽體，射殺飛禽、追逐野獸，彷彿生活在上古遊牧的時代。以今日所出土的石器考古，文化的起源遠在五千年以前，而高山土番的生活方式，猶在原始的階段，由於沒有文獻可以考察徵引，所以飽學的知識分子也很難對臺灣有所說明。

依《史記．秦始皇本紀》的記載，秦始皇曾命令徐福尋訪海上三神山，徐福出海後卻沒有回來。《史記．封禪書》也記載戰國時齊威宣王、燕昭王使人入海訪求蓬萊、方丈、瀛洲三神山。三神山相傳在渤海中，訪求的人出海不久，就遇到了災難，船被海風牽引失去航向。據曾經到訪三神山的人所言，三神山上有許多仙人及不死的藥，所有的東西與禽獸都呈白色，而宮殿樓臺都以黃金白銀建造。從船上遠望，可以看到神山如雪白的雲；船靠近時，反而覺得神山處於水下；眼看快接近時，又有海風將船吹離，最後始終到達不了。由於三神山可望而不可及，常使當世的君主心有不甘。至秦始皇併吞天下後，到過海上並提及三神山的方士，多到難以計算。秦始皇認為難以親自到達海上神山，所以使人帶著三百童男、童女作為贈禮，出海求訪三神山。出海的人都藉口說：船到海上受海風影響而無法駕馭，只能望見神山而無法到達。有人說：三神山中的蓬萊、方丈即是今日的日本、琉球，而瀛洲則是臺灣。這樣的話雖然空虛而沒有根據，但也有合理之處，因爲古人的航海技術不夠精進，又少有人至海外探險，因此會將虛無飄渺的現象視爲仙境，這是固陋寡識的結果。臺灣與日本、琉球的位置像三角形鼎立於東海。地理與氣候大致相同，山川秀美，有長春的鮮花與不枯的綠草，這在方士看來豈不就是仙境？徐福是否來過臺灣，這雖然沒有明確的證據可以判斷，但是日本及琉球各地都有徐福所領五百童男、童女移居的傳說，他們的後裔至今依然存在，由此推測秦代的童男、童女曾經來過臺灣，也不是完全不可能。

又有人說：「澎湖」即是古代《列子》所說的「方壺」，而「臺灣」即是「岱員」，這是由於二者的語音相近的原故。《列子．湯問》中記載夏革的話，說：「渤海的東方，不知幾億萬里遠的地方有大海，大海中有深不見底的谷地，由於海下無底，所以稱爲歸虛。歸虛海中有五座山，分別叫做岱輿、員嶠、方壺、瀛洲、蓬萊。這五座山高低環繞一周，長有三萬里；山的頂端，高有九千里；山與山之間，相距有七萬里。由於這五座山的地基與地底不相連接，所以常隨波潮的上下、往還而浮動，即使在很短的時間內，也不能屹立在相同的位置上。山上的仙聖困擾於居所漂流不定，因此上訴於上帝。上帝也害怕五山漂蕩到極西之處，而使群聖無法在此居住，因此命令北方之神禺彊驅使十五隻巨鼇以頭頂著五山，巨鼇合力承受重量，經過三次才能一起負載五山，經過六萬年之後，五山才有固定不動的聳立位置。」澎湖與臺灣接近，周遭有大海相隔，黑潮流經，風浪波濤噴射湧起，瞬息萬變，其間有無底的海溝，如果遇颶風，航船像落入海底深陷之處不再回流，所以稱之爲落漈；又海水向東流去，常使船隻難以控制而迷失航向，猶如被風引動，古書因此而說「風輒引去」。臺灣的山岳，最高有到海拔一萬三千六百餘尺，是東洋群山的高峰，山上長年積雪，形狀如白玉，所以古書上說「望之如雲」。又有人說：臺灣是《漢書．地理志》所說的東鯷；《後漢書．東夷傳》說：「會稽郡（轄境約在今日江蘇省南部、上海市西部、浙江省、福建省地區）的外海有東鯷人，分布成二十多國。又有夷洲、澶洲等地方，相傳秦始皇命令方士徐福率童男、童女數千人入海訪求蓬萊神仙，徐福因爲找不到蓬萊山，害怕獲罪被殺，因此移居在這兩洲。曾有會稽東冶縣人（大約在今日福建福州市），因爲航行遭到海難，受風浪牽引漂流到澶洲。澶洲的位置距離會稽很遠，也難以指明所在的方向，因此難以往來。」由這些記載推測，認爲「臺灣」是古書中的「瀛洲」、「東鯷」，「澎湖」是「方壺」的說法，也有可信之處，而澎湖有人定居，時間應該遠在秦朝、漢代之間。又有人說：戰國時楚國滅了越國，越國的子孫遷居於今日福建一帶，其中也有部分的人流落海上而居留於澎湖，依此而言，澎湖與中國有交通來往已有久遠的歷史，但一直到了隋代才看得到史書的記載。

《海防考》說：「隋文帝開皇年間（五八一—六〇〇），曾命令虎賁郎將陳稜經營澎湖。澎湖之島屹立在大海之中，有三十六個小島環繞本島，有如官員升堂前，衙役排班站立。居民的房舍有以茅草編織成的蓬蓋，他們推舉年紀大的長者治理地方事務，以打獵和捕魚營生。澎湖地表的植栽適宜放牧牛羊，牛羊散布在山谷之中，各家都在牛羊的耳毛上作記號，以區別是誰家的牛羊。陳稜雖然招撫澎湖的人民，但居留的時間不久就離開了。」這應該是中國經營治理澎湖最早的紀錄，也是中國東進臺灣的契機。當時，中國境內少有戰亂，南北方統合爲一，國家的聲勢威靈，延伸到南蠻之地。澎湖因爲距離福建不遠，經由海上交通，早上出發晚間可到，因此與漳州、泉州沿海的人民，早有來往，以耕耘、捕魚交互謀生，不起事端，互不侵擾，稱得上是怡然和樂的世代。但《海防考》的說法也有錯誤，陳稜官拜虎賁中郎將的時間在隋煬帝大業三年（六〇七），而《海防考》說在開皇年間，二者的說法相差幾十餘年，因此這可能只是追述的說法。如果要說陳稜經營治理臺灣的事，則《隋書·東夷傳·流求國》的紀錄最爲詳盡。

《隋書．東夷傳．流求國》描寫流求，說：「流求國在海中，在建安郡（大約在今日越南海防市）的東方，從建安走海路五天可到。流求國以『洞』作爲行政單位，國王姓『歡斯氏』，名叫『渴刺兜』，不知道他出身於何方，但歡斯氏建國已久，家族也有世系的輩數。國人稱國王爲『可老羊』，稱他的妻子作『多拔荼』。國王所居之地稱『波羅檀洞』，有三層防禦用的壕溝及柵欄，以流水環繞，以有棘刺的樹作爲籬笆。國王的居所，有十六間房舍，屋棟雕刻著飛禽走獸，種有許多的鬥鏤樹，這種樹像橘樹而葉子比橘樹更密，樹枝上有細小的氣生根如髮絲下垂。國中設有四、五個主帥之職，統治所管轄的各個洞，每洞也有小王作爲洞主。洞之下設有許多村，每村設有村長稱作『鳥了帥』，由村民自相推舉善於作戰的人擔任村長，主持一村的事務。男女皆以白紵麻編織的繩子纏束頭髮，從脖子後方盤繞至額頭。男子使用鳥的羽毛作頭冠，也有用珠貝裝飾，有的以紅色的羽毛爲飾，各有不同的形制。婦人用編織有迴旋花紋的白布作成帽子，帽子是正方的形狀；取鬥鏤樹的樹皮交雜絨毛織成裁製衣服的布料，衣服有不同的剪裁式樣；頭上佩戴著點綴羽毛的額飾，額飾的花紋由不同的顏色交雜而成，上面有垂下的貝殼，走動時碰觸有聲，如同玉珮相擊的聲音；耳朵佩有耳飾，手上戴著手環，頸部掛有珍珠項鍊；頭戴以籐編製的斗笠，笠上有毛羽的裝飾。男子的武器有刀、弓、箭、劍、長矛之類。由於鐵的產量不多，因此刀刃都薄而小，多用野獸的骨、角作爲輔助的兵器。盾甲多用紵麻之類的植物編成，也有用熊、豹的皮革製成。國王的車乘用木頭製造，雕刻著野獸的形貌，由左右隨從駕馭，前導的行列不超過數十人。小王乘坐的小桌子，也刻有獸的形貌。各個洞之間常有糾紛爭戰，因此國人多勇武而善於奔跑，生命強韌而能忍耐創傷。兩洞之間若有爭鬥，其他的洞都會作壁上觀，不互援助。對陣時，雙方先會有三、五人出陣前，暴躁跳躍辱罵對方，而後相互攻擊射殺。如果打不贏，就全軍撤退，派代表致贈謝禮而進行協商和解。和解後，就收取戰死者的屍體，由族人聚集分食，並將死者的頭骨送到王宮，交待作戰的原因與結果，國王此時會賜予頭冠，任命驍勇者作爲部隊的首領。流求政府平時沒有徵斂稅賦，只在有事時按土地大小收取稅金。在刑律上，他們沒有固定的法條，常依犯罪當時的情境判定刑罰。審判由各村的鳥了帥負責，如有人不服可上訴於國王，國王再命令臣下共同議決裁定。收治犯人的監獄不使用枷鎖，只用繩子束縛。處決重罪的死刑犯，以長約一尺的筷狀鐵錐，鑽過犯人的脖子；輕罪則以杖打責罰。流求國沒有文字曆法，透過月亮的圓缺變化來意識時間，透過草木的榮枯來知道年歲的遷移。國人的長相眼眶較深、鼻子較長，容貌接近於胡人，也有聰明的一面。他們沒有君臣上下對待的禮節，也沒有屈身跪拜的禮儀。父子同床而睡，男子不留鬍鬚，身上的體毛也都拔除。出嫁的婦女會在手上刺青，紋飾大多是蟲蛇的形象。男女嫁娶時，以美酒、菜肴、珍珠、貝殼作爲聘禮；有時男女間相互喜歡，便可以同居爲配偶。婦人產子，一定會將嬰兒的胎衣吃下，產後自己用火烤暖身子，使身體出汗，五天後作息就恢復常態，跟一般的婦人一樣。他們將海水盛在木槽中，曝晒海水以取鹽，用植物的汁液做醋，以米及發酵的麴來釀酒，製成的酒酢，味道較淡薄。吃飯時沒有筷子、叉子等食具，直接用手取食。如果得到平常吃不到的食物，會先奉獻給尊長者；在正式的宴會中飲酒，執酒杯者要先叫對方的名字，然後再喝酒；對國王敬酒也是如此，要先高呼國王的頭銜，然後再飲酒。他們飲宴喝酒的習俗與突厥人相近，飲酒時都會用腳踩踏節奏來唱歌，一人領唱，眾人和唱，音調聽起來有哀怨之情，也有人會將女子扛上肩頭搖手而跳舞。他們的喪葬風俗，在死者氣絕之前，用車或轎將他扛到庭前，請親朋好友前來哭弔；然後幫屍體清洗，用布帛纏覆屍身，並且用葦草包裹，最後覆土而掩埋，但埋葬之處，上面不堆造高起的土墳；兒子爲父親守喪，數個月內都不吃肉；國境南方的風俗與北方有所不同，若有人死，鄉邑鄰里的人會聚在一起吃飯，協助辦理喪禮。這裡的野獸有熊、羆、豺、狼等，家畜以豬、雞爲多，沒有牛、羊、驢、馬等牲畜。他們的田土肥沃，耕種之前，先以火燒田中乾枯的雜草，然後再而引水灌溉。翻土時用長度超過一尺、寬約數寸的石刀插土，田地適合栽種大稻、高粱、穀物、黃米、芝麻、紅豆、胡黑豆等。鄉間的樹木有楓、栝、樟、松、楩、楠、杉、梓、竹、籐等。出產的水果以及藥用植物同於長江以南的地區，而風土氣候則與嶺南地區如廣東、廣西、湖南、江西與北越南等地相近。在祭祀方面，他們的風俗以酒肴祭山神、海神；若有戰爭，會用所殺的敵人來祭祀祖神。房屋小巧，多建築在大樹上。有時將敵人死後的頭骨懸掛在樹上，作爲射箭的標靶。屋宇之間，也可以看到堆疊石頭、懸掛旗幟作爲祈福的神主。國王的居所，牆壁下多堆疊死人的頭骨，認爲這是吉祥的象徵，而一般人家的門戶上也多掛有野獸的頭骨、角骨。隋煬帝大業元年（六〇五），有何蠻及其他的航海人說：『每年春、秋的時節，找一個天清風靜的日子，向東海望去，依稀可見煙霧之氣，其廣大無涯不知有幾千里。』何蠻的敘述激起隋煬帝的好奇，乃在大業三年（六〇七）命令羽騎尉朱寬，依循何蠻的話，入海尋訪異國風俗。朱寬與何蠻出海來到流求國，但因爲語言不通，最後只優奪了一個流求人就返航了。第二年，隋煬帝再度命令朱寬前去招撫流求國人，流求人不願意，朱寬只能帶回流求所用的衣服、甲冑。這時剛好有日本倭國的使臣來中國朝見，見了朱寬所帶回來的衣甲，說：『這是夷邪久國人所使用的衣物。』隋煬帝因而命令虎賁中郎將陳稜、朝請大夫張鎭周率兵，自義安郡（大約在今日廣東省的潮州市、汕頭市，以及福建省漳州市地區）出海航行到至高華嶼（今日澎湖列島的花嶼），又向東航行二天到鼊鼊嶼（今日澎湖東北的奎壁），由鼊鼊嶼再航行一日，到達了流求國。初到流求國時，陳稜的部卒中有從南方其他國家前來從軍的人，其中有黑人能懂流求人的語言，陳稜就派黑人去安慰、宣諭流求人，使他們歸順，流求人不聽從而展開反擊，與陳稜的官軍交戰。陳稜打敗流求軍隊，追擊進入到國王的都所，焚燒國王的宮室，掠奪俘獲了許多的財物而返。自此之後，隋朝就斷絕了與流求的往來。」

《隋書．陳稜傳》說：「大業三年（六〇七）陳稜官拜虎賁中郎將，又三年後，與朝請大夫張鎮周率領東陽郡（大約在今日浙江中部、東部）的士兵一萬多人，自義安航海而攻擊流求國，經一個多月而到達流求。流求人一開始時看到船艦，以爲是商旅的船隻，常常到軍艦上試圖進行貿易。其後陳稜率軍隊登岸，命令張鎮周的部隊作爲交戰的先鋒，流求國王歡斯渴剌兜帶兵抵抗，張鎮周多次打敗流求軍。陳稜的軍隊進擊到低沒檀洞，低沒檀洞的小王歡斯老模率兵拒抗，陳稜擊敗他的部隊，斬殺了小王歡斯老模。爭戰的當天，霧雨連綿不絕，天色昏暗，將士們認爲這是凶兆都十分懼怕。陳稜於是斬了白馬祭拜海神，祭祀過後雲開見日，天氣轉爲晴朗。陳稜於是將軍隊分爲五支部隊，從不同的方向進逼王都，流求國王歡斯渴剌兜率部眾數千人迎擊。陳稜又命張鎮周爲先鋒，追擊流求軍，使他們敗走到王居所在地的防禦柵欄處。歡斯渴剌兜背靠著柵欄而戰，陳稜使軍中的精銳攻擊，大約從早上七點戰到下午三點左右，雙方苦鬥不停。最後，歡斯渴剌兜軍疲難勝，引部隊躲避進入柵欄內。陳稜使部眾塡平壕溝，攻破其防禦，斬殺歡斯渴剌兜，並且俘獲他的兒子島槌，虜走男女數千人而歸國。」《閩書》也說：「福州的福盧山在隋代時，曾安置由琉球虜掠而來的人，大約有五千戶，現今仍然可以看到他們後裔。」由這些記載可知古代的琉球，即是今日臺灣的古名；而今日所稱的琉球，古代名爲沖繩。清代季麒光的《蓉洲文稿》說：「臺灣爲海中的番島，考其族群的源流，應由琉球播遷而來，爲哈剌的分支。臺灣地理位置，近可通日本，遠接呂宋島，控制廣東、福建海面交界的南澳島，以及福建漳州東山島銅山的出海口，以澎湖爲其海外的支援地。」「哈喇」的語音近似流求國王的名字「渴剌」，而流求王都「波羅檀」位在今日何處並不能確定。有人以「波羅檀」的語音與「葫蘆墩」相近，認爲是在今日台灣中部的豐原一帶，豐原古地名爲「葫蘆墩」；有人則以爲在琅瑀部落，即今日臺灣南部恆春一帶，清代早期文獻稱當地有瑯璠十八番社。在隋代時，流經臺灣中部的大安、大甲兩溪尚未分化，爲流域廣大的大河，大河位在濁水溪以北，看來就像是大海一般，因此《隋書》將波羅檀的所在地描述成海濱高原。此地有天然的屏障，敵人不易攻入，所以適合建造王都。總結而言，自《隋書》以來，到宋、元年間所說的琉球，多數是指臺灣。

唐宣宗大中七年（八五三），有新羅商人欽良暉往返於日本及福州從事貿易，一次從日本返航福州時，因爲遭遇北風而漂流到琉球。欽良暉看見岸上有數十人持著刀戈而心中驚恐，同船來自日本讚岐國的留學僧圓珍則不斷的向不動明王祈求，最後因爲風向改變而脫離琉球，隨後在福建的連江上陸。這應該是日本人發現臺灣的開始，在此事件後，就沒有日本與琉球往來的紀錄。

唐太宗貞觀年間（六二七—六四九），馬來群島發生洪水，因爲生活困苦，流民駕著竹筏往各地避難，其中有人漂泊到臺灣。馬來人到達臺灣的時間在隋軍討伐歡斯氏之後，因爲琉求國破民殘，情勢困厄，馬來人於是在臺灣的海濱定居，繁殖後代，這是臺灣有外來移民的開始。因此，《臺灣小志》說：「生番的語言，有六分之一是出自於馬來語，有十分之一是出自於呂宋島，迤北十七村的語言則多與斐利賓（菲律賓）語相似，有人認爲這是由南洋的某一個島嶼遷移而來。」這種說法接近於事實。因爲語言近似，所以後來有卑南王可以統一各社。卑南王死後，各社再度分立發展，一直到今日都是如此。到了唐代中葉，施肩吾率領他的族人遷居澎湖。施肩吾是睦州汾水（大約在今日的杭州一帶）人，他在唐憲宗元和年十五年（八二〇）考中進士，後來因爲學習道家仙術而隱居不仕，有詩集《西山集》行世。詩集中有〈島夷行〉，後來的《臺灣府志》名之爲〈題澎湖〉，詩文說「腥臊海邊多鬼市，島夷居處無鄉里。黑皮少年學採珠，手把生犀（燃燒的犀角）照鹹水」，由其中鬼市、鹹水的描述，可以想見當時澎湖的景象。自此以後到唐代末，都沒有與臺灣、澎湖交涉的記載。歷經五代到兩宋政權的結束，這段期間內中原地區政權更迭、戰亂頻仍，漳州與泉州的沿海居民逐漸有人遷居到臺灣，而以北港作爲通商的口岸，所以臺灣舊詩有「臺灣一名北港」的說法，北港在今日雲林縣的西邊，也稱作「魍港」。這段時間，馬來人在臺灣的族群勢力強大，與土番相抗衡而分據南北方。南宋孝宗淳熙年間（一一七四—一一八九），琉球酋長率領數百人，突然攻擊泉州晉江縣的水澳、圍頭等村，肆意刼掠財物，殺人無數。琉球人喜歡鐵器以及湯匙、筷子，當他們入村時，村民關門閉戶可以避免殺掠，他們削取門鐶鐵件後就會離開；如果向他們丟擲湯匙、筷子，他們會俯身拾取，也可以爭取逃走的時間。琉球人看見披甲胄的騎兵，就爭相奪取鐵甲，看似因此一起被殺也不後悔。面對敵人時，他們用鏢鎗做武器，鏢鎗繫有繩子十餘丈，以便擲出後可以操縱拉回，應該是愛惜鐵器而不願意遺失。琉球人不駕舟船，編縛竹筏以渡水，遇到攻擊而危急時，眾人就抬舉竹筏，躲在竹筏下泅水而逃離。沖繩群島中，有一島名爲與那國。與那國曾經受到臺灣來的長耳國侵掠，與那國人爲了防禦長耳國人的攻奪，製造了巨大的鞋子投入海中，長耳國人見此驚駭而離去，這應該是爲臺灣番族侵襲外洋最早的紀錄，而長耳國應該是馬來人的一個族群。他們之中有聰明的人，甚至乘小船渡海到菲律賓的呂宋島，進行以物易物的交易，並且將所得的貨物轉而與高山的土番交換，這種交易的行爲到了今日仍然存在。《宋史》說：「流求國在泉州的東方，有海島名爲澎湖，與臺灣相距不遠，兩地炊飯的煙火可以相互望見。旁邊有毗舍耶國，語言與臺灣、澎湖不通，袒身裸體而不覺羞恥，不像是人類而像畜類。」蒙古崛起後，消滅了女眞族所建立的金朝，金人中也有人因此渡海避亂，漂泊進入了臺灣。宋代末年，文天祥戰敗於廣東珠江口外的零丁洋，也有一些殘兵義士渡海到了臺灣，他們各自建立部落，自耕自給生活所需，同族相扶助，以捍衛生命與文化。

元世祖入主中國之後，餘威震懾不同的國度，南洋諸國都成了他的藩屬國。元世祖至元十八年

（一二六八），元朝率兵討伐日本，到了九州海上，遇到了颶風無功而返。將領各自選擇堅固的船艦撤退，到達澎湖與臺灣西岸時，又再度遇到颱風，最後才回到福建。至元二十三年（一二七三），元朝再度整兵造艦，準備再度發兵，但最終沒有實現。至元二十八（一二七八）年秋天九月，元朝任命海船副萬戶楊祥、合迷、張文虎等人爲都元帥，率兵征伐琉求，準備在琉求設置左、右兩萬戶府，其中的官員都由楊祥選任。後來因爲福建人吳志斗諫言楊祥的方案不可行，主張先招撫琉求國，如果不從，再發兵征討。朝廷於是任命楊祥爲宣撫使，佩虎符而擁有兵權，任命阮鑒爲兵部員外郎、吳志斗爲禮部員外郎，發給銀符，帶著詔書前往琉求。第二年他們到達了海島，三人因不能確認是否是琉求國而爭執，最後無功而返。元代對琉求的征討，目的在於從地理位置上防制日本進入中國。《元史》說：「琉求在南海的東邊，屬於漳州、泉州、興州、福州四州的界內。澎湖與琉求相對，但兩地平常並不來往。天氣清明的時候，兩地似乎隱約可以相互看見，其影像似煙若霧，但其距離卻不知有幾千里。琉求的西、南、北岸皆爲海洋，海底的地勢由大陸到澎湖逐漸低下，到琉求附近稱作落漈。漈，是指海底的深陷處，洋流到這邊就向下流動，不再漂回。澎湖以西的漁船到達澎湖以後，遇到颶風發作，漂流到落漈附近，漂回的很少，不出百分之一。琉求在外夷中國土最小，地理環境也最險惡。自漢代、唐代以來，史書很少刊載琉求的消息；近代各個藩屬國在進行海上貿易時，也沒有到達琉求的傳聞。元世祖至元二十八年（一二七八）九月，海船副萬戶楊祥請求以六千軍士前往招降，本計畫不受降就討伐琉求。朝廷准許楊祥的請求，但後來有書生吳志斗上書，指說他生長於福建，熟知治理海上群島的利病，認爲想收撫琉求島民，從澎湖發船前往宣諭最有利，如果要興兵征討，也應該先考察澎湖到琉求的水勢地利，然後再決定是否出兵。至元二十八年冬天十月，朝廷任命楊祥充當宣撫使，發給金符，任命吳志斗爲禮部員外郎、阮鑒爲兵部員外郎，兩人都發給銀符，讓他們三人共同出使琉求。他們所攜帶的詔書說：『本朝收撫江南地區已有十七年，海外諸蕃沒有不臣服順從的，唯獨琉求與福建相距不遠，卻不曾歸順。大臣中有人倡議者以兵力征收，但是朕考量祖宗所立的法制，凡是不來宣示臣服的國家，先派遣使節招撫宣諭，如果前來朝拜臣服，就能安居如故；否則必然遭到征討。今集合兵眾，任命楊祥、阮鑒前往宣諭你的國家，如果能仰慕仁義而順服朝廷，就可存續國家的壽命，保護人民免於死亡；若不效忠臣服，想要憑藉海山險阻抵抗我朝，等到軍船水師到達的時候，將會留下不可挽回的悔恨，希望你們能小心謹慎地抉擇』。至元二十九年（一二七九）三月二十九日，楊祥三人從澎湖的汀路尾澳出發，行船到當天上午十點鐘左右，往東方望去，可看見有山不高，綿延長約五十里。楊祥認爲這即是琉求國，阮鑒則以爲不能確定。於是楊祥獨自乘小船到海岸山下，因爲岸上人數眾多，不敢自行上岸，乃命令軍官劉閏等二百多人，乘小船十一艘，載著兵器，與南洋三嶼國人（大約在今呂宋島西南岸，一說在今菲律賓巴丹群島省）陳輝登岸。因爲岸上的人聽不懂三嶼的語言，加以雙方衝突，元兵三人被殺，最後返航。四月二日回航到澎湖，楊祥要求阮鑒、吳志斗寫下已到琉求的文字，二人不從。第二天，吳志斗失去蹤跡，遍尋不得。因爲先前吳志斗曾經斥責楊祥，認爲楊祥爲了邀功以謀取富貴，常常說出荒誕不可信的話，因此有人懷疑吳志斗被楊祥謀害，以致失去蹤跡。楊祥反而說：吳志斗當初主張琉求不可征伐，現在因爲到達了琉求且已回返，吳志斗因此害怕罪責而逃亡。吳志斗的妻子不服楊祥的說法，上訴於官府。朝廷原先發旨，將楊祥和阮鑒發回福建對質，後來又降旨予以赦免，最後事情不了了之。元成宗大德元年（一二九七），福建省平章政事高興說：『今日所立的福建行省泉州府，距離琉求最近，可等待琉求國力的消長，對琉求採取招撫或征伐的措施。在不必調動他省兵力的前提之下，高興願意就近嘗試對琉求採取軍事行動』。九月時，高興派遣省都鎮撫張浩、福州新軍萬戶張進到琉求國，俘虜了一百三十多人而回。」以上是中國第二次經營治理臺灣的記載。當此之時，澎湖的居民逐日增多，已有一千六百多人，與大陸的貿易來往，一年常有數十艘船的物資交易，可視爲泉州外府。至元年中（一二八一），澎湖開始設有巡檢司，隸屬於同安縣。中國在澎湖設置官吏，行使政權力從這個時候開始。

明代初期國內的動盪尚未平息，倔強凶悍、傲慢不順從的人就聚集在澎湖群島成了海盜流寇，不時在沿海地區搶劫財貨。明太祖洪武五年（一三七二），信國公湯和經營治理海上事務，倡議遷徙澎湖居民於沿海外城附近，以杜絕海盜對澎湖的侵犯。朝廷認可湯和的提議。洪武二十年（一三八七），廢除了巡檢司，將澎湖居民全部遷移到漳州、泉州，使澎湖成了荒廢的地方。從此之後，澎湖變成了海盜的巢窟。明成祖永樂年間（一四〇三—一四二四），太監鄭和率領艦隊下西洋，威震海外，外夷各國都來朝貢，唯獨東番沒有臣服。東番，指的是臺灣的土番。因爲東番不願歸順，鄭和率領水軍進入臺灣，最後降服了東番。鄭和在臺灣贈送銅鈴給每一家，讓他們掛在脖子上。之後，臺灣人視這些銅鈴爲寶物，有錢人家掛在脖子上多達數枚。以上是中國第三次經營治理臺灣的記載。起初，鄭和進入臺灣時，船隊停在臺南的赤崁，在大井汲水。赤崁，原爲番社的名稱，是今日臺南府行政官署的所在地，鄭和汲水的大井至今仍然存在。而今日高雄的鳳山也有「三寶薑」的傳說，居民認爲吃這種薑可以治療疾病，據說是鄭和所遺留、種下的植物。鄭和進入臺灣深入到內地，有人說曾到達高雄鳳山東北方的大岡山一帶。明世宗嘉靖四十二年（一五六三），海盜林道乾作亂，都督俞大猷追剿林道乾，迫使他們逃到臺灣，俞大猷追擊到海上，以水道險遠不敢輕進，只偵察了臺南鹿耳門後就返回，他將偏師駐泊在澎湖以警戒海盜的出入動向，之後不久，也撤回了澎湖的水軍。之後，沿海人民移居澎湖又日漸增加，朝廷於是再度設置巡檢司以治理澎湖，（天啓二年，一六二二）又廢除之巡檢司。林道乾居住在臺灣的時候，跟隨他的徒眾有數百人，他們以兵力挾持土番，像奴隸般地使役土番。土番憤怒而反抗，計謀殺死林道乾。林道乾知道土番的謀劃，先於夜晚擊殺土番，將他們的血調和著灰塗在船上，用以堅固船身，並且在打鼓山（今日高雄市壽山）埋藏了大量的金子後，逃到了大年（即今日泰國南部東海岸的北大年府）。

明神宗萬曆二十年（一五九二），日本征伐朝鮮，大陸沿海地區戒嚴。前哨的偵察兵回報日本有侵略淡水、雞籠的議論，因爲澎湖靠近日本，因此朝廷有人倡議澎湖設置兵力，以戍衛日本來犯。然而一直要到萬曆二十五年（一五九七），才開始設置來往移防的兵船軍伍，一年汛防澎湖兩次，兩次汛期爲春汛和冬汛，汛期結束後，兵船就返歸福建沿岸的水寨。在汛防之下，澎湖再度進入中國版圖。萬曆四十五年（一六一七），日本軍進入了澎湖龍門港，此後朝廷才有長期戍守澎湖的軍令。起初，室町幕府足利氏統治日本的末期，由於政亂民窮，薩摩、肥前諸國的流民聚集爲盜，他們駕駛著奉祀武神八幡大菩薩、掛著「南無八幡大菩薩」旗幟的八幡船，侵犯搶掠中國沿海，甚至深入內地到福建、浙江一帶。日本的海盜以臺灣作爲往來的根據地，居住於打鼓山腳，自稱「高砂」或「高山國」。「高砂」名稱的由來有兩種說法，一說「高砂」原是日本播州（又稱「播磨國」，大約在今日的兵庫縣南部及神戶市以西的地區）海濱的地名，因爲臺灣高雄有白沙、青松，景物與播州相似，所以名爲「高砂」；一說「高砂」是臺灣番社的名稱。日本征夷大將軍豐臣秀吉在征伐朝鮮之後，也圖謀兼併臺灣。萬曆二十一年（一五九三）十一月，豐臣秀吉任命使者原田孫七郎到呂宋島，途中在高山國停留，賜下詔書勸他們向日本朝貢。詔書上說：「太陽如車輪運行不息，照臨大地，不論是海岳、山川、草木、禽蟲，沒有不領受著太陽的恩光。我適逢其遇，當處在慈母胞胎之中時，母親就得到了吉祥的夢兆。夢中黑夜的室中充滿太陽的光輝，如處白晝，眾人因此而驚愕不已。相士相聚對此夢進行占卜，他們說腹中的小孩『到了壯年，光輝的德色將遍照四海，發出的威光對世界各國而言，都是奇異的祥瑞。』故在即位十年內，就能誅滅不義的人，扶立有功的人才，平定天下的戰亂。異邦遠居於角落的人，因爲仰慕我，立即離開鄉國，遠渡滄海前來，在路途中，可見華麗的帽子與車乘頂蓋前後相望，車輛的轍跡交錯，往來不絕，眾人爭先恐後地前來順服。朝鮮國，自過去的時代就奉我朝爲結盟之主，然而長久以來他們背棄盟約，又在我計畫征伐大明時，有逆反的謀劃，因此我命令諸將討伐，導致國王出奔，國家的都城毀於戰火。大明得知朝鮮戰敗時，已然失去搶救的時機，雖然派出援軍數十萬，但與我交戰之下，始終得不到好的戰果，因而派使節來肥前國的名護屋乞求降服。因爲大明乞降，於是我修築了十個城營，將兵力聚集於朝鮮的慶尚道，以進一步觀察大明和談的眞僞。琉球爲南方的外夷，爲了瞻仰我的德光，年年進獻土產，海陸往來舟車相通，但琉球國不進幕府、不入朝庭，不願稱臣的罪過，如瀰漫天空之大。琉球不像四方各國向我朝貢，可能是因爲意志空疏而不積極，所以原田氏奉我命令，發船前去告示，如果你們還不來朝貢，將令諸將攻擊討伐。萬物所以得以生長是因爲有太陽，而萬物所以枯竭也是因爲太陽，我朝就是你們的太陽，你們要好好的思考如何進退，以下就不再詳盡的向你們陳說。」以上是日本經營治理臺灣的開始。萬曆三十二年（一六〇四），日本商人山田長政赴暹羅（今日的泰國），途中在臺灣停留，當時在臺灣居留的日本人漸漸增多，有人在「哆囉滿」（今日花蓮縣立霧溪口至秀姑巒溪口一帶）挖採金礦，也有人寄居在小琉球，隨即有日本人前進攻擊雞籠（今日的基隆）番，威脅奪取他們的土地，明朝對此十分憂心，因此增加了澎湖的遊兵。豐臣秀吉死後，德川家康擔任大將軍的職位，他戡平日本的內亂，籌謀海外的經營，獎勵海外貿易，凡是由日本出發的船隻，都發給蓋有朱印的書狀，以保護貿易的船隻。萬曆四十三年（一六一五），村山等安得到航行到高砂國的朱印狀。村山等安是肥前國人，信奉天主教，德川家康委任他經營治理臺灣的事務。村山等安想要利用天主教義收服臺灣的土番，於是率領他的兒子村山秋安前來。德川家康交給他兵力三千人，希望攻取臺灣作爲附庸國，然而最後以後援不足而失敗。早先，居於琉球群島的中山王國只向大明朝貢，後來日本薩摩藩入侵琉球群島，讓王國遣使向日本朝貢，由此日本也開始有奪取臺灣的謀議，明朝看到這種情況，命令沿海地區警備日本的動靜，日本因此才放棄侵略臺灣的野心。

明熹宗天啓元年（一六二一），漳州海澄人顏思齊率領其村黨貧民移居臺灣，後來鄭芝龍前來依附，此事可見《清史稿》列傳。此後漳州、泉州人移居臺灣者日益增多，他們開闢土田，建立部落，安定並撫恤土番，與土番可以無所猜忌地相處。不久之後，顏思齊死，眾人尊奉鄭芝龍爲首領。鄭芝龍在顏思齊的部眾中年紀最小，但才能最好，當他在海上橫行時，官軍都不能與他抗衡，因此朝廷謀議招撫鄭芝龍。福建左布政使蔡善繼，在擔任泉州知府時與鄭芝龍熟悉，所以寫信招撫他，鄭芝龍感激而歸順。歸降的時候，蔡善繼立戟爲門，坐於門內，命令鄭芝龍兄弟叩首至地而泥汙額頭，鄭芝龍雖然有意屈服，但他的部眾覺得受辱，都喧譁不從，最後鄭芝龍背叛而去，返歸臺灣，在福建、廣東之間，搶掠往來商人的財貨。天啓六年（一六二六），鄭芝龍在漳浦縣的白鎮戰勝由俞咨皋所率領的官軍，於是長駐於中左所。「中左所」即今日的「廈門」。這場戰役後，福浙總兵俞咨皋在戰敗後逃亡，中左人開門接納鄭芝龍入駐。明思宗崇禎元年（一六二八）九月，鄭芝龍率領他的部將向福建巡撫熊文燦投降，而其黨人中，也有留在臺灣沒有歸降的。這段期間，也有海盜曾一本、李魁奇先後占據澎湖，劫掠侵擾福建沿海，但隨後都被官軍所剿滅。

起初，在萬曆初年（一五七三左右）有葡萄牙船隻航行於東海，途中經過臺灣北部。從船上向外望去，可見山岳如畫，樹木青蔥，因此將此地命名爲「科摩沙」，「科摩沙」的意譯是「美麗」的意思，這是爲歐洲人發現臺灣的開始，再經過三十多年後，荷蘭人才來到臺灣。荷蘭是歐洲的強國，在明代中葉，侵略奪取了爪哇島，在爪哇殖民經營當地，以取得東洋貿易的利益。萬曆二十九年（一六〇一），荷蘭人駕著有多層船艙的大帆船，載著巨炮，迫近廣東東邊的香山澳（澳門半島），請求建立通商的口岸。廣東的官員難以決定，又不敢上報於朝廷。當時，中國閉關自守，不知海外國際的局勢，即使移殖南洋的華人已多達數百萬人，政府仍然禁絕通商往來。那時，有漳州海澄人李錦長期居住於大年，在大年習得了荷蘭語，他的友人潘秀、郭震也在南洋經商。李錦在與荷蘭提督麻韋郎會見時，向他分析說：「如果要與中國通商，沒有比漳州更有利的地點。漳州的南邊有澎湖，澎湖居於海上南北交通的樞紐，如果能據而守之，則與中國通商將沒有困難。」麻韋郎回應說：「守澎湖的官員如果不允許荷蘭人上岸，這有何辦法？」李綿說：「督理稅務的稅監高宷是個愛錢的人，若不要想得複雜，只要以重金賄賂高宷，高宷必然上奏天子，只要天子的一句話，守土的官員誰敢抗命！」於是李錦寫了三封信，一封給高宷，一封給兵備觀察，一封給澎湖守將陶拱聖，讓潘秀、郭震持信送達。由於當時有海禁之令，除了朝貢國外不得通商，所以守將陶拱聖收到信後十分震驚，快速通告掌權的人，將潘秀逮捕入獄，郭震因此不敢進行後續的行動。荷人等待許久未得消息，在萬曆三十七年（一六〇九）秋天七月，駕駛兩艘巨大的船艦抵達澎湖，由於當時明兵已撤離，他們就直接登陸，砍伐木材建造房屋，準備在此長久居住。李錦後來暗中進入漳州，欺騙說他被荷蘭人逮捕而後逃回，官吏知道他進行賄賂的事，把他捉拿下獄，並且派遣使者說服荷蘭人離開澎湖，但並沒有成功。高宷也派遣密使周之範會見荷蘭人，向荷蘭人索賄三萬金，以換取通商的許可。荷蘭人高興地與高宷達成約定，但後來福建南路總兵施德政偵察得知索賄的事，派遣浯嶼都指揮使司沈有容率兵到澎湖與荷蘭人交涉。沈有容以其膽力智識，大聲論辯，荷蘭人心服說：「我從未聽過類似的言論。」荷蘭人要回送給高宷的三萬金，改以貨物贈與高宷，高宷對此沒有回應。此時，福建巡撫徐學聚重申嚴禁國人海外通商的政策，違犯者將判處死刑。最後，李錦等人立即被執行死刑，而荷蘭人也離開了澎湖。

明熹宗天啓二年（一六二二），荷蘭人再度請求通商，朝廷不准，於是荷蘭人侵掠中國沿海地區。冬天十月，荷蘭將領以船艦十七艘再度到達澎湖海域，占據了澎湖群島。澎湖居民數千人計謀抵抗。荷蘭人以兵力優持居民，奪取漁船六百多艘，並在媽宮風櫃尾的蛇頭山修築城堡，死於這次築城工程的奴工有一千三百名。又在風櫃尾、金龜頭、嵵裡、白沙、漁翁等島嶼建造炮臺，以防守進入澎湖的航道。原先，荷蘭人從澎湖撤退之時，福建巡撫南居益上疏請求修整防備，還沒進行整頓時，荷蘭人已經再度來臨，因此再度上疏請求驅逐。天啓三年夏天六月，南居益下令渡海收復澎湖，以兵二千人進入鎮海港，破壞炮臺，進擊媽宮城。荷蘭人恐慌，暗中勾結海盜，以八艘船侵擾福建，在金門、廈門之間出沒游擊。天啓四年（一六二四）春天正月，南居益再派遣福建總兵俞咨皋攻伐澎湖的荷蘭軍，捉獲荷蘭敗將高文律，並且將他斬殺。八月，荷蘭人請求和談，雙方談和，南居益允許他們在臺灣與中國通商，荷蘭人於是從澎湖撤退，轉而向東侵略臺灣。起先，漳州海澄人顏思齊占居臺灣，鄭芝龍依附顏氏的勢力。顏、鄭的勢力衰微後，荷蘭人來到臺灣。荷蘭人入臺以後，先向土番借地，土番不同意，荷蘭人騙他們說：「不惜付出千金，只想購得如一張牛皮大的土地。」土番同意他們買一張牛皮的土地後，荷蘭人就將牛皮剪成細小的線條，用皮條圍繞極大的土地，用此土地建築熱蘭遮城，以供應駐兵二千八百人的居住需求。鄰近的番社都嘆服荷蘭人的智慧。

明熹宗天啓六年（一六二六）夏天五月，西班牙政府從呂宋島派遣遠征軍，由以朗擔任主將，率領戰艦進入臺灣占據雞籠，修築了山嘉魯城，用以駐兵防守。臺灣的南、北方就被荷蘭、西班牙兩國所割據。在荷蘭人進入臺灣之前，日本人因爲臺灣是前進南洋必經之地，往來頻繁，已先有商人與漁民常住在大員（今日的臺南市）。荷蘭人占領臺灣後，向住民課徵人頭稅，日本人認爲他們比荷蘭人先到，所以拒絕繳稅，而荷蘭因爲對日本人沒有司法管轄權，因此也不能強迫日本人遵行，於是日本人與在臺灣的荷蘭領事就有了衝突。當時荷蘭的爪哇總督嘉爾匾芝想要打擊日本的海外留易，拔擢自己的兒子俾敕爾盧擔任臺灣領事，所以派遣兒子到日本長崎處理日本與荷蘭的商務交涉。俾敕爾盧到任不久後，就發生了濱田彌兵衛事件。起初，幕府任命長崎代官末次平藏航海前往福州進行交涉，途中停留澎湖，被荷蘭人刁難。末次平藏十分氣憤，返回日本後想要雪恥，因此與長崎市人濱田彌兵衛相謀劃。彌兵衛平常就有勇俠的性格，在激憤答應之後，與他的弟弟小左工明子新藏率領長崎市的壯士十二人，在崇禎八年（一六三五）春天三月二十日到達臺灣。彌兵衛同船的華人，向荷蘭人密告藏有兵器，荷蘭人登船查驗，搜出武器予以沒收，並且向爪哇總督報告，請示如何處分。彌兵衛因此被扣留在臺灣不能返回日本，當販售貨物的所得用盡時，連吃飯的錢財都沒有，眾人憤怒，於是在六月二十九日，先埋伏了援兵而帶著三人到荷蘭領事廳，要求讓他們的船隻可以解纜返航。荷蘭領事拒絕他們的請求，彌兵衛等藉著激憤的氣勢，直接趨前綁架領事，左右隨從驚視他們的行動，反應不及，此時埋伏的士卒盡數湧出，如有想持武器防衛，新藏就揮刀斬殺，因此眾人都畏懼不敢行動，彌兵衛於是將荷蘭領事脅持回到旅館。領事指示他的下屬進行和解，並且通告下屬：如果日本人只是想要復仇，就以兵力制裁。彌兵衛害怕事情的變化難以收拾，於是與荷蘭領事立約，約定如下：「一、以領事的兒子與官員一人、荷蘭人三人爲人質，而日本方面也以末次平藏的姪子與徒眾五人作爲交換的人質；二、荷蘭領事必須先釋放先前逮捕的土番十一人與華人通譯，並且歸還他們的財產；三、贈送財物彌補彌兵衛的損失，以洗刷他之前所受的恥辱；四、日本人損失的華絲二萬觔，必須以八萬六千盾的金錢賠償。」合約在五日後執行完成，七月四日雙方交換人質，第二天彌兵衛返抵日本，將荷蘭領事的兒子與及荷蘭人質囚禁在長崎。後來，領事的兒子病死在獄中，七年之後日本人才釋放荷蘭人質。自此事件以後，日本人的勢力開始震懾臺灣，一直到一六三三年江戶幕府頒布限制與外國貿易關係的鎖港令之後，日本在臺灣的勢力才逐漸消失。

明思宗崇禎二年（一六二九），西班牙人再度進入淡水，建築羅岷古城（位在今日的淡水英國領事館），使淡水與雞籠如獸的雙角相對，相互支援。西班牙人在淡水設駐領事，開闢土田，安定撫恤當地的土番。當時，雞籠與淡水都是荒蕪不潔的地區，華人很少在此居住，野草塞路，又有溼熱蒸鬱的毒氣，居住在這裡的人常常病死，所以西班牙人在淡水的經營也十分費力。崇禎五年（一六三二），西班牙船隻遭到颶風，漂流到蛤仔難（今日的宜蘭縣）海岸，被當地噶瑪蘭族的土番劫殺，西班牙發兵討伐。崇禎六年（一六三三），西班牙人在北臺灣擴張，開始到大浪泵（今日臺北市大龍峒與圓山一帶）發展，向南延伸到竹塹（今日的新竹），原來他們希望在此建立殖民地，後來因爲傳教的神父常遭土番殺害，因而放棄殖民計畫。

當荷蘭人進入臺灣之時，隱退在鄉的福建人沈鈇上書給福建巡撫南居益說：「荷蘭人從澎湖退居臺灣大灣（大員）之後，居心叵測，仍然對我國形成威脅。不論是徵兵或調兵與之對抗，都要花費不少的公帑。因此，昨日我僭越地建議與暹羅共同討伐荷蘭，可以委任官員前往暹羅宣告，共同約定驅逐荷蘭，不知這個建議您是否可以允許施行？澎湖雖然處於偏僻的外海，實是泉州、漳州的門戶，即使荷蘭不在這裡建立港灣，澎湖仍然是日本、西洋以及呂宋諸國航海往來的險要之地。澎湖的山勢平坦，南邊有港口作爲門戶，可直通西洋，荷蘭因此占據築城；北邊也有港門，名爲鎮海港，官兵渡海到澎湖大多在這裡居住。中間地帶也有一個天然的港灣，可以從南港門進入，名叫暗澳，可停泊船隻數百艘。四圍的山地，可開闢爲農園，栽種黍、稷、瓜、果，牧養牛、羊、牲畜，因爲土質不佳，缺乏泉水可以灌溉，所以不宜開墾作爲水田。如果要讓荷蘭人不敢在澎湖居住、各國不能來往於澎湖，可以實行六項對策：一、專設遊擊一員，長期鎮守澎湖內島；二、召募精兵二千餘名，圍繞守護澎湖外島；三、建造大船，鑄作槍、炮，以儲備防守的武器、設施；四、召集兵民，開墾荒蕪的山田，以補充糧食的不足；五、建設公署營房，以妥當安置官兵的生活；六、開通東、西洋與呂宋的商船往來，以應付突發狀況的各項支援。因爲澎湖地處海外交通險要之地，它的重要性是南澳（位在廣東省、福建省交界海面的南澳島）的十倍，而且海上群島，過去曾是海盜聚集的地方，所以這六項建議有必要斟酌施行。萬曆初年（一五七三左右），撫臺劉凝齋公祖到廣東擔任巡撫，簽署設立副總兵坐鎮在南澳，到了今日，南澳兵、民的聚落完備，田土開闢，屹立而成海邦的重鎮，使洋夷不敢窺伺侵擾，漳州、潮州因此而能高枕無憂，這可以作爲經營澎湖的驗證。因此澎湖可仿效南澳的例子，設立遊擊一員，坐鎮於澎湖內島，再選擇福建省中歷練颶風海濤、熟悉水路航道的人，擔任左右翼的把總哨官，輔佐遊擊。沒有戰事時，可以演習武藝，在駐地警戒守衛；有戰事時，可以判斷敵情，在戰場上出奇致勝，使各地的外夷不敢再覬覦中國。除此之外，建議遊擊必須有較長的任期，如此才能要求他完成任務，凡軍事行動的進退、糧食的運輸出入，都必須由他統一調度。遊擊的升遷應該給予保障，任期滿三年可加贈官銜，六年有好的功績，就特別拔升爲大將。每年委任廉潔的幹部作爲輔助主官的副官，不時查點軍中的狀況，如果兵士的數量有虛構捏造、每月的糧食有剋減不實，就查究嚴辦，一方面可用追回的不法錢財充當士兵的俸錢，一方面也可讓官兵知道獎懲，奠定良好的治理根基。如此施行，可以讓澎湖與南澳，共同成爲守護福建的海上屏障。以上是對六策中第一策設遊擊的說明。有官員治守，也必須配有兵卒戍衛。戍守、哨探的兵員，不可少於二千餘名。每名兵員每月發給糧食補貼九錢，這必須成爲定例。他們的糧餉可以由漳州、泉州兩府支付，也可以由布政司的府庫支出，這已有過去的議決可以遵循。對於沿海捕魚的漁民，可以謹愼的選擇好的人，作爲補充兵員。

從這些兵員中，可以外派若干人作爲外海的探子，遇到盜賊時也方便於快速攻擊；也可以撥出若干人作爲港內守城的兵員，當有警戒時也方便於支援應對。遊擊將領的下屬親兵與把總哨官的僕役，各自另設，不許占用水陸戍衛兵員的名額，也不許虛報冒領戍衛兵員的月糧，他們的月糧每月支付，由所屬的兵備道委任海防館的官員，按照名冊、人數確實封包糧錢，然後逐個唱名發給。不許將官、總哨官代爲領取，以防止長官剋減下屬的月糧；尤其不許海防館的承辦書吏勒索按慣例收取的小費，以致剝削兵員的月糧。以上都是游兵的營隊、碉堡積習已久的弊端，應該急切地申明禁止、革除。凡是軍隊汛防地的監察人員，應該詳細計算，匯總陳報都察院、兵備道，以便查核。對外夷的緊急情報，也應該快速呈報都察院、兵備道與海防館以便調度，如有誤事，將以軍法處置。眾多水、陸軍政的革新如果能齊頭並進，相互制衡而避免弊端，澎湖群島一帶，就可以保證安全無憂。以上是對六策中第二策議戍兵的說明。各水寨的巡防船隻，常常板薄釘少，強度不足，委託官員製造，給付的銀兩經過剝削以後常常不到造價的一半，一遇海浪，便潰散崩裂，這樣的船艦如何可以出戰？今後應該使駕船的人申領價金、監督建造，監造人必須保證每船經歷幾個汛期後才需要修理、載運幾個汛期後才需要改拆，如果達不到原先保證的強度，拆、造的費用只給付一半。造船與駕船同出於一人之手，駕船人應該不敢駕著自己建造的漏水船隻，航行於龍宮所在的深海上。在海上作戰，火藥尤其是荷蘭人所懼怕的武器，中左所（福建省廈門市）戰役的火攻，曾讓荷蘭人嚇破膽，敵人只要看到有火攻裝備的戰船從四方聚集，就不敢戀戰，趁夜逃走，由此可知多多準備有火攻裝備的戰船才是明智的做法。而重炮、大船尤其不可少，應製造大船十餘艘，安置重炮十餘門，布置陳列於港口，等到敵人來到即可形成夾攻的形勢。外夷的首領懼怕我軍良好的防衛，不但不敢侵擾我們的國土，甚至會逃到遠方，不敢再度出海來犯。以上是對六策中第三策議造船火器的說明。澎湖的山地，雖然土地貧瘠，難以開墾爲水田，但考察當地的土質，仍然有部分肥沃的區域，可以播種稻穀，即使栽種黍、稷、麻豆、甘蔗、果木，也都可以補充兵、民口食的需求。因此必須廣泛地召募同安、海澄縣濱海無田可耕的人民，多則四、五百人，最少也要二、三百人，使他們攜帶犁、鋤、種子前來澎湖居住，並且撥給土地，任由他們開墾播種。每人酌量給予二、三十畝的土地，並鼓勵攜帶妻子一同前來，這樣才能成家立業。除了畜牧牛羊之外，捕釣魚類也對他們的生計有所幫助。在治理移民上，仍然必須禁絕遊擊、總哨以及各級官員的剝削，不許他們勒索租金、收取一粒的米糧。戍衛兵員下班的日子，有能用力種植的人也允許他們耕種，而且明示在十年以內都不會抽取稅金，等到十年以後，田園果熟，農務有成，再酌量從每畝地中抽取二、三分的稅金，以作爲犒賞官兵的費用。務必使民、兵之間和諧相處，長久而愉快地從事自己的職業。以上是對六策中第四策議招民開墾園地的說明。官員既要守衛海道，必然需要有公署作爲居住辦公之用，而戍衛兵與移居的人民，也需要有營房、寮舍作爲安身的處所。建蓋遊擊府的地點，建議選在鎮海港口，或在媽祖宮前，可以勘查舊有的建築基地加以擴充。公署的周圍，可以配置標兵百名，環列左右以維護安全。再設倉廒數間，作爲儲藏米穀的場所。選擇寬廣的場地作爲訓練兵馬或比賽技藝的場所，以供軍隊操練演習。而暗澳口相對的二個炮臺，與東北方的大中墩嶼，都斟酌設置營舍，作爲看守防禦之用，使兵員免於暴露在外。船兵、營兵輪流撥用，務必使他們的勞逸平均。對召募而來種植的居民，可以讓他們自蓋房舍，官員也可以酌量給予建房的費用，召募的移民都使他們居住在兵營附近，讓民、兵相依爲命，守望相助。以上是對六策中第五策議設官廨、兵營的說明。澎湖來往臺灣大灣（大員）的船隻，都由官兵的船隻引入港中，番船不許進入，洋人也不准通商，這是眾所周知的事。然而泉州、漳州兩郡的商民，在東、西兩洋進行貿易，以取代農耕的利益，也是常見的現象，所以在洋人侵擾、洋船不能到達之後，海禁的執行日趨嚴格，導致人民難以謀利，民生困頓。海禁使富豪家族與違法而不務正業的人，倚藉官府的勢力，勾結游兵、總官的書吏，假造向廣東高州、福建福州，以及蘇州、杭州買賣貨物的證明文件，將貨物載運出海後，直接送往交趾、日本、呂宋等國，以獲得商業的利益。不僅是米糧飲食之類的貨物交易，其中也有人進行硝磺、武裝器械等違禁品的支援與買賣。禁令愈是急迫，富豪家族的違法運作就更奇巧；法律愈是嚴厲，官府衙役爲了中飽私囊所售出的許可證就更多。而且，這些礙於法令而營生無路的人，就會東奔西竄，另找違法的出路，如李旦、黃明佐之類的人，他們遠走到外夷所居的地區，代爲謀劃違法交易的對策，他們的危害更令人憂慮。因此，不如在澎湖群島設置官兵，與荷蘭人的爭戰停息之後，立即恢復舊有的貿易條例，讓洋商持著官府發給的證明文件，自由地在東、西二洋之間進行貿易。商船經過澎湖，只要赴遊擊公署進行文件的查驗即可放行，不再阻撓商旅的行程而向他們勒索。海外回航的船隻，如果有夷人在船上，就捉拿送上司審理，以間諜罪論處。如此，既可暢旺生意，飽足商民的肚子，也可以藉由外夷的財貨來增進中國的利益，這些建議在澎湖設官建城之後，可以慢慢商議實施。以上是對六策中第六策議通商便民的說明。上述六項對策或許考慮不夠周詳，但仍然可以作爲未來治理澎湖的參考。其中第六策通商的條款，也可以作爲日後進行變通的權宜之計。在此拜伏，希望憲臺能不拋棄我腐朽的見解，將我的建議會商於藩臺、臬司、巡海、守巡司道，以至總兵、副總兵、參將等各級衙門。如果會面商議有妥當的共識，就可以一面向上奏請，一面舉辦施行。如能這樣，不但可使澎湖與南澳並稱爲沿海的重鎮，而福建八個行政區的士民，也有了安居安業的依靠。」對於沈鈇的建言，巡撫南居益並沒有接受。

明思宗崇禎八年（一六三五），給事中何楷奏陳靖海的對策，他說：「如果想要消滅海盜的氣焰，莫過於荒廢他們的巢窟。他們的巢窟何在？在於臺灣。臺灣在澎湖群島之外，距離漳州、泉州只有兩個日夜的航程，土地廣闊而肥沃。起初，貧民因爲圖謀漁鹽的利益而移民臺灣，後來又因爲中國的兵威律法管轄不到，往往群聚而淪爲海盜。近來西洋人在臺灣築城，又與違法犯禁的人通商，因此發展成不可動搖的大部落。荒廢臺灣的計策，不能從軍事行動下手，而必須嚴格執行通海的禁令，使西洋人無法在臺灣謀利，亂法、不務正業的人也無法在臺灣營生，當他們迫於生存而出兵到處掠奪時，我軍就可以趁其空虛而攻擊，達到荒廢他們根據地的目的。西洋人捨棄臺灣而離去，然後海盜的氣焰就可以平息。」何楷的靖海策沒有得到上級官員的接受。

明思宗崇禎十年（一六三七），荷蘭人侵犯廣東東部，要求通商，朝廷不同意，他們退歸臺灣進行整治。荷蘭人對東洋的經營，先是在爪哇島成立東印度公司，後來又占據臺灣，勢力更爲強大，在數年之間，土地開發所得的利益因此快速增長。臺灣有肥沃而呈黑色的田土，種植水稻一年可得三熟，因此華人移民日益增多，大約有一萬五、六千人，居民多與中國、日本進行貿易。由於行政的官吏俸祿微薄，不夠支出，所以他們也經營商業，以賺取私人的利得，因爲官、民都熱中賺取錢財，所以荷蘭人的商務經營在東洋各國中排名第一。然而荷蘭人對住民徵收的稅務繁重，以田稅而言，擁有「王田」的東印度公司召募佃農耕種，田地以甲計算，每個成年男子每年徵收稅金四盾（接近於明代一銀兩，約可購買大米二石）。荷蘭人統治臺灣的初期，每年可收三千一百盾的稅金，後來增加到三萬三千七百盾，因爲移民越來越多，所以每年可收巨額的稅金。

明思宗崇禎十二年（一六三九），東印度公司派官員來臺灣視察行政。六月，荷蘭將領郎必即里哥率領有多層船艙的戰艦，騷擾福建沿海，福建巡撫鄒維璉任命鄭芝龍爲將領，打敗荷蘭軍鑑，自此以後荷蘭不敢再觀望、覬覦福建海域。

明思宗崇禎十三年（一六四〇），荷蘭人因爲不滿西班牙人占據臺灣北部邊地，上書爪哇總督，計畫發兵驅逐。而西班牙人也與葡萄牙人合作，想要奪取荷蘭人在臺灣的海權，然而以國力而論，當時荷蘭人占於上風。夏天五月，荷蘭領事波宇烈士以書信請西班牙人撤退，信中說：「我不忍人民因爲戰爭而遭禍害，請你們全城的人立即投降。」西班牙領事昂薩路回覆說：「我們的城堡堅固地挺立著，有能力你就來奪取！」八月，荷蘭人以戰艦攻擊雞籠，爭戰未定時，西班牙因爲呂宋島有動亂而裁撤戍守雞籠的兵力，荷蘭人趁勢攻擊。隔年春天三月，荷蘭人又以五百人的兵力進攻淡水。西班牙閉城守衛，戰爭僵持很久，最後西班牙因爲沒有後援，而在九月初四日棄城而走。概括而言，西班牙人占據臺灣北部十六年，最後被荷蘭人驅逐。

南明朱由崧弘光元年（一六四五），荷蘭的臺灣領事召集歸化的土番長老，設立了評議會，以宣告地方自治的制度。荷蘭分番社爲南、北二路，於二路中設立村長，處理民政，執行領事的施政條例。評議會的召開，北路在每年的三月八日舉行，南路在四月初四日開議。當時歸化的番社，有新港社（位在今日臺南市新市區一帶，屬於道卡斯族）、目加溜灣社（位在今日臺南市善化區溪美里一帶，屬於西拉雅族）、蕭壠社（位在今日臺南市佳里區一帶，屬於西拉雅族）、麻荳社（位於今日臺南市麻豆區一帶，屬於西拉雅族族）、大穆降社（位在今日臺南市新化區一帶，屬於西拉雅族）、大傑顛社（位在今日高雄路竹區、茄萣區一帶，屬於馬卡道族）。每年五月二日，主計官在公所集會，召集商人參加贌社，對各社專有的交易權進行投標，中標者在繳納承包稅金的一半後，才能與各社進行交易。得標的商人稱爲社商，社商大多購入土番耕種、打獵的物品，而賣出日常生活的用品，由於贌社制度的執行嚴密，土番都不敢做違法的交易。當時，土地開闢不久，森林也還沒遭受砍伐，麋鹿等野生動物充滿山谷，必須領有執照並且納稅，才能到山林打獵。所獵得的獸皮，先抽取發給軍警的俸錢稅，然後再販售到日本；獸肉則做成肉乾後再賣出。另外，荷蘭人認爲畜牧有利於耕種，引入了印度黃牛，並且在南北二路設置牛頭司，管理牛隻的養蓄及繁殖，這使得放牧的牛隻大量的生產，以至千百成群。小牛長大後，就設柵欄圈養，用來耕田、拉車。

南明昭宗永曆二年（一六四八），荷蘭人開始在新港社設立耶穌教堂，入教者有二千多人。各社也設有小學，學生三十人，教授荷蘭語、荷蘭文以及新、舊約《聖經》。牧師嘉濟宇士將《耶教問答》與《摩西十誡》翻譯成土番的語言，作為教授番童的教材，畢業的學生成績優秀者，可留在學校擔任教習。所以土番人中，有不少人學習了羅馬字，能識字寫作。在書寫的筆具上，荷蘭人是將鵝毛管削成尖斜，將墨水注入管中，這樣在寫字時就可以加快速度，舉凡契券、公文都用鵝毛筆書寫。永曆三年（一六四九），五個番社小學的學生大約有六百多名。荷蘭人也鼓勵與番婦結婚，以加快對土番的教化。

南明昭宗永曆十年（一六五六），荷蘭人再度在赤崁修築城堡，赤崁城背山面海，設有巨炮，增派戍兵，與熱蘭遮城如獸角相對，相互支援。華人移住臺灣雖多，但都苦於重稅，所以有人主張反抗荷蘭人，倡議獨立。永曆十一年（一六五七），被荷蘭人立為「甲螺」的漢人頭目郭懷一，聚集主張獨立的同志，有意發動革命驅逐荷蘭人，後來因事情洩密，失敗而被殺。郭懷一在臺灣開墾，家境富足而為人崇尚義氣，積極結納各地的友朋，因憤怒荷蘭人的壓榨，企圖殲滅荷蘭人。九月一日，郭懷一集合他的黨人，在酒醉之後，激勵黨人說：「各位被荷蘭人壓榨凌虐，不久之後都會相繼死去。然而，與其等死，不如與荷蘭人一戰，如果戰勝了，臺灣就有我們立錐之地，戰敗了也只是一死而已，請各位仔細思慮未來的作為！」眾人皆激憤而企圖採取反抗的行動。七日夜晚，郭懷一伏兵於城外，放火焚燒市街，居民大亂，革命黨人進而屠殺荷蘭人，趁著氣勢逼進赤崁城。當時由於城兵不多，難以守衛城堡，所以急報熱蘭遮城。荷蘭將領富爾馬率軍一百二十人從熱蘭遮城前來援助，擊退郭懷一的兵卒。又集合歸附的土番，合兵進擊，與郭懷一大戰於大湖（今日高雄市湖內區），最後郭軍戰敗，死亡的兵員約四千人。在此戰役中，華人誅殺荷蘭人約有一千數百人。

郭懷一的獨立運動失敗後，華人與荷蘭人之間有數年的和平，直到延平郡王鄭成功崛起。鄭成功的聲威震動中國東南，荷蘭人害怕他來侵犯，因此增加兵備，而鄭成功也忙於對抗清朝，而沒有餘裕征討臺灣。在北伐南京失敗之後，鄭成功的勢力窘迫，侷限於廈門與金門兩島，此時才逐漸謀議將部隊轉移到臺灣。荷蘭人因此在臺灣施行戒嚴，常常逮捕華人的富家作為人質，遇到有嫌疑處，就下獄囚禁，也有人因此被殺。華人對此含恨，內在的不滿情緒隨時將會爆發。永曆十四年（一六六〇），荷蘭臺灣領事鄂易度向東印度公司請求支援。爪哇總督派軍艦十二艘，運補兵員前來防守，加上外援的士兵，戍衛臺灣的兵員總計有三千五百人，艦隊的將領以為兵力充足不怕鄭成功來犯，因此寫信去廈門，反問鄭成功說：「你想要戰或想要和？」鄭成功回答說：「我不想戰。」臺灣領事對鄭成功不戰的宣示並不放心，但爪哇的荷蘭評議會反而覺得他顧慮太多，於是召回派去臺灣的兵艦，當船艦走到返航的中途時，鄭成功已經率領水師攻伐臺灣。

南明昭宗永曆十五年（一六六一），鄭成功在廈門與金門兩島，因地勢窮迫，軍隊無援，因此謀議奪取臺灣作為根據地。當時適逢荷蘭所立的甲螺何斌，因負債逃到廈門。何斌向鄭成功讚揚臺灣的土地肥沃遼闊，是天府之國，而且也說明攻取臺灣的各種狀況。鄭成功觀覽臺灣地圖後，嘆說：「這眞是海外的扶餘國！」於是召集各部將謀劃攻打臺灣的戰略。吳豪對鄭成功說：「藩主問我們進取臺灣的事，吳豪聽說前往臺灣的水路險惡難行，而且荷蘭人的炮臺堅固銳利，即使有奇特的計謀，也派不上用場，不如放棄攻臺的想法。」鄭成功說：「你這是常俗的見解，不足以應對如今天下的局勢。」黃廷說：「吳豪的話不無道理，攻臺如同把自己的部隊送給敵人，還是放棄攻臺的想法較為合宜。」鄭成功又說：「這也是平庸的見解。」馬信說：「藩主所考慮的是根本的問題，以目前所占據的幾個小島，難以長久與清人對抗。要使枝葉健壯，必須先從穩固根本下手，這才是萬全之計。不如趁著將士閒暇，先統率一旅的兵力，前往視察臺灣，如評估可取就取之，如不可取，再重新打算，如此也不致擔誤時間。」各個部將多以水道險惡，地處偏遠爲理由，認爲奪取臺灣有困難，唯獨楊朝棟極力陳說臺灣可取。鄭成功排除眾議，意志堅決，轉動船舵、捆束鎧甲，率領二萬五千人，在三月時到達澎湖，命令陳廣、楊祖、林福、張在留守澎湖。前進到臺灣外海時，鄭成功焚香禱告說：「本藩立下誓願，恢復中華，急切地想使國家由衰復盛，重新振作。但往昔出師北伐南京，沒有得到大功，所以今日率領我軍將士，不顧巨浪波濤，想要開闢不服之地，寄居我的軍隊，暫時隱退海外，以待時機，不敢貪戀海外長久而安逸的生活。祈求上天之靈！祈求祖宗之靈，能佑助我的誓願！」行船到鹿耳門時，海水突然高漲一丈多，大小戰艦得以前後相接，順利入港，而後全部官兵肆意上岸，不遇阻礙。荷蘭人大驚，不知部隊從何而來，以爲自天而降。鄭成功引兵登陸後，攻克赤崁城，荷蘭人退守熱蘭遮城，以士兵二百四十人回擊，而鄭軍有四千人，圍繞城堡而戰，荷蘭軍大敗，有一個隊長陣亡。在海戰方面，鄭成功的船艦也擊沉了荷蘭艦艇，餘下的船隻全數逃走，荷蘭船艦摩阿利號向爪哇呈報戰情，因遇到阻風，歷經五十三日才到達爪哇。荷蘭軍堅守熱蘭遮城，鄭軍久攻不下。四月二十六日，鄭成功派遣使者以書面告訴荷蘭人，說：「執事率領數百人困守城中，難道足以抵抗我軍？如果抵抗不了而仍然堅持抵抗，這更加要怪罪執事缺乏智慧。天下的人，沒有人願意遭受禍害而死亡，我所以急速地敬告執事，無非是爲貴國人民的性命著想，不忍讓貴國的人民陷於創傷與死亡的悲涼情境，因此今日再命令使者前往向您致意，希望執事能深思熟慮。如果執事知道無法取勝，只要獻出城堡而投降，我將會以誠意相對待；若不投降，等我軍攻城，而執事才舉白旗投降，我也會暫停作戰，以等待您後續的指示。我軍入城的時候，一定會嚴肅地命令將士，善待城內的軍民，即使如秋毫般細微的事都不侵犯，讓貴國的人民自由撤離。若有願意留下的人，我也會保衛他們，讓他們得到與華人相同的待遇。戰敗而求和，古人早有明確的訓示；臨事而猶豫，將會被智者譏笑。貴國人民遠渡重洋，經營臺灣島，到局勢不得已時而謀求自衛，即使是我也會欽佩他們的行為。臺灣原來就是中國的領地，雖然久為貴國所侵占，但今日我來索還，你們就應該將土地歸還，其他如珍珠美玉、不是生活急需的寶物，則任由你們帶回。如果執事不聽我的建議，可舉紅旗請求再戰，我也會上馬指揮作戰，絕不猶豫不決。生死的權力，掌握在我的手中，我看到適當的時機，就會迅速地行動，不會期待整日的思索，請執事好好地考慮我所說的話！」鄂易度回覆不願投降，第二天果然舉起紅旗，集合城中的男子以應戰，為了避免鄭軍奪取糧食，放火燒了市街的房子。鄭軍一時不能取勝，乃布署建造環繞城堡的工事，一方面圍困敵軍，一方面轉而攻占郊區，多殺荷蘭人，以發洩長久累積的怨氣。鄭軍捕捉荷蘭商人羅谷具，命令他入城勸降，荷蘭人仍然不屈服，於是鄭軍又逮捕荷蘭人五百名，全部斬殺以向眾人宣示。鄭成功攻臺前，爪哇評議會認為鄂易度無能和膽怯，派令郭冷谷取代鄂易度為臺灣領事；過了將近二個月，通訊船摩阿利號的情報到達後，才知道鄭成功伐臺，於是恢復鄂易度的職務，派郭冷谷率領兵士七百人、船鑑十艘前往臺灣支援。郭冷谷到達臺灣後，遠望紅旗飄揚，而港口中鄭成功的船艦難以計數，不敢應戰，藉口遭遇颶風前往日本。之後，爪哇的援軍接續而到，城中的士兵也趁勢反擊。鄭軍奮力作戰，荷蘭軍再度敗退，有船艦兩艘被擊沉。荷蘭人於是召回戍衛雞籠、淡水的士兵，並且祕密地將婦女、小孩載回爪哇，準備死守大員。由於荷蘭軍無力反擊，鄭軍暫時得以休息。這時清朝使者從福州來，與荷蘭軍結盟，約定荷蘭人將先取金門、廈門，以掃除中國沿海的鄭軍。荷蘭人依約定調派軍艦五艘前往，到澎湖時遭遇颶風而無法前進，餘下的船艦只好又返歸爪哇，因此支援臺灣的兵力就愈形薄弱。當雙方僵持，鄭軍按兵不動之時，有華人從城中逃出，請鄭軍急攻，於是鄭軍攻占城南的區域。此時荷蘭人恐懼，而鄭成功又向他們宣示和平善待，荷蘭人才投降，於十二月三日，率領傷殘的兵員一千人離開，而臺灣再度爲中國所有。此次戰役，歷經七個月的攻擊圍困，荷蘭士兵死亡者有一千六百人。自天啓四年（一六二三），至永曆十五年（一六六一），荷蘭占據臺灣大約三十八年，最後被鄭成功所驅逐，鄭成功的威名也因此震驚世界。

連橫說：臺灣的名稱，開始於何時，史書的記載不詳，在各種史籍上都有不同的名稱。我民族生長於此，聚族繁衍於此，而不知臺灣的歷史與名號，難道不算是對本國歷史與自己歷代祖先的無知？我曾經考察史書的記載，驗證地方有名望之人的描述，得知隋代、唐代之間，以及宋代、元代，都稱臺灣爲琉球。明代人不知過去的歷史，才稱臺灣爲東番。所以清代《鳳山縣志》說：「約在元代以前，臺灣與澎湖被認爲是同一個國家，而一起被稱爲琉球。」清代《臺灣小志》也說：「福建人一開始稱臺灣爲小琉球，而稱沖繩爲大琉球。」不知「稱臺灣爲小琉球」的根據何在？元朝馬端臨的《文獻通考》說：琉球在泉州的東邊，有島嶼稱澎湖，從海上航行五天可以到達，旁邊有毗舍耶國。清代《臺海使槎錄》說：毗舍耶國即是臺灣。這是錯誤的說法，毗舍耶是呂宋群島中的一個島，靠近臺灣，毗舍耶的名稱現在仍在使用，所以《文獻通考》說是在臺灣的旁邊。而以往也有稱臺灣爲北港的例子，清代謝蘭生《方輿紀略》說：「澎湖是進入漳州、泉州的門戶，而北港與澎湖的關係如同脣與齒，失去北港就要擔心澎湖，所謂脣亡齒寒，失去北港不只要憂慮澎湖，也要憂慮漳州、泉州。北港在澎湖的東南方，也稱作臺灣。」按：「北港」又名「魍港」，即是今日的「笨港」，地在雲林縣的西邊，往昔爲海上大船出入的港口，因此往來臺灣的人就以「北港」稱「臺灣」。清代《臺灣縣志》說：「荷蘭人進入北港，築城居住，於是稱臺灣。」然而臺灣的名稱是否確實始於荷蘭人？《臺灣縣志》說：荷蘭人在北港的北邊設街市，建築磚城，城的形制像是高臺；海濱地帶有沙灘環繞、水流彎曲的地方叫做灣，可以停船的地方也可以概括的稱爲灣，合「臺」與「灣」，這是「臺灣」所以得名的由來。《臺灣縣志》的說法是拘泥文字、隨意牽合的說法，如果臺灣的名稱是出於荷蘭人，荷蘭人所寫的書就應當用臺灣的名稱，何以他的書都稱小琉球呢？清代季麒光《蓉洲文稿》說：「萬曆年間，海盜顏思齊占據這個地方後，才開始稱作臺灣。」顏思齊盤踞臺灣比荷蘭人來臺灣早三年，以《蓉洲文稿》驗證《臺灣縣志》的說法，臺灣的名稱不是出於荷蘭人應是很清楚的事。然而《蓉洲文稿》的說法也未必正確。清代巡臺御史張湄鷺洲〈瀛壖百詠序〉說：「明代周嬰《遠遊篇》記載有〈東番〉一篇，稱其地爲臺員，這是福建口音所造成的訛傳」，臺灣的名稱爲中國人所知應該是從此開始。根據〈瀛壖百詠序〉的說法，在土番的時代，福建人已經稱呼東番所在的地方爲臺灣。周嬰，是福建莆田縣人，生存的時間在明代中葉，當時漳州、泉州已有人在臺灣僑居，漳、泉與臺灣相距不遠，小船就可以通行過去，因此他所聽聞的事情應該比較正確。也有人說：臺灣原名「埋冤」，是漳州、泉州人所起的名稱。明代漳州、泉州人到達臺灣後，常常被天候氣象殘害，居民往往病死，不能返歸家鄉，所以用「埋冤」稱之，以記錄悲慘的情況，後來因爲「埋冤」的稱呼不太吉祥，所以改爲臺灣，這種說法也有一些道理。延平郡王鄭成功移居臺灣後，創立「東都」的名號稱呼赤崁，鄭成功的兒子鄭經繼位以後，將「東都」改名爲「東寧」。以上是我民族開始建立的歷史，要保存守護，不要讓它泯滅而不爲人知。我們臺灣人應當追尋根本，並以此來佑助啓發後人，讓後人不要忘記先賢駕柴車、穿破衣，辛苦開闢山林的功績。

卷二　建國紀

永曆十五年冬十二月，招討大將軍延平郡王鄭成功克臺灣，居之。成功，福建南安縣石井人，初名森。父芝龍，娶日本士人女田川氏。以天啓四年七月十四日，誕於千里濱。是夜萬火齊明，遠近異之。數歲，芝龍與顏思齊黨中為盜，居臺灣，往來閩、粵之間。朝議招撫，未久而去。崇禎元年，乃率所部降於督師熊文燦。三年，以平粵盜、征生黎、焚荷蘭、收劉香功，遷都督。於是成功在日本已七歲矣。芝龍屢使人請之，不能得，已而歸焉。成功丰儀整秀，倜儻有大志，每東向而望其母。常為季父芝豹所屈，叔父鴻逵獨偉視焉。讀書穎敏，而不治章句。先輩王觀光一見，謂芝龍曰：「是兒英物，非爾所及也。」年十五，補博士弟子員，試高等，食餼（ㄒㄧˋ，給養，俸祿）二十人中。聞虞山錢謙益之名，執贄求學。謙益字之曰大木。金陵有術士視之曰：「此奇男子，骨相非凡，命世雄才，非科甲者。」

北京既陷，福王立江左，改元弘光，封芝龍南安伯，鴻逵靖西伯。二年，唐王即位福京，改元隆武，晉芝龍平西侯，鴻逵定西侯，俱加太師。已而成功陛見，帝奇之，撫其背曰：「惜無一女配卿。卿當盡忠吾家，毋相忘也。」因賜姓朱，改名成功，字明儼，封御營中軍都督，賜尚方劍，儀同駙馬。自是中外皆稱「國姓」云。是年日本送歸其母。芝龍以擁立非本意，日與文臣忤。一日，成功見帝愁坐，跪奏曰：「陛下鬱鬱不樂，得無以臣父有異志耶？臣受國厚恩，義不反顧。臣以死捍陛下矣！」及兩浙破，關門不戒，芝龍出師，駐不發。三年六月，封成功忠孝伯。八月，帝親征，駐建寧。武毅伯施福撤關兵歸，駕陷汀州，成功南潰。清軍猝入泉州，田川氏死焉。芝龍退保安平，軍容甚盛，猶預未敢迎師。清貝勒博洛遣人招之，大喜，召成功計事。成功泣諫，不從。遂進降表。至福州，博洛挾以俱北。成功雖遇主列爵，實未嘗一日與兵權，意氣狀貌，猶儒書也。既力諫不聽，又痛母死非命，悲歌慷慨，謀起師。攜所著儒巾襴（ㄌㄢˊ，上衣與下裳相連的服裝）衫赴文廟焚之，四拜先師曰：「昔為孺子，今作孤臣。向背棄留，各有作用。謹謝儒服，唯先師鑒之！」高揖而出，禡旗（禡音ㄇㄚˋ。禡旗，軍隊祭旗儀式）糾旅（糾音ㄐㄧㄡ。糾旅，集合部隊），聲淚併俱。與所善陳輝、張進、施琅、陳霸、施顯、洪旭等願從者九十餘人，乘二巨艦，斷纜行，收兵南澳，得數千人，文移稱「忠孝伯招討大將軍罪臣國姓」，時年二十有三也。

翌年，遙聞永明王即位肇慶，改元永曆，則奉朔提師，歸自南澳，舊眾稍集。時廈門、金門為鄭彩及弟聯所踞，乃泊鼓浪嶼，與廈門隔帶衣。廈門者，中左所也；金門者，浯州也，隸同安，為兩島。七月，會鄭彩兄弟伐海澄，不克而還。八月，與鴻逵合攻泉州，敗清提督趙國佐於桃花山，追至城下。清軍來援，成功回島，鴻逵艤舟（艤音ㄧˇ。艤舟，使船靠岸）泉港，所在起應。

二年春，帝在桂林。三月，成功伐同安，克之，以葉翼雲為知縣。進攻泉州。七月，佟國器、陳錦、李率泰率清軍至，鴻逵入潮，成功回島。使如日本請兵，不報。已而清軍攻同安，守將邱縉、林壯猷及翼雲悉死。十月，帝遣使至島，封成功威遠侯。

三年春，帝在肇慶。成功募兵銅山。三月，以施琅、楊才、黃廷、柯宸樞、康明、張英伐漳浦，守將王起鳳降。尋下雲霄，抵詔安，屯分水關。清軍力攻，宸樞死焉。七月，封成功為延平公，隨使貢方物，率師入潮，至碣石衛。是年全粵俱奉正朔。

四年春，伐潮陽，未能下。時兩島為彩、聯所踞，其將章雲飛恣肆不道。成功密語諸將曰：「兩島吾家，臥榻之側，豈容他人鼾睡？」乃嚴部勒，中秋抵廈門，遂併聯軍，可四萬餘人，威稜

（ㄌㄥˊ，聲威）日振。已而殺之。彩率所部之南中漁獵，數年復之，卒於家。十一月，帝在南寧。十二月，清軍狥（ㄒㄩㄣˋ，攻占，掠取）廣州，鎮帥杜永和奔瓊州，成功謀往接之。

五年春正月，率師而南。二月，舟次平海衛。鴻逵棄揭陽回島。閩撫張學聖按泉，以馬得功襲廈門。鴻逵未至，鄭芝莞無設備，未戰而潰。大學士曾櫻死之。鴻逵至，攻得功。得功不得退，使謂鴻逵曰：「公等家屬皆在安平，脫得功不出，恐不利公家。」鴻逵患之，且不虞成功之驟至也，逸之。四月，成功至自平海，得功去兩日矣。以失律罪殺芝莞。芝莞，成功從叔也。諸將悚懼，兵威復振，凡六萬餘人。鴻逵泊白沙，築寨以居。左先鋒施琅得罪逃於清。是時帝在安隆所。五月，伐南溪。十一月，敗清提督楊名高於小營嶺。十二月，伐漳浦，守將楊世德、陳堯策降。

六年春正月，帝在安隆所。成功攻海澄，守將郝文興降，遂取長泰。中提督甘輝遇清將王進於北溪，鏖戰竟日。進敗，圍之。總督陳錦來援，復敗之，錦走泉州。遂破長泰，諸邑俱下。五月，清金衢總兵馬逢知來援，突入漳城。成功圍之，弗下。防鎮門山以水灌之，堤壞不浸。城中食盡，枕藉死者七十餘萬人。七月，陳錦軍於鳳山尾，其奴庫成棟刺之，以首來獻。成功嘆曰：「僕隸之人，而背戕其主，是天下無刑也。」賞其功而終殺之。十月，清帥金固山援至，乃解圍，收兵保海澄。

七年春，帝在安隆所。五月，金固山來攻，城壞百餘丈。成功親立雉堞（ㄉㄧㄝˊ，城上牆垛），左右死者層積，指揮自若，益治軍。既而矢炮雨下，成功大呼曰：「天尚贊吾，無落吾軍。」須臾下息，炮碎其座。忽一夜，空炮遽發，成功詐謂諸將曰：「是將臨城矣！」勒兵持斧以待。曰：「敵至方砍。」清軍落濠入郛（ㄈㄨˊ，外城），眾禦之。固山宵遁，澄守益堅。當是時，沿海騷俶（ㄔㄨˋ，擾亂），饟餽（饟音ㄒㄧㄤˇ。饟餽，薪俸糧食）不贍（ㄕㄢˋ，充足）。以黃愷為餉鎮。愷少有才，陰事招權，成功收而殺之。鄭氏軍興以來，兵律嚴肅，無所淫戮。軍行之間，婦人孺子至與爭道，故民尤愛之。

八年春，清廷以鄭、賈二員來講，封成功海澄公、芝龍同安伯、鴻逵奉化伯、芝豹左都督。成功不從。於是置芝龍於高俎，戍芝豹於寧古塔。成功不顧。十月，伐漳州，鎮標劉國軒開門降，十邑俱下，乘勢略泉州屬邑，守將韓尚亮力守。當是時，水陸兵勢，熛（ㄅㄧㄠ，迅速）至風起，浸尋衍溢，分所部為七十二鎮。改中左所為思明，以鄧會知州事。立儲賢館、儲材館、察言司、賓客司，設印局、軍器諸局。令六官分理國事。以壬午舉人潘賡昌為吏官兼戶官，丙戌舉人陳寶鑰為禮官，世職張光啓為兵官，浙人程應璠為刑官，戊子舉人馮澄世為工官。奉監國魯王、瀘溪王、寧靖王居金門。凡諸宗室，悉贍給之。禮待避亂搢紳王忠孝、盧若騰、沈佺期、辜朝薦、徐孚遠、紀許國等，皆名客也。軍國大事，時諮問焉。凡所便宜封拜，輒朝服北向稽首，望永曆帝坐，疏而焚之。

九年春，帝在安隆所。正月，以林勝伐仙游。五月，拜定西侯張名振為元帥，忠靖伯陳輝副之。以二十四鎮入長江。加戶官洪旭為水師右軍，北鎮陳六御為五軍戎政，偕伐舟山，克之。已而清軍來襲，六御死焉。臺州鎮馬信、寧波鎮張宏德均來歸。六月，墮安平鎮及漳州、惠安、南安、同安。七月，使如日本，修舊好也。十一月，清定遠大將軍濟度入閩，成功回島。

十年春，帝在安隆所，嗣入雲南。正月，濟度輒侵略沿海。三月，攻兩島，遇風而還。四月，以蘇茂、黃梧伐碣（ㄐㄧㄝˊ）陽，不克，斬茂以狥（殉）。梧懼誅，以海澄降清，重地也。甘輝聞亂，進攻不勝，乃入土城取蓄積歸。遂奉成功破閩安，逼福州，轉略溫、臺等郡，浙東俱震。

十一年春三月，帝在雲南。鴻逵卒於浯州。成功回島。尋遣將城福州峽江牛心塔，以陳斌、林銘、杜輝等守之。清軍來攻，銘、輝退，斌無援降，嗣被殺。甘輝、周全斌等攻寧德，斬滿帥阿克襄，一軍大震。

十二年春正月，帝在滇城。遣漳平伯周金湯航海至思明，晉成功延平郡王、甘輝崇明伯、張萬禮建安伯、黃廷永安伯、郝文興慶都伯、王季山祥符伯，餘各拜爵有差。乃議大舉，往復南京。七月，以黃廷為前提督、洪旭為兵官、鄭泰為戶官，留守兩島，部署諸將。排力士身披鐵，畫以朱碧彪文，留其兩目，執斬馬大刀，陳於行首，但砍馬足，號曰「鐵人」，望者以為神兵，左虎衛陳魁統之。甲士十七萬、習流五萬、習馬五千、鐵人八千，號八十萬，戈船八千，揚帆北上。至浙江，克樂清等縣。次於羊山，為颶所破，飄沒八千餘人，幼子睿、裕、溫皆死。乃泊翁洲理楫。

十三年春正月，帝在永昌。五月，師出崇明，諸將請先取之，不聽。六月，移吳淞江口，入江陰。七月，至焦山，祭告天地、百神及太祖、崇禎、隆武諸帝，痛哭誓師，眾皆感激。時清軍已據上流，防禦甚堅，以鐵鎖橫江，謂之「滾江龍」。成功謂諸將曰：「瓜、鎮為金陵門戶，須先取之。」授諸將機宜。令程應璠督右提督馬信、前鋒鎮余新等進奪譚家洲炮城。又遣材官張亮督善水者盪舟行，即進據瓜州上游，燬木城。大船由南，小舟由北，自督親軍及中提督甘輝、左鎮提督翁天佑、先鋒鎮楊祖，建大將旗鼓，直擣瓜州。清將朱衣祚、左雲龍等率滿、漢騎兵一萬，背港而軍。戰方合，張亮已斷滾江龍，揚帆直進。右武衛周全斌率兵帶甲浮水登岸，直破其陣，斬雲龍於橋下。衣祚奔城。正兵鎮韓英奪門而入，登城樹幟。全斌登江介之山以望，麾兵疾進，陷西北隅以入。滿兵盡殲。獲衣祚，逸之。後提督萬禮亦繞瓜州之後，潰其餘卒。清軍大敗，死者不可勝數。以援勦左鎮守瓜州，監紀推官柯平為江防。命兵部侍郎張煌言、督理戎政楊朝棟、兵部主事袁起震督阮美及羅蘊章等進取蕪湖。遂亂揚子，趣鎮江。清提督管效忠率雲南之兵數萬分道馳至，夜紮銀山，以騎兵當大路。成功以銀山為必爭之地，奪而據之，列陣以待。遲明，清軍分五道而來，三萃鄭壘，不動，騎射如雨。成功令發火炮，多鼓鈞聲，屋瓦皆震。清軍下馬死戰。薄（ㄅㄛˊ，通「迫」，逼近）午，鄭軍益奮，遂大敗之，喋血填濠，效忠僅以身免。明日，鎮江守將高謙、知府戴可進等來降。成功登京峴之山，大饗士卒，慷慨賦詩。命全斌、黃昭守鎮江，屬邑俱下。以張煌言、楊朝棟招撫江南，袁起震、徐長春招撫江北。於是常州、徽州、池州、太平、滁、和、六合等府豪傑多起兵應。清廷大恐，議援兵。甘輝進曰：「瓜、鎮為南北咽喉，但坐鎮此；斷瓜州則山東之師不下；據北固則兩浙之路不通；南都可不勞而定矣。」不聽，率師登舟逕取南京，傳檄（ㄒㄧˊ，通告）四方。八月，至觀音門。以黃安總督水師，守三叉河口。率所部由鳳儀門登岸，軍於獅子山。招諸將登閱江樓，以望建業王氣。令諸舟列於江東門外；自率十餘騎，躬歷城下，度營壘。分屯漢西門、觀音山，獨與五親軍駐岳廟山，留先鋒鎮、中衝鎮於獅子山，欲久困之。南京守將梁化鳳約期降，許之。甘輝諫曰：「以臣觀之，則尚速也。夫兵貴先聲，彼眾我寡，及其燔（ㄐㄧㄢ，潰敗）且未定，則勢可拔。若彼集禦固，緩難圖也。君必悔之。」不聽。既而清軍以千騎試前鋒營，余新敗之，遂輕敵無備，縱軍捕魚。成功令張英馳讓之，新猶故。化鳳知其弛，由鳳儀門穴城，乘夜啣枚，直薄新營。新不及甲，倉皇拒戰，遂被禽，副將董延中、蕭拱柱死焉。成功聞鳳儀門炮聲，遣翁天佑援之，已無及矣。越二日，清軍以步卒數千，出觀音門，直擣中堅。成功率親軍右虎衛陳鵬、右衝鋒張萬祿擊敗之。清軍復以數萬從山後出，薄左先鋒營。楊祖拒之，三合三卻。後勁鎮楊正、援剿右鎮姚國泰敗走。前衝鋒鎮藍衍、行軍司馬張英死於堪岩之下。清軍從山上出擊，右武衛林勝、左虎衛陳魁俱力戰死。後提督張萬禮獨戰以大橋頭，殺人最多，無援而覆。副將魏標、樸世用、洪復、督理戶官潘賡、鍾儀衛等皆戰沒，唯左右提督、右虎衛、右衝鋒，援剿後鎮之軍獨全。成功麾軍退，爭舟而渡。甘輝殿，且戰且卻，至江，騎能屬者三十餘人，凡所擊殺數百十人，馬蹪（ㄓˋ，絆倒）被獲，死焉。成功既至鎮江，議還島。以馬信、韓英督舟師守江口，周全斌、黃昭、吳豪為殿，餘軍次第而退。九月，攻崇明，不下，正兵鎮王起鳳陣沒。以陳輝、阮美、羅蘊章等守舟山。劉猷與清軍戰於溫州，敗績死之。十月，師至思明，建忠臣祠，以甘輝為首。

十四年春，帝在緬甸。五月，清廷以將軍達素、總督李率泰會師來伐。大船出漳州、小船出同安，檄廣東降將許隆、蘇利等分道而至。成功以陳鵬督諸部守高崎，遏同安；鄭泰出浯州，絕廣東；而自勒諸部，扼海門。海門在海澄之口；命五府陳堯策傳令諸將，碇海中流，按軍不動，揚徽（旗幟）而鼓。令未畢，漳船猝至。諸將倉卒受命，莫敢先發。閩安侯周瑞為清軍所乘，與堯策俱死。陳輝舉火，滿兵高躍，船乃得出。既得上流，成功自手旗起師，引巨艦橫擊之。風吼濤立，一海皆動。北人不諳水，皆退，眩暈而不能軍，僵屍布海。有滿兵二百餘人棄舟登圭嶼，命之降，胥溺之。是日同安船趣（ㄑㄩ，通「趨」）高崎。陳鵬約降，飭所部勿動。清軍恃應，船未近，涉水爭先。其將陳蟒不與謀，曰：「事急矣，當決死。」麾所屬與殿兵鎮陳章合擊，清兵披甲退陷於淖，死者十七八，首領哈喇土星止焉，殺滿兵一千六百餘人。收輝戮之，以蟒代。蘇利等後二日至，知諸路告衄（ㄋㄩˋ，損傷），望太武山而還。素自殺於福州。於是竟成功之世，無敢議覆島者。

十五年春，帝在緬甸。成功議取臺灣，克之；語在〈開闢紀〉。十二月，以熱蘭遮城為安平鎮，改名王城；建桔秩門，志故土也；赤崁城為承天府；總曰東都。設府一、縣二。以楊朝棟為承天府尹，祝敬為天興知縣，莊之列為萬年知縣。澎湖別設安撫司。各戍重兵。以周全斌總督南北諸路。已而楊朝棟、祝敬有罪，殺之，以鄭省英為府尹，黃安守安平。率何斌、馬信、楊祥、蕭拱宸等，帶銃手三百、牌手三百、弓手三百，巡視番社，錫以煙布。番酋大悅，率眾歸誠，聽約束。既歸，大會諸鎮。成功曰：「為治之道，在於足食。足食之後，乃可足兵。今賴皇天之靈、諸將之力，克有茲土，豈敢為宴安之計？然而食之者眾，作之者寡，倘一旦匱餉，師不宿飽，則難以固邦家。今臺灣土厚泉甘，膏壤未闢，當用寓兵於農之法，庶可以足食而後足兵。然後觀時而動，以謀光復也。」黃安曰：「開疆闢土，創業萬世，諸將自當遵行。但其法何如？願垂明教。」成功曰：「夫法古者可以制宜，明時者可以圖治。古者量人受田，量地取賦。至商雖變為井田，亦行九一之法。周代因之，鄉出師徒，里出車馬，兵民無分。及秦始廢井田，後代不改，故兵自為兵，民自為民，籌餉轉輸，屢為國患。故善為將者不得不行屯兵之法；如充國之屯羌中，諸葛之屯斜谷，姜維之屯漢中，杜預之屯襄陽，而後戰無乏糧，守無饑色。若夫元代之分地立法，太祖之設衛安軍，乃天下已平，恐虛糜空乏，故為農者七，為兵者三，非無故也。今臺灣為新創之地，雖僻處海濱，安敢忘戰？故行屯田之法，僅留勇衛、侍衛二旅以守安平、承天，餘鎮各按分地，分赴南北開墾，使野無曠土，而軍有餘糧。三年之後，乃定賦稅。農隙之時，訓以武事，俾無廢弛。有事則執戈以戰，無事則負耒而耕，而後可以圖長治也。」諸將皆聽命而行。於是五軍、果毅各鎮赴曾文溪之北，前鋒、後勁、左衝各鎮赴二層行溪之南，各擇地屯兵，插竹為社，斬茅為屋，而養軍無患。

十六年春正月朔，成功朝諸將於安平鎮，遙拜帝座。嗣聞清人棄芝龍於北京，子孫皆被害，擗（ㄆㄧˋ，搥胸）踊哭泣，令諸鎮守喪。先是清人從降將黃梧之策，遷山東、江、浙、閩、粵沿海居民，盡入內地，禁出海，以絕接濟，並毀鄭氏祖墳。成功聞之，嘆曰：「使吾徇諸將意，不自斷東征得一塊土，英雄無用武之地矣！沿海幅員上下數千里，盡委而棄之，使田廬坵墟，墳墓無主，寡婦孤兒，望哭天末，唯吾之故。以今雖披猖（ㄔㄤ，恣意胡為），亦復何用，但當收拾殘民，移我東土，闢地休兵，養精蓄銳，以待天下之清未晚也。」當是時，帝在滇城，或曰殺矣，或曰幽矣，或曰遁矣，成功猶奉朔稱永曆。成功治軍嚴，諸鎮莫敢犯。馬信諫曰：「立國之初，宜用寬典。」成功曰：「不然。法貴於嚴，庶無積弊，後之守者，自為易治。是故子產治鄭，孔明治蜀，莫不用嚴。況臺灣為新創之地，非嚴無以治軍，非嚴無以統眾，唯在制宜而已。」三月，以洪開、祁闢等十人管社事。命諸將各移眷入臺。南澳鎮陳豹不從，討之，以杜煇留守。

初，羅馬神父李科羅在廈傳教，成功禮之，延為幕客。當是時，華人之在呂宋者數十萬人，久遭西人苛待。諸將議取呂宋為外府。成功使李科羅至馬尼拉，說呂宋總督入貢，而陰檄（ㄒㄧˊ，徵召、曉喻的文書）華僑起事，將以舟師援之。事洩，西人戒嚴，集兵馬尼拉，毀城裂砦（ㄓㄞˋ，通「寨」），以防竊踞。而華人已起矣，鏖戰數日夜，終不敵，死者數萬人。或駕小舟至臺灣，多溺死。成功撫之，而呂宋仍傲擾，又慮鄭師往討，乃命使者隨李科羅乞和。諸將欲問罪，未出師，而成功病革矣。

成功有子十人。世子經年十九，居廈門，與乳媼通，生子以聞。成功大怒，令董昱、洪有鼎至廈，諭鄭泰監殺經及董夫人，以教子不嚴也。諸部大驚。又聞成功病，謀保全之。謂經子也，不可拒父，諸部臣也，不可拒君；唯泰於成功為兄行，謂兄可拒弟，乃殺乳媼及兒以報。成功不肯，解佩劍與昱命再至廈。適周全斌自南澳回，亦奉命。諸將誘執之。夏五月初八日，成功病革，尚登臺望海。乃冠帶，請太祖訓出，坐胡床，命左右進酒，折閱三帙，嘆曰：「吾有何面目見先帝於地下哉！」遂薨於路寢，年三十有九。臺人以其弟襲為護理。十四日，訃至，經嗣位，發喪，修表達行在。聞襲將為東都主，經駭然。乃出全斌為五軍都督，陳永華為諮議參軍，馮錫範為侍衛，整師欲東。秋七月，清靖南王耿繼茂、閩浙總督李率泰遣人來講，經不從。泰等請經。經曰：「吾將東，諸君善圖之。」議照朝鮮事例，派中軍都督楊來嘉答之。不報。來嘉還。以忠振伯洪旭、永安侯黃廷輔泰守廈門，並諭銅山、南澳諸將，毋廢戰守。冬十月，經至澎湖，歷巡各島，乃赴臺。黃昭、蕭拱宸謀拒經，陳師海澨（ㄕˋ，海濱），為全斌所殺。眾倒戈，經免冑示之。黃安大呼曰：「此吾君之子也，其速往迎！」經遂入王城。襲入見，復為叔侄如初。十一月，率全斌巡視南北二路，鎮撫諸番。

十七年春正月，滇城訃至，經猶奉朔稱永曆。以統領顏望忠守安平，勇衛黃安鎮承天，提調南北軍務。率全斌、永華、錫範至廈門。以泰潛結黃昭、蕭拱宸等謀抗拒，事露，夏六月，置酒邀泰，縊殺之。泰子纘緒、弟鳴駿亡歸清。冬十月，繼茂、率泰調投誠諸軍合荷蘭出泉州，提督馬得功出同安，降將施琅、黃梧出漳州，分道並進。經部署諸將，令全斌禦之。十九日，會於金門烏沙港。荷蘭夾板十餘舟，巍巨如山，泉舟三百，箕張而下。全斌以艨艟二十艘，往來奮擊，剽疾如馬；荷人發炮無一中者。清軍見之，愕眙（ㄜˋ ㄔˋ，驚視）相視，雲翔而不敢下。得功殿，為全斌所殪。已而耿、李各濟師，琅、梧亦至。鄭師不敵，退守銅山。清軍入金、廈，墮兩城，棄其地，收寶貨婦女而還。兩島之民爛（ㄌㄢˋ，散亂）焉。

十八年春正月，援勦右鎮林順降清。二月，南澳護衛左鎮杜煇亦降清。洪旭言曰：「金、廈新破，銅山難守，不如退保東都，以待後圖。」經從之。命永華、錫範扈董夫人先行。宗室寧靖王、瀘溪王、巴東王、魯王世子暨鄉紳王忠孝、辜朝薦、盧若騰、沈佺期、郭貞一、李茂春悉扁舟從。至澎湖，與旭歷視諸島。旭曰：「澎湖為臺灣門戶，上通江浙，下達南洋，必須建設重鎮，以固海疆。若澎湖有失，則臺灣無所措手足。」乃建壘媽宮，左右峙各築炮臺，煙火相望，令薛進思、戴捷、林陞等守之。初，全斌奉檄與黃廷殿，而與洪旭有宿嫌，遲疑不往，遂降清。廷亦受黃梧之誘。經既入臺，委政永華。永華善治國，與民休息。八月，改東都為東寧，天興、萬年為二州。劃府治為四坊，坊置簽首理民事；制鄙為三十四里，置鄉長，行鄉治之制。東寧初建，制度簡陋，乃教民燒瓦，建宮室衙署。禮待避亂搢紳。凡諸宗室，皆贍給之。分諸土地，又行寓兵於農之法，臺灣以安。初，荷人既喪臺灣，謀恢復，居於雞籠。成功命黃安逐之。既去，遂會清人攻兩島。及金、廈平，徙民入界，而率泰亦班師。六月，荷將波爾德入福州，與清軍盟，議伐臺，率泰以兩蓬船援之。然臺灣防守固，不易取，乃率舟北上，次普陀山，遇颶覆沒。及是而罷。九月，英人來求互市，許之。十二月，北路土番阿狗讓亂，命勇衛黃安平之。

十九年春正月朔，經率文武賀帝於安平鎮。聞施琅疏請攻臺，集諸將計議。洪旭曰：「前者，荷人失守，恃其炮火，馮（ㄆㄥˊ，憑藉）其港道，而不防備澎湖，故我先王一鼓而下。夫澎湖為東寧門戶，無澎湖是無東寧也。今宜建築安平炮臺，以炮船十艘防守鹿耳，別遣一將鎮澎湖，嚴軍固壘，以待其來，則敵不易渡也。」經曰：「善。」以楊祥守鹿耳門。顏望忠請自赴澎湖，經撫其背曰：「得公一行，吾無憂矣。」命旭調屯田軍十分之三，益以勇衛侍衛各半旅，合萬餘人，分配炮船二十艘，烏船、趕繒各十艘，以戴捷、薛進思、林陞、林應等率之。又慮北鄙空虛，命劉國軒以一旅守雞籠，何祐以一旅守大汕頭。三月，望忠至澎湖，駐軍媽宮；左右峙各修炮臺，以戴捷、林陞守之。四月，琅調投誠諸軍攻臺。舟至外洋，為颶風飄散而還。清廷命琅及全斌歸北京。六月，經令望忠回東寧，以薛進思、林陞守之。檄各鎮歸屯。七月，勇衛黃安卒，經大慟，厚葬之，以其子為婿。八月，以諮議參軍陳永華為勇衛。永華親視南北，鎮撫諸番，勸各鎮墾田，植蔗熬糖，煮海為鹽，以興貿易。而歲又大熟，民用殷富。請建聖廟，立學校，從之。擇地於寧南坊，面魁斗山，旁建明倫堂。

二十年春正月，聖廟成，經率文武行釋菜之禮，環泮宮（泮音ㄆㄢˋ。泮宮與泮池原指諸侯的學校，後因尊孔子故在孔廟設有泮宮）而觀者數千人，雍雍穆穆，皆有禮讓之風焉。又命各社設學校，延師以課子弟；兩州三年一試。州試有名者移府，府試有名者移院，院試取進者入太學。三年再試，拔其尤者補六科內都事。三月，以永華為學院，葉亨為國子助教，教之、養之。臺人自是始奮學。洪旭諫曰：「有文事者必有武備，今施琅雖出軍未定，而心不忘我。當訓勵將士，以待其變。」經曰：

「居安思危，古之訓也；習勞講武，軍之則也。不穀受國厚恩，躬承先命，其敢以此自逸？願與諸公勉之。」檄各鎮屯墾之暇，以時操演。又命伐木造艦。旭以商船往販日本，購造銅炮刀劍甲冑，並鑄永曆錢。下至暹羅、安南、呂宋各處，以拓商務。歲又大有，國以富強。八月，呂宋總督遣使者來聘，且貢方物。令賓客司禮之。使者求設教，永華不可。經命以中國之禮入覲，且申通商之約，毋遏貢，毋虐我華人。使者唯唯。忠振伯洪旭卒，經親為治喪；以其子磊為吏官，永華之姪繩武為兵官，楊英為戶官，葉亨為禮官，柯平為刑官，謝賢為工官，劉國軒為左武衛，薛進思為右武衛，何祐為左虎衛。九月，永華以國內已治，商務當興。以江勝為水師一鎮，駐廈門，與邊將交驩（ㄏㄨㄢ，歡），毋擾百姓。當是時，廈門荒廢，為陳白骨、水牛忠所據，招集亡命，侵掠邊鄙。勝與邱輝破之。輝踞達濠，而勝事貿易，布帛無缺。凡貨入界者以價購之，婦孺無欺。自是內外相安，轉運毋遏，物價愈平。十二月，調戍澎之兵屯田。

二十一年春正月朔，經賀帝於安平鎮。錫屯田之兵酒，臺人大說（ㄩㄝˋ，悅），道不拾遺，市物者不飾價。五月，河南人孔元章來議撫，禮之，議照朝鮮事例。元章回，而施琅又疏請攻臺。

二十二年夏四月，清廷以琅為內大臣，裁水師提督，焚戰艦。以馬化騏為總兵，駐海澄。分投誠諸將於各省。六月，清水師提標游擊鍾瑞偕中軍守備陳陞謀獻海澄，密告江勝。經命統領顏望忠率船援之。事洩，瑞走廈門入臺，望忠數其叛獻銅山之罪，經不究，改其姓為金賜名漢臣。十月，水沙連番亂，殺參軍林圯，討之。

二十三年春二月，清廷下旨展界。七月，刑部尚書明珠、兵部侍郎蔡毓榮至福州，與靖南王耿繼茂、總督祖澤沛集泉州議和。命興化知府慕天顏賚（ㄌㄞˋ，賜予，此處指攜帶）詔書入臺，經不肯接詔。唯閱明珠書曰：「嘗聞安民之謂仁，識時之謂知。古來豪傑知天命之有歸，信殃民之無益，決策不疑，委身天闕，慶衍黎庶，澤流子孫，名垂青史，常為美談。閣下通時達變，為世豪傑，比肩前哲，若易易爾。而姓名不通於上國，封爵不出於天朝，浮沉海外，聊且一時，不令有識之士為惋惜耶？今聖天子一旦惻然，念海濱之民瘡痍未復，其有去鄉離井漂流海嶼，近者十餘年，遠者二十餘載，骨肉多殘，生死茫然。以為均在覆載之中，孰非光復之責？稅車閩甸，會同靖藩、督、撫、提督，宣諭宸衷。禮當先之以信，耑（ㄓㄨㄢ，專門、特地）遣太常寺卿慕天顏、都督僉事李佺等聞於左右。閣下桑梓之地，無論聖天子痌瘝在抱（痌瘝音ㄊㄨㄥ ㄍㄨㄢ。痌瘝在抱，對人民的疾苦感同身受），所當仰體不遑，即閩之黃童白叟，大都閣下桑梓之父老子弟，而忍令其長相離散耶？況我國家與人以誠，待人以信，德意咸孚，遐邇畢達。是以車書一統之盛，振古無儔（ㄔㄡˊ，匹敵）。窮荒絕域，尚不憚重譯來朝。閣下人中之傑，反自外於皇仁，此豈有損朝廷哉？但為閣下惜之爾。誠能翻然歸命，使海隅變為樂土，流離復其故鄉，閣下亦自海外而歸中原，不亦千古之大快，而事機不可再得者乎？我皇上推心置腹，具有璽書。閣下宣讀之餘，自當仰見聖主至仁至愛之心。佇候德音，臨穎神注。」經大會文武，語天顏曰：「本藩豈不能戰？因念生靈塗炭，故遠處海外。癸卯以來，業已息兵，又何必深求耶？」天顏曰：「朝廷頻頻招撫，亦憐貴藩忠誠，不忘舊君。若能翻然削髮歸命，自當藩封，永為柱石。不然，豈少樓船甲兵哉？」經曰：「先王在日，前後招撫，祇差『薙髮』兩字。本藩豈肯墜先王之志哉？」遣禮官葉亨、刑官柯平報聘，並復書曰：「蓋聞麟鳳之姿，非藩樊所能囿；英雄之志，豈游說所能移。頃自遷界以來，五省流離，萬里坵墟。是以不穀遠處海外，建國東寧，庶幾寢兵息民，相安無事。貴國尚未忘情於我，以致沿海之人，流亡失所，心竊憾之。閣下銜命以來，欲為生靈造福，流亡復業，海宇奠安，為德建善；而貴使諄諄以迎敕為辭。事必前定而後可以寡悔，言必先定而後可以踐跡。大丈夫相信於心，披肝見膽，磊磊落落，何必游移其說哉？特遣刑官柯平、禮官葉亨等面商妥當。不穀躬承先訓，恪守丕基，必不棄先人之業，以圖一時之利。唯是生民塗炭，惄（ㄋㄧˋ，憂思）焉在懷。倘貴朝果以愛人為心，不穀不難降心以從，尊事大之禮。至通好之後，巡邏兵哨，自當弔回。若夫沿海地方，俱屬執事撫綏，非不穀所與焉。不盡之言，俱存敝使口中，唯閣下教之，俾實稽以聞。」議照朝鮮事例，明珠將許；而強令薙髮，經不從。於是明珠再以書來，復命天顏偕二使入臺。天顏曰：「貴藩遁跡荒居，非可與外國之賓臣者比。」經曰：「朝鮮亦箕子之後，士各有志，未可相強。」乃以書復之曰：「蓋聞佳兵不祥之器，其事好還，是以禍福無常倚，強弱無常勢，恃德者興，恃力者亡。曩者思明之役，不穀深憫民生疾苦，暴露兵革，連年不休，故遂會師而退，遠絕大海，建國東寧。於版圖疆域之外，別立乾坤。自以為休兵息民，可相安於無事矣。不謂閣下猶有意督過之，驅我叛將，再起兵端。豈未聞陳軫蛇足之喻與養由基善射之說乎？夫苻堅寇晉，力非不強也；隋煬征遼，志非不勇也；此二事者閣下之所明知也。況我之叛將逃卒，為先王撫養者二十餘年，今其歸貴朝者，非必盡忘舊恩而慕新榮也，不過憚波濤、戀故土，為偷安計爾。閣下所以驅之東侵而不顧者，亦非必以其才能為足恃、心跡為可信也，不過以若輩叵測，姑使前死，勝負無深論爾。今足下待之之意，若輩亦習知之矣，而況大洋之中，晝夜無期，風雲變態，波濤不測。閣下兩載以來，三舉征帆，其勞費得失，既已自知，豈非天意之昭昭者哉？所引夷齊、田橫等事：夷齊千古高義，未易齒冷；即如田橫，不過三齊一匹夫爾，猶知守義不屈。而況不穀世受國恩，躬承先訓乎？倘以東寧不受羈縻，則海外列國，如日本、琉球、呂宋、越南，近接浙、粵，豈盡服屬？若虞敝哨出沒，實緣貴旅臨江，不得不遣舟偵邏。至於休兵息民，以免生靈塗炭，仁人之言，敢不佩服。若夫重爵厚祿，永襲藩封，海外孤臣，無心及此。敬披腹言，維祈垂鑒。」又復繼茂曰：「捧讀華翰，有『誠來誠往、延攬英雄』之語，雖不能從，然心異之。執事中國英豪，天人合徵，金戈鐵馬之雄，固自有在；而諄諄所言，尚襲游說之後談，豈猶是不相知者之論乎？東寧偏隅，遠在海外，與版圖渺不相涉。雖居落部曲，日與為鄰，正如張仲堅遠絕扶餘，以中土讓太原公子。執事亦知其意乎？所云『貴朝寬仁無比』，遠者不論，以耳目所聞見言之，如方國安、孫可望，豈非盡忠貴朝者，今皆何在？往事可鑒，足為寒心。執事倘能以延攬英雄休兵為念，即靜飭部曲，慰安邊陲。羊、陸故事（指西晉羊祜與東吳陸抗為敵，羊祜勤政愛民而推心置腹之事），敢不勉承？若夫疆場之事，一彼一此，勝負之數，自有天在。得失難易，執事自知，亦毋庸贅也。」明珠知不可說，遂偕毓英歸北，而和議止。十月，邱輝介江勝以達濠歸命。經下六官議。永華曰：「招降納叛，自古已然。況輝能糾眾備船，獨踞達濠，此亦有為者。今傾心向化，理宜收錄，庶足以鼓豪傑之心，而拓邦家之土。」從之，以為義武鎮。自是達濠亦聽節制。

二十四年春三月，經以廈門、銅山、達濠諸島均隸臺灣，而舟山、南日尚乏守將，以前奇兵鎮黃應制之，命柳索、呂勝、藍盛、楊正各率舟協守。八月，斗尾龍岸番反，經自將討之。命右武衛劉國軒駐半線。十月，沙轆番亂，平之。大肚番恐，遷其族於埔裏社。國軒追之，至北港溪畔，乃班師歸。自是北番皆服。

二十五年，歲大有，沿海無事。漳、泉之人至者日多，拓地遠及兩鄙。經命諸島守將，毋擾邊民。

二十六年春正月，統領顏望忠、楊祥請伐呂宋，侍衛馮錫範以為不可，慮失遠人之心，遂止。

二十七年。初，清廷以吳三桂為平西王駐雲南，平南王尚可喜駐廣東，靖南王耿繼茂駐福建。及繼茂死，精忠嗣。至是議撤藩，精忠謀起兵。秋八月，使黃鏞入告。經至澎湖以俟。而精忠遷移，尋歸東寧。十二月，三桂據雲南、貴州、四川以起，破兩湖，遣祝治國、劉定先如耿、尚，約會師，並至東寧，寓書曰：「令祖舉全閩投誠，大有勳勞，橫遭俎醢（ㄗㄨˇ ㄏㄞˇ，即「菹醢」，將人剁為肉醬的酷刑，此指遭遇不測），百世必報之仇也。及令先王存心大義，至死靡他，誠大丈夫特立獨行，每言及此，未常不嘆為偉人也。殿下少承家訓，練兵養威，審時觀釁。今天下大舉，正千載一遇，乞速整貔貅（ㄆㄧˊ ㄒㄧㄡ，勇猛的戰士），大揚舟師，經取金陵，或抵天津，扼其門戶，絕其糧道。此以奇兵乘虛，萬全之策也。復累世之大仇，洩天人之共憤，何快如之！」經禮待二使，遣監紀推官陳克岐、副將劉文煥馳聘，且復書曰：「頃聞臺命，欲伸大義於天下，不勝欣慰。然敢獻一言，自古成天下之大業，必先建天下之大義。以殿下之貞忠，而擁立先帝之苗裔，則足以號召人心，而感奮忠義之士。不穀亦欲依日月之末光，早策匡復之業也。枕戈待旦，以俟會師。」

二十八年春三月，精忠據福建，執總督范承謨，馳數騎傳檄，七閩皆下。使黃鏞再入臺，請濟師。授海澄公黃梧為平和公。梧已病卒，子芳度權知軍事，授海澄總兵。四月，潮州總兵劉進忠以城降精忠，授寧粵將軍。經使柯平入福州，報黃鏞之聘也。精忠調趙得勝之兵，得勝不從，邀右武衛劉國軒、左虎衛何祐於海澄，議奉經。五月，經以子克壓為監國，陳永華輔之，率侍衛馮錫範、兵官陳繩武、吏官洪磊等，奉永曆二十八年正朔，渡海而西，駐思明。授得勝興明伯，訓練士卒。以兵都事李德至日本，鑄錢及軍器；戶都事楊賢販運南洋，以充軍實。遣人說精忠，借漳、泉為召募。精忠不從。於是鄭、耿交惡。既令錫範取同安，守將張舉堯降，授蕩西伯、左先鋒。精忠懼，以都尉王進守泉州。六月，進幼子藩錫誘殺泉州城守賴玉，兵民多從之，遂逐進，納款。經入泉州，授藩錫指揮使，以軍事委錫範、繩武。七月，清軍圍潮州，精忠不能救，進忠納款，遣援勦左鎮金漢臣率兵援之，敗清軍於黃岡，潮圍解，進忠降，授定西伯、前提督。九月，精忠以劉炎為犄角，命王進取泉州。十月，國軒及右虎衛許耀敗進於塗嶺，追至興化而還。三桂使禮曹周文驥如經，平鄭、耿也。

十一月，伐漳浦，劉炎降。得勝回澄。

二十九年春正月朔，經率文武官民賀帝於泉州承天寺。精忠遣張文韜議和，以楓亭為界，始通好也。二月，何祐伐饒平，獲沈瑞以歸，授懷安侯。以叛將洪承疇之祠改祀石齋、蔡江門，竄承疇及楊明琅眷屬百餘口於雞籠城。明琅，癸未翰林也，數其罪，嗣死於竄所。五月，國軒入潮，與何祐、劉進忠兵數千人，徇屬邑之未下者。平南王尚可喜兵十餘萬，盡銳來攻。相持久，鄭軍食盡，議退於潮。可喜麾騎，晨掩祐軍，戰於鱟母山下。祐力擊之，國軒繼進，大敗尚軍。六月，經率諸將圍漳州。方經之至也，授黃芳度德化公，芳度陽為受命，陰通於清。事洩，鄭軍環城。兄芳泰突圍入粵乞援。城圍凡六月。芳世自粵提師，且至。十月初六旦，城將吳淑及弟潛開門延經。芳度登北門之山，趣諸軍巷戰。不利，投開元寺東井以死。經入漳州，授淑平西將軍、後提督，潛戎旗二鎮。收芳度戚族，竄於淡水，而膊（ㄅㄛˊ，分裂屍體）其屍。剕（ㄈㄟˇ，用刀砍擊）黃梧之椑（內棺），報宿忿也。君子謂鄭經於是乎肖子（肖子，言行作風類似其父之子）。

三十年春正月朔，經率文武官民賀帝於漳州開元寺。二月，三桂兵至肇慶、韶州。碣石總兵苗之秀、東莞守將張國勳謁國軒降。尚之信降於三桂。三桂檄讓惠州於經，國軒入守之。五月，耿將劉應麟駐汀州，徇下江西瑞金、石城二縣，密款於經，授奉明伯、前提督，吳淑入守之。七月，經調王進忠於潮，不至。九月，清師入閩，擒精忠，其守將馬成龍以興化款於經，授殄（ㄊㄧㄢˇ）西伯、援勦左鎮，許耀入守之。十月，耀與清軍戰於烏龍江，狃（ㄋㄧㄡˇ，安於，憑藉）於塗嶺之役，不設備，故敗，經調趙得勝、何祐代之。十一月，耿將楊德以邵武來款，授後勁鎮，吳淑入守之。十二月，淑與清軍對壘於邵武城下，霜嚴指直，士皴瘃（ㄘㄨㄣ ㄓㄨˇ，皮膚裂開生凍瘡）不能軍，淑敗還廈門，應麟奔死潮州。

三十一年春正月，趙得勝、何祐拒清軍於興化城下。清軍縱反間，得勝力戰死，祐亦敗，興化遂陷。二月，泉、漳俱潰，經歸思明，大賞逃亡諸將，分汛（駐守）水陸。以左虎衛林陞守東石留南，水師一鎮蕭武守興化，水師四鎮陳陞、五鎮蔡沖琱、七鎮石玉、八鎮陳勝分守蚶江、祥芝、崇武、獺窟，以固晉南惠沿海；水師二鎮江元勳、三鎮林瑞驥協守海澄、芝陰，凡福清、長樂濱海之地歸之；總制親隨協王一鳴守横嶼，樓船中鎮蕭琛守定海，危宿鎮陳起萬守福寧，總制後協林日慧、前協吳兆綱分守福安、寧德，援勦後鎮陳起明守同安港口；後提督吳淑駐大石湖，兼轄同安；揚威前鎮陳昌守謝村，左鎮陳福守澄海，戎旗一鎮林應守井尾、連江、漳浦，左衝鎮馬興隆守銅山，昭義鎮楊德守五都，奇兵鎮黃應守詔安，英兵鎮李隆守南澳，房宿鎮楊興守淺山。以樓船左鎮朱天貴、右鎮劉天福合率舟師，以守寧波、溫州、臺州、舟山等。宣毅左鎮邱輝仍駐達濠，以遏潮、惠來之路為策應。清康親王以漳、泉既平，而鄭師尚駐兩島，遣僉事朱麟臧來講，且寓書曰：「嘗聞『順天者存，逆天者亡』。又曰：『識時務者在乎俊傑』。我國家定鼎，風聲所被，四海賓服；此固氣數之所在，而億兆所歸心也。頃因吳、耿煽亂，貴將軍乘間竊據。獨不思海隅尺土，豈能與天下抗衡？而執迷絕島，自非識時之君子。倘轉禍為福，歸順本朝，共享茅土之封，永奠河山之固，傳之子孫，豈不食報無疆哉？」經禮之，議照朝鮮之例。並復書曰：「夫萬古綱常之倫，而春秋嚴華夷之辨，此固忠臣義士所朝夕凜遵，而不敢頃刻忘也。我家世受國恩，每思克復舊業，以報高深，故枕戈待旦，以至今日。幸遇諸藩舉義，誠欲向中原而共逐鹿。倘天意厭亂，人心思漢，則此一旅，亦可挽回。何必裂冠毀冕，然後為識時之俊傑也哉？」不從。四月，移諸降將入臺。劉炎奔清，磔（ㄓㄜˊ，分裂肢體）於燕市。六月，劉進忠降於三桂，尋歸清，被殺。國軒亦棄惠州而歸。凡十府一時俱失。經不知所為，軍事盡委國軒。國軒實有將才。七月，康親王復命興化知府卞永譽、泉州知府張仲舉各加卿銜，以泉紳黃志美、吳公鴻佐之，再申前議，請撤回各島。經集諸將議，馮錫範請索四府為互市。二使歸，寧海將軍喇哈達又以書來，略曰：「年來使車往還，議撫議貢，幾於舌敝唇焦矣。而至今迄無定論者，良由貴君臣挾一盡節為明之見，以為汲汲議撫，我朝廷自圖便利爾。夫議撫者，為全爾君臣之名節也，為培我國家萬年之根本也。願執事大破拘攣，俾得竭殫愚衷，一聽貴君臣之自擇可乎？昔箕子殷之忠臣也，殷祚既滅，就封朝鮮，以存殷祀。田橫齊之義士也，恥臣於漢，與客俱刎洛陽。夫田橫雖義，非箕子比也。願貴君臣同於箕子，毋蹈田橫之故轍，則何不罷兵休士，全車甲而歸臺灣，自處於海外賓臣之列？其受封爵唯願，不受封爵亦唯願，我朝廷亦何惜以窮海遠適之區，為爾君臣完全名節之地？執事如果有意，肯降必相從。余雖武人，忝為勳戚，自當特請朝命，飭各有司以歲時守護貴君臣之先塋（ㄧㄥˊ，祖先墳墓），恤其族姓宗支，不許兵民侵暴。行三代之曠典（前所未有的典制），成千秋之美談，當亦我皇上所不靳（ㄐㄧㄣˋ，吝惜）也。執事如感朝廷之恩，則以歲時通貢如朝鮮故事，通商貿易，永無猜嫌，豈不美哉？夫保國存祀，至忠也；護祖完宗，至孝也；全身遠害，至智也；息兵恤民，至仁也；行一事而四善備，爾君臣亦何苦而不為此？如徒悍然不顧，希旦夕之安，忘先機之哲，一遇議撫，則大言誇詞，要地請餉，此蓋小人挾執事之謀，甚不足信。夫事勢窮蹙之時，人心一散，禍變難防，舟中之人，皆敵國也。執事雖欲全師而歸，恐不可得。且事勢窮蹙之時然後歸，亦何面目以見父老乎？執事宜內斷於心，與一二親信有識者計議。道旁築舍，三年不成，大懼身名之俱喪。以為執事辱也。如終不可復合，請斷嗣音，虛意周旋，無復望焉。唯執事裁之。」經得書，大會文武。馮錫範曰：「先王在日，僅有兩島，尚欲大舉征伐，以復中原。況今又有臺灣，進戰退守，權操自我。豈以一敗而易夙志哉？」

三十二年春二月，伐漳州，數戰皆捷，授國軒中提督。當是時，清軍大集。國軒及吳淑諸將，兵僅數千，飄驟馳突，略倣成功。清軍皆萎腰（ㄋㄟˇ，軟弱）舌咋（ㄗㄜˊ，嚼咬舌頭，意指說不出話的樣子），莫敢支吾（應付）。六月，清廷以按察司吳興祚為閩撫，逮郎廷相，以隨軍布政姚啓聖為總督，趣諸軍援海澄，皆莫敢進。城破，提督段應舉自經，總兵黃藍巷戰死。清軍沒者凡三萬餘人、馬萬餘匹。晉國軒武平伯，征北將軍，吳淑定西伯，平北將軍，何祐左武衛，林陞右武衛，江勝左虎衛。於是鄭軍復振於漳州，幾五萬人，遂取長泰、同安。七月，乘勝圍泉州，徇下屬邑。清軍又大舉來援。國軒率二十八鎮還漳州，軍溪西，吳淑、何祐軍浦南，大戰於龍虎山。鄭軍敗績，鄭英、吳正璽死焉。國軒收兵保海澄。九月，啓聖遣張雄來講，請歸海澄。不從。

三十三年，經以陳諒為援勦左鎮，敗清軍於定海。冬十月，清軍攻蕭井寨，不克而還。十一月，吳淑壓死於蕭井寨，經哭之慟，厚葬之，以其子天駟為建威鎮，以統其眾。是時清廷復嚴海禁，移民入內。於是啓聖乃開修來館於漳州，以誘鄭將。

三十四年春正月，清水師提督萬正色大舉伐思明。經以右武衛林陞為督師，率援勦左鎮陳諒、左虎衛江勝、樓船左鎮朱天貴禦之，國軒亦棄海澄來援。戰不利，經率諸將歸臺灣。董夫人召而數之曰：「馮、陳之業衰矣！若輩不才，徒累維桑（故鄉），則如勿往。」八月，平南將軍賚塔復與經書曰：「自海上用兵以來，朝廷屢下招撫之令，而議終不成，皆由封疆諸臣執泥薙髮登岸，彼此齟齬（ㄐㄩˇ ㄩˇ，不合）。臺灣本非中國版圖，足下父子自闢荊榛。且眷懷勝國，未常如吳三桂之僭妄，本朝亦何惜海外彈丸，不聽田橫壯士逍遙其間乎？今三藩殄（滅絕）滅，中外一家，豪傑識時，必不復思噓已灰之焰，毒瘡痍之民。若能保境息兵，則從此不必登岸，不必薙髮，不必易衣冠，稱臣入貢可也，不稱臣不入貢亦可也。以臺灣為箕子之朝鮮，為徐福之日本，於世無患，於人無爭，而沿海生靈永息塗炭。唯足下圖之。」經從其議，索海澄為互市。啓聖執不可，議遂破。

三十五年夏四月，彗星見。初，經西渡，委政永華，以元子克𡒉為監國。克𡒉年少，明毅果斷，有乃祖風，而永華又悉心輔佐，臺灣大治。內撫民番，外給餉糈（ㄒㄩˇ，糧食），軍無缺之。及經歸後，諸將頗事偷息。永華心憂之，請辭兵權，以兵交國軒，未幾卒。已而刑官柯平、戶官楊英亦相繼逝。五月，聞清軍有伐臺之舉，集諸將議。命天興知府張日曜按屯籍以十一充伍，得勝兵三千餘人。七月，彗星再見，仲冬方滅。十月，遣右武衛林陞率軍巡北鄙，墮雞籠城。經自歸後，不理國政，建園亭於洲仔尾，與諸將落之，驩飲較射，夜以繼日。又築北園別墅，以奉董夫人。諸事盡委克𡒉，軍民咸服。

三十五年春正月朔，監國世子克𡒉率文武朝賀於安平鎮，乃入謁董夫人，賀經於洲仔尾。經方命居民，將大放元宵。克𡒉聞之，上啓曰：「偏僻海外，地窄民窮，頻年征戰，幾不聊生。茲者屢聞清人整軍備艦，意欲東渡。大仇未滅，人心洶洶，何必以數夕之歡，而耗民間一月之食？伏乞崇儉，以培元氣，以永國祚。」經嘉之，即止。唯自張宴，與國軒諸將縱飲而已。居無何病革，顧命國軒輔世子。經薨（ㄏㄨㄥ，貴族或大官死亡稱薨），年三十有九。諸弟揚言曰：「克𡒉非吾骨肉，一旦得志，吾屬無遺類矣。」入告董夫人，即收監國印。國軒不能爭。克𡒉既幽別室，諸弟夜命烏鬼（烏鬼為當時的外籍兵團）殺之。妻陳氏殉。乃立次子克𡒉（「𡒉」當為「塽」之誤）為延平郡王，佩招討大將軍印。克塽幼，年十二，以仲父聰為輔政公。聰貪而懦，軍國大事主於國軒、錫範。晉國軒武平俟（俟，當作「侯」），錫範忠誠伯。以戎旗四鎮董騰率舟師駐澎湖。清人聞喪，寧海將軍飛檄臺灣，勸納款。經弟明、智請捐資募兵，錫範不可，國軒許之。克塽以明為左武驤將軍，智為右武驤將軍。六月，董夫人薨。有惡董騰者，解其兵，以右武衛林陞代之。騰，董夫人之弟也。十月，姚啓聖計招賓客司傅為霖內應，高壽、蔡愷附之。建威後鎮朱友發其事，為霖等伏誅，及懷安侯沈瑞，屠其家。

瑞妻，禮官鄭斌女也，免之，亦自縊。於是啓聖疏薦萬正色為陸路提督，施琅為水師提督，謀伐臺灣。克塽以國軒為正提督，征北將軍曾瑞、定北將軍王順為副，率諸鎮守澎湖。命左武衛何祐為北路總督，智武鎮李茂副之，率兵以戍雞籠。

三十六年春，施琅治兵於平海。三月，竹塹番亂，命左協理陳絳平之。十二月，啓聖遣副將黃朝用至澎湖，見國軒，議照朝鮮事例，遂入東寧，馮（「馮」當為「錫」之誤）範、繩武不從。

三十七年春正月，克塽以天興知州林良瑞如福州，報朝用之聘也。三月，何祐城淡水。五月，淡水通事李滄請採金裕餉。命監紀陳福、宣毅前鎮葉明率所部往，遂至卑南覓，不得而還。六月十四日，琅發銅山，會於八罩嶼，以窺澎湖。國軒守之，再戰而敗。林陞、邱輝、江勝、陳起明、吳潛、王隆等皆戰死，燒沒軍艦大小二百餘艘。國軒知勢敗，乘走舸入東寧告急。克塽大會文武，議戰守之策。建威中鎮黃良驥請取呂宋，提督中鎮洪邦柱贊之，願為先鋒。錫範將許之，國軒力陳不可，乃議降。以協理禮官鄭英平、賓客司林維榮賫表謁琅，並與琅書，請仍居東寧。不可。七月十一日，又遣馮錫圭、陳夢煒、劉國昌再至澎湖，上表曰：「臣生自海外，稚魯無知，謬繼創垂之緒，有乖傾向之誠。邇者樓船西來，旌旗東指，簞壺緩迎於周旋，干羽煩舞於虞階。自省重愆，誠為莫贖。然思皇靈之赫濯，信知天命之有歸。逆者亡，須（須，當作「順」）者昌，乃覆載待物之廣大；貳者討，服者舍，諒聖主與人之甚寬。用遵往時之成命，爰邀此日之殊恩。冀守宗祧以勿失，永作屏翰於東方。業有降表具奏外，及接提督臣施琅來書，以復居故土，不敢主張。臣思既傾心而向化，何難納土以輸誠。茲特繕具表章，並延平王印一顆、冊一副及武平侯臣劉國軒印一顆、忠誠伯臣馮錫範印一顆，敬遣劉國昌、馮錫圭賫（ㄐㄧ，持帶）赴軍前，繳奏版籍土地人民，待命境上。數千里之封疆，悉歸土宇，百餘萬之戶口，並屬版圖。遵海而南，永息波濤之警，普天之下，均沾雨露之濡。實聖德之漸被無方，斯遐區之襁負恐後。獨念臣全家骨肉，強半孺呱（婦人與小孩），本係南人，不諳北土。合情乞就閩省地方，撥賜田園廬室，俾免流移之苦，且養贍有資，則蒙高厚之生成，當繪丹青以銜結（結草銜環的典故，比喻至死不忘感恩圖報）。至於明室宗親、格外優待，通邦士庶、軫念（軫音ㄓㄣˇ。軫念，悲切思念）綏柔，文武諸官、加恩遷擢，前附後順，一體垂仁，夙昔結怨，盡與捐除，籍沒產業，俱行賜復，尤當廣推寬大之仁，明布維新之令。使夫群情允愜，共鼓舞於春風，萬彙熙恬，同沐游於化日。斯誠微臣無厭之求，邀望朝廷不次之恩者也。」琅得表，許之，命薙髮。寧靖王術桂自以天潢之貴，義不可辱，自縊以殉，妾五人從死。八月十三日，琅至東寧，祭於成功之廟曰：「自同安侯入臺，臺地始有居民。逮賜姓啓土，世為巖疆，莫可誰何。今琅賴天子之靈、將帥之力，克有茲土。不辭滅國之罪，所以忠朝廷而報父兄之職分也。但琅起卒伍，於賜姓有魚水之歡。中間微嫌，釀成大戾。琅於賜姓，剪為讎敵，情猶臣主。蘆中窮士（指伍子胥），義所不為。公誼私恩，如是則已。」祭畢淚下。琅以臺灣既定，疏告清廷。歸克塽於北京。授漢軍公；錫範漢軍伯，國軒天津總兵，何祐梧州副將。諸將及明室諸王配之各省。自成功至克塽，凡三世，三十有八年，而明朔亡。

連橫曰：清同治十三年冬十月，福建將軍文煜、總督李鶴年、巡撫王凱泰、船政大臣沈葆楨奏言：「明季遺臣、臺陽初祖，生而忠正，沒而英靈，懇予賜謚建祠，以順輿情，以明大義事。據臺灣府進士楊士芳等稟稱：竊維有功德於民則祀，能正直而一者為神。明末賜姓延平郡王鄭成功者，福建泉州府南安縣人。少服儒冠，長遭國恤，感時仗義，移孝作忠。顧寰宇難容洛邑之頑民，向滄溟獨闢田橫之孤島。奉故主正朔，墾荒裔山川。傳至子孫，納土內屬。維我國家宥（ㄧㄡˋ，寬恕）過錄忠，載在史策。厥後陰陽水旱之沴（ㄌㄧˋ，災沴，災害），時聞吁嗟祈禱之聲，肸蠁（ㄒㄧ　ㄒㄧㄤˋ，散布瀰漫，引申有靈感通微之意）所通，神應如答。而民間私祭僅附叢祠，身後易名未邀盛典。望古遙集，眾心缺然。可否奏請將明故藩鄭成功准予追謚建祠，列之祀典等因。並據臺灣道夏獻綸、臺灣府周懋琦等議詳前來。臣等伏思鄭成功丁無可如何之厄運，抱得未曾有之孤忠，雖煩盛世之斧斨（斨，當作「斨」，音ㄑㄧㄤ，方形斧。斧斨此指武力討伐），足砭千秋之頑懦。伏讀康熙三十九年聖祖仁皇帝詔曰：『朱成功係明室遺臣，非朕之亂臣賊子，敕遣官護送成功及子經兩柩歸葬南安，置守塚，建祠祀之』。聖人之言，久垂定論。唯祠在南安，而臺郡未蒙敕建，遺靈莫妥，民望徒殷。至於賜謚褒忠，我朝恢廓之規，遠軼隆古。如瞿式耜、張同敞等，俱以殉明捐軀，謚之忠宣、忠烈。成功所處，尤為其難，較之瞿、張，奚啻伯仲？合無仰懇天恩，准予追謚，並於臺郡敕建專祠，俾臺民知忠義之大可為，雖勝國亦華袞之所及，於勵風俗、正人心之道，或有裨於萬一。臣等愚昧之見，是否有當，理合恭摺具奏。」詔曰「可」，追謚忠節，建祠臺郡，以明季忠義之士百十四人配，而我臺建國之大神，永鎮茲土矣。

延平郡王世系表

紹祖	字象庭，世居福建南安縣楊子山下石井鄉，娶某氏，生芝龍。
芝龍	字飛黃，娶日本平戶河內浦士人女田川氏，改姓翁氏，生成功及七左衛門。翁氏歸國，七左衛門仍居日本。繼娶某氏，生四子。
成功	初名森，字大木，少名福松。隆武元年，賜姓朱，改今名，字明儼。二年六月，封忠孝伯。永曆二年十月，封威遠侯。三年七月，封延平公。十二年正月，晉封延平郡王。娶董氏，生子經等十人。十六年五月，薨於東都。
世忠	從芝龍降清。

世恩	後入北京省父，被殺。
世蔭	後入北京省父，被殺。
世襲	從成功居思明，後入臺灣。
世默	後入北京省父，被殺。按七左衛門居日本，似在此五人之外，或則世襲，俟再考。
經	字式夫，號賢之，襲封延平郡王。娶唐氏，生子克塽等七人。妾某氏，生克𡒉。永曆三十五年正月，薨於東寧。
聰	娶朱氏，生克坦。
明	娶林氏，無出，以裕次子克俊嗣。
睿	殉於南京之役，無出。
智	娶洪氏，生克璋。
寬	娶林氏，生克培。
裕	殉於南京之役，娶王氏，生克崇。
溫	殉於南京之役，娶劉氏，生克模、克傑。
柔	娶洪氏，生克壐。
發	早世，以溫之子克圭嗣。
克𡒉	立爲世子，監國，後遇害。娶陳氏，無出。
克塽	襲封延平郡王。永曆三十七年歸清，改封漢軍公。娶馮氏，繼娶史氏，生安世、安邦、安國。
克舉	娶許氏。
克均	娶柯氏。
克拔	娶馮氏。

克商	娶趙氏。
克圻	娶張氏。
克塙	娶劉氏。

譯文

陳有志・注譯

明朝永曆十五年（一六六一）冬季十二月。「招討大將軍延平郡王」鄭成功（一六二四—一六六二）戰勝荷蘭人，光復臺灣，就定居臺灣。鄭成功是福建南安縣石井人（今福建省泉州市南安縣石井鎮），原來的名字爲鄭森。他的父親鄭芝龍（一六〇四—一六六一），娶日本女子田川氏（一六〇一—一六四七），天啓四年（一六二四）七月十四日，在日本石川縣千里濱（在今日本石川縣能登半島），生下了鄭成功。鄭成功出生那天晚上，家裡四周像點燃萬把火炬，天空被照得異常的明亮，附近及遠處的人非常驚訝。他幼童那幾年，父親與顏思齊（一五八六—一六二五）結黨成爲海盜，匿居臺灣，海船穿梭福建、廣東一帶走私搶劫。朝廷決議安撫招降，鄭芝龍以朝廷沒有誠意，就率眾人回去。崇禎元年（一六二八），才率領所有部下投降督師熊文燦（一五七五—一六四〇）。崇禎三年（一六三〇），因平定廣東海盜、徵用黎族加強軍力、燒毀荷蘭的軍事工事、平亂海盜劉香功（？—一六三五），升遷爲都督統領福建軍務。當時，鄭成功住在日本，年紀已七歲。從出生後，鄭芝龍多次派人，想帶他回家鄉，都沒能成行，七歲那年才回來。鄭成功態度大方有禮，容貌清秀出眾，有一股豪邁不凡的大志氣，常常朝向東方想望母親。受到小叔鄭芝豹眞心喜愛及佩服。他的大叔鄭芝彪（後來改名鄭鴻逵，一六一三—一六五七）更是讚賞有加。鄭成功聰明伶俐，讀書重視理解文章的道理，不會太鑽研字句訓義的解釋。前輩王觀光第一次認識他的時候，就告訴鄭芝龍說：「你的兒子是傑出人物，他將來的成就會超過你。」鄭成功十五歲，考中貢生，名列前茅，並列在享有生活補貼二十名中的一位。他聽說山西人錢謙益（一五八二—一六六四）的名氣，就帶著禮物，前去謁拜爲師，向他求學。錢謙益爲鄭成功取別號，稱爲大木。南京一位占卜術士，看了鄭成功的丰采氣度，說：「此位先生是不凡的人，體態相貌出眾，將會是成爲雄才大略的出世人才，不是一般科舉的讀書士人。」

清兵入關攻陷北京，福王（一六〇七—一六四六）在南京即位稱帝，改年號爲弘光元年（一六四五），冊封鄭芝龍爲南安伯，鄭鴻逵爲靖西伯。二年[1]（弘光帝被清軍俘獲），唐王（一六〇二—一六四六）就在福京（今福建省福州市）登基帝位，年號爲隆武（一六四五），晉升鄭芝龍爲平西侯，鄭鴻逵爲定西侯，一起晉升爵位爲太師，治理國政。不久，鄭成功謁見皇上，皇上對他出人意表的談論，很驚奇訝異，皇上拍拍他的背說：「可惜我沒有女兒可以婚配你，你當盡忠報效國家，不要忘了我的囑託。」因此賜國姓朱，改名爲成功，別號明儼，封爲營中軍都督，賜予御用的尚方寶劍，地位形同皇帝的女婿駙馬爺。從此，就是國人及外國人稱他國姓爺的來源。這一年，日本送回鄭成功的母親歸回中國。鄭芝龍原本就沒有意願擁護唐王繼承皇位，漸漸與文職官僚意見不和。有一天，鄭成功看到皇上，爲了此事，憂悶默坐。他前來跪著向皇上進言：「陛下爲何憂悶不樂？莫非我的父親，有了叛離的心意嗎？我受國家深厚的恩德，我毫不猶豫堅守大義。我誓死一定會保衛陛下。」到了浙江東西兩個州道，被清軍攻破，已沒有關隘可以防備。鄭芝龍雖派出軍隊，但只是駐紮

---

1 此處二年不詳如何起算，弘光帝即位不滿一個月即被俘，後來唐王當年立即即位改元，二事皆在西元一六四五年。

防守陣地，不主動抵擋清軍的攻勢。隆武三年（一六四七）[2]六月，皇上冊封鄭成功爲忠孝伯。八月皇上親自出征，駐軍在建寧（今福建省三明市建寧縣）。因爲武毅伯施福撤守關口的軍隊，造成皇上的軍隊失守汀州，鄭成功在南方也打了敗戰。清軍順勢突擊泉州，泉州淪陷，鄭成功的母親自殺。鄭芝龍軍隊退守到安平（今福建省晉江市安海鎮），雖然軍隊陣營完整，但還是猶豫，不敢自動向滿清投降。滿清貝勒爺博洛（一六一三—一六五二）就派遣人，向他勸導歸降。鄭芝龍心中大喜，召喚鄭成功一起謀劃歸順的事宜。但鄭成功哭泣勸諫，鄭芝龍不聽從，一意孤行，最後奉上投降書。鄭芝龍到了福州，博洛就脅持鄭芝龍，一起被壓回北京。鄭成功雖然獲得皇上的親信，分頒爵位，實際上未曾有一天，指揮兵隊打過戰，他的行爲舉止，像個讀書士人的樣子。既然已極盡勸諫，在父親不同意，又痛心母親死於意外下，一時悲心壯烈，志氣昂揚，就籌劃動員兵隊去打戰。他脫下讀書士人戴的帽子及藍衫，到了孔廟焚毀燒盡，行拜跪四拜的大敬禮，向至聖先師孔子說：「以前我是讀書士人，今天成了失職待罪的臣民。作爲讀書人，或做個國家的臣民，各有不同的意義。但我要爲國家效命，請先師能憐鑑我的心意！」高舉拱手，行禮出了孔廟，祭拜軍旗，召集軍隊。帶著沉痛的心情，與要好朋友陳輝、張進、施琅（一六二一—一六九六）、陳霸、施顯、洪旭（一六〇五—一六七〇）等人，及願意隨從的九十多人，搭乘二艘大型戰艦，截斷船纜誓死出海，之後就收復了南澳（今廣東省汕頭市南澳鎮）。又接獲數千人響應加入，從此簽署公文都自稱是「忠孝伯招討大將軍罪臣國姓」，那年鄭成功二十三歲。

2 鄭成功被冊封為忠孝伯的年分史籍記載分歧，主要有隆武二年跟三年之說，據下一段稱永曆元年為隔年，則此處當作隆武二年（一六四六）為是。

隔年，傳聞永明王（一六二三—一六六二）在廣東肇慶，登基皇位，改年號爲永曆（一六四七）。鄭成功統率部隊，將南澳歸順永曆帝，各地流散的舊有部屬，也慢慢的歸隊集結。當時，廈門、金門爲鄭彩及他弟弟鄭聯占據，戰艦停泊在鼓浪嶼，與廈門僅一水之隔。廈門隸屬永寧衛的中左千戶所，是海防重鎮。金門古稱浯州，與廈門隸屬同安縣（今福建省廈門市內一個轄區），是屬同安縣的兩個外島。七月，鄭成功會同鄭彩（一六〇五—一六五九）兄弟，一起攻打海澄，不順利還回。八月，再與鄭鴻逵會同攻打泉州，在桃花山大敗滿清提督趙國佐，乘勝追擊到泉州城下。正好清軍援兵來到，鄭成功只好把軍隊退守廈門島，鄭鴻逵的船隻則停靠在泉州港，占據岸邊，準備裡應外合。

永曆二年（一六四八）春季。皇帝居留桂林。三月，鄭成功攻打下同安，以葉翼雲（一五九六—一六四八）作爲縣令。再向泉州進攻。七月，佟國器、陳錦、李率泰（？—一六六六）率領清軍前來，鄭鴻逵退回潮州，鄭成功撤回廈門島。派遣使者到日本請助兵援，沒有結果。不久，清軍攻陷同安，守將邱縉、林壯猷及縣令葉翼雲皆戰死。十月，皇帝派遣使者到廈門，冊封鄭成功爲威遠侯。

永曆三年（一六四九）春季。皇帝在廣東肇慶。鄭成功在銅山（今福建省東山島銅陵鎮）募集兵力。三月，派遣施琅、楊才、黃廷、柯宸樞、康明、張英等人，攻打漳浦（今福建漳州漳浦鎮），清軍守將王起鳳投降。軍隊繼續南下雲霄（今福建漳州雲霄鎮），最後到了詔安（今福建省漳州市詔安縣），屯兵防守各地海防河口。在清軍的主力攻打下，柯宸樞戰死。七月，皇上冊封鄭成功爲延平公，鄭成功派遣使者隨皇上的特使，前往進獻地方物產作爲貢物，自己率兵隊進入潮州，在陸豐碣石衛駐紮。當時，全廣東一帶都是擁戴永曆帝，使用以永曆爲正統的曆法。

永曆四年（一六五〇）春季。鄭成功攻打潮陽，未能順利。當時廈門與金門，被鄭彩及鄭聯盤踞，縱容將領章雲飛淨是做不正當的事。鄭成功私下向各將領傳話，說：「廈門與金門是我的家園，榻床旁那裡可以縱容別人占著鼾聲熟睡。絕不能讓別人侵奪占據。」於是由鄭成功統一指揮兵隊，在中秋攻下廈門。當時所有軍力，已有四萬餘人，聲勢一時大振起來。隨後殺了鄭聯及章雲飛，鄭彩率領部屬逃往南中。數年後恢復鄭彩的軍職，但不久鄭彩死在家鄉。十一月，皇上駐軍南寧。十二月，清軍奪取廣州，駐軍主帥杜永和逃到瓊州，鄭成功計畫前往解救，接回杜永和。

永曆五年（一六五一）春季元月。鄭成功率領大軍來到南方。二月，船隻停泊莆田平海鎮的一處衛所。鄭鴻逵棄守揭陽，回到廈門。正好福建巡撫張學聖，派遣泉州守將馬得功（？—一六六三），趁虛襲擊廈門。在鄭鴻逵還未回到廈門時，因爲鄭芝莞沒有防備下，馬上全軍潰敗，大學士曾櫻上吊自殺。鄭鴻逵到達後，馬得功想撤軍，但沒有足夠船隻，就派使者向鄭鴻逵說：「你們家人都在安平，我若無法逃出，恐怕不利你們家人。」鄭鴻逵擔心家人，又心想鄭成功將要率軍回防，就偷偷放走馬得功。四月，鄭成功從平海回到廈門，馬得功已逃跑了二天了。以不守軍律罪，處死鄭芝莞。鄭芝莞是鄭芝龍的堂弟。諸將領心生恐懼，軍隊紀律才嚴厲起來，當時軍力已達到六萬多人。鄭鴻逵畏罪，將船停泊在白沙（今福建省福州市閩侯白沙鎮），在岸邊搭蓋營壘居住。左先鋒官施琅因觸犯軍律，逃降清軍。此時期，皇帝已在貴州安隆衛所。五月，鄭成成率軍攻打南溪。十一月，在小營嶺打敗清軍提督楊名高（？—一六五五）。十二月，征討漳浦，清軍守將楊世德、陳堯策投降。

永曆六年（一六五二）春天元月。皇上在安隆衛所。鄭成功攻打海澄，清軍守將郝文興投降，最後也攻下了長泰。中提督甘輝的軍隊在北溪，不期相遇清軍將領王進，雙方激烈戰鬥一整天。王進軍敗，被甘輝（？—一六五九）包圍住。清總督陳錦帶兵趕來營援，又被甘輝打敗，陳錦只好撤回泉州。鄭成功趁此攻下長泰，占據附近一帶的城鎮。五月，清軍浙江金衢的總兵馬逢知（？—一六六〇）前來援助，突圍進入漳州城。鄭成功攻擊漳州城，但無法攻陷。就在鎮門山築堤，把漳江河水灌入漳州城。堤防潰決，河水淹沒漳州城。長期圍城下，城裡的食物吃盡，餓死的人多達七十多萬人。七月，陳錦在鳳山尾駐軍，他的僕人庫成棟暗殺了陳錦，提著他的首級，前來奉獻。鄭成功嘆息的說：「連僕人都背叛自己的主人，這徒有刑罰的形式，也沒有人會眞心的遵守了。」賞賜他的功勞，最後處死庫成棟。十月，清軍統帥金固山軍援抵達，漳州城才解圍，鄭成功收兵，撤回防守海澄。

永曆七年（一六五三）春季。皇上在貴州安隆衛所。五月，清軍統帥金固山，前來攻打海澄，城牆被破壞了一百多丈長。鄭成功一人跳到城上的戰牆，站在左右兩旁堆滿戰死的兵士上。他從容自若，居高臨下，指揮用兵。一下子，箭矢及火炮，像下雨飛射過來。鄭成功大聲高喊：「老天爺庇佑，不要打到我們的士兵。」火炮爆炸，只落到他的附近，片刻後再沒有發射過來。到了夜晚，突然一連數聲炮響，鄭成功猜想，並向將士說：「他們要攻進城了！」下令士兵手持斧頭等待。他指示：「只等敵人進城時，才一起砍殺。」清軍越過了城濠，到了外城，眾將士才一口氣奮勇抵抗。結果金固山戰敗，趁著夜晚自己逃跑了。之後海澄的防守，更爲堅固。當時沿海海盜騷亂，軍方糧食補給不易。黃愷是當時的糧餉官，雖有才幹，私下十分狡猾，又喜歡玩弄權力。鄭成功就收回他的權職，處以死罪。鄭成功成軍以來，軍隊紀律十分嚴明，不會浮濫刑殺。軍隊行軍時，連婦人小孩都不會害怕，也會跟軍旅並行，相互爭搶道路。所以，十分受到老百姓的愛戴。

永曆八年（一六五四）春季。清廷命令鄭、賈兩位使臣，前來和解勸降，要冊封鄭成功爲海澄公、鄭芝龍爲同安伯、鄭鴻逵爲奉化伯、鄭芝豹爲左都督，鄭成功堅決不從。於是清廷恐嚇要處死鄭芝龍，再把鄭芝豹流放東北寧古塔來威脅鄭成功。但鄭成功一點也不以爲意，連一眨眼也不眨。十月，鄭成功攻伐漳州，鎮標總兵劉國軒開門投降，附近十個城鎮，也一起被攻占下來，就趁勢準備攻打泉州，清軍守將韓尚亮嚴謹防備。這個時候，鄭成功的軍備戰力，疾速崛起，逐漸擴大起來，管轄的部門共有七十二鎮。將原來同安的中左衛所，改制稱爲思明州。任用鄧會作知州主事官。分立儲賢館、儲材館、察言司、賓客司，設印局、軍器諸局。命令這六館、司、局，分別管理國家大事。任用壬午年（一六四二）舉人潘賡昌，擔任考核吏官兼財政戶官。丙戌年（一六四六）舉人陳寶鑰，擔任職司禮儀的禮官。世職承襲職位的張光啓，擔任軍隊指揮官。浙江人程應璠，爲刑法的刑官。戊子年（一六四八）舉人馮澄世，爲掌管工務的工官。迎接監國魯王（一六一八—一六六二）、瀘溪王、寧靖王（一六一七—一六八三），定居金門。供給所有皇族衣食與生活所需。優厚禮遇避亂的搢紳王忠孝（一五九三—一六六六）、盧若騰（一六〇〇—一六六四）、沈佺期（一六〇八—一六八二）、辜朝薦（一五九八—一六六八）、徐孚遠（一五九五—一六六五）、紀許國等人，這都是當時的名門貴客。遇有軍國大事，時時與他們詢問商量。這些爲國舉才只是權宜之舉，鄭成功最終總身著朝覲的禮服，向北俯首行禮，遙望永曆帝的居處，將上疏奏章焚燒，表示效忠。

永曆九年（一六五五）春季。皇上在貴州安隆衛所。元月，鄭成功派遣林勝征討仙游（今福建省莆田市仙游縣）。五月，任命定西侯張名振（？—一六五六）爲元帥，忠靖伯陳輝爲副手輔佐，動員軍隊共計二十四兵鎮人馬，挺進長江。另派遣上戶官洪旭擔任水軍右軍，與北鎮撫司衛所陳六御統轄五軍，一起攻打舟山島，並攻占下了舟山島。之後清軍又來偷襲，陳六御戰死。臺州鎮兵馬信（？—一六六二）及寧波鎮兵張宏德，一起前來投降歸附。六月，失掉安平鎮及漳州、惠安、南安、同安。七月，派遣使者到日本，希望恢復原本的友好關係。十一月，清軍定遠大將軍濟度，率領大軍進入福建，鄭成功只好退守，回到了廈門島。

永曆十年（一六五六）春季。皇上在貴州安隆衛所，之後，就輾轉到了雲南。元月，濟度時常派兵，侵犯沿海一帶駐防。三月，濟度攻打廈門及金門兩島，遇大風，只好撤回。四月，鄭成功因爲蘇茂及黃梧（一六一八—一六七四），攻下碣陽未盡心力，斬殺蘇茂以示警戒。黃梧心怕會被連累，就將海澄歸降滿清。海澄是軍事重地，影響十分巨大。當時，甘輝得知黃梧叛亂，急速反攻想搶回海澄。結果只攻到城外，沒有成功。只好把海澄城外，原積聚的糧食及物資，搬撤回去。最後奉鄭成功的命令，攻破閩安，逼進福州。準備推進大軍，攻打溫州及臺州。當時浙江以東的人，得知情勢危急，十分震驚懼怕。

永曆十一年（一六五七）春季三月。皇上居留雲南。鄭鴻逵死在浯州，鄭成功返回廈門島。派遣將領陳斌、林銘、杜輝，分別布陣駐兵在福州、江西峽江及牛心塔的外圍。清軍攻打過來，林銘、杜輝撤退，陳斌因爲沒有援兵，只能投降，後來被清軍處死。甘輝、周全斌等人，攻下寧德（今福建省寧德市），斬首清軍統帥阿克襄，鄭成功全軍人馬的氣勢，才一起振作起來。

永曆十二年（一六五八）春元月。皇上居留雲南崑明。皇上派遣使者漳平伯周金湯，坐船來到同安，晉升鄭成功爲延平郡王、甘輝爲崇明伯、張萬禮（？—一六五九）爲建安伯、黃廷爲永安伯、郝文興爲慶都伯、王季山爲祥符伯，其餘將領也各個授予不同的爵位。鄭成功決議發動軍事，收復南京。七月，任用黃廷爲前提督、洪旭爲兵部主官、鄭泰（一六一二—一六六三）爲戶部主官，留守廈門及金門。布署各隊將領，挑選有力兵士，身披鐵鎧，臉面塗抹紅青綠三色的斑紋，滿面只留出兩隻眼睛，手上持著斬馬大刀，排列在軍隊最前一列。他們的任務，在砍傷滿清騎兵的馬腳，號稱爲「鐵人」。遠遠看來像似天降神兵，由左虎衛陳魁率領。動員武裝士兵，共有十七萬人。另水軍五萬人，騎兵五千人，鐵人八千人，號稱八十萬大軍。戰艦八千艘，張帆啓程，向北而來。軍隊到了浙江，攻破樂清等城鎮。軍隊駐紮在羊山，但船隻被颱風毀壞，淹死有八千多人，鄭成功的幼子鄭睿、裕、溫等人皆溺死。於是將船隻停泊在滃洲（今浙江省舟山市岱山縣），修理整頓。

永曆十三年（一六五九）春季元月。皇上在永昌（今雲南省保山市）。五月，鄭成功軍隊離開崇明，多數將領請他占領崇明，鄭成功不同意。六月，移師到吳淞江口，進入江陰。七月，到了焦山（今江蘇省鎮江市焦山區），祭告天地眾神，以及明太祖、崇禎、隆武等先帝。傷心痛哭的向軍隊宣誓一雪前恥，忠心報國，各將領士兵為之振奮，個個慷慨義憤。當時清軍占據長江上流，防禦十分堅固，用鐵鍊跨越封鎖長江，稱為「滾江龍」。鄭成功向諸將領說：「瓜州、鎮江是金陵的門戶，必須先攻打下來。」當面授予將領等待時機，採取有利的決策。命令程應璠帶領右提督馬信及前鋒鎮余新（？—一六五九）等人，前進攻取譚家洲的炮陣。又派遣工程材官張亮，督導善於游泳的士兵，乘船暗中潛入瓜州上游，炸毀瓜州的木城。命令大船向南，小舟由北，分批前進。自己指揮大軍，帶領中提督甘輝、左鎮提督翁天佑、先鋒鎮楊祖，豎立起大軍令旗，敲擊戰鼓發動攻擊，大軍直向瓜州攻打過去。清軍大將朱衣祚及左雲龍等人，率領滿人及漢人騎兵一萬人，背對港口排成陣地。戰爭正剛開始，雙方人馬正面交鋒作戰。那時，張亮已截斷滾江龍鐵鍊，讓戰艦逕直前進。右武衛周全斌（？—一六七〇）率領士兵，乘舟登入岸上，馬上突破清軍的陣營，在橋下砍死左雲龍。朱衣祚奔逃回城裡。兵鎮韓英接著又攻破城門，揮軍進城，登上城門上，插上勝利報捷的旗幟。周全斌攀登上長江沿岸的小山丘上，登高指揮兵隊的動向，所以在迅速的推進中，攻陷了西北角，進入城裡。在鄭成功兩邊軍隊的挾擊下，滿清軍隊全被殲滅了。捕獲朱衣祚，又被他竄逃。接著，提督張萬禮已繞過瓜州，擊敗清軍殘逃的部隊。清軍大敗，死傷人數不可勝數。鄭成功下令左鎮劉猷鎮守瓜州，清剿殘留，監紀推官柯平（？—一六八〇）嚴守長江江岸的海防。命令兵部侍郎張煌言（一六二〇—

一六六四）、督理戎政楊朝棟（？—一六六一）、兵部主事袁起震，帶領阮美及羅蘊章等人，前往攻打蕪湖。長江中下游一帶的戰事，讓滿清朝廷大亂，鎮江的情勢十分緊急。清軍提督管效忠已由雲南率領兵馬數萬人，分不同路線緊急趕來援助。管效忠的先遣部隊趕到，晚上駐紮在銀山（在今江蘇省南京市江寧），並用騎兵擋守馬路。鄭成功認為銀山是雙方必爭的要地，於是馬上奪下加以駐防，陳列兵陣等待清兵。天亮時，清軍五路軍隊人馬來到。清軍馬上集結兵力，幾次攻打鄭成功的陣營，騎兵連續發射箭矢，像下雨般的大規模攻擊，也沒有一點進展。反之，鄭成功下令發射火炮反擊，在猛烈的爆炸像許多鼓擊大聲起響，附近屋瓦震動不已。清軍騎兵人仰馬翻，不是摔死，就是被轟死。接近中午時刻，鄭成功軍隊在炮轟的有利情勢下，所有的士兵一時振奮反擊。終於大敗清軍，交戰中血流滿濠溝，清軍個個無法脫困，只能投降才倖免一死。第二天天剛亮，鎮江守將高謙、知府戴可進等人，前來投降。鄭成功登上峴山，盛宴犒賞全軍士兵，大家情緒激昂，歡樂的高唱詩謠。鄭成功就命令周全斌、黃昭鎮守鎮江。鎮江所屬的城鎮，也在這時候全部都收復了。派遣張煌言、楊朝棟去往江南一帶，招降安撫各地人士，袁起震、徐長春則往江北一帶進行招降安撫，一起起義來響應。於是常州、徽州、池州、太平、滁、和、六合等各地方的豪傑人士，紛紛起兵，聞風響應。清廷大為恐慌。甘輝向鄭成功進言：「瓜州、鎮江是長江控制南北之間交通的要地，地勢最險要，只要堅守這裡，穩固目前的局勢。在瓜州可截斷駐守山東的清軍南下，堅守北固則浙東浙西的通道就不通。這樣我們南方都城，可以不費太多軍力，就可以得到安定。」鄭成功不聽甘輝的建議，再率領軍隊，乘船向著南京進攻，並向四方發布聲討滿清的文書。八月，大軍抵達觀音門。派遣黃安（？—一六六五）總指揮水軍，堅守三叉河口。鄭成功的部隊，由鳳儀門登陸岸上，駐軍獅子山山下。召集將領一起登上江邊的高樓，遠望充滿帝王氣象的南京故都，下令所有的船隻，列隊停泊長江南岸的東門外。自己親率十幾騎兵到南京城外，度量如何建構防禦工事。軍營分駐漢西門及觀音山兩地，自己與五親軍進駐岳廟山，把先鋒鎮與中衝鎮兩營部隊留紮在獅子山。完整的布局，就是準備長期圍困南京城。南京守將梁化鳳（一六二〇—一六七一）向鄭成功約定，將在幾天內開城投降，鄭成功同意。甘輝勸諫說：「以我的觀察，不要再耽擱，馬上攻打南京。用兵貴在先聲奪人，一口氣壓倒敵方。現在的情勢，清軍人多，我軍人數少。雙方誰贏誰輸，不到結果都無法知道，局勢會隨時改變。假使清軍以拖延作爲緩兵之計，一旦他們再聚集兵力，鞏固防禦，您就會懊悔了。」鄭成功不聽甘輝的意見。不久，清軍派一千多人的騎兵，故意來探測前鋒營的戰力，馬上就被余新打敗，余新於是逐漸輕敵，鬆弛防備，不加拘束軍紀，放任士兵去捕魚。鄭成功急促命令張英去譴責，余新還是不理。梁化鳳得知鄭成功前鋒軍心散漫，就由鳳儀門的地道，趁著夜晚，每個士兵嘴含木枝，以防出聲，暗中迫近，出其不意，突襲余新的營區。余新來不及穿戰甲，忙亂中已來不及抵抗，被活活捕捉。他的副將董延中、蕭拱柱也戰死了。鄭成功遠遠聽到鳳儀門傳來陣陣火炮聲響，馬上派遣翁天佑前去援助，但已來不及了。到了第三天，清軍有幾千步兵，從觀音門反擊而出，攻破了中衝鎮營。鄭成功率領親軍右虎衛陳鵬及右衝鋒張萬祿一起回擊，才擊退清軍的步兵。此時，清軍又有數萬人從後山出擊，逼近左先鋒的陣營。楊祖據守陣地抵抗，清軍三次逼進攻打，三次被擊退。但後勁鎮楊正以及援剿右鎮姚國泰，失守陣地，往後撤退。前衝鋒鎮藍衍、行軍司馬張英，被追兵圍堵，進逼中墮落山崖而死。清軍另一部隊，從山上攻打而下，右武衛林勝、左虎衛陳魁，拚命抵抗，最後也都戰敗而死。後提督張萬禮獨守著大橋頭，與清軍交戰，殺死清軍人數最多，但沒有後援最終覆滅。副將魏標、樸世用、洪復、督理戶官潘賡、鍾儀衛等人也戰死。只有剩下左右提督、右虎衛、右衝鋒，援剿後鎮的完整軍力，才穩住部分的局勢。鄭成功指揮軍隊撤退，大家爭先恐後搶著登船過江。甘輝殿後，一邊作戰，一邊撤退，退到了江邊時，只剩部下三十多人，騎馬跟在後面。在敵軍逼近中，先後殺敵數百人，甘輝突然從馬匹上跌摔下，被擒獲戰死。鄭成功全部的軍隊撤回鎮江後，商議返回廈門。下令馬信、韓英督率海師，守住江口。派遣周全斌、黃昭、吳豪作爲殿後部隊，其餘軍隊依照順序撤回。九月，再攻打崇明島，但打不下來，正兵鎮王起鳳戰死戰場。派任陳輝、阮美、羅蘊章等人駐守舟山島。劉猷與清軍力戰於溫州，戰敗而死。十月，大軍回到廈門，修建忠臣祠，將甘輝作爲主要奉祀人來祭奠。

永曆十四年（一六六〇）春季。皇上留居緬甸。五月，清廷派遣將軍達素（？—一六六一）、總督李率泰，兩路會師前來討伐。從漳州調度大船，由同安調度小船，徵召廣東降將許隆、蘇利等人，分別會合，從海上支援，協同攻打廈門。鄭成功派用陳鵬督等部隊防守高崎，阻攔同安來的清軍。派遣鄭泰的船艦，從金門出發，攔截廣東來的清軍戰艦。自己統率所有部隊，防守漳江海門。海門位於海澄，臨近漳江海口。命令五府五軍都護陳堯策，傳令所有將領將船隻錨泊在海上，先按軍不動，等待下戰令的暗號，才可以敲打戰鼓，發動攻擊。但軍令還沒能全部傳達完，清軍漳州的大船突然到來。慌忙中接到軍令的將士，不敢搶先發動攻勢。所以閩安侯周瑞被清軍趁機襲擊，與陳堯策一起戰死。之後陳輝舉起火把，下令發動攻擊軍令，所有士兵高興的跳起，所有的船隻馬上一擁而上，發動攻擊。由於取得上游的優勢，在鄭成功親自指揮水軍。在全軍的總攻擊中，引導大戰艦朝向敵艦強橫的回擊。當時風浪大起，波浪洶湧，船身搖動晃蕩。北方人不熟悉水性，只好全軍退回。那時頭暈昏亂的士兵，不能成軍開戰，被追打戰死的屍體，漂滿了海上。另有清軍二百多人，棄船登上圭嶼，下令他們投降，最後沒人救援下，到了夜晚被海水全部淹死。當天，清軍同安的戰船，來攻打高崎。陳鵬早與清軍密約投降，他下令部屬不要發動攻勢。清軍憑藉有陳鵬的內應，船艦還不到岸邊，就跳下淺灘，涉水一擁而上，企圖快速打下高崎。陳鵬的下屬陳蟒，不認同陳鵬的陰謀，心想：「緊要關頭，只有決心一死。」陳蟒指揮他的部屬，聯合殿兵鎮陳章，迅速攻擊上岸的清兵。清兵身披厚重的盔甲，陷入泥淖進退不易，被砍殺的死者十有七八人，指揮官哈喇土星被生擒，殺敵共有一千六百多人。後來收押陳鵬將之處死，以陳蟒代替其職位。蘇利等人的部隊，三天後才來到，得知各路軍隊都已挫敗，遠望著金門太武山下令撤軍。滿清將軍達素因為戰事大敗，在福州畏罪自殺。至此，廈門、金門全是鄭成功控制的範圍，無人敢再向清廷提議攻打廈門。

永曆十五年（一六六一）春季。皇上居留緬甸。鄭成功謀議攻取臺灣，也順利取下了臺灣。攻取臺灣過程，已詳細記載在〈開闢紀〉。十二月，將荷蘭人原來的熱蘭遮城，改爲安平鎮，作爲都城。另開闢一個城門，取名爲桔秩門，永誌不忘要收復固有的國土。將荷蘭人赤崁城堡改稱承天府，整個行政區總名爲東都。另設一個官府，二個縣邑。任命楊朝棟爲承天府主管，祝敬（？—一六六一）爲天興縣縣令，莊之列爲萬年縣縣令。澎湖設立安撫司。在各處重要地方，派駐重兵防守。命用周全斌總督南北全部的軍務。不久，楊朝棟、祝敬有罪處死，任用鄭省英爲承天府主管，黃安守護安平。率領何斌、馬信、楊祥、蕭拱辰（？—一六六二）等人，帶著鳥銃槍械手三百人、持盾牌兵卒三百人、弓射手三百人，巡視各地原住民的聚落，贈送他們煙草布料。各地酋長大爲喜悅，率領族人投誠歸順，聽從官員的管理。不久回來就集合各城鎮地方政府，召開會議。鄭成功指示：「治理的方法，主要先要讓老百姓生活富裕。有富裕的生活，才可以充足兵備。今天因爲老天爺的庇佑，以及將士們的拚命，才有了這塊土地。我們怎麼敢只圖享樂，安於現況？消費者人多，生產者人少，這樣下去就會到糧食用盡的一天，守駐的軍隊吃不飽，就沒有堅定的意志，來保護國家及人民。今天臺灣土地肥沃，水源豐沛，正等待我們去開墾。所以，要實現兵農合一的政策。軍人平時耕種，戰時打仗。希望因此能充足糧食，又可充備兵力。隨時等待機會發動兵事，出謀劃策我們的復國大業。」黃安問說：

「開拓國土，擴展荒地，可以創造永續的事業，所有將領應當一起效力。可是有怎樣的好方法？請詳細指示我們。」鄭成功回覆說：「可以仿效古人制定合適的辦法，所謂善於變通的人，才有完善的策劃。古人估計人數平均授予耕地，再根據面積大小分別收稅。到了商代改為井田制，行使九一的稅收法。周代沿襲商朝，鄉里授予師徒推行教育，百里給予車輛馬匹，這種授田制，就是實施兵民不分的制度。秦代才廢除井田制，後代就一直沿襲秦代，所以軍人都是職業軍人，老百姓只能是平民百姓。這樣軍用糧餉就必須輾轉輸送，造成國家的管理十分冗雜。所以，之後擅長帶領打戰的將領，就不得不實行屯兵制，如趙充國屯兵在羌中，諸葛亮屯兵於斜谷，姜維屯兵於漢中，杜預屯兵於襄陽，一旦發生戰爭就不怕缺糧，被圍困時也不會挨餓。至於元代以不同地區用不同的辦法，或是太祖的衛安軍，是因為當時天下太平，恐怕養軍過多，造成不必要的浪費，會讓國庫空匱。所以規定農人占人口七十，兵人占三十，這不是沒有根據的措施。現今臺灣是新創剛建的領地，雖然偏遠大陸，是十分安全的海島，但不能因而忘記戰備，隨時準備完成反清復明的大業。所以推行屯田制，只留下勇衛、侍衛兩個軍旅，保衛安平、承天之外。其餘鄉鎮按照分授的地區，分別到各地開墾，讓郊外沒有荒廢的土地，軍隊有了更多的存糧。等開墾三年之後，再頒訂具體的賦稅辦法。農事空閒的時候，演練打戰的軍事活動，才不致於懈怠而荒廢。一旦發生戰爭可以馬上武裝作戰，平時無事就背著耕具去耕種，這樣就可以策劃更長遠的治理。」所有將領遵從命令，分別前去實施。於是，五個軍旅及果毅各鎮所，前往曾文溪以北開墾。前鋒、後勁、左衝各個鎮所，前往赴二層行溪（今臺南市二仁溪）以南，各自選擇地區屯兵，劃地圍住竹籬成立社區，劈斬茅草建築房屋。因此，就不再擔心軍隊的供養。

永曆十六年（一六六二）春季元月一日。鄭成功上朝，在安平鎮拜會所有將領，一起遙望皇上的住處，舉行朝覲禮。不久，聽說滿清殺害鄭芝龍，所有子女孫兒在北京也一起處死。鄭成功捶拍胸部，腳蹬地板大聲哭泣，下令各鎮所將士帶孝服喪，表示哀悼。在此之前，滿清聽從降將黃梧的獻計，把山東、江蘇、浙江、閩南、廣東沿海居民，一律遷移內陸居住，禁止他們出海，斷絕漁民向鄭成功的支援，並且破壞鄭氏家族的祖墳。鄭成功聽到這個禁令，嘆息說：「假使我早點接受各位將領的意見，不自作主張，退守到臺灣，英雄就沒有繼續發揮之處。因爲我的退守，才造成沿海幾千里，所有田地房屋，山丘村落，以及他們祖先的墳墓，全部被捨棄，沒人照顧。所有寡婦及孤兒，只能望著老天，心懷怨恨，這不都是因爲我的緣故，才讓現在的滿清如此大膽，狂妄橫行。我們在這裡，一點辦法也沒有。只有收容難民，遷移他們到臺灣，一起開墾土地，暫時休兵停戰，培養實力，以待時機，等到復國之後，天下就清平無事，那時也不會晚了。」此時，盛傳皇上還在雲南昆明，或傳說遇害，或被囚禁，或說是逃走隱匿，鄭成功無論如何還是堅守奉朔，稱號歸順永曆皇上。鄭成功治理軍政十分嚴格，各鎮所將領士兵不敢違背軍紀。馬信勸諫說：「才剛在創制制度，應該寬容用法。」鄭成功回答：「不能如此，法令貴在賞罰嚴明，才不會養成因循苟且，日久積弊。後人才能守法，能自我限制，社會才好管理。所以，子產治理鄭國，孔明治理蜀漢，沒有不從嚴治理。何況臺灣是新開發的地方，沒有嚴格管理就沒辦法治理軍務，沒有嚴格法令就沒辦法率領眾人。唯一的方法就在制定適宜的措施。」三月，派任洪開、祁闟等十人管理原住民事務。命令所有將領把自己家眷遷移臺灣。南澳鎮陳豹不服從，就派兵攻討，用杜煇替代留守南澳。

早年，羅馬神父李科羅（Victorio Ricci，一六二一—一六八五）來到廈門傳教，受到鄭成功極好的待遇，招攬爲幕府的顧問。就在那時期，中國華僑在呂宋有數十多萬人，長期遭受西班牙人嚴厲對待。許多將領提議取下呂宋作爲海外屬地。鄭成功請李科羅出使馬尼拉，遊說呂宋總督進獻物品，暗中又告知華僑發動反抗，鄭成功會派戰艦支援。事情洩露，西班牙實施戒嚴管制，集中兵力移入馬尼拉，毀壞華僑防禦城牆及堡壘，防患華人偷偷的盤踞。之後華人發兵起義，激烈戰鬥連續幾天幾晚，華僑最後不敵西班牙人，死傷有幾萬人。有些人駕駛小船逃到臺灣，途中溺死不少人。鄭成功撫恤逃難者，因此，呂宋一直陷入混亂，西班牙人又擔憂鄭成功派軍前往征伐，就派遣使者找李科羅，請求協議停戰。多數部屬將領請出兵問罪，但還未出師，鄭成功因生病，情況危急。

鄭成功生有兒子十人。元配長子鄭經（一六四二—一六八一）年紀十九歲，長期居在廈門，與奶媽私通，生下一個兒子成為流言。鄭成功大怒，下令董昱、洪有鼎回廈門處理，要鄭泰收押處死鄭經及董夫人，理由是董夫人教導兒子不嚴。部屬們十分吃驚，知道鄭成功現在病情危急，只能保護鄭經。就向鄭泰說鄭經是鄭成功的兒子，不能違抗父親，我們是鄭成功的部屬，不能違抗主人。只有你是鄭成功的兄長，可以不接受鄭成功的想法，你赦免夫人及鄭經，只處死奶媽及小孩，如此回報就好。鄭成功不肯答應，解下身上的佩劍交給董昱，再命令他前去廈門責刑。剛好周全斌從南澳回來，也命令一起前往處理。所有將領圍著鄭成功勸導。夏天五月八日，鄭成功病情十分嚴重，他還是登上城臺，眺望海上。妝束上朝的頭冠與腰帶，迎置明太祖的遺訓，坐正交椅，命令屬下斟酒，翻讀遺訓，到了第三卷帙，嘆氣說：「我死了還有什麼臉到地下見諸先帝。」就死於回去官府的路上，享年三十九歲。臺灣的部屬請求鄭成功的弟弟鄭襲，代理政局。五月十四日，訃聞送達廈門，鄭經繼承王位，舉辦喪事，文武百官呈報的傳狀及祭文，全部一起陳列祭拜。鄭經聽說鄭襲將擔任東都郡主的消息，十分心急。就任命周全斌為五軍都督，陳永華（一六三四—一六八〇）為諮議參軍，馮錫範（？—一六八三）為侍衛，集合軍隊，整裝準備來臺灣。秋季七月，滿清靖南王耿繼茂（？—一六七一）、閩浙總督李率泰，派了使者來和解，鄭經不聽從。鄭泰回報代理東都郡主一事，請示鄭經。鄭經回說：「我將去臺灣處理，你們好自為之，小心行事。」另滿清計議和解，鄭經要求比照朝鮮爲例，派遣中軍都督楊來嘉（？—一六八〇）前去回覆。滿清不答應。楊來嘉返回。下令命忠振伯洪旭、永安侯黃廷輔駐守廈門，命令銅山、南澳等地將領，不可荒廢守備。冬季十月，鄭經到了澎湖，出巡各處島嶼，才前往臺灣。黃昭、蕭拱宸密議抵抗鄭經，軍隊布署在港口堤防的沿岸邊，他們兩人被周全斌打敗殺死。士兵見狀就倒戈投誠，鄭經脫下盔甲，出示自己的身分。黃安大聲呼喊：「他是鄭成功的兒子，大家趕緊去迎接。」鄭經順利的進入都城。鄭襲進來拜見鄭經，兩人恢復叔姪的情感。十一月，鄭經率領周全斌，一起巡視南北二路的軍營，安定撫恤各地原住民部落。

永曆十七年（一六六三）春季元月，從雲南昆明傳送皇帝駕崩的訃聞已到，鄭經還是援用永曆爲年號。任命統領顏望忠駐守安平，勇衛黃安鎮守承天，統籌南北兩邊的軍事要務。率領周全斌、陳永華、馮錫範回到廈門。因爲鄭泰暗中聯合黃昭、蕭拱宸等人密謀叛變，事情洩露，夏六月，鄭經置設酒宴，邀請鄭泰，用繩索勒殺了鄭泰。鄭泰的兒子鄭纘緒及鄭泰的弟弟鄭鳴駿，逃亡歸降滿清。冬季十月，耿繼茂、李率泰調用投誠的將士，聯合荷蘭人一起由泉州出海。提督馮得功由同安出兵，降將施琅、黃梧從漳州出兵，分別由不同方向，會合攻打鄭經。鄭經布署所有軍隊，命令周全斌全力抵抗。十九日，兩方人馬在金門烏沙港前，正面交戰。荷蘭人是兩層夾板大帆船，共有十多艘，龐大艦隊氣勢如虹。清軍泉州板船有三百多艘，揚帆趁勢也迅速攻打過來。周全斌二十艘輕巧戰艦，往來頻繁的奮力回擊，船隻操縱迅捷。火力強勁的荷蘭人，雖密集發射的炮火，也無法打中一艘。清軍乾瞪眼，吃驚看著，耿雲翔因而不敢進攻。馮得功殿後作爲掩護清軍後衛，已被周全斌消滅殺盡。不久，耿雲翔、李率泰各自請求軍援。此時，正好施琅、黃梧的軍隊來到。鄭經因爲清軍援軍眾多，無法抵擋，就退回駐守銅山（今福建省東山島東北部銅陵鎮）。清軍才攻入金門、廈門。摧毀兩城，放棄占據，只搜刮財物，買賣婦女，才撤軍離去。因此，金門、廈門兩島的百姓全被蹂躪，被破壞殆盡，幾乎到毀滅。

永曆十八年（一六六四）春季元月，援剿右鎮林順投降滿清。二月，南澳護衛左鎮杜煇也投降滿清。洪旭建議說：「金門、廈門剛被擊破，銅山將難以防守，不如退回保衛臺灣，等待以後另謀出路。」鄭經同意洪旭的提議，命令陳永華、馮錫範護衛董夫人，預先前往臺灣。皇帝的宗族寧靖王、瀘溪王、巴東王（?—一六五二）、魯王世子，以及鄉紳王忠孝、辜朝薦、盧若騰、沈佺期、郭貞一、李茂春（?—一六七五）等，全部用小船隨從。到了澎湖，鄭經與洪旭巡察各島嶼。洪旭說：「澎湖是往臺灣必經的要地，往上通往江浙，向下遠達南洋。必須構築完善的防禦要塞，用來鞏固海上的疆界。如果澎湖失守，臺灣就全無依靠，沒辦法防衛了。」於是建造媽宮城壘，在左右兩側各高地設立炮臺，戰時烽火爲信號，相互支援。下令薛進思、戴捷、林陞（?—一六八三）等人駐守。周全斌下令與黃廷一起殿後，而早在周全斌被錄用的時候，因排在黃廷之官秩的後面。心生不滿，就與洪旭結了長年的怨恨，這次撤回臺灣，他心裡一直遲疑不決，就沒有跟著一同前來臺灣，就歸順了滿清。黃廷受到黃梧的利誘，也投降了滿清。當鄭經進入臺灣後，任命陳永華治理大事。陳永華善長於治理政事，讓老百姓休養生息，得以快速恢復元氣。八月，將原來東都改稱名爲東寧，分天興、萬年二州。每州劃分四個官府所在地，府所負責簽辦地方人民的政事，下面設三十四里所，分別設置鄉長，實行鄉治制度。東寧建立之初，一切官邸十分簡略，就教導民眾燒瓦，改建宮殿及公務衙門，禮遇流亡逃亂的地方紳士。凡是皇親宗室，一律提供生活所需要及金錢。分配農民的土地，推行兵農合一的政策，好讓臺灣富強起來。當初荷蘭人戰敗撤離臺灣，商議要再收復臺灣，就先占領雞籠（今基隆市）。鄭成功派遣黃安澈底驅逐臺灣的荷蘭人。荷蘭人只好離開雞籠，於是企圖聯合滿清，攻打廈門及金門。清人在平定金門、廈門後，就遷移民眾進內地居住。之後滿清遣鄭泰率領軍隊，回到金門、廈門駐守。六月，荷蘭將領波爾德來到福州，與清軍結盟，商議攻打臺灣，滿清派鄭泰帶領兩艘船，支援荷蘭人。然而臺灣各地要塞，防備堅固，不易攻取。於是船艦北上，停泊在普陀山，正好遇到颱風，多艘船艦沉沒。因此攻打臺灣的念頭，就取消作罷。九月，英國人來到臺灣，要求互相開市做生意，鄭經同意。十二月，北部原住民阿狗（臺灣中部拍瀑拉族）發生造反作亂，命令勇衛黃安去往平定。

永曆十九年（一六六五）春季元月一日。鄭經率領文武官員，在安平鎮祝賀皇帝。聽說施琅上奏進言，請求清廷攻打臺灣，爲此聚集所有將領，共商國事。洪旭說：「以前，荷蘭人失守臺灣，因爲只倚靠大炮的火力，防守港口的航道，沒有注意在澎湖駐防戒備。所以有利先王鄭成功，一口氣越過海峽，直接攻下臺灣。澎湖是臺灣的門戶，失守澎湖就會失去臺灣。現在應該修建安平炮臺，另以炮艦十艘，防守鹿耳門的外海。派遣一位將領鎮駐守澎湖，加強軍備不能疏漏，只要堅守各個堡壘，清軍也就不容易越過臺灣海峽。」鄭經回說：「這是很好的戰略。」派遣楊祥防守鹿耳門，顏望忠自行懇求前去駐守澎湖，鄭經輕輕拍他的背說：「有你一起共事，我就安心，沒有煩惱了。」命令洪旭調動十分之三的屯軍，添補勇衛及侍衛二部隊，各增強半旅的兵力。因此兩部隊合起來的人數，共有一萬多人。配置二十艘炮船、烏篷船及趕繒船各十艘，由戴捷、薛進思、林陞、林應人等率領。考慮臺灣北部偏遠地區，防備空虛，就命令劉國軒（一六二九—一六九三）以一旅軍隊駐守雞籠，另何祐（一六四三—一七一八）以一旅軍隊駐守大汕頭（今高雄市旗津區）。三月，顏望忠到達澎湖，駐防媽宮城，左右兩旁各自修建炮臺，分別由戴捷、林陞駐守。四月，施琅調動投誠的將士前來攻打臺灣。船艦來到外海時，被颱風吹散，於是撤軍返回。清廷下令施琅及周全斌調回北京。六月，鄭經命令顏望忠回東寧，由薛進思、林陞二人駐守澎湖。通知各鎮所將士，回到原來戍衛地，耕種田地。七月，勇衛黃安病死，鄭經非常悲傷，爲他辦理隆重喪事，將他女兒嫁給黃安的兒子，作爲他的女婿。八月，任命諮議參軍陳永華爲勇衛，陳永華親自巡視南北兩地區官府，安定撫恤各地原住民，獎勵各地方開拓墾田，種植甘蔗熬煉蔗糖，引取海水蒸煮成爲食鹽，振興海上的貿易。那一年又是稻穀豐收，人民的財用，充實富足。陳永華請示興建孔廟，設立學校，鄭經聽從陳永華的提議，挑選寧南坊（今臺南市大南門、小南門、小西門及府前路一帶）興建孔廟，面向魁斗山（今臺南市虎尾寮及自由路一帶）旁邊，建蓋明倫堂。

永曆二十年（一六六六）春季正月，孔廟落成，鄭經率領文武百官，陳設芹藻菜蔬爲祭品，祭拜孔子。環繞孔廟及學堂觀禮的人數數千人，彼此和睦，秩序井然，每人都是守禮謙和，有風度。鄭經又下令各地設立學校，延請老師教導小孩就讀。天興州及萬年州，每三年舉辦考試。州試及格者送到承天府就讀。承天府考試及格保送中央就讀，考試及格者保送太學。三年再考試，選擇成績好的學生，進入六大部行政機關任職。三月，陳永華主持學院，葉亨擔任國子監助教，主掌全臺灣教育，來教導知識分子，教養學生。臺灣人自從這時候起，開始興起全國讀書的風氣。洪旭進言說：「完備了教育大事，也要完善軍事設施。現在施琅雖然沒有跡象，確定何時攻打臺灣，但是他心裡早已千方百慮，蓄意已久了，是不會放過我們的。所以，應該操練將士，振作有爲，隨時有備等待突發的事件。」鄭經回答說：「平時的安樂，要心想突然不時發生的危險，這是古人的教訓。反覆演練，勤奮不懈，隨時顧及戰鬥能力，這是保持戰力的原則。我深受國家的恩德，身負承繼先人的重任，哪裡敢因爲現在一時安樂，就自我放肆，而毫無顧忌。希望與大家一起，相互勸告，相互勉勵。」就公告各地方，屯兵部隊，平日耕耘空閒要時常操練演習。下令砍伐木材，製造戰船。將貿易商船東往日本買賣，採購原料打造銅炮、刀劍、鎧甲、頭盔，並鑄模造幣，發行永曆銅錢。南下遠到暹羅、安南、呂宋各地，拓展商業貿易。今年穀物大豐收，國家富足強盛。八月，呂宋總督派遣使者來訪問，進獻當地的貨物。鄭經下令賓客司要優厚禮待呂宋使者。使者請求來臺灣興建教堂，傳播教義，陳永華不同意。鄭經命令呂宋使者，用中國外交禮儀謁見，並且鄭重申明希望簽署雙邊貿易合約，不要禁止斷絕呈獻貢品，也不再殘害華人，使者恭敬表示同意。忠振伯洪旭病死，鄭經親自爲他善後，辦理喪事，進用他的兒子洪磊，作爲朝廷中事務官。陳永華的姪子陳繩武被任命爲兵部官員，楊英爲戶部官員，葉亨爲禮部官員，柯平爲刑部官員，謝賢爲工部官員，劉國軒爲左武衛，薛進思爲右武衛，何祐爲左虎衛。九月，陳永華認爲國內政教各項措施已妥善推行，接著就該推動貿易，以振興經濟。因此，派遣江勝（？—一六八三）以水師一隊，駐地廈門，與滿清戍守邊境的將領私下往來交好，就不再騷擾當地的百姓。當時廈門長遠以來被滿清荒置，任由陳白骨及水牛忠兩人占據，召集作奸犯科的亡命之徒，到處在沿海強奪百姓。江勝與邱輝（？—一六八三）就擊破這群盜匪。邱輝盤踞達濠（廣東省汕頭市濠江區），讓江勝在海上交易貨物。因此充足提供各類內陸的絲織布料，讓臺灣的需要完整不缺，凡是海外進口的貨物都有一定的價格，就是婦人和小孩也一樣，不會被詐欺。從此國內國外相安無事，兩邊交易的貨物運輸不停，物價越來越平穩。十二月，調動戍守澎湖的兵隊，回來屯田耕作。

永曆二十一年（一六六七）春季元月一日。鄭經在安平鎮，向皇上賀年道喜。贈送各地屯駐兵士飲酒，居住臺灣的百姓生活富裕快樂，道路遺失財物無人會據爲己有，市場買賣貨物市價不會造假，社會風氣十分良好。五月，河南人孔元章來到臺灣，提議和談。鄭經厚禮款待，提出比照朝鮮的待遇爲談判的條件。孔元章回去後，施琅又再上疏奏章，請求攻打臺灣。

永曆二十二年（一六六八）夏季四月。清廷任命施琅爲內大臣，削減水師提督的編制，燒毀戰艦，禁止海上任何活動。派馬化騏爲總兵，進駐海澄。將投誠的將領，分別派到各省各地任職。六月，滿清水師提標遊擊鍾瑞，與中軍守備陳陞一起，暗中謀劃將海澄獻降鄭經，先祕密告知江勝。鄭經命令統領顏望忠率領船艦前往支援。消息走漏，鍾瑞從廈門逃到了臺灣，顏望忠責備鍾瑞以前銅山的叛國罪，鄭經不再追究，改鍾姓換成姓金，頒授名字爲漢名。十月，水沙連（今南投縣，包括竹山鎮、鹿谷鄉、名間鄉、集集鎮、水里鄉、信義鄉、國姓鄉、埔里鎮、魚池鄉、仁愛鄉等一帶）原住民叛亂，殺害參軍林圯（？—一六六八），鄭經派軍討伐。

永曆二十三年（一六六九）春季二月。清廷再次發布展界令，嚴格要求沿海居民遷移內陸。七月，刑部尚書納蘭明珠（一六三五—一七〇八）、兵部侍郎蔡毓榮（？—一六九九）來到福州，與靖南王耿繼茂、總督祖澤沛在泉州會合，討論恢復與鄭經的和談。命令興化知府慕天顏（一六三一—一六九六）帶詔書來臺灣，鄭經不肯接納詔書。只有看納蘭明珠的書信，內容說：「我聽說能安撫百姓是有仁心的人，了解現今的局勢是有智慧的人。自古以來才智出眾的豪傑，都知道天命有所歸屬，國家興衰全由上天決定。讓人民慘遭禍害，沒有好處。順著天命計策，不要猶豫，以身相託我滿清，才能造福人民，恩惠子孫，你才能名留青史，爲後人的稱頌。閣下你要是能適時變通處事，當是一代的英雄，聲譽卓著，將與明智賢能的古人一樣。議和降順，對你來說是十分容易做的事，現在你名號上達不了京師的認可，爵位土地朝廷也不同意，隨波放逐在海外，只能擁有一時，不能長久，不是讓有見識的人感到痛惜？今天我滿清天子擔憂，憐憫臨海的百民，長期深陷戰亂，民生凋敝，永遠不得復原。有些人離鄉背井，逃離遙遠的海外，較短有十幾年，長久的有二十多年。父子兄弟分離，親情斷絕，永遠不得團圓，是生是死，茫然惆悵，無所知悉。你們還以爲骨肉分離，是在享受上天的恩澤，到底誰才能回復他們原來的生活？我受命來到福州，會同靖藩、督撫、提督等人，向你宣示我皇帝的旨意，處理議和一事。禮貌上我爲了表示誠信，特地派遣太常寺卿慕天顏、都督僉事李佺等人，先來通知你的部屬。閣下您的故鄉人民的苦痛，我朝天子都感同身受，抬著頭手足無措，福建海邊的幼童與老人，大多是您故鄉的父老子弟，難道忍心讓他們親人長久分離嗎？何況我們滿清人一向對人誠意，講求信用，德行人品使人信服，聲名遠近都知道。所以完成一統的大業，是歷來各朝代無法相比。無論多麼遙遠地方的人，都不怕隔絕難行，也輾轉前來朝覲。您是出類拔萃的豪傑，反而把自己疏遠，排除我們仁慈的皇上，這不就對不起我們皇上嗎？我眞爲您這樣的行事，感到惋惜。誠心希望您能快點醒悟，歸順滿清。好讓偏遠的海島，變成安樂的地方，流離失散的骨肉，可以趕快回來故鄉。您也可以從海外回歸中原，這不就是永遠痛快的好事，掌握有利的時機，錯失了就難再擁有。我滿清皇上開誠布公，誠意待人，眞確不虛，全部寫在詔書上。閣下你宣讀之後，當會敬慕我皇上崇高的仁德，至大的愛心。我等候您的回音，我對您是萬分誠懇。」鄭經盛大召集文武官員會議，面向慕天顏說：「我國不是不能發動爭戰。因爲憐惜人民生活陷入戰爭的困境，所以撤離遠到海外。癸卯（永曆十七年，一六六三）以來，雙方已經停止戰爭，爲何對我們一再窮追不捨，苦苦相逼不放？」慕天顏回答：「我朝廷屢次號召歸降，也同情貴國一向忠心祖國，時時刻刻惦念以前的國君。假使能改變主意，順從歸附，自然應當封贈爵位，永遠作爲我們的重臣。不這樣的話，那就避免不了，也不只只是雙方船艦的戰爭了。」鄭經說：「我們已故的君王，在世的時候，雙方多次討論歸降，只是不同意剃頭留辮的法令。我哪敢違背我先君的決心呢？」就派遣禮官葉亨、刑官柯平，前往福州，回覆納蘭明珠，鄭經的書信說：「聽說麒麟鳳凰這些吉祥動物的資質，被關在籠子也不能改變他們嚮往自由心意。超群拔類的豪傑，哪裡會被幾句話打動，馬上改變他的想法。不久前，你們將海邊的居民，強迫遷移內地，五個沿海省分，數以萬計的百姓流亡失散，現在土地上只有荒廢的城市，村落成了廢墟。因此我才退守到遙遠的海外，建立東寧國土，就是希望雙方不再出兵打戰，讓老百姓安居樂業，彼此和平相處。貴國從來一直防範著我，從不寬恕。導致沿海的百姓，失去了住所，四處逃亡，我心裡為此，感到十分遺憾。你受上級的命令前來和談，心想為人民創造幸福，讓流亡的百姓早日回家，恢復家業，造福天下民安國泰，你的恩德及善心，是一件好事。但你的使者只在勸導我，接納詔書，稱臣受降。和談必須雙方一起協議，以後才不會變卦反悔，口出說話一定是深思熟慮，才能履行應盡的責任。大丈夫是相互用心，竭誠相待，心地光明，胸懷坦蕩，不要主意不定，變來變去。我現在特別派遣刑官柯平、禮官葉亨二人，當面跟你一起講好協議的內容。我只能謹守我先君的遺訓，謹慎遵守他留下的基業，不會貪念一時的好處，放棄祖先的事業。我心中憂慮人民困苦的生活，如果貴國堅決誠意，互相親好，即使委屈自己，我會聽從你們的意見，這是國家外交重要的大事。以後兩國彼此往來交好，巡查勤務的軍營哨所，自然就全部撤回。至於大陸沿海地方屬於你們管轄區域，那不再是我能干涉的。書信中若有遺漏，我都託付使者處置。還望閣下賜教你的意見，一五一十讓我知道。」協議比照朝鮮和談的要求，納蘭明珠允許，但必須實施薙髮令，鄭經不同意。於是，納蘭明珠再通書信，派遣慕天顏偕同二位使者來臺灣。慕天顏說：「你是中原藩國走避到海外，所以不能比照外國的禮遇。」鄭經回說：「朝鮮也是中國箕子後代的子孫，志士仁人各有自己的理想打算，請不必威脅強迫。」於是鄭經又以書信回覆，說：「聽說兵器是不吉利，用兵動武很容易，但是禍患與福分，沒有一定可以憑靠的原則。兵家也沒有誰一定強，誰一定弱，當有利的形勢，以及有恩澤才會昌盛，只依仗武力，結果將自取滅亡。以前在廈門雙方不斷的交戰，我心裡深深憐憫老百姓，長年陷入戰爭，生活困苦，所以聚集軍隊撤離，渡海遠離中國，在臺灣建立了東寧國土。我是在中原國境範圍外，另開闢一個新的天地。自己認為這樣可以避免雙方戰事，讓百民安居樂業，彼此和平相處，沒想到你們還是不想放棄，苦苦追趕，使喚我的叛國將士，一再發動戰端。難到沒聽過，陳軫畫蛇添足就勸退楚國攻打齊國，以及養由基射箭百發百中，爲楚君報仇雪恥的故事嗎？苻堅入侵東晉失敗，不是軍力不夠強大。隋煬帝三次征討高麗都宣告失敗，也不是戰鬥意志不夠勇猛。這兩件史事，閣下你是清楚的。何況那些變節投降的將士及戰敗逃亡的兵卒，都是我先王培育供養二十多年的人，現在投降歸併貴國爲將士，並非完全忘了我先王培育的恩德，也不全都是爲了貪念你們賜予的富貴。只不過心中不安，不想一再捲入動盪，眷念家鄉的安逸，不捨遠離。閣下你使喚他們東來入侵，不是因爲他們有足夠的才智與能力，也不是相信他們能堅守效忠的意願，不過是以他們的心志難以預料，姑且讓他們前來死戰，你們才不管是不是會打勝。你看待那些叛逃將士的態度，它們也早已知道。何況飄洋大海過來，無日無夜在海上漂泊，天候變化難測，波浪造成的意外，也不能預期。閣下你二年以來，三次出兵越海而來，耗費人力與浪費財力，造成慘重的損失。你自然明明白白知道，莫非這不是天意嗎？這樣的事才能理解爲何伯夷、叔齊不食周粟，田橫率領五百人逃至海島的事蹟。伯夷、叔齊流傳千年的高潔人格，未曾被人譏笑。就像田橫只不過是膠東小國的一位平民，仍然知道堅守忠心，爲國捐軀的死節。何況我世代是受恩國家，我也受過我先君的教導。臺灣本就不受滿清的控制，如果要求納入滿清，那麼海外各個國家，如日本、琉球、呂宋、越南，及其他臨近江浙、廣東的島國，還會順從你們嗎？若是你們擔心我的警戒船隻，往來活動，這也是你們軍隊布署在海邊，我不得不派遣巡邏船隨時偵察。假使雙方停戰協議生效，使老百姓安居樂業，生活不再陷入艱苦，你們這樣的德惠恩澤，我會十分佩服。如果只爲了封我爵位，享受豐厚的俸祿，賜我子孫世襲藩國。我只是一位流亡海外，被遺棄的臣子，實在就沒有這樣心情追逐名利。我心意愼重，也十分眞誠，希望你理解。」也再回覆耿繼茂說：「恭敬拜讀你的來信，文中提到眞心誠懇收攬我一事，我不能遵從，內心的想法和你不同。你可謂是中國的英雄豪傑，處事往往有天象相應合，在沙場上展現雄壯，這些我都得以知悉。但你反覆所說的這些，只不過是仿效遊說的文辭，顯現出並非設身處地著想的言論罷了。臺灣處於偏僻地方，遠離海外的另一邊，與你們的疆域不相關。一般人相聚一起，不管是老百姓或是軍人，大家不也是可以相安無事作爲鄰居。像虯髯客、張仲堅橫渡海上到了日本，爲了是謙讓，使李世民順利當上皇帝。你應當知道其中的道理的呀？你說滿清寬厚仁愛，以前的事就不用提了，只用耳朵才聽到的，眼睛才看到，剛才發生的事情來說，如方國安、孫可望（？—一六六〇），哪一個不是盡忠滿清，如今下場爲何？這樣不幸的事情，實在叫人失望痛心。你若眞以延攬我們而達到休兵爲考量，就應當下令所屬將士，好好地安撫沿海邊陲的人民。想想像西晉的羊祜與東吳的陸抗，雙方臨敵相對也能敦睦相處，這樣多的故事就不再說了。至於戰場雙方對抗，哪邊能取勝，乃是兵家常事。一切結果，都只看老天爺的安排了，是非成敗，困難與簡單之間，如何取捨，如何決定，你知道其中的道理，我也不用多說了。」納蘭明珠深知鄭經不可遊說，不久就與觬英一起回去北京，從此終止雙方的任何和議。十月，邱輝因江勝的說服，從達濠到臺灣歸順鄭經，鄭經交代六位大臣一起審議邱輝，陳永華說：「招收投降的將士，自古以來都該如此。何況邱輝可以聚集群眾，裝備船艦，占據達濠，他是有能力的人才。現在衷心嚮往我們，道義上就要晉用，才能鼓舞將士豪傑，開拓我們的領土。」鄭經採納，派任爲義武鎮。從此達濠也成爲臺灣的管轄地。

永曆二十四年（一六七〇）春季三月。鄭經把廈門、銅山、達濠諸島全部隸屬臺灣管轄。舟山、南日（今福建省莆田市秀嶼區）二地，以前是屬於奇兵鎮黃應管理。之後，一直沒有安置守將。因此，下令柳索、呂勝、藍盛、楊正各率領船舟，一起協同守衛。八月，斗尾龍岸（今大甲溪北，臺中市后里區及外埔區一帶）地區原住民造反，鄭經自己率領將士，前去討伐。命令右武衛劉國軒駐守半線（今彰化縣彰化市）。十月，沙轆原住民叛變，動亂平息。大肚的原住民恐慌，帶領族人一起逃往到埔裏社。劉國軒的軍隊在後追趕到北港溪旁，才率領軍隊回去。從此北部原住民才全部順服。

永曆二十五年（一六七一）。全臺各地穀物大豐收，沿海安寧，沒有任何紛爭。此間漳州及泉州的移民，一日比一日多了起來，開墾的地區深入到南北部的偏遠地區。鄭經下令各島嶼的守將，不要擾亂邊境地區的老百姓。

永曆二十六年（一六七二）春季元月。統領顏望忠、楊祥提議前去攻打呂宋。侍衛馮錫範不允許，擔憂失去與外國人的交情，結果中止提議。

永曆二十七年（一六七三）。之前清廷任命吳三桂（一六一二—一六七八）為平西王駐守雲南，平南王尚可喜（一六〇四—一六七六）駐守廣東，靖南王耿繼茂駐守福建。耿繼茂逝世，由耿精忠（一六四四—一六八二）繼承。清廷提議撤消所有藩國，耿精忠因此暗中謀劃反抗。秋季八月，耿精忠派使者黃鏞到臺灣，來請求援助，鄭經就率兵到了澎湖等待響應。然而耿精忠改變了主意，鄭經只好撤兵回臺灣。十二月，吳三桂占據雲南、貴州、四川，發動叛變，攻破湖南、湖北二省。他派遣祝治國、劉定先來找耿精忠及尚可喜，共同商議聯合所有軍隊，一起響應。並且派人來到臺灣，交付書信說：「你的祖父動員全福建的軍隊，歸順滿清，有很大的功勞，想不到遭受殘害。這樣的恥辱，是血海深仇，無論幾代的子孫一定要報仇。你的父親心懷國仇的大義，意志堅定，至死不變。他是剛毅果敢的大丈夫，獨立不群，不隨世俗附和。每次提到你父親，我未曾不佩服他偉大的人格。你從小接受你父親治家立身的家訓，你專心操練軍隊，積蓄銳氣，保養戰力，隨時注意時局的變化，為了等待機會，能為國為家，復仇雪恥。今天全天下各地大規模發動軍事，反抗滿清。這是非常難得的大好機會，請求你迅速集合勇猛的將士，發動水師去攻打南京，或堵擋天津，圍據北京出入的海口，斷絕滿清輸運糧食的要道。出其不意，在北京守備空虛的時候，襲擊滿清，這是萬無一失的最好策略。一舉報復累積幾世代的大仇恨，發抒上天和眾人共同的怨恨，沒有比這更令人振奮的事。」鄭經十分禮遇兩位使者，並派遣監紀推官陳克岐、副將劉文煥二人，迅速前往探訪，並且回覆書信說：「不久之前，聽你的差遣，要我向天下人表明復仇的大義，我十分高興，也萬分欣慰。我冒昧表示個人一點意見，自古以來，促成天下的大事，首先必須樹立大仁大義。殿下你忠貞不二，先擁護先皇帝的子孫，這樣效忠的心意，自然足夠來召集天下的人心，也會感動愛國奮發的忠臣義士。我心意一向皎潔，想追隨日月散發出最後的光芒（指明朝遺留下來尚存的希望），一起早日完成復國的大業。我隨時準備好作戰，一旦你擁護明朝正統，我就集結軍隊，會師前往征討。

永曆二十八年（一六七四）春季三月。耿精忠圖謀將福建據爲己有。當時，清廷執政總督范承謨（一六二四—一六七六）得知，迅速派遣數名騎兵，傳達檄文聲討耿精忠。但福建大部分地區，已被耿精忠攻下來。耿精忠就派出使者黃鏞，再次來到臺灣，請求派兵支援。滿清緊急任命海澄公黃梧爲平和公，守衛漳江口。正好黃梧病逝，就任命黃梧的兒子黃芳度（？—一六七五），全權指揮軍務，授軍階爲海澄總兵。四月，潮州總兵劉進忠將潮州城投降耿精忠，被任命爲寧粵將軍。鄭經派遣使者柯平前往福州，爲回報黃鏞傳達的消息。耿精忠下令調派海澄守將趙得勝（？—一六七七）出兵支援作戰，但趙得勝不服從。趙得勝私下已約請右武衛劉國軒、左虎衛何祐，一起在海澄，商議投靠鄭經。五月，鄭經任命兒子鄭克壓（一六六二—一六八一）代理國事，並由陳永華協助。自己親自率領侍衛馮錫範、兵官陳繩武、吏官洪磊等人，擁戴永曆年號爲正統，渡過海峽向中原進發，軍隊就駐守在廈門。任命趙得勝爲興明伯，操練兵士，隨時準備應戰。派遣兵都事李德前往日本，鑄造貨幣及軍火兵器，再由戶都事楊賢運往南洋交易，來增加軍隊器械及糧食的費用。又派遣使者遊說耿精忠，同意鄭經在漳州及泉州一帶，徵募兵員。耿精忠不答應。於是鄭經與耿精忠感情破裂，彼此仇視。鄭經就命令馮錫範攻占同安，同安守將張舉堯投降鄭經，被任命爲蕩西伯、左先鋒。耿精忠爲此擔心，調派都尉王進駐守泉州。六月，王進的小兒子王藩錫，誘殺了泉州城守將賴玉，泉州城內的士兵及百姓，多數都聽從王藩錫的指揮，最後驅逐了王進，泉州就歸順鄭經。鄭經順利進入泉州，授予王藩錫爲指揮使，安置在馮錫範及陳繩武的軍隊中。七月，清軍圍攻潮州，耿精忠無法前來解救，劉進忠只好投降滿清。鄭經派遣援剿左鎮金漢臣率領援兵解救，在黃岡打敗清軍，解除潮州被圍城的危機，劉進忠就投降鄭經，被授予定西伯、前提督。九月，取精忠派劉炎前往支援，下令一起與王進取回泉州。十月，劉國軒及右虎衛許耀，在塗嶺（今福建省泉州市塗嶺鎮）打敗王進的部隊，追殺王進到興化（今福建省莆田市興化縣）才撤軍。吳三桂派遣使者禮曹周文驥前來謁見鄭經，協調鄭經與耿精忠的不合。十一月，鄭經討伐漳浦，劉炎歸順，趙得勝回守海澄。

永曆二十九年（一六七五）春季元月一日。鄭經率領文武人員，以及百姓聚集泉州承天寺，向皇上慶賀新年。耿精忠派遣張文韜商議和談，以楓亭（今福建省莆田市仙遊縣楓亭鎮）作爲界線，雙方才彼此交好。二月，何祐討伐饒平，虜獲沈瑞回來，授予何祐爲懷安侯。鄭經下令把叛將洪承疇的祠堂，改爲祭祀石齋及蔡江門，將洪承疇（一五九三—一六六五）及楊明琅（？—一六七五）的親人共一百多餘人，送往雞籠城流放。楊明琅原是癸未年（一六四三）的進士，鄭經責罰他叛國罪，後來死於牢房。五月，劉國軒率領軍隊到了潮州，與何祐、劉進忠的士兵數千人一起，奪取潮州附近的城鎮。平南王尙可喜派兵十多萬人，全是精練勇銳的部隊，前來攻打潮州，雙方相持很久。因爲鄭經軍隊糧食有限，商議撤回潮州。尙可喜騎馬指揮，一早向劉祐領軍進發，大戰於鱟母山的山下。劉祐不斷回擊，劉國軒也跟著不斷支援推進，最後大敗尙可喜大軍。六月，鄭經率領多位領將圍攻漳州。鄭經的部隊剛到時，就想任用黃芳度爲德化公，請他投降。黃芳度表面僞裝接受，私下祕密勾結滿清。

事情洩露，鄭經的軍隊就密密麻麻圍住漳州城。黃芳度的哥哥黃芳泰（？—一六九〇）突破重重的包圍，到了廣東請求清軍援兵。鄭經圍城已六個月之久。黃芳度的表弟黃芳世（？—一六七八）正好從廣東帶領援兵，快抵達漳州。十月六日的清晨，城將吳淑及弟弟吳潛（？—一六八三）二人，暗中開啓城門，讓鄭經攻入城裡。黃芳度登上北門外的山頂，催促所有軍隊進入街巷，雙方短兵接戰，結果失利，逃到開元寺東邊一口井，投井自殺。鄭經攻入漳州，授予吳淑爲平西將軍、後提督，吳潛爲戎旗二鎮。鄭經收押黃芳度的親族，流放到臺灣淡水，分屍黃芳度的屍體。並且破壞黃梧墳墓，報復他破壞鄭家祖墳的怨恨。有見識的君子肯定鄭經頗有乃父的作風，是能承繼父親風範的孝子。

永曆三十年（一六七六）春季元月一日。鄭經率文武官人員及百姓一起在漳州開元寺，向皇上慶賀新年。二月，吳三桂軍隊到了肇慶、韶州。碣石總兵苗之秀、東莞守將張國勳進見劉國軒，之後投降鄭經。尚之信（一六三六—一六八〇）投降吳三桂。吳三桂發布消息，把惠州讓給鄭經，劉國軒就進入惠州駐軍守護。五月，耿精忠將領劉應麟駐守汀州，並奪下江西瑞金、石城二個縣城。他暗中投誠了鄭經，鄭經授予奉明伯、前提督，就派吳淑前去駐守。七月，鄭經外調王進忠到潮州，但局勢不好沒辦法前往。九月，滿清軍隊侵入福建，捕捉了耿精忠，耿精忠的守將馬成龍以駐守的興化，歸降鄭經，鄭經授予殄西伯、援剿左鎮，派遣許耀前往駐守。十月，許耀與清軍在烏龍江（閩江的支流，在福建省福州市）交戰，許耀固執成見，依仗塗嶺戰役的勝利，輕敵而沒有嚴加防禦下，結果被打敗。鄭經改換趙得勝、何祐取代許耀。十一月，耿精忠將領楊德以邵武，投靠鄭經，鄭經授予後勁鎮，由吳淑入城駐守。十二月，吳淑與清軍在邵武城下，兩軍相對面，準備作戰時，突然天氣下了寒霜，凍寒刺骨，許多士兵手足凍瘡破皮，不能迎戰。因此，吳淑兵敗，退回廈門。劉應麟在撤退時，戰死在潮州。

永曆三十一年（一六七七）春季元月。趙得勝、何祐抵禦清軍於興化（今福建省莆田市）城下。清軍使用謠言離間，趙得勝最後奮力作戰到死，何祐也打了敗戰，興化城淪陷。二月，泉州、漳州全部戰敗，鄭經只好撤軍回到廈門，擴大犒賞撤退回來的將領，並再分配他們前往駐守海上、陸路各地據點。任命左虎衛林陞看守東石留南，水師一鎮蕭武據守興化，水師四鎮陳陞、五鎮蔡沖璵、七鎮石玉、八鎮陳勝分別駐守蚶江、祥芝、崇武、獺窟等地，用來鞏固惠州南部沿海一帶的防衛。水師二鎮江元勳、三鎮林瑞爋，協同防護守衛海澄、芝陰等地，凡是福清、長樂沿海的地區，歸由他們管轄。總制親隨協王一鳴駐守橫嶼，樓船中鎮蕭琛防衛定海，危宿鎮陳起萬防守福寧，總制後協林日慧、前協吳兆綱分別駐守福安、寧德，援剿後鎮陳起明駐守同安港口。後提督吳淑駐防大石湖，同時治理同安。揚威前鎮陳昌駐守謝村，左鎮陳福駐守澄海，戎旗一鎮林應駐守井尾、連江、漳浦，左衝鎮馬興隆駐守銅山，昭義鎮楊德駐守五都，奇兵鎮黃應防守詔安，英兵鎮李隆駐紮南澳，房宿鎮楊興駐守淺山。任命樓船左鎮朱天貴（一六四七—一六八三）、右鎮劉天福合率領水軍，巡防寧波、溫州、臺州、舟山等地。宣毅左鎮邱輝照舊駐守達濠，防止潮州、惠州方向清軍的攻擊，得以隨時協同各地的作戰。滿清康親王（一六四六—一六九七）因爲漳州及泉州已平定，但鄭經的大軍還駐守在廈門及金門兩島，就派遣僉事朱麟臧前來談和，並且交付書信說：「我聽古人說順應天的人，才能長存，違逆天理的人慘遭滅亡。古人又說認清時代潮流，才是英雄豪傑。我滿清得了天下，奠定帝業，天子聲威風靡全國，爲全天下人的稱服。這早已是天命使然，也是千萬人心認同的實情。最近吳三桂及耿精忠讒言挑撥，造反作亂，貴將軍你趁此動亂，襲取廈門及金門。你不去想想住在這麼偏遠的臺灣小島，哪裡能與全天下人對抗？你固執不悟占據海外孤島作亂，絕對不是知時機的君子。假使你現在能把目前的災禍，趕緊轉爲祥福，歸順我滿清，能享有諸侯的封賞，永能保有封地，讓子孫永遠繼承，這不就能有無止盡的俸祿？」鄭經禮遇使者，提出要比照朝鮮的和議條件。並且回覆書信說：「自古以來講求三綱五常的倫理，春秋大義在尊崇明辨華夏與蠻夷文化的區別。這是守忠盡義作爲人臣，必須時時刻刻堅守，不可片刻淡忘的基本做人道理。我的家人世世代代蒙受國家的恩德，我天天心想要恢復固有的典章，回報國家的大恩大德。我們才時時自我警惕，隨時備戰，就是夜晚也是枕著武器，不敢安睡，不敢鬆懈，一直到今日。幸好遇到你們的許多藩屬國，起兵反抗，群雄並起，一心一意想爭奪天下。如果這是上天的意旨，也是厭惡長久天下大亂，都是你們不得民心，人民想念漢家正統，就算我們軍力單薄人數不多，最後仍可克敵制勝，扭轉情勢。何必自毀華夏文明，盲目隨著異邦的後頭走？要這樣做，才是所謂認清時代的英雄豪傑嗎？」不同意這樣的條件，和議破局。四月，遷移所有投降的將領回到臺灣。劉炎歸降滿清，被凌遲處死在刑場。六月，劉進忠投降吳三桂，不久又歸順滿清，最後被處死。劉國軒棄守惠州撤回到臺灣。此次戰役共有十餘府同一時間全部失守。鄭經不知道如何是好，就把軍事交付劉國軒指揮。劉國軒確實是有將領的才能。七月，滿清康親王再次命令興化知府卞永譽（一六四五－一七一二）、泉州知府張仲舉等人，將職務升爲公卿，派遣他們並請泉州鄉紳黃志美、吳公鴻隨行協助，再次情商之前的和談，請鄭經撤回沿海各島上的軍隊。鄭經召集將領商量，馮錫範提議滿清交出四個府，作爲雙方通商的區域。二位使者回去稟告，寧海將軍喇哈達（？－一七〇三）就以書信回覆，大概內容是這樣的說：「這幾年我們派遣使者來來往往，一起商議你們招降安撫，稱臣納貢的事，幾乎已說盡了一切言辭。一直到今天爲止，沒有任何一點進展，也沒有得到一個確切的結論，這是因爲你們君臣自以爲這樣是盡到節操的英明表現，認爲我朝廷努力招撫只是爲了貪圖己利之便。招降安撫你們的事，關係你們上上下下，全體的名譽與操守，也能造就我的國家，享有長治久安的根基。希望你能澈底改變自己的堅持，聽聽我盡心竭力的善意，你們再自己決定。以前箕子是殷商忠君愛國的臣子，殷商國運終止而亡國，箕子被冊封到朝鮮，才能保存殷商的祭祀，所以沒有斷絕。田横是齊國守義不苟的忠臣義士，羞愧降順漢高祖，與他的部屬五百人，在洛陽一起自殺。田横雖然有愛國的大義，但不能與箕子相比。希望你們君臣上下，能心想箕子，不要跟隨田横失敗的後步。何不停止戰爭，撤退所有的軍隊回去臺灣，成了職列我們海外的藩屬國。你要接受冊封授予爵位，或不想受冊封，都任由自己決定，朝廷哪裡會貪圖偏僻在海上盡頭的小島，讓你們有一個可以留下愛國節操的地方。如果你有意肯順從歸降，我一定遵守約定。我雖然只是一位職業軍人，但有幸名列皇室中，算是其中有勳績的親人，自己應當特別向朝廷請求，告誡所有官員每年每時刻，要守護你們祖先的墳墓，從優撫恤你們宗族所有的親戚，不容許軍人老百姓，任意侵擾及冒犯。這樣可以行夏商周三代之後前所未有的典制，成爲千古以來大家樂道稱頌的大事。這是當今皇上不會小氣不想割捨，應當大方賜予你們的。如果你感恩滿清朝廷的大恩大德，只要每年按時到達北京朝貢，比照朝鮮的慣例，雙方可以互相貿易，永遠沒有猜疑，相互信任，這不就能完滿的和解嗎？所以說能夠保衛國家，繼續國家的祭祀，才是最高的忠心忠誠。能夠永遠守護祖先的墳墓，保護宗親的家園，才是最誠摯的孝心。能夠遠離禍源，保全性命安全，才是最聰明的人。停止戰鬥憐恤百姓，才是最有仁心的人。只要願意納降投誠，就能夠一時滿足忠孝仁智四件大事，你們君臣何必自尋苦惱，不想去做呢？如果，你們不顧念一切一意孤行，只想圖謀短暫的偏安，失去掌握先機的智慧，一旦遇到和談，只顧狂妄自大，驕矜誇耀，要求割地，又要求提供錢糧。這些都是你卑劣的屬下，威脅你的計謀，你還相信嗎？現在情勢十分急迫，一旦人心散亂，一不小心，一點鬆懈，身邊的災難，就會突發上身，難以防備。像你乘船海上，已無處可逃，每人可能都是看不見的仇敵。你雖心想帶領所有部下回去，恐怕不能成功。何況如果戰情已到大敗的局面時，你還有臉可以回去向鄉親父老交代嗎？你應該自己評斷，與一二位親信及有眞知見識的人，一起討論。不要像在路旁蓋房子，又要跟所有過路的人，一起討論如何修建。這樣人多口雜，就是三年也辦不成事。我大大爲你感到憂懼，這樣耽誤下去，會讓你的身家，名譽毀滅，成了你的恥辱。如果你最終堅持不想談和，請你就斷絕雙方的書信，虛情假意，敷衍的應付，我不想寄於厚望。一切只有你自己愼重判斷了。」鄭經讀了書信，集合文武官員會議討論。馮錫範說：「我們先王在世的時候，也只據有廈門金門兩個小島，依舊想發動軍事，出征討伐滿清，光復國土。何況我們現在有了臺灣，向前可攻戰，向後可退守，一切進退都操在我們的手上。不要因爲一時的失敗，就喪失鬥志，改變一向堅持的志業。」

永曆三十二年（一六七八年）春季二月。鄭經派兵攻打漳州，連著幾次戰役都打了勝戰，因劉國軒有功就被高升爲中提督。在這些戰役中，清軍集結大隊人馬，但劉國軒及吳淑等幾位將領，僅僅帶領數千的士兵，在快速勇猛的衝刺，氣勢像似鄭成功攻戰戰術，令清軍氣勢整個衰頹不振，不敢向前一步抵擋。六月，清廷派任按察司吳興祚（一六三二—一六九八）爲福建的巡撫，與福建總督郎廷相（？—一六八八），派遣隨軍布政姚啓聖（一六二三—一六八三）領軍，集結各路軍隊前來支援海澄。但是清軍沒有戰鬥力，結果海澄城被攻破，提督段應舉自縊而死，總兵黃藍在城裡街巷，與劉國軒的士兵短兵相鬥，最後戰死。海澄圍城的戰役，清軍戰死共有三萬多人，馬匹一萬多匹，傷亡慘重。鄭經就晉升劉國軒爲武平伯、征北將軍，吳淑爲定西伯、平北將軍，何祐爲左武衛，林陞爲右武衛，江勝爲左虎衛。於是，鄭經在漳州氣勢，再次振作起來，整體兵力接近有五萬人，也一口氣攻下了長泰、同安。七月，趁著勝利的戰績，包圍了泉州，奪取了周圍的城鎮。清軍再次發動大軍，前來救援。劉國軒率領二十八鎮軍隊，退守到漳州，駐紮在溪西。吳淑、何祐屯營在浦南，與清軍雙方交戰於龍虎山下。結果鄭軍戰敗，鄭英與吳正璽戰死。劉國軒撤兵守衛海澄。九月，姚啓聖派遣張雄前來談和，要劉國軒把海澄歸順滿清，劉國軒不願聽從。

永曆三十三年（一六七九），鄭經派陳諒爲援剿左鎮，戰敗清軍於定海。冬季十月，清軍攻打蕭井塞，沒成功只好撤軍回去。十一月，清兵再攻打蕭井塞，吳淑戰敗被追逼，戰死在蕭井塞。鄭經十分傷心，爲他舉辦隆重的葬禮，任用他的兒子吳天駟爲建威鎮，繼續帶領吳淑原有的士兵。當時，清廷再次恢復沿海通商的禁令，不准海外遷徙的移民回中原。於是，姚啓聖又整修漳州的通商會館，想利誘鄭經的將領，前來貿易。

永曆三十四年（一六八〇）春季元月。滿清水師提督萬正色（一六三七—一六九一）發動大規模的軍隊，攻打廈門。鄭經派右武衛林陞爲督師，率領援剿左鎮陳諒、左虎衛江勝、樓船左鎮朱天貴，一起前往防禦。劉國軒也放棄防衛海澄，一起救援。戰爭情勢非常不順利，鄭經只好率領所有將士撤退臺灣。董夫人召喚鄭經，責備他說：「馮錫範、陳永華都年老了！像你這樣不成材的人，只會拖累大家，不要再去征討了。」八月，平南將軍賚塔（？—一六八四）再次通信與鄭經，書信說：「自從雙方在海上爭戰，我滿清朝廷屢次傳達招降安撫的書令，想跟你談和。總是無所成就，都因爲我朝封疆大臣堅持你們要薙髮而回到內地，造成彼此雙方意見不合。臺灣本來就不在中國疆域之內，是你的父親和你一同把荒地開闢出來的國土。何況你一直忠心前朝，不像吳三桂不守本分叛逆胡爲，我清廷哪裡會爲了區區海外一個小島，捨不得割捨，更不會阻止有如田橫壯士般的你們逃至海島上，過著自己想要的生活呢？目前吳三桂、耿仲明（一六〇四—一六四九）、尙可喜的叛亂，已完全被消滅了。中央與地方像一家人，認清時局才是英雄豪傑，才不會把熄滅的戰火，再重新點燃，讓戰爭再次禍害百姓。如果你想停止戰爭，退守到你的國界，從此不再遠來侵犯中原，可以不必實施剃頭髮的薙髮令，也可以不用改朝換代更變服飾。只要你歸順自居人臣，向我朝廷進貢也行，或不稱臣不進貢也可以。你擁有臺灣，如同箕子到了朝鮮，或像徐福到了日本，與世無憂無慮，與人無爭無執。這樣沿海的老百姓，在沒有戰火下，生活不再深陷困苦，祈請你能斟酌考慮。」鄭經依順賚塔的建議，回請索取海澄，作為雙方通商的城市，但姚啓聖堅持不可行，和談就再破裂了。

永曆三十五年（一六八一）夏季四月。出現彗星。早在鄭經向西越過臺灣海峽，攻打漳州時，就託付陳永華主管國政，由長子鄭克壓留守並代理監察國事。鄭克壓年紀雖輕，但能通曉事理，果決立斷，有他祖父的風格，又在陳永華全心輔佑襄助下，臺灣政治修明，局勢安定，生活大好起來。對內照顧百姓及原住民，對外能全力支援鄭經軍隊薪資經費及糧食，讓軍用完整無缺。到了鄭經撤回歸來以後，許多將領有點苟且敷衍，造成紀律鬆懈。陳永華心裡擔憂，就請辭掌管兵權，把軍事交由劉國軒管理，沒幾年陳永華就逝世了。不久刑官柯平、戶官楊英也相繼去世。五月，有消息傳說清軍有意攻打臺灣，已在準備。鄭經召集將領，一起商量。命令天興知府張日曜，按照屯兵的戶籍，在十人取用一人充當軍伍，召募得精銳士兵有三千多人。七月，彗星再次出現，一直到十一月才消失。十月，派遣右武衛林陞，率領軍隊巡視北部偏遠地區，遠到早已荒廢的雞籠城。鄭經自從撤歸回來，就不再專心國政，在洲仔尾（今臺南市永康區）興建花園亭臺及官舍，分給所有將領聚居。領將們只有歡心喝酒，互相競爭武藝，夜晚接著白天，每天不歇息。又建造北園別墅，奉養伺候董夫人。把所有國事全部交付鄭克壓，全國的軍民都聽服他的政令。

永曆三十五年（一六八一）春季元月一日。代理國政監國為鄭經長子鄭克壓，率領文武人員在安平鎮朝拜祝賀皇上，隨後謁見董夫人，才前往洲仔尾向鄭經慶賀新年。鄭經堅持己見，想在洲仔尾擴大元宵節通宵花燈的慶典。鄭克壓知道後，進言稟告說：「臺灣地處僻遠的海外，土地狹小，老百姓貧窮，物資匱乏，連年的征伐作戰，造成全國上下忙於應付生活。又聽說滿清積極整頓軍務，裝備軍艦，一心企圖越過海峽，攻打臺灣。國仇家恨還未完成，人心不安，何必只為了數個晚上的慶宴歡樂，就耗損民間一月生活費用？懇請一起重視節約省儉，增補國家戰備的能力，永續國家的福運。」鄭經十分嘉許鄭克𡒉的遠見，馬上打消念頭。只自己張羅宴席，邀集劉國軒等將領，一起進酒作樂。不久鄭經突然生病，病情危急，臨終遺命，請劉國軒扶持鄭克𡒉。鄭經逝世，享年三十九歲。鄭克𡒉的幾個弟弟，故意散布消息稱：「鄭克𡒉不是我們的親兄弟、親骨肉，有朝一日，擁有大權，稱心得意，就會將我們一個一個剷除，沒有人會好好活下去。」請求董夫人，索回鄭克𡒉監國玉璽。在劉國軒來不及規勸時，鄭克𡒉已被囚禁野外房舍。弟弟們趁夜晚請外籍傭兵殺害鄭克𡒉。鄭克𡒉的妻子陳氏，也殉節自殺而死。之後冊立次子鄭克塽（一六七〇—一七〇七）為延平郡王，佩戴招討大將軍印。鄭克塽年幼，才十二歲，由叔叔鄭聰作為輔政公幫助攝政。鄭聰性情愛財，貪小便宜，又懦弱。因此，軍國大事由劉國軒、馮錫範負責主導。並晉升劉國軒為武平侯，馮錫範為忠誠伯。派戎旗四鎮董騰率領水軍駐守澎湖。清人知道鄭克𡒉的死訊，寧海將軍就快速傳達聲討檄書來到臺灣，勸戒投降滿清。鄭經弟弟鄭明及鄭智，請求國人捐獻金錢，募集士兵。馮錫範認為不必要，劉國軒也同意馮錫範的意見。鄭克塽就派任鄭明為左武驤將軍，鄭智為右武驤將軍。六月，董夫人去世。有流言毀謗董騰，於是免除他的兵權，任用右武衛林陞取代董騰。董騰是董夫人的弟弟。十月，在姚啓聖用計招攬賓客司傅為霖作為策反的內應，高壽與蔡愷二人也一起附和，與傅為霖準備投降滿清。這事被建威後鎮朱友發現，將傅為霖等人判刑處死，投降事件連累到懷安侯沈瑞一家，全家被處死。沈瑞的妻子，是禮官鄭斌的女兒，雖倖免死罪，但還是自縊而死。這個事件，影響了姚啓聖的決心，奏章推薦萬正色為陸路提督，施琅為水師提督，籌劃攻打臺灣。鄭克塽得知就派劉國軒為正提督，征北將軍曾瑞、定北將軍王順為副將，率領所有軍隊力守澎湖。另命令左武衛何祐為北路總督，智武鎮李茂副將，率領士兵戍守雞籠。

永曆三十六年（一六八二）春季。施琅在平海整治軍備。三月，竹塹平埔族叛變，下令左協理陳絳，前往安撫。十二月，姚啓聖派遣副將黃朝用來到澎湖，拜會劉國軒，商議雙方比照朝鮮作爲先例，進行和談。黃朝用來到臺灣談和，但馮錫範與陳繩武，不同意。

永曆三十七年（一六八三），春季元月。鄭克塽派遣天興知州林良瑞前往福州，回報黃朝用的來訪。三月，派何祐防守淡水。五月，淡水通事李滄呈請開挖北部地區的金礦，來充裕國庫。就派監紀陳福及宣毅前鎮葉明，率領部隊，前去勘察，一直到卑南地區探尋，沒有找到礦源才回去。六月十四日，施琅由銅山出兵，在八罩嶼會各路水師。暗中偵伺澎湖的陣地後，就發動攻打澎湖。劉國軒堅固的防守，幾次的交戰，最終敗陣。林陞、邱輝、江勝、陳起明、吳潛、王隆等將領，在淒慘交戰中壯烈戰死。被火燒，或炮擊沉沒，大大小小的軍艦，共有二百多艘。劉國軒察覺大勢已去，只好乘上快捷的小戰船，逃回臺灣，緊急回報危急的情勢。鄭克塽召集大會，聚集文武人員，討論守備的布局。建威中鎮黃良驥提議攻占並撤守到呂宋，提督中鎮洪邦柱十分支持，願意自己領軍作爲先鋒攻打呂宋。馮錫範原本同意這個策略，但劉國軒竭力解釋其中的困難，認爲不可行，於是大家才選擇屈服滿清，歸順投降。因此，派遣協理禮官鄭英平及賓客司林維榮賞賜財物，請求拜見施琅，並與施琅書信，說明同意歸降的事宜，希望保存東寧府，可以仍然居住臺灣，施琅不同意。七月十一日，再派遣馮錫圭、陳夢煒、劉國昌到了澎湖，呈上奏章說：「臣子我出生海外，幼小無知又愚笨，妄爲膽大承繼了先王東寧國的事業，我違背先王器重我的心意。現在你們戰艦越海西來，軍隊所到的地方，百姓處處擁戴，紛紛提食物飲水慰勞，大家奏樂跳舞，高興聚集在你的軍營前迎接。我自行檢討，自知罪惡滔天，已無可挽回。我誠心誠意反省，深知皇帝顯赫的恩德，也明白天命屬意於你們。忤逆天意會失去一切，順應天命方能享有美好的生活，這是天地之間對待萬物高深而不變的道理。叛離不忠會被討伐，順服方能安心穩定，我深信聖明的皇上，會再給我寬恕的機會。我像追隨我以往的國君一般，在皇上特別的恩惠下，改而專致效忠皇上。我期望永續我的宗嗣不斷，也能永遠報效國家，戍守臺灣以保衛內地，作爲國家的屏障。我已經準備好投降的奏章之外，也接受提督大臣施琅的指示，不附帶任何條件，獻上完整的國土。我既決定傾服朝廷而接受教化，那奉獻領土，誠心的順從就沒什麼難的。所有清單完整謄錄在奏章上，一併交上延平王璽印一顆、官署名冊一套，及武平侯臣劉國軒印鈐一顆、忠誠伯臣馮錫範印鈐一顆。派遣劉國昌、馮錫圭來到你的大軍前，呈獻交繳奏章，附上戶籍名冊，土地人民，國境一切，在境內待命。完整數千里大的土地，田地及住戶，幾百萬的戶口，皆歸清廷所屬。從此中原以南的沿海，不再有戰事，全天下的百姓，蒙惠皇上的恩澤。這是皇上聖明，恩澤不斷擴大影響，讓遠方的百姓背負幼兒，競相搶先，不肯落後，趕緊前來歸順。我心想著家人多半是婦孺幼小，而我本是南方人，不適應北方的習俗。情理上向您乞求，將我安置在福建，懇請提供田地房舍，免除遷移的辛苦，而且生活上有所依靠而不匱乏，這純粹是皇上寬大爲懷，如此寬大必能傳載史籍，而我必當至死不忘感恩圖報。至於前朝皇族宗室及親屬，希望能夠享有優厚的待遇。讀書人和老百姓因爲您撫恤所有歸順的人，更加感恩懷德。歸順的文武官員，請您能重重賞識提拔，不論是以前歸附，或是後來歸順，一視同仁蒙受您的仁德恩惠。請不再追究以往結下的仇恨，歸還登錄在沒收或充公的所有財產，更能廣布你的寬宏，彰顯您受上天的授命，昭示你愛民的政策。假如能這樣，全國人心意滿，歡悅領受你的恩惠，興奮如沐春日和煦。成千成萬的人民百姓，在你的恩寵下的心情如晴天明麗的和樂。這是我作爲微臣不知節制的請求，期待朝廷不要比照常規來評論功過。」施琅根據鄭克塽的奏章，上呈皇上。皇上同意鄭克塽的歸順，命令剃頭留辮，易服爲滿清的子民。寧靖王朱術桂自認是大明皇族的宗室，只能忠貞，不受汙辱，懸梁自殺，一片丹心，以報國家。他的妻子和側室共五人，也跟他一起自殺。八月十三日，施琅到臺灣，在鄭氏宗祠祭拜鄭成功說：「自從同安侯鄭芝龍進住臺灣，臺灣才開始有了定居的百姓。又因國姓爺鄭成功，你開墾才開闢有了完整國土的規模。從此我們代代在這裡擁有一個海運險要的邊界，這不是你的功勞，又會是誰呢？今天我施琅仰賴皇上精明的領導，將士的才能，才能占領這塊國土。我也不會畏怯而逃避毀滅你國家的罪行，這是我報效朝廷，報答父親及兄長的養育，所應盡的本分。儘管我開始從軍，與國姓爺一起的情感，像是如魚得水一般的和睦融洽。我們中間因爲一點小小的嫌隙，最終造成彼此的敵對。我施琅之於國姓爺，雖是剪斷成爲兩邊的敵對仇人，但我心裡一直存有作爲你的部下情誼。我有如伍子胥一般窮途末路，在道義上本來不應該背叛你。但一邊是對國家應盡的責任，一邊是知感不盡的情誼，左右兩難，不可圓滿，因此我們就不要再追究，到底是誰對誰錯了。」祭奠完畢，悲傷的流下眼淚。施琅因爲臺灣已全部平定，上疏奏章向清廷報備。親自帶鄭克塽回到北京。鄭克塽被授予漢軍公，馮錫範爲漢軍伯，劉國軒掌管天津總兵，何祐爲梧州的副將領。其他將領及明朝皇家王族分配到各省居住。鄭成功到鄭克塽，相傳三代，共三十八年。明朝國祚到此才終極。

連橫說：清朝同治十三年（一八七四）冬季十月。福建將軍文煜、總督李鶴年（一八二七—一八九〇）、巡撫王凱泰（一八二三—一八七五）、船政大臣沈葆楨（一八二〇—一八七九）呈上奏章說：「明朝末年前朝官員、移民臺灣的先祖，個個秉性都是忠誠正直，許多死者都有忠心英烈的事蹟。因此，懇請根據生前的事蹟，給予封號追謚，興建祠堂奉祠。這樣一面可以順應百姓的意向，另一面可以昭示忠孝節烈的事蹟。這也是相應臺灣府進士楊士芳等人，向官署陳情表述：私下建議公正遴選臺灣一位有功業有德行的完人，來作爲被敬仰，被瞻拜的神明。以明代末年，國姓爺延平郡王鄭成功，是福建泉州府南安縣人。少年時一身儒帽儒服，是位懂道理的儒生，長年蒙受國家的栽培，感慨時勢變化，該憑大義行事，因而放棄孝順父母，只求爲國盡忠，爲國效力。眼看國家將亡，不爲天下所容，他與不願投降的人民，一起像田橫不肯稱臣，遠離中原，遠到大海一處的小島，繼續奉祀前朝皇帝，使用前朝的年號，在山下河畔邊開闢荒地。繼承到了後代的子孫，才把領土歸順我們朝廷。在我們國家的寬恕對待，也因爲他們忠心前朝，講信仗義，才收容他們。這些事蹟都詳實記載在史書。臺灣後來陰陽失調，環境變遷，又是水災，又是旱災，發生種種的災禍。時常聽到各地百姓憂心悲痛，常在禱告求福中感嘆，希望禱告的心意，得到神靈的感應，受到神明的庇護。因而，民間許多私人側身鄉野，在叢林中設置神壇，膜拜各種神祇。相對那些早年爲國捐軀，因功諡號的亡靈，不被祭拜。這樣以敬仰前人遺留的風範，可教化百姓善良的風氣，就獨獨缺乏。因此，奏請皇上，將明代國姓爺鄭成功比照追加諡號，興建祠堂，典冊爲例行的祭禮。臺灣道夏獻綸、臺灣府周懋琦等人，以前就有這樣的看法，也擬訂了詳細辦法。我們等人心想鄭成功以孤單的力量，明知無法改變的世局，一力承當悲慘的後果。從未曾有過這樣忠心耿直的人，以不見諒於人，只求一心一意愛國的人。我們奉煩皇上的英明，過分吹噓把小事過分的雕琢，但是這件事確實足以矯正長期社會的愚蠢無知，救治百姓軟弱畏怯的習性。我們恭讀康熙三十九年，清聖祖仁皇帝頒發的詔令：『朱成功確係是大明朝廷的臣子，沒有背叛我們，也不是不忠不孝的罪人。詔書下令派遣人員，安全護送鄭成功及鄭經的靈柩，返鄉埋葬在南安，設置專人看守墳墓，興建祠堂祭祀。』先皇英明的想法，早已是定論。只是祭祀限於南安，臺灣沒享有明令，無法興建祠堂。鄭成功英烈忠孝的精神，就沒辦法遍及全部，臺灣老百姓雖然有心期待，也只能想而不能做。關於諡號褒獎，我國一向寬大的心胸，恢宏的辦法，都遠遠超過歷代的規模。例如：瞿式耜（一五九〇—一六五一）、張同敞（？—一六五一）等人，因爲保全國家，奉獻生命，被追加謚號爲忠宣、忠烈。以鄭成功爲國所做所爲的一切，更爲艱辛困難，與瞿式耜、張同敞兩人的事蹟比較，何止只是不相上下呢？在沒有適當的辦法下，仰賴皇上的開恩施惠，比照前例追加謚號，在臺灣明令興建鄭成功專屬的祠堂，方便臺灣百姓明白忠臣烈士的義節，追思他們偉懋的精神。臺灣曾經是被滅亡的前朝國土，將能深明皇上的恩澤。勸勉美好的風尚，導正善良的心意，有助教化。我們輕率的意見，是不是恰當，只根據事實，一併恭請裁決。」皇上詔書下令可行，追加鄭成功父子的忠貞謚號，在臺灣興建祠堂，把明朝末年忠義人士共一百十四人，併入祭典的籍冊一起祭祀。這都是臺灣先人犧牲性命，昭大天宇的精神，建立起來的家園。他們永遠陪伴我們，鎮守在這塊土地，帶來永遠的安平。

延平郡王世系表

祖父	字象庭，世代居住福建南安縣，楊子山山下的石井鄉，娶親某個婦女，生了鄭芝龍。
鄭芝龍	字飛黃，迎娶日本平戶，河內浦的人家的女兒，姓田川婦女，後改漢姓爲翁氏，生了鄭成功及七左衛門二個兒子。翁氏歸家回國，鄭成功弟七左衛門一直居住日本。再娶妻子，生了四個子女。
鄭成功	幼年名叫鄭森，字大木，成年名爲鄭福松。隆武元年（一六四五），皇帝恩賜國姓朱，改名爲現今稱名的鄭成功，字明儼。隆武二年六月（一六四六），賜封忠孝伯爵位。永曆二年十月（一六四七），賜封威遠侯。永曆三年七月（一六四八），賜封延平公。永曆十二年正月（一六五八），晉級擢升爲延平郡王。迎娶董氏女子爲妻子，生子有鄭經等十人。永曆十六年五月（一六六二），死於臺灣。
鄭世忠	跟隨父親鄭芝龍，投降滿清。
鄭世恩	在鄭芝龍投降滿清以後，去往北京，孝思父親，被處死。
鄭世蔭	也是一同去往北京，孝思父親，被處死。

鄭世襲	跟隨鄭成功，居住廈門，後來定居臺灣。
鄭世默	去往北京，孝思父親，被處死。 根據考察七左衛門，居住在日本，不在上面五人之中。但也人說，他就是鄭世襲，有待進一步的考證。
鄭經	字式夫，號賢之，繼承父親的爵位爲延平郡王。妻子是唐氏女子，生兒子鄭克塽等，共七人。他的側室某女子，生了鄭克𡒉。永曆三十五年正月（一六八一），死在臺灣。
鄭聰	妻子朱氏，生鄭克坦。
鄭明	妻子林氏，沒有子女，由鄭裕的二兒子鄭克俊，爲兒子承繼。
鄭睿	戰死在南京戰役，沒有後代。
鄭智	妻子洪氏，生鄭克璋。
鄭寬	妻子林氏，生鄭克培。
鄭裕	戰死南京戰役，妻子王氏，生鄭克崇。
鄭溫	戰死南京戰役，妻子劉氏，生鄭克模、鄭克傑。
鄭柔	妻子洪氏，生鄭克壐。
鄭發	未成年過世，由鄭溫的兒子鄭克圭承繼。
鄭克𡒉	冊立爲繼承的嫡子，並任代理國事的監國。後來遭遇妒忌，受害而死。妻子陳氏，沒子女。
鄭克塽	繼承爵位爲延平郡王。永曆三十七年（一六八三）歸順滿清，改封爵位爲漢軍公。妻子馮氏，後又娶了史氏，生有鄭安世、鄭安邦、鄭安國。
鄭克舉	妻子許氏。
鄭克均	妻子柯氏。
鄭克拔	妻子馮氏。

鄭克商	妻子趙氏。
鄭克圻	妻子張氏。
鄭克塙	妻子劉氏。

卷三　經營紀

康熙二十二年秋八月，清人既得臺灣，廷議欲墟其地。靖海侯將軍施琅不可，疏曰：「臺灣北連吳會，南接粵嶠，延袤（ㄇㄠˋ，南北距離的長度）數千里，山川峻峭，港道紆迴，乃江、浙、閩、粵四省之左護。隔澎湖一大洋，水道三更。明季設水師標於金門所，出汛至澎湖而止，水道亦有七更。臺灣一地，原屬化外，土番雜處，未入版圖也。然其時中國之民潛至，生聚於其間者已不下萬人。鄭芝龍為海寇時，以為巢穴。及崇禎元年，芝龍就撫，將此地稅與紅毛，為互市之所。紅毛遂聯絡土番，招納內地人民，成一海外之國，漸作邊患。至順治十八年，為鄭成功所攻破，盤踞其地，糾集亡命，窺伺南北；及其孫克塽，六十餘年，無時不仰廑宸（廑音ㄐㄧㄣˇ。廑宸，帝王殷切的關懷）衷。臣奉命征討，親歷其地，備見野沃土膏，物產利溥（ㄆㄨˇ，廣大豐厚），耕桑並耦，漁鹽滋生。滿山皆屬茂樹，遍處俱植修竹。硫磺、水籐、糖蔗、鹿皮以及一切日用之需，無所不有。向之所少者布帛爾，茲則木棉盛出，經織不乏。且舟帆四達，絲縷踵至，飭禁雖嚴，終難杜絕。實肥饒之區，而險阻之域也。一旦納土歸命，此誠天以未闢之方輿，資皇上東南之保障，永絕邊海之禍患，豈人力所能致哉？夫地方既入版圖，民番均屬赤子，善後之計，尤宜周詳。此地若棄為荒陬（ㄗㄡ，偏僻之所），復置度外，則今臺灣人居稠密繁息，農工商賈各遂其利，一行徙棄，安土重遷，失業流離，殊費經營，實非長策。況以有限之船，渡無限之民，非閱數年，難以報竣。使載渡不盡，苟且塞責，則深山窮谷，竄伏潛匿，實繁有徒。和同土番，從而嘯聚，假以內地之逃軍流民，急則走險，糾黨為患，造船製器，剽掠海濱。此所謂藉寇兵而齎（ㄐㄧ，送給）盜糧，固較著也。且此地原為紅毛所居，無時不在貪涎，亦必乘隙以圖。一為所有，彼性狡黠，善為鼓惑。重以來販船隻，制作精堅，從來無敵於海外。若得此數千里膏腴，必倡合黨夥，竊窺邊場，迫近門庭，此乃種禍，將來沿邊諸省斷難晏然無虞。至時動師遠征，兩涉大洋，波濤不測，恐未易建成效。如僅守澎湖而棄臺灣，則澎湖孤懸海外，土地卑薄，異於臺灣，遠隔金廈，豈不受制於人？是守臺灣即所以固澎湖也。臺、澎聯為臂指，沿海水師汛（駐守）防嚴密，各相犄角（犄音ㄐㄧ。犄角，依靠、支援），聲氣關通，應援易及，可以寧息。昔日鄭氏得以負抗者，以臺灣為老巢，澎湖為門戶，四通八達，任其所之；我之舟師往來有阻。今地方既為我得，官兵棋布，風期順利，片帆可至，雖有奸萌，不敢復發。臣業與部臣、撫臣會議，而部臣、撫臣未履其地，棄留未決。臣閱歷周詳，則不敢遽議輕棄也。且海氛既靖，內地溢設之兵，儘可陸續裁減，以之分防臺、澎兩處。臺灣設總兵一員、水師副將一員、陸師參將二員，兵八千名。澎湖設水師副將一員、兵二千名。計兵一萬，足以固守，又無添兵增餉之費。其防守總兵、副、參、游等官，定以三年或二年轉陞內地，無致久任，永為成例。然當此地方初闢，正賦、雜餉似宜蠲（ㄐㄩㄢ，減免）豁。現在一萬之兵食，權行全給。三年後開徵，可以佐需。抑且寓兵於農，亦能濟用，可以減省，無盡資內地之轉輸也。蓋籌天下之形勢，必求萬全。臺灣一地，雖屬外島，實關要害。無論彼中耕種，猶能少資兵食，固當議留；即為不毛之壤，必藉內地輓（ㄨㄢˇ，車運）運，亦斷不可棄。棄留之際，利害攸關；臣思棄之必釀成大禍，留之誠永固邊疆。是以會議具疏之外，不避冒瀆，以其利害自行詳陳。」詔曰「可」。設府一、縣三，隸福建。府曰臺灣，附郭亦曰臺灣，南曰鳳山，北曰諸羅，而澎湖置巡檢。設臺廈兵備道駐府治，兼理提督學政按察使司事，分汛水陸，為海疆重鎮矣。十一月，雨雪，堅冰寸餘。

二十三年春，文武皆就任，乃大計稅畝。有田七千五百三十四甲，園一萬零九百十九甲，戶一萬二千七百二十七，口一萬六千八百二十人。琅奏請減賦，下旨再議。於是奏定上則田每甲徵粟八石八斗，園四石，每丁徵銀四錢七分六釐，著為例。初，延平郡王成功克臺之歲，清廷詔遷沿海居民，禁接濟，至是許開海禁，設海防同知於鹿耳門，准通商；赴臺者不許攜眷。琅以惠、潮之民多通海，特禁往來。是年建臺灣、鳳山兩儒學。

二十四年，建臺灣府儒學，就鄭氏舊址擴而大之，中為大成殿，祀孔子，以春秋上丁行釋菜之禮。

二十五年，總督王新命巡撫張仲舉奏准，歲進文武童各二十名，科進文童二十名，廩膳生二十名，增廣生如之，歲貢一人。

二十六年，臺人始應福建鄉試。

二十七年，始鑄康熙錢。明太僕寺卿沈光文卒於諸羅。

二十八年。

二十九年冬，大有年。

三十年秋八月，大風，壞屋碎船。

三十一年，停鑄康熙錢。

三十二年冬，大有年。

三十三年，初修《臺灣府志》成。

三十四年，知府靳治揚始設熟番社學。

三十五年秋七月，新港吳球謀起事，不成，被殺。

三十六年，仁和郁永河（河，當作「和」）始至北投煮磺，遍歷番社。

三十七年。

三十八年春二月，呑霄土官卓个、卓霧、亞生作亂。夏五月，淡水土官冰冷亦起應。秋七月，水師至淡水，執冰冷殺之。八月，署北路參將常泰以岸裏番擊呑霄，禽卓个、卓霧、亞生以歸，斬於市。

三十九年，詔賜明延平郡王鄭成功及子經歸葬南安，置守塚，建祠。

四十年冬十二月，諸羅劉卻起事，燬下茄苳營。附近熟番亦亂。伐之，卻敗走。

四十一年。

四十二年春二月，劉卻復謀起事，不成，被殺。

四十三年，建崇文書院。

四十四年，冬饑，詔蠲三縣糧米。

四十五年，建諸羅縣學。

四十六年，冬饑，詔蠲糧米十分之二。

四十七年，泉州人陳賴章與熟番約，往墾大佳臘之野。是為開闢臺北之始。

四十八年。

四十九年，始設淡水防兵，定三年一換。

五十年，建萬壽宮於府治。

五十一年，詔蠲本年租穀。

五十二年，詔以五十年丁冊為準，滋生人口永不加賦。北路營參將阮蔡文親赴竹塹、大肚諸社，撫慰番黎。

五十三年夏，郡治大火，燬數百戶。秋大旱，詔蠲臺、鳳兩縣租穀十分之三。是年，命天主教神甫買剌來臺測量經度。

五十四年，總督滿保奏言：臺灣遠屬海外，民番雜處。自入版圖以來，所有鳳山縣之熟番力力等十二社、諸羅縣之熟番蕭壠等三十四社，數十餘年，仰邀聖澤，俱各民安物阜，俗易風移。今據臺灣鎮道詳報：南路生番山豬毛等十社四百四十六戶、北路生番岸裏等五社四百二十二戶，俱各傾心向化，願同熟番一體內附。每年各願納鹿皮五十張，各折銀十二兩，代輸貢賦，載入額編，就臺充餉，此外不得絲毫派擾，以彰懷遠深仁。詔可。自後生番多內附。

五十五年夏五月，福建巡撫陳璸奏言防海之法。岸裏社土目阿穆請墾貓霧捒（ㄙㄨˋ）之野，諸羅知縣周鍾瑄許之。是為開闢臺中之始。

五十六年，冬饑，詔蠲本年租穀十分之三。

五十七年。

五十八年，初修《鳳山縣志》成。

五十九年，建海東書院。冬十月朔，地大震。十二月八日，地又震，凡十餘日，壞屋殺人。詔免番民銀米。

六十年夏五月，朱一貴起事岡山，破府治，總兵歐陽凱、副將許雲皆死，南北俱應。一貴稱中興王，建元永和，復明制。總督滿保聞報，馳赴廈門，檄（ㄒㄧˊ，文書通告）南澳鎮總兵藍廷珍出兵，會水師提督施世驃伐臺。六月，克鹿耳門，迫府治，一貴戰不利，被擒，械至京，磔之，餘黨亦漸平。八月，大風壞民居，天盡赤，軍民多溺死，詔蠲徵穀，發帑賑恤。時廷議移臺鎮總兵於澎湖，而設陸路副將於府治，裁水陸兩中營歸內地。廷珍力爭不可，為書滿保止之，提督姚堂亦以為言，乃罷議。特命滿漢御史各一員，歲巡臺灣，察民疾苦。

六十一年夏五月，御史吳達禮、黃叔璥至自京師。滿保以沿山一帶易藏奸宄（ㄍㄨㄟˇ，犯法作亂之人），命附山十里以內民居勒令遷徙，自北路起至南路止築長城以限之，深鑿濠塹，永以為界，越界者以盜賊論。廷珍復上書止之，乃飭沿山各隘立石為界，禁民深入。是年阿里山、水沙連各社番皆就撫。夏，鳳山赤山裂，火光丈餘。

雍正元年，詔曰：「臺灣自古不屬中國，我皇考神武遠屆，拓入版圖。末年朱一貴倡亂，攻陷全臺。諸臣夙秉方略，士卒感載教養之恩，七日克復。當皇考春秋高邁，威播海外，所有立功將士，其各加等議敘。」於是增設彰化縣及淡防廳，陞澎湖巡檢為海防同知，添置防兵，以守南北。而臺灣之局勢漸展矣。是年傀儡番亂，討之。

二年，詔蠲康熙十八年至五十年各省舊欠銀米等項。給臺灣換班兵丁家眷口糧。是年，初修《諸羅縣志》成。

三年，詔豁番婦丁稅。

四年，初，臺灣之鹽，歸民曬用，但徵其餉；至是改為官辦，歸府管理。秋七月，水沙連番亂，兵備道吳昌祚會營討之。

五年，詔飭福建將弁慎選臺灣換班兵丁。巡視臺灣御史尹秦奏立社田，以為番人耕種收獵之所，其餘草地悉行召墾。詔可。其後復有禁占番地之令。時廷議以臺廈道職重事繁，著漢御史兼理提督學政。

六年，改臺廈道為臺灣道。臺灣鎮總兵王郡奏言：推班兵丁，內有字識（抄寫文書的人）、柁工（船上掌舵的人）、繚手（固定船帆的人）、斗手（攀登上船桅負責眺望的人）等人請就地招募。

不許。

七年，詔給臺灣戍守兵丁養贍，每年四萬兩。二月，山豬毛番亂，總兵王郡討之。

八年，詔巡視臺灣御史新舊並用。又令調臺官員到任二年，該督撫另選賢能赴臺協辦，半年之後乃將舊員調回。

九年冬十二月，大甲西社番亂，總兵呂瑞麟討之。

十年春三月，鳳山吳福生起事，攻埤頭。守備張玉戰死。原任總兵王郡率軍平之。

六月，總督郝玉麟調呂瑞麟回府，檄王郡討大甲西社番，平之。

同年，詔蠲彰化縣雍正八年未收正供等項；以凶番初平，稍紓民力也。大學士鄂爾泰奏言：臺灣居民准其挈（ㄑㄧㄝˋ，攜帶）眷入臺，從之，於是至者日多，皆有闢田廬長子孫之志矣。

十一年，詔免臺灣府屬莊租十分之三。總督郝玉麟奏准臺灣道員准照鎮協之例，三年報滿，知府、同知、通判、知縣即照參將等例，具奏陞補。

十二年，總督郝玉麟奏准調臺官員年逾四十無子者，准其挈眷過臺。

十三年，詔蠲各省正供及官租三分之一，以高宗登極之典也。冬十月，眉加臘番亂，副將靳光瀚、同知趙奇芳討之。十二月，諸羅灣裏街地大震，壞民居；恤銀三千兩。

乾隆元年，詔以臺灣四縣丁銀悉照內地之例，酌中減則，每丁徵銀二錢，著為例。頒書院規訓。

二年，詔減臺灣番餉，著照民丁之例，每丁徵銀二錢。禁漢番通婚。禁內地人民偷渡臺灣。

三年，詔曰：「臺地如有人民不法等事，嗣後許令武員移送地方官究治。如兵丁生事滋擾，許文員關會營伍責懲。如有彼此推諉者，照例罰俸一年。並飭令各該地方汛防員弁實力奉行，彼此按月稽查，取具並無兵民滋擾印結，轉報該上司查核。如或有意狥縱（狥音ㄒㄩㄣˋ，通「徇」。徇縱，包庇放縱），即將地方官照狥庇例議處。」二月，始設北路義勝、永勝二寨。秋，臺、諸二縣風災，詔蠲丁糧。

四年，定臺灣舉人會試取中之例，從御史諾穆布之奏也。建校士院。禁漢人侵墾番地。

五年，禁臺灣居民挈眷入臺。初，換班兵丁例由臺、諸兩縣官莊支發路費，至是改由福建。閏六月，大風雨，四日始息，鹽水港災尤烈。發帑二百兩以賑。

六年，巡臺御史書山、張湄奏建府倉，備荒歉；從之。

七年，詔曰：「臺灣地隔重洋，一方孤寄，實為數省藩籬，最為緊要，雖素稱產米之區，邇來生齒（人口）倍繁，土不加闢，偶因雨澤愆期，米價即便昂貴。蓋緣撥運四府及各營餉之外，內地採買既多，並商船所帶，每年不下四、五十萬；又南北各港來臺小船，巧借失風名色，私裝米穀，透越內地。彼處概給失風船照，奸民恃為護符，運載遂無底止。且游手之徒，乘機偷渡來臺，莫可究詰。聞此項人等，俱從廈門所轄之曾厝垵、白石頭、大擔、南山邊、劉武店及金門之料羅、金龍尾、安海、東石等處小口下船。一經放洋，不由鹿耳門入口，任風所之。但得片土，即將人口登岸，其船遠棹（ㄓㄠˋ，船槳）而去。愚民多受其害。況臺灣唯藉鹿耳門為門戶，稽查出入，今任游匪潛行往來，海道便熟，將鹿耳門亦難恃其險要，殊非慎重海疆之意。朕所聞如此，著該督撫嚴飭所屬文武官弁，將以上各弊一一留心清查，並於汛口防範周密，不使疏縱。庶民番不至缺食，港路亦可肅清。該部可傳諭知之。」

八年，定淡水商船之數。

九年，詔禁武員建置官莊。改臺灣田園之稅。

十年秋八月，澎湖風災，詔發內帑六百兩以賑。九月，詔曰：「閩省丙寅年地丁錢糧已全行蠲免。唯是臺灣府屬一廳四縣地畝額糧，向不編徵銀兩，歷係徵收粟穀。今內地各郡既通行蠲免，而臺屬地畝因其編徵本色，不得一體邀免，非朕普遍加恩之意。著將臺灣府屬一廳四縣丙寅年額徵供粟一十六萬餘石，全數蠲免。」

十一年，詔准臺灣人民挈眷入臺。

十二年，詔以臺灣丁銀配入錢糧完納。

十三年。

十四年秋七月，大雨水，臺灣縣屬田園多陷。

十五年秋七月，大雨水。八月，大風，碎船壞屋。知府方邦基溺於南日。移淡水八里坌巡檢於新莊。

十六年。

十七年，定臺灣監察御史巡視之例。以臺灣道兼理提督學政。夏六月，地震。秋七月，大風挾火而行，草木盡焦。文廟欞星門圮。

十八年，詔免臺、鳳、彰三縣十五年被水田賦。秋八月，大風損禾。

十九年夏四月，淡水地大震，毛少翁社陷為水。九月，諸羅大風損禾，詔緩徵粟，發倉賑濟。

二十年，詔免諸羅縣十五年被水田賦。

二十一年。

二十二年冬十二月，澎湖大風，哨船多沒。

二十三年，詔廢通事、社丁之例。禁私墾。冬十月，諸羅大風雨三日，晚稻多損，詔緩徵粟。

二十四年，移淡水都司於艋舺。建玉峰、白沙兩書院。臺灣縣知縣夏瑚以內地人民客死臺灣，未得歸葬，倡捐義款，代運其柩至廈，以交親屬；時人稱為善政。

二十五年，詔許臺灣居民攜眷同住。

二十六年，移新港巡檢於斗六。

二十七年，詔免淡水廳二十四年劃出界外園賦。

二十八年，建明志書院。

二十九年，詔禁福建人士入臺冒籍考試，從御史李宜青之奏也。

三十年秋九月，大風碎船。

三十一年，始設鹿港同知，以理民番交涉事務。秋八月，大風碎船。

三十二年。

三十三年，漳人吳漢生入墾蛤仔難。

三十四年。

三十五年春正月十三日，府治枋橋頭火，雨水沃之不熄。十五夜，真武廟前又火，燬屋百餘。九月，臺灣黃教起事，平之。

三十六年，詔蠲臺灣府屬額徵供粟一十六萬餘石。

三十七年秋七月，大水。彗星見。

三十八年。

三十九年。

四十年。

四十一年冬十一月，地大震，諸羅尤烈，壞屋殺人。

四十二年。

四十三年，詔免臺、鳳二縣被水田賦。

四十四年。

四十五年，詔蠲臺灣府屬額徵供粟。

四十六年。

四十七年。淡水、彰化漳、泉籍民分類械鬥（不同籍貫族群之間的械鬥）。巡撫雅德奏聞。詔曰：「此等匪徒聚眾械鬥，案情重大。該鎮道一經聞信，即應帶領兵役，親赴該處，嚴行查辦。乃僅派委副將、知府前往，而雅德亦無飭行之語，殊屬非是。該鎮金蟾桂、該道穆和藺一併交部，嚴加議處。」

四十八年。初，漳、泉人械鬥，至是抄封亂首之業。

四十九年，詔開鹿港通商。秋八月，大風雨，壞屋碎船。

五十年。

五十一年，定武弁更代之例。冬十一月，彰化林爽文起事，破邑治，知府孫景燧、理番同知長庚、攝縣事劉亨基、都司王宗武等死之。遂陷諸羅，略淡水。鳳山莊大田亦起應，府治戒嚴。

五十二春正月，福建陸路提督黃仕簡、水師提督任承恩以師至臺，觀望不進。十月，詔以協辦大學士福康安領侍衛內大臣海蘭察，率滿漢弁兵赴臺，遂復彰化，俘爽文、大田，南北俱平。

五十三年，詔頒屯丁之制。春二月，淡水大雨雪，饑，斗米千錢。

五十四年。

五十五年，詔蠲臺灣供粟，照內地之例，三年勻免。設新莊縣丞。夏六月，大風雨挾火以行，滿天盡赤，毀屋碎船；澎湖尤烈。

五十六年秋八月，波蘭人麥禮荷斯奇至臺東，謀闢地。

五十七年，詔開八里坌通商。夏六月，郡治地震。翼日，嘉義大震，繼之以火，死者百數十人。

五十八年。

五十九年。

六十年春三月，彰化陳周全起事，北路同知朱慧昌、鹿港營游擊曾紹龍、副將張無咎、署知縣朱瀾等均死。總兵哈當阿以兵平之。七月，淡水大水。

嘉慶元年秋，大風雨，晚稻多損。詔曰：「臺灣地臨海洋，颶風常有。此次風勢猛烈、致損禾稻，刮倒房屋，壓斃人口，殊堪憫惻。哈當阿等務當查明成災分數，應行蠲緩之處，據實奏明辦理。其坍塌民房，照例給與修費。總期使得其所，不可靳（ㄐㄧㄣˋ，吝惜）費。所有應需賑恤銀兩，即於藩庫內撥解，以資接濟。至臺灣全藉晚收以資口食，今猝被颶風，糧價未免增長。此或由朕政事有闕或愚民等平日不能共敦淳厚，感召祥和，致有此災。此時斷不可稍存怨尤之念，唯當省過學淳。且風災過後，勤於耕種，來春仍可稔收，尤當及時力作，不可稍有怠惰。再，福、興、漳、泉四府夙藉臺米接濟，今臺灣既被風災，目下僅堪自給。明歲春收後，或米穀充盈，可以運售內地，固屬甚善；倘無餘米可運，當於各屬豐收之處，豫為籌備。並勸令百姓等撙節衣食，家有儲蓄，不可再將米穀釀酒花費，致鮮蓄藏。豫為明歲之備，有無相通，隨時運販，以期民食有資，方為妥善。」於是撥解藩庫二十萬兩分恤，並留應運內地兵穀三萬四千餘石以備賑糶（ㄊㄧㄠˋ，出售糧食。賑糶，指售米以救濟）。漳人吳沙入墾蛤仔難，至者日多。

二年，淡水楊兆謀起事，知府遇昌、同知李明心誅之。

三年。

四年，詔蠲乾隆六十年以前未納正供。

五年冬十月，詔禁天地會及分類械鬥。

六年。

七年春，小刀會白啓謀起事，誅之。

八年夏六月，海寇蔡牽犯鹿耳門，詔以福建水師提督李長庚平之。自是疊犯臺灣。

九年，彰化社番土目潘賢文率族至蛤仔難，與漢人爭地。

十年夏四月，蔡牽復犯淡水。十一月，入踞鹿耳門，山賊吳淮泗、洪老四應之。十二月，陷鳳山，府治戒嚴。

十一年春二月，淡水漳、泉械鬥，巡道慶保平之。蔡牽攻蛤仔難，敗走，已而朱濆亦犯蘇澳，海上俶（ㄔㄨˋ，擾亂）擾。至十四年八月乃平。詔曰：「臺灣所屬各地方，茲因蔡牽肆逆，間被滋擾。現在官兵雲集，即日殲除。唯念賊氛所至，小民耕種未免失時，深為廑念。著該督撫查明被賊蹂躪地方，將本年應徵地丁錢糧，概行蠲免。以示朕軫念海隅黎庶之至意。」

十二年，淡水增建義倉。

十三年，設水師游擊於艋舺，兼管水陸弁兵。

十四年夏五月，詔曰：「噶瑪蘭田土膏腴，米價較賤，民番流寓日多。若不官為經理，必致滋生事端。現在檢查戶口，漳人四萬二千五百餘丁，泉人二百五十餘丁，粵人一百四十餘丁，又有生熟各番雜處其中。該處居民大半漳人，以強凌弱，勢所不免。必須有所鈐制，方可相安無事。其未墾荒埔，查明地界，某處令某籍民人開墾，某處令某社番耕作，尤須分劃公平，以杜爭端。至所設官職，應視其地方之廣狹，酌量議添。或建為一邑，或設為分防廳鎮，俱無不可。唯臺灣窵（ㄉㄧㄠˇ，遠）處海外，諸務廢弛。今方維甸到彼，於地方營伍，力加整頓，酌改章程，若地方官謹守奉行，自可漸有起色。第恐日久生懈，且該處俱係漳、泉民人雜處，素性強悍，總須時有大員前往巡閱，使知儆畏。嗣後福建總督、將軍，每隔三年，輪赴臺灣巡查一次，用資彈壓。」是月，淡水漳、粵與泉分類械鬥，知府楊廷理平之。

十五年春三月，總督方維甸至臺灣。四月，奏請收入噶瑪蘭，許之。越二年乃設噶瑪蘭廳。

十六年。初，臺灣歲運福建兵眷米穀，至是積滯。總督汪志伊奏請僱船自運。夏六月，淡水高夔起事，平之。十八夜，鳳山東港海中發火，既而大風，火從小琉球嶼來，居民惶恐，熱氣蒸人，數刻乃退，木葉盡焦。

十七年春二月，澎湖饑，詔命鎮道發帑賑恤。

十八年，詔禁阿片煙入口，犯者按律治罪。秋七月，澎湖大風，海水驟漲五尺餘，壞屋覆船。

十九年春正月，詔曰：「閩省牌甲保長，所有緝拏人犯，催徵錢糧，此後毋庸再派管理。至稽查戶口，即當予以糾察之權。三年之後，果有成效，加以獎賞。其怠玩者，隨時革究。而畬民（畬音ㄕㄜ。畬民，閩浙一帶的原住民）熟番，久與齊民無異。自當一律辦理。」

二十年秋九月，地大震；淡水尤烈，匝（ㄗㄚ，滿）月不止。十二月，淡水雨雪，堅冰寸餘。

二十一年，移鹿港巡檢於大甲。

二十二年，淡水始建學宮。移彰化訓導於竹塹。八月，澎湖大風。

二十三年，彰化知縣楊桂森議罷臺運，省議不可。三月，郡治天后宮火。

二十四年。

二十五年，海寇盧天賜犯滬尾，游擊李天華逐之，受傷死。夏，淡水大旱。秋，疫。

道光元年夏四月，海寇林烏興犯滬尾，逐之。

二年夏六月，大風雨。七月，又大雨，曾文溪決，泥積臺江，遂成平陸。

三年春正月，地大震。七月，噶瑪蘭匠首林泳春謀亂，水師提督許松年平之。八月，彗星見於東南，而氣沖西北，越年春乃滅。九月，北路理番同知鄧傳安入埔裏社，議開設。十一月，詔曰：「臺灣噶瑪蘭自嘉慶十六年奏准開闢後，委員勘丈，共田園七千五十甲零。原議每田一甲徵租六石，每園一甲徵租四石，經戶部議駁，行令查照叛產（叛產，因反叛朝廷而被官府查封充公的財產，詳見〈田賦志〉）成案，分別徵收，迄今額徵科則尚未議定。十七年後，陸續起徵之租，俱未入冊報銷。茲據該督等查明，前次委員係用繩牽丈，核算戶口約計，實在開墾五千七百餘甲。內原墾田地尚屬有收，續墾田園率皆磽（ㄑㄧㄠ，土壤貧瘠）薄，且甫經開墾，尚須農民自費工本。兼之土沙浮鬆，溪水泛溢，實係限於地勢，不能分則定賦。至官地荒田由民陞墾，亦與叛產不同。此時不特租額不能議加，即畝分倘有缺短。如照部議增租，民力實有難支。著照該督所請，噶瑪蘭田園截至本年為止，除水沖沙壓不計外，再行確實覆勘，墾熟田園實有若干？按地土之肥瘠，定租額之多寡。該督等即飭該道府督同委員，會同該廳履畝勘丈，取造冊結報陞。其歷年租穀，即造冊報部核銷，毋許絲毫隱匿。如所墾田地將來漸就豐腴，即隨時加議租額，以昭核實。」

四年夏五月，福建巡撫孫爾準至臺灣，議開埔裏社。十月，命臺灣道兼管水陸營兵。十一月，詔改臺灣班兵更戍之例，以艋舺營游擊為參將。

五年秋七月，詔曰：「臺灣向係漳、泉、粵三籍人民分莊居住。上年匪徒許尚等糾眾滋事，即有游民從中煽誘。茲據趙慎畛（ㄓㄣˇ）等奏請清莊之法。著照所請。嗣後臺灣地方，如有面生可疑、無親屬相依者，該莊頭人立即稟報地方官，審明籍貫，照例逐令過水刺字，遞回原籍安插，毋許復令偷渡。其投充水夫者，亦令夫頭查明，果係誠實安分，具結准充；如來歷不明，及好勇鬥狠之徒，俱報明本管官，一律逐回原籍。並飭漳、泉府廳縣，如遇遞解游民到境，即責鄉耆等嚴行管束。」

六年夏五月，淡水閩、粵分類械鬥。山賊黃斗奶導生番掠中港。總督孫爾準至臺灣，以兵平之。十二月，詔曰：「臺灣所屬係閩、粵兩籍居住。閩、粵、漳、泉各分氣類，每因械鬥滋事。此次懲創之後，該督議立章程，以期永靖，著照所請。嗣後該地方官慎選總董（負責管理、主持村落事務的人），責成約束子弟。如積久著有成效，量予獎勵。倘縱容滋事，即應嚴辦。遇有不法匪徒潛匿，責令總董傳送究治，務期鋤暴安良。至於風俗之淳澆，尤視廳縣之能否。其貪黷嚴酷者，固難姑容；而因循姑息者，亦難資整頓。該督即率同司道，秉公訪察，將疲骫（ㄨㄟˇ，骨頭彎曲。疲骫，意指人疲憊）不振之員，即行澄汰。如該管道府有意徇庇，據實參劾。」冬，築淡水城。

七年，裁鎮標左右兩營。

八年，陳集成公司始墾大嵙崁之地。

九年。

十年，詔禁各省種賣阿片，從閩浙總督孫爾準之奏也。犯者照興販阿片煙之例，發近邊充軍。為從，杖一百，徒三年。秋八月，噶瑪蘭挑夫械鬥，平之。

十一年，淡水同知婁雲頒保甲（保甲，確保治安的民防制度）莊規。

十二年，詔緩澎湖雜項。秋八月，大風雨，近海田廬多沒。閏九月，嘉義張丙起事，鳳山亦亂。十一月，福建陸路提督馬濟勝以兵平之。

十三年秋七月，詔曰：「朕勤恤民隱，唯日孜孜。總其成於上，而分其任於督撫。為大吏者果能體朕之心為心，以民之事為事，正己率屬，賢者知所勸，不肖者知所懲，吏治自日臻上理。上年臺灣逆匪張丙等滋事，其始因搶米起釁，經吳質（應為吳贊之誤）牽控張丙。該縣不辦包米，轉出賞格查挐張丙。其陳辦因搶牛起釁，攻打粵莊，事本細微，若得一良有司秉公辦理，自可息爭。乃邵用之不協輿情，呂志恆果於自用，遂致戕官攻城，竟同負隅之勢。及訊明該逆因何造反，咸稱地方官辦事不公。雖係一面之詞，如果循聲卓著，該逆等何能藉口？總兵劉廷斌訓練不勤，營伍廢弛；該道平慶雖操守尚好，而不能防患未然，咎無可逭（ㄏㄨㄢˋ，逃避），俱交部嚴加議處。總督為特簡大員，文武俱歸統轄，若使孫爾準其身尚在，朕必加以懲處，不少寬貸。姑念該逆等尚未僭據城邑，邵用之等亦無貪婪劣跡，從寬免議。嗣後督撫大吏，必須以察吏安民為當務之急。遇有不肖官吏，破除情面，立即參劾，勿稍瞻徇。若再因循疲玩，釀成大患，勞師動眾，誤國殃民，朕必從重治罪，毋謂訓誡之不早也。」八月，淡水漳、泉械鬥，平之。

十四年，築後壟城，為械鬥也。

十五年，詔蠲十年以前未納正供。

十六年。

十七年，詔禁紋銀出洋。建文甲書院。

十八年。

十九年，詔曰：「朕因阿片煙流毒，傳染日深，已成錮習，若不及早為民除害，伊於胡底。現在廷臣遵旨會議嚴禁章程，已頒發各直省遵行矣。該官民人等咸懍（ㄌㄧㄣˇ，敬畏）王章，遷善改過，自不難湔（ㄐㄧㄢ，洗刷）洗舊習，革除前非，共享全生之樂，藉免刑戮之加。即各地方官亦必懍遵新例，認真查辦。悔過者予以自新，怙惡者不令倖免。但積習相沿，已非一日，若數月之間，遽使各省一律肅清，恐不免有諱飾等弊。故予限一年六個月，俾查拏不致遺漏，而改悔亦不甚難。及至限滿，仍復藐法，是該軍民等自外生成，無可顧惜。置之重典，尚復何詞？此朕愛民之心，先德後威，中外所共睹也。唯官民人等皆朕赤子，既欲衛其生而除害，不能不視其死而垂憐。況法立如山，再三申諭。將來限滿後，再犯者難邀寬典，朕甚憫焉。著各直省大吏，趁此儆動之機，振刷精神，認真查辦。務使販吃各犯，悉數破案，照例懲創。此時限內多獲一人，則將來限外多貸一命，切勿因循懈怠，視為具文。倘該地方官等姑息養奸，勦莠不盡，日後身罹重典，乞貸無從。是該大吏以民命為輕，朕亦斷不寬恕也。懍之！」時姚瑩任臺灣道，遵旨嚴辦，犯者刑，再犯死。

二十年。冬十月，地大震，嘉義山崩。

二十一年秋七月，英艦窺雞籠。自是游弋沿海。總兵達洪阿、兵備道姚瑩共籌戰守，輒卻之。十二月，詔曰：「前據達洪阿等奏，英人滋擾臺郡，官兵擊沉船隻，奪獲器械，並擒斬洋匪多名。當有諭旨令該總兵等嚴飭在事文武，添派兵勇，嚴密防範。並諭令王得祿移駐臺灣，協同勦辦。嗣因日久未據續報，復諭令怡良等確探馳奏。迄今又將匝月，朕心實深廑念。臺灣為閩海要區，向為英人垂涎之地；此次駛入船隻，復經該總兵等殲勦，難保無匪船闖入，冀圖報復。現據奕山等奏，英人有遣人回國添調兵船於明春滋擾臺灣之語，該總兵等接奉前旨後，於一切堵勦機宜，自宜先事預籌妥洽。現在情形若何？有無續來滋擾？萬一英人大隊復來，該處駐守弁兵及召募義勇，是否足資抵禦？其如何定謀決策、層層布置、可操必勝之權，著達洪阿會同王得祿悉心定議，一並會銜具奏。並著怡良等密速確探現在情形，據實奏聞。」給事中朱成烈奏開臺灣番地，於是議墾埔裏社。

二十二年春二月，英船復犯大安港，卻之。三月，草烏匪艇犯塹南各港。夏，淡水大有年。

二十三年，全臺正供改徵折色（折色，將徵糧折算以金錢，布帛或其他物產。此指稅賦改徵白銀）。自歸清後，至是漢、番凡二百五十萬人。

二十四年夏四月，臺灣縣以徵折色故，保西里人譁變，詔逮知縣閻炘治罪。

二十五年，詔蠲未完正供。

二十六年冬，淡水大有年。

二十七年夏四月，福建總督劉韻珂至臺灣，巡視埔裏社，奏請收入版圖。廷議不許。臺灣縣鍾阿三、鄒戇狗、洪紀等以次謀亂，誅之。

二十八年，徐宗幹任巡道，整吏治，議募兵，振士風，理屯務，多所更作。

二十九年。

三十年夏六月，淡水大水，澎湖災，官民辦賑。下旨嘉獎。

咸豐元年春三月，澎湖大災，鎮道會商撫恤，撥款五千兩以賑，詔命福建督撫分別辦理，應徵地種船網等稅，緩至二年秋後帶徵，以紓民力。十月，復詔曰：「本年臺灣澎湖廳屬被風，業經降旨，分別緩徵撫卹，小民諒可不致失所。唯念來春青黃不接之時，民力未免拮据，著傳諭該督撫等體察情形，如有應行接濟之處，即查明據實覆奏，務於封印前奏到，候朕於新正降旨加恩。」西洋輪船始來滬尾、雞籠互市，照例納稅。

二年夏六月，澎湖大風，臺灣鄉試之船溺於草嶼。

三年夏四月，鳳山林恭起事，陷縣治，圍城府。已而噶瑪蘭吳磋亦起事。次第平之。五月，大屯山鳴三晝夜。六月，大風雨。淡水漳、泉分類械鬥。鑄咸豐錢。

四年春正月，淡水閩、粵分類械鬥。四月，海寇黃位入據雞籠，平之。美國水師提督彼理來游。

五年，械鬥未息。枋橋、房裏各築城。十二月，淡水雨雹。

六年。

七年春正月，淡水大雪。

八年，黃位又犯雞籠。英人始訂約採腦。

九年。

十年，開滬尾、雞籠、安平、旗後為商埠，從八年英法之約也。普國兵船愛爾比至琅璚，為生番所阻，開炮擊之。八月，澎湖大風，下醎（醎，同「鹹」）雨，壞屋覆船。

十一年，設全臺釐金局，歸兵備道管理。

同治元年春正月，地大震。三月，彰化戴潮春起事，陷縣城，兵備道孔昭慈死之。嗣圍嘉義，攻大甲，全臺俶擾。五月十一日，復大震，壞屋殺人。六月，以滬尾海關歸總稅務司管轄。十月，頒全臺團練之制。詔蠲咸豐九年以前未徵正供。

二年冬十月，新任臺灣兵備道丁曰健以兵至竹塹。十一月，福建陸路提督林文察亦至，遂復彰化，斬潮春，餘黨漸平。詔開淡水採礦之禁。

三年，福州稅務司議准洋人開採雞籠之煤，許之。淡水人民爭墾南雅之地。

四年春三月，詔曰：「漳州賊匪未平，深恐勾結渡臺，為入海之計。著曾元福、丁曰健仍遵前旨，於海口要隘，妥籌防範，毋令闌（擅自）入臺地。」英人德克於淡水鼓勵種茶，自是茶業大興。倫敦長老教會始派牧師至府治傳教。

五年，移新莊縣丞於艋舺。英艦鲁霧至琅璚，為生番所擊。四月，淡水大疫。十一月，噶瑪蘭羅東分類械鬥，平之。

六年，美船那威至琅璚，為生番擊，合兵討之。許洋人入內地採腦。十一月，地大震，淡水大水，壞屋殺人。

七年，閩浙總督左宗棠奏請裁兵加餉，詔可。於是存兵七千七百餘名，設道標營，布鹽制，歸兵備道管轄。英人米里沙謀墾南澳之地。

八年秋九月，英兵夜襲安平，水師副將江國珍死之。

九年，始設通商總局，徵茶、腦釐金及雞籠煤釐。

十年，日本琉球藩民遭風至琅璚，為生番所殺。秋八月，大風，船舶多碎。

十一年，坎拿太長老教會始派牧師至淡水傳教。

十二年，日本以全權大使至北京，請討生番，不成。

十三年，日本以軍討生番。命福建船政大臣沈葆楨視師臺灣。事平，奏開番地，移駐巡撫，籌畫善後事宜，設團練總局。十月，詔建明延平郡王鄭成功祠，追謚「忠節」，以明季諸臣百十四人配，從臺灣人士之請也。

光緒元年春，設臺北府，改淡水廳為新竹縣，噶瑪蘭廳為宜蘭縣，增設恆春、淡水兩縣。以南路同知駐卑南，北路同知為中路，駐埔裏社，各加撫民，以理番政。令福建巡撫冬、春駐臺，夏、秋駐省。開人民渡臺入山之禁，從欽差大臣沈葆楨之請也。三月，討獅頭社番。北路統領羅大春通道至奇萊。宜蘭西皮、福祿兩黨相鬥，平之。

二年春，太魯閣番亂，討之。四月，澎湖大風。十一月，福建巡撫丁日昌巡視臺灣。

三年春，日昌奏豁臺灣雜稅。五月，恆春知縣周有基查勘紅頭嶼，收入版圖。奇密社番亂，討之。六月，臺南旋風，所過之處，屋瓦盡撤。冬，建埔裏社廳城。

四年春，澎湖大風，通判蔡祥麟請賑。秋，臺東加禮宛、阿眉兩番亂，討之。

五年冬十月，福建巡撫勒方錡巡視臺灣。建淡水縣儒學。

六年，建臺北儒學及登瀛書院。

七年春，福建巡撫岑毓英巡視臺灣。改團練總局為培元總局。議移臺灣道府一缺於彰化縣轄。建大甲溪橋，費款二十萬元。六月，臺南哥老會員謀起事，獲首謀者二人，皆武弁也，殺之。八月，臺南府治大火。澎湖凶，官民賑之。

八年春，旗後擬建行臺（行臺，地方大吏的官署與居住之所）並電報公所。九月，兵備道劉璈委員查勘新開道路及撫番事宜。

九年，築炮臺於西嶼。夏五月，臺南府治大火。法、越事起，詔命各省籌辦防務。兵備道劉璈（ㄠˊ）以臺灣孤懸海外，為七省藩籬，防務最關緊要，而籌防之難，又較各邊省為尤甚。外則四面環海，周圍約三千餘里，無險可扼；內則中亙叢山，橫縱約二千里，生番偪處。議劃全臺為五路，酌派五軍，分其責成，並辦水陸團練，籌款募兵，以為戰備。

十年夏五月，以直隸陸路提督一等男劉銘傳任福建巡撫，治軍臺灣。夏，大疫，兵民多死。六月，法艦犯基隆，復犯滬尾，均擊退之。八月，法軍據基隆。銘傳退駐臺北。法軍遂封禁沿海。

十一年春二月，法艦攻澎湖，入據媽宮澳。三月，和議成。銘傳奏請專駐臺灣籌辦善後。四月，澎湖復大疫，耕牛多斃。九月，詔曰：「臺灣為南洋門戶，關係緊要，自應因時變通，以資控制。著將福建巡撫改為臺灣巡撫，常川（經常不斷）駐紮。福建巡撫事務，即著閩浙總督兼管。所有一切改設事宜，該督撫詳細籌議，奏明辦理。」於是銘傳為巡撫，兼理學政。置布政使司，設支應局、機器局、營務處、電報總局，頒行保甲制度。九月，馬萊社番亂，討之。

十二年春正月，大嵙崁番亂，銘傳自將討之。二月，閩浙總督楊昌濬巡視臺灣。三月，詔曰：「閩、臺防務，關係緊要。該督撫等商辦一切，務當和衷共濟，不分畛（ㄓㄣˇ，界限）域，力顧大局。上年諭令該督撫等會議臺灣改設各事宜，並著一併妥議，毋稍遲延。」陞澎湖副將為水師總兵，歸臺灣巡撫就近節制。四月，銘傳至福州，與昌濬合奏改設事宜。五月，奏請清賦。六月，奏設撫墾總局，以太常寺少卿林維源為全臺幫辦撫墾大臣。設善後、法審、官醫、伐木各局。九月，竹頭角番亂，討之。於是設置隘勇，改革屯政，從事撫墾。

十三年，建臺灣巡撫衙門。移北路協營於埔裏社，駐副將。定大稻埕為外國人商埠。五月，奏設鐵路，議自基隆至恆春，設釐金、招商、清道、樟腦、磺油各局。開西學堂、番學堂、電報學堂。改築澎湖、基隆炮臺，以整剔軍務。八月，阿冷番亂，討之。

十四年，設臺灣府，領臺灣、彰化、雲林、苗栗四縣。改前臺灣府為臺南府，臺灣縣為安平縣。陞臺東廳為直隸州，基隆通判為海防同知。建藩庫，頒行郵政。設煤務局於八堵，以候補道張席珍督辦，投費四十餘萬兩。內外臣工多所嫉忌，而臺灣紳士亦肆為蜚語。七月，銘傳革職留任。八月，清賦畢。彰化施九緞以丈費故，糾眾圍城，平之。卑南番亂，討之。

十五年春，建臺灣府考棚（考棚，考場），各縣多建儒學，銘傳自涖歲試。十一月，大嵙崁番亂，討之。

十六年春正月，蘇澳番亂，銘傳自將平之。二月，日本駐福州領事上野專一來臺考察，歸著一論，謂臺灣物產之富、礦產之豐，一切日用之物無所不備，誠天與之寶庫也。然以臺灣政治因循姑息，貨置於地，坐而不取，寧不可惜。若以東洋政策而論，則臺灣之將來，日本人不可不為之注意也。已而上海英領事亦來。三月，分成各軍。九月，始鑄銀圓。飭各縣添設義塾。十月，銘傳以病奏請辭職，命布政使沈應奎署理。而臺灣籌設兩道、四府、二直隸州、十二縣之議，至是而止。

十七年春三月，以邵友濂任巡撫，新政盡廢。設通誌局。秋，大嵙崁五指山番亂，討之。

十八年，建欽差行臺於臺北。六月，射不力番亂，討之。

十九年，建明志書院。澎湖凶。通判朱上泮重建義倉。

二十年，以臺北為省會，設南雅廳。三月，朝鮮事起，臺灣戒嚴，以布政使唐景崧署巡撫。

譯文

林金進．注譯

康熙二十二年（一六八三）秋季八月，清廷已經攻占臺灣，並將之納入版圖。朝廷對於要如何處置臺灣這塊新得到的土地，爲此召開廷議。朝廷想要將居住於臺灣的漢人遷回內地，讓臺灣成爲無漢人居住的荒島。對此，靖海侯將軍施琅（一六二一—一六九六）認爲此舉不可，遂上奏章給朝廷，說：

臺灣往北可連接吳縣、會稽，往南可以連接五嶺以南之地。臺灣的面積綿延數千里，山高水險，港口河道迂迴曲折，乃是江蘇、浙江、福建、廣東這東南四省的屏障。與澎湖隔著一片大洋，走水道約要三更的時間（六小時）。明代時在金門設置水師，季風吹起時乘船由金門至澎湖，也要七更的時間（十四小時）。

臺灣這土地，原屬於化外之地，各族的土著居住於其間，不受中國管轄。然而，在那時中國的沿海居民偷渡來臺，開墾荒地、捕魚開礦的人數也不少一萬人。

鄭芝龍（一六〇四—一六六一）當海賊時，就是以臺灣爲巢穴。等到崇禎元年（一六二八），鄭芝龍接受朝廷招安後，方將巢穴遷離臺灣。將臺灣租給荷蘭人作爲與中國、日本等通商貿易的場所。

紅毛人趁此機會，一邊與土著們建立關係，一邊到中國沿海召募居民至臺灣墾殖荒地，儼然成爲海外的一個國家，漸漸的成爲中國沿海省分的禍患。

順治十八年（一六六一），荷蘭人所竊占之臺灣爲鄭成功（一六二四—一六六二）所奪，鄭成功盤踞臺灣這土地，糾集不願歸順我朝的流亡百姓，伺機要窺探我朝的疆土，企圖恢復明朝的國祚。等傳到其孫鄭克塽（一六七〇—一七〇七），其間前後六十餘年（指一六二五年鄭芝龍至臺灣經營，到一六八三年鄭克塽降清為止）。沒有一刻不是仰賴帝王的心意。

臣奉聖上之命率軍征伐臺灣，親自踏上臺灣這塊土地，看到臺灣的土壤肥沃、物產豐富，耕田種桑養蠶，捕魚晒鹽各種財貨滋生。山區充滿了高大直挺的大樹，遍地種植高高的竹子。硫磺、水籐、蔗糖、鹿皮以及一切日用之品，幾乎都有，較缺少的是布帛而已！然臺灣盛產木棉，可以用來織布，原料不虞匱乏。而且臺灣的水運發達，絲縷布帛很快的就販賣至臺灣，雖屢次下令嚴禁與臺灣進行商業買賣，最終還是難以杜絕。臺灣實在是一塊肥沃的土地，地勢險阻的地域。

有朝一日臺灣納入中國的版圖，這是上天將一塊未開闢的肥沃土地送給皇上，來作爲東南沿海四省的屏障，永遠隔絕來自海上的禍患，這不是人的能力所能做到的。

臺灣既然已歸入朝廷的版圖，漢人與土著皆是朝廷的百姓，照顧安撫他們的策略，更應該要仔細周詳。若將臺灣棄置，任其成爲荒島，這實在不是一個長遠的計策。現今臺灣人口稠密，農人、工人、商人各自賺取他們的利潤，一旦要他們遷回內地，叫他們拋棄努力所得的產業，勢將造成百姓失業流離，更何況百姓是眷戀故鄉不輕易遷移，若要強行遷移，定然耗掉朝廷大量的銀錢。

何況要以有限的船隻，去運載無限的百姓，沒有幾年的時間是無法完成。假使無法完成載運百姓的命令，官員便會敷衍了事、推卸責任，那不願遷徙回內地的漢人便會藏匿於深山窮谷，這樣的人一定不少。他們竄逃藏匿於山林之中，定會和土著同流，進而相互招喚聚集在一起。若再結合內地竄逃來臺的逃軍流民，危急的時刻就會鋌而走險，糾集成黨，製造船隻、器械……等，搶劫中國沿海居民的財貨，甚至進攻官府。若是如此，就是送糧食、武器給盜賊，幫助敵人來危害自己。

況且臺灣原來是荷蘭人進行商業買賣的地方，無時無刻不在貪求垂涎這塊土地，他們一定會利用這機會來竊占臺灣。一旦臺灣爲荷蘭人所擁有，他們生性狡猾慧黠，善於蠱惑人心。加上他們來我國進行商業買賣的船隻製作精良，火炮犀利，向來是無敵於海上。若他們得到這數千里的豐腴土地，必定結夥成黨，不斷地窺伺我國沿海地區，掠奪財貨土地，這就是埋下禍患，將來沿海各省很難能過著太平日子。到那時候，才要率水師遠征，要渡過兩大洋（指大陸至澎湖，澎湖至臺灣的海洋），海上波濤洶湧難以預測海況，恐怕未能見效。

如果僅是駐守澎湖，拋棄臺灣，那澎湖就是孤懸海外。澎湖的土地小，土質又貧瘠，和臺灣的土地大又肥沃是迥然不同的，況且與金門、廈門又隔著一片大洋，那豈不受制於人？

所以守護臺灣，就是鞏固澎湖。臺灣、澎湖如同人的手臂與手指，沿海各省的水師防守嚴密，與臺灣、澎湖互爲犄角，互相支援，聲息相通，應該可以讓沿海各省平靜無事。

從前鄭氏（指鄭成功、鄭經父子等）得以負嵎頑抗，就是以臺灣爲老巢，以澎湖爲門戶，水路交通四通八達，任其所爲，我國的水師船隻要往返進出皆受其阻礙。現在臺灣、澎湖已爲我國所得，在澎湖、臺灣駐防軍隊，若是風期（指東北季風、西南季風的時期）順利，水師一下子便可到達，就算有奸惡之事發生，也不敢再有第二次。

臣已經和六部大臣、巡撫大臣等商議過，但是六部大臣、巡撫大臣皆未曾到過臺灣，所以是要棄守臺灣？還是將臺灣納入版圖？仍未有定議。臣的閱歷雖然豐富完整，亦不敢貿然來評議臺灣是留？是棄？

現在海上的戰雲已經消逝，內地隘口、堡壘駐防的官兵，可以陸續地裁減兵員，將這些兵員的員額用來防守臺灣、澎湖兩地。臺灣設置總兵一員、水師副將一員、陸師參將二員，兵八千名；澎湖設置水師副將一員、兵二千名，總計兵一萬名，就足以防守臺灣、澎湖，無須另外增兵而耗費國家的餉銀。

駐防臺灣、澎湖的總兵、副將、參將、遊擊等官，讓他們駐防臺灣澎湖兩年或三年後，即升官職調回內地，不會讓他們長久駐防在臺灣、澎湖，讓這制度成爲慣例。

臺灣、澎湖這兩地剛納入版圖，荒地甚多，朝廷的稅賦，不管是正賦、雜餉都應該一並免除，且這一萬名官兵的糧餉應該暫由朝廷全額供給。等三年後，荒地已成爲熟地後再來開徵稅賦，如此可以減輕朝廷的負擔。或者是寓兵於農，也可以實施，這可以減省朝廷的負擔，減輕內地對臺灣、澎湖運輸米糧、布帛等的負擔。

計算天下大勢的發展，務必要求萬全，不要有缺失。臺灣這一土地，雖然是僻處海外的一座海島，但它實關係著內地沿海地區的安危。無論是在臺灣島內墾荒耕種，這多少還是能幫助些軍需糧餉，減輕朝廷的負擔，當然要留住臺灣。就算臺灣是不毛之地，所有的軍需糧餉必須仰賴內地補給運送，也不能放棄臺灣。

商議臺灣是留?是棄的當下，各種利害得失必須衡量清楚，不能魯莽決定。臣想：如果放棄臺灣，日後必釀成大禍；如果將臺灣納入版圖，沿海各省必然堅固不可摧。所以在會議、書表上奏之正規管道外，不避諱冒犯、褻瀆天威聖顏，將臺灣是留?是守的利害得失詳細的向聖上奏報。

康熙皇帝在此奏章上，朱批：「可。」臺灣設置府一、縣三，隸屬於福建省管轄。府，命名爲臺灣府，在臺灣府附近的縣命名臺灣縣，在臺灣縣以南的地區爲鳳山縣，在臺灣縣以北的地區爲諸羅縣。

在澎湖設置巡檢，設置臺廈兵備道駐守臺灣府的府城，兼辦理提督、學政、按察使等有關的業務。分兵把港口、水道、關隘、府城、堡壘等，臺灣遂成為海疆重鎮。

十一月，下大雪，地面結冰有一寸餘厚。

康熙二十三年（一六八四）春季，被派往臺灣任職的文武官員皆已到任就職。全面清查丈量田畝、戶口數。田，七千五百三十四甲；園，一萬零九百十九甲；戶，一萬二千七百二十七；人口，一萬六千八百二十人。施琅上奏朝廷，再減輕稅賦，皇帝下旨：「再議。」最後決定：地，每甲徵收粟八石八斗；園，每甲徵收四石，每丁徵收銀四錢七分六釐，這成為固定的稅額。

早先，延平郡王鄭成功攻克臺灣之時候，清廷下詔書將沿海百姓遷往內地，禁止接濟臺灣米糧、絲、布帛等物資。但現在臺灣已納入版圖，於是解除海禁。在鹿耳門設置海防同知，准許與內地通商。但是要到臺灣的人，不准攜帶家眷前往。施琅以惠州、潮州的百姓都和之前的鄭氏有來往為由，特別禁止惠州、潮州的百姓來臺灣。這一年，在臺灣縣、鳳山縣興建兩所儒學的學院。

康熙二十四年（一六八五），在臺灣府（在今臺南市）興建儒學院。在鄭氏之前所修建的儒學學院的舊址，擴大規模修建，中間為大成殿，祭祀孔子。在仲春（農曆二月）、仲秋（農曆八月）的丁日，以釋菜之禮祭祀孔子。

康熙二十五年（一六八六），閩浙總督王新命、福建巡撫張仲舉向朝廷上奏獲准，每年提報文、武童生各二十名，科舉童生二十名，廩膳生二十名。增廣生，人數比照定額人數。貢生一名。

（備註：廩膳生，可向官府領取廩米津貼的讀書人；貢生，可以進入國子監讀書的秀才；增廣生，即增額錄取的讀書人。）

康熙二十六年（一六八七），臺灣人開始參加在福建舉辦的鄉試。

康熙二十七年（一六八八），鑄造康熙銅錢。前明朝的太僕寺卿沈光文（一六一二—一六八八）在諸羅（今嘉義市）逝世。

康熙二十八年（一六八九）。

康熙二十九年（一六九〇），冬季，今年是個豐收年。

康熙三十年（一六九一），秋季八月，颱大風，將房屋、船隻吹毀。

康熙三十一年（一六九二），停止鑄造康熙銅錢。

康熙三十二年（一六九三），冬季，今年是個豐收年。

康熙三十三年（一六九四），第一次編纂的《臺灣府志》完稿。

康熙三十四年（一六九五），臺灣知府靳治揚，在熟番（即平埔族）的部落設置學校。

康熙三十五年（一六九六），秋季七月，新港（今臺南市新市區）吳球企圖起兵謀反，沒有成功，被殺。

康熙三十六年（一六九七），浙江省仁和縣人郁永河（一六四五—？）到北投開採硫磺礦，他遊歷過很多土著的部落。

康熙三十七年（一六九八）。

康熙三十八年（一六九九），吞霄（今苗栗縣通霄鎮）的土官（土著的頭目）卓介、卓霧、亞生作亂。夏季五月，淡水的土官冰冷亦起來響應作亂。秋季七月，清廷的水師到達淡水，平定亂事，並將冰冷處死。八月，署北路參將常泰以岸裏社（在今臺中市神岡區）的土著武力進攻吞霄，擒獲卓介、卓霧、亞生回來，將他們在刑場斬殺。

康熙三十九年（一七〇〇），皇帝下詔書，將明朝延平郡王鄭成功及子鄭經的骸骨遷回南安埋葬，並派人看守墳塋，修建祠堂。

康熙四十年（一七〇一），冬季十二月，諸羅縣劉卻起事作亂，攻占並燒毀下茄苳營（今臺南市後壁區嘉苳里），附近的熟番（即平埔族）亦響應作亂。清廷派軍討伐，劉卻失敗逃亡。

康熙四十一年（一七〇二）。

康熙四十二年（一七〇三），劉卻又企圖作亂，沒有成功，被殺。

康熙四十三年（一七〇四），興建崇文書院（在今臺南市）。

康熙四十四年（一七〇五），冬季，發生饑荒。皇帝下詔書，免除臺灣縣、鳳山縣、諸羅縣這三縣的糧米稅賦。

康熙四十五年（一七〇六），興建諸羅縣學。

康熙四十六年（一七〇七），冬季，發生饑荒。皇帝下詔書，免除臺灣縣、鳳山縣、諸羅縣這三縣的糧米稅賦十分之二。

康熙四十七年（一七〇八），泉州人陳賴章（陳賴章非人名，而是由陳天章、陳逢春、賴永和、陳憲伯、戴天樞等人組成的開墾組織）與熟番（即平埔族）訂約，前往開墾大佳臘（在今臺北市萬華、大龍峒、大稻埕、松山一帶）的荒野。這是漢人開墾臺北盆地的開始。

康熙四十八年（一七〇九）。

康熙四十九年（一七一〇），開始在淡水駐屯軍隊，規定每三年輪調一次。

康熙五十年（一七一一），在臺灣府府治（在今臺南市）興建萬壽宮。

康熙五十一年（一七一二），皇帝下詔書免除本年度米糧的稅賦。

康熙五十二年（一七一三），皇帝下詔書，丁稅的徵收以康熙五十年的丁冊為準，此後再繁衍增加的人口永不加賦。北路營參將阮蔡文親自到竹塹（在今新竹市）、大肚（在今臺中市大肚區）等番人部落，撫慰番人。

康熙五十三年（一七一四），夏季，臺灣府府治發生大火，燒毀數百戶房屋。秋季，發生大旱災，皇帝下詔書免除臺灣縣、鳳山縣的米糧稅賦十分之三。這一年，朝廷命令天主教神父買刺來臺灣測量經度。

康熙五十四年（一七一五）閩浙總督滿保（一六七三—一七二五）向朝廷上奏：臺灣地處偏遠的海外，漢人和番人混雜在一起生活。自從納入版圖以來，有鳳山縣的熟番力力等十二個部落，諸羅縣的熟番蕭壠（在今臺南市佳里區）等三十四個部落，這數十年來蒙受皇上恩澤，皆人民安樂、物產豐富，改變風俗逐漸漢化。現在依據臺灣鎮道的詳細奏報：「南路生番（指非平埔族的原住民）山豬毛等十個部落四百四十六戶，北路生番岸裏等五個部落四百二十二戶，皆傾心歸化，願意同熟番一同歸附朝廷。每年願意繳納鹿皮五十張，換算成白銀為十二兩，來代替稅賦。這些稅銀將納入臺灣的稅收，用來作為臺灣的軍餉。除此稅額之外，不得以任何名目來增加稅賦，以此來彰顯皇上的懷柔遠人、深厚的仁德。」皇帝朱批：「可。」從此以後，生番多歸順朝廷。

康熙五十五年（一七一六），夏季五月，福建巡撫陳璸（一六五六—一七一八）上奏朝廷有關如何防守海防的方法。岸裏部落的頭目阿穆，請求開墾貓霧捒（在今臺中盆地）的荒野，諸羅知縣周鍾瑄（一六七一—一七六三）同意。這是開墾臺中的開始。

康熙五十六年（一七一七），冬季發生饑荒。皇帝下詔書免除本年度米糧稅賦十分之三。

康熙五十七年（一七一八）。

康熙五十八年（一七一九），第一次編纂的《鳳山縣志》完成。

康熙五十九年（一七二〇），興建海東書院（在今臺南市）。冬季十月一日，發生大地震。十二月八日，又再發生大地震，前後搖了十餘日，房屋倒塌壓死很多人。皇帝下詔，免除番人、漢人的稅賦。

康熙六十年（一七二一），夏季五月，朱一貴（一六九〇—一七二二）在岡山（在今高雄市岡山區）起兵造反。攻破臺灣府府城，總兵歐陽凱、副將許雲皆戰死。一時之間臺灣南北各地皆起兵響應，朱一貴自稱「中興王」，年號「永和」，恢復明朝的制度。閩浙總督滿保聽到朱一貴造反後，趕赴廈門，傳檄文給南澳鎮總兵藍廷珍，命其出兵臺灣平亂。水師提督施世驃會同南澳鎮總兵藍廷珍一起出兵臺灣。

六月，清軍攻克鹿耳門，接近臺灣府府城。朱一貴與清軍交戰，戰敗被擒，押送至京城斬首。朱一貴的餘黨也逐漸被剿平。

八月，颱大颱風，損毀民房，天空都呈現紅色，軍、民很多人溺斃。皇帝下詔書免除當年度的稅賦，並發倉賑災，撫恤受災的軍民。此時朝廷的廷議要將在臺灣鎮的總兵遷移至澎湖，改設陸路副將在臺灣府府城，裁撤水陸兩個中營，調回內地。南澳鎮總兵藍廷珍藍廷珍（一六六四—一七三〇）力爭不能如此作爲，上奏閩浙總督滿保，希望不要將臺灣鎮的總兵遷移至澎湖、裁撤水陸兩中營。提督姚堂（？—一七二三）亦上書，朝廷乃停止這項做法。特別命令滿人、漢人的御史各一員，每年需到臺灣一次，探查民間疾苦。

康熙六十一年（一七二二），夏季五月，巡視臺灣的御史吳達禮、黃叔璥回到京師。閩浙總督滿保認爲臺灣島內靠近山區一帶容易窩藏盜賊、奸民。命令靠近山區十里以內的百姓遷移，由北自南修築長城來限制百姓越界，並深挖壕溝來作爲界限，越過界限的人以盜賊論處。總兵藍廷珍又再上書阻止這命令的執行，於是命令沿著山區各隘口，立下石碑，禁止百姓前往山區。這一年阿里山、水沙連（今之日月潭）各部落的番人，皆接受朝廷的招撫。夏季，鳳山縣的赤山（今之高雄市鳳山區赤山社區），地表裂開，引起大火，火光有丈餘高。

雍正元年（一七二三），皇帝下詔書：「臺灣自遠古以來不屬於中國，我先皇神武，將臺灣納入版圖。康熙末年朱一貴在臺灣作亂，攻陷臺灣全島。諸位臣工早就擬好應變的方法與策略，兵卒感激朝廷的教養之恩。七日，即攻克並光復臺灣。當年先皇的年歲已老邁，仍將天威、恩澤遠播海外，所有參與平定朱一貴的有功將士再評論其功勞，予以升等進爵。」於是增設彰化縣及淡防廳，澎湖巡檢升格為海防同知，增加在臺兵力，以防守臺灣的南北兩地。而臺灣也漸漸的發展起來。這一年，傀儡番（今分布在屏東縣的魯凱族及北排灣族）作亂，派兵討平。

雍正二年（一七二四），皇帝下詔書免除康熙十八年至五十年各省積欠朝廷的銀米稅賦。去臺灣換班的兵丁之家眷按眷口數給以米糧。這一年，第一次編纂的《諸羅縣志》完成。

雍正三年（一七二五），皇帝下詔書免除番婦的人口稅。

雍正四年（一七二六），早先，臺灣的鹽由民間晒製，朝廷收取定額的稅賦。現在，將晒鹽由民間晒製收歸為官府管理。秋季八月，水沙連的番人作亂，兵備道吳昌祚派兵討伐。

雍正五年（一七二七），皇帝下詔：要福建的武官要慎選到臺灣換班的兵丁。巡視臺灣的御史尹秦向朝廷奏報成立社田，供番人耕種、狩獵之用，其餘的土地收歸朝廷所有，召集墾戶去開墾。皇帝朱批：「可。」後來，又下令漢人禁止侵占番人的土地。當時朝廷的廷議任認為臺廈道的工作繁雜吃重，命令漢人御史兼辦理提督、學政的業務。

雍正六年（一七二八），將臺廈道改為臺灣道。臺灣鎮總兵王郡（？—一七五六）向朝廷奏報：到臺灣換班的兵丁，其編制內的字識、柁工、繚手、斗手可否在臺灣召募。朝廷不准。

雍正七年（一七二九），皇帝下詔：每年給戍守臺灣的兵丁軍餉四萬兩。二月，山豬毛社（約在今高雄市鳳山區）番人作亂，總兵王郡率軍討伐。

雍正八年（一七三〇），皇帝下詔給巡視臺灣的御史：「新任與舊任的官員要同時任用辦事，不可偏廢。」又下令被調任至臺灣的官員，任期為兩年。令閩浙總督、福建巡撫需另外選派賢能的官員至臺灣協助辦理業務，新官到任半年後方能將到任的官員調回內地。

雍正九年（一七三一），冬季十二月，大甲西社（約在今臺中市大甲區）的番人作亂，總兵呂瑞麟率軍討伐。

雍正十年（一七三二），春季三月，鳳山縣吳福生謀反作亂，進攻埤頭（在今高雄市鳳山區），守備張玉戰死。原任總兵王郡率領軍隊討平。六月，閩浙總督郝玉麟（？—一七四五）調呂瑞麟回臺灣府。傳檄文給王郡率軍征討大甲西社的番人，弭平作亂。同一年，皇帝下詔書：免除彰化縣在雍正八年未上繳朝廷之稅賦。是因為番亂剛剛平定，要紓解百姓的壓力。大學士鄂爾泰（一六七七—一七四五）向朝廷奏報：到臺灣開墾的百姓，准許他們攜帶家眷同行。朝廷同意。從此，來臺灣開墾的百姓越來越多，他們都有要開闢田園、興建房舍，並將之傳給子孫的志向。

雍正十一年（一七三三），皇帝下詔：免除臺灣府所屬的田、園稅賦十分之三。閩浙總督郝玉麟向朝廷上奏：「在臺灣道任職的官員比照鎮、協之慣例，三年任滿，知府、同知、通判、知縣等官員比照參將的慣例，依其績效等，給予升官調回內地。」

雍正十二年（一七三四），閩浙總督郝玉麟向朝廷上奏：「調往臺灣任職的官員，年齡超過四十而無子嗣者，准其攜帶家眷到臺灣。」

雍正十三年（一七三五）皇帝下詔：免除各省的稅賦三分之一，以祝高宗（乾隆皇帝）登基。冬季十月，眉加臘番人（約在今之仁愛鄉，泰雅族）作亂，副將靳光瀚、同知趙奇芳率兵討伐。十二月，諸羅縣灣裏街（今臺南市善化區）發生大地震，震倒很多民房。朝廷撥款白銀三千兩，撫恤災民。

乾隆元年（一七三六）皇帝下詔：臺灣四個縣（鳳山縣、臺灣縣、彰化縣、諸羅縣）的丁銀（人口稅）比照內地的稅賦制度，再參考稅賦的額度予以酌減，每丁每年徵收白銀二錢，成爲定制。頒定書院的院規。禁止內地的人民偷渡到臺灣。

乾隆二年（一七三七）皇帝下詔：減少臺灣番餉（指今日原住民的人口稅），比照漢人的稅賦額度，每丁每年徵收白銀二錢。禁止漢番通婚（即漢人和原住民之間不能結婚）。

乾隆三年（一七三八）皇帝下詔：「臺灣的人民如果有犯法的情事，以後准許武職官員將人犯移送至地方官員追究其犯行，並給予判刑。如果是兵丁犯罪、滋擾百姓，准許文職官員會同武職官員，追究兵丁的犯行，並給予判刑。如果文武官員彼此推諉塞責，按照律法，罰一年的薪俸。並命令駐防各地的文武官員，要嚴格按規定辦理，文武要彼此按月稽查，要簽具無兵丁、百姓滋擾鬧事的切結書送交上級長官查核。如果官員有意包庇、縱放，則該官員按照包庇、縱放的罪責懲處。」

二月，在臺灣的北路設置義勝、永勝兩個營寨。

秋季，臺灣縣、諸羅縣遭受風災，皇帝下詔免除該年度的稅賦。

乾隆四年（一七三九），朝廷制定臺灣舉人參加會試的人數額度，這是御史諾穆布（？—一七四〇）上奏朝廷，獲准的結果。在臺灣府城修建校士院。皇帝下詔：禁止漢人侵入番人的地域，去開墾土地。

乾隆五年（一七四〇），禁止居住在臺灣的百姓攜帶在內地的家眷到臺灣。最初，換班來臺灣的兵丁之旅費由臺灣縣、諸羅縣兩縣的縣庫支付，現在改由福建方面支付旅費。閏年六月，颱大風下大雨，四天後才停止風雨，鹽水港（今臺南市鹽水區）的災情最爲嚴重。朝廷撥白銀二百兩賑濟災民。

乾隆六年（一七四一），巡視臺灣的御史書山、張湄向朝廷奏報要在臺灣府城興建糧倉，以備臺灣發生饑荒時用來賑濟災民。朝廷同意。

乾隆七年（一七四二），皇帝下詔書，說：「臺灣與內地隔著一片大洋，獨自處在偏遠的海外，然臺灣是東南四省的屏障，地理位置最爲重要。雖然臺灣是重要的產米地區，但近年來人口不斷的增加，而土地並沒有增加墾殖的面積。偶爾因爲遇到大雨、洪水等因素，讓稻米歉收，此時臺灣的米價便飆高。

臺灣的稻米除了要撥運給福州、興州、漳州、泉州這四府及各營的米糧之外，內地來臺灣採買稻米的數量也很多，都由商船所運載，每年的數量不下四、五十萬石。又內地南北各地港口的小船，假借遭遇風災的名目，船被漂流到臺灣，私裝米穀，走私米糧回內地。內地發給這些小船風災證明文件，奸民就將官法發給的風災證明爲護身符。走私米糧、貨物等這些情事，便沒完沒了。

而且內地遊手好閒之人，趁機偷渡來臺，也沒辦法究責法辦。我聽說這些人都從廈門所管轄的曾厝垵、白石頭、大擔、南山邊、劉武店以及金門的料羅、金龍尾、安海、東石等這些小漁港搭船入海偷渡。一旦到了外海，他們也不從鹿耳門進入臺灣，而是隨著海流、風向，隨意選擇可以登岸的地方，一旦看到陸地即將這些偷渡客趕入海中，讓其涉水登陸，不管偷渡客死活，即將船掉頭遠去。很多愚昧的百姓深受其害。

臺灣與內地唯一的交通口岸爲鹿耳門，進出鹿耳門都要檢查其證件，核對其身分，而今日這些奸詭之人偷偷的往來於臺灣與內地，他們對於海道非常的熟稔，我們無法憑藉鹿耳門成為管制臺灣的天險，這實在不是我們慎重管制海疆的作為。

這是朕所知道的實際情況，特命令沿海各省所屬的總督、巡撫嚴格督促所屬的各級文武官員，留心並仔細清查以上所提及的各種弊端，並於各大小港口仔細的盤查，防範偷渡及各種可能的弊端，不得有任何疏忽漏失之處。如此在臺灣的百姓、番人不致糧食短缺匱乏，各個大小港口也可以防範奸詭之人偷渡及有犯法亂紀的事情發生。朝廷負責這業務的官員，需將朕之命令傳到大小各級官員手中。」

乾隆八年（一七四三），訂定與淡水通商的商船數量。

乾隆九年（一七四四），皇帝下詔：禁止在臺武官，購買建置莊園。修改臺灣田、園的稅賦額度與辦法。

乾隆十年（一七四五），秋季八月澎湖發生風災，皇帝下詔：「內務府撥款白銀六百兩賑濟澎湖災民。」九月，皇帝下詔：「福建省丙寅年（乾隆十一年，一七四六）全年的稅賦已全部免除，唯臺灣府所管轄的一廳四縣（淡水廳、彰化縣、諸羅縣、臺灣縣、鳳山縣）的土地稅，歷年來一向是不徵收銀兩，而是收取稻米穀物。今全國各地已下詔免除稅賦，而臺灣的賦稅是不徵收銀兩的，不適用這道詔令。但只有臺灣府所屬的廳、縣不能免除稅賦，也違反了朕對全天下施加恩澤的善意。所以特別命令免除臺灣府所管轄的一廳四縣要繳交的稻米穀物一十六萬餘石，全數免除。」

乾隆十一年（一七四六），下詔准許居住在臺灣的百姓攜帶在內地的家眷來臺灣。

乾隆十二年（一七四七），皇帝下詔：臺灣的人口稅，可用米糧或銀錢來繳稅。

乾隆十三年（一七四八）。

乾隆十四年（一七四九），秋季七月，下大雨，臺灣縣所屬的田、園，大都被水淹沒了。

乾隆十五年（一七五〇），秋季七月，下大雨。八月，颱大風，吹毀船隻及民房。臺灣知府方邦基（一七〇一—一七五〇）在南日島海域溺死。將淡水（今新北市淡水區）、八里坌（今新北市八里區）巡檢移往新莊。

乾隆十六年（一七五一）。

乾隆十七年（一七五二），制定臺灣監察御史巡視臺灣的辦法。臺灣道需兼辦提督、學政兩項業務。夏季六月，發生大地震。秋季七月，颱大風又燒大火，火隨風勢，草木都被燒焦了。文廟（臺灣府城的孔廟）的櫺星門損壞。

乾隆十八年（一七五三），皇帝下詔書：臺灣縣、鳳山縣、彰化縣這三縣，免除乾隆十五年（一七五〇）遭受水災的田賦。秋季八月，颱大風，損害莊稼。

乾隆十九年（一七五四），夏季四月，淡水發生大地震。毛少翁社（今臺北市社子島）沒入水中。九月，諸羅縣颱大風，損害莊稼。皇帝下詔暫緩徵收田賦，以官倉糧食賑濟災民。

乾隆二十年（一七五五），下詔免除諸羅縣於乾隆十五年（一七五〇）遭受水災的田賦。

乾隆二十一年（一七五六）。

乾隆二十二年（一七五七）冬季十二月，澎湖颱大風，很多的哨船沉沒。

乾隆二十三年（一七五八），皇帝下詔：廢除通事、社丁的規定。禁止私人開墾荒地。冬季十月，諸羅縣颱了三天的大風雨，晚熟的稻穀大多損毀。皇帝下詔：暫緩徵收田賦。

乾隆二十四年（一七五九），淡水都司移往艋舺（今臺北市萬華區）。興建玉峰（位於今之嘉義市）、白沙（位於今之彰化縣彰化市）兩書院。臺灣縣知縣夏瑚認爲內地百姓客死於臺灣，沒辦法將骸骨運回內地的故鄉埋葬，提倡百姓、商人等捐義款，將骸骨運回廈門交給親人。當時的人稱讚此舉爲善政。

乾隆二十五年（一七六〇），皇帝下詔：同意臺灣居民攜帶在內地的家眷來臺同住在一起。

乾隆二十六年（一七六一），將新港（今臺南市新市區）巡檢移往斗六。

乾隆二十七年（一七六二），皇帝下詔：免除淡水廳在乾隆二十四年（一七五九）畫出界外的園賦。

乾隆二十八年（一七六三），興建明志書院（在今新北市泰山區）。

乾隆二十九年（一七六四）皇帝下詔：禁止福建方面的士人進入臺灣，冒稱臺灣的籍貫參加科舉考試。這是聽從御史李宜青的上奏。

乾隆三十年（一七六五），秋季九月，颱大風，船被吹得粉碎。

乾隆三十一年（一七六六），在鹿港設置同知，辦理漢人和番人之間溝通、買賣等業務。秋季八月，颱大風，船被吹得粉碎。

乾隆三十二年（一七六七）。

乾隆三十三年（一七六八），漳州人吳漢生（吳漢生，可能是筆誤，應該是林漢生）進入蛤仔難（今日的宜蘭地區）開墾。

乾隆三十四年（一七六九）。

乾隆三十五年（一七七〇），春季一月十三日，臺灣府治枋橋頭（在今臺南市）發生大火，雨水澆不熄。一月十五日晚上，眞武廟（在今臺南市）前發生大火，燒毀民房百餘間。九月，黃教造反，朝廷派兵平叛。

乾隆三十六年（一七七一），皇帝下詔：免除臺灣府應上繳朝廷之米糧一十六萬餘石。

乾隆三十七年（一七七二）秋季七月，發生大水災，彗星出現。

乾隆三十八年（一七七三）。

乾隆三十九年（一七七四）。

乾隆四十年（一七七五）。

乾隆四十一年（一七七六），冬季十一月，發生大地震，諸羅縣災情特別嚴重，震垮很多房屋，壓死很多人。

乾隆四十二年（一七七七）。

乾隆四十三年（一七七八），皇帝下詔：免除臺灣縣、鳳山縣兩縣的田賦，因爲發生水災。

乾隆四十四年（一七七九）。

乾隆四十五年（一七八〇），皇帝下詔：免除臺灣府應上繳朝廷之米糧。

乾隆四十六年（一七八一）。

乾隆四十七年（一七八二），淡水廳、彰化縣發生漳州人和泉州人分類械鬥事件，福建巡撫雅德（？—一八〇一）將此事上奏朝廷。皇帝下詔：「這些匪徒聚眾械鬥，案情重大。駐守該地的鎮、道，一知道消息，應該親自立即率兵前往，嚴厲查辦。如果只是派副將、知府前往處理，而福建巡撫雅德也沒有訓斥該鎮該道的言語、文字，這是錯誤的，不對的、不該的、失職的。臺灣鎮總兵金蟾桂、臺灣道穆和藺兩人一併押送回朝廷，嚴加議處。」

乾隆四十八年（一七八三），之前發生的漳州人和泉州人的分類械鬥事件，現將帶頭械鬥之人抄家，沒收財產。

乾隆四十九年（一七八四），皇帝下詔：增開鹿港為通商口岸。秋季八月，颱大風下大雨，損毀民房、船隻。

乾隆五十年（一七八五）。

乾隆五十一年（一七八六），制定武官輪調的制度。冬季十一月，彰化縣人林爽文（一七五六—一七八八）起兵造反，攻破彰化縣的縣治（今彰化縣彰化市）。知府孫景燧、理番同知長庚、攝縣事劉亨基、都司王宗武等人被殺。林爽文於是分兵進攻諸羅縣治（今嘉義市）及淡水。鳳山縣莊大田亦起兵響應。臺灣府城實施戒嚴。

乾隆五十二年（一七八七），春季一月，福建陸路提督黃仕簡（一七二二—一七八九）、水師提督任承恩率軍至臺灣，觀望不前。十月，皇帝下詔，任命協辦大學士福康安（一七五四—一七九六）率領侍衛內大臣海蘭察（？—一七九三），率領滿族及漢人的官兵至臺灣平叛，攻克彰化，俘虜林爽文、莊大田，臺灣南北各地的作亂全部平定。

乾隆五十三年（一七八八），皇帝下詔：頒定屯丁之制。春季二月，淡水下大雪，造成饑荒，一斗米飆升到一千錢。

乾隆五十四年（一七八九）。

乾隆五十五年（一七九〇），皇帝下詔：免除臺灣上繳米糧，比照內地的慣例，三年全免。設新莊縣丞（管理今臺北盆地）。夏季六月，颱大風下大雨起大火，火隨風勢，整個天空都是紅色，損害民房及船隻，澎湖的災情最為嚴重。

乾隆五十六年（一七九一）秋季八月，波蘭人麥禮荷斯奇到臺東，想要開闢土地。

乾隆五十七年（一七九二）皇帝下詔：增加八里坌為通商口岸。夏季六月，郡治（今之臺南市）發生大地震。隔天，嘉義發生大地震，接著有發生大火災，死了一百餘人。

乾隆五十八年（一七九三）。

乾隆五十九年（一七九四）。

乾隆六十年（一七九五）春季三月，彰化縣人陳周全造反。北路同知朱慧昌、鹿港營遊擊曾紹龍、副將張無咎、署知縣朱瀾等人被殺死，總兵哈當阿（？—一七九九）率兵平定。七月，淡水發生大水災。

嘉慶元年（一七九六），秋季，颳大風下大雨，晚熟的稻米大都損壞。皇帝下詔：「臺灣地理位置與海洋接壤，常常颳起颶風（颱風），這次的風勢猛烈，導致稻米、雜糧等受到損害，民房被吹倒，壓死百姓，特別需要憐憫撫恤。

臺灣鎮總兵哈當阿等官員應當查明此次風災的受損情形，以作爲免除、減少賦稅的依據，按照實情上奏朝廷，以辦理後續的賑災、減稅事宜。被風吹垮的房屋，按照慣例給予修繕費，務必使受災百姓有安身居住之處，不可苛扣、吝惜經費。此次賑災撫恤災民所需銀兩錢財，由藩庫（清代布政司所屬儲錢、穀的倉庫）撥用支付，亦接濟地方財政不足之處。

臺灣百姓所需的糧食，全依靠這晚熟的稻穀收成，今突然被颶風損害，米糧的價錢免不了要所有漲價。這次風災，可能是朕處理政事時有所缺失偏頗，或是這些愚昧的百姓平日的所作所爲不能淳樸厚實讓上天有所感應降下祥和，而招致風災。

此時，絕對不能稍稍存有怨天尤人的念頭，應當反省自己並學習淳樸厚實。風災過後，應當要更勤於耕種，明年仍可以豐收，官民要力圖振作，不可稍有怠慢懶惰。

再來，福州、興州、漳州、泉州四府，素來都靠臺灣所產的米糧來接濟不足。今臺灣遭受風災，眼前臺灣所產的米糧僅夠自給自足。明年，第一季稻穀收成後，或許米糧充足有餘糧可以銷售到內地，這當然是最好的。倘若沒有多餘的米糧可以運往內地，當囑咐各所屬的官員、百姓要在稻穀豐收時，要未雨綢繆。並勸導百姓要勤儉，撙節衣食，不要鋪張浪費，讓家裡有多餘的米糧、財物，不可以再將作爲糧食的米糧拿去釀酒，要妥善儲存米糧，預備爲明年之用。各地的糧食要互通有無，互相支援，隨時運送販賣，讓百姓的糧食無虞匱乏，這才是妥善無虞的。」

於是從藩庫撥用白銀二十萬兩來撫恤臺灣災民，從內地的軍糧中撥運三萬四千餘石糧食用來賑濟災民。

漳州人吳沙（一七三一－一七九八）進入蛤仔難開墾，來蛤仔難開墾的漢人日益增多。

嘉慶二年（一七九七），淡水人楊兆謀造反，臺灣知府遇昌、同知李明心率兵討平，誅殺楊兆謀。

嘉慶三年（一七九八）。

嘉慶四年（一七九九），皇帝下詔：免除乾隆六十年以前未繳納的正供。

嘉慶五年（一八〇〇），冬季十月，皇帝下詔：禁止天地會及分類械鬥。

嘉慶六年（一八〇一）。

嘉慶七年（一八〇二），春季，小刀會白啓圖謀造反，被殺。

嘉慶八年（一八〇三），夏季六月，海賊蔡牽（一七六一－一八〇九）進犯鹿耳門，皇帝下詔：福建水師提督李長庚（一七五二－一八〇七）率軍征討，趕走蔡牽。從此以後海賊蔡牽常常騷擾進犯臺灣。

嘉慶九年（一八〇四），彰化縣的番人頭目潘賢文帶領族人到蛤仔難，與漢人爭奪土地。

嘉慶十年（一八〇五），夏季四月，海賊蔡牽進犯淡水。十一月，海賊蔡牽進犯鹿耳門，並將之占據。山賊吳淮泗、洪老四響應海賊蔡牽。十二月，海賊蔡牽攻陷鳳山縣治。臺灣府城實施戒嚴。

嘉慶十一年（一八〇六），春季二月，淡水發生漳州人、泉州人械鬥，巡道慶保率兵平定。海賊蔡牽進犯蛤仔難，失敗而遁走。不久，海賊朱濆（一七四九—一八〇八）進犯蘇澳。海上動亂不安，至嘉慶十四年（一八〇九）八月，方平定海賊，恢復安寧。

皇帝下詔：「臺灣各地，因爲海賊蔡牽肆虐，不斷地被騷擾，現朝廷已調集官兵，很快就會誅滅海賊蔡牽。爲念及臺灣百姓隨時會受到海賊蔡牽侵犯的影響，一般百姓恐無心耕作，耽誤了播種、耕種的時節，對此朕深爲掛念在心。立即交辦閩浙總督、福建巡撫查明被海賊蔡牽蹂躪肆虐的地方，將本年度應該徵收之全部稅賦一概免除，以表示朕對偏遠海島百姓關心之意。」

嘉慶十二年（一八〇七），在淡水增建義倉。

嘉慶十三年（一八〇八），在艋舺設置水師遊擊，兼管水、陸官兵。

嘉慶十四年（一八〇九），夏季五月，皇帝下詔：「噶瑪蘭（今之宜蘭平原）土地肥沃，米價較爲便宜。漢人和番人來此開墾定居的人越來越多，如果不設官來管理此地，必定會滋生事端。現在清點居住於此地的戶口，漳州人四萬二千五百餘丁，泉州人二百五十餘丁，廣東人一百四十餘丁，又有生番、熟番混居於此。該地大部分爲漳州人，以強欺弱，恐不能避免。必須對強勢的漳州人有所限制，方可以讓此地相安無事。

對於未開墾的土地，必須將地界調查、劃分清楚。哪一處讓哪一籍貫的人開墾，那一處讓哪一族哪一社的番人耕作，必須要公平的劃分清楚，以杜絕爭端。至於要在噶瑪蘭設置何種等級的官衙，應該看該地的大小來決定。可以設置為一縣，也以設置分防、分廳、分鎮，並沒有什麼可以、不可以的。

唯因臺灣遠處海外，諸多政務廢弛。今閩浙總督方維甸親到臺灣對於駐防臺灣的軍隊，要力加整頓，參考實際的需求略為修改法制章程，如果地方的文武官員能謹守奉行法制章程，政務自然會慢慢有起色。但是，怕日子久了文武官會鬆懈怠慢，而且該地漳州人和泉州人雜處混居，素來民風強悍，必須要封疆大吏前往巡視，讓該地百姓知道敬畏。以後福建總督、將軍，每隔三年要親自到臺灣巡視一次，以此來控制、鎮壓百姓。」

這個月，淡水發生漳州人、廣東人、泉州人的分類械鬥，臺灣知府楊廷理（一七四七—一八一三）平定這次的械鬥。

嘉慶十五年（一八一〇），春季三月，閩浙總督方維甸（一七五九—一八一五）親自到臺灣巡視。四月，奏請朝廷將噶瑪蘭納入版圖。朝廷同意。二年後，在噶瑪蘭設置噶瑪蘭廳。

嘉慶十六年（一八一一），早先，臺灣每年要運送米穀到福建，供給福建駐臺軍隊之家眷食用，到此時已經停滯。閩浙總督汪志伊（一七四七—一八一八）奏請朝廷，要自行僱請船隻至臺灣運糧。夏季六月，淡水人高夔造反，朝廷派兵平定。六月十八日晚上，鳳山縣東港的海面上出現大火，又颳起大風，火從小琉球嶼來，居民惶恐害怕，熱氣蒸人，幾十分鐘後火勢就滅了，樹木上的葉子都被燒焦了。

嘉慶十七年（一八一二），春季二月，澎湖發生饑荒，皇帝下詔：命令該鎮、該道從國庫發放錢糧賑災，撫恤災民。

嘉慶十八年（一八一三），皇帝下詔：禁止進口鴉片煙，違反者按照大清律法懲處治罪。秋季七月，澎湖颱大風，海水驟漲五尺餘，損壞房屋及船隻。

嘉慶十九年（一八一四），春季一月，皇帝下詔：「福建省的牌長、甲長、保長，已肩負緝拏人犯，催徵錢糧的工作，以後不用再另派人管理。至於稽查戶口，應當賦予牌長、甲長、保長糾察之權。三年後，如果有成效，給予獎賞；如果有怠慢、疏忽者，立即革職查辦。至於畬民、熟番和一般的平民百姓沒有什麼不同，應當要按照律法對待，一體適用。」

嘉慶二十年（一八一五），秋季九月，發生大地震，淡水特別嚴重，餘震超過一個月還不停止。十二月，淡水下大雪，地面結冰有一寸餘厚。

嘉慶二十一年（一八一六），將鹿港巡檢移往大甲。

嘉慶二十二年（一八一七），淡水始修建學宮。將彰化訓導移往竹塹。八月，澎湖颱大風。

嘉慶二十三年（一八一八），彰化知縣楊桂森向福建巡撫奏議：臺灣所產的米糧上繳福建省的規定取消。巡撫不同意。三月，臺灣府城的天后宮失火。

嘉慶二十四年（一八一九）。

嘉慶二十五年（一八二〇），海賊盧天賜進犯滬尾（今之新北市淡水區），遊擊李天華率水師驅趕海寇盧天賜，李天華受傷而殉國。夏季，淡水發生大旱災；秋季，發生瘟疫。

道光元年（一八二一），海賊林烏興進犯滬尾，被官兵驅逐。

道光二年（一八二二），夏季六月，颱大風下大雨。七月，又下大雨，曾文溪潰堤，淤泥堆積於臺江內海，臺江內海成爲陸地。

道光三年（一八二三），春季一月，發生大地震。

七月，噶瑪蘭匠首林泳春造反，水師提督許松年（一七六七—一八二七）率軍平定。

八月，在東南方看見彗星，而彗星往西北方向移動，到了隔年的春季方消失。

九月，北路理番同知鄧傳安（一七六四－？）進入埔裏社（在今之埔裏盆地），討論要開發埔裏地區。

十一月，皇帝下詔：「臺灣的噶瑪蘭自嘉慶十六年（一八一一）奏准開闢以後，派員丈量後，共計有田園七千零五十甲。原本議定每一甲田每年徵收六石穀糧，每一甲園每年徵收四石穀糧，經過戶部商議後駁回。另有關叛產的徵稅部分，戶部已另案辦理，這些稅賦須分別給予課稅，至於要課稅的額度爲何？則尚未制定。

嘉慶十七年（一八一二）後，陸續開徵的稅賦，皆尚未載入帳冊報銷。茲根據閩浙總督等官員查明，上次派員丈量是用繩丈量，核算戶口，已大約的粗估數目，而實際開墾的田園爲五千七百餘甲。早先開墾的田地還算有收成，後來開墾的田地大都是貧瘠的土地，而且剛剛開墾荒地，農民還要自付開墾的成本。加上土沙浮鬆，溪水泛溢淹沒田地，這實在受限於地勢，實在無法制定課稅的額度。

至於官有的荒地讓百姓去開墾，這也和叛產不同，不可一概而論。此時的課稅的額度實在是不能增加，就算是帳冊上登錄的畝、分面積，實際上也怕面積不足。

如果按照朝廷戶部的建議增加課稅，民力實在無法支應。同意按照閩浙總督所請示的，噶瑪蘭的田園截至本年度爲止，除了因溪水氾濫而導致田園被河沙覆蓋、洪水沖毀的不算外，應再次確實的丈量勘驗，已開墾的田園確實有多少面積？再按照土地的肥沃、貧瘠的情形來決定課稅的額度。

閩浙總督應該命令臺灣道、臺灣府、朝廷任命的委員，會同噶瑪蘭廳的官員實際丈量田畝，造冊回報朝廷。歷年來應該要上繳的米糧數額也要回報朝廷核銷，不許有絲毫的隱瞞。將來，如果所墾殖的田園如果漸漸地豐腴，應該要隨時調整課稅的額度，以彰顯查核確實。」

道光四年（一八二四），夏季五月，福建巡撫孫爾準（一七七二—一八三二）來到臺灣，商議要開墾埔裏社的事宜。十月命令臺灣道兼管水、陸營兵。十一月，皇帝下詔：修改臺灣班兵輪班戍守之制度，將艋舺營遊擊升格爲參將。

道光五年（一八二五），秋季七月，皇帝下詔：「臺灣向來是漳州人、泉州人、廣東人各自結成村落而居住，上年度有匪徒許尚等人糾眾造反，就是因有遊民（就是無所事事、游手好閒的人，當時稱為「羅漢腳」）從中煽動引誘。爲解決治安問題，茲根據閩浙總督趙慎畛（一七六二—一八二六）等奏請的清莊之法，朝廷同意。

以後臺灣這地方，如果發現面貌生疏、可疑，無親屬可依靠的人，該村莊的首領應該立即稟報地方官，審明其籍貫，按照大清律法將他臉部刺字並遣送回原籍貫地，不許再偷渡來臺灣。

如果是自願當船夫水手，也要命令船長查明其籍貫、家世，如果是誠實安分的老實人，准許他簽具切結書後，擔任船夫水手。如果是籍貫、家世不明，及好勇鬥狠之徒，皆要向負責管理的官員確實報告，將他們趕回原籍貫地。並命令漳州府、泉州府及其所管轄之廳、縣，如果遇到有遊民被押解到境，立即責付鄉里的長老嚴加管理約束。」

道光六年（一八二六），夏季六月，淡水發生福建人與廣東人的械鬥。山賊黃斗奶帶領生番搶掠中港（今之苗栗縣竹南鎮）。閩浙總督孫爾準到臺灣，派兵討平山賊黃斗奶。

十二月，皇帝下詔：「臺灣係福建省、廣東省兩省籍的百姓在此定居。又依其省籍、籍貫分成福建人、廣東人、漳州人、泉州人等，每每因爲小事而發生分類械鬥。在此次嚴懲有關滋事的亂民之後，閩浙總督孫爾準應該要商議並擬定章程辦法，朝廷同意總督所擬定之章程辦法，以期待臺灣能永遠安寧平靜，不再滋生事端。

以後各該地的地方官要甚慎選總董，要求他約束、管理村落的百姓，如果長期下來，有所成效，當給予獎勵；倘若縱容村落的百姓滋生事端，則應該要懲處嚴辦。遇到有不法匪徒潛匿，身為總董應將不法匪徒移送地方官衙，務期鋤暴安良。

至於地方的民風是淳厚？還是澆薄？這就要看該廳、該縣的官員之能力如何。如官員貪黷嚴酷，上級長官不可以姑息容忍；如果因循舊習、姑息養奸者，亦要加以整頓。閩浙總督要率同司、道的官員，秉公訪察，將懈怠、不正直、不思振作之官員淘汰，以澄清吏治。如果該道、該府有意循私包庇，將依該道、該府所犯的過錯，按照實情懲處嚴辦。」冬季，修築淡水城。

道光七年（一八二七），裁撤鎮標左、右兩營的兵力。

道光八年（一八二八），陳集成等人組成的墾戶，進入大嵙崁（今桃園市大溪區）開墾土地。

道光九年（一八二九）。

道光十年（一八三〇），皇帝下詔：禁止各省種植販賣鴉片。這是閩浙總督孫爾準上奏朝廷，朝廷同意。違犯者，依販賣鴉片之罪論處，發配至最近的邊疆充軍。從犯，杖責一百下，判刑三年。秋季八月，噶瑪蘭發生挑夫械鬥，朝廷派兵平定。

道光十一年（一八三一），淡水同知婁雲頒定保甲莊規。

道光十二年（一八三二），皇帝下詔：緩徵澎湖的雜項稅賦。秋季八月，颳大風下大雨，靠近海的田園、房舍大都被淹沒。閏年九月，嘉義縣人的張丙（？—一八三三）造反，鳳山縣也發生亂事。十一月，福建陸路提督馬濟勝（？—一八三六）率軍討平。

道光十三年（一八三三），秋季七月，皇帝下詔：「朕殷勤的撫恤百姓，了解其隱憂，日日夜夜不敢懈怠。綜理負責全部的業務，而總督、巡撫則在下位幫朕分擔。身為高官大吏的人，如果能體會朕的用心，以朕的愛民心當成自己的心，以百姓的事當成是自己的事。端正自己的品行，以此來帶領下屬，那賢能的人會知朕所殷殷勸導的，不肖的人會畏懼被懲處，吏治自然會清明。

去年臺灣的逆匪張丙等人造反滋事，這是起因於搶運米糧而出現衝突事端，經吳質出面控告張丙。嘉義知縣不查辦搶運米糧的事，反而出獎金懸賞捉拿張丙。後來又有陳辨因爲搶耕牛的事而發生衝突，進而攻打廣東人的村落，這些都是細微小事，如果有一位公正又有能力的官員來辦理，自然可以停止紛爭。

然而嘉義知縣邵用之（？—一八三二）不管民間輿論，臺灣知府呂志恆（？—一八三二）剛愎自用，最後變成官員被殺（邵用之、呂志恆兩人皆被殺害），城池被攻破，竟然形成逆匪張丙倚靠險阻的地勢，負隅頑抗的局面。

等到亂事平定，審訊逆匪張丙等人爲何造反？這幫匪徒皆宣稱是官員辦事不公，被逼而反。雖然這是逆匪張丙等人的一面之詞，如果官員的口碑備受稱譽，逆匪張丙等人怎會拿來當藉口呢？

臺灣鎮總兵劉廷斌，戰技訓練鬆散，軍紀廢弛；臺灣兵備道平慶雖然操守尚好，但不能防患於未然，犯的錯誤罪無可原諒，兩人俱押回朝廷嚴加議處。總督爲特簡大員，該地的文武百官全歸他管轄，倘若閩浙總督孫爾準尚未亡故，朕一定加以懲處，絕不寬容。

姑且念在逆匪張丙等人尚未占領城池，嘉義知縣邵用之等人也沒有什麼貪婪劣跡，所以從寬不以議處。此後，總督、巡撫等地方大官，必須要先調查所屬官員的能力與操守，安頓百姓生活爲當務之急。如果有遇到不肖官員，必須要破除情面，要立即彈劾，不得官官相護。如果再因襲舊習、懈怠疏忽，官官相護而釀成大禍，勞師動眾，誤國殃民，朕一定從重治罪。不要再說朕沒有訓誡告知你們這些臣工。」

八月，淡水發生漳州人、泉州人械鬥，朝廷派兵平叛。
道光十四年（一八三四），修築後壟城（今苗栗縣後龍鎮），是爲了預防械鬥而修築。
道光十五年（一八三五），皇帝下詔：免除道光十年以前未繳納的正供。
道光十六年（一八三六）。
道光十七年（一八三七），皇帝下詔：禁止紋銀流到國外。興建文甲書院（在今臺北市萬華區）。
道光十八年（一八三八）。
道光十九年（一八三九），皇帝下詔：「朕了解鴉片煙流毒，影響的層面又廣又深，幾乎成了無法改掉的陋習，若不早點爲民除害，那要蔓延到什麼程度才是個盡頭。

現在朝廷的大臣已遵奉朕的旨意，擬定戒除鴉片煙的章程，且已頒發各省，要求奉行。各省的官員、百姓等全部畏懼君王所擬定的戒煙章法，改過向善，自不難可以革除以前的舊習、陋習。改掉以前的錯誤，共享保全天性的樂趣，藉此免除刑罰加諸在自己身上。

現著即命令各省的地方官員，必須遵守新頒定的禁煙令，認眞地查辦。有悔過者，要給予自新的機會；不肯悔改的頑劣之徒，不能讓他僥倖免責。但現在吸食鴉片煙這陋習已沿習甚久，並非新近染上，若要各省在幾個月內的時間全面杜絕，免不了有故意隱藏的弊病，所以給予一年六個月的期限，以方便各官員查報辦理，而不至於有遺漏之處，如此一來，要悔過改正也不會是難事。

等到期限屆滿，官員、兵勇、百姓仍藐視王法，這是他們自己將自己置身於王法之外，就不用再顧忌憐惜，將之處以重刑，也不用再說什麼理由，找什麼藉口了。朕的愛民之心，先德後威，這是中外所共睹的。各級官員及百姓們皆是朕的子民，既然要捍衛子民的身心健康，就必須戒除吸食鴉片之害。不能眼睜睜看著子民將面臨死亡，而不給予愛護憐憫。

況且法令如山，再三的告知曉諭，將來期限已滿之後，再犯煙毒的官員、兵勇、百姓，朕也是非常的同情他們，但不能再要求朕給予寬容、特赦。在京師、各省的大官，當趁此戒懼不安之時，振作精神認眞查案，務必讓販賣、吸食鴉片的犯人，繩之以法，按照法律給予懲處。在期限內多破獲一人販賣、吸食鴉片，就是多救一條人命，切勿因循舊習、怠慢鬆懈，將王法視爲空談。

倘若該地方官等，姑息養奸，不將這幫販賣、吸食鴉片的惡人剷除殆盡，他日自己被治予重罪，再來乞求寬赦，定不輕饒。如果總督、巡撫等大官，認爲百姓的性命不值錢，朕也絕不寬恕這些大員。希望能有所畏懼。」

此時姚瑩（一七八五—一八五三）擔任臺灣道長官，遵旨嚴辦，第一次販賣、吸食鴉片則判刑，第二次再犯則處以死刑。

道光二十年（一八四〇），冬季十月，發生大地震，嘉義縣發生山崩。

道光二十一年（一八四一），秋季七月，英國戰艦窺伺雞籠（今基隆市），從此在雞籠外海巡弋。臺灣鎮總兵達洪阿（?—一八五四）、兵備道姚瑩共同籌劃如何防衛臺灣，屢次擊退英艦的進攻。

十二月，皇帝下詔：「之前依據總兵達洪阿等人的奏報，英國人滋擾臺灣，官兵擊沉英國船艦，奪得英國人的器械，並擒獲斬殺多名洋匪。

朝廷當有諭旨命令總兵達洪阿等嚴格整頓在職的文武官員，增派兵勇，嚴密防守臺灣。另以諭令王得祿率領所部官兵移防臺灣，協同防衛、剿滅洋匪。

因日久未接獲後續的奏報，又再次諭令怡良等人探查實情並立即回報，現又將滿一個月，朕殷殷掛念。臺灣為福建海域的要地，向來為英國人的垂涎之地。此次駛入臺灣的船艦，雖經總兵達洪阿等人合力殲滅，難保沒有匪船再次駛入，希望報上次之仇。

現根據奕山（一七九〇—一八七八）等人奏報，英國人已派遣人回國要求增兵，將於明年春季滋擾臺灣等言論。臺灣總兵接到詔令後，應預先準備好要如何抗敵、調動軍隊、布防臺灣等事宜。不知現在的情形如何？有沒有再來滋擾臺灣。萬一英國人若是大舉進攻臺灣，駐守臺灣的官兵及召募的義勇，是否有足夠的力量來抵抗英軍的進攻？

至於要如何調度？如何布防？使用何種計謀？來達到必勝的目的，委由達洪阿會同王得祿（一七七〇—一八四二）費心的規畫，並將所計畫之內容一併奏報。並命令怡良（一七九一—一八六七）等祕密快速的探聽臺灣現在的狀況，根據實情上奏。」

給事中朱成烈奏請開發臺灣的番地，於是商議要開發埔裏社。

道光二十二年（一八四二），春季二月，英國的艦隊進犯大安港（在今日之臺中市大安區），被擊退。一群草莽烏合之眾的海賊進犯竹塹南方各港。夏季，淡水大豐收。

道光二十三年（一八四三），夏季四月，全臺灣的法定稅賦，改成徵收白銀。自從臺灣納入清廷的版圖後，漢人與番人的總人口數，約二百五十萬人。

道光二十四年（一八四四），夏季四月，臺灣縣因為法定稅賦，從米糧改成徵收白銀的原因，造成保西里（在今臺南市歸仁區北部）人叛變。皇帝下詔：逮捕臺灣縣知縣閻炘，革職查辦。

道光二十五年（一八四五），皇帝下詔：免除未繳納的法定稅賦。

道光二十六年（一八四六），淡水，大豐收。

道光二十七年（一八四七），夏季四月，福建總督劉韻珂（一七九二—一八六四）親自到臺灣，巡視埔裏社，奏請朝廷將其納入版圖。經廷議後，不同意。臺灣縣鍾阿三、鄒竷狗、洪紀等人造反，朝廷派兵平亂，鍾阿三、鄒竷狗、洪紀等人被殺。

道光二十八年（一八四八），徐宗幹擔任臺灣兵備道，整頓吏治，商議募兵，重振軍隊的士氣與紀律，整頓屯務，多有所創新。

道光二十九年（一八四九）。

道光三十年（一八五〇），夏季六月，淡水發生大水災，澎湖也有災害發生，官府與民眾辦理救災，賑濟災民，皇帝下旨嘉獎有功之官、民。

咸豐元年（一八五一），春季三月，澎湖發生大災禍，鎮、道兩府衙會商辦理撫恤災民，撥款白銀五千兩來賑濟災民。皇帝下詔：命令福建總督、福建巡撫分別辦理撫恤、賑濟災民，應該要徵收之土地、船等賦稅，延緩至咸豐二年秋季以後再徵收，以舒緩民力。

十月，皇帝又再下詔：「本年度臺灣府、澎湖廳兩地皆遭受風災，業已經降旨，分別延後徵收稅賦，一般的老百姓應該不至於流離失所。念在明年春季爲青黃不接的時期，民力未免拮据，現命令總督、巡撫等官員應該要體察民情，如果有需要朝廷接濟救助之處，應該要查明實情具體上奏，務必趕在朝廷年關停止辦公前上奏朝廷，好讓朕於新春時再下旨降恩，施恩於百姓。」

西方的輪船第一次來滬尾、雞籠進行商業買賣，依照大清的律法繳交稅賦。

咸豐二年（一八五二），夏季六月，澎湖颳大風，臺灣學子前往福建參加鄉試的船在草嶼（在今澎湖縣望安鄉）沉沒。

咸豐三年（一八五三），夏季四月，鳳山縣林恭造反，攻陷鳳山縣治，包圍臺灣府城。不久，噶瑪蘭廳吳磋也造反，這些亂事先後被平定。五月，大屯山發生地鳴三天三夜。六月，颳大風、下大雨。淡水發生漳州人、泉州人械鬥。鑄造咸豐錢。

咸豐四年（一八五四），春季一月，淡水發生福建人、廣東人的械鬥。四月，海賊黃位占據雞籠，朝廷派兵平定。美國水師提督彼理來臺灣勘查地理形勢。

咸豐五年（一八五五），械鬥仍未停止。枋橋（今新北市板橋區）、房裏（今苗栗縣苑裡鎮）修築城牆。十二月，淡水下大雨、冰雹。

咸豐六年（一八五六）。

咸豐七年（一八五七），春季一月，淡水下大雪。

咸豐八年（一八五八），海賊黃位又再進犯雞籠。英國與清廷訂約，開採臺灣的樟腦。

咸豐九年（一八五九）。

咸豐十年（一八六〇），開放滬尾、雞籠、安平、旗後（在今之高雄市旗津區）爲通商口岸，這是依照咸豐八年清廷與英、法兩國所訂訂的條約辦理。普魯士的戰艦愛爾比號至琅璚（今屏東縣恆春鎮）爲生番所阻，戰艦開炮轟擊番人。八月，澎湖颶大風，下鹹雨，毀壞房屋，吹翻船隻。

咸豐十一年（一八六一），設置全臺釐金局（釐金局，相當於今日之稅務局），歸兵備道管理。

同治元年（一八六二），春季一月，發生大地震。三月，彰化縣戴潮春造反，攻陷彰化縣城，臺灣兵備道孔昭慈戰死。後又圍攻嘉義縣治，進攻大甲，全臺動盪不安。

五月十一日，又再發生大地震，震毀房屋，壓死百姓。

六月，滬尾海關歸屬於總稅務司管轄。

十月，頒定全臺團練之制度。皇帝下詔：免除咸豐九年以前未繳納之法定稅賦。

同治二年（一八六三），冬季十月，新任臺灣兵備道丁曰健率兵至竹塹。

十一月，福建陸路提督林文察亦率兵至臺灣，於是光復了彰化縣城，斬殺戴潮春，戴潮春的餘黨也逐漸被平定。皇帝下詔：禁止在淡水廳開採煤礦的禁令，取消。

同治三年（一八六四），福州稅務司准許洋人在雞籠開採煤礦。淡水廳的百姓爭先開墾南雅（約在今桃園市大溪區）這地方。

同治四年（一八六五），皇帝下詔：「盤踞在漳州的賊匪（指太平軍）仍未平定，深恐賊匪與臺灣方面勾結，渡海來臺。著即命令臺灣鎮總兵曾元福（一八一〇—一八七八）、臺灣道丁曰健必須遵守之前的詔令，在各港口要塞妥爲防範，不得讓這群賊匪進入臺灣。」

英國人德克在淡水鼓勵人們種植茶葉，從此茶葉大爲興盛。倫敦長老教會開始派牧師來臺灣府治傳教。

同治五年（一八六六），將新莊縣的府衙移到艋舺。英國戰艦魯霧號到琅璚，遭受到生番攻擊。四月，淡水發生大疫情。十一月，噶瑪蘭廳的羅東發生發類械鬥，朝廷派兵平定。

同治六年（一八六七），美國船隻那威號到琅璚，遭受到生番攻擊，朝廷發兵與美軍合兵討伐生番。准許洋人進入臺灣的山林煉製樟腦。十一月，發生大地震。淡水發生大水災，毀壞房屋，死了很多人。

同治七年（一八六八），閩浙總督左宗棠（一八一二—一八八五）奏請裁減在臺的軍力，增加軍人的薪餉，朝廷同意，於是在臺軍力爲七千七百餘名，設置道、標、營。宣佈製鹽的相關制度，歸兵備道管轄。英人米里沙計畫要開墾南澳（今宜蘭縣南澳鄉）這地方。

同治八年（一八六九），秋季九月，英國軍隊利用夜色掩護突襲安平，水師副將江國珍戰死。

同治九年（一八七〇），臺灣設立通商總局，徵收茶、樟腦的稅金，及雞籠煤礦的稅金。

同治十年（一八七一），日本國琉球的漁民遭遇風災，漂流至琅璠，遭到生番殺害。秋季八月，颱大風，船舶大多被吹毀。

同治十一年（一八七二），加拿大長老教會第一次派牧師至淡水傳教。

同治十二年（一八七三），日本派出全權大使到北京，請求討伐生番，清廷不同意。

同治十三年（一八七四），日本派出軍隊討伐生番。朝廷命令福建船政大臣沈葆楨（一八二〇—一八七九）巡視臺灣。日本軍隊討伐生番事件告一段落後，沈葆楨奏請朝廷，福建巡撫移駐臺灣，處理後續事宜，設立團練總局。

十月，朝廷下詔：興建明延平郡王鄭成功祠，以明代的遺臣一百百十四人配饗，追諡鄭成功「忠節」。這是朝廷聽從臺灣士紳的請求。

光緒元年（一八七五），春季，設立臺北府，改淡水廳爲新竹縣，噶瑪蘭廳爲宜蘭縣。增設恆春縣、淡水縣兩縣。南路同知駐屯卑南，北路同知改爲中路，駐屯埔裏社，各自加強安撫番民，處理番政。命令福建巡撫冬、春兩季移駐臺灣，夏、秋兩季返回福建辦公。禁止漢人入山墾殖的禁令解除，這是聽從欽差大臣沈葆楨的上奏。

三月，討伐獅頭社（約在今屏東縣獅子鄉）的番人。北路統領羅大春開闢山路（今之蘇花古道）至奇萊（在今花蓮港附近）。宜蘭發生西皮、福祿兩黨械鬥，朝廷派兵平定。

光緒二年（一八七六），太魯閣的番人作亂，朝廷派兵討伐。四月，澎湖颱大風；十一月，福建巡撫丁日昌（一八二三—一八八二）巡視臺灣。

光緒三年（一八七七），福建巡撫丁日昌奏請豁免臺灣雜稅。五月，恆春知縣周有基查勘紅頭嶼（今之蘭嶼），將其納入版圖。奇密社（今之花蓮縣瑞穗鄉奇美村）的番人作亂，朝廷派兵討伐。六月，臺南發生旋風，所經過的地方，屋瓦全部被吹翻。冬季，興建埔裏社廳城。

光緒四年（一八七八），春季，澎湖颳大風，通判蔡祥麟請求朝廷賑災。秋季，臺灣東部發生的加禮宛、阿眉兩族（在今之花蓮縣）番人作亂，朝廷派兵討伐。

光緒五年（一八七九），冬季十月，福建巡撫勒方錡（一八一六—一八八〇）巡視臺灣。興建淡水縣儒學。

光緒六年（一八八〇），興建臺北儒學及登瀛書院（在今之南投縣草屯鎮）。

光緒七年（一八八一），福建巡撫岑毓英（一八二九—一八八九）巡視臺灣。改團練總局為培元總局。商議將臺灣道的府衙移往彰化縣。興建大甲溪橋，工程費款二十萬元。六月，臺南哥老會的會員密謀造反，查獲首謀二人，都是武官，被處以死刑。八月，臺南府治發生大火災。澎湖，發生災禍，官民合力賑濟災民。

光緒八年（一八八二），春季，在旗後擬建行臺及電報公所。九月，兵備道劉璈（？—一八八九）派人查勘新開設的道路及有關撫番事宜。

光緒九年（一八八三），在澎湖的西嶼修築炮臺。夏季五月，臺南府治發生大火。法國在越南滋生事端，皇帝下詔給各省，要籌辦軍務，準備可能發生的戰爭。臺灣兵備道總兵劉璈，認為臺灣孤懸海外，為沿海七省的屏障，防務最為重要，而如何籌備建置防務，又比內地各省更艱難。

臺灣四面環海，周圍約有三千餘里，無險可守；島內中央則山巒綿延，東西及南北約有兩千餘里，與生番地界緊靠。擬將全臺灣劃分成五個區域，配駐五支軍隊，命令他們負責各自防區的防守。並辦理水陸團練，籌款募兵，以加強戰備，準備應戰。

光緒十年（一八八四），夏季五月，任命直隸陸路提督一等男爵劉銘傳（一八三六—一八九六）

爲福建巡撫，到臺灣辦理軍務。夏季，流行大瘟疫，軍隊、百姓很多人染病死亡。六月，法國的戰艦進犯基隆，又再進犯滬尾，均被擊退。八月，法軍占據基隆，劉銘傳退守臺北。法軍封鎖臺灣的港口及對外連續的海路。

光緒十一年（一八八五），春季二月，法國戰艦進犯澎湖，占領媽宮澳。三月，清廷與法國達成和議。劉銘傳向朝廷上奏駐留臺灣，以辦理臺灣後續事宜。四月，澎湖又再流行大瘟疫，耕牛大多死亡。

九月，皇帝下詔：「臺灣爲南洋的門戶，關係緊要，自應該隨著時勢的改變而改變，以方便控制、管理臺灣。現將福建巡撫改爲臺灣巡撫，常年駐紮在臺灣。福建巡撫的業務立即由閩浙總督兼管。臺灣改制成省的一切後續事宜，由閩浙總督、臺灣巡撫詳細的研議。奏明朝廷後辦理。」於是任命劉銘傳爲臺灣巡撫，兼辦理學校教育工作。設置布政使司、支應局、機器局、營務處、電報總局。頒布並實施保甲制度。九月，馬萊社（約在今之新北市新店區）的番人作亂，劉銘傳派兵討伐。

光緒十二年（一八八六），春季一月，大嵙崁的番人作亂，劉銘傳親自帶兵討伐。二月，閩浙總督楊昌濬（一八二五—一八九七）巡視臺灣。

三月，皇帝下詔：「福建與臺灣的防務，關係緊要。閩浙總督、臺灣巡撫等應商議辦理所有的事宜，務求要同心協力，不要有臺灣、福建的分別，要顧全大局。上年度已諭令閩浙總督、臺灣巡撫等會議有關臺灣建省的各項事宜，要同時辦理好，不要有一點點的延遲耽誤。」將澎湖副將升爲水師總兵，歸臺灣巡撫就近管理、調度。

四月，劉銘傳到福州，與閩浙總督楊昌濬聯合上奏有關臺灣改制建省事宜。

五月，劉銘傳奏請朝廷要清理稅賦（就是重新丈量土地，改革租稅）。

六月，劉銘傳奏請朝廷設置撫墾總局，任命太常寺少卿林維源（一八四〇—一九〇五）爲全臺幫辦撫墾大臣。設置善後局、法審局、官醫局、伐木局。

九月，竹頭角（在今桃園市復興區）的番人作亂，派兵討伐。於是設立隘勇，改革屯政（屯政，軍隊屯田的業務），從事安撫番人開墾番地的工作。

光緒十三年（一八八七），興建臺灣巡撫衙門。將北路協營移往埔裏社，由副將駐守。將大稻埕（在今臺北市大同區）定爲與外國人通商的商埠。

五月，劉銘傳上奏朝廷，擬在臺灣修築鐵路，起自基隆，止於恆春。設置釐金局、招商局、清道局、樟腦局、礦油局。開設西式學堂、番人學堂、電報學堂。澎湖、基隆的炮臺改建，以整頓軍務。

八月，阿冷（大甲溪支流白毛溪附近的泰雅族阿冷社）的番人作亂，派兵討伐。

光緒十四年（一八八八），設置臺灣府，下轄臺灣縣、彰化縣、雲林縣、苗栗縣。將原臺灣府改名爲臺南府，原臺灣縣改名爲安平縣。將臺東廳升格爲直隸州，將基隆通判升格爲海防同知。修建藩庫（藩庫，即省庫。清代布政司所屬儲錢穀的倉庫）。頒定推行郵政。在八堵（在今基隆市暖暖區）設置煤務局，投資四十餘萬兩來開採煤礦，任命候補道張席珍負責督辦。此舉，讓朝廷的內、外大臣多有所嫉忌，而臺灣的士紳亦到處散布謠言，中傷劉銘傳。

七月，臺灣巡撫劉銘傳遭革除臺灣巡撫之職務，留在臺灣繼續處理業務。

八月，完成清理稅賦（就是重新丈量土地，改革租稅）。彰化縣施九緞（一八二九—一八九〇）因丈量土地的緣故，糾集民眾包圍縣城，朝廷派兵平定。卑南（今之花東縱谷）的番人作亂，朝廷派兵討伐。

光緒十五年（一八八九），興建臺灣府考棚。各縣多興建儒學。歲試，劉銘傳親自到考場主持。十一月，大嵙崁的番人作亂，朝廷派兵討伐。

光緒十六年（一八九〇），春季一月，蘇澳的番人作亂，劉銘傳親自帶兵討伐，平定番亂。

二月，日本駐福州領事上野專一來臺灣考察。歸國後，寫一篇專論〈臺灣視察復命〉，說：臺灣的物產、礦產豐富，一切的日常生活所須要的物品，無一不備齊，這是上天賜與的寶庫。然而臺灣的政治沿襲清國舊習，不思進取，將貨物、礦產棄置於地也不開採，也不覺得可惜。若以我東洋的未來發展、趨勢來看，日本不可不注意臺灣的動態。

不久，上海的英國領事也來臺灣勘查。

三月，將各軍隊分派至各地戍守。

九月，開始鑄造銀圓。命令各縣要添設義塾。

十月，劉銘傳以染病為由，上奏朝廷請辭臺灣巡撫，朝廷任命布政使沈應奎代理臺灣巡撫之職。而臺灣省籌劃設置兩道、四府、二直隸州、十二縣的計畫，至此終止。

光緒十七年（一八九一），春季三月，朝廷認命邵友濂（一八四〇—一九〇一）為臺灣巡撫，前任巡撫劉銘傳所推動的新政全部廢除。設置通誌局。秋季，大嵙崁、五指山（在今新竹縣五指山）的番人作亂，朝廷派兵討伐。

光緒十八年（一八九二），在臺北修建欽差行臺。六月，射不力（在今屏東縣獅子鄉）的番人作亂，朝廷派兵討伐。

光緒十九年（一八九三），修建明志書院（在今新竹市，已被拆除）。澎湖，發生災禍，通判朱上泮重建義倉。

光緒二十年（一八九四），以臺北為臺灣省的省會，設置南雅廳（約在今桃園市大溪區）。三月，朝鮮（今之南北韓）發生事端，臺灣實施戒嚴，以布政使唐景崧（一八四一—一九〇三）擔任臺灣巡撫。

卷四　獨立紀

光緒二十一年夏五月朔，臺灣人民自立為民主國，奉巡撫唐景崧為大總統。

初，朝鮮事起，沿海戒嚴。清廷以臺灣為海疆重地，命巡撫邵友濂籌防務。友濂，文吏也，不知兵。復以在籍太僕寺正卿林維源為會辦。維源，淡水人，家巨富。既又命福建水師提督楊岐珍、南澳鎮總兵劉永福為幫辦，各帶勇渡臺。二十年秋七月，永福率廣勇二營至臺南；八月，岐珍亦率十營入臺北；皆新募未練者。友濂檄（ㄒㄧˊ，文書通告）提督張兆連統十三營駐基隆，基隆為臺北門戶，炮臺在焉；道員林朝棟統臺勇守獅球嶺，以固臺北之隘；提督李本清統七營駐滬尾，嗣以廖得勝代之；而臺南悉委永福調度。部署方定，友濂辭職去，以布政使唐景崧署巡撫。景崧亦文吏，無遠略。澎湖為臺之附庸，群島錯立，防守維艱，總兵周鎮邦率練勇八營駐防，復命候補知府朱上泮以四營協守，臺灣亦岌岌可危。

二十一年春正月，景崧奏曰：「臺灣戒嚴以來，增防設備、一切情形，業經前撫臣邵友濂奏明在案。維日人今雖鴟張北洋，而其志未嘗一日忘臺灣，時時游弋，測探海道。故臺灣防備無異臨敵。而臺南海上，霜降以後，波浪平靜；澎湖亦形勢俱重；恆春縣轄自大港口至鳳山枋寮百有餘里，前時日人曾盤踞半載，熟悉地理，漢奸尚有存者，而該處未設炮臺，且防營單薄，深恐敵兵乘虛上陸，故加意防禦。幫辦臺灣防務南澳鎮總兵官劉永福與臺灣鎮總兵官萬國本俱駐臺南府城，遙制恆春，誠恐鞭長莫及，故以萬國本專備安平旗後一帶沿岸，劉永福專備鳳山東港以至恆春。兩鎮臣相距僅百餘里，事機仍足互商。各勒部曲，以事責成。唯劉永福僅帶兩營，似不足以為布置，乃急派委員至廣東添募四營。而恆春東港現在防營，悉歸節制，以一事權。汰其疲弱，以濟新募之餉。此則南路續辦防務之情形也。夫爭臺灣者必爭澎湖，蓋以澎湖可泊兵船，以為根據。若我不能保澎湖，則臺灣陷於孤立，其勢難守。而澎湖之媽宮、西嶼，互相對峙，中隔海程二十里，最為扼要。現在練勇僅有八營，斷難兼顧。因派候補知府朱上泮帶勇四營並炮隊前往協防。又設水陸雷隊，分處要地。唯該處素乏米薪，一切糧餉、軍裝，必須及時儲備，妥為接濟；現已竭力運往，俾無缺用。此則澎湖續辦防務之情形也。臺中為南北之樞紐，民情本易動搖，從來分紮勇營，僅以彈壓地方；故以今日形勢而觀，必有堅整之兵，方足以扼守海口。茲將現在四營，汰弱補強，大加整頓。即調福建候補道員楊汝翼為統領，壁壘一新，以壯中權聲勢。此則中路續辦防務之情形也。然兵船既少，物力又艱，措置頗難；籌維兩月，方能就緒。而基隆、滬尾尤為臺北之門戶。臣與提臣楊岐珍每事會商，鼓舞士氣，固結人心，以整防務。伏思臺北港口紛歧，防營雖多，分布尚弱。又以財力有限，不能遠圖。炮臺未密，軍械未精，目前猝難增易，自應隨時隨力，妥為設備。唯勿惜有形之財，以糜無形之財，勿損平時之備，以勞臨時之備，此則微臣之所不敢出者也。」

二月十九日，日本聯合艦隊司令長官海軍中將伊東祐亨率兵艦七艘、運船五艘，破浪而來。陸軍大佐比志島義輝亦率步兵三千，自佐世保而南，至澎湖。二十七日早，以第一游擊隊突入猴角。拱北炮臺見之，發炮擊，傷兩艦。而日軍別以小艇上岸，遂占尖山，再進太武山。後隊繼至，遂踞焉。朱上泮聞警，率定海營兵五百進戰。至太武社，前隊奮登。日軍以炮禦，不能進。本隊復至，鏖戰數時，乃退。越日黎明，日軍攻大城山，別以一隊擊拱北炮臺。清軍退於媽宮城外。先是高千穗艦長海軍少佐丹治寬雄率陸戰隊二百四十名，攜機關炮三門，潛入龍門港，據拱北炮臺之南，以扼圓頂歸路。既敗清軍，乘勝攻城。城兵潰，及午而陷。二十九日，日軍以炮擊西嶼，都司劉忠良死焉。遂搜豬母水村，守備郭俊山等率所部降。上洋敗後，乘漁舟走臺南。景崧怒，欲斬之。

當是時，北洋清軍迭次敗績，詔以北洋大臣肅毅伯李鴻章為全權大臣，東渡議和，子經芳輔之。日廷以總理大臣伊藤博文、外務大臣陸奧宗光為全權，會於馬關春帆樓，提議六款。索割遼東、臺灣。鴻章爭之。談論數日，許之。告博文曰：「臺灣人民如不願從，授受之際，恐生事變，當與中國無涉。」對曰：「此我國之責也。」鴻章又曰：「臺民素稱難治，聚眾戕官，視為常事。今聞割臺之信，經已鼓噪，誓不易主。」曰：「貴國但將治權讓出，則治臺之事，我國任之。」鴻章曰：「臺灣官紳交涉事件紛繁，應於換約後六個月，方可授受。」博文以為遲，乃定兩月。而割臺之約成。三月二十三日，各簽草約。其第二款曰：「清國將臺灣全島及附屬各島嶼，又澎湖列島，即英國格林尼次東經百十九度起至百二十度止、及北緯二十三度起至二十四度之間諸島嶼，永遠讓與日本。」又第五款曰：「本約批准互換之後，限二年之內，日本准清國讓與地方人民願遷居於外者，任便變賣所有產業，退去界外。但限滿之後尚未遷徙者，酌宜視為日本臣民。」

當是時，臺灣舉人會試在北京，聞耗，上書都察院，力爭不可。而臺灣紳民亦電奏曰：「割地議和，全臺震駭。自聞警以來，臺民慨輸餉械，固亦無負列聖深仁厚澤，二百餘年之養人心、正士氣，正為我皇上今日之用，何忍一朝棄之？全臺非澎湖之比，何至不能一戰？臣等桑梓之地，義與存亡，願與撫臣誓死守禦。若戰而不勝，待臣等死後，再言割地。皇上亦可上對列祖，下對兆民也。」不報。詔飭守土官撤回。景崧即電劉永福詢去就。復曰：「與臺存亡。」而獨立之議成。鎮、道、府、縣各納印去。提督楊岐珍亦率所部歸廈門。

先是，巡撫王之春聘俄，道次巴黎。南洋大臣張之洞命以臺灣質諸法，則法出有辭，未成。又欲以讓諸英，請主和局。密授其意於上海稅務司，轉商英領事，遂達英政府。駐英公使龔照瑗亦見外務大臣，告以故。外務大臣謝之曰：「此非本大臣之忘情於貴國也，亦非敝國之卻地以示廉也。貴國惘惘而贈之，敝國昧昧而受之，於英無利，於華有害，是以辭也。」故當俄、德、法阻割遼東之時，而英特居局外也。

初二日，紳士丘逢甲率人民等公上大總統之章。景崧受之，建元永清，旗用藍地黃虎。以兵部主事丘逢甲為義勇統領，禮部主事李秉瑞為軍務大臣，刑部主事俞明震為內務大臣，副將陳季同為外務大臣，道員姚文棟為遊說使，使詣北京，陳建國情形。設議院，集紳士為議員，眾舉林維源為議長，辭不就，餘亦不出，唯拔貢陳雲林、廩生洪文光、街董白其祥數人就職，以議軍國大事。於是布告全臺，照會各國領事，並為檄內外曰：「我臺灣隸大清版圖二百餘年。近改行省，風會大開，儼然雄峙東南矣。乃上年日本肇釁，遂至失和。朝廷保兵恤民，遣使行成。日本要索臺灣，竟有割臺之款。事出意外，聞信之日，紳民憤恨，哭聲震天。雖經唐撫帥電奏迭爭，並請代臺紳民兩次電奏，懇求改約，內外臣工，俱抱不平，爭者甚眾，無如勢難挽回。紳民復乞援於英國，英泥局外之例，置之不理。又求唐撫帥電奏，懇由總理各國事務衙門商請俄、法、德三大國併阻割臺，均無成議。嗚呼慘矣！查全臺前後山二千餘里，生靈千萬，打牲防番，家有火器。敢戰之士，一呼百萬，又有防軍四萬人。豈甘俯首事仇？今已無天可籲，無人肯援。臺民唯有自主，推擁賢者，權攝臺政。事平之後，當再請命中國，作何辦理。倘日本具有天良，不忍相強，臺民亦願顧全和局，與以利益。唯臺灣土地政令，非他人所能干預。設以干戈從事，臺民唯集萬眾禦之。願人人戰死而失臺，決不願拱手而讓臺。所望奇材異能，奮袂東渡，佐創世界，共立勛名。至於餉銀軍械，目前儘可支持，將來不能不借貸內地。不日即在上海、廣州及南洋一帶埠頭，開設公司，訂立章程，廣籌集款。臺民不幸至此，義憤之倫，諒必慨為佽（ㄘ，資助）助，洩敷天之恨，救孤島之危。」並再布告海外各國：「如肯認臺灣自立，公同衛助，所有臺灣金礦、煤礦以及可墾田可建屋之地，一概租與開闢，均沾利益。考公法：讓地為紳士不允，其約遂廢；海邦有案可援。如各國仗義公斷，能以臺灣歸還中國，臺民亦願以臺灣所有利益報之。臺民皆籍閩、粵，凡閩、粵人在外洋者，均望垂念鄉誼，富者挾貲渡臺，臺能庇之，絕不欺凌；貧者歇業渡臺，既可謀生，兼同洩憤。此非臺民無理倔強，實因未戰而割全省，為中外千古未有之奇變。臺民欲盡棄其田里，則內渡後無家可依；欲隱忍偷生，實無顏以對天下。因此槌胸泣血，萬眾一心，誓同死守。倘中國豪傑及海外各國能哀憐之，慨然相助，此則全臺百萬生靈所痛哭待命者也。特此布告中外知之。」

當是時，全臺之兵，土、客、新、舊為數三百數十營，每營三百六十人。景崧既駐臺北，以逢甲率所部戍附近，備策應。提督張兆連駐基隆，總兵陳永隆駐滬尾，道員林朝棟率棟軍駐臺中，幫辦防務總兵劉永福駐臺南。別設團練、籌防兩局，以紳士理之。以同知黎景嵩為臺灣知府，俞鴻為臺北知府，溫培華為埔裏社通判，史濟道知臺灣縣，羅樹勛知彰化，羅汝澤知雲林，李烇（ㄑㄩㄢˇ）知苗栗，凌汝曾知淡水，王國瑞知新竹，盧自鏘知鳳山，孫育萬知嘉義，歐陽萱知恆春。又以代理安平知縣忠滿兼護府道之印。唯臺東直隸州胡傳、南雅同知宋維釗仍舊，餘悉先去矣。全臺歲入正雜各項，計銀三百七十餘萬兩，而藩庫尚存六十餘萬兩。然自軍興以來，糈（ㄒㄩˇ，糧食）餉浩大，旋奏部撥五十萬兩，南洋大臣張之洞奏請續撥壹百萬兩，劃交駐滬援臺轉運局，以資接濟。猶恐不足用，林維源首捐一百萬兩，息借民間公款二十萬兩。而富商巨室傾貲助軍者，為數亦多。蒼頭特起，各備餉械。於是花翎侍衛許肇清起於鹿港，附生吳湯興起於苗栗，徐驤、姜紹祖起於新竹，簡精華起於雲林，所部或千人，或數百人，皆鄉里子弟慜（ㄇㄧㄣˇ，悲痛）不畏死者。而粵人吳國華、龐大斌各致其黨，分乘小艇入援。部署甫定，而日軍至矣。

煙臺換約之後，日廷以海軍大將樺山資紀為臺灣總督。而清廷亦以李經芳為委員，至臺授受。聞獨立，不敢登。是日會於基隆舟次，立約二條：一曰：「臺灣全島及澎湖列島各通商口岸並在府、廳、縣之城壘、軍庫及官業，概讓日本；二曰：臺灣至福建之海底電線，他日兩國政府別行商議管理。而臺灣劃歸矣。」當是時日廷以近衛師團長能久親王率師伐臺，次中城灣。以少將東鄉平八郎為海軍司令官，大佐福島安正為陸軍參謀，率浪速、高千穗兩艦赴淡水，就英艦詢臺事。炮臺擊之，乃駛去，游弋基隆。初六日，攻金包里，以綴臺軍。而第一旅團長川村景明潛由鼎底澳上陸。總兵曾喜照戍此，未戰而潰。初七日，越三貂嶺。景崧聞警，命吳國華率粵勇七百趣援。初八日，亭午，遇於瑞芳，接戰小勝。景崧復命胡連勝、陳杜波、包幹臣各率軍助戰。諸弁不和，退走基隆，而日軍又進矣。基隆為山海險要，炮臺在焉。提督張兆連率四營、通判孫道義領二營輔之。日軍以度嶺之艱，持糧步行。初九夜至基隆，兩軍互戰，各死傷。國華不能支，拔隊退。兆連冒雨至，黎明吹角，列陣再戰。而日艦松島、千代田、浪速、高千穗開炮擊岸上，兆連被困，親兵死傷略盡。陳得勝、曾喜照陷陣救之。得勝戰死，喜照亦殊傷，炮臺遂陷。

十三日，日軍以一大隊迫獅球嶺。臺人請景崧駐八堵，為死守計，不從。營官李文魁馳入撫署，大呼曰：「獅球嶺亡在旦夕，非大帥督戰，諸將不用命。」景崧見其來，悚然立，舉案上令架擲地曰：「軍令俱在，好自為之。」文魁側其首以拾，則景崧已不見矣。景崧既入，攜巡撫印奔滬尾，乘德商輪船逃。將出口，炮臺開炮擊之；適德兵艦泊附近，以其擊己船也，亦開炮擊。當是時潰兵四出，劫藩庫，焚撫署，土匪亦乘發，鬥死者五百餘人，哭聲滿巷。如是兩晝夜。林維源、林朝棟、丘逢甲相率去。艋舺紳士李秉鈞、吳聯元、陳舜臣等議彈壓，而無力可制。往商大稻埕李春生，請赴日軍求鎮撫，無敢往者。鹿港辜顯榮在臺北，見事急，自赴基隆，謁總督，請定亂。許之，日兵遂進。

十四日夜半至城外，城兵猶守戰。黎明乃陷。十五日，川村景明入臺北，以騎兵略淡水。十八日，能久親王至。二十一日，總督樺山資紀亦至，遂開府於此，以理軍民之政。

臺南既聞臺北之報，議奉永福為大總統。不從。請移駐郡治，強之乃許。設議院於府學，以舉人許獻琛為議長，稟生謝鵬翀（ㄔㄨㄥ）、陳鳳昌等為議員。郎中陳鳴鏘為籌防局長。士民上書論戰者項背相望，乃議防守之策。以知州劉成良統福軍駐旗後炮臺，提督陳羅統翊安軍備四草湖，中軍游擊李英統鎮海軍備白沙墩，周明標、張占魁兩營駐喜樹莊，都司柯壬癸統格林炮隊，合鄭超英、周得啓、孔憲盈各軍防安平；是為海口之防。以副將袁錫中統鎮海後軍駐卑南，參將吳世添統練軍駐郡城；是為內地之防。其勇營則總兵譚少宗之福字前軍、總兵李維義之新楚軍、副將楊泗洪之鎮海中軍、副將吳光忠之忠字防軍、都司蕭三發之福軍前敵、都司邱啓標之臺南防軍、守備王德標之七星旗隊、知縣忠滿之忠靖營、知縣劉光明之左右軍，其義民則進士許南英之臺南團練、吳湯興之新竹義軍、林得謙之十八堡義軍。於時土匪頗發，輒招撫之。各鄉均辦保甲，沿海亦練漁團，助守望。

日軍既得臺北，狥（ㄒㄩㄣˊ，攻占掠取）屬邑。以一軍取宜蘭，一軍攻新竹。二十日，陷南雅，余得勝率隘勇降。夜半，義軍猝至，伏險以擊，坊城隊退據娘仔坑，而圍之愈急，彈盡糧罄，死者過半，得援始免。其取宜蘭者，以二十一日至頭圍，二十九日入縣治。

閏月朔，日軍至鳳山溪，義軍要擊之。戰至暮，新竹遂陷。大小凡二十餘戰，北埔富民姜紹祖死焉。

初三日薄暮，日艦二艘窺安平，傍英、德兵船停泊。炮臺擊之，乃北去。

十二日，樺山資紀介英人移書永福解兵。書曰：「自從客歲搆（ㄍㄡˋ，遭遇，指兩軍交鋒）兵以來，我軍疊戰疊勝。貴國簡使議和，訂約數款，臺灣及澎湖列島皆為貴國所割讓。授受之後，本總督開府臺北，撫綏民庶，整理庶務，凡百就緒。邇聞閣下尚踞臺南，慢弄兵戈。適會全局莫定之運，獨以無援之孤軍，防守邊陬之危城，大勢之不可為，不待智者而知矣。閣下雄才大略，精通公法，然而背戾大清國皇帝之聖旨，徒學愚頑之所為，竊為閣下不取也。閣下若解廷諭，速戢（ㄐㄧˊ，止息）兵戈，俾民樂業，當以將禮送歸，麾下士卒亦應宥遇。現在臺北等處，收容降敗殘兵，付船送還原籍者，計有八千人。本總督素聞聲名，不嫌直告。順逆之理，維閣下審計之。」永福得書不從，復曰：「中日兩國同隸亞洲之土，講信修睦，載在盟府。不意貴國棄好尋仇，侵我疆域。中國宿將雄師，亦昭忠義，而兵機有失者，李鴻章之誤爾。自古興國之人，必先施仁布澤，而後可以得民心，而後可以感天意。刻下臺北時疫大作，貴國兵隊病故者多。民情不附，天災流行，已可概見。而閣下猶不及時省悟，余甚惑之。余奉命駐守臺灣，義當與臺存亡。來書謂余背戾聖旨，又何見理不明也。夫將在外君命有所不受，況臺南百姓遮道攀轅，涕泣請命。余既不敢忘『效死勿去』之語，又何忍視黎庶沈淪之慘？爰整甲兵，以保疆土。臺南雖屬邊陬，然部下數十營，皆經戰敢死之士；兼之義民數萬，糧餉既足，軍械亦精。竊以天之不亡臺灣，雖婦孺亦知之。閣下總督全師，為國大將，雄才卓識，超邁尋常，何不上體天心，下揆民意，撤回軍旅，歸我臺北。不唯臺灣百姓感戴不忘，而閣下大義昭然千古矣！」資紀知不可說，遂進兵。

初，吳湯興起兵苗栗。因餉事，與知縣李烇齟齬，飛電告急，彼此各執一辭。永福惶惑，令幕僚吳彭年率七星旗兵七百往，李維義副之。至彰化，臺灣府知府黎景嵩請以維義援頭份，彭年亦趣赴苗栗。六月二十日，日軍攻頭份，新楚軍副將楊紫雲戰歿，維義敗回。日軍攻苗栗，前敵諸軍請濟師，永福苦無以應。初，臺南獨立之時，道庫僅存銀七萬餘兩，府庫亦六萬餘兩，乃設官票局，權發鈔票，以莊明德理之。一時市上流衍，南北洋大臣各派員視師，謀接濟，且有俄人願任保護之語。四川舉人張羅澄寓書永福，請力守，將借韓藩外兵以援。然迫於盟約不成，而餉匱械絀，唯閩、粵總督各貽舊槍一二千桿、彈藥數萬粒而已。稅務司麥嘉林請設郵政局，未旬日而徵銀五千餘兩。二十日，責議院籌餉，咸束手無策。而前敵乞援急，乃搜括八千兩與之。再令幕僚羅綺章渡廈，籲援各省，辭甚哀痛。

二十八日，日艦三艦窺臺南。嚮午，一艦近安平，開兩炮而去。七月朔，復窺枋寮，已而至布袋嘴，以斥候上陸，詰永福所在。總兵譚少宗戍此，未敢戰。旬日以來，游弋臺南，沿海戒備。蓋欲以牽制永福而力撲大甲溪也。先是彭年援苗，急就地召募，未成。二十日，日軍破苗栗，李烇奔梧棲港，走福州。維義敗回，猝率所部拒戰，吳湯興、徐驤助之，稍勝。初四日，日軍以山根支隊進攻，大隊繼之。管帶袁錦清、林鴻貴皆戰死，吳、徐退守府治。彭年駐兵牛罵頭，將扼大甲溪，而募勇夜譁，撤回彰化，電告永福濟師。彰化為中路重邑，舉人施菼（ㄊㄢˇ）、貢生吳德功設籌防局，謀戰事。永福檄安平知縣忠滿援之，滿不可。遣人說永福出戰，而己居守。永福怒，以鄭文海知縣事。乃率四營往，逗留不進。吳湯興所部索餉，環府門而譁。知府黎景嵩不能制，請彭年兼統之，再電濟師。永福疑其規避，不聽。而日軍已迫大肚溪矣。城僚議棄城，彭年止之，再電聞。令曰：「兵來禦之，死守無恐。」乃移駐城外。次日，遇日軍結筏渡溪，徐驤拒之，伏叢莽中狙擊。日軍將濟，而李邦華亦率鄉勇數千至。然日軍野炮甚厲，死者千餘人。吳湯興、沈仲安來援，截日軍為二，擊退之。次日，再戰於李厝莊，小勝。將奪大甲，而諜報葫蘆墩危，提督陳尚志戰死。彭年調彰化知縣羅樹勛援之，會於頭家厝莊。莊豪林大春、賴寬預設國姓會，連絡數十社，率子弟千人助戰，相持一日夜，終不敵。初五日，府城陷，樹勛收兵回。而日軍亦繞過北投，分兩隊，以川村為左翼，山根為右翼，進攻彰化。彰城小如斗，八卦山在其東，俯瞰城中，山破即城亦破，故建壘其上。晚，旱雷兵二百自南至，欲布雷於溪畔，而旱雷自海運鹿港，緩且不及。翌日，彭年誓師，以王得標率七星旗兵三百守中寮，劉得勝率先鋒營守中莊，孔憲盈守茄荖腳，李士炳、沈福山各率所部守八卦山。初九日黎明，日軍以一中隊涉溪，迫黑旗營；又以一中隊擊其背。彭年開壁出，而別隊已直搗八卦山。吳湯興、徐驤拒戰，力竭彈罄，湯興死焉。彭年回軍救，率眾奪山，中彈死，李士炳、沈福山、湯人貴皆歿，死者幾五百人。景嵩、樹勛各微服逃，日軍入城。

初十日，日軍陷雲林，進據大莆林。別以一軍略埔裏社，鋒銳甚。永福赴曾文溪籌防。黃榮邦、林義成、簡成功及子精華均受撫，願效死。十一日，副將楊泗洪率鎮海中軍及格林炮隊取大莆林，義成、精華各以所部數千助戰。日軍北，泗洪追之，中炮死。管帶朱乃昌力戰，奪屍歸，反身再鬥。而日軍山炮隊至，聲震山谷。臺軍伏蔗林中以戰，左右奮擊。日軍退。乃昌麾兵逕取大莆林。遙見火光燭天，聲喧甚，詢之，則榮邦、義成來援也。乘勢入大莆林，殺傷過當；乃昌亦血戰死。永福令都司蕭三發率福軍前敵代泗洪，以銀三千兩犒軍。十三日，檄成功統義軍。守備王得標、嘉義知縣孫育萬會師，與精華之兵合克雲林。日軍入山，遇覆殲焉。又敗之於蘆竹塘。十六日，三發趣諸軍取彰化，自辰戰至日中，阻於日炮不能進，據險以守。當是時軍聲頗起，中、北各路約期俱舉，而臺南餉械已絕。永福又命吳桐林渡廈乞助，遍走沿海，無一應者。二十五日，精華、榮邦連戰俱捷，獻馘（ㄍㄨㄛˊ，戰功）請餉。八月初二日，再電請，語悲痛，僅括千五百兩以濟之。附近莊民多椎牛食軍，故不餒。方彰化之陷，徐驤率二十人走後山，間道至南。永福慰之，令入卑南募悍卒，得七百人，皆矯健有力者，馳赴前敵。彰化諸軍攻圍久，彈藥將罄。初六日，榮邦誓師決戰，中戰死。初七日，義成再攻城，亦殊傷。十三日，日軍大舉猛撲三發之營，徐驤、精華援之，相戰數日，驤死，諸皆受傷莫能起，雲林復陷。永福嘆曰：「內地諸公誤我，我誤臺人！」

十九日，日軍攻嘉義。王德標初營郊外，至是走入城。日軍駐營，夜半地雷發，轟死者七百餘人。翌日，以炮攻城，陷東門。總兵柏正材、營官陳開檍、同知馮練芳、武舉劉步陞、生員楊文豹等皆死，德標隨精華奔後山。二十一日，略鹽水港，別以一軍由海道至布袋嘴。譚少宗之兵與戰，敗。至鐵線橋，沿途莊民持械拒戰，相持數日，生員林崑岡死焉。殺傷大當，以故不能越曾文溪而南。二十三日黎明，日軍登枋寮，入恆春，遂略東港，以取鳳山。

當嘉義之陷，永福知事不可為。二十一日，介英領事歐思納致書樺山資紀求成。於時日艦大集澎湖，歐思納乘英艦披古至，副總督高島鞆之助見之。書曰：「查本年四月間，兩軍戰事已畢，海宇共慶昇平。唯和約中有臺灣全島割讓貴國一節，臺民以久隸大清國版圖，世受皇恩，不願反顏東向。是時我國遣官到臺，密行慰諭，而民心匪石可轉，公舉本總兵為兼辦臺事大臣。本總兵以未奉明諭，無奈徇其所請，即以力保臺民為己任，然非有自私自利於其間也。及見臺民自遘戰禍以來，其苦反難言諭。為此咨請貴督，願以全島相交。唯尚有二事相求者：貴部兵既至臺南，不論何等民人宜悉優待，而不加以懲罰，一也；本總兵部下弁兵急須內渡，乞速撥船安送回陸，不論閩、浙、粵東，或南洋大臣處，皆隨尊意，二也。此二者度貴督亦必視為要圖，故敢以為請。如別無指駁，即當迅備交臺事宜，立候咨復。」鞆之助復書拒絕。二十四日，永福又委弁至披古，求見英、荷兩領事，邀往吉野。兩領事卻之，以永福不至，雖往無益也。是日吉野至安平，以書與永福，約明日辰刻，至艦議款，否則開戰。兩領事亦力勸，終不敢行。而日軍已海陸併進矣。二十六日，日艦七、運船二攻旗後炮臺，守將劉成良，永福義子也，互擊兩時許，臺陷，逃歸臺南。永福怒，欲斬之。翌日入鳳山，二十八日略舊城，以騎兵迫臺南。鄭青拒之於二層行溪，郡中大震，爭舟走廈門。

九月朔，永福議退於關帝廟莊，據山以守，而警報疊至，倉猝未能行。初二日過午，有武弁自安平馳馬入，大呼援兵至，郡人欣然有喜色。入夜，永福率親兵數人視安平炮臺，遂乘英船爹利士以去。翌日，陳修五、吳道源介英牧師宋忠堅至第二師團前哨，請鎮撫。初四日辰刻，日軍入城，海軍亦至安平，遺兵二十餘人被殺，而臺灣民主國亡。

譯文

張崑將、張溪南．注譯

清光緒二十一年（一八九五）夏天，五月一日，臺灣人民自立爲民主國，推舉清朝末代巡撫唐景崧（一八四一－一九〇三）就任大總統。

之前，朝鮮動盪，日本出兵占領漢城，清廷對於海防開始嚴加戒備。由於臺灣是固守海上疆域的重要地方，早在邵友濂（一八四〇－一九〇一）擔任臺灣巡撫期間就命令他必須加強海防軍事要務；但邵友濂是文官，對於行軍打仗和軍事防務沒有經驗，清廷便命令在臺灣的太僕寺正卿林維源（一八四〇－一九〇五）協助辦理海防事務。維源，是臺北府淡水縣人，家財萬貫。接著清廷又加派福建水師提督楊岐珍（一八三六－一九〇三）、南澳鎮總兵劉永福（一八三七－一九一七）帶領軍隊渡海來臺灣協防：光緒二十年（一八九四）秋天，七月，劉永福率領廣東來的兵勇（黑旗軍）二營駐紮臺南府；八月，楊岐珍也率領十營兵勇進駐臺北府，這些兵勇大多是新召募且未經訓練。邵友濂也徵調提督張兆連率領十三營兵勇戍守基隆，因爲基隆是港口，有炮臺，是出入臺北的門戶；並調派道員林朝棟（一八五一－一九〇四）率臺灣的兵勇鎮守基隆港的獅球嶺炮臺，以鞏固臺北府的重要隘口；又調度提督李本清率領七營兵力駐守滬尾（今新北市淡水區），後來李本清求去，改派廖得勝取代之；臺南府地區的防務就全部交付劉永福調度。邵友濂一番布署後，便稱病告假辭職，清廷隨即以當時臺灣布政使唐景崧接任臺灣巡撫；景崧也是個文官，沒有遠大謀略。澎湖地區的地理位置算是臺灣的附屬地區，由許多錯落的島鏈組成，防守艱困不易，由總兵周鎮邦率領八營團練的兵勇駐防，後來又調度候補知府朱上泮四營兵力協防，並分別派駐有水中、陸地的布雷隊，在澎湖沿海岸邊警戒備戰。當甲午戰爭時，清朝水師屢被擊敗，朝廷曾下詔要調派劉永福率兵離開臺灣北上山東支援，但劉永福並沒有成行，威海（今山東省威海市）、旅順（今遼寧省大連市旅順區）便相繼失守，臺灣的處境也變得岌岌可危了。

光緒二十一年（一八九五）春天，正月，唐景崧向朝廷呈遞奏文：「臺灣自嚴加戒備以後，增強防務的情況，已由前任巡撫邵友濂奏明在案。只是日本人現今雖然只在黃海、東海等北洋一帶耀武揚威，但其對侵略臺灣的野心未曾絲毫放棄，時常在附近海域巡航，探測航線，所以臺灣必須要有將臨大敵的防備。而臺南的外海一帶，霜降（九月底）過後便波平浪靜，附近的澎湖群島的戰略地位更加重要。恆春縣從大港口（今屏東縣滿洲鄉港口村）到鳳山、枋寮，海岸線南北縱長達百多里，之前日本人曾出兵強占盤踞有半年之久[1]，對當地地理環境頗爲熟悉，且有漢奸通敵，這一帶又未設置炮臺，防守兵力單薄，敵兵有可能會從這地方趁虛登陸，所以必須加強防禦。幫辦臺灣防務的南澳鎮總兵官劉永福與臺灣鎮總兵官萬國本（一八三四—一九〇二），兩位鎮守地方的大臣都駐紮在臺南府城，想遙控恆春的海防，恐怕會鞭長莫及。所以將萬國本調度負責安平、旗後（今高雄市旗津北部地區）一帶沿岸的防務，劉永福則負責鳳山、東港一直到恆春的海岸防務，這樣他們相距才百多里，遇有緊急軍事要務可相互商議、支援，平時也可各自統領所部，做好防務布署的準備。但劉永福所部僅有二營，兵力不足其防衛布署，便緊急調派人員到廣東一帶增募四營兵勇，並將恆春、東港現在

1 指發生於清同治十三年（一八七四）的牡丹社事件後，日軍曾在龜山（今屏東縣車城鄉國立海洋生物博物館附近）駐紮約半年。

的防營兵力，都歸劉永福統轄，讓事權能夠專一，也趁此機會將疲弱兵勇淘汰，可減少最近募集軍餉的支出，以上是南路防務後續的辦理情況報告。大概要想攻取臺灣就必須先攻占澎湖，因爲澎湖可用爲停泊船隻、艦隊的中繼站。如果我軍不能保住澎湖，那就會讓臺灣陷於孤立無援，很難防守。而澎湖的媽宮（今澎湖縣馬公市）、西嶼隔海相互對峙，兩島相距海程約有二十里，軍事地位最爲重要，現在那地方僅有八營團練的兵勇防守，勢必無法兼顧。因此派候補知府朱上泮帶四營兵勇和大炮部隊前往協助防守，也在重要地點設置水陸兩棲的布雷部隊。但澎湖地區一向短缺米食，所有的糧餉和軍事裝備，必須要能及時儲備，隨時運補；現在已盡全力將物資和裝備運往該處，不致有所短缺，以上是澎湖防務後續的辦理情況報告。臺中地區爲臺灣南北的樞紐，民心本就不穩、容易被煽動作亂，歷來只分派一些兵勇駐紮，也只是用來鎮壓地方；但以現今形勢看來，必須再增添堅強完整的兵力，才能夠據守敵人從海口來攻。現將當地四營兵勇，汰弱補強，大力整頓一番，調派福建候補道員楊汝翼爲部隊統領，防禦戒備的陣容不同以往，壯大了中部軍事防衛的聲勢，以上是臺灣中路一帶防務後續的辦理情況報告。然而目前船艦不多，物資籌措艱難，必須得花兩個月的時間，才能就緒。基隆、滬尾（新北市淡水區）這兩個地方是臺北出入的重要門戶，臣經常與水師提督楊岐珍會商戰情，藉以鼓舞士氣，團結軍心，以整飭防務。但整體評估臺北附近港口多而雜，防守的營勇雖然很多，但兵力分散就顯得薄弱。因經費有限，無法從別處調度增援。炮臺設置的防衛網還不夠密，軍械裝備也不夠精良，一時之間很難增添改良，只能從現在開始隨時建設，讓一切防禦設施更加完備。在這樣艱困的情況下，如何不因節省有形的經費，而減損無形的經費（指戰力而言）；如何不減損、維護平時的戰備，以免造成臨時緊急備戰時的負擔與辛勞，這是微臣之所以對北路不敢隨意命令調整的原因。」

早在二月十九日（一八九五），日本聯合艦隊司令長官海軍中將伊東祐亨便率領軍艦七艘、運補船艦五艘，浩浩蕩蕩破浪航行而來。陸軍大佐比志島義輝也率領步兵三千，從長崎佐世保[2]朝南航行到澎湖。二十七日早上，以第一游擊隊從猴角[3]突圍進入，拱北炮臺發現後，便發炮攻擊，擊中兩艦，日軍另外用小艇登陸，占領龍門的尖山村高地，向太武山推進，後面支援部隊陸續到達，便盤踞此處等待進攻。朱上泮接獲警訊，便率領定海營五百兵勇前往迎戰，到太武村，前鋒部隊奮勇衝鋒，日軍用炮擊抵禦，無法前進。主力部隊先後趕到，激戰多時，仍然敗退，隔天早上天亮時刻，日軍攻大城山（今澎湖縣拱北山），另外派一小隊襲擊拱北炮臺，清軍敗退回媽宮城外。在此之前，高千穗[4]艦長海軍少佐丹治寬雄早已率領陸戰隊二百四十名，帶三門機關炮，暗中潛入龍門港，占領拱北炮臺的南邊，控制了山頂下山的去路，清軍敗退後，便乘勝合擊攻城。守城的清軍潰敗，到了中午馬宮城淪陷。二十九日，日軍再用炮轟炸西嶼，都司劉忠良戰死。接著日軍在豬母水村（今澎湖縣馬公市山水里）進行搜捕，清軍守備郭俊山等人率所統領的部隊投降。朱上泮戰敗後，搭乘漁船逃到臺南，唐景崧很生氣，想以軍法斬殺朱上泮。

當初，清朝北洋軍打了幾次敗仗後，便下詔以北洋大臣肅毅伯李鴻章（一八二三—一九〇一）為全權大臣，東渡負責和日本議和，其兒子李經芳（一八五五—一九三四）也跟隨輔助。日本政府以總理大臣伊藤博文（一八四〇—一九〇九）、外務大臣陸奧宗光（一八四四—一八九七）為全權代表，

2 位於日本長崎縣北部，該縣第二大城市，目前設有駐日美國海軍基地。

3 應為今澎湖縣湖西鄉新龍門村裡正角，該處現設有「裡正角日軍上陸紀念碑」。

4 日本高千穗號艦是舊日本海軍最初兩艘防護巡洋艦之一，與其姊妹艦浪速號曾在甲午戰爭中與清朝北洋艦隊聯合作戰，後來參與日軍接收臺灣的一系列軍事行動。

在日本山口縣馬關（今日本山口縣下關市下關港）的春帆樓密會，日方提出六款條件，其中有要求清廷割讓遼東半島、臺灣地區，李鴻章據以力爭，會談數日後，竟然答應。李鴻章告訴伊藤博文說：「臺灣人民如果不願順從這個合約，在交接的時候恐怕會有亂事發生，這應該和中國無關。」伊藤博文回說：「關於這點我們國家會負責處理。」李鴻章又說：「臺灣人民一向很難治理，聚眾作亂殺害官員，是經常發生的事。現在光聽到割讓臺灣的訊息，都已經吶喊喧囂，發誓不換統治者。」伊藤博文再回說：「貴國只要將統治權讓出來，那麼治理臺灣的事就是我國的責任了。」李鴻章又說：「臺灣官員和仕紳要協商談判的事件多而繁雜，應該在換約生效後有緩衝期六個月，之後再進行接收。」伊藤博文認爲時間拖太長，遂定爲二個月，於是割讓臺灣的《馬關條約》就這樣簽訂了。三月二十三日（西曆為一八九五年四月十七日），簽署了草約。條約內容第二條明訂：「清國將臺灣全島及附屬各島嶼，含澎湖列島，即英國格林尼次（即格林威治，Greenwich）東經一一九度起至一二〇度止、及北緯二十三度起至二十四度之間諸島嶼，永遠割讓給日本。」又第五條明訂：「本約批准互換之後，限二年之內，日本應准許清國所割讓地方的人民願遷居到外地者，讓他們能自由變賣所有產業，離開條約所界定的地區。但期限到了之後還沒有遷徙者，應將他們當成日本臣民對待。」

在那個時候，臺灣出身的舉人在北京會試，一聽這消息，便聯名呈遞書面向都察院[5]陳情，力爭不可將臺灣割讓給日本。同時臺灣的官員和仕紳們也發電報向朝廷上奏：「割讓領土和日本議和，全臺震驚害怕。自從聽到這壞消息以來，臺灣人民慷慨捐輸糧餉並添購軍械，展現不想辜負歷代聖賢們深厚仁愛和恩惠的決心，二百多年來所涵養的民心、激勵的士氣，此時此刻正可以爲我皇上所用，怎

5 都察院，清朝官署名，主掌監察、彈劾及建議。與刑部、大理寺並稱三法司。

能忍心就這麼輕易的拋棄？全臺不比澎湖，不至於那麼不堪一戰！臣等決定與家園故里共存亡，願與巡撫大人（唐景崧）誓死守護防禦。如果抗戰之後無法取勝，待臣等死後，再商議割地的事也還不遲。皇上便可上對得起歷代祖先，下對百姓們也有個交代。」這份奏文並沒有往上呈報，反而下詔命令臺灣地方官員撤回大陸。唐景崧馬上發電報給劉永福詢問去留，劉永福回覆說：「和臺灣共存亡！」於是成立臺灣民主國的決議達成共識，各營鎮、兵備道、知府、知縣等大小官員紛紛交出印信離開臺灣，水師提督楊岐珍也奉旨率領他所屬營鎮回到廈門。

在此之前，巡撫王之春（一八四二—一九〇六）曾經出使俄國[6]，回途經過法國巴黎，南洋大臣張之洞（一八三七—一九〇九）命他向法國政府提出協助保護臺灣的要求，但遭法國委婉拒絕，沒有成功。又想要將臺灣割讓給英國，換取英國出面主持議和的局面。清廷將這個提案祕密傳達給上海稅務司，再轉英國領事商議，最後傳達給英國政府。清廷駐英公使龔照瑗（一八三六—一八九七）也前往謁見英國外務大臣，告知清廷的提議。英國外務大臣回絕並說：「這並不是本大臣不念與貴國的情面，也不是敝國假清高不要臺灣這塊土地。貴國於失敗中徬徨無依要來贈送這塊土地，敝國若不明就裡暗中接受，對英國並無好處，對於清國也有害處，所以敬謝不敏。」因此，當俄國、德國、法國聯合阻止並干涉割讓遼東半島的時候，英國置身局外冷眼旁觀。

五月二日當天，仕紳丘逢甲（一八六四—一九一二）帶領各方人民代表呈送大總統的大印章，唐景崧接過大印就任臺灣民主國大總統，建年號為「永清」，以「藍地黃虎旗」為國旗，任命兵部

---

6 一八九四年中日甲午戰爭期間，俄國沙皇亞歷山大三世病逝，皇太子尼古拉二世繼位，為了聯俄抗日，清光緒二十年（一八九四）冬，清廷派湖北布政使王之春以唁賀使臣的身分出使俄國。

主事丘逢甲爲義勇軍統領，禮部主事李秉瑞（一八五六—一九一七）爲軍務大臣，刑部主事俞明震（一八六〇—一九一八）爲內務大臣，副將陳季同（一八五一—一九〇七）爲外務大臣，道員姚文棟（一八五三—一九二九）爲遊說使，出使前往北京，向清廷報告建國情形。設置議院，各地仕紳選任爲議員，大家一致推舉林維源爲議長，但他堅辭不肯就任，影響所及，其他仕紳也不肯出任議員，只有拔貢陳雲林、廩生洪文光、街董白其祥等數人就職[7]，共同議決跟國家有關的重大事務。接著便布告全臺，照會各國領事，並發布聲討文書曉諭島內外：「我臺灣隸屬大清版圖已經有二百多年，最近升格改爲行省，政治局勢廓然開展，大有昂然屹立於中國東南的氣勢。去年日本挑釁引起爭端，中日兩國無法和睦相處。朝廷爲保存軍事力量、顧憐百姓，派遣欽差大臣前往日本議和，日本想索取臺灣，竟然開列割讓臺灣的條款。這事完全出乎意料之外，聽到這訊息當天，臺灣各界無不憤慨悲恨，哭聲震天。雖然經過唐景崧巡撫發電報多次爭取勸諫，也受臺灣各界請託代發兩次電報上奏，懇求改變條約內容，朝廷內外群臣百官，都爲臺灣抱不平，向上勸諫的人很多，無奈頹勢難以挽回。臺灣各界又向英國請求援助，英國自認是局外人、不便干涉，置之不理；又請求唐巡撫發電報上奏，懇請由掌管外國事務的官府（總理各國事務衙門）商請俄國、法國、德國三大國聯合阻止割讓臺灣一事，都沒有獲得回應。唉！悲慘啊！翻遍全臺灣前後山二千餘里，有百姓千萬人，爲了捕抓獵物、防範番人侵擾，幾乎家家戶戶都備有槍、炮等武器；敢於戰鬥的勇士，登高一呼，便有百萬之眾，又有鎮守的

---

7 拔貢、廩生和街董都是清代仕紳的頭銜，拔貢：是清代一種選舉貢生的制度，由各省學臣於生員（在府、縣學就讀的學子）內進行考試，在考取一、二等之生員內遴選文書行政能力優者拔入太學，送國子監，稱之拔貢。廩生：清代府、縣學中配有公家膳食的生員，又稱廩膳生。街董屬地方領袖，類似今日鄉鎮長、議員或村里長之類的角色。

營鎮四萬人，怎能就此甘心低頭侍奉仇敵？現在已經叫天天不應，求人人不理，臺灣人民只能自己當家作主，擁戴賢能的人，出面暫時處理臺灣的政務。等事件平息之後，到時再向祖國請示，要如何處理。如果日本人還存有良心善性，不忍心強加逼迫，臺灣人民也願意顧全和平的大局，給予相對的利益；獨獨臺灣的土地和政策法令，不能由別人來干涉。假設眞要發展到發動戰爭的地步，臺灣人民也只有團結千萬人民來抵禦；寧可人人戰死而失去臺灣，也絕不願這麼容易就拱手讓出臺灣。期望有才智出眾的能人異士，奮發東渡來臺，協助開創新世界，一起揚名立萬。至於戰爭所需的軍費與武器，目前勉強可支撐，將來必須得向中國內地借貸。不久馬上會在上海、廣州及南洋一帶的通商口岸，開設公司，簽訂辦事規則，擴大籌募經費。臺灣人民不幸淪落到此地步，胸中充塞正義怒火的同志們，想必能慷慨資助，以發抒鋪天蓋地的怒火，拯救孤島即將來臨的浩劫。」並且再發一布告給海外各國：「如果肯承認臺灣自立爲國的國家，請共同協助防衛，臺灣將提供所有金礦、煤礦以及可耕種、可建屋的田地，全部可以讓租供開闢，大家共享利益。我們研究過國際法：主權國家割讓土地如果不爲人民應允，這樣的條約無效，鄰近國家有案例可循。各國若能秉公主持正義，能夠讓臺灣回歸中國，臺灣人民也願意用臺灣的所有利益來回報。臺灣人民大多是祖籍福建、廣東，所有福建、廣東的人定居在海外者，希望你們基於同鄉情誼給予關懷，有錢的人攜帶錢貨渡臺，臺灣會盡全力庇護，絕不讓其受到欺壓侮辱；生活窮困的人歡迎結束營業來臺，既可找到工作維持生活，同時也可發洩內心的憤恨。這並不是臺灣人民要無理取鬧、強硬行事，實在是因爲未經抵抗奮戰就將全省割讓，這是古今中外未曾有過的奇特變亂。就算臺灣人民想拋棄全部的田產，回到內地後也是失去家庭、沒有地方可依靠；想強忍著苟且求生，也實在沒有臉來面對天下人。因此即使悲痛到捶胸泣血，還是決定全國上下團結一致，堅決要死守臺灣。如果中國豪傑人士及海外各國能哀憐臺灣，慷慨相助，這是全臺百萬百姓雖傷心痛哭但仍衷心期待的。特別在此布告中外知之！」

當初，全臺的兵力，本地的、外來的、新召募的、舊編制的數量總共有三百數十多營，每營有三百六十人。唐景崧已駐留臺北，以丘逢甲統率的部隊防衛其附近，可相互協同作戰。提督張兆連駐防基隆，總兵陳永隆駐防淡水，道員林朝棟率棟軍駐防臺中，幫辦防務總兵劉永福駐防臺南。另外增設團練、籌防兩個局，由地方上有聲望的人擔任。以同知[8]黎景嵩任臺灣府知府，俞鴻任臺北府知府，溫培華任埔裏社通判[9]，史濟道任臺灣縣知縣，羅樹勛任彰化縣知縣，羅汝澤任雲林縣知縣，李烇任苗栗縣知縣，凌汝曾任淡水縣知縣，王國瑞任新竹縣知縣，盧自鑠任鳳山縣知縣，孫育萬任嘉義縣知縣，歐陽萱任恆春縣知縣。又任命代理安平知縣忠滿兼臺南知府。只有臺東直隸州知州胡傳、南雅同知宋維釗照舊未變，其餘的官員都已經離去（回中國大陸）。全臺一年中正項、雜項的總收入，總計經費有三百七十餘萬兩，而布政司所管轄的庫銀尚存中十餘萬兩。但是從軍事行動開始布署以來，軍糧給養所需非常多，朝廷才剛撥付五十萬兩，南洋大臣張之洞也奏請朝廷補充撥給一百萬兩，交付給駐滬援臺轉運局，作爲資助支援的經費。因擔心經費還不夠用，林維源第一個捐出一百萬兩，還有借給民間孳息的公款二十萬兩，其他富商望族出錢幫助軍費所需的，數量也很多。各地臨時召募的民兵紛紛興起，都各自籌備糧餉和武器，於是花翎侍衛[10]許肇清（一八五六—一九〇〇）在鹿

8 清代官職名，位階約為正五品，其職掌通常為佐理知府之鹽政、緝捕盜匪，海防等行政事宜。
9 清代官職名，多半設立在邊陲地帶，以彌補知府管轄不足之處。
10 花翎侍衛應是藍翎侍衛，清代武官名稱，屬正六品。

港起兵，附生[11]吳湯興（一八六〇—一八九五）年在苗栗起兵，徐驤（一八六〇—一八九五）、姜紹祖（一八七六—一八九五）起兵於新竹，簡精華起兵於雲林，他們率領的部眾有的達千人，有的數百人，都是各鄉里間哀痛但不怕死者的子弟們。另外有廣東人吳國華、龐大斌各招引群眾，分別搭乘小船到臺灣援助。一切布署剛就緒，日軍就已到來了。

《馬關條約》在山東省煙臺港換約之後，日本政府任命海軍大將樺山資紀（一八三七—一九二二）為臺灣總督。而清廷也任命李經芳為交接委員，到臺灣辦理交接手續，聽到臺灣已宣布獨立建國，不敢登陸上岸，便在基隆外海的日本船艦上辦理交接[12]，訂下二條條約：第一條：「臺灣全島及澎湖列島各通商口岸以及在府、廳、縣各地的城池營壘、儲藏軍用器械的府庫及官府產業，全部讓給日本。」第二條：「臺灣到福建的海底電纜，將來兩國政府另外再商議管理。」臺灣就這樣劃歸給日本了。在那同時，日本政府派近衛師團長北白川宮能久親王（一八四七—一八九五）率領軍隊遠征臺灣，已抵達沖繩的中城灣[13]。再派少將東鄉平八郎為海軍司令官，大佐福島安正為陸軍參謀，統率浪速、高千穗兩艘軍艦航抵淡水，靠近英國艦船想探詢臺灣的情事。位於淡水的炮臺發炮攻擊，便航行離開，在基隆外海來回巡航。五月六日，用炮轟金包里[14]一帶，以牽制臺灣的兵力。而第一旅團

---

11 清代入府、州、縣學就讀的生員，無廩膳可領者便稱為「附生」。

12 李經芳到臺灣基隆外海日本船艦「橫濱丸」號上辦理臺灣交接手續的日期為一八九五年六月二日，即清光緒二十一年五月十日。臺灣民主國成立於一八九五年五月二十四日，即清光緒二十一年五月一日。

13 日本位於沖繩中部的重要軍港，建有中城城，二〇〇〇年十一月與首里城等琉球王國的城堡和相關遺產群被列為世界遺產名錄。

14 金包里，原泛指新北市金山、萬里到基隆臺灣北部沿海一帶，清代以後專指今金山區。

長川村景明早已暗中由貢寮澳底[15]登陸，民主國由總兵曾喜照防守此地，一聽日軍上岸竟還沒對陣就潰散而去。七日，持續向西北挺進並翻越三貂嶺。唐景崧聽到警訊，緊急命吳國華率領有正規訓練的廣東義軍七百人前往支援。八日，正午時刻，於瑞芳進行遭遇戰，吳國華部隊小勝。景崧再調派胡連勝、陳杜波、包幹臣等人分別率軍助戰。但各小將不和，敗退到基隆，日軍繼續挺進。基隆有山有海，是地勢險阻的重要地點，設有炮臺。提督張兆連率領四營鎮、通判孫道義也率領二營鎮兵力前往協助防守。日軍因需艱困的翻山越嶺，讓士兵帶著糧食步行快速前進，九日的晚上已挺進到基隆，兩軍交戰，各有死傷，吳國華抵擋不住，全軍撤退。張兆連在雨中趕到，天亮時刻便吹起戰鬥號角，擺開陣勢和日軍再戰。這時日本松島、千代田、浪速、高千穗等四艘軍艦也輪番開炮攻擊岸上的清兵，兆連被內外夾擊，長年跟隨的親信部隊死傷將盡。陳得勝、曾喜照衝入戰場救出兆連，得勝不幸戰死，喜照也受重傷，基隆炮臺就這樣被攻陷。

五月十三日，日軍派出一大隊兵力逼近獅球嶺[16]。臺灣人民敦請唐景崧親自前往八堵駐防，宣示堅決死守臺北城的決心，但被唐景崧拒絕。負責武備的李文魁急忙奔入巡撫官署內，大聲呼叫：「獅球嶺已經快要被攻占了，沒有大總統親自前往前線指揮作戰，諸位將領不會服從效命的！」景崧見到他來勢凶猛，嚇得站起身，突然舉起案桌上的令牌架拋摔在地說：「發號軍令的令牌都在這，你自己

15 日軍登陸地點一般稱是澳底（今貢寮鄉真理里），精準的說應是澳底南邊的鹽寮（今新北市貢寮區仁里里），今鹽寮公園內立有鹽寮抗日紀念碑。

16 獅球嶺位於基隆港南方，海拔約一百五十公尺，因其地勢高可環視基隆港，成為基隆港的重要軍事要點，清光緒十年（一八八四）據傳巡撫劉銘傳為鞏固海防，抵禦法軍入侵，聘英國技師建有炮臺。

看著辦！」文魁偏過頭彎身撿起令牌，一轉身竟不見唐景崧的蹤影。景崧已進入內室，帶著巡撫大印直奔滬尾，搭乘德國商行的輪船出逃[17]。輪船將要航出出港口時，滬尾炮臺守軍開炮轟擊，恰巧德國軍艦停泊在附近，以爲炮臺守軍正在攻擊德國的輪船，也開炮還擊。在那同時，逃散的士兵四處亂竄，搶劫布政司的倉庫，焚燒巡撫官署，土匪這時也趁亂打劫，混亂中爭鬥廝殺致死的有五百多人，整個街巷到處是百姓的哭聲，這樣的慘狀持續兩天兩夜。林維源、林朝棟、丘逢甲相繼離開臺灣。艋舺仕紳李秉鈞（一八七三—一九〇四）、吳聯元（一八四三—一八九六）、陳舜臣等人提議出兵鎮壓，卻無兵可派、無計可施，便前往大稻埕仕紳李春生（一八三八—一九二四）處商議，想派人到日軍那邊請求入城鎮壓安撫，但沒有人敢前往。鹿港人辜顯榮（一八六六—一九三七）當時人在臺北，眼見事態急迫，便自告奮勇願前往基隆，進見日本總督，請日軍派兵入城平定亂事。日方答應了，日本部隊在他的引領下前進臺北城，十四日夜半時刻到達城外，義軍仍然爲守城而奮戰，到天亮時便被攻陷。十五日，川村景明進入臺北城，並以騎兵攻下滬尾。十八日，日本北白川宮能久親王進臺北城。二十一日，日本第一任臺灣總督樺山資紀也進城，隨即設總督府於臺北城，作爲軍事指揮中心及治理民政之處。

臺南地區已經接獲臺北府的通報，大家商議拱舉劉永福爲民主國大總統，但他並不接受，後來請他移駕駐守在臺南府城內，再度力請，終於答應就任大總統，將臨時議院設於臺南府學（今臺南孔廟），並推舉舉人許獻琛（一八六二—一九二一）爲議長，廩生謝鵬翀、陳鳳昌（一八六五—一九〇

---

17 當天，唐景崧先逃到淡水德商得忌利士洋行，並喬裝成老婦，與陳季同乘德國籍運煤船鴨打號（Arthur）棄職逃亡至廈門。

六）等爲議員，郎中[18]陳鳴鏘爲籌防局長。讀書人上陳主戰的文書絡繹不絕，於是商議決定了防禦的策略：以知州劉成良統領福軍[19]駐防旗後炮臺，提督陳羅率領翊安軍防守四草湖（今臺南市安南區，大約橫跨鹿耳、四草、海南及鹽田等四里），中軍遊擊李英率領鎮海軍防守白沙墩（今臺南市後壁區新嘉里），周明標、張占魁兩營駐防喜樹莊（位於今臺南市南區），都司柯壬癸率領格林炮隊[20]，聯合鄭超英、周得啓、孔憲盈等各部隊防守安平，這是臨海地方防務的布署情形。調派副將袁錫中率領鎮海後軍駐防後山卑南一帶（泛指今臺東地區），參將吳世添率領團練部隊駐防臺南府城，這是內陸部分的防務布署。經過正規訓練的營鎮有：總兵譚少宗率領的福字前軍、總兵李維義率領的新楚軍[21]、副將楊泗洪率領的鎮海中軍、副將吳光忠率領的忠字防軍、都司蕭三發率領的福軍前鋒部隊、都司邱啓標率領的臺南防軍、守備王德標率領的七星旗隊、知縣忠滿率領的忠靖營、知縣劉光明率領的左右軍；地方主動成立的義勇軍有：進士許南英（一八五五—一九一七）率領的臺南團練、吳湯興的新竹義軍、林得謙的十八堡義軍。當時各地方也出現土匪搶掠，就招降撫安編爲義軍。各地方也實施保甲制度，設保長並徵招壯丁教導作戰，沿海地區也成立漁民的團練，協助防守。

日軍既已占領臺北地區，便開始擴張屬地。派一支部隊攻取宜蘭，另一支部隊進攻新竹。五月二十日，日軍攻陷南雅，余得勝率轄下的隘勇營投降日軍。到了半夜，義軍突然趕到，埋伏於險要處

---

18 清代官名，正五品，相當於「同知」（知府的副手）。

19 清劉永福所率領的太平軍餘黨，所部皆黑旗，故又稱為「黑旗軍」。

20 格林炮是清朝於江南製造局仿製加特林機槍的西式武器，量產後曾裝備於淮軍部隊，隨淮軍引進臺灣。

21 新楚軍為《馬關條約》後，臺灣人民為積極抗日所組成的軍隊，但在八卦山戰役後便崩潰瓦解。

襲擊日軍，日軍城坊隊退到娘仔坑（今桃園市大溪區附近山嶺）據守，義軍猛烈圍攻，日軍槍彈用盡糧食也空了，死傷超過半數，後來得到救援才脫困。[22]日軍攻取宜蘭的另一支部隊，二十一日就攻下頭圍（今宜蘭縣頭城鎮），二十九日進入宜蘭縣城。

閏五月一日[23]，日軍往南挺進鳳山溪（今新竹縣竹北市北側的溪流），義軍英勇迎戰，激戰到黃昏，新竹城終於失陷。這期間大小戰役有二十餘次，出身新竹北埔望族的義軍領袖姜紹祖不幸罹難。

早在五月三日黃昏，日本二艘軍艦就曾來到臺南安平外海偵探，藉靠近英國、德國軍艦想靠岸，安平的炮臺發炮攻擊，便往北航去。

十二日，樺山資紀請英國人居間轉達書信給劉永福，要求他解散部隊休戰，信中說：「自從去年出兵征戰以來，我軍屢戰屢勝，貴國（指清廷）派遣特使來商討停戰和平事宜，訂了數條和約，臺灣及澎湖列島都被貴國所割讓。經過交接儀式之後，本總督在臺北成立總督府，安撫百姓、休養生息，整頓治理各項民生事務，一切大致就緒。最近聽說閣下依然占據臺南，隨意挑起戰端。雖然現在大局看起來還沒有底定，但你獨自率領沒有各方援助的孤軍，防守偏僻且隨時可能被攻破的城池，大勢已去無法挽回，這不需要智慧很高的人也心知肚明。閣下有傑出的才能和謀略，精通各項與國家、朝廷有關的法律，然而背棄違逆大清國皇帝的聖旨，徒然仿效愚昧冥頑之人的所作所爲，個人私下認爲閣

22 從「義軍猝至，伏險以擊」到「死者過半，得援始免」這一段的描述應是指吳湯興於一八九五年六月二十一日（農曆五月二十九日）領民兵自苗栗北上支援，和日軍於「楊梅壢」崩坡莊（今桃園市楊梅區崩坡）正面交戰，丘逢甲的部屬邱國霖、徐驤及陳起亮各率一營從旁協助夾擊，日軍死傷慘重。

23 清光緒二十一年即西元一八九五年，逢農曆閏五月，即當年農曆的五月要過二次，閏五月一日即西元一八九五年六月二十三日。

下不應該如此。閣下若能明白朝廷的諭令，速速停止戰鬥，使百姓能安居樂業，我們會以將軍的禮遇護送你回歸內地，所有部屬士兵也會寬赦對待。現在臺北等許多地方，收容許多戰敗投降的士兵，僱船隻送他們回內地原籍貫處的，總共有八千人。本總督經常聽聞你的大名與聲譽，不避諱坦率的寫這封信告知；和平歸順或違逆抵抗的利弊得失，請閣下審慎考慮。」劉永福看完信後不順從，回信說：「中日兩國同樣位處亞洲，自古以來誠信以待、和睦相處，各項盟約都有紀錄可查。沒想到貴國竟背棄長期建立的良好關係開啓仇恨的戰端，侵犯我國疆域。中國有作戰經驗豐富的將領和強大的軍隊，忠義精神可昭日月，如今戰事失利，完全是被李鴻章耽誤所致。自古以來想振興國家者，必須先施予百姓仁義和恩德，才能獲得民心支持，而後才能可以感動上天。現在臺北傳染病大流行，貴國士兵軍隊病死的很多。民心顯然並不歸附，天災也蔓延流行，從這些現象就可以窺出端倪。而閣下還不即刻反省覺悟，我感到很奇怪。本人奉命駐守臺灣，義不容辭當與臺灣共存亡。來信說我違背聖上旨意，是你不明白這其中的人情義理，將在外，君命有所不受，何況臺南百姓不惜攀上車轅、攔路擁戴，慷慨流淚請我出面主持大局。我不但不敢忘記孟子『效死勿去』[24]的古訓，又怎麼忍心眼見百姓受苦受難的慘狀？於是便組織軍隊，保衛疆土。臺南雖然地處邊陲偏僻，但是轄下部隊有數十營，都是身經百戰、視死如歸的勇士；還有義民數萬人，糧食和餉銀都很充足，武器也精良。我個人認爲上天還不致會滅亡臺灣，這是連都不出門的婦人和小孩都明白的道理。閣下統領所有的部隊，是貴國職位很高的大將軍，雄才大略有高超的視野，遠遠勝過平常人，何不體察上天憐憫萬民的心，對下體恤萬民之

24 「效死勿去」 此句出自《孟子．梁惠王下》：「世守也，非身之所能為也，效死勿去。」意思是拚了命也要守護世世代代生長的土地。

意，撤回軍隊，歸還臺北，這樣不只臺灣百姓會感念尊敬不忘恩情，閣下偉大義行將傳揚永遠！」樺山資紀知道無法說服，便揮軍南下。

當初吳湯興從苗栗號召起兵，因士兵糧餉的事，和苗栗知縣李烇有過衝突而不合，緊急向劉永福發電報告急求救，雙方各有說法和理由。永福心中疑懼，便命令幕僚吳彭年率領七星旗兵七百人前往支援，李維義當副將隨往。到彰化後，臺灣府知府黎景嵩請派維義支援頭份，彭年也趕赴苗栗支援。六月二十日，日軍進攻頭份，新楚軍副將楊紫雲戰死，維義戰敗退回。日軍再往南進攻苗栗，前方抗敵的將領們紛紛請求派兵支援，永福也傷透腦筋無法回應。當初，劉永福在臺南繼續為民主國獨立奮戰的時候，臺灣道的庫銀只剩七萬餘銀兩，臺南知府的庫銀也只剩六萬多銀兩，為了籌款便設官票局，暫且發行民主國的鈔票，派莊明德辦理，很快的市面上便流通起來，清廷南北洋大臣們這時都派人員來查看兵力情況，試圖要救助支援，甚至還傳出有俄國人願意出面保護的傳聞。四川舉人張羅澄託人帶信給永福，要他盡全力守住疆土，並說要借調外國的兵團來援助，但都迫於國際條約沒有成功。而糧餉匱乏武器短缺，也只有福建、廣東總督各送來舊槍一、二千支、彈藥數萬粒。稅務司麥嘉林建議設立郵政局，不但十天就收集五千多銀兩。五月二十日，永福要求議院幫忙籌措餉銀，大家卻束手無策。但是前方戰況吃緊不斷緊急求援，只好想盡辦法向民間強取了八千銀兩交付前線，再派幕僚羅綺章渡海到廈門，向各省請求援助，求援信件措辭用字頗為哀痛。

二十八日，日本三艘軍艦到臺南外海偵察，中午，有一艦泊近安平，擊發兩炮後離去。七月一日，又到枋寮外海偵察，然後又到布袋嘴（今嘉義縣布袋鎮）外海，竟派哨兵上岸偵察軍情，詢問劉永福駐紮的地方，總兵譚少宗負責此地防衛，不敢與戰。十天以來，都在臺南附近來回巡邏航行，逼得沿海一帶不得不加強戒備，想藉此來牽制劉永福的兵力然後全力進攻中部大甲溪一帶。在此之前，吳彭年要前往苗栗支援時，曾倉促要在當地召募鄉勇，但沒有成功。二十日，日軍攻破苗栗，知縣李烇奔臺中梧棲港，搭船逃到了福建福州。維義從頭份敗回苗栗，倉促間率領所屬部隊和日軍對抗，吳湯興、徐驤也率軍援助，打了一場小勝仗。四日，日軍派山根支隊[25]進攻，大隊的兵力在後作第二波攻擊，管帶[26]袁錦清、林鴻貴都力戰而死，吳湯興、徐驤敗退回到臺灣府治所在的臺中。吳彭年駐兵防守牛罵頭（今臺中市清水區），打算據守大甲溪南岸，但是軍中臨時召募的鄉勇半夜喧鬧動亂，於是將部隊撤回彰化，發電報向永福要求派兵支援。彰化是臺灣中部的重要城鎮，舉人施菼（一八四八—一九〇九）、貢生吳德功在此有設立籌防局，爲行軍征戰籌謀盡力。劉永福徵召安平知縣忠滿前往支援，忠滿卻認爲不妥，反而派人說服永福親自上前線督戰，自己留守臺南。劉永福大怒，改派鄭文海爲安平知縣，請他率領四營兵勇前往彰化支援，鄭文海仍然逗留沒有進兵。吳湯興的部隊爲了向臺灣知府衙門索討軍餉，包圍知府衙門喧鬧，知府黎景嵩控制不了場面，請吳彭年出面協調並兼統領其部隊，景嵩再撥電報向劉永福請求派兵支援，永福懷疑他有心逃避，不聽其言。但是日軍已進逼大肚溪了，臺中府城的官員們提議棄城，吳彭年阻止棄城之議，又接到劉永福電報，永福下達命令：「敵兵打來就力戰抵禦，誓死堅守不可畏懼！」便將部隊移往城外駐守。第二天，徐驤率領的部隊發現日軍編綁竹筏要橫渡過大肚溪，便迎戰阻擋，埋伏在雜亂叢生的草木中突襲。日軍援軍將到，而李邦華也率領鄉勇數千人增援。但是日軍的野炮猛烈攻擊，義軍戰死者有一千多人。吳湯興、

---

25 日本攻臺的「支隊」相當於團或師的一級組織，「山根支隊」是一八九五年七月八日日本近衛步兵第二旅團抵臺北後，由北白川宮親王命旅團長山根信成組成，是當時日本南進的主力部隊。

26 管帶是清朝軍隊中的中級官職，大概相當於現在的營長。

沈仲安率兵來支援，將日軍截斷成兩區，成功擊退。隔天，又再會戰於李厝莊（今大肚溪南岸，彰化縣和美鎮嘉寶里附近），義軍打了一場小勝仗。當初日軍要進攻奪取臺中大甲時，有情報來說葫蘆墩（今臺中市豐原區）很危急，提督陳尙志戰死。吳彭年調派彰化知縣羅樹勛率兵前往支援，與日軍在頭家厝莊（在今臺中市潭子區，包括頭家里、家福里、家興里、頭家東里等地）會戰，地方豪強林大春、賴寬預組織國姓會，動員附近數十個莊社，號召當地子弟一千人前往助戰，雙方激戰一天一夜，最後還是敵不過日軍敗下陣來。七月五日，臺中府城被日軍攻陷，樹勛收兵回彰化。而日軍不直接南下攻打彰化，繞過北投（應指大肚溪北岸，臺中市烏日區、大肚區、南屯區一帶）地區，分成兩個支隊分攻合擊，以川村支隊爲左翼，山根支隊爲右翼，進攻彰化。彰化縣城狹小形狀如斗，八卦山位在縣城東邊，可居高臨下探視縣城各處，八卦山若被攻下也就等於彰化縣城被攻破了，所以在山上建有防禦堡壘。晚間，有二百名地雷兵從南邊趕來，想在大肚溪南畔布雷，但是地雷從海上運來鹿港，時程被拖延趕不上。隔天，吳彭年召集將士宣示堅決的戰鬥意志，派王得標率領七星旗兵三百人防守中寮（今彰化縣和美鎮東部）地區，劉得勝率領先鋒營防守中莊（今彰化縣花壇鄉中莊里附近）一帶，孔憲盈率兵防守茄苳腳（今彰化縣花壇鄉），李士炳、沈福山各率領所屬部隊防守八卦山。九日天快亮時，日軍先派一中隊渡大肚溪，正面進逼黑旗營義軍；又另派一中隊襲擊其背。吳彭年鑿開山壁殺出重圍，但是日軍另一支部隊已直接攻入八卦山。吳湯興、徐驤奮勇迎戰，戰鬥到氣力衰竭、彈藥用盡，吳湯興壯烈犧牲。吳彭年率軍返回想救援，身先士卒想奪回八卦山，不幸中彈身亡，李士炳、沈福山、湯人貴等人也都戰死，死亡人數將近五百人。黎景嵩、羅樹勛各自變穿一般百姓常服出逃，日軍勝利進入彰化縣城。

十日，日軍攻陷雲林縣，前進占領大莆林（今嘉義縣大林鎮）。另外派一支部隊攻取埔裏社，鬥志高昂、氣勢凌厲。劉永福緊急前往曾文溪謀劃防務，黃榮邦、林義成、簡成功及子精華紛紛接受義軍招撫，誓死效忠。十一日，副將楊泗洪率領鎮海中軍及格林炮隊進擊大莆林，林義成、簡精華各自率領所屬部隊數千人助戰。日軍往北退逃，泗洪追擊，卻不幸中炮身亡。管帶朱乃昌奮勇作戰，將泗洪屍體奪回後，隨即回頭再戰；這時日軍山炮部隊趕到，炮擊聲撼震整個山谷。臺灣義軍埋伏甘蔗林中襲擊日軍，左右圍攻奮勇拚戰，日軍終於敗退，乃昌指揮士兵們直接攻取大莆林，望見遠處火光照亮了天空，還有很大的喧囂聲，探詢得知，是黃榮邦、林義成率領鄉勇前來援助，義軍們趁著浩大聲勢進攻大莆林，雙方激戰，死傷慘重，乃昌也血戰而死。劉永福命令都司蕭三發率領福軍前往前線代替戰死的泗洪，並撥下三千銀兩慰勞軍隊以提振士氣。十三日，劉永福發布軍令要簡成功統領義軍，守備王得標、嘉義知縣孫育萬集結各部隊，和各地鄉勇精兵合攻收復雲林。有部分日軍敗退進入山區，遭遇義軍埋伏全部被殲滅，另外一支又在蘆竹塘（今彰化縣竹塘鄉）被擊敗。十六日，蕭三發驅策各路義軍收復彰化，從早上辰時（七至九點）激戰至日正當中，但是被日軍炮擊所阻無法前進，只能占據險要處轉攻爲守。那個時候義軍的聲勢頗有好轉，臺灣中、北各路都能依照約定興兵起事，但是最高指揮中心的臺南糧餉和武器都已經竭盡。劉永福再派吳桐林渡海到廈門求助，沿海各地到處奔走，卻沒有獲任何人回應。二十五日，簡精華、黃榮邦接連打勝仗，獻上戰功請求撥下糧餉。八月二日，再撥電報請發糧餉，話說得極爲悲痛，也才勉強搜括了一千五百銀兩救急，所幸附近許多莊民殺牛充當義軍糧食，所以不致因飢餓而喪失鬥志。當彰化城被攻陷的時候，徐驤率領二十人從山區逃走，抄捷徑來到臺南，劉永福予以慰勉，命他到臺東卑南地區召募強悍的士兵，募來七百人，個個都體格強壯、孔武有力，很快被派往前線殺敵。圍困彰化城的各路義軍卻久攻不下，彈藥即將用完，六日，黃榮邦召集將士宣示拚戰的決心，不幸後來也中彈而死。七日，林義成再出兵攻城，也受重傷。

十三日，日軍大舉猛撲蕭三發的營隊，徐驤、簡精華趕來救援，激戰了幾天，徐驤戰死，其他人也都受傷無法起身戰鬥，雲林再度淪陷。劉永福不禁長嘆說：「是內陸那些高官達人們見死不救害慘了我，是我誤判情勢辜負了臺灣人民！」

十九日，日軍進攻嘉義。王得標先前駐營在嘉義城外處，見日軍掩至便移入城內。日軍便在城外紮營，到了半夜偷偷引爆地雷，炸死義軍及百姓七百多人。隔天，用大炮攻城，東門被攻占，總兵柏正材、營官陳開檍、同知馮練芳、武舉劉步陞、生員楊文豹等都戰死，王得標跟隨簡精華逃往山區。二十一日，日軍攻取鹽水港，另外派一支隊伍由海路進攻布袋嘴，譚少宗的部隊迎戰，也打了敗仗。日軍挺進鐵線橋[27]，沿途莊民在生員林崑岡（一八三二—一八九五）的號召下，僅拿簡陋的利刃抵抗迎戰，雙方對峙纏鬥了幾天，林崑岡壯烈犧牲，日軍也傷亡慘重，以致暫時無法橫渡曾文溪而南下。二十三日早上天亮時刻，日軍從枋寮登陸，攻入恆春，接著進取東港，準備奪取鳳山城。

當嘉義被攻陷時，劉永福明白大勢已去無法力挽。八月二十一日，請英國領事歐思納轉交信函給樺山資紀表達願降求和之意。那時日本艦艇大量在澎湖集結，歐思納搭乘英國商船披古號抵達澎湖，由副總督高島鞆之助接見。信函內容寫說：「回想今年四月間，中、日兩國的戰爭已結束，國內各地歡慶和平日子的到來。但是後來《馬關和約》中訂有臺灣全島割讓給貴國的事發生，臺灣人民因長久隸屬大清國版圖統治，世世代代沐受皇室恩典，不願背棄而接受另一個統治者。那時候我國（清廷）有派遣官員到臺灣來，暗中進行曉諭安撫，但民心向背並不像石頭那麼容易讓人轉動，大家推舉本總

27 今臺南市新營區鐵線里，舊時稱鐵線橋港，為倒風內海三大汊港之一。

兵[28]爲兼辦臺事大臣。本總兵因沒有接到上級明確的告示，只好無奈的順應他們的請求，便承擔全力保衛臺灣人民的責任，其間絕對沒有自私自利的任何企圖。後來目睹臺灣人民從遭遇戰亂禍害以來，所受的苦難反而嚴重到不知如何形容。在此特別商請貴督，願將全島交付給貴國，但有二件事請求：貴部的軍隊既然已經到了臺南，不論什麼樣的百姓都應該善加對待，不要施加任何懲罰，這是第一件事；本總兵統率的部將和士兵急須撤退渡往內地，希望能盡速撥給船隻安全送他們回內陸，不論要前往福建、浙江、廣東，或南洋大臣[29]轄區，都隨他們的意思，這是第二件事。這兩件事我想也是貴督當下最重要的任務，所以才敢以此請求。如果沒有其他指教或不同意見，請能即刻迅速準備交接臺灣的事情，肅立敬候回覆。」輌之助立刻寫了回信拒絕。二十四日，劉永福又委派部屬到披古號船上，求見英國、荷蘭兩國領事，邀請他們前往日艦吉野號[30]斡旋。兩國領事拒絕請求，他們認爲劉永福沒有親臨，即使前往也無濟於事。當天吉野號已航泊到安平外海，日軍將領派人轉交信件給劉永福，約定隔天早上辰時，務必到艦上商議條約，否則就開戰。英國、荷蘭兩國領事也極力勸說劉永福，到最後他還是不敢前往議約，於是日軍以海、陸分進合擊進攻臺南。二十六日，日本七艘軍艦二度攻擊旗後炮臺，守將劉成良，是劉永福的義子，雙方對峙互相炮擊兩個時辰，炮臺被攻陷，成良敗逃回到臺

28 劉永福曾獲清廷授予南澳鎮總兵職務，後來調往臺灣協防，故以此職自稱。

29 南洋大臣為南洋通商大臣簡稱，是清廷於鴉片戰爭為應付對外通商及外交事務所設立的機構，原設在廣州，後移駐上海、南京，歸總理衙門管轄。

30 吉野號是日本快速巡洋艦，曾是甲午戰爭時的主力艦。

南，永福非常生氣，想依軍法將他處斬[31]。隔天便攻入鳳山城，二十八日再攻下鳳山縣舊城（在今高雄市左營區），派騎兵隊進逼臺南府城，鄭青率領營鎮在二層行溪迎戰，消息傳來引起府城很大騷動，人心惶惶爭相搭船逃到廈門。

九月一日，劉永福提議退到關帝廟莊，可以憑藉山勢力守，但各地戰敗的消息紛紛傳來，倉促之間沒有成行。二日中午過後，有武將從安平騎馬入府城，大聲呼喊說有援兵將到，府城百姓聽聞後很高興，民心大振。到了晚上，劉永福帶著幾名親信士兵視察安平炮臺，竟搭乘英國商船爹利士號[32]離開臺南。隔天，陳修五、吳道源（一八六八－一九二八）等人請英國牧師宋忠堅出面，前往日本第二師團的前方陣地，請求日軍入城鎮壓亂事安撫民心。四日辰時，日軍進入臺南府城，日本海軍也進泊安平港，義軍僅剩兵勇二十餘人頑抗被殺，臺灣民主國就此宣告滅亡。

31 劉永福最終還是沒有處斬劉成良，劉成良還隨劉永福出逃到廈門。
32 英國籍商船「塞里斯輪」（Thales），本書譯為「爹利士」。

卷五　疆域志

光緒十一年秋七月初八日，欽差大臣左宗棠奏請臺灣建省。旨下軍機大臣、總理各國事務王大臣、六部、九卿會同各省督撫議奏。九月初五日，軍機大臣醇親王奕譞（ㄒㄩㄢ）等奏改福建巡撫為臺灣巡撫。詔曰可。十二年春三月，又詔曰：「閩、臺防務關係緊要，該督撫等商辦一切，務當和衷共濟，不分畛（ㄓㄣˇ，界限）域，力顧大局。上年諭令該督撫等會議改設各事宜，並著一併妥議，毋稍遲延。」十三年夏四月，新任巡撫劉銘傳會同閩浙總督楊昌濬合奏，籌議臺灣郡縣分別添改裁撤，以資治理。疏曰：「臺灣疆域，南北相距七百餘里，東西近者二百餘里，遠或三四百里。崇山大溪，鉤連高下。從前所治，不過山前迤南一帶，故僅設三縣而有餘。自後榛莽日開，故屢增廳治而猶不足。光緒元年，沈葆楨請設臺北府、縣以固北路，又將同知移治卑南以顧後山，全臺官制，粗有規模。然彼時局勢未開，擇要修舉，非一勞永逸之計也。臣等公同商酌，竊謂建置之法，恃險與勢，分治之道，貴持其平。臺省治理視內地為難，而各縣幅員反較多於內地。如彰化、嘉義、鳳山、新竹、淡水等縣，縱橫二百餘里、三百里不等，倉卒有事，鞭長莫及。且防務為治臺要領，轄疆太廣，則耳目難周；控制太寬，則聲氣多阻。至山後中、北兩路，延袤（ㄇㄠˋ，土地南北長度）三、四百里，僅區段所設碉堡，並無專駐治理之員。前寄清虛，亦難遙制。現當改設伊始，百廢俱興，若不量予變通，何以定責成而垂久遠？臣銘傳於上年九月，親赴中路督剿叛番，沿途察看地勢；並據各地方官將境內扼塞道里田園山溪，繪圖貼說，呈送前來，又據撫番清賦各員弁將撫墾地所陸續稟報。謹就山前後通局籌畫，有應添設者、應改設者、應裁撤者。查彰化橋仔頭地方，山環水複，中開平原，氣象宏敞，又當全臺適中之地，擬照前撫臣岑毓英議，就該處建立省城。分彰化東北之境，設首府曰臺灣府，附郭首縣曰臺灣縣。將原有之臺灣府、縣改為臺南府、安平縣。嘉義之東，彰化之南，自濁水溪始，石圭溪止，截長補短，方長約百餘里，擬添設一縣曰雲林縣。新竹、苗栗街一帶，扼內山之衝，東連大湖，沿山新墾荒地甚多，擬分新竹西南各境，添設一縣曰苗栗縣。合原有之彰化及埔裏社通判一廳、四縣，均隸臺灣府屬。其鹿港同知一缺，應即裁撤。淡水之地，東控三貂嶺，番社歧出，距縣太遠。基隆為臺北第一門戶，通商建埠，交涉紛繁。現值開採煤礦，修造鐵路，商民麕（ㄑㄩㄣˊ，通「麇」，成群）集，尤賴撫綏。擬分淡水東北四堡之地，撤歸基隆廳管轄。將原設通判改為撫民理番同知，以重事權。此前路添改之大略也。後山形勢，北以蘇澳為總隘，南以卑南為要區，控扼中權，厥唯水尾。其地與擬設之雲林縣，東西相直。現開路一百九十餘里，由丹社嶺、集集街徑達彰化。將來省城建立，中路前後脈絡，呼吸相通，實為臺東鎖鑰，擬添設直隸州知州一員，曰臺東直隸州。左界宜蘭，右界恆春，計長五百餘里，寬三四十里、十餘里不等，統歸該州管轄，仍隸臺灣兵備道。其卑南廳舊治，擬請改設直隸州同一員；水尾迤南，改為花蓮港廳，墾熟田約數千畝，其外海口水深數丈，稽查商船，彈壓民番，擬請添設直隸州判一員，常川（經常）駐紮，均隸臺東直隸州屬。此後路添改之大略也。謹按臺灣疆土賦役，日增月廣，與舊時羈縻僑置，情形迥不相同；因地制宜，似難再緩。況年來生番歸化，狉榛（狉音ㄆㄧ。榛狉，草木叢生，野獸橫行，此處指野蠻）之性，初就範圍，尤須分道拊循，藉收實效。臣等身在局中，既不敢遇事紛更，以紊典章之舊，亦不敢因陋就簡，以失富庶之基。損益酌中，期歸妥協。」詔曰可。於是分設三府、一州、三廳、十一縣，以臺灣府為省會，駐巡撫。而設備未周，暫駐臺北。十五年秋八月，命臺灣知縣黃承乙、中路統領林朝棟築城，固將以為中樞之地矣。

初建省之時，彰化紳士蔡德芳、吳朝陽等上書巡撫，請設鹿港。略曰：「臺灣孤懸一島，南北綿亙千餘里，東盡番山，西臨瀚海。重以土浮民靡，動輒變生。無事之時，耕漁亦足相安，有事則請兵籌餉，在在仰需內地。伏思開臺之初，建設郡縣，多從海口，獨嘉義縣城離海稍遠。至如彰化縣城，西距鹿港不過十數里，其東延內山，平原遼闊，伏莽（隱伏的盜匪）滋多；兼以溪多林茂，防禦難施。即如同治元年戴潮春之變，自內一發，城池立陷。城之西面，若斷一橋距一竹圍，雖內地大兵數千屯駐鹿港，經年亦不能進。洎（ㄐㄧˋ，到、及）大兵夾擊，收復之後，猶可相爭。故乾隆間貴西道趙翼有移鹿港之議，懇恩入告。事雖未行，要其大意，總在設城海口。今當盛朝威靈震疊，仰荷欽憲撫臨此邦，當建省會，從此添兵足餉，重權鎮懾，全臺託庇，萬無可慮之事。第聖人有言，處常固當思變，謹始乃以慎終。臺灣果蒙建省，省會必歸彰界。然前既有移縣城近海之議，而今省城或轉設近山。萬一地方有警，一扼溪險，竊恐萬兵難進，咫尺先不能通，何論南北。此尤大勢之當籌者。至於來龍之歸宿，海道之引導，或擇其新地，深謀遠慮，或仍其舊城，事半功倍，欽憲明見萬里，斟酌自有權衡，固毋庸某等之多贅。且事關奏聞，尤非下士之所能置辯。唯生長於斯，聞見頗熟，抱此區區，又不能坐受知而不言之咎。爰敢披瀝（披瀝，坦誠告知）歷來大局情形，附繪彰化舊城來龍宿脈圖說一紙，懇乞轉詳。」不可。

十七年夏五月，銘傳辭職，以邵友濂任之。友濂文吏也，無遠略。奏請移設臺灣省會，以定規模。略曰：「前卜定省城之地，雖當中樞，控制南北；而山岳四面圍匝，距臺南、臺北兩府各四、五日程，其間溪水暴漲，交通頗煩。兼以沿海水淺，輪船難以駛入，南北有事，接濟遲延。又省城必須建築壇廟衙署等，經費浩繁，無由籌辦。伏思臺北居臺灣之上游，衙署局庫略已成工，商民輻輳，鐵路亦通，舟車之利兩備，故擬以該府城為臺灣省會。」十八年，先止城工，而省會遂移於臺北矣。

臺南府領縣四：曰安平，曰嘉義，曰鳳山，曰恆春；廳一：曰澎湖。

安平縣

安平為全臺首善之地，開闢最早。荷蘭之時，築壘於赤崁社，臺人謂之赤崁樓，則今之縣治也。而《臺灣府志》以為臺灣建屋多用赤瓦，水濱高處，閩人曰墈，訛為崁，故與安平城俱稱赤崁。乾隆十年，巡臺御史范咸作〈赤瓦歌〉，其自序云：「臺人屋瓦皆赤，下至牆垣，此赤崁城之所由名也。」如《志》所言，拘泥文字，此與解釋臺灣之說相似。夫臺灣原作「埋冤」，漳、泉之音也，故或曰「臺員」，或曰「大灣」。而《府志》乃謂「荷人建城，制若崇臺，海濱水曲曰灣，又泊舟處亦謂之灣，此臺灣所由名也」；言之誤謬，余已論之。夫赤崁為番社之名，固無庸諱。《裨海紀遊》謂《明會典》太監王三保赴西洋水程，有「赤崁取水」一語，是赤崁固土番之部落，其井尚存，為最古之跡矣。延平郡王克臺之後，建承天府，置天興、萬年二縣，改一鯤身為安平鎮。安平為泉州安海之名，延平起師之地也；入臺之後，移置於此。又建桔秩門，以存故土之念。而安平城或稱王城，赤崁樓乃為承天府矣。清人得臺，建臺灣府，領縣三，以臺灣縣為附郭。二百餘年，文化日啓，制度典章，蔚為上國，信乎東南之大邑也。光緒十四年建省之後，移臺灣縣於臺中，以作會城首邑，而舊縣改名安平。又以巡撫暫駐臺北，大府初建，冠蓋雲從，仕宦之徒，爭趨利祿，而臺南乃日退矣。縣之疆域本窄，東負群山，氣象雄偉，羅漢外門實當其衝，故前設縣丞以治之，今已裁。山之土番悉已歸化，其近郭者且同漢人。故他縣尚須防撫，而安邑早敉（ㄇㄧˇ，安定）矣。治西六里有安平鎮，前阻大海，非舟莫濟，今已淤為大道，車馬可以往來。舊《志》謂臺江汪洋，可泊千艘。臺江為安平鎮之內海，則今之魚塭。道光二年，夏秋淫雨，兼旬不霽，曾文、灣裏各溪之水，淜（ㄆㄥ，波濤湧起）漲而出，塗泥歸虛，積為平陸，而滄海變為桑田矣。安平鎮之左為鯤身，右為莒仔埔，其西則鹿耳門，風濤噴薄（噴射湧起），夙稱天險。荷蘭、鄭氏之時，均築炮臺，守海道。今亦半沉，僅存沙汕，巨舟不能入，其大者須泊四草湖。夫安平鎮為互市之口，駐領事，設海關，以振興貿易，故臺南商務冠全臺，猶不失為富庶也。唯南至二層行溪與鳳山界，北至曾文溪與嘉義鄰，相距不逮五十里，而土尚膏腴，人懷禮義，士遊於庠（ㄒㄧㄤˊ，學校），農歌於野，商勉於廛（ㄔㄢˊ，市集），工集於肆，喬木之思，尚足起後人之感，況於古都舊邑乎。生斯土者，能不葆而愛之歟！

嘉義縣

嘉義，古諸羅也。諸羅，番社名，又山名，而舊《志》以為諸山羅列，非矣。康熙二十三年，始設治於佳里興，劃曾文溪以北隸之。佳里興，亦番社也，濱海而居，疆域廣漠，遠至三貂，其時北鄙猶未啓也。嗣以水土不宜，移於今治。及朱一貴平後，劃虎尾溪以北為彰化，而疆域稍小。然墾務日盛，人民殷庶，巍然為府治之左臂。乾隆五十一年，林爽文之役，彰、淡俱陷，被圍逾歲；嬰城（環城而守）死守，效命弗去。詔嘉其義，改今名，永垂千古矣。建省之後，又劃牛稠溪以北為雲林，而疆域愈小。然絕長補短，猶為百里之邑。縣負山面海，田疇交錯，形勢與彰化埒（ㄌㄜˋ，相等）。而玉山屹立東北，高至一萬三千數百尺，為東洋群山之王。坤輿（大地）磅礴，特鍾於是，亦足豪矣。阿里山為玉山之子，森林之富冠東洋，天賦之寶藏也。火山在治之東南，烈焰騰空，下有溫泉，居民引火以炊，挹泉以浴，奇境也。前時斗六門設縣丞一員，分資治理，今為雲林縣治。而安、嘉交界之處曰大武隴，設巡檢。沿海之地，港灣多，唯布袋嘴較深，巨舟可入。若鹽水港則久淤矣。夫嘉義為山海奧區，物產殷富，士慕忠貞，女懷節烈，風俗之美，與南郡同。此則教化之功，而一道同風，日臻於善也。

鳳山縣

鳳山以山名。舊治在興隆里，為鄭氏之萬年縣。自二層行溪以南歸之，遠及琅璚，為府治之右臂。乾隆五十二年，林爽文之役，莊大田起兵應，蹂躪縣城。事平，遷今治，則埤頭也。鳳山在治南三十里，狀若鳳，實則一培塿（ㄌㄡˇ。培塿，小土山）爾。疆域之大次諸羅，而轄境且至卑南，但事羈縻而已。光緒元年，劃率芒溪以南為恆春，而形勢稍小，猶為山海之區也。其地東北至瀰濃，丘陵起伏，路險阻。西行五里為旗尾，安、鳳交界之旁徑也。西南臨海，沙汕紆迴，魚鹽之饒甲全臺。打鼓山在治之西十八里，建壘駐兵，以防海道。其旁為旗後，各國互市之口也。港內水深，可泊巨艦。又旁二十里為東港，亦商船互市之口也。小琉球嶼在治之南六十里，與東港對峙，屹立海中，一葦可杭（杭，當作「航」。一葦可航，相隔很近而易渡），周圍約二十里，耕漁並耦，境絕清邃。下淡水溪為臺灣大川，源自內山，瀠洄（水流迴旋）數十里，會赤山之冷水溝而入於海。引水溉田者萬甲，歲豐人庶，鳳山之巨利也。渡溪至阿猴林，素為奸宄（ㄍㄨㄟˇ，歹徒）出沒之處，故設下淡水縣丞以駐之。率芒溪為鳳、恆之界，沿北行，有枋寮焉，僻處海濱，漸近內山。前時設汛（軍隊駐守處），同治六年置巡檢，以詰盜賊、衛行旅，為南顧之策。夫鳳山舊邑也，深山大海，物力充扨（ㄖㄣˋ，當作「牣」。充牣，充滿），然以閩、粵分居，踞地相長，一言不合，趣起干戈，而今乃稍息矣。兄弟鬩牆，外禦其侮，急公義而棄私仇，尤有望於鳳人士焉。

恆春縣

恆春處極南之地。設縣之議，起於討番之役，而成於開山之時。先是福建船政大臣沈葆楨以牡丹之事，視師臺灣，亟求邊備。光緒元年，奏劃率芒溪以南，新設縣治於琅璚之猴洞山。山形環抱，中拓平原，其地常燠（ㄩˋ，暖和），故名恆春，實為全臺之南。唯縣之北境，與鳳山接壤，東、西、南三面皆濱海。自率芒溪歷嘉鹿塘，經枋山、過楓港而至柴城，凡六十里，為福康安駐師，以木為城，今改土堡。其旁有統領埔，相傳鄭氏屯田之地，土厚而腴。自治東越射麻里、萬里得、高士佛而至八瑤灣，計程五十三里，為恆、卑之界。又二十五里為牡丹灣，則凶番棲伏之處，今已平矣。縣之三面雖濱海，而港灣淺狹，不足以容巨舟。若大板埒、射寮、楓港等，則時可出入。苟以人工而鑿之，則善矣。鵝鑾鼻斗出海中，下有暗礁，夙稱天險；上建燈臺，示以航路。顧其地南連南嶠，盈盈帶水，為東西洋往來孔道，未可以僻遠而置之。恆春之番向分上下，各十八社，今可紀者五十有八，性較馴。苟勤撫字以化之，徠人民以墾之，闢水利以溉之，刊道路以通之，開物成務、教養併行，不數十年而炎風瘴雨之地，皆稱樂土矣。

澎湖廳

澎湖固海疆重地，群島錯立，風濤噴薄，天險也。荒古以來，不見史策。隋開皇中，虎賁中郎將陳稜始略其地。其居於此土者，固猶是軒轅之胤也。或曰：楚滅越，越之子孫遷海上，或居於澎湖。唐、宋以來，居民漸長。及元之末，始設巡檢司，隸同安，未久而廢。明初，宇內未平，無業之民聚嘯其間，洪武五年，乃墟（棄毀）其地，遷其民於漳、泉，已而復至。嘉靖間，以海防故，復設巡檢司，旋罷，而澎湖棄為甌脫（甌脫，邊界崗哨）矣。夫澎湖為濱海之藩籬，而東西往來之衝也；墟地之舉，誠為失策。是以島夷攘之，海寇據之，俶擾（俶音ㄔㄨˋ。俶擾，騷亂）昏墊（災害），靡有窮期。迨我延平郡王東略臺灣，先收其地，設安撫司以治之，而澎湖乃為我有。康熙二十二年，清軍入東寧。翌年，設巡檢，隸臺灣縣，以水師副將駐之。雍正五年，改設通判，別為廳，兼海防事務，屹然海上重鎮矣。朱一貴既平之後，廷議以澎湖失而鄭氏降，澎湖存而臺灣復，擬移總兵於此。總兵藍廷珍以為不可，上書論之，議始罷。夫澎湖固海上重鎮，而地瘠民貧，不產五穀，恃臺為援。一旦遏絕，勢可立斃。守之之策，在籌持久，建炮臺以禦之，設艦隊以巡之，練民兵以用之，討軍實以充之，而後可以言守，可守而後可以言戰。戰之得失，閫外（閫音ㄎㄨㄣˇ。閫外，指統兵在外的將領）寄之，其機在於一時；守之輕重，有司任之，其謀在於平日。故曰兵可百年而不用，不可一日而不備。何也？東南之地勢紐於臺灣，而澎湖者臺灣之門戶也。海疆有事，澎湖必先被兵，故籌臺灣者，必先籌澎湖。法人之役，是其殷鑒。澎湖距府治一百七十有五里，南趨南嶠，北走登萊，西渡金廈，近者一日，遠或數日。海天萬里，不過衣帶之水爾。故以巨大海軍扼險於此，則南北之交通可絕，而臺灣恃以無恐。諸島之中，大山嶼最大，媽宮在其西，文武居之。外以西嶼為屏蔽，而內以新城、龜山相犄角，駐兵置壘，防患未然。其地東至陽嶼，西至花嶼，南至大嶼，北至目嶼，周圍二百四十二里。舊言三十六島，實則有名可紀者五十有五也。漁村蜃舍（蜃音ㄕㄣˋ。蜃舍，以蛤蜊修築的房舍），以海為田。顧其人習水，冒險耐勞，頗有堅毅之氣。生聚教訓，剋日並行，則此帕頭（帕頭，頭巾）短袴之民，皆海國干城之選也。君子於此，知所務矣。

臺北府領縣三：曰淡水，曰新竹，曰宜蘭；廳二：曰基隆，曰南雅。

淡水縣

淡水據北臺之樞，荷蘭以前未之聞。歸清以後，始隸諸羅，嗣屬彰化。雍正九年，設淡水同知，治竹塹；凡大甲以北皆歸之。經營締造，一百餘年，聲名文物，蒸蒸日上，信乎可為大郡也。先是同治十年，同知陳培桂徇（ㄒㄩㄣˊ，順從）廳民之請，議陞直隸州，增學額。未及行，而開山撫番事起，欽差大臣沈葆楨奏裁同知，建臺北府，以淡水為附郭，治艋舺。艋舺，舊時貿易之地也。建省以後，乃趨於大稻埕，而艋舺稍退，然人民猶庶。縣之疆域，南至土牛溝，與新竹界；北以三貂溪為限，與宜蘭鄰；東負深山，野番伏處，設隘防之。滬尾距治西三十里，各國互市之口也，設關征稅，駐領事以管僑民，故建炮臺，衛重兵以守之。其水自雞籠山而來，歷八堵、五堵，經圓山、出關渡而入於海。旁流支脈，交衍於艋舺、大稻埕之間。航運之利，實興商業，而灌田尤廣，故產穀多。夫淡水，番地也，左擁龜崙之山，右握獅球之嶺，溪流交錯，金、煤、硫磺之利蘊於上，腦、茶、材木之富生於山。然鄭氏之時，以流罪人；康、雍之際，尚苦瘴癘。至於今繁華靡麗，冠於全臺，此則人治之效也。然以冠蓋遨游，五方雜處，士慕虛文，女習歌舞，驕奢淫佚，亦冠全臺，則又末俗之弊也。移風易化，綱紀是張，是所望於淡人士焉。

新竹縣

新竹固土番部落，原名竹塹，鄭氏曾用兵其地。舊《志》以為環城植竹，故稱竹塹，此大謬也。夫鄭氏之時，尚未設官，已有竹塹之名；則藍鼎元籌理臺疆，亦有開墾竹塹埔之議。唯其所名者，舉縣轄而總言爾。歸清之後，始隸諸羅。農功未啓，行旅鮮通，故猶以荒遠視之。雍正元年，劃入彰化，並設淡水同知，稽查北路，兼督彰化捕務。九年，又以大甲溪以北刑名錢穀專歸淡水同知管理，而猶駐彰化也。乾隆二十年，始移治竹塹。及光緒四年，臺北設府，裁同知而知府仍暫駐其地。五年三月，淡、新分治，劃土牛溝以南為新竹，以北為淡水；其所轄者有六堡。十五年，又折為新、苗兩縣。於是南至中港，與苗栗鄰；北及土牛溝，與淡水界；西濱大海，而東入番山。南北相距八十五里，東西六十五里，泱泱乎大邑也哉！土壤膏腴，人民殷庶，文學之盛，冠冕北臺。而又士重然諾，農勤稼穡，非如淡水之靡麗也。然以山野之間，閩、粵分處，械鬥之風，長年不息；且地與番接，馘（ㄍㄨㄛˊ，原意為割耳以計功，此取其割之意）首相雄；沿山之人，亦多習武。此則自然之勢也。夫新竹為北臺之奧區，群山崒嵂（ㄗㄨˊ ㄌㄩˋ，高峻），拱若列屏。巍然而獨立者，則雪山也，高至一萬一千數百尺。中港香山之溪，皆源自內山，流遠而緩。唯入海之處，水淺不足泊巨舟；故航運之利，猶藉淡水。山川鍾秀，人物效靈，發揚光大，尚有待於此邦之君子焉。

宜蘭縣

宜蘭即蛤仔難，番語也，或曰甲子蘭。三面負山，東臨大海。平原沃壤，久置荒蕪。及吳沙墾土以來，三籍之人相率而至，築堡以居。自頭圍至於五圍，拓地愈廣，浸成都聚。沙死，姪化能撫其眾，請入版籍。嘉慶十五年，乃設噶瑪蘭廳，置通判理民事，治於五圍。百務草創，棋布里堡，多就番語譯之。同治十三年，開山議起，設臺北府，改廳為縣，曰宜蘭，以為北臺屏翰，而前後山之襟帶也。北界三貂溪，南逮蘇澳。自三貂溪以至草嶺，深林密菁，最稱險要。過嶺為大里簡，東望東海，波濤洶湧，豁然萬里，則太平洋之濱也。北隅三十里，有小嶼曰龜山，置兵守之。草嶺迤東，群山羅列。其大者曰玉山，積雪不化，高至萬尺，巍巍乎大觀也哉。海濱巨石嶙峋，中設一關，曰北關；而設於蘇澳者，曰南關，屹立稱門戶焉。蘇澳之口，水深四、五丈，可泊輪船，唯防礁石。南風、北風兩澳，又為蘇澳門戶。泖（ㄇㄠˇ）鼻山在三貂溪之口，形如象鼻，直插入海。旁有小澳，曰琉球澳，礁險不容舟。頭圍距治東北三十里，設縣丞。自頭圍歷大坪林，達景尾街，可至府治，為旁徑，約程百十數里。自蘇澳以南，濱海行，可達臺東。然地多險阻，溪流汎濫，不易涉，故舟行較易也。夫宜蘭為土番之區，荒古以來，久居化外，而吳沙乃入拓之，闢草萊、任耕稼、建廬里、徠（ㄌㄞˊ，慰勞）游民，以張大國家之版圖，其功業豈不偉歟！唯地濱東海，富森林，故長年多雨。然以水利之豐，物土之宜，讀書力田，饒有堅強之氣。蘭雖一隅，富庶之興，尤將有所發洩也。

基隆廳

基隆為北門鎖鑰，而通商之大埠也。煤礦之利，取之無窮，故至者日多。然當二百數十年前，猶是荒昧之域也。其地固土番部落，舊稱雞籠。地絕北，林深瘴盛，天寒，長年多雨，故有雞籠積雪之景。而與今日之氣象，早已不同矣。當明之季，荷蘭既據臺南，而西班牙亦入雞籠，築壘駐兵，以相角逐。則今之社寮島也。臥榻之側，不容鼾睡，荷人逐之，奄有全臺。乃未幾復為我延平郡王所逐矣。歸清之後，尚事羈縻。乾、嘉以還，居者漸聚，耕漁並耦，雞狗相聞。由淡水而雞籠，由雞籠而噶瑪蘭，蓋已大啓土宇矣。海通既闢，列國窺伺，其所以目逐逐而心怦怦（怦怦，心動）者，則以此天富之煤礦，足為東洋之外府爾。故當臺北建府之時，沈葆楨以海防已重，訟事尤繁，自非煤務微員所能治理，乃設通判於此，改名基隆。光緒十三年，復易同知，以重事權。雖轄地四堡，不足以建一縣，然固臺北之藩衛也。夫基隆之富庶，由於人力，而亦由於地利。梯山航海，百事俱興，締造經營，與時駢進。則此一市一廛，不特為臺灣之大埠，且為東洋之巨會矣。

南雅廳

南雅為撫墾之地，而大嵙崁實當其衝。先是道光八年，陳集成始拓其土，鋤耰並進，弓矢斯張，而番害未戢（ㄐㄧˊ，止息）也。光緒十二年，巡撫劉銘傳奏設撫墾大臣，置撫墾局，闢良田，開溝洫，伐木熬腦，以施番政。其不服者，則移師討之，而大嵙崁之景象一新。然地處內山，距治較遠，而居者日多。二十年，乃於近旁之湳仔，新設通判，改名南雅，以治民也。政令初頒，輿圖忽改，經綸措施，匪旦夕事。顧其地山迴水抱，境絕偉麗，內蘊無窮之利，外徠務本之民。長刀大斧，亭毒（化育）發揚，尚有待於後人之孟晉（孟晉，努力進取）也。

臺灣府領縣四：曰臺灣，曰彰化，曰雲林，曰苗栗；廳一：曰埔裏社。

臺灣縣

臺灣，舊名也，而縣為新設。光緒十三年建省之時，以彰化之橋仔頭莊，地處南北之中，背山面海，平原交錯，南有烏日之饒，北有大甲之險，鑿山刊道，戍兵撫番，遠達臺東，如臂使指。一旦鐵路告成，居中馭外，可以控制全臺；於是巡撫劉銘傳奏建省會。劃彰化之北，新設一治，謂之臺灣，而以舊時之臺灣縣改名安平，固以此為中樞也，故亦曰臺中。十四年，命棟軍築城，建衙署、起學宮、駐軍旅、計丁庸，將以經營新邑；然縣治固畎畝之地，土厚泉甘，商賈未集，唯城外大墩街略有市肆，其懋遷有無（懋遷有無，勸勉搬有運無，互相交易）者仍赴彰化也。自縣治北行二十里為葫蘆墩，勢控大甲，山間之人多至此貿易，亦行軍之所必爭者。當隋之時，用兵於此，虎賁威稜，今其泯乎。葫蘆墩東北二十里為東勢角，又東八里為抽籐坑，又東南六十里為埔裏社。光緒元年，始入版圖，設官行政，以撫綏群番，為臺中之後衛。梧棲在縣西，商船互市之口，亦海隅之一都會也。夫臺中固土番之地，所謂貓霧捒者也。康熙五十五年，岸裏社番始請墾，諸羅知縣周鍾瑄許之。及朱一貴平後，總兵藍廷珍以其土沃，募佃闢田，故名藍興堡。雍正元年，劃虎尾溪以北至大甲溪，增設彰化，而臺中隸焉。十年，設貓霧捒巡檢，駐犁頭店，臺中之設官始於此。乾隆二十四年，設南投縣丞。南投距治南四十里，中隔烏溪，為內山出入孔道。民番雜處，商旅往還，亦山間之一都會也。夫自臺中而論，山多海少，故其人重農而輕商。然以土田之腴，水利之大，餘糧棲畝，戶多蓋藏。巖居穀飲之民，日與生番相角逐，冒危難、赴險阻，勇往不屈，故其人尚武。而林爽文、戴潮春乃後先而出，謂非種性之強乎？臺中士君子而能閑之以誼，使之以和，獎之以文，臨之以禮，巖巖新邑，氣象萬千，連鑠發揚，且邁南北，而果為中樞之地焉，是在人為而已。

彰化縣

彰化固半線之地，鄭氏之時，左武衛劉國軒駐軍於此，以討沙轆諸番。歸清以後，始隸諸羅，尚以曠土視之。雍正元年，劃虎尾溪以北，建設新邑。欲以表彰王化，故曰彰化。其時北鄙猶未大啓也。疆域廣漠，民番雜處，土腴而俗悍，鼠牙雀角，輒起械鬥，夙稱難治。然墾務日興，成都成聚。物力之饒，溝洫之利，人多殷庶。縣治在八卦山麓。斗大之城，險不足據，而反足資敵，故有移城鹿港之議。鹿港在治西二十里，商船互市之埠也，市廛之盛，次於南郡，前駐海防同知。與泉州之蚶（ㄏㄢ）江相對，海程之近，無逾此者。而港口日塞，航運不通，苟非投資開鑿，未得以興彰化之利也。光緒八年，兵備道劉璈（ㄠˊ）以彰化居臺之中樞，形勢未善，議移知縣於鹿港，而於大肚之間或藍興堡之橋仔頭莊，別建新邑，駐巡道，守重兵，以控制南北。巡撫岑毓英頗韙（ㄨㄟˇ，贊同）之。及建省後，分烏日以北為臺灣，濁水以南為雲林，而鹿港同知早移於埔裏社，疆域遂小。然臺中雖為省會，而知府尚駐彰化，猶得以保其朔。若夫土田之沃，人文之盛，彰化之興，今未艾也。

雲林縣

雲林設縣，始於建省之時，則為撫墾之計爾。先是光緒十三年，劃嘉義以北之地，經營新邑，擇治於林圮埔之雲林坪，為鄭氏部將林圮所闢者，故曰雲林，以旌其功。而治當濁水、清水兩溪之域，每逢汎濫，不得往來。十九年，乃從知縣李烇（ㄑㄩㄢˊ）之議，移於斗六門。斗六門者，嘉義北隅之險也。乾隆二十六年，設巡檢，以分治近山。洎光緒元年，又自集集闢道，以達臺東之璞石閣，為東西交通之衢，而雲林實握其紐，故曰前山第一城。集集距治之北東，土番互市之區也，伐木熬腦，移民漸聚。而陳有蘭溪之畔，草萊未闢，原田膴膴（ㄨˇ，肥美），尚有待於後人焉。縣之疆域，北以濁水為界，彰化共之，南以牛稠溪為境。其東則高山峻嶺，人跡罕通，鯨面文身之輩，巖棲谷飲之倫，射鹿殺人，以相雄長，恩威並行，而後可服。若西雖臨海，而岸直灣淺，不足以通舟楫。北港為古來互市之口，宋、明之時已有其名，今亦塞矣。蓋以濁水分流，挾沙澎湃，出口之處，日積日淤，沿海一帶遂不得耕，地瘠而民貧，飯水且難，況食稻乎！夫臺灣為殷富之地，力田有秋，而澎湖之民每苦鹹雨，二林深耕又患飛沙，地之肥磽（ㄑㄧㄠ，土地堅硬貧瘠），或相倍蓰（ㄒㄧˇ。倍蓰，形容很多），固不得同日而論也。然則雲林之利，不在於海而在於陸，不在於平原而在於山谷。材木之饒，竹箭之美，羽毛齒革之豐，足以供給而有餘，亦臺灣之一奧區也。

苗栗縣

苗栗，番語也，謂之貓裏，土番居之。僻處新竹之南，舊與彰化相接。光緒十四年建省後，劃中港以南為苗栗，以北為新竹，各有三堡。而苗栗隸臺灣府，其縣治則貓裏社之墟也。草昧初啓，制度未備，其所以建設新邑者，亦為撫墾之計爾。當是時，經理番政，剋日併行，南湖罩蘭之野，天富待興，墾田熬腦，踵相接也，故以此治之。其地群山起伏，粵族相處；沿海一帶，始多漳、泉之人。地瘠而民勤，丁男子婦盡力農畝，故善治之，則其民可使。然臺灣之兩大溪，曰大安、曰大甲，皆當其南；而大甲尤為北臺之關隘，一旦有失，則淡、新數百里之地，可長驅而擾也。嘉慶十四年，設巡檢；道光十年，駐守備，並建土城以為固。故當戴潮春之役，林日成三攻大甲，不能破，而北路始得無害。此則地勢之險阻，而足以絕其道爾。夫苗栗設縣，於今未久，撫治之方，在謀富庶。苟得十年成聚，十年教訓，二十年之後，可以追蹤新竹，而翘然為一巖邑矣。

埔裏社廳

埔裏社在萬山之中，距臺灣府治東南可九十里，中拓平原，周三十餘里。土厚泉甘，宜稻蔗，物產尤饒，取之無盡。南北兩溪皆源自深山，奔流而西，以達於海，引水溉田者十數萬甲，固天然之奧區也。歸化番社二十有四，而以六社名：曰埔裏，田（田，當作「曰」）眉裏，曰田頭，曰水社，曰沈鹿，曰貓蘭；而埔裏尤著，康、雍以來，久見紀載。封疆大吏，猶以甌脫視之，能不惜哉！地大物溥，來者日眾，封禁之議，遂不可行。於是鄧傳安倡之，史密和之，而劉韻珂乃大言之，其陳開設之利詳矣。而痺痿（ㄅㄧˋ ㄨㄟˇ。痿痺指肢體麻痺，此處形容人粗心麻木）臣工，不知大計，仍以險遠為難，可謂昧矣。光緒紀元，開山議起，臺灣鎮總兵吳光亮略兵中路，爰有招撫六社之請。詢謀僉同，而建設一廳，以鹿港同知移駐於此，改為中路撫民理番同知，治大埔城。啓之、剔之、教之、養之，而六社之土田戶籍，乃得隸於宇下。其地僻處內山，居臺之中，勢險而阻。危崖深谷，偪仄難行。自府治出南門，行二十里至烏溪，水急不可涉，駕筏渡之。六里為草鞋墩。迤東八里為土城，海蘭察駐軍之地也。十三里為龜仔頭。八里為內國姓，鄭氏之時，劉國軒率師至此，以討北港溪番，人多粵籍，而家祀延平郡王。十二里為北港溪，兩山夾立，茂林蔽天，往時野番嘗伏險殺人，設隘之後，患始戢。十里為松柏崙，高數百仞，盤旋而上，俯瞰大埔城，如在眼底，越山東行二十里即至。其自葫蘆墩踰抽籐坑而來者，亦會於北港溪。是為入治之北路。自草鞋墩東行十二里至南投，前駐縣丞，今已撤。又十二里為濁水，十二里為集集，八里為柴圍。又北越雞胸嶺，十五里而至頭社，地腴而坦。又八里為水社，有日月潭，勝境也，水極清冽，環可二十餘里，中有小山曰珠嶼，番繞嶼居，極稠密，獨虛其中，往來必架艋舺，刳（ㄎㄨ，挖空）獨木為之，雙槳以濟，大者可容十數人。潭中多菱藕，饒魚鱉，番取以食。藍鼎元記之，以為古稱蓬瀛，不是過也。繞嶼北行，五里為貓蘭，又五里沈鹿，又十里為白葉嶺。過此而北，又行十里，是為入治之南路。自治東行，延眉溪上流而至霧關，平原盡處，豁然高山，為野番出沒之所。樟楠之屬，蓊鬱成林，荒古以來，斧斤未入，故得長葆（葆，通「保」）其壽。霧關山絕高，與臺東接，苟闢而徑之，可達花蓮港。而守城大山獨當一面，神足氣王，巍然為治之屏翰。夫埔裏社自開拓至今，漢人爭處，前茅後勁，再接再厲。墾成之田已萬甲，眾至二、三萬人。而土番乃日就凌夷，不能存其十一。其得以暫保其生者，唯外來之屯番爾。然語言習俗，漸從漢風，則亦同化於我而已。嗚呼！優勝劣敗之機，可不惕哉？

臺東直隸州

臺東州

臺東為新闢之地，高山大川，氣象雄偉。疆域之廣，可為一府三縣。而自歸隸以來，久任荒蕪，外族窺伺，莫肯關心。其有負耒荷戈而至者，唯我堅強辛苦之先民爾。然華路藍縷，涉履艱危，與天氣戰，與野番戰，與猛獸戰，瀕於死者數矣。光緒紀元，開山議起，欽差大臣沈葆楨奏設卑南廳，以事經營。卑南處臺東之中，地尤肥美，闢草萊，任耕稼，可成都聚，而利尚未啓也。拔木通道，戍軍撫番，前山之人，相率而至。洎光緒十三年，乃陞為州，而運會亦漸移矣。其地自蘇澳以南，至得其黎百四十里，峭壁峻嶒，難通輿馬，且少可耕之壤。而中亙東澳、大南澳、大濁水、大小清水五溪，水險而大，莫施舟楫。得其黎至新城六十里，地稍平，灌莽荒榛，頗多磽确（磽确，多砂石、不宜種植的貧瘠土地）。自是歷花蓮港、吳全城、大巴壟而至水尾社，計程百五十里，地盡膏腴。又有秀孤巒之溪，可資灌溉。溪水入海之處曰大港，舟不易行。自水尾而西至璞石閣，大軍駐焉。歷平埔、石牌以達卑南，亦百五十里，地多膏腴，鋤耰日進，皆成良田，惜墾之者尚少爾。卑南以西二百數十里為恆春，壤稍遜，然若巴塱衛、若八瑤灣，皆可墾也。夫以臺東疆域之廣，地利之饒，設官行政已二十年，而莽莽蒼蒼，尚委於鹿豕之鄉，則以航運難通也。濱海六百餘里，唯花蓮港、成廣澳可泊輪船，而風信靡常，礁石紛錯，往還不易。帆船更不能以時至也。其遵陸而行者，則自璞石閣入山，過八通關，以抵雲林之林圮埔，計程二百六十餘里，沿途皆番，行者懼焉。故商旅不敢往來，而懋遷尚少。番之大者，曰斗史五社，在大南澳；曰大魯閣八社，在大濁水以北，依山而居，性最悍；曰加禮宛六社，為平埔之番，居於鯉浪以北；其南者曰南勢七社，亦平埔也。秀孤巒之間，凡二十四社。璞石閣之平埔亦八社。其處於成廣澳之北者，曰沿海八社，其南曰阿眉八社。而卑南之可紀者四十有六。此則多經招撫，而微化其性，然尚不事畎畝，射獵為生。若夫丹番、巒番、木瓜等番，散伏深山，素不與人來往，經綸措施，匪旦夕事。苟得良有司治之，與以便宜之權，立以經久之計，悉心任事，不憚勤勞，而移住之人，又能忍辱負重，群策群力，以除害而興利焉，臺東之富庶，始得與前山媲美也。

坊里

坊里之名，肇於鄭氏。其後新闢之地，多謂之「堡」。堡者，聚也。移住之民，合建土堡，以捍災害，猶城隍也。而澎湖別名為「澳」。《禹貢》：「九州攸同，四隩既宅。」《釋文》以為「隩」與「澳」同，水濱也。是澎人固依水而居者也。「里」之大者數十村，或分上下，或劃東西。商賈錯居者謂之「街」；漢人曰「莊」，番人曰「社」，而澎湖亦曰「社」。莊社之間，各植竹圍，險不可越，聚族而居，守望相助。閩人先至，多居近海；粵人後至，乃宅山陬。而閩人之中，漳、泉為巨，以是因緣，每起械鬥。交通既闢，情感自孚，比歲以來，其風稍戢。然撫墾雖興，而番害猶烈。長治之計，在於協和。化行風美，斯為善矣。夫天下大器也，集眾人而成家，集眾家而成國。國之利害，猶家之利害也。故知愛家者必知愛國。夫無家則不可以住，無國且不可以立，其賤乃降於輿隸（操賤役之人），君子傷之！故坊里之名僅為疆域之分，而非可以此自囿也。識時之士，常務其大者遠者，而後可以進於郅治（郅音ㄓˋ。郅治，天下大治）焉。

安平縣治四坊：東安坊【後分上下】、西定坊【後分上下】、寧南坊【後分上下】、鎮北坊【後分上下】。

安平縣轄四十三里：效忠里、新昌里、永寧里、仁和里、文賢里、依仁里、崇德東里、崇德西里、仁德南里、仁德北里、長興上里、長興下里、永康上里、永康中里、永康下里、內武定里、外武定里、廣儲東里、廣儲西里、新化里東堡、新化里西堡、安定里東堡、安定里西堡、善化里東堡【北隸嘉義】、善化里西堡【北隸嘉義】、新化東里、新化西里、新化北里、內新化南里、外新化南里、內新豐里、外新豐里、永豐里、保大西里、保大東里、歸仁南里、歸仁北里、嘉祥內里、嘉祥外里、羅漢內門里、羅漢外門里、楠梓仙溪東里、楠梓仙溪西里。

嘉義縣轄三十七堡：嘉義東堡、嘉義西堡、大目根堡、打貓東頂堡【北隸雲林】、打貓東下堡、打貓南堡、打貓北堡【北隸雲林】、打貓西堡、大槺榔東下堡、大槺榔西堡、蔦（ㄋㄧㄠˇ）松堡【北隸雲林】、大坵園西堡、牛稠（ㄔㄡˊ）溪堡、鹿仔草堡、柴頭港堡、鹽水港堡、太子宮堡、鐵線橋堡、果毅後堡、哆囉嘓東頂堡、哆囉嘓東下堡、哆囉嘓西堡、下茄苳南堡、下茄苳北堡、白鬚公潭堡、龍公潭堡、學甲堡、赤山堡、茅港尾東堡、茅港尾西堡、善化里東堡【南隸安平】、善化里西堡【南隸安平】、佳里興堡、西港仔堡、麻豆堡、蕭壟堡、漚汪堡。

鳳山縣轄二十六里：大竹里、鳳山上里、鳳山下里、小竹上里、小竹下里、觀音上里、觀音中里、觀音下里、觀音內里、長治一圖里、長治二圖里、文賢里、維新里、仁壽上里、仁壽下里、半屏里、興隆內里、興隆外里、赤山里、港西上里、港西中里、港西下里、港東上里、港東中里、港東下里、新園里。

恆春縣轄十三里：宜化里、德化里、至厚里、安定里、長樂里、治平里、泰慶里、咸昌里、永靖里、仁壽里、興文里、善餘里、嘉禾里。

臺灣縣轄七堡：藍興堡、貓羅堡、捒東上堡【北隸苗栗】、捒東下堡、大肚上堡、大肚中堡、大肚下堡。

彰化縣十三堡：線東堡、線西堡、貓羅堡、馬芝堡、二林上堡、二林下堡、燕霧上堡、燕霧下堡、武東堡、武西堡、東螺東堡、東螺西堡、深耕堡。

苗栗縣轄四堡：苗栗堡【在縣之東北，舊稱竹南二堡】、吞霄堡【在縣之西，舊稱竹南三堡】、大甲堡【在縣之南，舊稱竹南四堡】、捒東上堡【在縣之東南，其屬大甲溪南者隸臺灣】。

雲林縣轄十七堡：斗六堡、溪洲堡、他里霧堡、沙連上堡、西螺堡、沙連下堡、打貓東頂堡【南隸嘉義】、打貓北堡【南隸嘉義】、大㯐榔東頂堡、尖山堡、海豐堡、布嶼堡、大坵園東堡、白沙墩堡、蔦松堡【南隸嘉義】、北投堡、南投堡。

淡水縣轄九堡：大佳臘堡、芝蘭一堡、芝蘭二堡、芝蘭三堡、八里坌（ㄅㄣˋ）堡、擺接堡、興直堡、文山堡、桃澗堡。

新竹縣轄三堡：竹塹堡【在縣之中，舊稱竹北一堡】、竹南堡【在縣之南，舊稱竹南一堡】、竹北堡【在縣之北，舊稱竹北二堡】。

宜蘭縣轄十二堡：本城堡、員山堡、民壯圍堡、溪洲堡、頭圍堡、四圍堡、羅東堡二結堡、清水溝堡、紅水溝堡、利澤簡堡、茅仔寮堡。

基隆廳轄四堡：基隆堡、金包裏堡、三貂堡、石碇堡。

南雅廳轄一堡：海山堡。

埔裏社廳轄三堡：埔裏社堡、北港溪堡、五城堡。

臺東州轄五鄉：南鄉【即卑南覓】、廣鄉【即成廣澳】、奉鄉、新鄉【即新城】、蓮鄉【即花蓮港】。

臺東州轄番社十一社：斗史五社、太魯閣八社、加禮宛六社、南勢七社、秀孤巒二十四社、璞石閣平埔八社、成廣澳沿海八社、成廣澳南阿眉八社、卑南覓南十五社、卑南覓西二十二社、卑南覓北九社。

澎湖廳轄十三澳：東西澳【為廳治，附近有社十】、嵵（ㄕˊ）裏澳【距治十九里，有社十二】、林投澳【距治十二里，有社十】、奎壁澳【距治七里，有社九】、鼎灣澳【距治十里，有社九】、瓦硐澳【距治二十六里，有社五】、鎮海澳【距治二十二里，有社四】、赤崁澳【距治二十九里，有社二】、通梁澳【距治三十里，有社二】、吉貝澳【距治八十里，有社一】、西嶼澳【距治二十里，有社十二】、網垵澳【距治里五十，有社六】、水垵澳【距治五十里，有社三】。

譯文

林金進・注譯

光緒十一年（一八八五）秋季七月八日，欽差大臣左宗棠（一八一二—一八八五）奏請朝廷臺灣建省。皇帝下詔由軍機大臣、總理各國事務王大臣、六部、九卿會同各省總督、巡撫商討研議有關臺灣建省事宜。九月初五，軍機大臣醇親王奕譞（一八四〇—一八九一）等人奏請將福建巡撫改爲臺灣巡撫。皇帝下詔：「可。」

光緒十二年（一八八六）春季三月，皇帝又下詔：「福建與臺灣的防務，關係緊要。該閩浙總督、臺灣巡撫等應商議辦理所有的事宜，務求要同心協力，不要有臺灣、福建的分別，要顧全大局。上年度已諭令閩浙總督、臺灣巡撫等會議有關臺灣建省的各項事宜，要同時辦理妥當，不得有一點點的延遲耽誤。」

光緒十三年（一八八七）夏季四月，新任巡撫劉銘傳（一八三六—一八九六）會同閩浙總督楊昌濬（一八二五—一八九七）聯名上奏，籌劃商議有關臺灣省的郡縣有些要增加，有些要裁撤，以方便治理臺灣。其上書之內容爲：

臺灣的疆域南北相距七百餘里，東西近者有二百餘里，遠者或有三、四百里。高山大溪接連不斷。從前所治理的地方僅在山前的南部，所以僅設立三個縣就足夠了。

自從開山闢野，榛莽日開，所以屢次增加廳治仍不足。光緒元年（一八七五）沈葆楨（一八二

○—一八七九）建請增設臺北府、縣以鞏固北部，又將同知移往卑南，以照顧後山，全臺的官制粗具規模。然而當時，局勢未開，選擇重要的事來做，但這並不是一勞永逸的好計策。

臣與諸位大臣等人共同商議琢磨，私下認爲建設、治理臺灣的方法，憑靠的是險與勢，兩者如何調和，應該持平，不可偏頗。臺灣省的治理比內地更難，而臺灣各縣管轄的疆域反而比內地大。如：彰化、嘉義、鳳山、新竹、淡水等縣，縱橫各二百餘里、三百里不等，一旦發生變故，則鞭長莫及，無法立即反應。

況且防務爲治理臺灣的要領，各縣所管轄的疆域太大，則耳目難全，無法即時知悉地方的事務。管理太過鬆散，官府的法令則多受到窒礙。至於後山的中部與北部，有三四百里遠，僅在重要地區設置設置碉堡，並無派駐專員管理。如此的空無，也難以遙控管理。

現在臺灣剛剛建省，百廢俱興，如果不參酌實情加以變通，如何訂下制度、規模而傳之久遠？臣劉銘傳於上年度九月親至臺灣中部，督剿反叛的番人，沿途查看山川地形。並依據各地方官將所轄境內的險要之處、道路、田園、山勢、溪流繪製成圖並標注說明，及負責安撫番人、丈量田園的官員、武將等人所陸陸續續呈報的文書圖表一一審視，用來規畫臺灣的官府配置的依據，全盤考量後，有的地區應該要增加府衙，有的府衙應該要改設，有的府衙要裁撤。

經查彰化縣橋仔頭（在今之臺中市）這地方，群山環抱、溪河環繞，平原在其中展開，氣象宏大寬敞，又處在全臺灣最適中的地理位置，擬按照之前福建巡撫岑毓英（一八二九—一八八九）的建議，在此處建立省城。將原彰化縣東北之地，設立首府，命名爲臺灣府。附郭首縣稱爲臺灣縣（縣級官衙與省級官衙在同一個城鎮，稱為附郭。首縣，舊稱省治或府治所在之縣）。

將原有之臺灣府、臺灣縣改名爲臺南府、安平縣。在嘉義的東方，在彰化以南，自濁水溪開始，到石圭溪爲止，截長補短，長寬各百餘里，擬增設一縣，就叫雲林縣。

新竹、苗栗街（今之苗栗縣苗栗市）一帶，扼住通往內山的道路，往東連接大湖，沿山新開墾的荒地非常多，擬將在新竹的西南方另外分出來，擬增設一縣，就叫苗栗縣。

加上原有的彰化縣及埔裏社通判一廳，計有四縣（苗栗縣、臺灣縣、彰化縣、雲林縣）一廳，均歸臺灣府管轄。鹿港同知這一府衙，應立即裁撤。

淡水，往東可以控制三貂角，且番社繁雜，距離縣治太遠。基隆爲臺北的第一門戶，與外地通商，建立商埠，來來往往與外人交涉紛繁。現正值開採煤礦、修建鐵路，商人與民眾聚集，更應該加以安撫。擬將淡水東北四堡之地，劃歸基隆廳管轄。將原設置之通判，改爲撫民理番同知，以加重其事權。這就是臺灣山前增加、修正的大概情形。

後山的形勢，在北邊以蘇澳爲總隘口，在南邊以卑南爲重要之地，要控制後山的中部，就以水尾（今之花蓮縣瑞穗鄉瑞美村、瑞良村一帶）最適當。此地應與新增設的雲林縣，連成東西一直線。現開設道路一百九十餘里，由丹社嶺、集集街（今南投縣集集鎮）直接到達彰化。

將來臺灣省城建立之後，臺灣中路前後脈絡，呼吸相通，這實爲臺東鎖鑰，擬增設直隸州知州一員，稱爲臺東直隸州。左邊和宜蘭爲界，右和恆春爲界，總計長約五百餘里，寬度有三、四十里、十餘里不等，全部歸臺東直隸州管轄，該州仍隸屬於臺灣兵備道。卑南廳舊有的府衙，擬請改設爲臺東直隸州。水尾以南，改爲花蓮港廳，其開墾的熟田約有數千畝，在水尾更外圍處，有港口水深數丈，可以用來稽查商船，可以運兵鎮壓番人與亂民之作亂，擬請增設直隸州判一員，長期駐紮於此，均隸屬臺東直隸州管轄，這就是臺灣後山增加、修正的大概情形。

臺灣的疆土、賦稅繇役，日增月廣，和以前羈縻、僑置（羈縻，籠絡懷柔；以前六朝時，遇有州郡淪陷於敵手，則往往暫借別地重置，仍用其舊名，稱為「僑置」）時的情形完全不一樣，需因地制宜，這些該有的作爲很難再緩。何況這些年來生番歸化，其本性原始野蠻，剛剛接受朝廷的規範，更需要以不同的方法來撫慰他們，以收取實際之功效。

臣等身處在局中，不敢遇到事情就隨意胡亂更改，進而紊亂典章制度。也不敢因陋就簡，不思進取，而喪失了讓臺灣富庶的根基。臣將其不好的加以摒棄，將其有益的給予增加，以求折中，無不過也無不及，希望能做到讓各方皆能接受，有一和諧妥適之局面。

皇帝下詔：「可。」

臺灣於是分設成三府、一州、三廳、十一縣。以臺灣府爲省會，臺灣巡撫駐屯於此。在臺灣府撫衙未蓋成之前，巡撫暫駐於臺北。

光緒十五年，秋季八月，命令臺灣知縣黃承乙、中路統領林朝棟（一八五一—一九〇四）修建城池，作爲臺灣中樞之地。

臺灣省	臺北府	宜蘭縣、基隆廳、淡水縣、新竹縣
	臺灣府	苗栗縣、臺灣縣、彰化縣、埔裏社廳、雲林縣
	臺南府	嘉義縣、安平縣、鳳山縣、恆春縣、澎湖廳
	臺東直隸州	

備註：光緒十三年（一八八七）的臺灣行政區域表。

臺灣剛建省的時候，彰化士紳蔡德芳（一八二四—一八九九）、吳朝陽等人上書巡撫，請求將省會設置於鹿港。其內容，約略如下：

臺灣爲孤懸於海外的一座島嶼，南北綿延千餘里，東邊是番人出沒的高山，西邊是浩瀚大海。加上土地的所有權常有變動，百姓崇尚奢靡，因此常常滋生事端。平常無事的時候，島內的百姓耕種、捕魚亦可以相安無事；若有事端發生，則需要調兵遣將，籌措糧餉，則需要仰賴內地供應支持。

私下自我省思，臺灣剛開闢之時，郡治縣衙的設置，大多在海岸港口處，就只有嘉義縣城離海稍遠。至於像彰化縣城往西距離鹿港只有十多里，往東綿延到內山，此地平原遼闊，潛藏的盜匪非常多，加上這地區溪流多、林木茂盛，實在很難防禦盜賊、亂民的侵擾。像同治元年（一八六二）的戴潮春事件，一旦發生變故，城池立即被亂民匪寇攻陷，若在新省城的西面截斷一座橋梁，或占據一座竹圍，雖然有內地的數千大兵屯駐鹿港，就算耗時一整年也無法前進，等到朝廷大兵內外夾擊，收復城池，這些亂民匪寇憑靠山林溪流等險阻，仍可和官軍相對峙。所以在乾隆年間貴西道趙翼（一七二七—一八一四）曾提出將省城移往鹿港的建議，懇請將此建議告知朝廷，這件事雖未能成功，但探索其要意就是將省城設置於沿岸港口地區。

當今的朝廷威武顯耀令黎民振奮，臺灣士紳、黎民感佩敬領皇帝下詔撫慰此地，營建省會，從此臺灣可以增加軍隊駐屯，並有足夠之糧餉，加重臺灣地方官員的權責與提升職等，得以鎮懾不正之風，臺灣全境受到庇祐，從此再也沒有令人憂慮之事。

但是聖人曾說：「處在安穩的時候，就要想著可能會生變故。要謹慎的開始，也要謹慎的結束。」臺灣若承蒙聖恩，得以建省，其省會必定落腳在彰化縣境內。之前曁有將縣城移往靠近海邊港口之議論，然而現今卻將省城移往靠近山區之處，萬一地方發生變故，匪寇一但控制河川之險，我們私下認爲就算有萬千軍馬也很難前進，連咫尺之近都不能相通了，還談論什麼控制臺灣南北，這種大勢朝廷必須考慮的。

至於省會該落腳於何處，是落腳在港口海岸處？還是要另外選擇新地點，應要要深謀遠慮，考慮再三、再三思慮。如果選擇已有的城池，則事半功倍。朝廷的明見可以洞悉萬里之遙，自會去斟酌、權衡，不用我輩再三贅言。

省會的地點，需要奏報朝廷，不是我們這些地方小士紳可以討論的。唯因我們生長在這裡，對於臺灣頗為熟悉，特別以熱愛臺灣、朝廷的心，方提出小小的建議，又加上我們不能白白的知道臺灣的大勢，而去犯不提出自己心中見解之過錯，所以敢表露臺灣歷年來的大勢發展的情形。隨文附上彰化舊城的來龍宿脈圖說一紙，懇請乞求將此書轉呈上級。

臺灣巡撫認為：此不可行。

光緒十七年（一八九一）夏季五月，劉銘傳辭臺灣巡撫之職，朝廷任命邵友濂（一八四〇—一九〇一）為新任臺灣巡撫。邵友濂為文官出身，並無長圖遠慮之才幹。邵友濂奏請朝廷：擬將臺灣省會移設於臺北，以制定省城的規模。其上疏朝廷之內容，約略如下：

之前選定之臺灣省會之址，雖然位在臺灣全境中樞之地，控制南北往來，但山岳圍繞其四周，距離臺南府、臺北府各要四、五天的行程，若期間溪水暴漲，往來交通則頗為困難。加上其沿海的港口水淺，輪船難以駛入，如果南北兩端有變故發生，接濟糧餉、派兵支援則會延遲，沒有時效性。

加上興建省城必須新修築祭壇、文廟、撫衙、官署等，所需經費浩繁，實在難以籌措。臣私下想著臺北居於臺灣之上游，撫衙、官署、倉庫等以大略具備，商人、百姓聚集於此，也能利用鐵路對外聯絡，在海運、陸運兩方面皆完備。基此，建請將臺灣省會移往臺北府。

光緒十八年（一八九二），新建中之臺灣省會停工，臺灣省會於是移往臺北。

臺南府下轄四縣、一廳：安平縣、嘉義縣，鳳山縣、恆春縣、澎湖廳。

安平縣

安平爲全臺灣最完善，開發最早的地區。荷蘭人治理臺灣的時候，在赤崁社修築堡壘，臺灣人將此堡壘稱爲「赤崁樓」，就是現在安平縣縣治之所在。

而《臺灣府志》以爲臺灣修建房屋多用紅瓦，地基在水濱高處，福建人稱爲「墈」，訛傳爲「崁」，所以赤崁樓、安平城都被稱爲「赤崁」。

乾隆十年（一七四五），巡臺御史范咸寫了一首〈赤瓦歌〉，在其自序中寫道：「臺灣人興建的房屋，屋瓦都是紅色，連牆壁都是紅色，這就是『赤崁城』的由來。」

如《臺灣府志》所記載，我們若拘泥於文字，這和解釋臺灣這地名的由來相似。臺灣的地名原作「埋冤」，這是漳州、泉州的口音。也有的人說是「臺員」，也有人說是「大灣」。而《臺灣府志》說：「荷蘭人修建城堡，其規模宏偉高大。海邊沙洲環水的彎曲處，稱爲『灣』，又停船的地方也稱爲『灣』，這是臺灣的地名的由來。」這種言論之謬誤，我已申論辯明。

「赤崁」爲番社的名稱，這是無庸置疑，用不著爭辯。《稗海紀遊》引《明會典》記載太監王三保在前往南洋的水路中，有「赤崁取水」這一句話，所以「赤崁」本來就是土番的部落名稱。當時取水的井，現在仍保存完好，這是說明「赤崁」爲番社地名的最古早證據。

延平郡王攻克臺灣之後，修築承天府，設置天興縣、萬年縣，將一鯤身改名爲安平鎮。安平爲泉州府安海鎮的舊地名，是延平郡王起兵反清的地方。延平郡王來到臺灣後，將故鄉的地名搬來這裡，又修建「桔秩門」，以表示對故鄉的思念。而安平城也有人稱為「王城」，而赤崁樓就是承天府。

清朝將臺灣納入版圖後，設置臺灣府（府治在今臺南市），下轄三個縣（臺灣縣、諸羅縣、鳳山縣），以臺灣縣為附郭。二百年來，文化日漸開啓，各項制度典章建立完備，逐漸興盛成為文化璀璨之區，為中國東南方之文化大城。

光緒十四年（一八八八）臺灣建省之後，將臺灣縣移往臺中，並選定臺中作為省會及首邑之處，將舊有的臺灣縣改名為安平縣。而臺灣巡撫在興建新省城期間又暫時駐屯於臺北。新設立之撫衙剛剛興建之時，大小官員爭相追求利益、官位、財貨，達官貴人如雲一般聚集於新省會之處，因此臺南的重要性日漸消退。

安平縣的疆域本來就狹窄，群山在其東側，氣象雄偉，羅漢外門（在今高雄市的旗山區中西部及內門區東北部）首當其衝，所以早先於此設置縣丞來治理該地，現已裁撤。居住在山區的土番皆已全部歸化，靠近縣城居住的皆從漢人的風俗。所以其他縣尚需要防止土番生事，安撫這些未歸化的土番時，而安平縣早就安穩無事。

縣治西方六里處有安平鎮，與內陸之交通為大海所阻，非靠舟船不能往來交通。而現在阻隔於期間的海洋已經淤積成為陸地，車馬可以往來。舊有的《志》稱呼這片阻隔安平鎮與縣治之間的海洋為「臺江汪洋」，可以停泊千餘艘海船。「臺江」為安平鎮的內海，現在則成為一片片的魚塭。

道光二年（一八二二），夏秋之際霪雨不止，連續二十天未放晴。曾文溪、灣裏溪等河流，皆溢滿潰堤，夾帶淤泥填滿低窪地方，臺江內海遂被填平成陸地，滄海變成桑田。

安平鎮的左側為鯤身（鯤身，為沙洲），右側為萻仔埔（萻仔埔，長滿萻草的荒野），其西邊為鹿耳門，風濤洶湧，自古以來稱為天險。荷蘭人、明鄭治臺時期，均在鹿耳門修築炮臺，以防守海道。今鹿耳門水域亦被泥沙淤積，海道水淺，大船不能進入，比較大型的海船必須停泊在四草湖。

安平鎮爲與內地、外國通商的港口商埠，駐有領事、設置海關，以振興商務貿易，所以臺南的貿易量居全臺之冠，猶不失爲富庶地區。

安平縣往南以二層行溪（今之二仁溪）與鳳山縣爲界，往北至曾文溪與嘉義縣爲界，南北相距不到五十里，而土質尚稱肥沃，百姓心存禮義，士人在學校讀書，農人在田野哼著農歌，商人在市場努力買賣，工人聚集在店鋪工作。對故國的思念，尚足以引起後人的感思，何況是對古都舊邑的感念呢？生長在這塊土地的人們，能不保護這塊土地，珍愛這塊土地嗎？

嘉義縣

嘉義，舊地名爲「諸羅」。諸羅，是番社的名字，也是山名。舊有的《志》認爲：諸羅，是諸山羅列的意思，這是錯誤的。

康熙二十三年（一六八四）在佳里興（今臺南市佳里區）設置縣治。曾文溪以北的廣大地域，全歸由諸羅縣管理。佳里興，也是番社的名稱。百姓沿著海岸居住，諸羅縣的地域廣況，最北達到三貂角，在當時臺灣的北部尚未開墾，一片荒無。後來因水土不宜的原因，將縣治遷到現在的位址（今之嘉義市）。

等到朱一貴的亂事平定（一七二一）後，將虎尾溪以北之地區劃歸彰化縣，諸羅縣的疆域稍微小了些。然而開墾荒地的業務日漸興盛，人民生活富庶，巍然爲臺南府治的左臂。

乾隆五十一年（一七八六）林爽文作亂之事，彰化、淡水皆被林爽文（一七五六—一七八八）攻陷，只有諸羅憑城而守住，被亂賊圍攻一年多未被攻陷，效忠朝廷而不投降於林爽文，亂平後皇帝下詔：「嘉其義」（嘉獎其義行），於是將「諸羅」改名為「嘉義」，讓這忠義之事，名垂千古。

臺灣建省（一八八五）以後，又劃牛稠溪以北的地區為雲林縣，嘉義縣的疆域又更小了。然而截長補短，嘉義仍是具有百里大小的縣分。嘉義縣東側為山，西側為海，田野交錯其中，其地理形勢和彰化縣差不多。然而玉山屹立在東北方，高度為一萬三千又數百尺（今之高度為三千九百五十二公尺），為東亞群山之王，氣勢磅礡，最為豪壯！亦足以自豪。

阿里山為玉山之子，森林蘊藏之豐富為東亞之冠，上天賦予的寶藏。火山（應該指現在的臺南市關仔嶺，嘉義縣中埔鄉中崙）在縣治的東南方，烈焰騰空，其地下有溫泉，當地的居民引用此火來煮飯作菜，汲取溫泉來盥洗沐浴，眞是奇特的地方！

早先在斗六門（今之雲林縣斗六市）設置縣丞一員，來協助嘉義知縣治理地方，現在已成為雲林縣的縣治所在。在安平縣與嘉義縣交界之處，稱為「大武隴」（泛指今之臺南市玉井盆地），設置巡檢。

嘉義縣沿海的港灣多，只有布袋嘴（今嘉義縣布袋港）的港口較深水，巨型海船可以進入。鹽水港（今臺南市鹽水區）早已淤積。

嘉義縣為山、海的腹地，物產豐富。士人懷著忠貞之節，女子貞潔剛烈，風俗之美與臺南府相同，這皆示教化的功效，因為其所讀之書，所推行之道相同，所以風俗也相同，嘉義日趨於完善。

鳳山縣

鳳山是以山爲名。舊縣治在興隆里（今之高雄市左營區），爲明鄭時代的萬年縣。自二層行溪以南，全歸屬鳳山縣，最遠到瑯琦（今之屏東縣恆春鎮），爲臺南府治之右臂。乾隆五十二年（一七八七），林爽文之役，莊大田起兵響應，攻陷蹂躪縣城，亂事平定後，將縣治遷到今日縣治之所在地，就是埤頭（在今高雄市鳳山區）。鳳山，在縣治南方三十里之處，其外形像鳳，實際上只是一座小山丘而已。

鳳山縣轄區之大僅次於諸羅縣，而且連卑南已在其管轄之內，卑南的治理則採懷柔、籠絡之術而已。光緒元年（一八七五），劃率芒溪以南爲恆春縣，其地理形勢稍爲小了些，仍然是有山、有海的地域。縣境東北到瀰濃（今高雄市美濃區），丘陵起伏，道路險阻。往西五里爲旗尾（在今高雄市旗山區），位在安平縣、鳳山縣交界之處的小路上。

縣境的西南方面臨大海，處處沙洲潟湖，盛產魚、鹽冠於全臺。打鼓山（今高雄市之壽山）在縣治的西方十八里，修築堡壘並駐屯軍隊，以防守海道之安全。其旁邊爲旗後（在今高雄市旗津區），是各國貿易通商的商埠，港內水深，可以停泊巨艦。又再二十里處爲東港，也是各國商船互相貿易通商的商埠。

小琉球嶼在縣治的南方六十里處，與東港隔海對望，屹立在海中，搭乘一艘小船即可到達，全島周圍約二十里，島上的居民以捕魚、耕種爲生，環境清幽深遠，獨一無二。下淡水溪（今之高屏溪）爲臺灣的大河，發源於臺灣的深山，水流迴旋數十里，與發源自赤山（今之大武山）的冷水溝（今之隘寮溪）會合後，流入大海。引用溪水灌溉田園有萬餘甲，年歲豐收，百姓富庶，這是鳳山縣的穀倉。

渡過下淡水溪後，就來到了阿猴林（今之屏東市），此地素來爲奸宄之徒出沒的地方，所以在此地設置下淡水縣丞駐屯於此地。率芒溪爲鳳山縣與恆春縣的界線，沿者溪流往北走，有枋寮。枋寮位處在偏僻的海濱，漸漸地靠近東側的山脈。早先在此設置汛（清代的兵制，凡是千總、把總、外委所統率的綠營兵均稱「汛」，其駐防巡邏的地區稱為「汛地」）。同治六年（一八六七）改設置巡檢，以盤查盜賊、保護來往的商旅行人，爲當時控制南方的策略。

鳳山縣是一個舊城邑，境內有高山、大海，物資充盈。然而福建人、廣東人分地而居，各自占地一方，一起成長，但往往因爲一言不合，便互動干戈，這種分類分群的械鬥到今天已稍稍停止。希望鳳山縣的人士能拋棄兄弟鬩牆，共同抵擋外侮，以公義爲要緊事，捐棄個人、群落、省籍的私仇。

恆春縣

恆春縣處在臺灣最南方之處。設置恆春縣，起先是爲了要征討番人提出設縣，最後是因爲開墾山林之故而設置恆春縣。

最先是福建船政大臣沈葆楨因爲發生牡丹事件（一八七四）而到臺灣視察軍隊防務，以尋求增強邊疆之防備。光緒元年（一八七五）沈葆楨上奏朝廷，將率芒溪以南劃爲恆春縣，新設的縣治設置於琅璚的猴洞山。山形環抱，中間爲平原，此地氣候長年暖和，所以取名爲「恆春」，此處實在爲臺灣最南之地。

恆春縣北與鳳山縣接壤，其東、西、南三面皆環海。自率芒溪以南，經過嘉鹿塘（今之屏東縣枋山鄉的加祿村）、枋山，過了楓港後，就到了柴城（今之屏東縣車城鄉），大約有六十里長。柴城是福康安（一七五四－一七九六）駐紮軍隊的地方，利用木材修建一座城堡，現以改建爲土堡。在柴城的旁邊有統領埔（今之車城鄉的統埔村），相傳是明鄭時代鄭氏屯田的地方，土地肥沃而豐腴。

自縣治往東行，經過射麻里（今之屏東縣滿州鄉永靖村）、萬里得（在今之屏東縣滿州鄉）、高士佛（在今屏東縣牡丹鄉）而到八瑤灣（在今屏東縣滿州鄉九棚一帶），大約有五十三里，爲恆春縣與卑南交接之處。再往前二十五里爲牡丹灣，爲凶殘番人所居住、出沒的地方，現在均已經剷平。

恆春縣雖然三面環海，但港灣水淺而狹窄，沒辦法讓大型船舶進出停泊，像大板埒（今屏東縣恆春鎮南灣里）、射寮（今屏東縣車城鄉射寮村）、楓港等港口，則有時候可以供船隻進出，假如能夠以人工方式將其鑿深、鑿寬，那就是完美。

鵝鑾鼻突出海中，下方有暗礁，向來稱爲天險，在上方修建燈塔，以標示航路。此地往南可以和南洋連成一氣，恆春外海這一片水域爲東方與西方來往的要道，不可以把此地當成是偏遠之地來對待。

恆春縣的番人分成上下兩區域，各有十八個番社，現在有記載的是五十八個的部落。番人的性情較爲溫馴，假如能夠眞誠地安撫他們，並教與讀書識字進而感化他們，並招徠外地百姓來開墾這些荒地，興建水利來關溉田野，修築道路來讓此區交通便利。開發各項事務，建立各項典章制度，教化與養育並重，不用幾十年這吹著熱風、下著瘴雨的蠻荒之地，也可以成爲樂土。

澎湖廳

澎湖自古以來就是海疆重地，群島錯綜複雜，風吹海面，浪濤襲岸，氣勢磅礡，是天險。從遠古以來，在史冊中未見到有記載澎湖。隋朝開皇年間（五八一—六〇〇），虎賁中郎將陳稜（？—六一九）開始經營澎湖。居住在澎湖的土著，好像是遠古時代軒轅氏的後裔。

也有人說，楚國滅了越國後，越國的百姓遷居到海上，有部分的人居住於澎湖。自唐代、宋代以來，島上的居民漸漸地增多。等到元朝末年，在澎湖島上設置巡檢司，隸屬於同安縣管轄，不久又廢置。

明朝初年，天下尚未平靜，無家業的人則聚在澎湖結夥爲盜。洪武五年（一三七二），將澎湖島上的居民全數遷往漳州、泉州，讓澎湖成爲無人島。不久，這群人又再度回到澎湖。

嘉靖年間（一五二二—一五六六），因爲海防的需要，又再澎湖設置巡檢司，不久又再撤除，澎湖就此成爲邊境荒地。澎湖爲沿海數省的屏障，東西往來的要衝，將澎湖成爲荒蕪偏遠無人居住之地，這是失策啊！於是外國的島夷（指荷蘭人）侵奪澎湖，海盜竊占澎湖，沿海諸地動亂不安，百姓陷於困苦流離失所，沒有窮盡的時候。等到我延平郡王往東經略臺灣時，先收取澎湖，設置安撫司來治理澎湖，澎湖才眞正爲我國所擁有。

康熙二十二年（一六八三），清軍進入東寧（臺灣）。隔年，在澎湖設置巡檢，隸屬於臺灣縣管轄，以水師副將駐屯於澎湖。

雍正五年（一七二七），將巡檢改設爲通判，設置澎湖廳，兼管海防事務，澎湖已成爲海上重鎮。朱一貴的亂事平定後，朝廷的廷議認爲：當初鄭氏一失去澎湖，便投降；若澎湖未失，鄭氏仍能控制臺灣，於是擬將臺灣總兵駐屯於澎湖。總兵藍廷珍（一六六四—一七三〇）認爲不可，而上書申論，此議方作罷。

澎湖是海上重鎮，然土地貧瘠百姓生活貧困，加上沒有生產五穀雜糧，必須倚靠臺灣援助、支持。一但被圍，來自臺灣的支援被阻絕，則澎湖必失陷。防守澎湖的策略，在於籌措足夠的軍火、糧餉以能長久支持。修建炮臺來防禦，建置艦隊來巡邏海域，訓練民兵以充兵員，向朝廷爭取軍備以充實防禦，如此方能防守澎湖，能夠防守才能主動出戰。

戰爭是得是失？全憑靠駐守在外的將領，其戰機在於一時。防守澎湖的輕重、成敗之責任，由主管官員負責，能否守住澎湖在於平日是否用心經營。所以說：軍隊可以百年不用，但不能一日沒有準備。這是爲什麼？東南沿海數省的形勢是否安穩，其關鍵在於臺灣。而澎湖是臺灣的門戶。海疆如果發生戰事，澎湖一定是兵家必爭之處，所以謀劃經略臺灣，必須先謀劃經略澎湖。與法國人的戰役，就是借鏡。

澎湖距離臺灣府治有一百七十五里，往南可以到達南洋，往北走到登萊（今山東省煙臺市登州、萊州一帶），往西可以到金門、廈門，近的地方一天就已到達，遠的地方需要幾天方可到達。此海域雖是海天萬里，卻如一條衣帶一般南北寬而東西窄而已！如果有強大的海軍扼守於此，則南來北往的交通線可以完全控制，足以讓交通完全斷絕，如此臺灣可以有恃而無恐。

澎湖諸島中，以大山嶼（今之澎湖的本島）爲最大，媽宮（今之澎湖縣馬公市）在其西邊，澎湖的文治與軍事中心全在此。媽宮外圍以西嶼爲屏蔽，在大山嶼內則和新城、龜山成犄角之勢，修築堡壘，駐兵防守，防患於未然。

澎湖本島往東到陽嶼，往西到花嶼，往南到大嶼，往北到目嶼，周圍有二百四十二里。以前說澎湖群島有三十六座島，實際有名字可以記載的有五十五座島嶼。漁村的房屋以蛤蠣殼、貝殼磨成粉塗抹在牆壁面上，漁民以海爲田。澎湖人習於水性，冒險耐勞，頗有堅毅之氣。若官員與百姓能同心同德，在此繁衍人口、積蓄財貨，相信不用多久的時間，澎湖的百姓都會變成捍衛海疆安全的戰士，澎湖成爲海上長城。有爲君子若來此爲官任職，應該要知道自己該做何事？讓澎湖成爲海上長城，島民成爲國之干城。

臺北府下轄三縣二廳：淡水縣，新竹縣、宜蘭縣、基隆廳、南雅廳。

淡水縣

淡水位在北臺灣的樞紐之處，在荷蘭人據臺以前未曾聽聞過有此地方。臺灣隸屬於清廷後，最初淡水隸屬於諸羅縣，後來改隸於彰化縣。

雍正九年（一七三一），設置淡水同知，官衙設置在竹塹（今新竹市），凡大甲以北之地方皆歸其管轄。二百年來努力經營，開墾荒地、創設各項典章制度等事務，其聲名、文風、產業，皆蒸蒸日上，爲臺灣的一大城邑。

最先是同治十年（一八七一）淡水同知陳培桂聽從廳民的請願，建議朝廷將淡水同知升格爲直隸州，並增加科舉考試的應試名額。此建議尚未實施，而開闢山林、安撫番人的事務已經迫在眉梢，欽差大臣沈葆楨上奏朝廷，裁撤同知，增設臺北府，以淡水縣爲附郭，縣治設在艋舺（今臺北市萬華區）。艋舺是以前對外貿易的商埠，臺灣建省以後，商業慢慢移向大稻埕（在今之臺北市大同區），艋舺的繁華逐漸褪色，然而人民依舊富庶。

淡水縣的疆域，往南至土牛溝與新竹縣接壤，往北到三貂溪和宜蘭縣爲界。其東部山高谷深是未開化的番人出沒及生活之處，沿山設置關隘來防止番人的入侵。

滬尾（在今之新北市淡水區）在縣治西方三十里處，爲各國進行商業買賣的商埠，此地設置海關以徵收稅金，各國在此駐有領事以管理其僑民，所以在此處興建炮臺，駐屯重兵來防守此地。

淡水縣的主要河川發源自雞籠山，流經八堵、五堵、圓山，由關渡出海。其支流在艋舺、大稻埕之間交會。航運的便利，讓商業振興，除此之外，還可灌溉大片的田野，所以此區也盛產稻穀。

淡水縣原是番人居住的土地，左擁龜崙山，右握獅球嶺，溪流在此交會，錯綜複雜。黃金、煤、硫磺等礦產蘊藏於地，樟腦、茶葉、林木盛產於山林。然而，在明鄭時期，這裡是流放罪人的地方；在康熙、雍正的時代，此地尚爲瘴癘所苦。今日，此地繁華文采富麗，爲全臺之冠，這都是歷年來賢人用心經營的功效。達官貴人、各地的商旅、工匠匯聚於此，然爲官之人與仕紳喜好虛華，婦女競相學習歌舞，其驕奢淫佚也是全臺之冠，驕奢淫佚是一般世人的通病。改變風俗，轉移風氣，教化百姓，讓綱紀倫常得以彰顯，寄望於淡水縣的人士啊！

新竹縣

新竹原本是土番的部落，原名竹塹，明鄭時的鄭氏政權曾對此地的番人用兵。舊有的《志》以爲此地是環繞著城邑而種植竹林，所以稱爲「竹塹」，這是非常大的錯誤。

明鄭時，尚未在此地設置官衙，但已經有竹塹的名稱。藍鼎元（一六八〇—一七三三）籌劃治理臺灣時，曾經有開墾竹塹埔的提議，當時竹塹埔這個名字所代表的是整個新竹縣這區域。

臺灣歸清廷治理後，新竹縣最先歸諸羅縣管轄。當時農業尚未發展，過往的行人、商旅非常的少，仍將此區域視爲荒遠偏僻之地。

雍正元年（一七二三），劃歸彰化縣管轄，並在此地設置淡水同知，稽查臺灣北部，兼督導彰化縣的捕務（捕務，其工作內容相當於今日之警察機關）。

雍正九年（一七二三），又將大甲溪以北地區之刑事、錢糧會計等業務歸淡水同知負責，但駐屯於彰化縣治。

乾隆二十年（一七五五），淡水同知的駐屯之地移往竹塹。

光緒四年（一八七八），增設臺北府，裁撤淡水同知，而臺北知府仍暫駐屯於竹塹。

光緒五年（一八七九）三月，淡水縣、新竹縣分治，劃土牛溝（清代區隔漢人與原住民生活領域的人為界線。因設置作為界線的土堆形狀如臥牛，所以稱為土牛，沿著土牛的深溝稱為土牛溝。這裡的土牛溝，約在今桃園市楊梅區境內的頭前溪和高山頂上的土牛溝）以南爲新竹縣，以北爲淡水縣。其管轄的區域，有六個堡。

光緒十五年（一八八九），新竹縣又拆成新竹縣、苗栗縣。於是南至中港（今苗栗縣竹南鎮）與苗栗縣爲鄰，北至土牛溝與淡水縣爲鄰。西側瀕臨大海，而東側則是番人出沒居住之高山。南北相距有八十五里，東西有六十五里，爲一泱泱大縣。

縣境內土壤肥沃，人民殷勤富庶，文風鼎盛，爲北臺灣之最。士人重信用，農人勤於耕種，不像淡水縣那樣的奢靡華麗。然而在山野之間，福建人與廣東人分地而居，械鬥的風氣，多年來不曾停止，而且此地和番人居住地相鄰，彼此以獵取人頭來展現勇武。靠近山區居住的百姓，亦多學習武藝以自保，這就是當時的實情。

新竹縣爲北臺灣的腹地，群山高聳環繞如排列的屏風，其中巍然獨立者則是雪山，高有一萬一千又數百尺（今之主峰標高三千八百八十六公尺）。中港地區與香山附近的溪流，皆發源自高山，河流綿長且流水緩和，但河流入海處，皆因水淺而無法停泊大船，所以航運仍需倚賴淡水縣。此縣，山川鍾秀，人才俊彥，如何將此靈秀之氣發揚光大，則有待居住於此地的君子努力。

宜蘭縣

宜蘭就是「蛤仔難」，是番人的語詞，也有人說是「甲子蘭」。宜蘭縣三面環山，東面面臨大海，平原遼闊，土壤肥沃，然荒蕪一片，無漢人來此開墾。等到吳沙（一七三一—一七九八）來此地開墾後，漳州人、泉州人、廣東人相率來到此地開墾，修築堡壘而定居。從頭圍（今之宜蘭縣頭城鎮）開始，一直到五圍（今之宜蘭縣宜蘭市），開拓的土地越來越廣，最後形成一城邑。

吳沙死後，其姪吳化能統領墾民，向朝廷請求將此地納入版圖。嘉慶十五年（一八一〇），在此地新設噶瑪蘭廳，設置通判來管理民政，官衙在五圍。初創之時，各項典章制度仍未完全，縣境內各大小堡壘如棋子般散布，地名大都以番語直接譯成漢音、漢字。

同治十三年（一八七四），因開發山林的議論被提出，而設置臺北府。將噶瑪蘭廳升格爲縣，取名「宜蘭」。以此作爲北臺灣的屏障輔翼，前山與後山的襟帶，讓臺灣的前山與後山緊密地連在一起。

宜蘭縣最北到三貂溪，最南到蘇澳。從三貂溪到草嶺這一帶，森林茂盛，最爲險要。過了草嶺就是大里簡（今宜蘭縣頭城鎮大里里），向東眺望可以望見東海，波濤洶湧，豁然萬里，那就是太平洋。

北邊海域三十里處有一座小島，稱爲龜山，朝廷派兵駐防此島。草嶺向東延伸，群山羅列，其最高的山稱爲玉山，終年山頂積雪不化，高度至萬尺，其高大俊秀挺拔，非常可觀。

宜蘭縣海濱巨石突兀聳立，在這設立關隘，在北面的稱爲北關，設在蘇澳的稱爲南關，屹立於險要處，可說是進出宜蘭縣的門戶。

蘇澳這港口，港口水深有四、五丈深，可以停泊輪船，但要特別注意暗礁。南風、北風這兩個港灣，是蘇澳的門戶。泖鼻山（在今新北市貢寮區）在三貂溪的出海口，其形狀如同象鼻，直插入海中。在其旁有小港灣，稱爲琉球澳，礁石險要，不能停船。

頭圍在縣治（今宜蘭縣宜蘭市）東北三十里處，設有縣丞。自頭圍經過大坪林（今新北市新店區），景尾街（今臺北市文山區景美）可以到達臺北府府治，這是輔助道路，約有一百一十餘里。自蘇澳以南，沿著海岸走，可以到達臺東，然而這些地方多地形險惡，溪流氾濫，不容易通過，所以坐船還比較容易些。

宜蘭本來爲土番居住的地區，自古以來，久居教化之外，而吳沙率眾進入開墾，開闢荒野，勤耕種、建房舍，招徠遊民前往開墾，以增加國家之版圖，吳沙的功業豈不偉大！

宜蘭這片土地靠近東海，長年多雨，富有森林之利。然以此區域水利之豐沛，土壤、氣候之合宜，若努力讀書、耕田，一定富有堅強之氣象。宜蘭雖然僻居於角落，若能讓百姓富庶，在未來將能展露頭角。

基隆廳

基隆爲北臺灣的鎖鑰，也是與外國、內地通商的大商埠。蘊藏煤礦豐富，取之無窮，因此來基隆定居的人日多。然而在二百多年前，此地仍是蠻荒未開化之地。

基隆這地方本來就是土番部落散布的地區，以前的舊名爲雞籠。基隆位在臺灣最北部，森林深而茂盛，瘴氣橫生，天氣寒冷，長年多雨，所以有「雞籠積雪」的景色。當時的景象和今日的種種，早就不同了。

在明朝的時候，荷蘭人占據了臺南，而西班牙人亦來了雞籠，在此地修築堡壘，並駐屯軍隊，兩強互相競爭角逐。西班牙人修築堡壘的地方，就是今日的社寮島（今之基隆市的和平島）。臥榻之側，不容他人鼾睡，於是荷蘭人將西班牙人趕走，遂控制了全臺灣。不久，荷蘭人又被延平郡王所驅逐，被迫離開臺灣。清廷攻占臺灣後，對基隆仍採懷柔、籠絡的方式。

乾隆、嘉慶以後，在基隆定居的人越來越多，一面捕魚，一面耕作，雞狗相聞。其土地的開墾，由淡水開始，之後是雞籠，再由雞籠往噶瑪蘭，土地大致已開墾完畢。

海運開通後，列國窺視基隆，但列國心動所追逐的是基隆所蘊藏的煤礦，這些煤礦的蘊藏量足夠支撐列國在此區活動之費用。所以在臺北建府的時候，沈葆楨認為海防的業務已經非常繁重，加上爭訟的事又多，並不是煤務的小官吏所能負擔，於是在此地設立通判，將雞籠改名為基隆。

光緒十三年（一八八七），又將通判撤除，改設同知，以加重其事權。雖然基隆所管轄的地只有四個堡，還不足以建立一縣，但基隆是臺北的屏障，不能小視。

基隆的富庶在於人的努力，也在於土地蘊藏礦產。登山渡海，長途跋涉，努力經營，各項典章制度、地利開發皆努力興作，隨著時代的進步而進步。基隆的的都市規模、市場之大可說是臺灣的大商港，也是東洋地區的大都市。

南雅廳

南雅，是因開墾番地而創造出的土地，大嵙崁（今桃園市大溪區）為南雅的要衝之地。最先是道光八年（一八二八），陳集成開始開拓這片區域，帶人開墾番地，並同時發展農業。一面開墾，一面以武力對抗番人的襲擊，但這雙方的武力衝突仍未平息。光緒十二年（一八八六）臺灣巡撫劉銘傳奏請朝廷在此地設置撫墾大臣，增設撫墾局，來開闢良田，修建溝渠，發展農田水利設施。入山砍伐樟樹來熬製樟腦，並安撫番人、以推展番政。如有番人部落不服從朝廷政令，則率兵以武力討平，從此大嵙崁氣象一新。

然而，此地位處山區，距離縣治業較遠，而來此定居的百姓越來越多，因此於光緒二十年（一八九四）在較靠近縣治的湳仔（今新北市板橋區）新設通判，並將之改名為南雅，以治理百姓。新設的南雅廳，其有關的政令剛頒布，地圖、轄區忽然改變，廳內要處理的政務、要制定的典章制度，也不是一朝一夕就可以完備。但檢視此地，群山環繞溪流穿越，地理形勢獨特且宏偉壯麗。此地蘊藏無窮盡的地利，對外應招徠殷實務本的百姓來此開墾。至於要大刀闊斧的大展身手，長足進步，養育、教化百姓，則有待後世的人努力進取，奮發向上。

臺灣府下轄四縣一廳：臺灣縣、彰化縣、雲林縣、苗栗縣、埔裏社廳。

臺灣縣

臺灣，是舊有的名字，但臺灣縣則是新設的。

光緒十三年（一八八七）臺灣新建省的時候，認為彰化縣的橋仔頭莊處在臺灣南北適中的位置，背山面海，平原交錯，南面有烏日的富饒，北面有大甲的險阻，開鑿山壁，修築道路，最遠可以到達臺東，沿途屯駐軍隊，安撫番人，這就像是手臂在支配手指一像，毫無困難。若臺灣的鐵路修建完成，則可居在中間而控制全局，於是臺灣巡撫劉銘傳奏請朝廷在此地設置省會，劃出彰化縣的北方之地，新設置一縣，並命名為「臺灣縣」。而原先的臺灣縣改名為安平縣，並以此地為臺灣的省會之所在。也因此地位處在臺灣南北之中間，所以也稱為臺中。

光緒十四年（一八八八）命令林朝棟率領所部的軍卒築城，修建衙署，蓋學校，駐屯軍隊，計算租稅額度，以經營新設的省會。然而臺灣縣縣治所在地原本是一片田野，土壤肥沃，泉水甘美，但商賈尚未來此進行商業買賣，未形成市集，只有縣城外的大墩街（在今臺中市中區）還有一些小市集存在，主要的商業買賣仍集中於彰化縣城。

自縣治往北二十里處為葫蘆墩（今臺中市豐原區），其地理形勢控制著大甲，居住在山區的人大多來此進行商業買賣，此地也是兵家必爭之地，隋代時就曾在此用兵，虎賁郎將陳稜當年用兵的遺跡，現已消失不見，找不著任何蛛絲馬跡。

葫蘆墩的東北方二十里處為東勢角（今臺中市東勢區），又再往東八里為抽籐坑（在今臺中市新社區），又再往東南六十里處為埔裏社（今南投縣埔里鎮）。埔裏社在光緒元年（一八七五）才納入朝廷的版圖，在此地設置官衙辦理政事，以安撫靖綏番人，為臺中的後衛。梧棲在縣治的西方，為商船進出、進行商業買賣的港口商埠，也是濱海的一個都會。

臺中本來是番人的土地，就是所謂的貓霧捒。康熙五十五年（一七一六），岸裏社（在今臺中市神岡區）的番人向朝廷奏請開墾此地，諸羅知縣周鍾瑄（一六七一—一七六三）同意所請。等到朱一貴的亂事平定後，總兵藍廷珍認爲此地的土壤肥沃，召募佃農來此開墾，所以也叫藍興堡。

雍正元年（一七二三），劃虎尾溪以北至大甲溪，增設一縣，爲彰化縣，而臺中隸屬於彰化縣。

雍正十年（一七三二），設置貓霧捒巡檢，駐屯於犁頭店（在今臺中市南屯區），這是臺中最早設置官衙於此。

乾隆二十四年（一七五九），設置南投縣丞。南投（今南投縣南投市），在縣治南方四十里處，中間隔著烏溪，爲山區出入的孔道，漢人、番人混居，商旅往返於此，爲山區的一個都會。

如果以臺中來評論，山區多海岸線少，所以當地的人重視農業而輕忽商業。但是土質肥沃，田野豐饒，蘊藏的水利非常的豐富，家家戶戶皆有餘糧，不虞匱乏。

居住在山間溪谷邊的居民，常常與未開化的番人以武力互相競爭，冒著危險，親赴險阻，勇往不屈，所以當地民風崇尚武勇。林爽文、戴潮春（？—一八六四）兩人皆是臺中人，相繼而出，引起民變，不可不說是臺中此地的人民種性強悍。

臺中的士人、君子如果能用義來約束，使之相安無事；獎勵讀書學文，行事以禮爲規範。新縣開張，氣象萬千，眾心成城，發揚光大，使之超越臺灣南北兩地而能眞正的成爲臺灣的中樞，全在於人爲。

彰化縣

彰化是原本的「半線」。明鄭時代左武衛劉國軒（一六二九—一六九三）曾駐軍於此，以討伐沙轆（今臺中市沙鹿區）諸社的番人。臺灣納入清朝的版圖後，彰化最先隸屬於諸羅縣，當時還將彰化視爲荒蕪的區域雍正元年（一七二三），劃虎尾溪以北為一新的縣，以表彰朝廷的教化之功，所以取名為「彰化」。當時的臺灣中、北部仍未開化，疆域廣闊，漢人和番人雜處，土地豐饒而民風強悍，常因像鼠牙雀角那樣的小事，就發生械鬥，素來被稱難以治理的區域。然而墾務日漸興盛，逐漸形成聚落、城鎮，土地的豐腴，興建水利設施，人民多富庶。

縣治在八卦山麓，是一座小城邑，又沒什麼險阻地形可以憑恃，反而常常在民變發生時成為敵人作亂的資本，所以有要把縣治移往鹿港的議論。

鹿港在縣治西方二十里處，是商船來往貿易的商埠，市場的規模，商業的繁華，僅次於臺南，之前有海防同知駐屯於此。鹿港與內地泉州府蚶江鎮隔海相對，與內地的距離，沒有其他地方可以比鹿港近。然而鹿港的港口日漸淤積，航運沒落，如果不投入資金清除港口淤泥，就無法替彰化縣帶來航運、貿易的利益。

光緒八年（一八八二）臺灣兵備道劉璈（？—一八八九）認為彰化縣居於全臺灣之中樞，但縣治的地理形勢未臻於完善，建議將彰化知縣移往鹿港，而另外在大肚附近或在藍興堡的橋仔頭莊修築新城，駐屯巡道，派重兵防守，以控制臺灣的南北兩地。臺灣巡撫岑毓英頗為贊同。

等到臺灣建省之後，將烏日以北地區劃歸臺灣縣，濁水溪以南劃歸雲林縣，而鹿港同知這編制早已移往埔裏社，彰化縣的疆域於是變小了。

臺中雖然是省會所在地，但臺灣知府仍駐屯於彰化，還得以保留其朔政（朔政，指中國古代帝王每年冬季發布來年十二個月的政事於諸侯，諸侯亦於月初告祖廟，受而行之）。彰化縣土壤肥沃，物產豐富，文風興盛，彰化的興旺至今仍維持，至今未見衰微斷絕。

雲林縣

雲林設縣始於臺灣建省的時候，其目的在於安撫番人、開墾土地。最先是光緒十三年（一八八七），將嘉義縣的北方劃分出一個新縣，其縣治設置於林圮埔（今南投縣竹山鎮）的雲林坪，該地爲鄭成功的部將林圮（？—一六六八）所開墾，所以將新縣的名字取名爲「雲林」，以彰顯表揚林圮開墾此地的功勞。該縣治位於清水溪與濁水溪的中間，每逢洪水氾濫的季節，交通爲之斷絕。

光緒十九年（一八九三），聽從雲林知縣李烇的建議，將縣治從雲林坪移往斗六門（今雲林縣斗六市）。斗六門，是位在嘉義縣北方的險要之地。乾隆二十六年（一七六一），曾在斗六門設置巡檢，負責這附近山區的治理。等到光緒元年（一八七五）又從集集開闢道路，以達到臺東的璞石閣（今花蓮縣玉里鎮），爲臺灣東部與西部往來的交通要道，而雲林縣控制這一條東西交通的要道，所以說雲林縣治爲前山第一城。

集集位在縣治的東北方，爲漢人與番人，及番人和番人商業買賣的地方，後來砍伐樟樹熬製樟腦，百姓慢慢聚集於此。陳有蘭溪的兩岸，仍是一片荒野，土壤肥沃，尚待後人來開墾。

雲林縣的疆域，北邊以濁水溪和彰化縣爲界，南邊以牛稠溪和嘉義縣爲界。縣境的東邊爲高山峻嶺，人跡罕至，黥面紋身、棲息在高山深谷之番人以射鹿、殺人，來互相炫耀勇武，對這些番人必須恩威並行，方有可能讓其聽從朝廷之政令教化。縣境的西邊，雖然面臨大海，但海岸線直，港灣水淺，無法通行船舶。北港，自古以來是貿易通商的港口，在宋代、明代的時候已經有記載，但現在已經淤塞不通了。

濁水溪流水澎湃，挾帶泥沙奔流入海在出海口處淤積，日積月累反覆淹沒淤積，沿海一帶因此無法從事農耕，土地貧瘠而百姓貧困，連基本的溫飽都做不到，怎能奢談要以稻米爲主食呢？

臺灣爲土壤肥沃之地，只要努力耕種，就會在秋天時豐收，而澎湖地區百姓每每爲鹹雨所苦，在二林地區努力耕種又受風吹沙之苦。土地的貧瘠肥沃，有天壤之差別，所以不能相提並論。

然而雲林縣的利，不在於海而在於陸地，不在於平原而在於山谷間。森林、木材的豐饒，竹林的美，鳥羽、獸毛、獸角、皮革這些珍貴物質的豐盛，供給臺灣還有餘，雲林縣也是臺灣的腹地。

苗栗縣

苗栗是番語，就是「貓裏」，是番人居住的地方。位在新竹縣的南方，與舊彰化縣（未劃分出臺灣縣之前）相鄰。

光緒十四年（一八八八）臺灣建省以後，劃中港（今苗栗縣竹南鎮）以南爲苗栗縣，以北爲新竹縣[1]，轄下各有三個堡，而苗栗縣隸屬於臺灣府，其縣治設在貓裏社（在今苗栗縣苗栗市）的原址上。

苗栗縣剛開發時，各項典章制度尚未完備，其所以設縣的原因在於安撫番人、開墾山林之故。在當時，經營管理番政，要在約定的期限完成預定的目標。南湖（在今苗栗縣大湖鄉）、罩蘭（今苗栗縣卓蘭鎮）的田野山林，皆是上天賦予的寶藏，等待人們開發。開墾田地，砍伐樟樹，熬製樟腦，接連發展，所以設立官衙來治理此區域。

苗栗縣丘陵、山地起伏，廣東人居住於此，沿海一帶則多是漳州人、泉州人居住。此區域土地貧瘠、但百姓勤勞，男人、女人、小孩皆努力農事，所以若好好的治理這地方，百姓則容易配合朝廷的

1 在「新竹縣」內文中，新竹縣被劃分成新竹縣、苗栗兩縣為光緒十五年（一八八九）。

繇役、稅賦、政令。

臺灣的兩大河流，大安溪、大甲溪皆在縣境的南方。尤其是大甲是北臺灣的關隘，一旦大甲被攻陷，則淡水縣、新竹縣數百里的土地，可以長驅直入而攻取。

嘉慶十四年（一八〇九），設置巡檢。

道光十年（一八三〇），駐屯守備（守備，清代武官的官職名稱），並修築土城來加強防禦，所以在戴朝春民變之時，林日成（？—一八六五）三次率領部眾進攻大甲時，皆不能攻陷，因此臺灣北部方能不受到兵禍波及，這就是因爲地理形勢險阻，可以阻絕敵人的進攻之路。

苗栗縣設縣到今日仍不久，安撫治理此地的方法，在於謀求此地百姓的生活富庶。如果能十年生聚，十年教訓，二十年後可以追上新竹縣，並期待苗栗縣成爲一突出而且險要的城邑。

埔裏社廳

埔裏社在群山環抱之中，在臺灣府治東南方九十里之處，中央之處爲平原，環繞一周約有三十餘里，土壤肥沃，泉水甘美，適合種植稻米、甘蔗，物產之豐饒，取之無盡。在南北兩側的溪流，皆發源自高山，奔流向西，流入大海，引用溪水灌溉田野達十餘萬甲，是一天然的腹地。

歸化於朝廷的番社有四十二，而以六社來命名：埔裏、眉裏、田頭、水社、沈鹿、貓蘭。其中以埔裏最爲出名，在康熙、雍正時期，就已有記載了。封疆大吏，仍把此地當成邊境荒地來看待，能不感到惋惜嘛！

此區域地大物博，來此開墾定居的百姓越來越多，要將此地封閉禁止百姓前來墾荒定居的做法，已不可行。於是鄧傳安（一七六四—？）倡導開放，史密附和，而劉韻珂（一七九二—一八六四）於是力陳開發埔裏地區的好處，而粗心麻木的朝廷大臣，仍以埔裏的交通險阻，地理位置偏遠爲由，加以否定，可說是愚昧、糊塗。

光緒元年（一八七五），開墾山林的聲音興起，臺灣鎮總兵吳光亮（一八三四—一八九八）負責經營開發臺灣中部，奏請朝廷招撫埔裏盆地六社，朝廷徵詢諸位大臣的看法與承辦官員簽註的意見相同，兩方的看法一致，於是決議在此設置一廳，將原鹿港同知這編制員額移往埔裏盆地，並將其改名爲「中路撫民理番同知」，其官衙設在大埔城（在今之南投縣埔里鎮）。

開發埔裏盆地，剔除其陋習，教育百姓，養護百姓，有如此的作爲，埔裏六社的百姓，方能眞正成爲朝廷的子民。此地在偏僻的內山中，雖位處在臺灣的地理位置中心，然地勢險要，交通也不方便，崖高谷深，道路狹窄窘迫難行。

從臺灣府治的南門出發，走了二十里來到烏溪，烏溪水流湍急無法涉水而過，必須駕筏渡溪。再往前走六里爲草鞋墩（今之南投縣草屯鎮），再往東走八里爲土城（在今之南投縣草屯鎮土城里），爲海蘭察（？—一七九三）駐屯軍隊的地方。再走十三里爲龜仔頭（在今之南投縣國姓鄉），再走八里爲內國姓（在今之南投縣國姓鄉），明鄭時代劉國軒曾率領軍隊來此，討伐北港溪番人，居住此地的人民大多爲廣東籍，而家家戶戶幾乎都祭祀延平郡王鄭成功。

再走十二里爲北港溪，兩山夾立，溪流從中流過，茂密的林木遮天蔽日。以前，野蠻的番人曾在此險要的地方埋伏殺人，設置關隘之後，野番殺人的禍害，方稍收斂。

再走十里爲松柏崙（在今之南投縣國姓鄉），高有數百仞，盤旋而上俯瞰大埔城，如在眼底，一覽無餘。越過此山後，再往東走二十里，即到了大埔城。另一條路線，自葫蘆墩經過抽籐坑而來埔裏，也是在北港溪會合，這是進入埔裏廳治的北路。自草鞋墩往東二十里即到南投，之前駐屯縣丞，現已經撤除。又再往前十二里爲濁水溪，再往前走十二里爲集集，再往前八里爲柴圍（在今南投縣水里鄉），往北越過雞胸嶺（今之土地公鞍嶺，位於今南投縣水里鄉與魚池鄉交界處）後再走十五里就到了頭社（在今之南投縣魚池鄉），此地土壤肥沃而且地形平坦。再走八里爲水社（在今之南投縣魚池鄉），此地有日月潭，是一優美的勝境，潭水清冽，環潭一周約有二十餘里，潭中有一作小山，名叫珠嶼，番人環繞珠嶼而居住，人口稠密，但小山的中間則不住人，不築房舍，番人的交通往來全倚靠「艋舺」。艋舺，就是獨木舟，將樹木的中間挖空，用雙槳划水前進，大的獨木舟可以容納十來人乘坐。日月潭盛產菱角、蓮藕、魚、鱉，番人撈補這些食材來食用。藍鼎元曾寫文說：「認爲古代所描述的『蓬瀛』（蓬萊和瀛洲，為神山名，泛指仙境），應該也是如此而已！」

沿著珠嶼往北走五里爲貓蘭（在日月潭北方），再走五里爲沈鹿（在今之南投縣魚池鄉），又再走十里爲白葉嶺（在今之南投縣魚池鄉），越過白葉嶺後再走十里即到了廳治所在地，這是進埔裏社廳治的南路。

自廳治往東而行，順著眉溪往上流方向走，來到霧關（可能是今之人止關），這是平原的盡頭，舉目所見盡是高山，爲野蠻番人出沒的地方。樟樹、楠樹這高大喬木，在此地蓊鬱成林，自古以來從未砍伐，所以能常保存其壽命。

霧關的山勢非常的高，與臺東州接壤，如果能另闢一條路徑，可以直達花蓮港。守城大山獨當一面，山勢高聳，氣勢雄壯，爲廳治的屏障。

埔裏社自開發到現在，漢人爭先進入此地開墾，早先進入開墾的人將其失敗之經驗，提供給後進入的人當借鏡，其中雖有失敗，但一波接著一波，再接再厲，現已開墾的田已有萬甲，人數達到二、三萬人之眾。原居於此的番人，受到入墾之人的欺凌夷滅，至今仍存活的人不到十分之一，得以暫時保存其生計者，只有外來進入此地開墾的平埔族而已。然而，其語言風俗習慣，漸漸漢化，最後為漢族所同化。

唉，優勝劣敗的變化，我們怎可不自我警惕？

臺東直隸州

臺東州

臺東為新闢的地域，高山大川，氣象雄偉。其疆域之廣闊，可以劃分成一府三縣，而自從劃入版圖後，長久以來任其荒蕪，外國人窺伺此地，朝廷也不關心，實在對不起背負農具，攜帶武器來此開墾的先民。先民勇敢堅毅辛苦，蓽路藍縷，面對艱難、危險的困境，與惡劣的天候奮戰，與野蠻的番人奮戰，與野獸奮戰，屢次頻臨死亡也不退縮。

光緒元年（一八七五），開墾山林的聲音興起，欽差大臣沈葆楨奏請朝廷：設置卑南廳，以經營後山。卑南位在臺東的中間，土壤尤其肥沃，開闢荒地，致力於農務，可以形成聚落，形成城鎮，然其地利尚未開發。砍除樹木、修築道路，駐屯軍隊，安撫番人，前山（指臺灣西部）的人，陸陸續續來此開墾定居。

等到光緒十三年（一八八七）乃將卑南廳升格為臺東州，而時代的潮流也慢慢地變了。臺東州之疆域自蘇澳以南，要到有百姓聚落之處約有一百四十里之遠，其間峭壁高聳，車馬很難通行，可耕之地非常的少，且有東澳、大南澳、大濁水、大清水、小清水這五條溪流橫亙期間，水勢湍急而且危險，無法行駛舟船。

從這聚落在往南行六十里，就到新城（今花蓮縣新城鄉）。此地，地形稍微平坦，草木叢生，蠻荒偏僻，土地堅硬、磽薄、貧瘠。再往南走有花蓮港、吳全城（在今花蓮縣壽豐鄉平和村）、大巴壟（在今花蓮縣光復鄉）而至水尾社（在今花蓮縣瑞穗鄉），這一區域約有一百五十里長，土地肥沃，又有秀孤巒溪（秀姑巒溪）流經此地，可供灌溉農田，秀孤巒溪入海處，名喚大港，秀孤巒溪不方便也不容易行駛舟船。

自水尾社往西走到璞石閣，此地有大軍駐屯。再往南走，經過平埔（在今花蓮縣富里鄉）、石牌（花蓮縣富里鄉石牌村），就到達卑南，這區域約有一百五十里長，土地肥沃，若能努力加以開墾，皆成爲良田，很可惜來此區域開墾的人還少。

卑南往西走二百又數十里爲恆春，土壤較爲堅硬貧瘠，然而像巴塱衛（在今臺東縣大武鄉）、像八瑤灣（在今屏東縣滿州鄉九棚一帶），皆是可開墾的區域。

以臺東州疆域之廣闊，地利之富饒，在此地設置官衙，治理地方已經有二十餘年，但此地仍是一片荒野，成爲梅花鹿、野豬等野獸活動出沒的樂園，實在是因爲航運難以發展之故，海岸線有六百餘里，只有花蓮港、成廣澳（在今之臺東縣成功鎮）可以停泊輪船。而風向常常改變，沒有固定，沿岸礁石錯雜，搭船往返不容易，帆船更是不能按時抵達。

另走陸路者，則從璞石閣進入蠻荒大山，經過八通關，抵達雲林縣的林圯埔，全長約二百六十餘里，沿途皆是番人出沒之區域，來往的行人非常的懼怕，因此遷來後山定居的人尚少。

較大的番社，有「斗史五社」，居在大南澳（在今宜蘭縣南澳鄉）；有「大魯閣八社」，居在大濁水溪（今之和平溪）以北，依著山勢而居住，性情最爲剽悍；有「加禮宛六社」，爲平埔族，居住在鯉浪（今之美崙溪出海口）以北。在鯉浪南方的有「南勢七社」，為平埔族。居住在秀孤巒溪兩側的有二十四社。居住在璞石閣的平埔族也有八社。居住在成廣澳的北方者，稱為「沿海八社」。居住在成廣澳的南方者，稱為「阿眉八社」。

居住在卑南的番人，有記載的有四十六社，這些番人大多經過招撫，其風俗性情稍稍漢化，但還是以漁獵為生，不從事農務。像丹番（中布農族群）、巒番（中布農族群）、木瓜（東賽德克族群）等番人，散居在大山中，素來不與人來往，要治理他們、漢化他們，不是一朝一夕可以做到的。

假如能有一才德兼備的官員來治理後山，並給予這官員可以自己作主決斷的權力，加上有長久經營的計畫，用心的做好每一件事，認眞勤勞，已遷入定居於此的百姓又能忍辱負重，大家群策群力，將陋習弊病革除，積極發展興利之事。那臺東的富庶，方能和前山媲美。

坊里

「坊里」這名字，開始於明鄭時代。之後新開闢的地方，多稱之為「堡」。堡，就是聚落，新來的移住民，一起合建土堡，以對抗災害，猶如內地的城牆與護城河的功能一樣。而澎湖則稱之為「澳」，《尚書．禹貢》：「天下都聽命於大禹，四方之地都可以讓人安居」；《釋文》則認為：「隩」與「澳」相同，指水濱之地，是因為澎湖人本來就在水邊居住。

「里」之大者有數十村，有的分成上下，有的分成東西。商人聚集居住的地方，稱為「街」。漢人稱為「莊」的（莊，村落），番人則稱為「社」，澎湖人也稱之為「社」。村落和村落之間，各自種植許多竹子，將其村落圍起來，形成險阻，無法從竹林穿越，人民聚集族人一起居住，彼此守望相助。

福建人先來臺灣，大多居住在靠近海邊之地；廣東人比較慢到臺灣，乃沿著山邊居住。來臺灣的福建人又以漳州人、泉州人最多，因有這些因緣交錯，常常發生械鬥。臺灣的交通日漸發達，彼此的互信漸增，分類械鬥漸漸平息。

開墾山林的聲音雖然興起，但番人的禍害仍非常嚴重，長治久安的方法，在於彼此的協調合作，以善良的風俗、教育百姓、番人，這是最好的方法。

天下這寶器，是集合很多眾人而成爲家，集合很多的家而成爲國。國的利害關係，就像是家的利害關係，所以必須知道愛家要先愛國。沒有家，個人就無法發展；沒有國，就無法在當世立命安身。若自己不愛國、不愛家，則會淪爲奴隸之流，君子對此感到悲哀！所以坊里的名稱，僅使是作爲疆域的分別，而不能以此自我限制，拘泥於此。

看清時勢發展的人，其專注發展遠大的事務，而不拘泥於眼前，然後可以讓國家、社會昌盛繁榮。

安平縣治下轄四坊：

東安坊（後分上下）、西定坊（後分上下）、寧南坊（後分上下）、鎮北坊（後分上下）。

當時地名	現在行政區
東安坊（後分上下）	約在今日的臺南市民權路一段、東門路一段爲主軸，一路向東發展延伸到臺灣府城大東門。
西定坊（後分上下）	約在今臺南市西區。
寧南坊（後分上下）	約在今臺南大學附小、小南門城、大南門城、小西門城、湯德章紀念公園。
鎮北坊（後分上下）	約在今臺南市北區。

安平縣下轄四十三里：

效忠里、新昌里、永寧里、仁和里、文賢里、依仁里、崇德東里、崇德西里、仁德南里、仁德北里、長興上里、長興下里、永康上里、永康中里、永康下里、內武定里、外武定里、廣儲東里、廣儲西里、新化里東堡、新化里西堡、安定里東堡、安定里西堡、善化里東堡（北隸嘉義）、善化里西堡（北隸嘉義）、新化東里、新化西里、新化北里、內新化南里、外新化南里、內新豐里、外新豐里、永豐里、保大西里、保大東里、歸仁南里、歸仁北里、嘉祥內里、嘉祥外里、羅漢內門里、羅漢外門里、楠梓仙溪東里、楠梓仙溪西里。

當時地名	現在行政區
效忠里	約在今臺南市的安平區全部及南區西北部。
新昌里	約在今臺南市的南區北部偏中。
永寧里	約在今臺南市的南區南部。
仁和里	約在今臺南市的東區南部。
文賢里	約在今臺南市的仁德區西南部。
依仁里	約在今臺南市的仁德區東南部。
崇德東里	約在今高雄市的田寮區北部。
崇德西里	約在今臺南市的歸仁區南部及關廟區南部。
仁德南里	約在今臺南市的仁德區中部偏南。
仁德北里	約在今臺南市的仁德區中部偏北。
長興上里	約在今臺南市的永康區南部偏東。

當時地名	現在行政區
長興下里	約在今臺南市的北區東部及東區東北部。
永康上里	約在今臺南市的永康區中部。
永康中里	約在今臺南市的永康區中部。
永康下里	約在今臺南市的北區東部及東區東北部。
內武定里	約在今臺南市的永康區西北部。
外武定里	約在今臺南市的安南區全部及北區、中西區北部。
廣儲東里	約在今臺南市的新化區中部及永康區東北部一小塊地區。
廣儲西里	約在今臺南市的新化區西南端一小塊地區及永康區東部。
新化里東堡	約在今臺南市的山上區中東部及大內區南端一小塊地區。
新化里西堡	約在今臺南市的新市區西部。
安定里東堡	約在今臺南市的安定區中東部及善化區西南部一小塊地區。
安定里西堡	？
善化里東堡（北隸嘉義）	約今臺南市的中部地區。
善化里西堡（北隸嘉義）	約今臺南市的中部地區。
新化東里	約在今臺南市的山上區中東部。
新化西里	約在今臺南市的新市區南部。
新化北里	約在今臺南市的新市區東北部及山上區西北部。
內新化南里	約在今臺南市的南化區南部。
外新化南里	約在今臺南市的玉井區西南部、左鎮區全部、山上區南部及新市區東南部。

當時地名	現在行政區
內新豐里	約在今臺南市的龍崎區。
外新豐里	約在今臺南市的關廟區中部。
永豐里	約在今臺南市的歸仁區中部偏東南。
保大西里	約在今臺南市的歸仁區北部。
保大東里	約在今臺南市的新化區南端及關廟區西北部。
歸仁南里	約在今臺南市的歸仁區中部偏西。
歸仁北里	約在今臺南市的歸仁區中部偏東。
嘉祥內里	約在約在今高雄市的田寮區中南部。
嘉祥外里	約在今高雄市的阿蓮區全部及岡山區東北部。
羅漢內門里	約在今高雄市的內門區西南部。
羅漢外門里	約在今高雄市的旗山區中西部及內門區東北部。
楠梓仙溪東里	約在今高雄市的甲仙區全部、杉林區北部、六龜區中北部，以及臺南市的南化區中北部。
楠梓仙溪西里	今臺南市的楠西區中東部、南化區中部、玉井區中東部及大內區東南部。

嘉義縣下轄三十七堡：

嘉義東堡、嘉義西堡、大目根堡、打貓東頂堡（北隸雲林）、打貓東下堡、打貓南堡、打貓北堡（北隸雲林）、打貓西堡、大槺榔東下堡、大槺榔西堡、蔦松堡（北隸雲林）、大坵園西堡、牛椆溪堡、鹿仔草堡、柴頭港堡、鹽水港堡、太子宮堡、鐵線橋堡、果毅後堡、哆囉嘓東頂堡、哆囉嘓東下堡、哆囉嘓西堡、下茄苳南堡、下茄苳北堡、白鬚公潭堡、龍公潭堡、學甲堡、赤山堡、茅港尾東堡、茅港尾西堡、善化里東堡（南隸安平）、善化里西堡（南隸安平）、佳里興堡、西港仔堡、麻豆堡、蕭壠堡、漚汪堡。

當時地名	現在行政區
嘉義東堡	約在今嘉義縣的番路鄉、中埔鄉、大埔鄉全部及竹崎鄉東南部。
嘉義西堡	約在今嘉義縣的太保市東北部、水上鄉中部及嘉義市的大部分地區。
大目根堡	約在今嘉義縣的竹崎鄉中部地區。
打貓東頂堡（北隸雲林）	約在今雲林縣的古坑鄉南部及嘉義縣的梅山鄉全部、大林鎮東北部。
打貓東下堡	約在今嘉義縣的大林鎮南部、民雄鄉東部及竹崎鄉西北部。
打貓南堡	約在今嘉義縣的民雄鄉西部、溪口鄉大部分地區及新港鄉東北部。
打貓北堡（北隸雲林）	約在今雲林縣的大埤鄉南部及嘉義縣的大林鎮西部。
打貓西堡	約在今嘉義縣的新港鄉北部。
大槺榔東下堡	約在今嘉義縣的太保市西南部。
大槺榔西堡	約在今嘉義縣的六腳鄉全部、太保市西北部及朴子市東北部。
蔦松堡（北隸雲林）	約在今雲林縣的水林鄉南部及嘉義縣的東石鄉北部。
大坵園西堡	今嘉義縣的東石鄉中南部、布袋鎮西南部、朴子市中部及鹿草鄉西北部一小塊地區。
牛稠溪堡	今嘉義縣的新港鄉南部。
鹿仔草堡	今嘉義縣的鹿草鄉大部分地區
柴頭港堡	今嘉義縣的太保市東南部、水上鄉北部及嘉義市的西部一小塊地區。
鹽水港堡	約在今臺南市的鹽水區中北部。

當時地名	現在行政區
太子宮堡	約在今臺南市的新營區中部。
鐵線橋堡	約在今臺南市的鹽水區南部、新營區南部及柳營區西部。
果毅後堡	約在今臺南市的柳營區東部
哆囉嘓東頂堡	約在今臺南市的東山區東南部。
哆囉嘓東下堡	約在今臺南市的白河區東南部及東山區中部。
哆囉嘓西堡	今臺南市的白河區中部及東山區西北部。
下茄苳南堡	今臺南市的白河區中北部、後壁區東南部及新營區北部。
下茄苳北堡	今臺南市的後壁區中部及白河區西北部。
白鬚公潭堡	今嘉義縣的布袋鎮東北部、朴子市南部、鹿草鄉西南部、義竹鄉東北部，以及臺南市的後壁區西北部。
龍公潭堡	約在今嘉義縣的義竹鄉大部分地區，布袋鎮東北部地區。
學甲堡	約在今臺南市的學甲區及北門區。
赤山堡	約在今臺南市的六甲區中西部及官田區北部。
茅港尾東堡	約在今臺南市的下營區東部及官田區西北部一小塊地區。
茅港尾西堡	約在今臺南市的下營區西北部。
善化里東堡（南隸安平）	今臺南市的中部地區。
善化里西堡（南隸安平）	約在今臺南市的中部地區。
佳里興堡	約在今臺南市的麻豆區西部及佳里區東北部。
西港仔堡	今臺南市的七股區南部、佳里區西南部、西港區全部、安定區西部及安南區北部。

當時地名	現在行政區
麻豆堡	約在今臺南市的麻豆區中東部及官田區西南部一小塊地區。
蕭壠堡	約在今臺南市的佳里區中部及七股區北部。
漚汪堡。	約在今臺南市的將軍區。

鳳山縣下轄二十六里：

大竹里、鳳山上里、鳳山下里、小竹上里、小竹下里、觀音上里、觀音中里、觀音下里、觀音內里、長治一圖里、長治二圖里、文賢里、維新里、仁壽上里、仁壽下里、半屏里、興隆內里、興隆外里、赤山里、港西上里、港西中里、港西下里、港東上里、港東中里、港東下里、新園里。

當時地名	現在行政區
大竹里	約在今高雄市的旗津區、鹽埕區、前金區、新興區、苓雅區全部、鳳山區中西部、三民區西部及前鎮區北部。
鳳山上里	約在今高雄市的小港區東部及鳳山區東南部。
鳳山下里	約在今高雄市的小港區西部及前鎮區南部。
小竹上里	約在今高雄市的大樹區南部及大寮區北部。
小竹下里	約在今高雄市的大寮區南部及林園區全部。
觀音上里	約在今高雄市的燕巢區中部。
觀音中里	約在今高雄市的大社區大部分地區、楠梓區東北部、橋頭區東北部一小塊地區及燕巢區南部。
觀音下里	約在今高雄市的仁武區中東部及大社區西南部一小塊地區。

當時地名	現在行政區
觀音內里	約在今高雄市的大樹區北部。
長治一圖里	約在今高雄市的路竹區東北部。
長治二圖里	約在今高雄市的湖內區南部及路竹區西部。
文賢里	約在今臺南市的仁德區西南部，以及高雄市的湖內區、茄萣區。
維新里	約在今高雄市的路竹區中南部、岡山區西北部及永安區中東部。
仁壽上里	約在今高雄市的岡山區西南部、永安區西部、彌陀區全部及梓官區全部。
仁壽下里	約在今高雄市的岡山區中部、橋頭區大部分地區及楠梓區西部。
半屏里	約在今高雄市的楠梓區中南部及仁武區西南部。
興隆內里	約在今高雄市的鼓山區全部、左營區南部、三民區北部及鹽埕區西北部。
興隆外里	約在今高雄市的左營區中北部。
赤山里	約在今高雄市的鳥松區全部、鳳山區北部及三民區東部。
港西上里	約在今高雄市的美濃區全部、杉林區西南部、旗山區東部、六龜區南部，以及屏東縣的里港鄉全部、九如鄉全部約在及高樹鄉大部分地區。
港西中里	約在今屏東縣的鹽埔鄉全部、高樹鄉東南端、長治鄉全部、麟洛鄉全部、內埔鄉東北部、屏東市全部及萬丹鄉西北部。
港西下里	約在今屏東縣的內埔鄉西南部、竹田鄉全部及萬丹鄉中南部。
港東上里	約在今屏東縣的萬巒鄉、潮州鎮及崁頂鄉。
港東中里	約在今屏東縣的新埤鄉、佳冬鄉、林邊鄉、南州鄉及東港鎮。
港東下里	約在今屏東縣的枋寮鄉全部及佳冬鄉南端一小塊地區。
新園里	約在今屏東縣的新園鄉。

恆春縣下轄十三里：

宜化里、德化里、至厚里、安定里、長樂里、治平里、泰慶里、咸昌里、永靖里、仁壽里、興文里、善餘里、嘉禾里。

當時地名	現在行政區
宜化里	約在今屏東縣的恆春鎮中部。清朝時該里是縣城所在之地。
德化里	約在今屏東縣的車城鄉西南端及恆春鎮西部。
至厚里	約在今屏東縣的恆春鎮東南部。
安定里	約在今屏東縣的滿州鄉東南部。
長樂里	約在今屏東縣的滿州鄉中部。
治平里	約在今屏東縣的滿州鄉西部。
泰慶里	約在今屏東縣的滿州鄉北部。
咸昌里	約在今屏東縣的車城鄉北部。
永靖里	約在今屏東縣的滿州鄉西南部。
仁壽里	約在今屏東縣的恆春鎮北部。
興文里	約在今屏東縣的車城鄉大部分地區。
善餘里	約在今屏東縣的枋山鄉南部。
嘉禾里	約在今屏東縣的枋山鄉中北部。

臺灣縣下轄七堡：

藍興堡、貓羅堡、揀東上堡（北隸苗栗）、揀東下堡、大肚上堡、大肚中堡、大肚下堡。

當時地名	現在行政區
藍興堡	約在今臺中市的太平區全部、大里區全部、烏日區東北部、中區全部、東區全部、西區東部及南區全部。
貓羅堡	約在今臺中市的霧峰區全部、烏日區南部，以及彰化縣的彰化市東部、芬園鄉全部。
捒東上堡（北隸苗栗）	約在今臺中市的神岡區全部、豐原區全部、石岡區全部、東勢區全部、潭子區全部、西屯區東部，以及苗栗縣的卓蘭鎮南部。
捒東下堡	約在今臺中市的大雅區全部、西屯區全部、南屯區全部、北屯區西部、北區全部、西區西部及烏日區西北部一小塊地區。
大肚上堡	約在今臺中市的清水區全部及沙鹿區北部。
大肚中堡	約在今臺中市的梧棲區全部、沙鹿區南部及龍井區北部。
大肚下堡	約在今臺中市的龍井區南部、大肚區大部分地區及烏日區西部。

彰化縣下轄十三堡：

線東堡、線西堡、貓羅堡、馬芝堡、二林上堡、二林下堡、燕霧上堡、燕霧下堡、武東堡、武西堡、東螺東堡、東螺西堡、深耕堡。

當時地名	現在行政區
線東堡	約在今彰化縣的彰化市中西部及和美鎮東部。
線西堡	約在今彰化縣的伸港鄉、線西鄉及和美鎮西部。
貓羅堡	約在今臺中市的霧峰區全部、烏日區南部，以及彰化縣的彰化市東部、芬園鄉全部。

當時地名	現在行政區
馬芝堡	約在今彰化縣的鹿港鎮、福興鄉全部，秀水鄉西部、埔鹽鄉中東部及溪湖鎮東北部。
二林上堡	約在今彰化縣的二林鎮東北部、溪湖鎮西部及埔鹽鄉西南部。
二林下堡	約在今彰化縣的二林鎮中西部、芳苑鄉南部及埤頭鄉北部一小塊地區。
燕霧上堡	約在今彰化縣的花壇鄉全部及秀水鄉東部。
燕霧下堡	約在今彰化縣的大村鄉全部及員林鎮北部。
武東堡	約在今彰化縣的員林鎮南部、社頭鄉中東部、田中鎮東部，及南投縣的名間鄉西部、南投市西端。
武西堡	約在今彰化縣的埔心鄉全部、溪湖鎮東南部、永靖鄉大部分、員林鎮西南端、社頭鄉西端及田尾鄉東部。
東螺東堡	約在今彰化縣的二水鄉全部、溪州鄉東部、田中鎮西部、田尾鄉中西部及永靖鄉西南部一小塊地區。
東螺西堡	約在今彰化縣的北斗鎮全部、溪州鄉西部、埤頭鄉中南部及田尾鄉西南部一小塊地區。
深耕堡	約在今彰化縣的竹塘鄉、大城鄉全部、芳苑鄉南部及二林鎮東南部一小塊地區。

苗栗縣下轄四堡：

苗栗堡（在縣治之東北，舊稱竹南二堡）、吞霄堡（在縣治之西，舊稱竹南三堡）、大甲堡（在縣治之南，舊稱竹南四堡）、捒東上堡（在縣治之東南，其屬大甲溪南者隸臺灣縣）。

當時地名	現在行政區
苗栗堡	約在今苗栗縣的後龍鎮全部、造橋鄉全部、頭屋鄉全部、苗栗市全部、西湖鄉全部、公館鄉全部、銅鑼鄉全部、三義鄉中北部、大湖鄉西部及獅潭鄉大部分地區。
呑霄堡	約在今東至苗栗縣的鯉魚潭，西至呑霄港，南以房裡溪與大甲溪爲界，北以高澗山與苗栗堡爲鄰，呑霄街爲主堡中心。
大甲堡	約在今臺中縣之大甲區及后里、外埔、大安等區
揀東上堡	約在今臺中市的神岡區全部、豐原區全部、石岡區全部、東勢區全部、潭子區全部、西屯區東部，以及苗栗縣的卓蘭鎮南部。

雲林縣下轄十七堡：

斗六堡、溪洲堡、他里霧堡、沙連上堡、西螺堡、沙連下堡、打貓東頂堡（南隸嘉義）、打貓北堡（南隸嘉義）、大槺榔東頂堡、尖山堡、海豐堡、布嶼堡、大坵園東堡、白沙墩堡、蔦松堡（南隸嘉義）、北投堡、南投堡。

當時地名	現在行政區
斗六堡	約在今雲林縣的斗六市大部分地區、林內鄉中東部及古坑鄉北部。
溪洲堡	約在今雲林縣的莿桐鄉中東部、斗六市北部及林內鄉西北部。
他里霧堡	約在今雲林縣的虎尾鎮東部、斗南鎮全部、大埤鄉北部及古坑鄉中部。
沙連上堡	約在今南投縣的竹山鎮北部、鹿谷鄉全部及水里鄉西南部。
西螺堡	約在今雲林縣的西螺鎮全部、二崙鄉東部及莿桐鄉西部。

當時地名	現在行政區
沙連下堡	約在今南投縣的集集鎮西部及及名間鄉東南部。
打貓東頂堡（南隸嘉義）	約在今雲林縣的古坑鄉南部及嘉義縣的梅山鄉全部、大林鎮東北部。
打貓北堡（南隸嘉義）	約在今雲林縣的大埤鄉南部及嘉義縣的大林鎮西部。
大槺榔東頂堡	約在今雲林縣的北港鎮全部及水林鄉東北部。
尖山堡	約在今雲林縣的四湖鄉全部、口湖鄉全部及水林鄉西北部。
海豐堡	約在今雲林縣的麥寮鄉中西部、東勢鄉西部及台西鄉全部。
布嶼堡	約在今雲林縣的二崙鄉南部、崙背鄉全部、麥寮鄉東部、東勢鄉東部、褒忠鄉全部及土庫鎮北部。
大坵園東堡	約在今雲林縣的土庫鎮。
白沙墩堡	約在今雲林縣的元長鄉。
蔦松堡（南隸嘉義）	約在今雲林縣的水林鄉南部及嘉義縣的東石鄉北部。
北投堡	約在今南投縣的草屯鎮。
南投堡	約在今南投縣的南投市大部分地區、中寮鄉全部及名間鄉東北部。

淡水縣下轄九堡：

大佳臘堡、芝蘭一堡、芝蘭二堡、芝蘭三堡、八里坌堡、擺接堡、興直保、文山堡、桃澗堡。

當時地名	現在行政區
大佳臘堡	約在今臺北市市區大部分地區：萬華區北半部，大同區、士林區西南端一小塊地區、中山區中南部、中正區、大安區、松山區、信義區及南港區。

當時地名	現在行政區
芝蘭一堡	約在今臺北市的內湖區全部，士林區絕大部分地區，北投區南端一小塊地區，以及中山區北部一小塊地區。
芝蘭二堡	約在今臺北市的北投區絕大部分，士林區西端一小塊地區，以及新北市蘆洲區。
芝蘭三堡	約在今新北市的淡水區、三芝區全部，以及石門區西部。
八里坌堡	今新北市的八里區、林口區、泰山區全部，五股區中西部，新莊區西端，以及桃園市的龜山區東部，蘆竹區東北部。
擺接堡	約在今新北市的板橋區、中和區、永和區之全部，土城區之大部分，新莊區之南端及臺北市萬華區之南部。
興直堡	約在今新北市的三重區全部，新莊區東部及五股區東南部。
文山堡	約在今是指蟾蜍山（高一百二十八公尺）至寶藏巖（海拔三十五公尺）一帶
桃澗堡	約在今桃園市的龜山區中西部、蘆竹區南部、大園區東部、桃園區全部、八德區全部、中壢區中東部、平鎮區全部、楊梅區東北部、大溪區西北市及龍潭區全部。

新竹縣下轄三堡：

竹塹堡（在縣治之中，舊稱竹北一堡）、竹南堡（在縣治之南，舊稱竹南一堡）、竹北堡（在縣治之北，舊稱竹北二堡）。

當時地名	現在行政區
竹塹堡	約在今新竹縣的新埔鎮南部、竹北市中東部、芎林鄉全部、橫山鄉大部分地區、竹東鎮大部分地區、北埔鄉大部分地區、峨眉鄉全部、寶山鄉全部及新竹市全部。

當時地名	現在行政區
竹南堡	約在今苗栗縣的竹南鎮全部、頭份鎮全部、三灣鄉全部及南庄鄉西部。
竹北堡	約在今桃園市的大園區中西部、觀音區全部、中壢區西部、新屋區全部、楊梅區大部分地區，以及新竹縣的新豐鄉全部、竹北市西北部、湖口鄉全部、新埔鎮中北部、關西鎮全部。

宜蘭縣下轄十二堡：

本城堡、員山堡、民壯圍堡、溪洲堡、頭圍堡、四圍堡、羅東堡、二結堡、清水溝堡、紅水溝堡、利澤簡堡、茅仔寮堡。

當時地名	現在行政區
本城堡	約在今宜蘭縣的宜蘭市中部。
員山堡	約在今宜蘭縣的員山鄉東部及宜蘭市西部。
民壯圍堡	約在今宜蘭縣的壯圍鄉中南全部及宜蘭市東部。
溪洲堡	約在今宜蘭縣的三星鄉中北部及員山鄉南部一小塊地區。
頭圍堡	約在今宜蘭縣的頭城鎮全部、礁溪鄉北端一小塊地區及及壯圍鄉北部一小塊地區。
四圍堡	約在今宜蘭縣的礁溪鄉大部分地區、壯圍鄉西北部及宜蘭市北部。
羅東堡	約在今宜蘭縣的羅東鎮中東部及冬山鄉東北部。
二結堡	約在今宜蘭縣的五結鄉西部。
清水溝堡	約在今宜蘭縣的羅東鎮西部、三星鄉東北端及冬山鄉西北端。
紅水溝堡	約在今宜蘭縣的冬山鄉中部。

當時地名	現在行政區
利澤簡堡	約在今宜蘭縣的五結鄉東南部及蘇澳鎮北部
茅仔寮堡	約在今宜蘭縣的五結鄉中部偏東。

基隆廳下轄四堡：基隆堡、金包裏堡、三貂堡、石碇堡。

當時地名	現在行政區
基隆堡	約在今基隆市的北部，以及新北市的瑞芳區北部。
金包裏堡	約在今新北市的金山區、萬里區全部，以及石門區東部。
三貂堡	約在今新北市的貢寮區全部，以及雙溪區北部。
石碇堡	約在今新北市的汐止區、平溪區全部，瑞芳區南部，以及基隆市七堵區，暖暖區全部。

南雅廳下轄一堡：海山堡。

當時地名	現在行政區
海山堡	約在今新北市樹林、三峽、鶯歌三區及新莊區之柏子林、西盛一帶地區。

埔裏社廳下轄三堡：埔裏社堡、北港溪堡、五城堡。

當時地名	現在行政區
埔裏社堡	約在今南投縣的埔里鎮中西部及國姓鄉南部。
北港溪堡	約在今南投縣的國姓鄉中部。
五城堡	約在今南投縣的魚池鄉中西部及水里鄉東部。

臺東州下轄五鄉：

南鄉（即卑南覓）、廣鄉（即成廣澳）、奉鄉、新鄉（即新城）、蓮鄉（即花蓮港）。

當時地名	現在行政區
南鄉	約在今臺東縣的臺東市、卑南鄉、太麻里鄉、大武鄉及鹿野鄉。
廣鄉	約在今臺東縣的臺東市、東河鄉、成功鎮及長濱鄉。
奉鄉	約在今花蓮縣的豐濱鄉、鳳林鎮、光復鄉、瑞穗鄉、玉里鎮、富里鄉之全部及壽豐鄉南部，以及臺東縣的長濱鄉北部。
新鄉	約在今臺東縣的關山鎮、池上鄉。
蓮鄉	約在今花蓮縣的新城鄉、花蓮市、吉安鄉之全部及壽豐鄉之中北部。

臺東州下轄番社十一社：

斗史五社、太魯閣八社、加禮宛六社、南勢七社、秀孤巒二十四社、璞石閣平埔八社、成廣澳沿海八社、成廣澳南阿眉八社、卑南覓南十五社、卑南覓西二十二社、卑南覓北九社。

當時地名	現在的原住民區域
斗史五社	居住在宜蘭縣南澳鄉的原住民。
太魯閣八社	居住在和平溪以北依山而住的原住民。
加禮宛六社	居住在花蓮市美崙溪以北的原住民。
南勢七社	居住在花蓮市美崙溪以南的原住民。
秀孤巒二十四社	居住在秀孤巒溪附近的原住民。
璞石閣平埔八社	居住在花蓮縣玉里鎮的平埔族原住民。
成廣澳沿海八社	居住在臺東縣成功鎮北方的原住民。
成廣澳南阿眉八社	居住在臺東縣成功鎮南方的原住民。
卑南覓南十五社	居住在今臺東縣南方的原住民。
卑南覓西二十二社	居住在今臺東縣西方的原住民。
卑南覓北九社	居住在今臺東縣北方的原住民。

澎湖廳下轄十三澳：

東西澳（為廳治，附近有社十）、嵵裏澳（距廳治十九里，有社十二）、林投澳（距廳治十二里，有社十）、奎壁澳（距廳治七里，有社九）、鼎灣澳（距廳治十里，有社九）、瓦硐澳（距廳治二十六里，有社五）、鎮海澳（距廳治二十二里，有社四）、赤崁澳（距廳治二十九里，有社二）、通梁澳（距廳治三十里，有社二）、吉貝澳（距廳治八十里，有社一）、西嶼澳（距廳治二十里，有社十二）、網垵澳（距廳治里五十，有社六）、水垵澳（距廳治五十里，有社三）。

當時地名	現在行政區
東西澳	約在今之馬公市中北部。
嵵裏澳	約在今之馬公市的彭南地區。
林投澳	約在今之馬公市的東部及湖西鄉南部。
奎壁澳	約在今湖西鄉東北部。
鼎灣澳	約在今湖西鄉西北部。
瓦硐澳	約在今白沙鄉南部及中北部。
鎮海澳	約在今白沙鄉中部偏東南。
赤崁澳	約在今白沙鄉東北部。
通梁澳	約在今白沙鄉西北部。
吉貝澳	約在今白沙鄉北部之吉貝嶼及周圍小島。
西嶼澳	約在今之西嶼鄉。
網垵澳	約在今之望安鄉南部、七美鄉全部。
水垵澳	約在今望安鄉北部。

卷六　職官志

連橫曰：臺灣為荒服之地，中古未入版圖。草衣木食之民，自生自養，老死不相往來，固不知所謂政治也。及隋、唐之際，避遯之民，群聚澎湖，推年大者為長，畋漁為業，牧羊山谷間，各贍其食，毋相憑陵，故無訟獄之事，又不需所謂政治也。蒙古倔起，威震南邦，澎湖亦為所略。至元中，設巡檢司，隸同安。澎湖之置吏始於此。然是時居人不及二千，且僻遠不易治，尋廢其官，而元亦遁歸蒙古。明初，天下未平，無業之民，相為嘯聚，侵掠閩、粵。洪武五年，信國公湯和經略海上，而墟其地。自是澎湖遂為海寇巢窟。嘉靖四十二年，都督俞大猷討林道乾，留師駐防，仍設巡檢司；已復裁之，而澎湖遂為荷蘭所略。荷人既據澎湖，復入臺灣，築城戍兵，布教撫番，設知事以治之，隸爪哇總督之下。西班牙亦據淡水，墾土殖民，以相抗衡。而臺灣遂為二國所分矣。當是時，延平郡王奮起金、廈，經略中原，以光復舊業。金陵敗後，窮蹙（ㄘㄨˋ，困窘）兩島，乃議取臺灣。一鼓而下，荷人降伏，送之歸國，而臺灣復始為我族有也。夫臺灣固我族開闢之土，延平既至，析疆行政，撫育元元，而我顛沛流離之民，乃得憑藉威靈，安生樂業，此天之默相黃冑，而故留此海外乾坤，以存明朔也。

初，延平開府思明，軍國大事，一日萬幾（ㄐㄧ，事務）。分所部為七十二鎮，令六官理國務，一時人才薈萃，庶績咸熙。凡所便宜封拜，輒朝服北向，望永曆帝座疏而焚之。克臺之歲，改臺灣為東都，置承天府，以楊朝棟為府尹，祝敬為天興知縣，莊之列為萬年知縣，設安撫司於澎湖。是為地方之制。又以周全斌總督承天府南北諸路，任官撫番，分管社事。綱紀振飭，制度修明，泱泱乎大國之風也。延平立法嚴，而愛民如子，勸之以忠，勵之以勇，使之以義，綏之以和。閩、粵之民，聞風而至，拓地遠及兩鄙，臺灣之人，以是大集。永曆十六年，子經立。十八年，以諮議參軍陳永華為勇衛，軍國大事悉任之。永華為政儒雅，與民休息。改東都為東寧，天興、萬年為二州。二十年，聖廟成。三月，以永華為學院，葉亨為國子助教，教之、養之，臺人自是始興學。三十四年，永華卒。翌年，經薨，克塽幼，不能治國，以至於亡。

康熙二十二年，清人得臺灣，議棄其地。靖海將軍施琅疏陳不可，乃設府一、縣三，隸福建。六十年，以朱一貴之變，特命巡視臺灣滿、漢御史各一員，監察行政。時漳浦藍鼎元從軍在臺，以北路地方遼闊，治理失宜，議於半線增建一縣，其言甚切。雍正元年，乃劃虎尾溪以北，設彰化縣及淡防同知，領地至蛤仔難，而墾者亦日至焉。當是時，土地初闢，橫絕大海，往來多險，仕宦憚之。康熙三十年，詔曰：「臺灣各官，自道員以下，教職以上，俱照廣西南寧等府之例，將品級相當現任官員內，揀選調補，三年俸滿即陞。如無品級相當堪調之員，仍歸部選。著為令。」雍正七年，議准臺灣道、府、同知、通判、知縣到任二年，令該督撫於閩省內地揀選賢能之員，乘北風之時，令其到臺，與舊員協辦。半年之後，令舊員乘夏月南風之便，回至內地補用。政績優著者准加級，稱職者准加一級，以示鼓勵。十二年，總督郝玉麟奏准，調臺官員，年逾四十無子，准其挈（ㄑㄧㄝˋ，攜帶）眷赴任。

夫臺灣既為海疆重地，而官吏俸祿甚輕。舊制：分巡道年六十二兩四分四釐，知府同祿，臺防同知四十二兩五錢五分六釐，知縣二十七兩四錢九分，縣丞二十四兩三錢二釐，巡檢十九兩五錢二分，實不足以資衣食。乾隆八年，奉旨增加養廉。於是分巡道一千六百兩，知府同祿，臺防同知五百兩，臺灣知縣一千兩，他縣八百兩，縣丞、巡檢各四十兩。然貪婪之吏，以宦為賈，舞弄文墨，剝民肌膏。三年報罷，滿載而歸。而臺灣府、縣之缺，遂為巧佞所爭矣。

嘉慶十五年，設噶瑪蘭廳，自是頗多增置，而人民亦有二百數十萬，蓋已拓地至臺東矣。牡丹之役既平，同治十三年十一月，欽差大臣沈葆楨奏請移福建巡撫於臺灣，略曰：「臺灣洋務稍鬆，即善後不容稍緩。唯此次之善後，與往時不同。臺灣之所謂善後者，即臺灣之所謂創始也。顧善後難，以創始為善後則尤難。臣等曩為海防孔亟，一面撫番，一面開路，以絕彼族覬覦之心，以消目前肘腋之患，固未遑為經久之謀。數月以來，南北諸路，縋（ㄓㄨㄟˋ，將物以繩往下垂送）幽鑿險（形容做事有勇氣與精神），斬棘披荊，雖各著成效，卑南、奇萊各處，雖分列軍屯，祇有端倪，尚無綱紀。若不悉心籌畫，詳定規模，路非不已開也，謂一開之不復塞則不敢知，番非不已撫也，謂一撫之不復疑則不敢必。何也？臺地延袤（ㄇㄠˋ，土地南北的長度）千百餘里，官吏所治祇海濱平原三分之一，餘皆番社爾。國家養育番黎，但令薄輸土貢，永禁侵凌，意至厚也。而奸民積匪，久已越界潛蹤，驅番占地，而成巢窟；則有官未開而民先開者。入山既深，人跡罕到，野番穴處，涵育孳生；則有番已開而民未開者。疊巘（ㄧㄢˇ，山峰）外包，平埔中擴，鹿豕游竄，草木蒙茸，地廣番稀，棄而弗處；則有民未開而番亦未開者。是但言開山，而山之不同已若此。生番種類數十，大概有三：牡丹等社恃其悍暴，劫殺為生，愍不畏死（愍音ㄇㄧㄣˇ，禍亂。愍不畏死，指不怕死的亡命之徒），若是曰凶番；卑南、埔裏一帶，居近漢民，略通人性，若是者曰良番；臺北斗史等社，雕題鯨面，向不外通，屯聚無常，種落難悉，獵人如獸，雖社番亦懼之，若是者曰王字番。是但言撫番，而番之不同又若此。夫欲開山而不先撫番，則開山無從下手。欲撫番而不先開山，則撫番仍屬空談。今欲開山，則曰屯兵衛，曰刊林木，曰焚草萊，曰通水道，曰定壤則，曰招墾戶，曰給牛種，曰立村堡，曰設隘碉，曰致工商，曰設官吏，曰建城郭，曰置郵驛，曰建廨署。此數者孰非開山之後必須遞設者？今欲撫番，則曰設土目，曰查番戶，曰定番業，曰通語言，曰禁仇殺，曰教耕稼，曰修道塗，曰給茶鹽，曰易冠服，曰設番學，曰變風俗。此數者又孰非撫番之時必須並行者？雖然，此第言後山，其繁重已若此。前山之入版圖也，百有餘年，一切規制，何嘗具備？就目前之積弊而論，班兵之惰窳（ㄩˇ，怠惰）也，蠹吏之盤踞也，土匪之橫恣也，民俗之蹈淫也，海防陸守之俱虛也，械鬥紮厝（紮厝，強占民宅民產）之迭見也；學術之不明，庠序（庠音ㄒㄧㄤˊ。庠序，指學校）以容豪猾；禁令之不守，煙賭以為饔飧（以煙賭為食，指沉迷其中）。官斯土也，非無振作有為正已率屬之員，始苦於事權之牽制，繼苦於毀譽之混淆，救過不遑，計功何自？使不力加整頓，一洗浮澆，但以目下山前之規模，推而為山後之風氣，雖多一新闢之區，適多一藏奸之藪。臣等竊以為未可也。嘗綜前後山之幅員計之，可建郡者三，可建縣者十，固非一府所能轄。欲別建一省，又苦器局之未成。而閩省向需臺米接濟，臺餉向由省城轉輸，彼此相依，不能離而為二。環海口岸，處處宜防，洋族教堂，漸漸分布。居民向有漳籍、泉籍、粵籍之分，番族又有生番、熟番、屯番之異。氣類既殊，撫馭匪易。況以創始之事，為善後之謀，徒靜鎮之非宜，欲循例而無自。使臣持節，可暫而不可常。欲責效於崇朝，兵民有五日京兆之見。倘逾時而久駐，文武有兩姑為婦之難。臣等再四思維，宜仿江蘇巡撫分駐蘇州之例，移福建巡撫駐臺，而後一舉而數善備。何以言之？重洋遠隔，文報稽遲，率意逕行，又嫌專擅。駐巡撫則有事可以立斷，其便一。鎮治兵，道治民，本兩相輔，轉兩相妨。職分不相統攝，意見不免參差。上各有所疑，下各有所恃，不賢者以為推卸地步，其賢者亦時時存形跡於其間。駐巡撫則統屬文武，權歸一尊，鎮道不敢不各修其職，其便二。鎮道有節制文武之責，而無遴選武文之權。文官之貪廉，武弁之勇怯，督撫所聞，與鎮道所見，時或互異。駐臺則不待採訪，而耳目能周，黜陟（ㄔㄨˋ ㄓˋ，官職升降）可以立定，其便三。城社之巨姦，民間之冤抑，睹聞親切，法令易行，公道速伸，人心帖服，其便四。臺民煙癮本多，臺兵為甚；海疆官制久壞，臺兵為尤。良以弁兵由督、撫、提標抽取而來，各有恃其本帥之心。鎮將設法羈縻（羈縻，攏絡），祇求其不生意外之事。是以比戶窩賭，如賈之於市，農之於田。有巡撫則考察無所瞻循，訓練乃有實際，其便五。福建地瘠民貧，州縣率多虧累，恆視臺地為調濟之區。不肖者骫（ㄨㄟˇ，曲枉）法取盈，往往不免。有巡撫以臨之，貪黷之風，得以漸戢（ㄐㄧˊ，止息），其便六。向來臺員不得志於鎮道，及其內渡，每造蜚語中傷之，鎮道或時為所挾。有巡撫則此技悉窮，其便七。臺民游惰可惡，而戇直實可憐。所以常聞蠢動者，始由官以吏役為爪牙，吏役以人民為魚肉，繼則人民以官吏為仇讎，詞訟不清，而械鬥紮厝之端起。奸宄（ㄍㄨㄟˇ，壞人）得志，而豎旗聚眾之勢成。有巡撫則能豫（ㄩˋ，預先）拔亂本而塞禍源，其便八。況開山伊始，地勢殊異，成法難拘，可以因心裁酌，其便九。新建郡邑，驟立營堡，無地不需人才，丞倅（ㄘㄨㄟˋ，副官）將領，可以隨時札調，其便十。設官分邑，有宜遠久者，有屬權宜者，隨時增革，不至廩食之虛糜，其便十有一。開煤煉鐵，有第資民力者，有宜參用洋機者，就近察勘，可以擇地而興利，其便十有二。夫以臺地向稱饒沃，久為他族所垂涎。今雖外患暫平，旁人仍耽耽相視，未雨綢繆之計，正在斯時。而山前山後，其當變革者，其當創建者，非數十年不能成功。而化番為民，尤當漸積優柔，不能渾然無間。與其苟且倉皇，徒滋流弊，不如先得一主持大局者，事事得以綱舉目張，為我國家億萬年之計。況年來洋務日密，偏重東南；而臺灣孤懸海外，七省以為門戶，關係非輕。欲固地險，在得民心；欲得民心，先修吏治營制。而整理吏治營制之權，操於督撫。總督兼轄浙江，移駐不如巡撫之便。臣等明知地屬封疆，事關吏制，非部民屬吏所應越陳；而夙夜深思，為臺民計，為閩省計，為沿海籌防計，有不得不出於此者。敢不據實上聞，以為蒭蕘（ㄔㄨˊ ㄖㄠˊ。蒭，通「芻」，芻蕘，謙稱自己是草野鄙陋）之獻。」旨下福建督撫議奏。總督李鶴年、巡撫王凱泰奏言：「福、臺關聯甚巨，彼此相依，未可遽分為二。請以福建巡撫冬春駐臺，夏秋駐省。」詔可。於是葆楨奏建臺北府，改淡防廳為新竹，噶瑪蘭廳為宜蘭，新設恆春、淡水兩縣，置臺東、基隆兩廳，而移北路撫民理番同知於埔裏社，改為中路。大事更張，以革新吏治。營制亦稍整飭，而臺灣之規模漸大矣。

光緒二年六月，江南道御史林拱樞奏言：「琅璚之役，沈葆楨暫任其事，議移巡撫駐紮臺灣，俾善其後。以現在情形而論，區處臺灣，非善後之謀，實創始之事。」十二月，刑部左侍郎袁葆恆亦奏言：「臺灣之地，雖僻海濱，而物產豐富，各國垂涎。倘為外人盤踞，則南北洋各處，出沒窺伺，防不勝防。加以民番雜處，區畫尤難，非專駐大臣，鎮以重兵，舉其地之民風、吏治、營制、鄉團，事事實力整頓，洽以德意，孚以威信，未易為功。查直隸、四川、甘肅各省，皆以總督兼辦巡撫。可否改福建巡撫為臺灣巡撫，常川（經常）駐守，經理全臺。其福建全省事宜，專歸總督辦理。事任各有攸司，責成即有所屬，似於臺灣目前情形，不無裨益。」而巡撫丁日昌亦以分駐兩地，往來不便，奏請簡駐重臣，督辦數年，而後建省。部議不可。

七年春，巡撫岑毓英巡視臺灣。以臺灣孤懸海外，幅員遼闊，籌備防務，必須南北聲氣相通，方易措手。查彰化縣治居南北之中，應將臺灣道、府二缺，權其輕重難易，移一於此，俾可居中控制。兵備道劉璈（ㄠˊ）以彰化之下橋仔頭莊可為都會之地，議移道缺；而以埔裏社之中路同知為臺灣直隸州，與巡道北路副將均移於此。劃大肚、八卦兩山之地，歸州管轄。移彰化縣於鹿港，改為州屬，而貓霧捒巡檢為州吏目，南投縣丞為州判，駐埔裏社。分鳳山縣學官一員為州學正。改臺灣府為臺南府，專轄臺、鳳、嘉、恆四縣，以與臺北對立。毓英以為可，將入奏，會越南事起，視師廣東，臺灣亦戒嚴，詔以直隸陸路提督劉銘傳駐臺治軍。及平，以銘傳為福建巡撫。十一年五月，奏請專駐臺灣，辦理要政，又陳設防、練兵、清賦、撫番四事。七月，欽差大臣左宗棠奏言：「今日之事勢，以海防為要圖；而閩省之籌防，以臺灣為重地。臺雖設有鎮、道，一切政事，必稟承督撫，重洋懸隔，文報往來，平時且不免稽遲，有事則更虞梗塞。如前次法人之變，海道不通，諸多阻礙，其已事也。臣查同、光之交，前辦理臺防大臣沈葆楨躬歷全臺，深維利害，曾有移駐巡撫十二便之疏，比經吏部議准在案。嗣與督臣李鶴年、巡撫王凱泰仍以巡撫兼顧兩地覆奏。光緒二年，侍郎袁葆恆請將福建巡撫改為臺灣巡撫，其福建全省事宜，專歸總督辦理。部議以沈葆楨原奏，臺灣別建一省，苦於器局未成，彼此相依，不能離而為二，未克奉旨允行。厥後撫臣丁日昌以冬春駐臺、夏秋駐省，往來不便，因有專簡重臣督辦數年之請。臣合觀前後奏摺，督撫大臣謀慮雖周，未免各存意見。蓋王凱泰因該地瘴癘時行，心懷畏卻，故沈葆楨循其意而改為分駐之議。丁日昌所請重臣督辦，亦非久遠之圖。皆不如袁葆恆事外旁觀，識議較為切當。夫臺灣雖係島嶼，綿亙亦一千餘里。舊制設官之地，祇海濱三分之一。每年物產關稅，較之廣西、貴州等省，有盈無絀（ㄔㄨˋ，短缺）。倘撫番之政，果能切實推行，自然之利，不為因循廢棄，居然海外一大都會也。且以形勢言，孤峙大洋，為七省門戶，關係全局，甚非淺鮮。其中如講求軍備、整頓吏治、培養風氣、疏濬利源，在在均關緊要，非有重臣以專駐之，則辦理必有棘手。以臣愚見，唯有如袁葆恆所請，將福建巡撫改為臺灣巡撫，所有臺、澎一切應辦事宜概歸該撫經理，庶事有專責，於臺防善後大有裨益。至該地產米甚富，內地本屬相需。若協濟餉項，各省尚通有無，亦萬無不為籌解之理。委用官員，請照江蘇成例。各官到閩之後，量缺多少，簽分發往。學政事宜，並歸巡撫兼管。勘轉命案，即歸臺灣道就近辦理。其餘一切建置分隸各部之政，從前已有成議，毋庸更張。專候諭旨定案，即飭次第舉行。」當是時，內外臣工條陳臺灣善後者凡十數起。而貴州按察使司李元度亦請以福建巡撫專駐臺灣，兼理學政。且言「軍中所需軍火炮械，均須在臺設局，製造存儲，不得如前仰給福建，致有隔絕之患。夫日本距臺甚邇，日本疆圉（ㄩˇ，邊境）略如臺灣，而歷朝以來，倔強自立，近且併琉球、亂朝鮮，改從西洋制度，儼然自居於列強之間。夫日本之財力，皆取之國中，非別有轉輸也，而遊刃有餘，可以富庶。臺灣地大物博，百利未興，若能經理得人，需以歲月，何遽不如日本哉？夫強弱無異民，不善用之則弱，能善用之則強。應請簡任巡撫、鎮道，久任而責成之，闢土地，課農桑，徵賦稅，修武備，則七省之藩籬永固，而臺灣可無害矣。」旨下軍機大臣、總理各國事務王大臣、六部、九卿會同各省督撫議奏。九月初五日，軍機大臣臣醇親王奕譞（ㄒㄩㄢ）、總理各國事務大臣臣慶親王奕劻（ㄎㄨㄤ）、大學士臣世鐸、臣額抑（抑，當作「勒」）和布、臣閻敬銘、臣張之萬、北洋通商大臣臣李鴻章等奏言：「臣等查臺灣為南洋樞要，延袤千餘里，民物繁富。通商以後，今昔情形迥然不同，宜有大員駐紮控制。若以福建巡撫改為臺灣巡撫，以專責成，似屬相宜。恭候欽定。如蒙俞允，所有一切事宜，應由該督撫詳細酌議，奏明辦理。」詔曰可。於是設臺灣巡撫，建省會於下橋仔頭莊，以控制南北。設臺灣府，領縣四，附郭曰臺灣，新設雲林、苗栗二縣，改臺灣府為臺南府，臺灣縣為安平縣，陞臺東廳為直隸州。凡三府、一州、三廳、十一縣，以銘傳為巡撫。廷議以臺灣南北袤延甚遠，擬設臺北道以分管理，銘傳奏復添設臺北道，不如添設藩司。詔曰可。於是以沈應奎為臺灣布政使。而兵備道仍兼按察使。又以澎湖為閩、臺門戶，非設重鎮，不足以資控制，詔以澎湖副將與海壇鎮對調，臺灣鎮總兵銷去「掛印」二字，均歸巡撫節制。十二年，設督辦臺灣撫墾大臣，以在籍太僕寺正卿林維源為幫辦，兼團練大臣。銘傳具幹才，大興新政，築鐵路，通航運，辦清賦，闢山林，建學堂，討軍實，開鑛產，振工商，計日度月，次第舉行，將置臺灣於富強之域。而士夫不諗（ㄕㄣˇ，知悉）其意，政府亦多掣肘，遂稱病以去。繼之者邵友濂，文吏也，諸皆廢止。二十一年，日本據遼東，詔割臺灣以和，下旨撤回官吏。五月，臺人自立為民主國，舉前巡撫唐景崧為大總統，以李秉瑞為軍務大臣，俞明震為內務大臣，陳季同為外務大臣，姚文棟為游說使，餘如舊。而府縣多緘印去。已而大總統亦逃，遂至於亡。

鄭氏中央職官表

吏官	永曆八年設六官，分理國事。
戶官	
禮官	
兵官	
刑官	
工官	
學院	永曆二十年設，以勇衛陳永華任之。
國子助教	永曆二十年設，以葉亨任之。
行人	永曆八年設。
給事中	此下二官，均明舊制。
各科主事	
各科內都事	

鄭氏臺灣職官表

承天府尹	永曆十六年設，掌一府政事。
天興知縣	永曆十六年設，駐府治，十八年改州。

萬年知縣	永曆十六年設，駐興隆里，十八年改州。
澎湖安撫司	永曆十六年設。
北路安撫司	永曆三十六年設。

清代職官表

福建臺灣巡撫一員	光緒十一年奏改福建巡撫爲臺灣巡撫，暫駐臺北。十三年，照甘肅、新疆例，改爲福建臺灣巡撫。
臺灣布政使司一員	光緒十三年設，綜核全臺錢糧餉項，考核大計。並設布庫大使一員，兼理經歷事。
臺灣按察使司一員	乾隆五十三年奉旨：「嗣後補放臺灣道員者，俱加按察使銜，俾得奏事。」光緒十三年，部議「臺灣道向兼按察使銜，毋庸特設。」一切刑名，由道管理，即設司獄一員。
提督學政一員	舊例以按察使副使或按察司僉事爲提學道，每省一員。雍正四年，改爲提督學政。臺灣向以兵備道兼理。雍正五年，改歸漢御史。乾隆十七年，復歸道。光緒元年，奏由巡撫主政。四年，歸道。十三年，仍歸巡撫。
巡視臺灣監察御史滿、漢各一員	康熙六十年設，駐府治。乾隆十七年，定例自後三年巡視一次，不必留駐。三十年，奉旨：「嗣後隨時派往。」五十二年，罷，命閩浙總督、福建巡撫、水陸提督每年輪值一人前往巡視。
督辦臺灣撫墾大臣一員	光緒十二年設，巡撫兼理。
幫辦臺灣撫墾大臣一員	光緒十二年設，駐臺北大嵙崁。
分巡臺灣兵備道一員	康熙二十三年設，爲臺廈兵備道，駐府治。六十年，去兵備。雍正六年，改爲分巡臺灣道，乾隆五十一年，加兵備銜。五十二年，加按察使銜。
臺南知府一員	康熙二十三年設，爲臺灣府，總匯各縣刑名、錢穀，支放兵餉。光緒十三年，改今名，移臺灣府於臺中。
臺北知府一員	光緒元年設。

臺灣知府一員	光緒十三年設。
臺東直隸州知州一員	光緒十三年設，駐卑南。
臺灣海防同知一員	康熙二十三年設，駐府治。乾隆三十一年，改爲南路理番同知，兼海防。光緒元年，移駐卑南，本缺裁。
南路理番同知一員	光緒元年設，駐卑南。十三年，陞爲州，本缺裁。
北路撫民理番同知一員	乾隆三十二年設，駐彰化縣治，辦理淡防、彰化、諸羅民番交涉事務。四十九年，鹿港開港，兼理海防。五十年，兼理捕務。五十三年，移駐鹿港。光緒元年，改爲中路撫民理番同知，本缺裁。
中路撫民理番同知一員	光緒元年設，駐埔裏社。十年，奏仍駐鹿港。十三年，裁。
淡水捕務同知一員	雍正元年設，駐彰化。七年，改爲撫民同知，移竹塹。光緒元年設縣，本缺裁。
澎湖海防同知一員	雍正五年，設海防通判，駐媽宮城。光緒十一年，陞爲同知。
基隆撫民理番同知一員	光緒元年，設海防通判。十三年，陞爲同知。
南雅撫民理番通判一員	光緒二十年設，駐大嵙崁。
噶瑪蘭撫民理番通判一員	嘉慶十五年設，駐五圍。光緒元年，改縣，本缺裁。
卑南州同一員	光緒十三年設，隸臺東州。
花蓮港州判一員	光緒十三年設，隸臺東州。
安平知縣一員	康熙二十三年設，原爲臺灣縣，附郭。光緒十三年，改今名，移臺灣縣於臺中。
鳳山知縣一員	康熙二十三年設，駐舊城，後移今治。
嘉義知縣一員	康熙二十三年設，駐佳里興，爲諸羅縣，嗣移今治。乾隆五十三年，奉旨改今名。
恆春知縣一員	光緒元年設，駐琅璚。
淡水知縣一員	光緒元年設，附郭。

新竹知縣一員	光緒元年設。
宜蘭知縣一員	光緒元年設。
臺灣知縣一員	光緒十三年設，附郭。
彰化知縣一員	雍正元年設，駐半線。
雲林知縣一員	光緒十三年設。
苗栗知縣一員	光緒十三年設。
臺灣縣丞一員	康熙二十三年設，駐城。雍正九年，移駐羅漢門。乾隆五十四年，改巡檢，本缺裁。
鳳山縣丞一員	雍正九年設，駐萬丹。乾隆二十六年，移駐阿里港。
諸羅縣丞一員	雍正九年設，駐笨港。
彰化縣丞一員	乾隆二十三年設，駐南投。光緒元年，奏移鹿港。十年，仍駐南投。十八年，復移鹿港，本缺裁。
下淡水縣丞一員	光緒元年設，駐阿猴林。
頭圍縣丞一員	嘉義十七年設，隸噶瑪蘭廳。
新莊縣丞一員	乾隆三十二年，設巡檢，隸淡防廳。五十三年，改縣丞。嘉慶十四年，移駐艋舺。
艋舺縣丞一員	嘉慶十四年設，光緒元年裁。
新港巡檢一員	康熙二十三年設，隸臺灣。乾隆二十六年，移駐斗六門，本缺裁。
佳里興巡檢一員	乾隆二十六年設，隸諸羅。五十二年，移駐大武壟，本缺裁。
大武壟巡檢一員	乾隆五十二年設。
斗六門巡檢一員	乾隆二十六年設，隸諸羅。光緒十四年，裁。
鹿仔港巡檢一員	雍正十年設，隸彰化。嘉慶十四年，裁。

大甲巡檢一員	嘉慶十四年設，隸淡防，後隸苗栗。
貓霧捒巡檢一員	雍正十年設，駐犁頭店，隸彰化。光緒十三年，裁。
下淡水巡檢一員	康熙二十三年設，隸鳳山。五十一年，移駐赤山。雍正九年，移大崑麓。乾隆五十三年，移興隆里。
竹塹巡檢一員	雍正十年設，隸淡防廳，兼司獄事。
八里坌巡檢一員	雍正十年設，隸淡防廳。乾隆三十二年，移駐新莊。
羅漢門巡檢一員	乾隆五十四年設，隸臺灣。嘉慶十六年，移駐蕃薯寮。光緒元年，奏移澎湖八罩嶼，本缺裁。
枋寮巡檢一員	光緒元年設，隸恆春。
八罩巡檢一員	光緒十年設。
葫蘆墩巡檢一員	光緒十三年設，隸臺灣。
臺南府經歷一員	康熙二十三年設，兼司捕務。
臺北府經歷一員	光緒元年設。
臺灣府經歷一員	光緒十三年設。
各縣典史一員	隨縣設，司捕獄事務。
臺南府學教授一員	康熙二十三年設。雍正十一年，添設訓導一員。
臺北府學教授一員	光緒元年設。
臺灣府學教授一員	光緒十三年設。
各縣學教諭一員	隨縣設。

民主國職官表

大總統
軍務大臣
內務大臣
外務大臣
游說使
府、州、廳、縣如舊

譯文

林金進・注譯

連橫說：

臺灣為偏僻之地，中古以前未納入朝廷版圖。以草為衣，以樹木之果實為食，過著漁獵採集的生活，自給自足，從出生自老死不與其他部落的人往來，所以不知道什麼是政治。

等到隋、唐代交替之亂世時，有些躲避戰亂的百姓，躲避到澎湖避禍，推舉年紀長者為首領，以捕魚為業、在山谷間牧羊，各自養活自己，也不會互相欺凌，所以無訴訟、拘捕、囹圄之事，更不需要政治之事。

蒙古崛起後，其國勢威震南方，澎湖也為蒙古所攻略。等到元朝中葉時，在澎湖設置巡檢司，隸屬於福建省同安縣。澎湖之設置官衙、派置官員治理地方，從此開始。然而，當時的澎湖住民人數不到兩千人，而且位處偏遠，不易管理，不久就撤除了駐屯於澎湖的官衙、官員，而蒙古人也回到了蒙古。

明朝初年，天下尚未平靜無事，家無產業的百姓，互相招呼聚集於澎湖，當起盜賊，侵略搶奪福建、廣東沿海之城鎮、村落。

洪武五年（一三七三），信國公湯和（一三二六—一三九五）率軍經營海上，掃蕩海盜，而將澎湖的百姓全數遷往內地，讓澎湖成為一座無人島。從此，澎湖遂成為海盜的巢穴。

嘉靖四十二年（一五六三），都督俞大猷（一五〇三—一五七九）率軍討伐海盜林道乾，在澎湖駐屯軍隊以防守，仍舊設置巡檢司，不久又裁撤，而澎湖遂爲荷蘭人所占據。荷蘭人占領了澎湖後，又移師到臺灣，在臺灣修築城堡、駐屯軍隊，傳播教義，安撫番人。在臺灣設置知事來治理此地，隸屬於爪哇總督之下。

西班牙人亦占領淡水，開墾殖民，以抗衡荷蘭人，而臺灣遂被西班牙、荷蘭這兩國瓜分。當此之時，延平郡王鄭成功在金門、廈門兩地奮起，謀求經略中原，恢復明朝的江山。在金陵（今之江蘇省南京市）失敗、受挫後，勢力困窮被侷限在金門、廈門兩島，乃商議要謀取臺灣，作爲復興的基地。

延平郡王鄭成功率軍跨海東征，一鼓而下，荷蘭人失敗投降，將荷蘭人送回本國，臺灣再度投入我漢族的懷抱。臺灣本爲我漢族所開闢之疆域，延平郡王到了臺灣後，將臺灣劃分區域，以治理臺灣，以安撫養育善良百姓，而我漢族顛沛流離之百姓，得以憑藉延平郡王之威武神靈，在此安身立命，這是上天默默地幫助炎黃子孫，所以在這海外之地仍保留一個小朝廷，以保存明朝的正朔。

最初，延平郡王最初在思明（今之福建省廈門市）開設官府處理軍國大事，日理萬機。將其所控制的疆域劃分成七十二鎮，命令六部官員處理國家大事，一時之間人才薈萃，百業興旺。凡有所便宜行事，拜官封將時皆身著朝服向北遙拜，朝永曆帝的方向上疏文，並焚燒疏文，遙告永曆帝。

延平郡王攻克臺灣之時，將臺灣改名爲「東都」，設置承天府，任命楊朝棟（?—一六六一）爲府尹，祝敬（?—一六六一）爲天興知縣，莊之列爲萬年知縣，在澎湖設置安撫司，這是地方官員的編制。又任命周全斌（?—一六七〇）負責督導承天府所管轄的南北各地，派任官員，安撫番人，又兼管番人之事。整頓國家的法紀與社會的秩序，讓典章制度清明，具有泱泱大國之風。

延平郡王立法嚴格，愛民如子，勸諫百姓、官員、軍隊盡忠，鼓勵軍隊作戰勇敢，要求軍民做事要根據義理，安撫百姓使之和睦相處。福建、廣東的百姓，聽聞此事後，皆來投奔，使臺灣的開發，能拓展至南北兩端，因此臺灣的人口大爲增加。

永曆十六年（一六六二）鄭成功之子鄭經（一六四二—一六八一）繼任延平郡王。

永曆十八年（一六六四），鄭經任命諮議參軍陳永華（一六三四—一六八〇）爲勇衛，軍國大事全委託陳永華。陳永華處理政務溫文儒雅，與民休息。將東都改名爲東寧，將天興、萬年兩縣升格爲州。

永曆二十年（一六六六），孔廟建成。三月，鄭經任命陳永華爲「學院」，葉亨爲國子助教。教育百姓，養育百姓，臺灣人從此辦理學校教育，提振教育。

永曆三十四年（一六八〇），陳永華病故。隔年，鄭經薨（古代諸侯死亡稱薨），繼任的國主鄭克塽（一六七〇—一七〇七）年幼，沒有能力治理國家，以至於亡國。

康熙二十二年（一六八三），清廷將臺灣納入版圖，朝廷商議要將臺灣棄守，靖海將軍施琅（一六二一—一六九六）上疏力勸不可，於是在臺灣設置一府（臺灣府）、三縣（臺灣縣、諸羅縣、鳳山縣），隸屬於福建省。

康熙六十年（一七二一），臺灣發生朱一貴（一六九〇—一七二二）民變事件，朝廷特別命令巡視臺灣滿漢御史各一員，監察督導臺灣的行政業務。當時福建省漳浦縣人藍鼎元（一六八〇—一七三三）在臺從軍，認爲臺灣北路的地域遼闊，不容易管理，建議在半線（在今彰化縣彰化市）再增設一縣，其上疏的言論非常誠懇、切合實際。

雍正元年（一七二三），乃將諸羅縣虎尾溪以北的地區，劃分出來再增設彰化縣，及設置淡防同知，其所管轄的疆域遠至蛤仔難（今之宜蘭平原），而來臺開墾的百姓日漸增多。但在當時，臺灣剛剛開發，加上與內地又隔絕著大海，兩岸往來凶險難測，官員都將來臺為官是為畏途。

康熙三十年（一六九一），皇帝下詔書：「臺灣各級官員，自道員以下，教職以上，完全比照廣西省南寧等府的慣例、制度，從品級相當的現任官員，挑選合適的官員，派往臺灣任官。在臺三年任滿即升官。如無合適人員，則由吏部選派調任。責成負責官員辦好。」

雍正七年（一七二九），朝廷同意臺灣道、府、同知、通判、知縣到任滿二年後，命令閩浙總督、福建巡撫在福建省內挑選賢能的官員，利用北風時乘船到臺灣，與原官員協同辦公。半年之後，命令原在臺灣之官員，利用南風時乘船回到內地，等候派任。在臺政績優良的官員，准許加級；表現稱職者，准許加一級，以示鼓勵。

雍正十二年（一七三四），閩浙總督郝玉麟（？—一七四五）奏准調臺官員，年齡超過四十歲且無子嗣者，准許攜帶家眷來臺赴任就職。

臺灣為海疆重地，但臺灣的官員的俸祿非常的微薄。按照舊制：分巡道，年薪六十二兩四分四釐；知府的薪俸與之相同；臺防同知，年薪四十二兩五錢五分六釐；知縣，年薪二十七兩四錢九分；縣丞，年薪二十四兩三錢二釐；巡檢，年薪十九兩五錢二分。這微薄的薪俸，實在不足以養家活口。

乾隆八年（一七四三），奉皇帝旨意，加「養廉銀」，於是分巡道，年薪一千六百兩；知府的薪俸與之相同；臺防同知，年薪五百兩；臺灣知縣，年薪一千兩；其他知縣，八百兩；縣丞、巡檢，年薪各四十兩。然而貪婪的官吏，把當官當成商場，舞弄文墨，剝削臺灣百姓，三年任滿之後，滿載而歸。從此臺灣的府、縣這些官職，被取巧奸佞的小人所盤踞。

嘉慶十五年（一八一〇），增設噶瑪蘭廳（在今宜蘭縣），從此以後官衙的增置也變多了，而臺灣的百姓也有二百又數十萬人之多，已開拓的土地也遠達後山的臺東了。牡丹社事件（一八七四）平息後，同治十三年（一八七四）十一月，欽差大臣沈葆楨（一八二〇—一八七九）上奏朝廷，建議將福建巡撫移往臺灣駐屯，其大略說：

臺灣地區洋務稍顯鬆懈，要好好的處理後續的事務，不能再拖延下去。此次的處理牡丹社事件的善後，和朝廷以往處理的方式不同。在臺灣所謂的善後，其實是臺灣所謂的創始。善後處理固然很難，但如何創始更是難。

臣等人從前爲了海防安全的急迫性而努力，一方面安撫番人，一方面開設道路，以杜絕外國人覬覦臺灣的狼子野心，以消除目前的禍患，所以無法做長治久安的積極作爲。

這幾個月來，臺灣南北各地，披荊斬棘，拓展、開拓蠻荒、驚險的地域，雖然各有成效，在卑南（在今臺東縣）、奇萊（在今花蓮縣花蓮市附近）各地，雖然各駐屯軍隊，但這也只是開端而已，還未建立制度。若不用心規畫，詳細的制定規模。道路，要不停的開闢，至於開設道路完成後，交通不會斷絕不通，則不敢預測、打包票；番人是要不停地招撫，至於已接受朝廷招撫的番人一定不會懷疑朝廷的政令，這我也不敢確定、打包票。這是什麼原因？

臺灣的土地廣闊有千百里，官員所管轄的地方僅是靠近海邊的平原地區，約占全臺的三分之一，其餘地區都是番社。國家養育百姓、番人，令他們繳納微薄的土產作爲賦稅，並永遠禁止百姓侵占、欺凌番人，這是朝廷非常重視的。但奸民積匪（積匪，子承父業，以搶劫為職業的匪徒），長久以來就已越過界限，進入番人居住的地區，驅離番人、搶奪他們的土地，而將此地變成他們這群盜匪奸民的巢穴，就形成了官府尚未開闢，而民間已先行開闢的局面；在大山深處，人跡罕至的地方，野蠻的番人在此滋生繁育，就是漢人百姓未開闢，而番人已先開闢。

高大的山嶺在外爲層層包圍著，中間爲平原，梅花鹿、野豬等在此出沒優游，草木在此萌芽、生長，這地方土地廣闊而番人稀少，此地被荒棄而無人在此定區生活，這就是漢人百姓未開墾，而番人也是未開墾。就開發山林來說，山林的屬性不同，其結果也不同，大概是這樣子。

未歸化的番人有數十種，大概可以分成三類：

牡丹社這地區的番人，依靠其性情凶狠殘暴，以劫殺爲生，常生事端又不怕死，這類的番人稱爲凶番；卑南、埔裏一帶的番人，其居住的地區靠近漢人，與漢人的習性接近，這類的番人稱爲良番；臺北、斗史（指居在今宜蘭縣南澳鄉的原住民）等番社，在身體、顏面刺上圖案，也不和外人來往，其居住的地區從沒固定於一處，獵殺人就像獵殺野獸一般，就算是在固定部落居住的番人，也非常畏懼他們，這類的番人稱爲王字番。就安撫番人來說，番人的不同，大概就是這樣子。

如果想要開墾山林，而不先安撫番人，開墾山林則無從下手；想要安撫番人，而不開墾山林，那要安撫番人仍屬空談。現在談到要開墾山林，就會說：要駐屯軍隊，砍伐林木，焚燒野草，暢通道路，制定稅賦，招攬墾戶，官府給耕牛、種子，建立村落，設置隘口、碉堡，發展工商，派官員治理，設置郵局，設置官衙，這幾種哪一個不是在開墾山林後再依序慢慢建立的？

現在想要安撫番人，就會說：設置土目（番人的首領），清查番人的人口、戶口數，制定治理番人的規則、制度，熟悉番語，禁止仇殺，教導耕種，修建道路，給番人茶、鹽，改變番人的服飾，設置教導番人的學校，改變番人的風俗習慣。以上這幾項，又哪一項不是在安撫番人時必須同時進行的。這雖說的是安撫後山番人的事務，但已相當的繁重，令官員不堪負荷。

前山納入朝廷的版圖，已經有百餘年了，在番人地域的各項制度，又何嘗具備了。以目前的情況來看，有數項積弊：官兵懶惰而且素質低劣，官吏像蠹蟲一樣盤踞於此，土匪在此橫行放肆，民風奢靡，海防、陸防空虛、空洞，百姓分類分群械鬥，凶悍之惡徒殺害良善百姓，竊占其家產田園屢屢發生；教化不彰顯，學校爲強橫狡猾而不守法紀的人所盤踞；朝廷所頒布的禁令不遵守，把吸食鴉片煙、賭博當正餐看待。

治理臺灣，無非就是振作官箴來作爲官員的表率，以此來帶領自己的下屬。一開始受到事權歸屬的牽制，接著是受到毀譽混淆之困擾，彌補過錯都來不及了，怎還有心思來籌劃如何建功呢？

如果不用心費力來整頓官箴吏治，將浮奢澆薄的風氣革除，以現在前山（指臺灣西部）的狀況來推廣到後山（指臺灣東部），讓後山學習模仿前山的風氣，雖然可以多一塊版圖納入朝廷，也恰巧多了一塊可以窩藏奸民、盜匪的地方。臣等人認爲如此不好。

曾經考慮過以臺灣前山、後山的面積來看，足供建立三個郡、十個縣，不是單單一個府就可以治理管轄。如果想要再另建一省，又擔心其格局不足。福建省所需的米糧向來需要臺灣的米糧接濟，駐守臺灣的軍隊所需的兵餉，又需要福建省城供應，彼此互相依存，不能一分爲二。

臺灣環海的港口需要駐屯軍隊防守，洋人的教堂又日漸廣布。居民向來有漳州人、泉州人、廣東人的分類；番人又有生番（未歸化的番人）、熟番（歸化的生番）、屯番（為犒賞協助平定亂事有功的番人，而將土地封賞的番人，以防止生番的侵襲）的不同。族群風俗習慣不同，要安撫駕馭就不容易。

何況要開始做一件事之時，就要先想好這件事要如何善後，只求靜止不變是不適合的，想要循往例也無從遵循。使臣持節，只是暫時而非常久。想要在短時間努力建立績效，臺灣的官吏百姓也認爲我只是五日京兆（喻任職時間很短）而已。倘若想要逾越時間，長久駐屯於此，則文武官員有一位媳婦要侍奉兩位婆婆的難處。

臣等人反覆思維，認爲應該仿「兩江總督駐屯江寧（江蘇省南京市），江蘇巡撫駐屯蘇州」的例子，將福建巡撫駐屯臺灣，如此作爲，便有數種好處，爲什麼這樣說，憑什麼？

臺灣與內地遠隔重洋，公文奏報往返則往往延宕，若要以自己的意思來決定，則有專斷獨行的嫌疑。如果在臺灣駐屯巡撫，遇到有事時則可以當機立斷，這是第一個好處。

臺灣鎮負責管理軍隊，臺灣道負責管理百姓，如果意見相同則是相輔相成，如果意見不同就會兩相妨礙。雙方的職責不同，沒有互相管轄，意見難免會不一致。在上位的人互相猜忌，在下位的就會各擁其主。不賢能的官員就會以此來推卸責任、工作，而賢能的人爲了明哲保身，就會小心謹慎以免惹禍上身。在臺灣駐屯巡撫則可以統一管理文武官員，負責軍事的臺灣鎮與負責民政的臺灣道不敢不盡本分，這是第二個好處。

鎮、道有節制文武官員的職責，而無遴選文武官員的權責。文官的操守是貪是廉？武官是勇敢還是畏怯？總督與巡撫定有所耳聞，和鎮、道所見的實際情形，有時是有出入的。在臺灣駐屯巡撫，則不用朝廷派員跨海來了解探查，即可知悉文武官員之優劣，是升官、加薪還是免職、降級，可以立即作出決定，這是第三個好處。

城鎮、村里若有奸惡之人，民間有人遭受冤屈，在臺灣駐屯巡撫可以立即知悉實情，朝廷法令容易落實，公道可以快速伸張，人心順從，這是第四個好處。

臺灣百姓染上鴉片成癮的人，本來就多，其中又以軍隊最嚴重。海防軍隊的編制長久以來就已崩壞，其中又以臺灣最嚴重。低階的武官與一般的士卒，是由督、撫、提標等官員召募而來，這些官兵各有倚靠，揣測其直屬長官的心思，這些負責海疆防務的武官對官兵懷柔放任，只求不滋生意外的事故，所以軍隊的官兵有開設賭場的，有在市場做生意的，有在田裡耕種的。在臺灣駐屯巡撫，各級武官對下屬的考察便無法以個人的私心來考核下屬，軍隊的戰備訓練就會落實，這是第五個好處。

福建土地貧瘠，百姓窮困，各州縣的公庫大都虧損，不敷支用，常常把臺灣看成是彌補其不足的地方。不肖的官員枉法來求取州縣公庫的充盈，或是中飽私囊，往往避免不了。在臺灣駐屯巡撫，這種貪瀆的風氣，就得以慢慢地消除，這是第六個好處。

在臺灣的官員，若不得志於鎮、道，等到他們回到內地後，便造謠來中傷他們的直屬長官，臺灣鎮、臺灣道往往受到他們的威脅挾持。在臺灣駐屯巡撫，這種卑劣的技巧無法發生功用，便可杜絕，這是第七個好處。

臺灣的百姓遊蕩懶惰，實在可惡，然戇直之樣卻看起來可憐。所以常常聽到在臺灣發生民變、事端，最開始是官員把低級的官員當成爪牙，而這些低級的官員把百姓當成魚肉，再來是百姓把官吏當成仇敵，百姓之間的糾紛無法獲正義、和宜的處理，這就是百姓械鬥、強占民宅民產各種事端的開始。違法作亂的奸宄之人，一旦得志，便會高舉旗幟，聚集亂民，繼之以起事作亂。在臺灣駐屯巡撫，則可以預防這些亂事的發生，將其最開始的源頭清除掉，這是第八個好處。

何況開闢臺灣山林的業務正要開始，每個地方的地理條件、主客觀的環境都不同，現有的法令很難一體適用。在臺灣駐屯巡撫，可以依當地當時的需求來作調整，這是第九個好處。

新建的郡縣城鎮，突然間建立很多的村落、堡壘，沒有一個地方不需要人才，在臺灣駐屯巡撫，則縣丞、士卒、將領則可以隨時依需求調度，這是第十個好處。

設置官員、將行政區域劃分，有些是可以長久的，有些是一時的權宜措施，需要隨時增加或裁撤，或進行調整，不至於冗員充斥，浪費國家公帑，這是第十一個好處。

開採煤擴，冶煉鋼鐵，有些需要動用民力，有些需要當地仕紳富商出資，有些需要用洋人的技術等，在臺灣駐屯巡撫可以就近勘查，可以因地利而來辦理興利之業務，這是第十二個好處。

臺灣向來是富饒肥沃之地，長久以來爲外國所垂涎。現在雖然暫時平息無事，但外國人仍對臺灣虎視眈眈，應該要預作準備、未雨綢繆，現正是時候。前山與後山的事務，有些是需要調整的，有些是要新創的，沒有經過數十年的努力，不能竟其功。而且讓番人歸化爲百姓，應當以懷柔籠絡的方式漸進的達成，不可能立即完成。與其隨便且倉卒慌張地進行，如此作爲只是滋生流弊罷了，不如先找一位主事大臣來主持大局，讓事事得以綱舉目張，爲國家的發展立下千年大計。

近年來與外國的交往、通商日漸頻繁，偏重在東南。而臺灣孤懸於海外，沿海七省（廣東、福建、浙江、江蘇、山東、直隸、奉天）的門戶，關係非常的重要。想要鞏固險要之地，在於得民心；要得民心，在於先整飭吏治與軍隊。而整飭吏治與軍隊的權限，在於總督與巡撫。總督要兼管福建與浙江兩省，移駐總督不如移駐巡撫來的方便。

臣等知道土地的管轄屬於封疆大吏的權責，此事關係到制度的改變，不是我們這下屬官吏所應該僭越上疏奏陳，然而整夜深思，爲了臺灣的百姓著想，爲了福建省著想，爲了沿海的防務著想，不得不上疏奏陳，不敢不據實上疏奏陳，這是我們這粗鄙之人的看法。

朝廷下旨：閩浙總督、福建巡撫商議後上疏奏陳。

閩浙總督李鶴年（一八二七—一八九〇）、福建巡撫王凱泰（一八二三—一八七五）上疏：「福建、臺灣兩地的關係密切，彼此互相依存。不可以突然間將其一分爲二。建請福建巡撫冬春兩季駐屯臺灣，夏秋兩季駐屯福建。」朝廷下旨，說：「可。」於是沈葆楨奏請設置臺北府，將淡防廳改爲新竹縣，噶瑪蘭廳改爲宜蘭縣。新設恆春縣、淡水縣、臺東廳、基隆廳。將北路撫民理番同知移往埔裏社，改爲中路。大幅度的改變，以革新吏治。軍隊的制度，亦稍加整飭，臺灣的規模漸漸的宏大了。

光緒二年（一八七六）六月，江南道御史林拱樞（一八二七—一八八〇）上奏朝廷：「琅璚之役

（琅璠，今之屏東縣恆春鎮，指牡丹社事件），沈葆楨暫時處理臺灣的事務，並建議將福建巡撫移駐臺灣，以便處理後續的事。以現在的情形來看，讓福建巡撫移駐臺灣，這已經不是處理善後的謀劃，而是創始之事。」

光緒二年（一八七六）十二月，刑部左侍郎袁葆恆亦上奏朝廷：「臺灣雖然位處偏僻，但物產豐富，各國垂涎。倘若臺灣爲外國人所盤踞，則在南、北洋各地出沒窺伺，會讓我國防不勝防。加上臺灣漢人與番人雜處而居，很難劃分區別，如果沒有大臣專一駐屯臺灣，並派駐重兵。將臺灣的民風、吏治、營制、鄉團等等，加以一一整飭，讓其感受到朝廷的恩澤，讓其相信朝廷的威信，如果不是這樣，很難能畢其功。

直隸、四川、甘肅各省，皆以總督兼辦巡撫的業務。可否將福建巡撫改爲臺灣巡撫，長期駐屯臺灣，負責經營臺灣。另福建省的業務，由閩浙總督全權辦理。將事情交付給主管的官員，主管的官員則會要求其下屬官吏完成。如此的處理方式，很適合現今臺灣的情勢，對朝政定有所助益。」

福建巡撫丁日昌（一八二三—一八八二）亦因分駐福建、臺灣兩地，往來交通不便，奏請朝廷挑選一位大臣常駐臺灣，督辦數年，然後臺灣建省。朝廷商議後，認爲：「不可。」

光緒七年（一八八一），福建巡撫岑毓英（一八二九—一八八九）巡視臺灣，認爲臺灣孤懸海外，幅員遼闊，要籌備防務，必須要南北能訊息相通，互相支援，方容易辦理。彰化縣位居臺灣南北之中，應該將臺灣道、臺灣府這兩個職缺，權衡其輕重難易，將其中一職缺移往彰化縣，以便可以居中控制南北二路。

兵備道劉璈（？—一八八九）認爲：彰化縣下轄的橋仔頭莊（在今臺中市）可以作爲都會之地，議請將兵備道這職缺移往此地；將埔裏社之中路同知改爲爲臺灣直隸州，把巡道北路副將移往此地，劃大肚、八卦這兩山之地，歸臺灣直隸州管轄；將彰化縣治移往鹿港，改爲州屬；而貓霧捒（今之臺中盆地）巡檢改爲州吏目，南投縣丞改爲州判，駐屯於埔裏社。將鳳山縣的縣學官改爲州學正；將原臺灣府改名爲臺南府，管轄臺灣縣、鳳山縣、嘉義縣、恆春縣，和臺北府遙相對望。福建巡撫岑毓英認爲：「可以。」正要上奏朝廷時，恰巧遇到中法越南戰爭，朝廷督師廣東，臺灣亦實施戒嚴。朝廷下詔：直隸省陸路提督劉銘傳（一八三六－一八九六）駐臺，督辦臺灣防務。等到中法越南戰爭結束後，任命劉銘傳爲福建巡撫。

光緒十一年（一八八五）五月，福建巡撫劉銘傳上奏朝廷：請求專駐於臺灣，辦理重要的政務。又再陳書有關設防、練兵、清賦、撫番這四件事。

光緒十一年（一八八五）七月，欽差大臣左宗棠（一八一二－一八八五），上奏朝廷：當今的情勢，以海防爲至關緊要的工作。而福建省的一切防務，以臺灣爲重地。臺灣雖然設置有鎮、道等官員，但所有的政事都須向總督、巡撫奏報。臺灣與福建相隔大海，文書往來，在平時無事時尚且不免有所延遲，如果遇到戰時有事時，難免會阻塞不通。

如前次的中法越南戰爭，海上交通受到阻隔，造成很多的不便，這已經是過去的事了。臣查考在同治、光緒交替之時，之前辦理臺灣防務大臣沈葆楨親自到臺灣，深知此中的利害關係，曾上書移駐福建巡撫至臺灣，有十二項好處的文書，這曾經由吏部核准在案。後來又有閩浙總督李鶴年、福建巡撫王凱泰仍以巡撫要兼顧兩地的事而上奏朝廷。

光緒二年（一八七六），刑部左侍郎袁葆恆上奏朝廷：將福建巡撫改爲臺灣巡撫，福建省的全部業務由閩浙總督全歸辦理。吏部商議還是維持沈葆楨的原奏，臺灣若另外建省，受限臺灣的格局還不足以建省，福建與臺灣彼此相依，不能分離各自成爲一省。所以無法同意刑部左侍郎袁葆恆的奏議。

日後還有福建巡撫丁日昌認為冬春兩季駐屯臺灣，夏秋兩季駐屯福建，往來不變，因而奏請挑選一專責的大臣督辦臺灣業務數年的奏議。

臣觀看這些奏章，總督、巡撫等大臣雖然思慮周密，但還是有個人的本位主義及私心。福建巡撫王凱泰因為臺灣瘴癘流行，內心畏怯，所以沈葆楨順著王凱泰的想法，改提出福建巡撫分駐兩地的奏議。丁日昌所奏請的另擇一重臣督辦臺灣業務，這也不是長久之計。以上所提之意見，皆不如袁葆恆置身事外的客觀旁觀，袁葆恆所提的奏議還是切合實際。

臺灣雖然是一座島嶼，南北也有一千餘里遠。按照舊制的官員編制，也只能管理全臺靠海的地區，只占全臺的三分之一。臺灣每年所繳納的物產，所收取的關稅，和廣西、貴州等省來比較，只有多沒有少。倘若撫番的行政作為，果眞能切實的推行，臺灣的物產、礦產等天然的利益，不會因循而拋棄浪費，臺灣可以成為海外的一大都會。

如果以地理形勢來說，臺灣孤懸海外，為沿海七省的門戶，關係到全局，不能等閒視之，視為無關緊要。若要講求軍備防務，整頓吏治，培養善良風氣，開拓財源，以上所說各項都是非常要緊的，如果不是派一位大臣專駐於臺灣，推行起來怕會很棘手，很難收到成效。

以臣的愚見，唯有像袁葆恆所奏議的，將福建巡撫改為臺灣巡撫，所有臺灣、澎湖的一切應該要辦理的事務全歸由臺灣巡撫辦理。各項事務有專人辦理負責，對於臺灣的防務、諸事善後的事務一定非常所助益。

至於臺灣盛產米糧，內地本來就需要臺灣供應。若是需要周濟餉銀，內地各省尚可與臺灣互通有無，絕對沒有不幫臺灣的道理。任用官員，請比照江蘇的現成例子。各級官員到福建後，臺灣需要多少職缺，即按職缺派任。學校教育、科舉等的相關事宜，歸由巡撫兼管。至於勘查、刑事案件等事務，歸由臺灣道就近辦理。其他有關分別隸屬於各部的事務，以前已有規定，不用再行更改。專候諭旨定案，即謹慎地依照順序來辦理各項業務。

當此之時，朝廷內外大臣上疏如何處理臺灣善後的奏章，有好幾十起。貴州按察使司李元度（一八二一—一八八七）亦議請求將福建巡撫專駐於臺灣，兼辦學校教育、科舉等的相關事宜，並且說：

臺灣軍隊所需要的軍火炮械，均要在臺灣設局來督辦、製造、儲存。不能再像之前由福建供應，導致有被隔絕阻斷的憂患。日本距離臺灣非常的近，日本的疆域和臺灣相近，其立國以來，剛強自立，近年來又呑併琉球、進攻朝鮮，效法西洋人的各項制度與作爲，彷佛自己認爲自己已躋升於世界列強的行列。日本的財力，皆取自於本國，而不是另有他國供應，日本的財政收支調度遊刃有餘，還讓百姓過著富庶的生活。

臺灣地大物博，百利未興，若能找到一位合宜的人來經營臺灣，只要給予一段時間，何必害怕會不如日本。強與弱，不是因爲人的不同，而是能善用人則強，不善用人則弱。應挑選合適的巡撫、鎭、道等官員，讓他們有足夠的時間並責成他們來處理政務，開闢土地，勸農桑，徵收稅賦，修武備，則七省的藩籬永固，臺灣可以無憂。

皇帝下旨由軍機大臣、總理各國事務王大臣、六部、九卿會同各省督、撫商議後再奏報。

光緒十一年（一八八五）九月五日，軍機大臣醇親王奕譞（一八四〇—一八九一）、總理各國事務大臣慶親王奕劻（一八三八—一九一七）、大學士世鐸（一八四三—一九一四）、額勒和布（一八二六—一九〇〇）、閻敬銘（一八一七—一八九二）、張之萬（一八一一—一八九七）、北洋通商大臣李鴻章（一八二三—一九〇一）等，向朝廷奏報：

臣等查臺灣爲南洋的樞要之地，綿延有千餘里，百姓眾多，物產豐富。自從與外國通商之後，現在和從前的情勢已經迥然不同，應該要有重臣大官駐屯於臺灣，來全權處理臺灣的政務。如果能將福建巡撫改爲臺灣巡撫，來專責處理臺灣的政務，似乎是所有的辦法中最好的。

恭候欽定，如蒙聖上同意，所有的後續事宜，應該由總督、巡撫來詳細參酌，再報明聖上後辦理。

朝廷下詔：「可。」於是設置臺灣巡撫，建省後省會設於下橋仔頭莊，以控制臺灣南北。設置臺灣府，下轄四個縣，附郭（縣級官衙與上級府或省級官衙在同一個城鎮，稱為附郭）名爲臺灣，新增設雲林、苗栗二縣。將原臺灣府改名爲臺南府，原臺灣縣改名爲安平縣，臺東廳升格爲直隸州。共計三個府、一個州、三個廳，十一個縣。任命劉銘傳爲臺灣巡撫。

朝廷又認爲臺灣南北距離非常遠，擬再增設「臺北道」來劃分區域管理地方。劉銘傳回奏朝廷：「如果要添設臺北道，不如增設藩司（主管一個省的民政與財政的官員）。」朝廷下詔：「可。」於是任命沈應奎爲臺灣布政使（布政使，主管民政、稅賦）。而兵備道仍兼任按察使（按察使，主管司法、監察、郵驛）。

又認爲澎湖爲福建和臺灣的門戶，如果不設重鎮，無法有效控制。朝廷下詔：澎湖副將與海壇鎮對調。臺灣鎮總兵銷去「掛印」二字，這兩鎮均歸臺灣巡撫節制。

光緒十二年（一八八六），設置督辦臺灣撫墾大臣，以臺灣籍的太僕寺正卿林維源（一八四○—一九○五）爲幫辦（幫辦，指幫助主官辦理公務的人），兼團練大臣。劉銘傳是一位幹才，大興新政，修築鐵路，疏通航運，清查稅賦，開闢山林，興建學堂，擴充軍備，開發礦產，振興工商業，抓緊時間，依照急切性的先後順序來處理新政，努力將臺灣推向富強的省分。然而是士大夫不能深知其建設臺灣的心意，朝廷也多方掣肘，於是稱病辭去臺灣巡撫的職位。繼劉銘傳之後的臺灣巡撫爲邵友濂（一八四〇—一九〇二）爲文官出身，將劉銘傳所推動的新政，全部廢止。

光緒二十一年（一八九五），日本占據遼東，朝廷下詔：割讓臺灣給日本以求和。並下旨撤回在臺灣的各級官吏。

光緒二十一年（一八九五）五月，臺灣宣布獨立爲民主國，推舉前臺灣巡撫唐景崧（一八四一—一九〇三）爲大總統，以李秉瑞（一八五六—一九一七）爲軍務大臣，俞明震（一八六〇—一九一八）爲內務大臣，陳季同（一八五一—一九〇七）爲外務大臣，姚文棟（一八五三—一九二九）爲游說使，其餘皆照舊，而府、縣官員大多數皆掛印離開臺灣。不久，大總統唐景崧亦逃離臺灣，遂導致臺灣民主國滅亡。

卷七　戶役志

戶役之制，三代詳矣。漢法：郡國上計，歲登其民於宰相，副在太史，所以施政教而行徵令也。連橫曰：國者，民之國也，與民治之。是故管仲相齊，作內政而寄軍令；商君用秦，立保甲以厲（勉勵）耕戰：故能有勝於天下。然必先明其民數之多寡，力役生產乃可得而平也。臺灣為荒服之地，當明中葉，漳、泉人之至者已數千人；及荷蘭來，賦課丁稅，每丁四盾。領臺之初，歲收三千一百盾，其後增至三萬三千七百盾。蓋移殖者眾，而入款亦巨也。鄭氏因之，每丁改為六錢，熟番如之。其時航海而至者十數萬人，是皆赴忠蹈義之徒，而不忍為滿洲臣妾也。故其奔走疏附者為主戶，而商旅為客戶。肇啟土宇，式廓版圖，以保持殘局。漢族之不奴者僅此爾。永曆三十四年，嗣王經棄金、廈，來者尤眾。華人之在呂宋者，久遭西人之暴，前後戾止，皆撫拊之，給其田疇，樂其生業，故有久居之志。使得十年生聚，十年教訓，二十年之後，可以光復故國，抑且奄有海邦。而南風不競，以至於亡。痛哉！

清人得臺之時，《志》稱舊額戶一萬二千七百二十七，口一萬六千八百二十人，歲徵銀八千零六兩零三錢二分。是必有所謬誤，不然，何其尠（ㄒㄧㄢˇ，少）耶！考施琅疏陳海上情形，謂：「查自故明時，原住澎湖百姓有五、六千人，原住臺灣者有二、三萬人，俱係耕漁為生。至順治十八年，鄭成功挈（ㄑㄧㄝˋ，攜帶）去水陸官兵眷口三萬有奇。康熙三年，鄭經復挈去六、七千人。」以此計之，則臺灣之人殆十萬。何以僅為一萬六千餘人？且琅之疏亦有未確者。鄭氏陸師七十有二鎮，使鎮為千人，則有七萬二千。加之以四民，應倍其數。是臺灣之民，此時已近二十萬。不然，以一萬六千餘人，僅不過一鄉，而奏設三縣，何其夸耶？蓋《志》之所載，僅舉丁稅而言爾。清例：凡有家眷者為一戶，男子年至十六者為成丁，每丁徵銀四錢七分六釐；而婦孺為口。是時移殖之人多無家眷，丁男或流落四方，躬耕巖穴，編查不及；故若是其少。丁稅之制，即古之庸，所以任國之役也。是故稅以足食，賦以足兵，而役以用力，國之經也，民之義也；故社番男女亦課之。舊例：壯番每丁徵米一石七斗，少番一石三斗，番婦一石。而教冊公廨番丁與番婦同。歸化八社，有人三千五百九十二，歲共徵米四千六百四十五石三斗。克臺之歲，旨下福建督撫，凡渡臺者禁帶家眷，而琅亦請申海禁，不許惠、潮之人入臺，故多漳、泉人。然利之所在，人所必趨。況以新啓之地，原田膴膴（ㄨˇ，肥美），何從而禁之哉？康熙五十二年，詔以五十年丁冊為常額，滋生人口，永不加賦。雍正四年，定豁番婦丁稅。少壯番丁改為一律，每粟一石折銀三錢六分，共徵銀二千十六兩九錢三分六釐。乾隆元年，詔曰：「朕愛養元元（元元，人民），凡內地百姓與海外番民，皆一視同仁，輕徭薄賦，使之各得其所。聞福建臺灣丁銀一項，每丁徵銀四錢七分，再加火耗（火耗，指正規稅糧或稅金外的附加稅），則至五錢有零矣。查內地每丁徵銀一錢至二錢、三錢不等，而臺灣加倍有餘，民間未免竭蹶（ㄐㄩㄝˊ。竭蹶，力有未逮）。著將臺灣四縣丁銀，悉照內地之例，酌中減則，每丁徵銀二錢，以舒民力。」於是歲徵三千七百六十五兩餘，約減舊額之半。二年，又詔曰：「臺灣番黎大小共九十六社，每年輸納之項，名曰『番餉』。按丁徵收，有多至二兩有餘及五、六錢不等。朕思民、番皆吾赤子，原無歧視，所輸番餉即百姓之丁銀也，著照民丁之例，每丁徵銀二錢，其餘悉行裁撤。該督撫可轉飭地方官，出示曉諭，實力奉行，務令番民均沾實惠。又聞澎防、淡防兩廳均有額編人丁，每丁徵銀四錢有零，從前未曾裁減，亦著照臺灣四縣之例以行。」於是歲徵番餉三百四十九兩，較舊更減六倍有奇（ㄐㄧ，餘）。先是淡水設廳，僅由彰化撥歸丁口十一，歲徵銀五兩二錢三分六釐。而數年間，開墾竹塹各地，至者驟增，多至數萬人，編審未備，故若是之少也。十二年，詔各府縣丁銀勻配田園，按畝徵輸。於是上田勻配四釐一毫八絲六忽，中田四釐三毫八絲一忽，下田四釐六毫三絲九忽，上園四釐九毫二絲九忽，中園五釐五毫五絲七忽，下園五釐六毫三絲三忽，而丁銀廢矣。各縣所徵，其詳如表。蓋以臺灣地多人少，與他府異，故不論地丁，而論田土；則貧民免追逋（ㄅㄨ，逃亡）之憂，而有司無賠累之苦。自是以來，移民日多，墾務日進，全臺約及百萬，而來者仍不許挈眷，番地亦禁開拓，此則退守之政也。

二十五年，福建巡撫吳士功奏言：「臺灣歸隸版圖，將及百年，久成樂土。居其地者，俱係閩、粵濱海州縣之民，俱於春時往耕，西成回籍。迨後海禁漸嚴，一歸不能復往。其生業在臺灣者，既不能棄其田園，又不能搬移眷屬，別娶番女，恐滋擾害。經陞任廣東撫臣鄂彌達具奏，凡有妻子在內地者，許呈明給照，搬眷入臺，編甲為良。旋經議行在案，嗣於乾隆四年，前督臣郝玉麟以流寓民眷，均已搬取，即有事故遲延，亦屬無幾，請停止給照。續於乾隆九年，巡視臺灣御史具奏，以內地民人，或聞臺地親年衰老，欲來侍奉，或因內地孤獨無依，欲來就養。無如例有明禁，因甘蹈偷渡之愆（ㄑㄧㄢ，罪過）。不肖客頭（招攬偷渡的人）奸艄（ㄕㄠ，船舵。奸艄，偷渡走私船），將船駛至外洋，如遇荒島，詭稱到臺，促客登岸，人煙斷絕，坐而餓斃。俄而洲上潮至，群命盡歸魚腹。因礙請照之難，致有亡身之事。請仍准攜眷，經部議准。十二年，督臣喀爾吉善復以前奏未定年限，恐滋弊混，請定限一年之後，不准給照。自此停止以來，迄今十有餘年。現在漢民已逾數十萬，其父母妻子之身居內地者，正復不少。向之孑身過臺者，今以開墾田原，足供俯仰矣；向之童稚無知者，今已少壯成立，置有田產矣。若棄之而歸，則失謀生之路；若置父母妻子於不顧，更非人情所安。伏查乾隆十七年原任臺灣縣知縣魯鼎梅纂修《縣志》云：內地窮民在臺營生者數十萬。其父母妻子俯仰乏資，急欲赴臺就養，格於例禁，群賄船戶，頂冒水手姓名，用小漁船夜載出口，私上大船。抵臺復有漁船乘夜接載，名曰灌水。經汛（軍隊駐紮處）口覺察奸艄，照律問遣，固刑當其罪；而杖逐回籍之民，室廬拋棄，器物一空矣。更有客船串通習水積匪，用濕漏之船收載數百人，擠入艙中，將艙蓋封釘，不使上下，乘黑夜出洋。偶值風濤，盡入魚腹。比到岸恐人知覺，遇有沙汕，輒紿（ㄉㄞˋ，欺騙）令出船，名曰『放生』。沙汕斷頭，距岸尚遠，行至深處，全身陷入泥淖中，名曰『種芋』。或潮流適漲，隨流漂溺，名曰『餌魚』。言之痛心。臣一載以來，留心察訪，實屬確有之事，然卒未有因陷溺而告發者，緣事在汪洋巨浸，人跡罕到之地，被害者既已沒於波臣，僥免者亦干禁令，莫敢控訴。伏念內外民人均屬朝廷赤子，向之在臺為匪者，悉出隻身之無賴；若安分良民，既已報墾立業，有父母妻子之繫戀，有仰事俯育之辛勤，自必顧惜身家，各思保聚。此從前督撫諸臣所以疊有給照搬眷之請也。及奉准行過臺之後，亦未有眷口滋釁生事者。蓋民鮮土著，則有離去之思；人有室家，各謀久安之計。乃因良民之搬眷，禁以奸民之偷渡，致令在臺者因羈逆旅，常懷內顧之憂；在籍者悵望天涯，不免向隅之泣。以故內地老幼男婦煢（ㄑㄩㄥˊ，孤單）獨無依之人，迫欲就養，竟至鋌而走險，畢命波濤。非所以仰體皇上如天之覆，一視之仁也。」疏入，從之。於是至者愈多，拓地愈廣。及嘉慶十六年，有司彙報全臺民戶，計有二十四萬一千二百十七戶，男女大小凡有二百萬三千八百六十一口，而土番不計也。比之清初，幾增百倍。至今又百數十年，而人口且過三百萬，此則競進之力也。

夫有土必須有人，有人而後有財。生財之道，地著為本。劃田疇以養之，設庠序以教之，治舟車以通之，勸工商以興之，故國無敖民（敖民，遊民）而地無曠土。臺灣之人，漳、泉為多，約占十之六七；粵籍次之，多為惠、嘉之民，其來較後，故曰「客人」；亦有福建汀州。而閩、粵之分，每起械鬥；漳、泉亦然。今則息矣。光緒十三年，巡撫劉銘傳奏請清賦，先飭各廳縣編查戶口，頒行保甲（保甲，確保治安的民防制度，十戶一甲，十甲一保）。其時造報者計有男女三百二十餘萬人。雖編查未詳，亦足以知其概矣。十四年改定租率，以一條鞭辦法，而丁稅併於正供（法定的稅賦），至今行之。

清代臺灣戶口表一（據《臺灣府志》）

廳縣	戶數	口數	備考
臺灣	八、六二四	一〇、八六五	乾隆二年
鳳山	一、六六七	三、三〇〇	雍正九年
諸羅	二、四三六	三、九五五	乾隆二年
彰化		一二五	乾隆二年
淡水		三〇、三四二	乾隆二十九年
澎湖	二、七五二	二四、〇五二	乾隆二十七年
計	一五、七四九	七二、六三九	

按《府志》所載，如彰化縣係就完納丁銀之人而言，故若是之少，而實在戶口遂不能知。即各廳縣之數，似就土著而載，流寓之人尚不編列，故亦若是之少也。

清代臺灣戶口表二（嘉慶十六年編查）

廳縣	戶數	口數	備考
臺灣	二八、一四五	三四一、六二四	
鳳山	一九、一二〇	一八四、五五一	
嘉義	一二六、六二八	八一八、六五九	
彰化	四〇、四〇七	三四二、一六六	
淡水	一七、九四三	二一四、八三三	
噶瑪蘭		四二、九〇〇	
澎湖	八、九七四	五九、一二八	
計	二四一、二一七	二、〇〇三、八六一	

清代徵收丁稅表一（康熙二十三年）

縣分	丁額	稅額（釐）	備考
臺灣	八、五七九	四、〇八三、六〇四	
鳳山	三、四九六	一、六六四、〇九六	
諸羅	四、一九九	一、九九八、七二四	
澎湖	五四六	二五九、八九六	
計	一六、八二〇	八、〇〇六、三二〇	

清代徵收丁稅表二（乾隆二年）

縣分	丁額	稅額（釐）	備考
臺灣	一〇、八六五	二、一七三、〇〇〇	
鳳山	三、三〇〇	六六〇、〇〇〇	
諸羅	三、九五五	七九一、〇〇〇	
彰化	二四	四、八〇〇	
淡水	一一	二、二〇〇	
澎湖	六七二	一三四、四〇〇	
計	二四、八七五	三、七六五、四〇〇	

清代徵收丁稅表三（乾隆十二年）

縣分	田園畝數（毫）	勻配丁稅（釐）	備考
臺灣	一三三、九〇八、三九八	六九三、二七二	
鳳山	一三三、四八八、〇五〇	七一七、三三八	
諸羅		一、〇三五、一三六	
彰化	一四四、〇〇六、八五九	一、一六〇、一一〇	
淡水	一九、七三七、五三〇	一六〇、五二一	
澎湖			

清代徵收番餉表一（雍正年間編定）

社名	丁數	徵額（釐）	備考
大傑顛	一〇〇	一九〇、五一二	
卓猴	七〇	六三、〇〇〇	
新港	一七五	三九五、四五六	
下淡水	二九二		
力力	一六〇		
茄籐	二八〇		
放縤	一八六	二、〇一六、九三六	
上淡水	二三七		
阿猴	一六一		
搭樓	二三四		
武洛	九八		
目加溜灣	一一七	一一三、二四八	新莊仔社附納
蕭壠	一二三	四五二、二八九	
麻荳	一一六	一七二、八七二	
大武壠	一九三	九一四、八一〇	噍吧哖、木岡、芋匏、內攸等社附納
哆囉嘓	七〇	三一三、九九二	
諸羅山	六二	六五、二二八	
打貓	六二	四九、三九二	

社名	丁數	徵額（釐）	備考
他里霧	五九	五〇、八〇三	
斗六門	一〇八	三五二、八〇〇	柴裏社附納
西螺	一〇一	二〇四、六二四	
東螺	一〇二	三七〇、四四〇	眉裏社附納
大突	九一	一〇五、八四〇	
馬芝遴	一〇四	二一五、九一三	
南北投	一七三	五〇一、三一八	貓羅社附納
二林	八四	四三五、二二四	
貓兒干	九四	一〇六、五〇〇	
阿東	一〇七	七〇、九一二	
大武郡	九七	一六五、四六三	片相觸、二重坡二社附納
沙轆	四六		
牛罵頭	五五		
半線	一一四	三三一、四四二	大肚、柴坑、水裏等社附納
貓霧捒	四五	二九、六三五	
岸裏		一二、〇〇〇	凡五社
蓬山	三五〇	一三四、四一六	凡八社
後壟	三〇七	九八、七八四	凡五社
竹塹	八四〇	三七八、〇〇〇	

社名	丁數	徵額（釐）	備考
南崁		九八、七八四	凡四社
淡水		二二、五七九	凡六社
雞籠		二三、五七九	金包裏附納
麻薯		三、六八〇	新舊二社
奇冷岸		一二、九〇〇	
大圭佛		一七、九八二	
猴悶		四九、三九二	
南社		八〇六、五〇〇	
加六堂		四九、三九二	
瑯嶠		五一、一五六	
琉球		九、八七八	
卑南覓		六八、七九六	
山豬毛		一二、〇〇〇	凡十社
傀儡山		二一、六〇〇	凡十八社
貓仔		二三、八〇〇	凡十九社
本祿		四、八〇〇	凡四社
阿里山			凡八社
崇爻			凡八社
水沙連	六八八	三、五二五、六八七	凡二十四社

社名	丁數	徵額（釐）	備考
巴荖遠		七、二〇〇	凡四社
沙里興		二、四〇〇	
蛤仔難		三〇、〇〇〇	哆囉滿社附納

清代徵收番餉表二（乾隆二年改定）

社名	丁數	徵額（釐）	備考
大傑顛	一〇〇	二四、〇〇〇	
卓猴	七〇	一四、〇〇〇	
新港	一七五	三五、〇〇〇	
下淡水	二九二	五八、四〇〇	
力力	一六〇	三二、〇〇〇	
茄藤	二八〇	五六、〇〇〇	
放縤	一八六	五七、二〇〇	
上淡水	二三七	四七、四〇〇	
阿猴	一六一	三二、二〇〇	
搭樓	二三四	四六、八〇〇	
武洛	九八	一九、六〇〇	
目加溜灣	一一七	二三、四〇〇	
蕭壟	一二三	二四、六〇〇	

社名	丁數	徵額（釐）	備考
麻荳	一一六	二三、二〇〇	
大武壠	一九三	三八、六〇〇	噍吧哖、木岡、芋匏、內優等社附納
哆囉嘓	七〇	一四、〇〇〇	
諸羅山	六二	一二、四〇〇	
打貓	六二	一二、四〇〇	
他里霧	五九	一一、八〇〇	
斗六門	一〇八	二一、六〇〇	
西螺	一〇一	二〇、二〇〇	
東螺	一〇二	二〇、四〇〇	
眉裏	九七	一九、四〇〇	
大突	九一	一八、二〇〇	
馬芝遴	一〇四	二〇、八〇〇	
南北投	一七三	三四、六〇〇	貓羅社附納
二林	八四	一六、八〇〇	
貓兒干	九四	一八、八〇〇	
阿束	一〇七	二一、四〇〇	
大武郡	九七	一九、四〇〇	
沙轆	四六	九、二〇〇	
牛罵頭	五五	一一、〇〇〇	

社名	丁數	徵額（釐）	備考
半線	一一四	二二、八〇〇	柴坑社附納
貓霧捒	四五	九、〇〇〇	
大肚	一一八	一三七、六〇〇	水裏社附納
岸裏		二、四〇〇	凡五社
蓬山	三五〇	七〇、〇〇〇	凡八社
後壟	三七〇	六一、四〇〇	凡五社
竹塹	八九	一七、八〇〇	
淡水	五七九	一一五、八〇〇	淡水、南崁、雞籠凡十二社
麻薯		九六〇	
奇冷岸			
大圭佛			
猴悶			
南社			
加六堂			
瑯嶠			凡十社
琉球			
卑南覓			
山豬毛		四、八〇〇	凡十社
傀儡山		六、四〇〇	凡十八社

社名	丁數	徵額（釐）	備考
貓仔		九、一二〇	凡十九社
本祿		一、九二〇	凡四社
阿里山			凡八社
崇爻			凡八社
水沙連	六八八	一三七、六〇〇	凡二十四社
巴荖遠		一、四四〇	凡四社
沙里興		四八〇	
蛤仔難			哆囉滿附

譯文

林金進・注譯

戶役的制度，在夏商周三代之時已經很詳盡了。漢代的律法：郡、屬國每年將自己轄區的戶口數製作成文書上報於宰相，副本交付太史，以此爲依據來施行政教、徵收稅賦、徵調繇役。

連橫說：

國家，是人民的國家，要替人民好好治理這國家，所以管仲爲齊相，治理內政，依靠於軍令；商鞅爲秦相，建立保甲制度，鼓勵耕種、作戰，所以能爭勝於天下。然而必須先清楚轄區的百姓有多少，可以徵用的力役、財用有多少，方能治理這地方。

臺灣原本是偏僻荒遠的地方，在明朝中葉時，漳州、泉州的百姓來臺灣定居、工作的已有數千人；等到荷蘭人竊占臺灣時，徵收人口稅，每丁徵收四盾。剛擁有臺灣時，每年徵收的人口稅總額有三千一百盾，等到後來時，增加至三萬三千七百盾。這是因爲來臺灣開墾的人越來越多，而收入的人口稅也越來越多。

鄭成功（一六二四—一六六二）趕走荷蘭人後，沿襲這稅制，每丁改爲六錢，熟番也是如此。當時，渡海來到臺灣的人有十幾萬人，都是忠義之士，不願意當滿清的臣民。所以，鄭氏讓這些逃亡來此依附的人爲主戶（主户，指擁有土地，並承擔賦稅的户），商旅爲客戶（客户，沒有土地，不用負擔賦稅的人）。他們開闢臺灣這片土地，讓明朝的國祚能在這土地繼續地延續。漢族不願當滿清的奴僕的人，僅存於此。

永歷三十四年（一六八〇）鄭經（一六四二—一六八一）放棄金門、廈門兩島，渡海來臺的漢人更多。在呂宋島定居的華人，長期遭受西班牙人的暴虐，前後來臺灣投奔的人，都撫慰他們，給他們田地，讓他們在此安居樂業，所以這群由呂宋島來臺的人，皆有想要在臺灣落腳定居的意思。如果鄭氏能十年生聚，十年教訓，二十年之後，也許可以光復故國，而且還擁有海外的疆域。然而南明的國運，氣息微弱，無法戰勝北方，導至於滅亡，真是令人心痛！

清人剛攻占臺灣之時，《志》記載原有的戶口有一萬二千七百二十七，人口有一萬六千八百二十人，每年徵收白銀八千零六兩零三錢二分。這一定是有謬誤的地方，不然怎會如此的少。

考察施琅（一六二一—一六九六）上疏朝廷，陳述有關海上的情形，說：「在前明時，原居住在澎湖的百姓有五、六千人，住在臺灣的有二、三萬人，都是以耕種、捕魚為生。到順治十八年（一六六一），被鄭成功帶去的水、陸官兵及其家眷有三萬多人。康熙三年（一六六四）又被鄭經帶走六、七千人。」以此來計算，臺灣的人口大概有十萬，哪會只有一萬六千餘人？

而且施琅上疏的內容還是有不正確的地方。鄭氏的陸師有七十二鎮，假如每鎮有一千人，則有七萬二千人。加上士、農、工、商這些人口，應該是這個數字的一倍以上，此時臺灣的人口應該有二十萬人。不然，以一萬六千多人的數字，只不過一個鄉的人口數，何來上奏朝廷說：「要設置三個縣呢？」這是何等的誇張。

《志》所記載的數目，僅是列舉丁稅（人口稅）而已。清朝的律法：凡是有家眷的，稱為一戶。男子年長到十六歲時，稱為成丁，每丁徵收白銀四錢七分六釐；而婦人、小孩稱為口。當時移殖於臺灣的人，大多沒有攜帶家眷，這些成年男子有的流落到各地方去，過著親自耕田，住在山洞的生活，無法將其編入戶籍內，所以臺灣的人口才會如此的少。

丁稅的制度，就是古代的「庸」，用來擔任國家的繇役，所以稅是用來充足糧食，賦用來充足武備，役用來擔任國家的勞役，此乃國家治國的經線，百姓的義務，所以番人的男男女女也比照課稅。

按照舊法規：成年的番人，每丁每年徵收稻米一石七斗；年少的番人，每人每年徵收稻米一石三斗；番人婦女，每人每年徵收稻米一石。學習荷蘭人文字、在官衙上班的番丁，其徵收的米糧比照番人婦女的額度。已經接受政府管轄的番社有八社，人口有三千五百九十二人，每年共徵收稻米四千六百四十五石三斗。

清廷攻克臺灣之時，朝廷曾下旨給閩浙總督、福建巡撫：凡是渡海來臺的人，禁止攜帶家眷來臺。施琅亦上疏朝廷：重申海禁，不許惠州、潮州的百姓渡海來臺。所以，臺灣大多是漳州人、泉州人。然而利益所在的地方，人必定受其誘惑而前往。更何況是新開啓的疆土，平原、田野膏腴肥沃，要如何禁止百姓前往開闢？

康熙五十二年（一七一三），皇帝下詔書：丁稅的徵收以康熙五十年的丁冊爲準，此後再繁衍增加的人口永不加賦。

雍正四年（一七二六），皇帝下詔書免除番婦的人口稅（在〈經營記〉中記載為雍正三年（一七二五））。番丁不分成年與否，其徵收的稅額相同，每一石的粟折成白銀三錢六分，共徵收到白銀二千零十六兩九錢三分六釐。

乾隆元年（一七三六），皇帝下詔：「朕愛惜、撫恤黎民百姓，內地百姓與海外的番民，都應該一視同仁，輕傜薄賦，減輕百姓的負擔，讓百姓能安居樂業。聽說福建省臺灣地區的丁銀這一項目，每丁徵收白銀四錢七分，再加上附加稅，則高達五錢。但內地每丁徵收白銀一錢至二錢、三錢不等，而臺灣的丁銀稅額爲內地的一倍以上，其民力不免會枯竭。現臺灣四個縣（鳳山縣、臺灣縣、彰化縣、諸羅縣）的丁銀比照內地的稅賦制度，再參考稅賦的額度予以酌減，每丁徵收白銀二錢，以減輕臺灣百姓的負擔。」於是這一年共徵收三千七百六十兩多，爲之前的一半。

乾隆二年（一七三七），皇帝又下詔：「臺灣的番人共有九十六社，每年繳納的稅賦，稱爲番餉。是按丁徵收，有高達二兩多或五、六錢不等，朕想一般百姓與番人都是我們朝廷的人民，不應該有所歧視，其所繳納的番餉，就是一般百姓的丁銀。應該按照一般百姓的丁銀稅額徵收，每一位番丁徵收白銀二錢，其餘的稅賦全數免除。

閩浙總督、福建巡撫應該要轉知給所屬的下級官員，貼出布告，讓百姓知悉，確實執行，讓一般的百姓與番人，均能減輕實際負擔，感受到朝廷的恩澤。

又聽說澎防、淡防兩廳，均有按照規定的數字編訂人丁名冊，每丁徵收白銀四錢，以前從沒有減輕稅額，現亦比照臺灣四個縣（鳳山縣、臺灣縣、彰化縣、諸羅縣）的丁銀來徵收丁銀。」於是這一年共徵收番餉三百四十九兩，較以前減少六倍多。

淡水地區設廳時，由彰化縣撥出十分之一丁口到淡水廳，這一年淡水廳共徵收五兩二錢三分六釐。在往後數年間，開墾竹塹等地，來此開墾的百姓驟增，多到數萬人，然而編纂、審理人丁的工作均未完備，所以在官府的文書裡登錄的丁口數才會如此的少。

乾隆十二年（一七四七），朝廷下詔給各府縣，丁銀平均分配在田賦中，按畝徵收稅金，於是「上田」平均分配四釐一毫八絲六忽，「中田」平均分配四釐三毫八絲一忽，「下田」平均分配四釐六毫三絲九忽；「上園」平均分配四釐九毫二絲九忽，「中園」平均分配五釐五毫五絲七忽，「下園」平均分配五釐六毫三絲三忽。於是丁銀就此廢除。各縣所徵收的數額，其詳如表。

臺灣地多人少，和內地的各府縣不同，所以不去計算土地上有多少人口，而是去計算土地的面積有多大。如此，則貧苦的百姓不因要繳丁稅而有逃亡的憂慮，主管的官員也沒有賠償、拖欠稅金的苦楚。從此以後，移民來臺的百姓越來越多，開墾土地的面積日廣，墾務日進，全臺灣約有百萬人。然而，來臺的人不許攜帶家眷，番人所出沒的地方也禁止開墾，這是一種退閉保守的作爲。

乾隆二十五年（一七六〇），福建巡撫吳士功（一六九九—一七六五）上奏朝廷：

臺灣納入我國版圖，將近百年了，已成爲一方樂土。居住在臺灣這片土地上的人，大多是福建、廣東這些濱海州縣的百姓。他們在春天時前往臺灣耕作土地，秋天收割時再返回家鄉。等到海禁越來越嚴格時，他們一旦回到內地的家後，便不能再前往臺灣耕田種地。那些有產業在臺灣的百姓，既不能放棄在臺灣的田園房舍，又不能攜帶家眷到臺灣，只好娶番女爲妻。如此一來，恐怕會滋生禍事。

曾升任爲廣東巡撫的大臣鄂彌達（一六八五—一七六一）曾上奏：凡是有妻子、兒女在內地的百姓，在身家清白的情形，准許發給證照，同意其攜帶家眷來臺，編入戶籍，成爲良民。此案已錄案在朝廷。

後來在乾隆四年（一七三九），前任閩浙總督郝玉麟（？—一七四止）認爲來臺墾殖的內地百姓，大多已經攜帶家眷來臺。就算因有某種原因，未能遷移家眷來臺灣的人，也只是少數，請停止發給攜眷來臺的證明文書。

後來於乾隆九年（一七四四），巡視臺灣御史據實上奏。在內地的百姓，有些是聽聞在臺灣的親人年老體衰，想要來臺灣盡孝道，奉養親人；有些是因爲在內地孤獨無依，想要來臺灣依附親人或是來臺灣討生活。無奈律法有明文禁止，因而被迫違法犯紀冒險偷渡來臺。

不肖的走私犯將船開到外海後，如果遇到荒島，便欺騙船上的乘客說是臺灣到了。催促乘客下船，荒島上人煙斷絕，導致乘客餓死。或不久，因爲漲潮的關係，湮沒荒島，這些乘客全遭溺死而葬身在魚腹中。這種慘事，全是因爲無法請領證明文書，而導致身亡。請准許渡海來臺的百姓，可以攜帶家眷。

經朝廷會議後，同意。

乾隆十二年（一七四七），閩浙總督喀爾吉善（？—一七五七）又認爲以前的奏本沒有訂定年限，恐怕滋生弊端，請朝廷制定發照的期限，在最後的期限一年後，不准發給證明文書。自那年停止發照後，迄今已有十餘年了。

現在，臺灣的漢人百姓已超過數十萬人，他們的父、母、妻、兒女居住在內地的人，一定也還有不少人。如果從前是孤單一人，孑然一身就渡海來臺，現在在臺灣開墾土地，已足以供養父、母、妻子、兒女。如果是年少時來臺灣，現在已長成壯年，置有田產，如果拋棄在臺灣的田園、產業回到內地，就會失去謀生之路；如果棄父母、妻、兒女而不顧，這更違反人倫、孝道。

伏查乾隆十七年（一七五二）原任臺灣縣知縣魯鼎梅纂修《縣志》時，說：「內地的窮民在臺灣營生的，有數十萬人。他們的父母、妻、兒女在內地討生活非常的艱難，急著想到臺灣來依親謀生。礙於法規的阻礙，他們向船家行賄，頂替水手的姓名，利用黑夜時間用小漁船運載出海，私自登上大船。抵達臺灣時，趁著黑夜利用小漁船接運，偷渡上岸，這叫『灌水』。

若遭汎口查獲，按照律法應該要遣返，併追究其罪罰。被處以杖刑而遣送回原籍的百姓，其在原籍的房舍已被其拋棄，裡面空無一物。

更有惡劣的船家串通善於水性的盜匪，用滲漏的船載運數百名要偷渡來臺的百姓，令其擠入擁擠的船艙中，將艙蓋封死，不讓這些偷渡客爬到船艙上，利用黑夜出海。如果遇到大風浪，這些偷渡客全數溺斃，盡入魚腹中。等快到岸邊時，又害怕被官兵察覺，遇到有沙洲的地方，則命令這些被封在船艙裡的偷渡客全數下船，這叫『放生』。

沙洲沒有與陸地連接，距離陸地尚遠，當走到水較深的地方，全身陷入泥淖中，這叫『種芋』。如果遇到潮汐上漲，隨著潮水漂流而溺斃，這叫『餌魚』。」說到這些事，內心非常的哀痛。

臣一年以來，留心察訪，確實有這些悲慘的事。然而卻沒有人因爲溺斃、陷落在泥淖中而告官，舉發這些違法的事。實在是因爲這些事發生在人跡罕至、波濤洶湧的大海中。被害者已淪爲波臣，溺斃於海中，若僥倖不死，因受限於法令的關係，也不敢報官、舉發不法的事。

默默地想著：朝廷念及內地與臺灣的百姓，都是朝廷的子民。從前在臺灣當盜匪者，都是無家累的單身無賴。若是安分守己的良民，既然已經向朝廷報准開墾荒地，建立家業，又有父、母、妻、兒女的牽絆，還要辛勤地工作以養活家人，必定是愛惜身家，各自想著如何保護自家的產業與家人平安過日子。這是歷任總督與巡撫之所以屢次奏請朝廷：同意發給在臺百姓要返回內地攜帶家眷來臺的證明文書的原因。這些眷屬奉准來到臺灣後，從沒有滋生過事端。

若這地方很少有同鄉的人在一起居住，則百姓就會有想要離去的念頭；如果每個人都有各自的家庭，就會想如何在此地落地生根、發展。良民想要回內地攜眷來臺，卻因朝廷擔心奸民要偷渡來臺的原因而被禁止，導致人在臺灣與家人長期分隔的遊子，常常懷抱著眷顧家鄉的憂思。在內地的家眷，憂傷失望地望著遠在天涯的親人，不免要一個人躲在角落悲傷的哭泣。所以在內地的老、幼、男、婦及孤苦無依的人，爲了要活下去，被迫鋌而走險而亡命於波濤大海中。在這種情境下，黎民百姓無法體察到皇上就像天一像的覆蓋他們，像聖人一般的呵護他們，也無法感受到皇上把他們和在內地有家業的百姓平等對待。

這奏章呈上後，朝廷同意福建巡撫吳士功所奏之事項。於是內地來臺灣的百姓越來越多，開拓的土地也越來越廣。

嘉慶十六年（一八一一），主管官員彙報全臺灣的百姓，計有二十四萬一千二百十七戶，男女老小總共有二百萬零三千八百六十一口，這不包含土番在內。和清朝初年相比較，幾乎增加了一百倍。到現在又經過一百多年了，人口也已經超過三百萬人，這就是臺灣的競爭力與進步的力量。

有土地必須要有人，有人才會有財。生財的道理以生活在土地上的百姓爲本。規畫田疇來養活百姓，設置學校來教育百姓，修製舟車來讓百姓來互通貨物及訊息，發展工商業來讓百姓興盛富庶，所以國家沒有遊民，土地沒有荒地。

臺灣的百姓以來自福建省漳州府、泉州府的人爲最多，大約占了十分之六、七；廣東省其次，大多爲惠州府、嘉應州的人，因爲其來臺較晚，所以稱爲「客人」；也有來自福建省汀州府。臺灣的百姓往往各自區分來自福建還是廣東，族群間因此而發生械鬥；閩人內部也會區分來自漳州或泉州，因而發生械鬥，到現在這種分類械鬥的風氣已經停止了。

光緒十三年（一八八七），臺灣巡撫劉銘傳上疏朝廷要清查稅賦。先要求各廳、縣清查轄區的戶口，頒行保甲制。當時，各廳、縣造冊上報的人口數，全臺計有男女三百二十餘萬人，雖然其編查未能很詳細，但大概可知其人口數了。

光緒十四年（一八八六），修改稅制，以一條編的方式來徵收稅賦，將丁稅併入法定的稅賦裡，到現在爲止，仍是如此。

卷八　田賦志

連橫曰：井田之法廢矣，鄉曲猾豪，奪民之田，以殖私利。用其富厚，敖游官府，驕奢淫佚，勢過王侯。而為之佃者，胼手胝足，水耨火耕，歲稔（ㄖㄣˇ，收成）乃不獲一飽，先疇自作，貸種於人，頭會箕斂，從而剝之。貧富之等日差，貴賤之階愈絕，而民怨鬱矣。古者量人授田，一夫百畝，其中為公田，八家皆私百畝，同養公田，所謂十一而稅也。稅以足食，賦以足兵，是故出入相友，守望相助，設為庠序學校以教之。庠者，養也；校者，教也；序者，射也。故民皆有勇而知方；居則執鋤以耕，出則荷戈而戰。忠義奉公，以衛其國。此則先王經邦蒞（ㄌㄧˋ，管理）民之善制也。天井田養民，其田皆國之田也。及秦以後，民所自有之田也。民所自有之田，又從而賦之，亦曰以保之也。故民之輸將不怠。若已不能保，而又橫征之，使之蕉萃（蕉音ㄑㄧㄠˊ。蕉萃，枯槁瘦病的樣子）於虐政之中，是直以民為隸而已。

臺灣為海上荒土，其田皆民之所自墾也。手耒耜，腰刀槍，以與生番猛獸相爭逐。篳路藍縷，以啓山林，用能宏大其族，至於今是賴。艱難締造之功，亦良苦矣。當明之世，漳、泉地狹，民去其鄉，以拓殖南洋；而至臺灣者亦夥。山林未伐，瘴毒披猖，居者輒病死，不得歸，故有「埋冤」之名。及顏思齊至，鄭芝龍附之，墾土築屋，漸成部落。思齊既死，芝龍復降，漳、泉人之居者凡三千餘人。自生自養，以贍其家，固無政令以率之也。天啓四年，荷人入臺灣，借地土番。越二年，西班牙人亦入雞籠，各據其地，以殖土宜，制王田，募民耕之，而徵其賦。計田以甲：方一丈二尺五寸為一戈，三十一戈二尺五寸為一甲。上則年徵穀十八石，中十五石六斗，下十石二斗。其時土田初闢，一歲三熟，糖米之利，挹注外洋，故至者日盛。崇禎間，熊文燦撫閩，值大旱，謀於芝龍，募饑民數萬，人給銀三兩，三人合給一牛，載至臺灣，墾田芟舍，以其衣食之餘，納租鄭氏，故富甲七閩。延平建宅，從者尤多。休兵息民，以事農畝。向之王田，皆為官田，耕者皆為官佃，賦仍舊。宗室文武召民自闢，謂之私田，則所謂文武官田者也。定則之法，亦分三等。納稅之外，又課其賦。所謂官斗，較中土倉斛僅有八升。原田膴膴（ㄨˇ，肥美），取之無盡。耕後數年，輒棄其舊。故三年一丈，課其增減，定其肥磽（ㄑㄧㄠ，貧瘠），而所以恤民之困也。諸鎮之兵，各分其地，按地開墾，自耕自給，謂之營盤。三年之後，乃丈其則，以立賦稅。農隙之時，訓以武事。此則寓兵於農之意也。永曆十八年，嗣王經委政陳永華。永華善治國，分諸鎮土地，復行屯田之制。於是闢地日廣，遠及半線。二十四年，右武衛劉國軒伐大肚番，追之至北港溪，駐軍以戍；則今之國姓莊也。寧靖王術桂入臺後，以竹、滬一帶，土厚泉甘，墾田百數十甲，歲入頗豐，有餘則散之故舊，不需湯沐之奉。而諸鎮屯田至今尚留其跡。此則鄭氏富強之基也。

清人得臺，廷議欲墟其地。靖海將軍施琅力陳不可，乃設一府、三縣。又奏請減賦，略曰：「今部臣蘇拜等所議錢糧數目，較鄭克塽所報之額，相去不遠。然在鄭氏當日，自為一國之用。因其人地，取其餉賦，未免重科。茲部臣等奉有再議之旨，不得不以此數目議覆。如以會議既定，當按數而徵，在道府責成所係，必奉行催科。兼以鄭氏向時所徵者乃時銀，我之所定者乃紋銀，紋之與時更有加等。且臣前之議守此土者，非以其地可以加賦也。蓋熟察其地，屬在東南險遠，關係數省安危。今既設官分治，撥兵汛（駐守）防，則善後之計，宜加周詳。而今所調守兵一萬，乃就閩省經制水陸兵丁六萬五千七百五十名數內抽調，兵無廣額，餉無加增。就此議定錢糧數目，蠲（ㄐㄩㄢ，免除）減於寇虐之後，使有司得以仰體德意，留心安集撫綏。數年之後，人戶繁盛，田疇悉易，賦稅自充，有增無減。豈待按數而征哉？」下旨再議。於是奏定上則田每甲征穀八石八斗，園四石，其詳如表。

六十一年，巡臺御史黃叔璥以臺灣田賦較重內地。臺之一甲，得內地十一畝三分一釐有奇（ㄐㄧ，餘）。內地上田，各縣徵法不一，約折色（租稅折算金錢）自五、六分以至一錢一、二分而止，是一甲不過徵至一兩三錢為最多矣。今臺徵穀八石八斗，使穀最賤，石為三錢，已至二兩六錢四分餘，況又有貴於此者。而民不以為病，地力有餘。上者無憂不足，中者絕長補短，猶可藉以支應；若履畝勘丈，便難仍舊矣。雍正五年，巡臺御史尹秦奏言：「臺灣全郡盡屬沙壤，地氣長升不降。所有平原，總名草地。有力之家，視其勢高而近溪澗淡水者，赴縣呈明四至，請給墾單，召佃開墾。所開田園，總以甲數。每甲約抵內地十一畝有奇。鄭氏當日分上、中、下三則取租。開臺之後，地方有司照租徵糧，而業戶以租交糧，致無餘粒。勢不得不將成熟之田園，以多報少。欺隱之田，倍於報墾之數。臣等細訪向來任其欺隱不行清查之故，則其說有五。現徵科則，計畝分算，數倍於內地之糧額，若非以多報少，不能完納正供；一也。臺灣沙地，每歲夏秋大雨，山水奔瀉，衝為澗壑，流沙壅積，熟田亦為荒壤，若非以多報少，將何以補苴（ㄐㄩ。補苴，補綴、填補）虧缺；二也。臺地依山臨海，田園並無隄岸保障，海風稍大，鹹水湧入，田園滷浸，必俟數年鹹味盡去之後，方可耕種，若非以多報少，何以抵納官糧；三也。臺地土脈炎熱，不宜施肥，二三年後，力薄寡收，便須荒棄兩歲，然後耕耘，若非以多報少，焉能輸將公課；四也。臺灣佃丁皆係漳、泉、惠、潮之客民，因貪地寬，可以私墾，故冒險渡來，設使按畝清查，以租作糧，則力不能支，勢必各回原籍，以致田園荒廢，額賦虛懸；五也。夫田糧之欺隱若此，其所以致此欺隱而難以清查者又若此。自宜作何變通，以除欺隱之弊。海疆重大，與內地不同。臣等愚昧，不敢輕議，謹具實奏請聖裁。至於北路彰化一帶，縣係新設，地稍偏遠，臣等見其多屬未闢之土，亦宜召民開墾。案查淡水同知王汧曾經具詳，稱北路虎尾溪以上，間原寬曠。召民開墾之法，毋許以一人而包占數里，祇許農民自行領墾，一夫不過五甲，十夫連環互保。定限三年，比照內地糧額起科。再如熟番場地，向有奸棍認餉包墾，久假不歸。若任其日被侵削，番眾無依，必退處內山，漸變生番。宜令大社留給水旱地五百甲，中社四百甲，小社三百甲，號為社田，以為耕種牧獵之所。各立界碑，四至田畝，刊載全書，以俾日後勢豪不得侵占。其餘草地悉行召墾，並限三年起科。臣等細加尋繹，事屬當行。唯召墾農民，以宜照臣等前摺所陳，亦令歸莊併田，務使匪類無處託足，以靖盜源。」九年，詔以臺灣土田自七年開墾及自報陞科（陞科，又作「升科」，開墾田地滿一定年限後，比照普通田地收賦）者，改照同安則例，化一甲為十一畝三分有奇，計畝徵銀，仍代以粟，每銀三錢六分折粟一石，粟一石折米五斗；其詳亦如表。而新則較輕舊則不啻數倍。計歲徵粟十六萬九千二百六十六石九斗九升有奇。例以十月開徵，至臘而畢。每粟一石徵耗一斗，折銀五分，以防入倉之損。全臺正供之粟，支給班兵十五營，需米四萬四千八百五十一石八斗。又配運福、興、漳、泉平糶（ㄊㄧㄠˋ。平糶，平價賣出米糧）以及兵米眷米十六萬六千五百石，又運督標兵米折粟一萬五千五百七十石；詳在〈糧運志〉。顧全臺徵收粟數，不敷起運，每年以運糴四府粟價發臺，分給四縣，糴（ㄉㄧˊ，買入米糧）補足額。其耗粟之銀，則為官署公費，而有司且加之數倍，以入私囊。故例：有司催科，凡得八成者錄其功，而八成以上則吞沒之。一行作吏，便為富翁，故俸祿甚薄，而供奉酬酢（ㄗㄨㄛˋ。酬酢，應酬）多取之民也。乾隆九年，詔曰：「臺灣田園已照同安則例，後經部議以同安科則過輕，應將臺地新墾之田園，按照臺灣舊額輸納。朕念臺民遠隔海洋，應加薄賦，以昭優恤。除從前開墾田園，照依舊額、毋庸減則外，其雍正七年以後報墾之地，仍遵雍正九年奉旨之案辦理。其已照同安下則徵收者，亦不必再議加減。至嗣後墾闢田園，令地方官確勘肥瘠，酌量實在科則，照同安則例，分別上、中、下，定額徵收。俾臺民輸納寬舒，以昭加惠邊方之至意。」

夫臺灣為海疆重地，每有水旱之災，輒奏請蠲賦，故人民易於樂歲，而開墾日進，遠入番地。其始佃農力小，不足經營，富豪出資本、給牛種，建廬鑿圳，以任其費。田成，則納其穀十之一、二，謂之大租，或徵圳租，謂之水粟。每甲應納穀石，永久不替。道光四年，署兵備道方傳穟上書總督孫爾準，力言業戶之弊。書曰：「千萬人墾之，十數人承之，而一人所給墾照，或千數百甲，淡水是也。萬人墾之，千人承之，而地數千甲，給墾照者數千人，每人僅數十甲，最多亦十數甲，並無業戶，以民為官佃者，噶瑪蘭是也。夫業戶之設，其弊無窮。其始豪強有力者十數人，出領墾照，名為自出工本，募佃墾荒，實則其人工本不多，鳩集朋黨，私立約據。及其墾成報官陞科，而業戶一人，界廣甲多，且易隱蔽。及賦已定後，或十餘年，或數十年，遇有水旱偏災，沖崩埸壞，亦任意影射。且徵收供課，戶祇一人，實缺千萬。一經破敗，更換為難。請以淡水言之。其地南自大甲，北至雞籠，綿長三百餘里；自山至海，腹內所寬亦四、五十里。較諸臺邑，固自倍之；而考其正供，僅有臺邑四分之一。業戶編入徵冊者，僅數十人。此所以地廣賦少也。然則業戶自宜殷富，每年自清國課；而每年實徵，民欠猶十之二、三。業戶大半貧窶，何也？業戶坐收其租，除完課外，別無所利。田園實非其有。歷年既久，沖崩埸壞，漸就磽确（ㄑㄧㄠ ㄑㄩㄝˋ，多砂石、不宜種植的貧瘠土地），而佃戶逃亡也。」初，噶瑪蘭開墾之時，吳沙父子邀趙隆武、何繪等赴省呈請開墾，先與佃戶私議，將來告成，應由業戶陞科完糧，佃戶每甲田定納大租穀六石、園四石。及楊廷理籌辦建治，深慮不敷經費，議裁業戶，而由散佃報陞。謂此租額仿與淡水拳和官莊相符，詳請轉奏，援以為例。部議不許。以拳和官莊久已無案可稽，若照屯案辦理，屯案田園各分六等，此項園徵四石，已準屯案第四等，則田不應列第六等，漫無區別。是拳和官莊與屯租二案，均難援引矣。然其後仍定田六、園四之率，丈陞報部。有田二千一百四十三甲餘，園三百甲餘，歲徵租穀一萬四千六十三石有奇。供耗之外，又徵餘糧，此為各屬所無。查臺灣陞科章程，凡田園祇徵正供（法定的稅額）、耗羨（地方官徵收稅金時，會以運送等因素有耗損為由多徵銀兩）。若徵別款租賦，從無併徵正供。而蘭屬獨增餘租，猶之他屬雜徵，固不與供耗核計考成也。顧餘租實為籌備經費之計，即仿淡水屯租之例，每石折色一圓，奉文照議在案。嗣以同安下沙則而計，則田一甲徵穀六石，又徵供穀一石七斗五升八合四勺七秒二撮，耗穀一斗七升五合八勺四秒七撮，餘租四石零六升五合六勺八秒一撮；園一甲徵穀四石，又徵供穀一石七斗一升六合六勺一秒一撮，耗穀一斗七升一合六勺六秒六撮，餘租二石一斗一升一合七勺二秒八撮。較之創始原議，凡田減耗六升八合三勺八秒三撮，園減供二勺、耗六升六合七勺五秒九撮，悉入餘租，以副其用。嘉慶二十三年，臺灣府知府以蘭地初啓，民力未充，詳請豁免餘租。而司中以核與原案田六、園四之數，實為減少，未許。道光七年，奏請改則，而餘租更寬裕矣。

先是，臺灣田賦自荷蘭以來，皆徵供穀。歸清後，亦以此為兵糈（ㄒㄩˇ，糧食）。而穀價既賤，當事者無所獲利。二十三年，改徵折色，每石六八秤銀二圓。當是時，市價每石僅值一圓五角，而當事者又格外誅求，兼有火耗之損（此指零碎白銀經火鎔鑄成銀錠或元寶過程中所生的損耗）。臺灣縣保西里人不從，幾至激變。莊豪郭崇高走籲北京，詔逮知縣閻炘治罪，事始息。澎湖為海中群島，地瘠而磽，素不播稻，所產唯番藷黍稷，一逢鹹雨，枯槁不收，故其地不賦，由臺供之。光緒三年春，福建巡撫丁日昌奏蠲臺灣雜稅，略謂臺、鳳、嘉三邑合長二百九十里，額徵供穀十三萬餘石，而彰、淡、蘭一廳兩縣合長五百八十里，僅徵穀五萬六千餘石。蓋臺、鳳、嘉開闢之地較早，稅則皆沿鄭氏之舊，而漳、淡、蘭新墾之地，新定科則，故賦較輕也。十一年建省，以劉銘傳為巡撫，沈應奎為布政使。銘傳負吏才，以臺灣經費向由福建協助，欲謀自給之計，振興物產，以盡土宜。十二年五月，奏請清賦。疏曰：「竊查臺灣糧課，自入版圖以來，仍循鄭氏之舊，每丁歲徵銀四錢八分六釐，乾隆元年，欽奉恩諭，臺灣丁糧著照內地分中減則，每丁徵銀二錢，以舒民力，歲徵銀三千七百六十餘兩。及十二年，乃議勻入田園徵收。其番眾所耕田地，概免完賦，照舊就丁納糧。至道光間，通計全臺墾熟田園凡有三萬八千一百餘甲，又三千二十一頃五十餘畝，穀種折地一千四百三十畝，年徵粟二十萬五千六百餘石，租番銀一萬八千七百餘圓。至今已數十年，墾熟田園較前多至數倍。統計全臺之額，僅徵額銀一萬五千七百四十六兩，洋銀一萬八千六百六十九圓，又穀十九萬八千五十七石，久無報丈陞科。伏維我朝輕徭薄賦，亙古所無，而於臺灣一島尤為寬厚。雍正、乾隆間，屢奉恩諭，臺灣賦稅，不准議加。其時海宇澄清，昇平無事，朝廷以臺灣一隅無足重輕。今則海上多警，而臺灣為海疆之要隘，奉旨改建行省，經費浩大，今昔不同。臣忝膺斯土，目擊時艱，當此財用匱乏之時，值百廢待舉之際，不能不就地籌畫。三、五年後，能照部議，以臺地自有之財，供臺地經營之用，自成一省，永保巖疆。況疊次欽奉諭旨，開源節流。顧以額定之賦，應有之稅，乃部庫入款之常經，國家經久之至計。舍此不為，徒求鄰省，雖至舌破脣焦，緩急仍不足恃。臣渡臺以來，詳查民間賦稅，較之內地毫不輕減。而詢其底蘊，全係紳士包攬。若某處有田可墾，先由墾首遞稟，承攬包墾，然後分給墾戶。墾首不費一錢，僅遞一稟。墾熟之後，每年抽租一成，名曰大租；又有屯租、隘租各項名目。而糧課正供毫無續報陞科。如臺北、淡水田園三百餘里，僅徵糧一萬三千餘石。私陞隱匿，不可勝計。臣現由內地選調廳縣佐雜三十餘人，分派南北各縣。又由各縣選派公正紳士數人，會同先查保甲（保甲，確保治安的民防制度，十戶一甲，十甲一保），就戶問糧。一俟田畝查明，再行逐戶清丈。委派臺灣府知府程起鶚、臺北府知府雷其達，各設清賦總局，督率辦理。至於賦稅之輕重，應俟丈量之後，再請旨飭部覆議。維念臺灣民風強悍，一言不合，拔刀相向，聚眾挾官，視為常事。林爽文之變，則言陞科之逼迫。以是委員下鄉清查，視為畏途。且千山叢雜，道路崎嶇；若非勤實耐勞之員，協同公正紳士，切實清查，無裨實際；且恐竣事無期。唯有嚴定賞罰，以冀成效。若各地方委員紳士等妥速辦理，認真清查，臣請照異常勞績，從優奏獎，以示鼓勵。倘有賄託隱匿等情事，抑或畏難延誤，即行參革。庶得實力奉行，為朝廷經久之謀，除地方呑匿之弊，裕國便民，以期有裨臺灣之大局。」六月，詔可。設清賦局於臺北、臺南兩府，以布政使轄之，命知府統理。各廳、縣設分局，任總辦，以同知、知縣主之。

初，銘傳議辦清賦之時，先詢各廳縣。或以為當編查保甲，就戶問糧；或以為即施辦清丈，就田問賦。而眾多主前說，且為根本之計。於是先辦保甲，限二月告竣。乃以清賦之意告示於民曰：「臺灣地方自乾隆五十三年續丈之後，至今開闢田園數倍於前，久未報丈陞科。從前海宇昇平，朝廷視臺灣一島，不足重輕，期無內患，不慮外侮，賦稅一項，屢奉恩詔，格外從寬，以示綏遠安邊之意。現在海疆多事，臺灣重地，久為外人窺伺。朝廷特設巡撫，以資控制。本爵部堂忝膺斯土，應為地方遠大之謀。故招撫生番，以靖內患；籌辦海防，以禦外侮；清查田畝，以裕餉需。不憚勞怨，慘澹經營，一時併舉，以為長治久安之計。爾百姓等渡海遷來，當知創業不易，須為子孫立百年之業，官民一德一心，共保巖疆，同享樂土。查臺灣素稱沃壤，近年開闢日多，舊糧轉形虧短，皆由業戶變遷無定，糧額向不催收；故遇逃亡，莫從究詰。或由田園籍冊失毀，戶無確名，疆界混淆，土豪得以隱匿霸占，奸民從中包攬控爭。或籍防番抽收隘租，或稱完糧自收大租。強者有田無賦，弱者有賦無田。更有近溪田園，水衝沙壓，小民無力報豁，田去糧存。種種弊端，國計民生，皆有阻礙。若不及早清查，貽害胡底（胡底，沒有止盡）。現經奏明清丈全臺田畝，委派南、北兩府，設立總局，剋日舉辦。爾等田園一經清丈，編立字號，某字某號之田，則為某處某人之業。糧戶何名，冊籍昭然。遇有買賣，立即過戶催收，可免侵占冒爭，永杜搆訟之弊。其有水衝沙壓之地，亦可隨時稟報，頓釋累積之負。是於國計民生，兩有裨益。自示之後，一律辦理。」嗣以清丈章程，頒發於民。其時各屬業戶，多慮加租。劣紳土豪，造作蜚語。銘傳不為所撓，督勵有司，晝夜不息。八月，復以丈法昭示於民曰：「臺灣田園，舉辦丈量，前經按照《淡水縣志》載定弓尺制度，每戈一丈二尺五寸為準，分頒各屬應用在案。現據宜蘭、新竹兩縣先後稟稱：該二邑丈量田畝，向以一丈三尺五寸為一戈，與現頒之戈互相比較，每戈多加一尺。紳民嘵嘵（ㄒㄧㄠ。嘵嘵，爭辯），置辦不休，請示遵辦等語前來。查臺灣自國初始入版圖，核算田畝，有所謂每戈、每甲等名目，皆係鄭氏一時權宜。雍正九年，特奉廷旨，臺灣田園化甲為畝，係以戈數核為弓數。其弓定制六尺，積二十四弓為一畝（當為二百四十弓為一畝之誤），載在志乘，遵行已久。現在舉辦丈量，猶用戈、甲名目，不過因其舊俗，以計總數，為將來積算之端。至於量則陞科，仍應遵照定章，以弓計畝。如以一丈二尺五寸之戈，就一甲之田化弓計畝，有十一畝三分有奇。如以一丈三尺五寸之戈，就一甲化弓計畝，有十三畝一分八釐有奇。是長一尺之戈，每甲即多一畝八分八釐之賦，並無便宜。該二邑以弓小一尺，藉詞爭執，難保不誤。尚執戈大賦輕、戈小賦重之成見，亟應剴切曉諭，以昭定制，而釋群疑。臺灣田園化甲為畝，奉旨遵行定章，斷不能仍復論戈納賦。現在所用舊弓尚是五尺，迨清丈之後，仍應以戈伸尺，按六尺為一弓，積二百四十弓為一畝，計畝陞科。爾人民將來供賦，不定於戈尺之短長，而定於弓數之多寡。其戈長者既不能有所取巧，戈短者亦決不至多完。爾紳民務當曉然朝廷治賦經邦，一秉大公，毫無偏拗。其各懍遵。」十月，各屬漸報丈竣，乃定租率。倣江南一條鞭法，舉前之丁稅、耗羨等款（款項、名目）而括之，折色完納，並加補水（補水，指各種銀之間成色差異轉換之費用，一般收取正耗的百分之十）、秤餘（即平餘，給官衙的雜費，一般收取正耗的百分之十五），以定地則。凡分四則。前之不入則者，如新竹以北，則為一等、二等、三等；彰化以南，為平等、次等、下等。丈單（土地文件）列天、地、人三號。魚塭之率視天字田，故業戶較益。臺南之田，有早季養魚而晚季播穀者，收利尤豐，而納租則輕也。前時大租多議裁廢，至是乃據減四、留六之制，以歸小租納課，而業戶僅得其六。十二月，頒定徵租之制，其詳如表。於是全臺田賦計徵六十七萬四千四百六十八兩，實增四十九萬一千一百零二兩。十四年春正月，示領丈單，甲費二元。嘉、彰兩邑民戶騷動。而彰化知縣李嘉棠素貪墨（貪汙），施九緞起而抗之，糾眾圍城，提督朱煥明被戕，銘傳派兵平之。裁收丈費。以十八年五月，撤清賦局，而全臺田賦乃定。

官莊

初，施琅克臺之後，以臺地肥沃，土曠人稀，奏設官莊，召民開墾。按其所入，以助經費。康熙四十九年，兵備道陳瑸以其有弊，奏請廢止，其款入官。雍正元年，漳浦藍鼎元上書巡臺御史吳達禮，略曰：「臺灣舊有官莊，為文武養廉（清朝官員於正俸外加給的一種收入）之具。今歸入公家，各官救口不贍矣。夫忠信重祿，所以勸士。況官人於遐荒絕域，欲用其身心，而凍餒其妻子，使之枵腹從公（枵音ㄒㄧㄠ。枵腹從公，餓著肚子辦理公務。形容不顧己身，勤於公事），非情之平也。官莊猶古公田，更不病民。舊莊雖沒，新地可再墾也。查臺北有竹塹埔，沃衍百餘里，可闢良田千頃。又當孔道要衝。曩以棄置荊榛，故野番敢於出沒。唯地大需人，非民力所能開墾，莫若令全臺文武各官，分地闢之，各捐資本，自備牛種、田器，結廬招佃，永為本衙門恆產。不獨一時之利，萬世之利也。夫臺地素腴，隨墾隨收。一年所穫，足敷其本。二、三年後，食用不竭。以天地自然之利，為臣子養廉之資，而又可以祛番害、益國賦、足民食，是一舉而數善備也。」達禮據以入告，許之。於是總兵藍廷珍先墾貓霧拺之野，名曰藍興，即今臺中郡治之地。其田最沃，有泉可溉，每甲歲可得穀百石。八年，總兵王郡奏以臺灣賞恤兵丁之款，購置業產，而收其利，照例納租，由鎮理之，派員徵收。其後官莊一百二十有五所，年徵糖、穀、牛磨、魚塭等款三萬七百三十九兩九錢六分六釐，逐年增多。而奸猾之徒，夤緣（夤音ㄧㄣˊ。夤緣，攀附）武弁，藉名官莊，侵占番地，以牟私利。番黎怨恨，莫可誰何。乾隆九年，詔曰：「外省鎮將等員，不許任所置立產業，例有明禁；內地且然，況海外番黎之地！武員置立莊田，墾種取利，縱無占奪民產之事，而家丁、佃戶倚勢凌人，生事滋擾，斷所不免。朕聞臺灣地方，從前地廣人稀，土泉豐足，彼處鎮將大員無不創立莊產，召佃開墾，以為己業。且有客民侵占番地，彼此爭競，投讞（ㄧㄢˋ。投讞，申請評判、審判）武員，因而據為己有。亦有授受前官已成之產，相習以為固然。其中來歷不明，是以民、番互控之案，絡繹不休。若非澈底清查，嚴行禁絕，終非寧緝（安和）番民之道。著該督撫派高山前往，會同巡臺御史等一一清釐。凡歷任武職大員創立莊產，查明並無侵占番地及與民番並無爭控之案者，毋論本人子孫，或轉售他人，均令照舊管業外，若有侵占民番地界之處，秉公清查，民產歸民，番地歸番，不許仍前矇混，以啓事端。此後創立產業，開墾草地，永行禁止。倘有託名者，即將本官交部嚴加議處，地畝入官。如該管官吏通同容隱，並行議處。」十七年更立石番界，以禁侵墾。而墾者仍多，遠至內山。五十五年，頒行清丈，凡侵墾番地者皆入官。而運會所至，防不勝防，其令遂廢。

隆恩

乾隆五十一年林爽文之役，欽差大臣福康安治軍臺灣。既平，尚餘兵餉五十餘萬兩，奏設隆恩官莊，募佃耕之，或購大租歲收其益，以充賑恤班兵之款。臺灣之兵均調自福建，離家遠戍，遇之較優。然多為武弁侵沒，不副設置之意。其田多在彰、淡兩屬，租制與官莊同，歲徵穀三千七百餘石。光緒十八年，布政使唐景崧通飭各屬，謂「臺、澎各營原置隆恩官莊田園糖廍（ㄅㄨˋ，製糖廠），所收租息，除完納正供外，餘款由營造冊送司，按年在請領臺餉內扣存司庫，入撥充餉。乃因遞年租息參差不等，奉部行令，按照乾隆五十四、五兩年租息統算折半，勻計作為定額，盈則儘數造報，絀則令承辦營員賠補，例定甲年徵收，乙年造報，閩省歷辦在案。嗣因各營原置田園案券，間多被匪遺失。歷年既久，官弁遞更，逐年祇向原佃收租，不復問及田園處所。間有被水沖塌者，亦久不報豁，佃戶難免賠累。弊竇叢生。以致東移西扯，竟將所墾民業，希圖免糧，混為官莊者有之；逐年滯欠短額，積壓數年始行造報者有之。是此項官莊，從前業已混含不清。迨至全臺一律清丈之時，南北情形又各不同。臺南則就田查問，是以此次田園歷歷可考；臺北則不問何項田園，統行清丈。在當時則藉刪除各項名目為辭，殊不知此項田園，係發帑買置，定由官收，與民田之繳納番租、隘租、屯租，情形迴異。嗣因清丈完竣，民業錢糧議由小租戶完納，大租減收四分，貼給小租完糧。而臺北官莊田園亦由佃戶承糧，由臺北府雷守議照大租章程，營中減收四成，司中祇照六成扣收租息，奉前撫憲批准，行司照辦。當時辦理，原為一時權宜之舉，不能遽以咨部。何也？蓋以各處扣餉之莊租，係除完納正供之款，淨收租息。清丈以後，供賦多至數倍，供多則租亦多，何以轉少四成，是以難於咨部。臺南各縣田園歷歷可考，係清丈時查詢，佃戶自稱。各縣照所指之田園，年應徵收錢糧秤水（秤水，元月取水秤其輕重，用來預卜收成）赴營催完。營中則較之前年所納供賦盈溢數倍，租息因之而短。各營所以紛紛藉口。然臺南官莊田園盈溢，可想而知。倘營中原置田園案券尚存，何難一一清理，租息尚可加增。祇以各營案券燬失，兼以當時原置田園甲數，並無造冊分送督撫司存案，以致上年赴閩查考，無從檢出。現各營以新定錢糧，較之舊時供賦溢出數倍，臺北議以減四收六章程，而臺南則不能完納。迨至奏銷迫屆，由縣詳司，就餉核扣，而各營錢糧既多，租額因而減少，紛紛又以案照臺北減四收六核扣租息為請。查此項隆恩田園，係屬發帑購置，遞年徵收租息，完納錢糧之外，扣存司庫充餉，各數目均咨部有案。臺北議以減四收六，實因田園混入民業，丈量未經指出，暫時權宜辦理，然亦不能遽以咨部。現民業均已陞科，而官莊歷年瓜葛不清。若統照減四收六辦理，遞年司庫短扣五千餘兩，從何彌補？亟須通籌全局，澈底清釐，俾得一勞永逸。擬將臺南、安、鳳、嘉、彰四縣官莊田園，清丈既已指出，應飭各縣委員會營按明圖冊所載前赴，就田問佃，向佃議租，重新整頓。臺北淡、新、宜各縣，雖無田園之可考，總有佃戶之可憑。向佃追田，罷四六之議，逐一清理。或田甲不敷，租額短缺，究竟是何原委，抑係昔年被水沖塌，據實造冊送司，分別核辦。」於是各縣會營清釐，終不能澈底追究，而每年所徵祇有十之七、八而已。

抄封

抄封亦官租也，其租有二，曰叛產：林爽文之役，凡與黨人者，皆籍其田，或被株連，所抄至數萬石，多在嘉、彰兩縣。自是每有亂事，援例以行，為官署歲入之款。叛產之業，贌（ㄆㄨˊ，租佃）之於民，而收其稅。歲徵銀約五萬四千兩。曰生息：從前府道庫款每存至數百萬兩，或數十萬兩，貸之富民，而收其息，息甚輕。一遇有事，則收回之，而倉卒難繳，或淩夷無力，亦籍其田以取償焉，售之於民以抵款焉。按年出贌，而收其稅，亦為官署入款之一。其詳皆在〈度支志〉。然抄封之中，有撥支兵餉者，有充地方公費者，又有鬻供軍需者。其業散在各縣，統歸臺灣府遴派佃首，代為徵收，多屬富紳攬辦。其田園各分三等：上田每甲納穀三十二石，中二十六石，下二十石；上園視中田，中園視下田，下園十八石。道光間，年徵五萬六千餘兩，亦如官莊祇徵十之七、八。每年可得秤餘四千餘圓，以補額撥加餉內應徵未完租額。同治六年，署知府葉宗元請將秤餘儘數歸公，許之。及清賦時，亦照官莊辦理。

番租

臺灣固土番之地，其田皆番之田也。我民族拓而墾之，以長育子姓，至於今是利。然其成也，固非一朝一夕之故；胼手胝足，出生入死，而後得此尺寸地，如之何而不惜也。先是我族以入墾番地，遠及內山。清廷下令設界，禁出入，違者治罪，且籍其田。而利之所在，人所必趨；禁者自禁，而墾者自墾，終至法令不行，訟獄日出，固非計之得也。雍正三年，戶部覆准臺灣各番鹿場，間曠地方，可以墾種者，命地方官曉諭，聽各番租與民人耕種。五年，巡臺御史尹秦據淡水同知王汧詳請，大社留給五百甲，中社四百甲，小社三百甲，號為社田，以為耕種牧獵之地。其餘悉行召墾，並限三年起科。奏請頒行。於是墾者先與番約，歲納其租，謂之番大租。其約曰招墾，或曰永耕，記其界址租額，存以為據，或報之官。背約者官為催科，所以保護番黎也。番大租有二：公有者謂之公口糧租，土目收之，照其社例，以充公費；私有者謂之私口糧租，番自取之。然其租率不定。召墾之時，互先立約，如活租（租約已過不可違約期，租客有權續租稱為活租）則照所穫之穀而賦之，或十之一，或十之二，或十之一五。而死租（租約處於雙方不可違約期限內稱為死租）則視地肥瘠以定，大略為十之一。其詳如表。顧活租雖較多，一遇凶歲，必須減賦。若死租則不論豐歉，莫得改易。臺灣民田之稅佃亦如此。自是以來，開墾日進，負租者亦多，番不能索。道光初，淡水番人乃由漢人攬辦，代為催收，而取其費。光緒十三年清賦之後，照大租例，去四留六，並廢代收之弊，而番田變為民田矣。水沙連六社化番，擁地甚廣，番不能耕，募漢人墾之。田成，納其所穫百分之五，謂之亢五租，或曰空五租。道光十五年，埔、眉二社正通事巫春榮與社番約墾草地八十五甲，按甲納租，田穀二石，園一石，以早晚兩季攤繳。其後墾者均照此例。鋤耰（ㄧㄡ，平整田土或擊碎土塊的農具）並進，遂成樂土，至設埔裏社廳以理之。然佃戶多負租。光緒六年，始設總理攬收，分與化番。十一年，更命義塾教習偕番收之，歲與千石，餘歸官，以充撫育之費。十三年，改歸官租。十月，全臺頒定租制。通判吳本杰據埔裏社紳士稟稱布政使，以埔屬田園既納亢五租，若一律照完正供，未免過重。許之。乃不入上則，中則田徵銀一兩三錢六分，下則一兩九錢，園降一等，約輕三分之一。而亢五租改為一石八斗，歲收二千四百石，以千石給番，千石歸官，四百石為催科之費。而亢五租亦變為官租矣。

初，噶瑪蘭設治時，西勢之地民墾已定，而東勢未闢。自濁水大溪以南至蘇澳，凡十六社，平原膴膴，付之荒蕪。楊廷理遣三籍頭人理之，分授漳、泉、粵人開墾，計有二千五百八十三甲。番素愚惰，既歸化，益不敢較，膏腴盡為民有。通判翟淦與廷理議，稟請總督汪志伊，以各社近處存給之；大社二里，小社一里，謂之加留餘埔。然番不能墾，官為召佃，以三籍頭人為佃首，經理徵收，按社計丁而分給之，謂之加留餘埔租，每甲定穀四石。凡丈地一千二百五十五甲二分。漳佃首二人，分地七百六十二甲餘，納租三千零五十石九斗三升九合，配社十二。泉佃首一，分地三百八十三甲餘，納租一千五百三十三石九斗五升七合，配社三。粵佃首一，分地一百三十五甲餘，納租五百五十八石八斗三升一合，配社一。自嘉慶十五年起，至二十三年次第告竣，奏免陞科，民番皆受其利。光緒十三年清賦之後，亦照去四留六之例，而變為民田矣。

番大租之外，有山租，亦民與番約者也。阿里山為嘉義熟番，歸化最久，而地甚廣，山產多。漢人入墾者，上田甲納穀三石，中二石，下一石，園降一等，隨時折色。其土產則照所穫百分之五納之，謂之山面雜租。乾隆三十五年，北路理番同知為之管理，由官給照。洎清丈時，亦照大租之例，以六分與番，官得其四，充雲林撫墾局之費。

臺灣溪流源自內山，引圳溉田，先與番約，而納水租。其租不一，或銀或穀，或以牛酒，藉事和親，而闢其利。故此租者亦番租之一也。

屯租

乾隆五十三年，欽差大臣福康安奏設屯番，以理防務，語在〈軍備志〉。其時始有屯租。以番境未墾之地及抄封之業，凡八千八百餘甲，分給屯丁，自耕自給。嗣以抄封三千三百餘甲，撥充班兵之餉，餘地未敷。五十五年，頒行清丈，查出侵墾田園三千七百三十四甲餘，悉沒之官。分則定租，歲可徵穀四萬一千數百石，充為屯田，募佃耕之，官收其穀。以二、八兩月分給屯丁，謂之屯租。五十六年，閩浙總督札委泉州知府來臺，查勘屯田，量甲定率，其詳如表。每穀一石折色一圓，歲收四萬一千二百六十一圓四角六分六釐四毫二絲。屯餉之餘，以充隘餉。又其有餘，為開闢水利之費、賞恤屯丁之款。請墾佃戶稟由理番同知給照，或曰易知，如契券。自是以來，屯務漸廢，每為勢豪占據，或被佃首隱匿，租額愈減，不足於用。嘉慶十五年，總督方維甸巡臺，以官給各屯未墾之地，多為奸民通事串通欺詐，引誘典賣，越界侵占，飭（ㄔˋ，命令）北路理番同知、鳳山知縣分勘南北各屯。如原給埔地及應交屯餉田園，許民自首，不究其罪。又以奏明清理者，係屬原給埔地五千六十九甲，撥充屯務公費六百二十一甲，應徵屯餉田園三千七百三十五甲，查明原數，並不加租，民番各地，悉仍其舊。以此曉諭，頗為整頓，未久又廢。光緒十三年，閩浙總督楊昌濬奏言：「臺灣當初設屯授地，徵租支餉，訂立章程，法良意美。顧今已百餘年，積弊愈重，徵收屯租，不充其額，支發屯餉，僅給其半。蓋以原給屯田之數，疊遭兵燹（ㄒㄧㄢˇ，戰爭引發的火災禍害），檔案不存；加以分隸各縣，悉任佃首，田園界址及其租額，不得而知。故今亦不能詳查。而佃戶遂圖矇混，以磽确之地，易肥饒之田；又或稟報水衝沙壓，冀請豁赦。故欲祛其積弊，似應別行丈量，造明圖冊，以知屯田之地，庶於防務或有裨益。」是時巡撫劉銘傳頒行清丈，以屯田既納屯租又課正供，慮有過重，乃減屯租十分之四，改為官租，照則定課，分給丈單，與民田同。而佃戶仍多隱報，且抗而不繳。十六年，全臺所收租額，僅有三分之一。十七年以後，且無一繳者。時各縣業戶以清丈故，民多謗讟（ㄉㄨˊ，毀謗），故銘傳不欲過激，以叢眾怨。爰籌別款，半發屯餉，而屯租幾廢矣。

隘租

隘丁之設，用以防番。官設之隘，由官分地受耕，或支給口糧，以贍其身。而民隘則民給之。徵收隘內田園，謂之隘租。隘租之率，各屬不同。或甲徵一石，或多至八石，視其遠近險夷為差。皆於設隘之時，後先議定。其徵率則業三佃七。隘首收之，而分於眾，官不過問。其後隘制日弛，名存實亡。鄉猾（ㄏㄨㄚˊ，奸惡之人）土豪冒充隘首，藉飽私慾。同治十三年，欽差大臣沈葆楨奏請開山撫番，乃以兵代。洎光緒十二年，臺灣巡撫劉銘傳改設隘勇，徵收防費。翌年清賦，先飭各屬查明隘田之數，至是廢之，給發丈單，與民田同。

荷蘭王田租率表

地則	一甲租率	地則	一甲租率
上田	十八石	上園	十石二斗
中田	十五石六斗	下園	八石一斗
下田	十石二斗	中園	五石四斗

鄭氏官田租率表

地則	一甲租率	地則	一甲租率
上田	十八石	上園	十石二斗
中田	十五石六斗	中園	八石一斗
下田	十石二斗	下園	五石四斗

鄭氏文武官田租率表

地則	一甲租率	地則	一甲租率
上田	三石六斗	上園	二石二斗四升
下田	三石一斗二升	中園	二石六斗二升
中田	二石四斗	下園	一石八升

鄭氏文武官田稅率表

地則	一甲稅率	地則	一甲稅率
上田	十四石	上園	七石九斗六升
中田	十二石四斗八升	中園	六石四斗八升
下田	八石一斗六升	下園	四石三斗

鄭氏田園徵賦表（永曆三十七年）

州分	田額	園額	合計（釐）	賦額（合）
天興	四、八五六、〇七	八、五四九、五五	一三、四〇五、六〇	六三、一〇九、八六四
萬年	二、六七八、四九	二、三六九、七一	五、〇四八、六〇	二九、〇一八、一二三
計	七、五三四、五七	一〇、九一九、二八	一八、四五三、八六	九二、一二七、九八七

清代民田租率表一（自康熙二十三年頒定，至雍正六年）

地則	一甲租率	地則	一甲租率
上田	八石八斗	上園	五石
中田	七石四斗	中園	四石
下田	五石五斗	下園	二石四斗

清代民田租率表二（雍正七年，照同安則例）

地則	租率
上田	每畝照民米例徵銀八分五釐三毫四絲，另徵秋米六合九秒五撮，以一米二穀折算。
中田	照鹽米例徵銀六分五釐八毫八絲四忽，另徵秋米八合八秒七撮。
下田	照官米例徵銀五分七釐五毫五絲，不徵秋米。
上園	照中田例。
中園	照下田例。
下園	照鹽米不徵鹽折例，徵銀五分六釐一毫八絲，不徵秋米。

清代民田租率表三（自雍正七年頒定，至光緒十二年）

地則	一甲租率	地則	一甲租率
上田	二石七斗四升	上園	二石八升
中田	二石八升	中園	一石七斗五升
下田	一石七斗五升	下園	一石七斗一升六合

清代民田租率表四（自光緒十三年頒定）

地則	一畝正耗	加一補水	一五秤餘	計徵銀數（微）
上田	二、二四四、〇八〇	二二四、四〇八	三三六、六一二	二、八〇五、一〇〇
中田	一、八三五、二八〇	一八三、五二八	二七五、二九二	二、二九四、一〇〇
下田	一、五一三、一二〇	一五一、三一二	二二六、九六八	一、八九一、四〇〇
下下田	一、二一〇、四九六	一二一、〇四九	一八一、五七四	一、五一三、一二〇

地則	一畝正耗	加一補水	一五秤餘	計徵銀數（微）
上園	一、八三五、二八〇	一八三、五二八	二七五、二九二	二、二九四、一〇〇
中園	一、五一三、一二〇	一五一、三一二	二二六、九六八	一、八九一、四〇〇
下園	一、二一〇、四九六	一二一、〇四九	一八一、五七四	一、五一三、一二〇
下下園	九六八、三九六	九六、八三九	一四五、二〇五	一、二一〇、四九〇

清代民田租率表五（自光緒十三年頒定）

地則	一甲折色租率	地則	一甲折色租率
上田	二兩六錢六毫七絲五忽	上園	二兩八分五毫四絲
中田	二兩八分五毫四絲	中園	一兩六錢六分四釐四毫三絲二忽
下田	一兩六錢六分四釐四毫三絲二忽	下園	一兩三錢三分一釐五毫四絲六忽
下下田	一兩三錢三分一釐五毫四絲六忽	下下園	一兩六分五釐二毫三絲六忽
人字田	三錢三分	人字園	二錢二分
地字田	四錢四分	地字園	三錢三分
天字田	六錢六分	天字園	四錢四分
		魚塭	六錢六分

備考：天、地、人為不入則者。新竹以北曰一等、二等、三等。彰化以南曰平等、次等、下等。而魚塭準天字之田，率較輕。

清代屯田租率表（乾隆五十六年頒定）

地則	一甲租率	地則	一甲租率
一則田	二十二石	一則園	十石
二則田	十八石	二則園	六石
三則田	十四石	三則園	五石
四則田	十二石	四則園	四石
五則田	十石	五則園	三石
六則田	六石	六則園	二石

清代番大租率表

地則	一甲租率	地則	一甲租率
上田	八石	上園	六石
中田	六石	中園	四石
下田	四石	下園	二石

阿里山番租率表

地則	一甲租率	地則	一甲租率
上田	三石	上園	二石
中田	二石	中園	一石
下田	一石	下園	五斗

清代田園甲數表（康熙二十三年）

地則＼縣分	臺灣	鳳山	諸羅	合計（釐）
上田	八五七、二一	一、八〇四、三八	一七、二〇	二、六七八、七九
中田	七八七、五九	一八七、二三	九二七、一七	一、九〇一、九八
下田	二、二四〇、八三	六八六、八八	二六、〇五	二、九五三、七六
下園	二〇五、三五	七三八、五一	一、六二一、五二	二、五六五、三八
中園	一、三六七、八二	二三九、二一	一、七五〇、二四	三、三四七、二七
上園	三、一〇二、九九	一、四〇一、九八	五〇一、六二	五、〇〇六、五八

清代田園徵賦表（康熙二十三年）

縣分	田額	園額	合計（釐）	賦額（合）
臺灣	三、八八五、六四	四、六七六、一七	八、五六一、八二	三九、六四一、五五七
鳳山	二、六七八、四九	二、三六九、七一	五、〇四八、六〇	二九、〇一八、一二三
諸羅	九七〇、四三	三、八七三、三八	四、八四三、八二	二三、四六八、三〇七
計	七、五三四、五七	一〇、九一九、二八	一八、四五三、八六	九二、一二七、九八七

譯文

林金進．注譯

連橫說：

井田制度已經廢除了，鄉里中強橫狡猾不守法紀之人，搶奪一般百姓的田園，用來增加自己的私利。這些人依靠著其財富，奔走周旋於官府之間，生活驕奢淫佚，其奢靡程度超過王侯。

擔任佃農的人，胼手胝足，燒掉雜草，引水灌溉種植水稻，等到稻穀豐收，自己連基本的溫飽也無法達成。祖先所留下的土地，自己耕種，或因向他人借貸種子、金錢，或因官府的賦稅苛刻繁重，從而遭到剝削。貧與富的距離越來越大，貴與賤的階級越來越極端，而百姓的怨恨越來越積累。

古代，按照人的能力來授與田地，一位男子授與田地百畝，將田地劃成井字形，在中間的爲公田，其餘八家爲私田，每家授田百畝，這八家共同耕種公田，這就是十分抽取一分的稅制。收稅，可以讓百姓都能吃飽；收賦，可以讓軍備充足，所以在家或外出要互相友愛，家家守望相助，所以要設立庠、序、學校來教化百姓。庠，是養老；校，是教化；序，是教習射箭。所以百姓皆勇敢且有規矩，平日在家，則荷著鋤頭到田裡耕地；遇到戰事，則拿著干戈爲國作戰。奉公守法，對國效忠，對朋友有義，以保衛國家，這是歷代聖王治理國家，管理百姓的好制度。上天以井田來滋養百姓，那所有的田地，都是國家的田地。

等到秦代以後，百姓擁有了自己的土地。百姓既擁有自己的土地，政府從而徵收其稅賦，爲了保護百姓收取稅賦，所以百姓願意繳納稅賦而不懈怠於農事；若不能保護百姓，又對百姓橫征暴斂，將使百姓因爲虐政而枯槁，這簡直把百姓當成奴隸般看待。

臺灣爲海外荒島，所有的田園都是百姓自己開墾的，用手來耒耜耕種、開墾荒地，腰繫著刀、槍和生番、猛獸拚博。篳路藍縷，以開發山林，方能繁衍種族，至於今日還是倚賴當時先人的努力。艱苦困難方締造出今日的功勞，實在是非常的辛苦。

在明朝的時候，漳州、泉州可以耕作的土地狹窄，百姓爲了生活而被迫離開家鄉前往南洋，謀求生計。而到臺灣的漳、泉百姓也不少。當時的臺灣山林尚未開發，瘴氣、毒物猖獗，居住在臺灣的人往往染病而死，無法再回到原籍之故鄉，所有臺灣才有「埋冤」的稱謂。

等到顏思齊（一五八六—一六二五）來到臺灣，鄭芝龍（一六〇四—一六六一）前來投靠，開墾土地、修築房屋，漸漸形成村落。顏思齊亡故，鄭芝龍歸降於清廷，漳州、泉州的百姓在臺灣定居的約有三千餘人，自生自養，以贍養其家人，所以也沒有任何的政令，可以讓他們奉行、遵守。

天啓四年（一六二四）荷蘭人來到臺灣，向土番借用土地。過了兩年，西班牙亦來到了雞籠（今基隆市），各自占據土地，開發荒地，制定王田，召募百姓來開墾、耕種，從而徵收其稅賦。田地以「甲」爲計算面積的單位，長、寬各一丈二尺五寸爲「一戈」，三十一戈二尺五寸爲「一甲」。每甲地每年徵收：上田，穀十八石；中田，十五石六斗，下田，十石二斗。

當時，臺灣的土地剛剛開闢，一年可以三次穀熟，糖和米的利益，可以挹注島外，所以來到臺灣開墾的人越來越多。明朝崇禎年間，福建巡撫熊文燦（一五七五—一六四〇）任職期間，福建發生大旱災。熊文燦找鄭芝龍商議如何解決旱災的問題？決議：召募飢民數萬人，每人給銀三兩，三人合給一頭耕牛，將飢民運載至臺灣，開墾荒地、興建房舍，飢民在衣食充足之餘，向鄭芝龍繳納稅賦，所以鄭芝龍成爲福建首富。

等到延平郡王鄭成功（一六二四—一六六二）治臺時，跟隨鄭成功渡海來臺的百姓更多。休兵與民休息，以從事農事，發展農業。從前荷蘭人所遺留下來的王田，皆成爲官田，耕種官田的人爲官佃，其稅賦仍比照之前；明朝宗室及文武官員召募百姓自行開闢荒地的新增田地，稱爲私田，就是所謂的「文武官田」。文武官田的收取稅賦方式亦分成三等。除課「稅」之外，又再課「賦」。

在臺灣的官斗，和內地的容器相比，臺灣的一斗，僅僅是內地的八升而已。臺灣的土地膏腴肥沃，取用不盡。在同一塊地耕種幾年後，便荒棄不用，另闢新地，所以每三年要重新丈量田地一次，依照其土地的肥沃、貧瘠來課徵其稅賦，這是體恤百姓的困苦。

各鎮的將帥兵卒，各自有其負責開墾的地域，按照其負責的地域來開墾，自給自足，這稱爲營盤。三年之後，丈量其所開墾的土地，來決定其稅賦的額度。農閒時刻，則訓練士卒武備，這就是寓兵於農。

永曆十八年（一六六四）鄭經將政事委託給陳永華（一六三四—一六八〇）。陳永華善於治國，又再劃分新的開墾區域給各鎮的將帥兵卒，實施屯田的制度，於是所開墾的土地越來越廣闊，遠達半線（今之彰化市）。

永曆二十四年（一六七〇），右武衛劉國軒（一六二九—一六九三）率軍討伐大肚社的番人，追趕番人至北港溪，並在此駐軍防守，駐軍地就是今天的國姓莊（今之南投縣國姓鄉）。

寧靖王朱術桂（一六一七—一六八三）來到臺灣後，認爲竹滬莊（在今之高雄市路竹區）一帶土地肥沃，泉水甘美，在此開墾田地數十甲，收入還頗豐厚，扣除支出花用還有餘錢，則將之分送給舊交、老友，資助其不足，不需要鄭氏再撥款項、物資、土地來奉養他們。而當時鄭氏諸鎮屯田的遺跡現仍找尋的到，這就是鄭氏富強的根基。

清廷得到臺灣後，朝廷的廷議想要放棄臺灣，讓臺灣成爲一荒島。靖海將軍施琅（一六二一—一六九六）向朝廷力陳不可，於是在臺灣設立一府三縣。之後又再奏請朝廷減稅，其內容大致如下：

今六部大臣蘇拜等人所議定徵收的錢糧數目，和鄭克塽（一六七〇—一七〇七）所填報的數額相差不多。然而，在鄭氏管理臺灣的時候，其徵收的稅賦必須供應一個國家的全部支出，必須看當時的人、地的富庶、豐饒等情況，來徵收稅賦，其百姓的稅賦負擔難免重了些。

現六部大臣等人奉旨商定臺灣地區的稅賦，不得不以此數目議覆。如果會議已經敲定數額，應當按朝廷所決定的數額來徵收稅賦，道、府等官府是職責所在，並定按照朝廷所定的數額來催收稅賦。加上鄭氏治理臺灣時，其所徵收的是「時銀」，而我們所規定的是「紋銀」。紋銀與時銀相比，其內含銀的成色更高。

而且臣之前所說的守護當地百姓、土著，並不是因爲他們有土地便可以加稅。臣仔細詳察臺灣這地方，位在東南險阻偏遠之處，關係到內地東南數省的安危。今既已在臺灣設官分治，撥兵汛防，則如何規畫善後，應該更加周嚴詳細。

而今抽調防守臺灣的兵力一萬人，是從福建省的水陸兵丁編制之員額六萬五千七百五十名內徵調，兵力的編制並未擴編，兵餉也無增加。現在議定徵收臺灣的錢糧數目要考慮更多因素，臺灣在經過戰爭肆虐之後應該要給予酌減，讓在臺灣的官員得以體察朝廷對臺灣的仁德之意，留心治理臺灣，安撫臺灣的百姓。數年之後，人口繁盛，戶數增加，荒野變成良田，臺灣能繳納的錢糧數目自然增加，哪裡只是按照朝廷所規定的數目繳納？

朝廷下旨：有關臺灣要徵收、繳納的錢糧數目再議。於是朝廷亦定：上田，每年每甲徵收穀物八石八斗；園，四石，其他詳如表。

康熙六十一年（一七二二），巡臺御史黃叔璥（一六八二—一七五八）認爲臺灣的田賦和內地相比，仍較高。臺灣的一甲，大概是內地的十一畝三分一釐多一點點。內地上田，各縣徵收的稅額不一，折合成紋銀約五、六分至一錢一、二分而已，換算成甲，一甲地徵收一兩三錢，已經是最高了。而臺灣的上田，每年每甲徵收穀物八石八斗，就算穀物最便宜時，一石穀物折合成紋銀爲三錢，那一甲地就是徵收二兩六錢四分餘，更何況穀物還有比這更貴的時候，那徵收的錢就更多了。若能減輕百姓負擔，如此百姓不會因爲徵收稅賦而憂慮，土地的生產仍有餘力。在上位的官員不用擔心繳不出足夠錢糧數目，在中階的官員可以截長補短，還可應付要上繳朝廷的錢糧數目。如果實際丈量田畝，其徵收的錢糧數目便很難照舊了。

雍正五年（一七二七），巡臺御史尹秦（一六七四—一七五六）向朝廷奏報：

臺灣全區的土質皆是沙壤，地表蒸發的水氣只有上升而不下降。所有的平原，都稱之爲「草地」。有力量的人家，會挑選地勢高而靠近溪澗有淡水的地方去開墾。先到縣衙官府報告所要開墾的地方，及其所要開墾的範圍，請官府發給「墾單」，然後召募佃農開墾荒地。所開墾的土地、田園以甲爲單位。每甲的面積大小相當於內地的十一畝多一些。

鄭氏當時將田地分成上田、中田、下田三類來收取稅賦。現朝廷領有臺灣後，地方的主管官員按照稅冊上所登載的面積數目來徵收糧食，業主按照稅冊上所登載的面積數目來繳納糧食，導致業主沒有多餘的糧食在身邊。爲了因應，不得不將已開墾好的熟田，以多報少。欺隱之田的面積，往往是在稅冊上所登載的面積的一倍或數倍以上。臣等詳細的訪查，歷年來主管官員無法正確且詳實清查的原因，有五：

一、現在徵收稅賦的規定，以畝、分來計算，其必須繳納的錢糧比內地多出數倍。如果不以多報少，無法繳足法定的錢糧數目。

二、臺灣的土質爲沙地，每年的夏、秋兩季大雨，山洪爆發，衝向平原，流沙淤積，熟田也會瞬間變成荒地。如果不以多報少，如何彌補這天災所造成的虧空。

三、臺灣的地形依山臨海，田園並無堤岸可提供保障，海風稍大時，海水便會湧入。田園受海水浸泡後，必須等待幾年讓鹹味褪去之後，方可耕種。如果不以多報少，如何繳足法定的錢糧數目。

四、臺灣氣候炎熱，不適合施肥。兩三年後，土壤變貧瘠收成便會減少，必須荒廢兩年等到地力恢復，才可以復耕。如果不以多報少，如何應付朝廷的課稅。

五、來臺開墾土地的佃農是來自於漳州、泉州、惠州、潮州的百姓，因爲貪圖臺灣的土地廣闊，可以私下開墾，所以冒險來臺。假如按其所開墾的土地來實際清查，以此來徵收稅賦。那這群客居臺灣的百姓，一定無法支應官府所要徵收的稅賦，勢必會各自回到其原籍，這將導致已開墾的田園又再成爲荒地，稅冊上所登載的面積、繳納的錢糧虛懸。

墾戶之以多報少，加上若要仔細確實的清查田畝面積又是如此的困難，自然要想一想要如何變通，才能根除以多報少的弊病。海疆的安全關係重大，臣等愚昧，不敢輕言議論，謹將實情上報，請聖上裁斷。

至於臺灣北路的彰化一帶，彰化縣是新設置的，地理位置有點偏遠，臣等見彰化縣其轄下之地大多是未開闢的荒地，應該召募百姓來此開墾。有關此案，淡水同知王汧曾經具體且詳實的研議，稱臺灣北路在虎尾溪以北，平原開闊。召募百姓開墾此地的方法爲：不許一個人包占數里，只能許可農民自行開墾。一人能開墾的能力不會超過五甲，十個人連環互保，期限三年，稅賦比照內地的額度。

如果在熟番的土地上開墾，向來都有奸巧之人認捐稅賦，負責開墾荒地之事，長久在熟番的土地而不離開。若放任這些奸巧之人認餉包墾，剝削熟番，這些番人無所依靠，必定退回深山內，漸漸地變成生番。

應該由朝廷下令，大的番社保留水、旱地五百甲給番人，中的番社保留水、旱地四百甲，小的番社保留水、旱地三百甲，這些保留地稱爲「社田」，讓番人作爲耕種、牧獵的場所。在土地的四周立下界碑，並登錄在官府的文書上，並限定日後有權又勢的豪強不得侵占。

其餘的平原應該全數召募百姓來開墾，並限定三年後開始徵收稅賦。臣等詳細的推演研議，此事應該立即推行。召募百姓開荒，依照臣之前的上奏，命令這些開荒的農民必須居住於村莊內，所開墾的田地必須連結在一起，一塊挨著一塊，務必讓盜匪之輩無處立足，以斷絕盜匪的來源。

雍正九年（一七三一），朝廷下詔臺灣的田園自雍正七年（一七二九）新開墾的土地及自願報官府課稅的，則比照內地同安縣的稅率及模式，將一甲改成十一畝三分又多一些，以畝爲課稅的單位，徵收紋銀來代替穀物，一石的粟折合成白銀三錢六分，一石的粟折合成米五斗，其他詳如表格。

而新的稅賦和舊的稅賦相較，則負擔輕了數倍。這一年共徵收了粟十六萬九千二百六十六石九斗九升多。照例於十月開徵，於十二月徵收完畢。每一石的粟預計損耗一斗，換算成紋銀爲五分，以當成運送途中、進入糧倉前的法定損耗。

全臺灣法定徵收的粟，要支給班兵十五營，需要米四萬四千八百五十一石八斗。又要配運到內地的福州、興州、漳州、泉州以供官府來平價來控制米價的飆漲，及在臺班兵家眷及福建官兵所需的米糧十六萬六千五百石，運送米糧的標兵所需要的米糧，換算成粟要一萬五千五百七十石，其詳細見〈糧運志〉。

全臺灣徵收的粟之數額，不足供應官府的需求。每年以運送到內地福州、興州、漳州、泉州這四府所賣出的穀物之銀兩，分給臺灣四個縣（鳳山縣、臺灣縣、諸羅縣、彰化縣），來補足法定徵收稅賦的差額。而帳面損耗卻未實際損耗的穀物，則成爲官署的辦公費，這些主管官員故意虛報損耗的數量，並將之納入私人的荷包中，這些虛報的數量往往是實際的好幾倍。故有此慣例：主管官員催徵稅徵，如果能徵收到法定數額的八成，則朝廷會登載其功勞，超出八成的部分則自己納入私囊中。所以只要一當個小吏，就會成爲富翁，然而其來自官府的俸祿非常的微薄，其財富大多取自一般百姓的血汗。

乾隆九年（一七四四），朝廷下詔書：「臺灣的稅則已比照福建省同安縣，後經六部會議認爲同安縣的稅則太輕，應將臺灣新開墾的土地、田園比照之前的舊稅率來課稅。朕，顧念臺灣的百姓與內地遠隔重洋，應該減輕其稅率，以昭顯朝廷對臺灣百姓的照顧。除了從前開墾的土地，依照舊有的稅率課稅，不用減輕外。在雍正七年（一七二九）以後報墾的土地，仍應遵守雍正九年（一七三一）所下詔之案辦理。已經按照同安縣的稅則來課稅的，也不必再商議加減稅率的問題。至以後新開墾的土地田園，命令地方官確實勘查土地的肥沃與貧瘠，依實際的情形來辦理課稅，按照同安縣的稅則，分成上、中、下三級來定額課稅，減輕臺灣百姓繳稅的負擔，以昭顯朝廷照顧偏遠百姓的心意。」

臺灣爲海疆重地，每次發生水、旱災時，就上疏朝廷，請求免除稅賦，所以百姓容易過著豐年的日子，而開墾的業務日漸拓展，遠入番地。剛開始時，佃農的力量小，無法大規模經營。富豪出資本、給耕牛，給種籽，修建房屋、開鑿水圳，負責全部的費用。等到土地開墾完成，佃農則繳納收成的十分之一、二給出資的富豪，稱爲大租，或者是收取水圳的使用費，稱爲水粟。每甲地應該繳納多少的稻穀數量，這是固定不變的。

道光四年（一八二四）署兵備道方傳穟（一七七五—？）上書閩浙總督孫爾準（一七七二—

一八三二），力言「業戶」的弊病。其書之內容：「千人、萬人前往墾，十餘人承包開墾的業務，則每一個承包人發給的開墾執照，可以開墾一千多甲，或是數百甲，這就是淡水的情形；萬人前往開墾，千人承包開墾的業務，開墾的地數千甲，而發給墾照的有數千人，每一個承包戶最多能開墾數十甲，而每人最多也僅開墾十餘甲，把百姓當成是官方的佃農，這就是噶瑪蘭的情形。

業戶的設立，其弊端無窮無盡。最初，有影響力的豪強十餘人，向官府申請開墾，由十餘人領照，對官府說自己願意負責開墾的所有費用，召募佃農開墾荒地，然而其所需付出的費用並不多。集合同謀夥伴，私自立下契約。等到土地開墾完成，向官府呈報課稅之時，僅僅業戶一人，其開墾的面積很廣闊，土地甲數也很多，而且容易隱蔽實際開墾的面積。等到稅賦已經確定，也許十餘年，也許數十年後，遇到有水、旱災時，沖毀田園、影響收成時，業戶也趁機並擴大呈報災損的程度及面積。

而且徵收課稅時，其業戶只有一人，實在遺漏了千人、萬人。這業戶若破敗後，想要更換他人，更是困難。就以淡水縣來說，其轄區南至大甲，北到雞籠，南北有三百餘里，從山區到海濱其寬度也有四、五十里，和臺灣的其他縣分相比其轄區面積是其他縣分的一倍以上，然考察其所繳納的法定稅額，僅其他縣分的四分之一。業戶被編入稅籍冊中的僅僅數十人，這就是土地廣闊而稅賦很少。

照理講稅籍冊中的業戶應該要非常富裕，每年應該要把國家所規定的法定數額繳納清楚。然而，每年實際開徵時，仍欠稅十之二、三。這些業戶大多是貧窮的人，這是爲什麼？業戶收取佃農租金，繳納完官府的稅賦後，已經沒什麼利潤了。所開墾的廣大田園，並不是這些業戶的。日子久了，土地被洪水沖毀、損壞，土地漸漸貧瘠，而佃農也離開了。」

最初，噶瑪蘭開墾之時，吳沙（一七三一—一七九八）父子邀趙隆武、何繪等人赴省城呈請開墾噶瑪蘭，事先與佃戶私下協議，將來開墾完成，應由業戶向官府辦理課稅事宜，並負責繳納稅賦，而佃戶須繳納大租給業戶，地，每甲六石；園，每甲四石。

等到楊廷理（一七四七—一八一三）籌辦設置噶瑪蘭廳，深恐建設經費不足，議定由原本的業戶負責繳納稅賦，改由佃戶直接繳納。認為這樣的租額，和淡水的拳和官莊所繳納的稅賦相符，詳請轉奏，並將此模式作為往後的課稅模式。

經六部廷議後，不同意。認為拳和官莊已年代長久無案可以考察。若按照屯案來辦理，屯案將田園分成六個等級，而在這項目「園」已徵收四石，已是屯案的第四等級，而「田」不應該列為屯案的第六等級，漫無區別，所以拳和官莊與屯租這兩種標準，都很難適用於臺灣。然而，仍訂定：田，六石；園，四石的稅率。丈量土地後，報部核備，共清查有田，二千一百四十三甲餘；園，三百甲餘，一年徵收稻穀一萬四千零六十三石還多一些。除上繳法定餘額外，又再徵收百姓多餘的糧食，這是其他各縣分所沒有的事。

查臺灣徵收稅賦的章程，田園只有徵收正供、耗羨兩類。若要再增收其他名目的稅額，從來沒有併入正供之中。而蘭陽平原獨自再加徵「餘租」，這是屬於其他類的雜稅，本來就不能和正供、耗羨併入計算，列入官員的考核。

蘭陽平原增收「餘租」，實在是為了宜蘭建縣之權宜措施，仿效淡水屯租的慣例，每石穀物折合成現金一圓，這是已獲朝廷核准，登錄在案。以「同安縣下沙則例」來計算，則田一甲：徵收穀六石，又再徵收供穀一石七斗五升八合四勺七秒二撮，耗穀一斗七升五合八勺四秒七撮，餘租四石零六升五合六勺八秒一撮；園一甲：徵穀四石，又徵供穀一石七斗一升六合六勺一秒一撮，耗穀一斗七升一合六勺六秒六撮，餘租二石一斗一升一合七勺二秒八撮。

和最初的提案相比，田一甲，少徵收耗羨六升八合三勺八秒三撮；園一甲，少徵收正供二勺，耗羨六升六合七勺五秒九撮，完全算入餘租，以符合其功用。

嘉慶二十三年（一八一八），臺灣知府認為蘭陽平原剛剛開發，民力也不充足，想請朝廷免除「餘租」，而主管官員經過核算，和原案的田每甲徵收六石，園每甲徵收四石的稅額更為減少，而不同意。

道光七年（一八二七），有關官員奏請朝廷改變稅率，而餘租的徵收更是寬裕。最先，臺灣的田賦自從荷蘭據臺以來，都是徵收穀物。臺灣納入清廷版圖後，也是徵收穀物，來作為軍糧，然而穀價便宜時，負責徵收穀物的官員便無利可圖。

道光二十三年（一八四三），將徵收穀物改為徵收紋銀，每石折合成六八秤銀二圓。這時的市價，每石僅值一圓五角，而負責徵收稅賦的官員又特別的貪求，又加上有火耗的耗損。臺灣縣保西里（約在今臺南市歸仁區）的百姓不願聽從、配合主管官員的要求，幾乎發生民變。村莊裡的豪傑郭崇高奔走各方偷渡到北京告御狀，朝廷下詔書逮捕臺灣縣知縣閻炘治罪，事件方告平息。

澎湖為海中的群島，土地貧瘠，素來不種植稻穀，其所產的只有番薯、黍、稷等雜糧，如果一遇到鹹雨，則枯槁而無收成，所以澎湖不徵收田賦，由臺灣供應。

光緒三年（一八七七）春季，福建巡撫丁日昌（一八二三—一八八二）奏請朝廷免除臺灣的雜稅，其大概是說：臺灣縣、鳳山縣、嘉義縣這三縣合計有二百九十里長，共徵收穀物十三萬餘石；而彰化縣、淡水縣、宜蘭廳這二縣一廳合計有五百八十里長，僅徵收穀物五萬六千餘石。因為臺灣縣、鳳山縣、嘉義縣開發較早，稅率沿襲之前鄭氏治臺的額度，而彰化縣、淡水縣、宜蘭廳為新開墾的土地，新訂定的稅賦，所以田賦較輕。

光緒十一年（一八八五），臺灣建省，以劉銘傳（一八三六—一八九六）為首任臺灣巡撫，沈應奎爲布政使。劉銘傳爲吏治的幹才，認爲臺灣的經費向來由福建省協助，想要謀求自給自足。振興物產，開發臺灣的土地，讓臺灣得到充分的發展。

光緒十二年（一八八六）五月，劉銘傳奏請朝廷，要清查臺灣的稅賦，其內容爲：

竊查臺灣的錢糧課徵，自從納入版圖之後，仍然遵循鄭氏治臺時的舊規，每丁每年徵收銀四錢八分六釐。乾隆元年（一七三六），遵奉朝廷的旨意，臺灣的丁、糧課稅比照內地的稅率來減輕，每丁徵銀二錢，讓百姓的負擔減輕，這一年共徵收銀三千七百六十餘兩。

等到乾隆十二年（一七四七），朝廷研議將丁銀的徵收，平均攤入田賦中。番人所耕種的田地，免徵田賦，照舊徵收丁銀，以穀物來繳納。

到道光年間，統計全臺已開墾完成的田園，共有：田，三萬八千一百餘甲；園，三千二十一頃五十餘畝，必須保留作爲穀種的田地有一千四百三十畝。一年徵收粟二十萬五千六百餘石，徵收番銀（番銀，清代流通於東南沿海地區的外國錢幣）一萬八千七百餘圓。

從道光年間迄今已過了幾十年，開墾完成的田園較以前增加好幾倍。統計全臺灣徵收的稅款，僅徵收到規定的銀錢一萬五千七百四十六兩，洋銀一萬八千六百六十九圓，穀物十九萬八千零五十七石，已好久的時間沒有進行丈量來修正課稅的簿冊。

我朝政策向來減輕勞役跟降低賦稅，這是自古以來所沒有的，對於臺灣這一海島更是寬厚。雍正、乾隆年間，屢屢遵奉朝廷的恩典，臺灣的賦稅，不准研議加稅事宜。當時，海疆無事，天下太平，朝廷認爲臺灣僻居一隅，無足重輕。

現在，海疆多事，而臺灣爲海疆的要地，奉旨改建爲行省，建省所需經費龐大，和以前的情況大不相同。臣，有幸經營臺灣這新建的行省，親眼目睹時局的艱難，當此財用匱乏之時，百廢待舉之際，不能不就地籌集錢糧、人力。三、五年後，便能遵照朝廷所研議的結果：以臺灣自己徵收的稅賦，來支持臺灣的開銷支出，自成一個省分，永保疆域之穩固。

況且臣屢次奉旨，開源節流。法定的稅賦，應該徵收的稅額，這是充盈藩庫的法則，也是國家長久經營之計，捨棄此長久之計，而去拜託鄰省來補充臺灣的稅收不足，雖然講到舌破脣焦，仍緩不濟急，不能全倚靠鄰省濟助。

臣自渡海來臺後，詳查民間的賦稅，和內地相比毫不減輕，探尋其內幕、實情，全因爲地方的紳士包攬開墾、納稅之事。如果有某一個地方有田可以開墾，先由墾首（墾首，多半為擁有武力或巨資的富豪）向官府提出申請，承攬開墾田地的業務，然後再分給墾戶。墾首不需要花費任何費用，僅需要向官府遞送申請書。等開墾完成後，再向各墾戶抽取一成的穀物或錢糧，稱爲大租。除了大租之外，還有屯租、隘租等各項名目。等到田地開墾完成，並無再向官府申報新增田地課稅事宜。如臺北、淡水這一帶田園有三百餘里，但僅徵收糧食一萬三千餘石，像這樣私自增加開墾面積，隱匿實際面積的情形，不可勝數。

臣現在由內地選調各廳、縣的助理官吏三十餘員，分派在臺灣南北各縣，又再由各縣選派公正士紳數人會同，先清查保甲，按照戶口來詢問其收成及繳納穀物的情形。等到田畝已查明，再按照墾戶的名冊來清查丈量。

委派臺灣府知府程起鶚、臺北府知府雷其達，各自設立清賦總局，督促率領所屬官吏辦理這項業務。至於稅賦的輕重額度，應等到完成清查丈量後，再上疏報部，請朝廷定奪。

維念臺灣的民風強悍，常因一言不合，便拔刀相向。聚集眾人，挾持官員，更是常常發生。林爽文（一七五六—一七八八）的作亂，該逆賊說：是因爲受到要增稅的壓迫，不得已而起來作亂。所以這些委員將下鄉清查田地面積、納稅情形，視爲畏途。加上眾多山巒阻隔，道路崎嶇，若非殷實耐勞的官吏，協同公正士紳切實清查，恐怕對實際沒有助益，完成清查的工作則遙遙無期。

唯有嚴定賞罰，方能冀望其成效。若各地方的委員、士紳等盡快且妥善的辦理，認眞清查，臣將比照高於一般的功勞績效，提報朝廷從優敘獎，以示鼓勵；如果有收賄、接受請託，隱匿實情等情事，或者是畏懼艱難而拖延進度，立即查辦革職。

如此，方可以確實執行，此爲朝廷經營臺灣的長久之計，除去地方侵吞、隱匿的弊病，讓國家富裕，讓百姓方便。以期待對臺灣的大局有所助益。

光緒十二年（一八八六）六月，朝廷下詔：「可行。」設置清賦局於臺北府、臺南府，由布政使管轄，命令知府統理。各廳、縣設置分局，擔任總辦的工作，以同知、知縣負責辦理。

最初，劉銘傳研議辦理清查稅賦之時，先詢問各廳、縣。有人說要先編保甲，按戶口來檢核其收成、繳納；也有人說直接辦理清查田地，就實際已開墾的田地，來詢問其繳稅情形。而眾多的廳、縣及相關官員主張前一種說法，而且這是根本之計。

於是，先辦理編查保甲，限兩個月內完成。完成編查保甲後，將清查稅賦的公文張貼、告示於百姓，其內容爲：

臺灣這地方自乾隆五十三年（一七八八）丈量土地後，至今所開墾的田園比以前的面積多了好幾倍，長久以來未辦理土地丈量，登入稅籍簿中。從前，天下太平，朝廷看臺灣只是一座海島而已，無足輕重。希望國內沒有內亂，也不考慮會有外患。稅賦這一項，屢屢接奉朝廷的恩詔，對臺灣的稅賦格外的從寬，以表示彰顯安撫邊境的心意。

現在，海疆頻傳危機、戰事。臺灣爲海疆重地，長久以來外國人不斷地窺伺臺灣。朝廷爲此在臺灣特地建省，設立巡撫，以控制維護海疆的安全。本爵有幸擔任臺灣巡撫之職，應該為臺灣這塊土地謀求可長遠、宏大的規畫。所以要招撫生番，以掃平內患；籌辦海防，以抵禦外侮；清查田畝，以充裕經費。不怕勞怨，慘淡經營臺灣，同時將數項必辦的要務辦妥，以此謀求長治久安。

你們這群百姓渡過海洋遷來臺灣居住，應當知道創業不易，需要為後代子孫立下百年的基業，官民要同心同德，共同保衛疆土，共享這片樂土。

查臺灣素來被稱為樂土，近年來新開闢的田地日漸增多，然而徵收的糧餉卻較以前短少，皆是因為業戶變遷不固定，須向官府繳納的錢糧向來不催收。如果遇到墾戶逃亡，也無從追究。

有些是因為官府的田園籍冊移失損毀，田園籍冊所登載的戶口也沒有確切的姓名，田畝的疆界容易混淆，土豪得以從中隱匿霸占田地，奸民從中包攬控制田地與繳稅；或是藉由防止番人入侵、擾亂而抽取「隘租」；或是自稱要繳納官府的稅賦，卻私下收取大租。強者，有田無賦；弱者，有賦無田。更有靠近溪流的田園，受到溪流的沖刷，河沙的淤塞，田已經不能耕作，一般的百姓不知道要如何向官府申請免除稅賦，導致稅賦依然保留著，這種種的弊端，對於國計民生，皆是有阻礙。若不及早清查，要貽害到何時？

現已經奏明朝廷清查丈量全臺的田畝，委派臺北府、臺南府兩府設立總局，限期興辦完成。你們的田園，一經清查丈量完成，即由官府編定字號，為某字某號之田，為某處某人之產業。須繳納的糧戶姓名，皆清清楚楚地登載在田園籍冊之上。如果有買賣的事情，立即辦理過戶及日後徵收稅賦之事，可以免除田園被人冒名侵占，永遠杜絕訴訟的弊病。如果有發生溪流沖毀田園的事情，亦可隨時向官府稟報，立即取消其稅賦之負擔。如此對於國計民生，都有助益。自公布之後，一律按此辦理。

接著將清查丈量的章程，向百姓公布，讓百姓知悉。當時各縣所屬的業戶想到是官府要加租。劣紳士豪，散布謠言、故意中傷劉銘傳。但劉銘傳不畏謠言的中傷，督導鼓勵有關官員積極辦理清查丈量，日夜都不停止。

光緒十二年（一八八六）八月，又再將丈量法向百姓公布，其內容如下：

臺灣田園，辦理丈量，之前按照《淡水縣志》所記載的弓尺制度，每戈爲一丈二尺五寸平方爲準，分別頒定給所屬各縣應用。現根據宜蘭縣、新竹縣兩縣先後稟告，說：「這兩縣分丈量田畝，向來以一丈三尺五寸平方爲一戈，與現行頒布的戈相比較，每戈長寬多加一尺。士紳與鄉民吵嚷，爲此爭議不停，請示要如何辦理。」查臺灣自初入版圖後，核算田畝的多寡，就有所謂的「每戈」、「每甲」名目，皆是當時鄭氏治臺的權宜之計。

雍正九年（一七三一），特奉朝廷的旨意，臺灣的田園由「甲」爲單位，改由以「畝」爲單位。係以「戈」改成「弓」，一弓是六尺平方，二百四十弓爲一畝[1]，這已登載在簿冊中，已經遵循很久。

現在丈量土地，仍然使用戈、甲這些名目，只不過是因循舊習，以方便計算總數，作爲將來換算的基礎。至於要登入稅籍簿中，仍應遵照朝廷頒布的章程，以弓來計算畝。如果以一丈二尺五寸平方爲一戈，就一甲的田，換算成弓，再來計算成畝，那大概是十一畝三分有餘；如果以一丈三尺五寸平方爲一戈，就一甲的田，換算成弓，再來計算成畝，那大概是十三畝一分八釐有餘。所以長寬各長一尺的戈，每甲地就多一畝八分八釐的田賦，並沒有討到便宜。

宜蘭縣、新竹縣兩縣以朝廷所頒布的弓比當地所流行的弓小一尺，藉此說詞來爭執，難保不會誤

1 原文誤作二十四弓為一畝，下文即作二百四十弓為一畝，此處翻譯直接調整。

事。尚且認爲戈大稅賦輕，戈小稅賦重的這些成見，亟應凱切曉諭，以彰顯朝廷所頒布的定制，以消除眾人的疑惑。

臺灣的田園將原本以甲爲單位，改成以畝爲單位，應當奉旨遵行朝廷的旨意，絕對不能再恢復以戈爲單分來繳納稅稅賦。現在所使用的弓仍是五尺，等到清查丈量之後，仍然應該以戈來換算成尺。以六尺平方爲一弓，以二百四十弓爲一畝，以畝爲單位來計算稅賦。

你們這些百姓將來繳納稅賦，不要以戈、尺的長短來論計，而是要以弓數的多寡來論計。其戈較長的，也不能有所取巧；戈較短的，也不會多繳納稅賦。

你們這些士紳、百姓，應當要知曉朝廷要以徵收稅賦來經營、治理邦國，一向秉持著大公，絕對沒有任何的偏私與固執。應當各自謹遵朝廷的旨意。

光緒十二年（一八八六）十月，各縣漸漸地呈報完成清查丈量土地，於是決定稅賦的額度。臺灣的稅賦，模仿「江南一條鞭」的方法，將之前的丁稅、耗羨等名目包含在其中，折合成紋銀來繳稅，並再上補水、秤餘等名目，來頒定土地的稅賦額度，當土地稅賦分成四等。

以前沒有納入稅籍簿中的，如新竹縣以北，則分成：一等、二等、三等；彰化縣以南，則分成：平等、次等、下等。「丈單」則分成：天、地、人這三號。魚塭這一類，則視爲「天」字田，所以業戶較爲有利，臺南地區的田，有先養魚，等魚收穫後再種植稻穀的，其收穫較爲豐盛，其繳納的稅賦較輕。

之前的「大租」這名目，大多提議廢除，到這時決定減少四成，保留六成的制度，以「小租」繳稅，於是業主只有得到六成（一田有二主，開墾時大地主向官府申請墾照，大地主再將土地分租給小地主。繳納錢糧給大地主的，稱「大租」；繳納錢糧給小地主的，稱「小租」）。

光緒十二年（一八八六）十二月，頒定徵收稅賦的制度，其詳細見附表，於是全臺的田賦一年共徵收六十七萬四千四百六十八兩，較之前增加四十九萬一千一百零二兩。

光緒十四年（一八八八）春季一月，昭告要領取丈單，每甲費用二元。嘉義縣、彰化縣這兩縣的百姓、業戶騷動。彰化縣知縣李嘉棠素來貪汙成性，施九緞（一八二九—一八九〇）糾集眾人起來反抗，包圍縣城。提督朱煥明（一八四四—一八八七）被殺，劉銘傳派兵平定。裁定收取丈費。

光緒十八年（一八九二）五月，裁撤清賦局，臺灣的田賦制度自此成爲定制。

官莊

最初，施琅（一六二一—一六九六）攻克臺灣後，認爲臺灣的土地肥沃，土地寬闊，人口稀少，奏請設立官莊，召募百姓前來開墾。按照官莊的收入，來資助官府的經費。

康熙四十九年（一七一〇），兵備道陳璸（一六五六—一七一八）認爲其中有弊端，奏請朝廷廢止，其錢財、款項歸入官府。

雍正元年（一七二三），漳浦人藍鼎元（一六八〇—一七三三）上書巡臺御史吳達禮，其內容大約：

臺灣舊有的官莊，是文武官員養廉的生計所在。今將官莊納入官府，各官員則不足以養活家人、維持生計。《中庸》說要求士人忠信，就要給予足夠的俸祿，讓其養家活口。更何況在偏遠險阻地區任職的官員，想要官員爲朝廷效力賣命，而讓其妻子挨餓受凍，讓官員不顧己身勤於公務，於人情來說都是不公允的。

官莊，就像古代的公田，不會危害到百姓。舊有的村莊雖然已經損沒，但有新地可以再開墾啊。查臺北有竹塹埔這一地方，肥沃的土地有百餘里，可以開闢成良田千餘頃，又位在交通的要道上，從前荒廢任其草木橫生，所以野番在其間出沒。

地大就需要人，沒有人力是無法開墾的。不如命令全臺的文武官員，各分配土地來開墾，各自拿出資金，自備耕牛、農具，興建房舍，召募佃農，永遠作爲該衙門的恆產。這不只是一時的利益，也是萬世的利益。

臺灣的土地向來肥沃，開墾即可豐收。一年的收穫，已經可以回收其資本。兩、三年後，糧食就不虞匱乏。以這天然的利益，作爲臣子養廉的資本，又可以去除番人的危害，增加國家的稅收，讓百姓吃飽，實施一項措施卻可以有數項好處。

巡臺御史吳達禮將此文書上呈朝廷，朝廷同意。於是總兵藍廷珍（一六六四－一七三〇）先開墾貓霧拺，將新開墾的地方取名爲藍興，就是今日臺中縣縣治的所在地。此地的土地最肥沃，有泉水可以灌溉，每年每甲地可以收成稻穀數百石。

雍正八年（一七三〇），總兵王郡（？－一七五六）奏請朝廷：以臺灣獎賞撫恤兵丁的錢，用來購買土地、莊園，並以此收取利益，並按照朝廷的稅則來繳稅，由「鎮」來管理，派員徵收稅租。之後，官莊共有一百二十五所，每年徵收糖、穀、牛磨、魚塭等款項三萬零七百三十九兩九錢六分六釐，逐年增多。而奸猾之徒，巴結討好武官，假借官莊的名義，侵占番人的土地，以謀取私利。眾番人雖對此怨恨不已，也莫可奈何。

乾隆九年（一七四四），朝廷下詔：「外省籍的鎮將等官員，不許在其所任職的地方購置任何產業，已經有明文禁止。在內地皆是如此，更何況是在海外番人所居住之地。武官設置莊田、開墾種植穀糧來賺取利益，縱然沒有占奪百姓的產業，而家丁、佃戶，倚仗武官的權勢、仗勢欺人，製造事端，在所難免。

朕聽說臺灣這地方，從前地廣人稀，土地肥沃、泉水甘甜豐足。在臺灣的鎮將等武官，無不在臺灣創立產業，召募佃農前來開墾，作爲自己私人的家業。而且有客居在此的人侵占番地，彼此競爭，而向武官申請判定，並將番地占爲己有。也有接收前任官員已經購置的財產，官員彼此沿襲，且認爲本來就要這樣。這些財產有些來歷不明，所以百姓和番人互相控訴的案件，層出不窮。如果不澈底清查，嚴格禁止，終就不是安定番人和百姓的治理之道。

著即責成閩浙總督、福建巡撫，派出大官前往，會同巡臺御史等官員一一清查、釐清。凡是歷任的武官，所創立的莊產，需查明有無侵占番地及百姓與番人互控的案件，無論是他本人的子孫，或是已經轉手於他人，均按照既有的產業規模加以管理，不許擴張。如果有侵占百姓、番人的土地，均需要秉公處理，若是民產則歸還於民，若是番人的土地則歸還於番人。不許像之前一樣蒙混、打馬虎，而滋生事端。

此後武官創立產業，開墾荒地，將永遠禁止。如果還有假託他人的情形，則將該官送交朝廷嚴懲，所開墾、購置的土地充公沒入官府。如果負責該地域的地方官員，隱匿不報，一併嚴懲。

乾隆十七年（一七五二）更在番人與漢人交界之處設置石碑，禁止漢人侵入番人的土地開墾。而不顧禁令，私自侵入番地開墾的人仍然很多，甚至侵入內山。

乾隆五十五年（一七九〇），頒布詔書，清查丈量土地，凡是侵入番地所開墾的田園、房舍皆充公沒入官府。然而，這是時勢所趨，防不勝防，無法禁止，於是該法例廢止。

隆恩

乾隆五十一年（一七八六）林爽文之役，欽差大臣福康安（一七五四—一七九六）率軍來臺灣平亂。亂平之後，尚餘兵餉五十餘萬兩，福康安上奏朝廷要設置「隆恩官莊」，召募佃農來開墾耕種土地；或購買「大租」，每年收取利益，來充當賑濟、撫恤班兵的款項。

在臺灣的兵卒均調自福建，離家遠戍，待遇較為優遇。然而，這些優渥的賞賜大多為武官所侵吞，並沒有要設置隆恩官莊，照顧底層士卒的意思。這些隆恩官莊大多設置在彰化縣、淡水縣，其賦稅制度與官莊相同，每年徵收稻穀三千七百餘石。

光緒十八年（一八九二），布政使唐景崧（一八四一—一九〇三）通飭各屬，說：

臺灣、澎湖的各營，原設置的隆恩官莊的田園、製糖廠，所收取的租金、利息，除繳納正供之外，剩餘款由各營造冊，送交主管機關。各營按照年度需求請領在臺的糧餉，扣除後存入司庫，款項繳入司庫中充當軍餉。

而每年的各營所收取的租金、利息有多有少，參差不齊，於是奉朝廷命令，按照乾隆五十四年（一七八九）、五十五年（一七九〇）這兩年所收取的租金、利息加總後除二，作為定額。有盈額則造冊報府，有短絀不足則令承辦人員賠償，補足差額。照例第一年所收取的租金、利息，於第二年造冊報府，這樣子的模式福建省已辦理多年。

後來因為各營原本設置的田園的卷宗、文書，中間有因匪亂而遺失。歷年來武官不斷地更換，每年只向原來的佃戶收取租金，而不再問田園在哪。這期間若有田園因水災被沖毀，也不向官府呈報免除該稅賦項目。承租該地的佃戶難免要慘賠，受到拖累。弊端叢生。東移西扯，為了要免稅，竟然想將自己所開墾的私田魚目混珠，報爲官莊之田。逐年積欠稅款，短少營收金額，累積數年後，才向官府呈報者的人也不少，所以官莊這一項，和從前的性質業以含混不清。

等到全臺開始清查丈量土地田園時，臺灣的南北情形又各有不同。臺南則就田查問，所以這次清查丈量的田園，一清二楚，皆可以考查；臺北則不管是哪一類的田園，則全面清查丈量。要清查丈量時，則假借各種名目理由來規避，殊不知這些官莊的田園土地都是由公帑所購置，應由官方收取租金。與民田之繳納番租、隘租、屯租等情形是不一樣。

後來，清查丈量完畢後，民間的田園所須繳納的錢糧由小租戶完納，大租減收四分，減收的部分用來補貼小租戶繳納稅賦。而臺北官莊的田園，亦是由佃戶負責繳納稅賦，臺北府知府雷其達依照大租的章程，軍隊管理的田園減收四成，主管官員依照六成來收取稅賦，此做法已奉前任巡撫批准，主管官員照辦。

當時辦理這項業務，原本是一時的權宜措施，不能以此來報告朝廷。爲什麼？因爲各處扣餉的莊租，係扣除已繳納完正供的餘額，此爲淨收的租金利息。清查丈量以後，正供、稅賦所須負擔的金額也增加數倍，正供多則相對的租金也多，怎會轉而減收四成，所以很難向朝廷報告。

臺灣南部各縣，其田園的數量清清楚楚，是在清查丈量時，佃戶自己各自告知官員。各縣按照所清查丈量的田園數量，每年應該繳納多少錢糧，則按照秤水（每年農曆正月取一定量的水來秤它的輕重，以此來預測這一年是否風調雨順，是否會發生水災、旱災）的結果來決定，赴各營催收稅款。各營紛紛以各種藉口，來減少繳納之稅賦，各營繳納完稅賦後其盈餘較以往增加數倍，然政府的稅收也因此而短少。我們可由臺灣南部各官莊的盈餘增加，來證實這現象。

倘若各營原購置多少田園的文書案件，能保存完好，要一一清理丈量有何困難，官府的稅收也可增加。只因各營購買田園的文書案件或遭焚毀，或遺失，加上當時購置田園的數額並沒有另外造冊送總督、巡撫等負責的官衙備查存案，以致上年度赴福建省查考時，無法檢送各項文書檔案。

現在各營以新訂的錢糧數額繳納，較以前依正供稅賦繳納之數額增加數倍。臺灣北部商議以「減四收六章程」來辦理，如此臺灣南部則無法將法定的稅賦繳納完畢。等到要向朝廷奏報繳稅、請餉的時間時，由各縣的有關官員詳細核算，各營所需兵餉應就其各營的盈餘扣除。

各營的盈餘既多，其向朝廷繳納的稅賦減少，各營又要求比照臺北府所提案的「減四收六」扣除稅賦來請求比照辦理。查該項「隆恩田園」係由公帑購置，每年徵收其租息，除繳納法定的稅賦外，若有盈餘應該繳納給司庫，充當軍餉，各應須繳納的數目均向朝廷報告，並有檔案可以存查。

臺北府所提議的「減四收六」是因為「隆恩田園」已經混入民業，在丈量清查時未指出，這是一種權宜之計，然而不能以此向朝廷奏報。而現在民間的田園土地均已納入官府的稅籍簿中，官莊的部分歷年來卻瓜葛不清。如果全部按照減四收六來辦理，每年司庫短少五千多兩，這缺口要從何處彌補？這必須要通盤考慮，澈底釐清，以便一勞永逸。

擬將臺南府轄下的安平、鳳山、嘉義、彰化這四縣的官莊田園，在清查丈量時既已清楚地指出其數額，應命令各縣的委員會會同各營按照圖冊所記載的，請往調查。按照田園來詢問佃戶，向佃戶商議租金事宜重新整頓。

臺北府轄下的淡水、新竹、宜蘭等各縣，雖然沒有圖冊、文書可以作為考察的依據，但總有佃戶可以詢問、清查。向佃戶追查田園土地的面積及所在位置，停止減四收六的辦法，逐一清查。如果土地田園的甲數不足，租額短缺，究竟是何原因造成？是不是因為以前因為水災沖毀土地田園，必須詳細的造冊送交主管官員處，來分別辦理。

各營、各縣收到命令後，由各縣的主管官員會同各營來清查釐清，到最後還是無法徹底的追根究柢。每年僅能徵收到十分之七、八而已。

抄封

抄封也是官租的一種，其租金的來源有二。

一、來自於叛產：林爽文作亂時，凡是參與作亂的林爽文黨人，皆沒收其田產；有些是受到株連的，被抄沒的穀物有好幾萬石之多，大多位在嘉義縣、彰化縣這兩縣。自此以後，每有亂事平定之後，皆以此模式抄沒參與叛亂或受株連之人的田園，作為衙門每年歲入的收入。這些叛產將之租與百姓，而收取其租金、稅賦。每年可以徵收紋銀約五萬四千兩。

二、來自於生息：從前府、道等衙門的公款每存款至數百萬兩，或數十萬兩時，將之借貸給富裕的百姓，而收取其利息錢，但利息輕薄。一旦遇到官府有事時，則將所借貸之金錢收回，而借貸之人一時之間難以歸還，或因為借貸之人家道衰敗無力償還，則沒收其田園、土地、家產，將其沒入的田園、土地、家產販售給民間百姓，以償還積欠官府的債務。土地、田園也有按年出租給百姓耕種，而收取其租金，這也是官府收入的款項之一。其詳細的記載，皆在〈度支志〉中。

然而抄封之中所收取的租金或土地田園，有用來撥支兵餉，有用來充實地方官府的經費，也有部分販賣來充實軍需。抄封的土地、田園散布在各縣之中，由臺灣府統籌辦理，遴選佃首來代為徵收租金、錢糧，這些佃首大都為地方的富紳來承攬這些業務。

這些田園各分成三等，上田每年每甲繳納稻穀三十二石，中田每年每甲繳納稻穀二十六石，下田每年每甲繳納稻穀二十石；上園比照中田來繳納，中園比照下田來繳納，下園每年每甲繳納稻穀十八石。

道光年間，每年可徵收五萬六千餘兩，也像官莊一樣只能徵收到十分之七、八。每年可得秤餘四千餘圓，以塡補各營、府衙應繳納朝廷稅賦不足之款項。

同治六年（一八六七），署知府葉宗元（一八二〇—一八七〇）向朝廷奏報請求秤餘全數歸公，朝廷同意。等到清查丈量時，亦比照官莊的模式辦理。

番租

臺灣本來就是土番所居住之地，其田地都是番人的田地。我漢族百姓來此開拓土地，開墾荒地，以撫育後代子嗣，方有今天的規模與生活便利。

能有今日的成就，並不是一朝一夕，先民胼手胝足、出生入死，方能開拓出小小的土地，如何能不愛惜。最先，是我先民進入番地開墾，最遠到達內山。清廷下令設置界限，禁止我漢人出入，違此禁令的人治罪，並沒收其所開墾的田園。然而利之所在，人民必定努力追求。清廷自己設限禁止，開墾的人自己開墾自己的，最終演變成法令無人遵守，爭訟事件層出不窮，這本來就是因爲朝廷法令的錯誤。

雍正三年（一七二五），戶部同意：臺灣各地番人獵鹿的獵場，及空曠荒蕪的土地，若是可以供開墾種植的地方，命令臺灣各地方官曉諭百姓，可以向番人租用土地來開墾耕種，也同意番人將其土地租給漢人開墾。

雍正五年（一七二七），巡臺御史尹秦（一六七四—一七五六）依據淡水同知王汧的詳請，大的番社保留五百甲土地，中的番社保留四百甲土地，小的番社保留三百甲土地，這些保留地稱爲社田，作爲番人耕種放牧狩獵之地。其餘之地，全數開放供佃首招募百姓開墾，並限定三年後登載入稅籍簿中課稅，奏請朝廷頒行。

於是前往番地開墾的佃首先與番人簽約，每年向番人繳納租金，稱之爲番大租。其租約內容有些是召募開墾，有些是永久耕作，記載其界址及其租金的數額，保存作爲憑證，或者是向官府報備。違背租約的漢人，官府會替番人向租賃的人催討租金，這是爲了保護番人。

番大租可分成兩類：土地爲番人所共有的，稱爲公口糧租，由番人的首領、頭目收取，按照番人的社例，充當他們的公費；土地爲番人私人所擁有的，稱爲私口糧租，由土地的所有人自己收取。然而其租率並不固定。召募墾戶開墾時，番人與墾首先雙方訂約，如果是「活約」，則按照其土地收成的穀物數量來決定，可能是十分之一，可能是十分之二，可能是百分之十五。而「死約」則看土地的肥沃貧瘠來決定，大概爲十分之一。其詳細如表。一般與番人訂定的租約，以活約爲多，一旦年歲不好，收成欠佳時，則必須減輕稅率；如果是訂定死約，不管是豐收還是歉收，都無法改變稅率。臺灣民間的田地之租賃，其稅率也大多是這樣。

自此以來，前往番地開墾的人漸多，而積欠租金的人也多，番人無法追討其應收之租金。道光初年，淡水縣的番人向佃戶索討租金，也由漢人代辦，漢人再收取手續費。

光緒十三年（一八八七）清查丈量土地之後，番大租也比照大租的方式「去四留六」，並廢除由漢人代收的弊病，此時的番田與民田也沒什麼差別了。水沙連六社已歸化的番人，擁有的土地非常寬廣，但番人不懂得如何耕種土地，於是召募漢人開墾。當土地收成後，漢人繳納其收成的百分之五給番人，稱之爲亢五租，或稱之爲空五租。

道光十五年（一八三五），埔裏社、眉社這兩社的正通事巫春榮與兩社的番人約定開墾荒地八十五甲，按甲來繳納租金。田，每甲繳納稻穀二石；園，每甲繳納稻穀一石，以早晚兩季來攤繳。在此之後，開墾番地，均比照此模式。來埔里盆地開墾荒地的百姓，越來越多，此地遂成爲樂土，後來設置「埔裏社廳」來治理這地區。然而租用番人土地的佃戶，很多都想盡辦法來拖欠或逃避這租金。光緒六年（一八八〇），朝廷開始在此設置「總理」來收取租金，再將租金分給已歸化的番人。

光緒十一年（一八八五），更命令義塾的教習偕同番人一起收租，每年給予番人稻穀一千石，其餘的歸公當作撫養、教育的經費。

光緒十三年（一八八七），番大租改歸爲官租。十月，全臺頒布新的稅賦制度。通判吳本杰根據埔裏社的士紳的陳情意見，向布政使報告：認爲埔裏社廳轄下的田園已經向番人繳納亢五租，若一律按照朝廷公布的稅賦額度來繳納，恐怕負擔太重。布政使同意，於是埔裏社廳轄下的田園不納入上則田。中則田每甲地每年繳納紋銀一兩三錢六分；下則田每甲地每年繳納紋銀一兩九錢。[2]園則降一等，比照非番人地區，其稅賦大約減輕三分之一。

而亢五租改爲每年每甲地徵收一石八斗，一年共徵收二千四百石。一千石給番人，一千石歸官府，四百石爲催收稅賦之費用，而亢五租亦變成官租的一種。

最初，噶瑪蘭設置官衙時，西勢之地（約今日蘭陽溪以北地區）已大致開墾完成，而東勢之地（約今日蘭陽溪以南地區）尚未開墾。自濁水大溪（今蘭陽溪）以南至蘇澳，計有番人十六社，平原

2 此處中則田所交租稅較下則田少，數字當有誤。《安平縣雜記》記載光緒十四年的徵數，中則田每甲徵正賦銀二兩零一分八釐八毫零八忽，下則田每甲徵正賦銀一兩六錢六分四釐四毫二忽，其數字或可參考。

膏腴肥沃，卻任由其荒蕪。楊廷理（一七四七—一八一三）派遣漳州、泉州、廣東的頭人負責開墾，分別授與漳州、泉州、廣東人前往開墾，總計開墾出田園二千五百八十三甲。

番人素來愚笨懶惰，既然已經歸化朝廷，更加不敢計較土地已被漢人開墾，膏腴肥沃的土地權為漢人所擁有。通判翟淦與楊廷理研議，向閩浙總督汪志伊（一七四三—一八一八）稟告：把各番社附近的土地保留給番人，大的社二里，小的社一里，稱之為加留餘埔。

然而，番人不懂得如何開墾土地，官府為他們招募佃戶開墾土地，以漳州、泉州、廣東這三籍的頭人為佃首，負責經營管理，增收租金，再按照番人的人口來分配租金，稱之為加留餘埔租，每甲地每年徵收稻穀四石。總計有田地一千二百五十五甲二分。漳州籍的佃首二人，分配土地七百六十二甲餘，繳納租金稻穀三千零五十石九斗三升九合，分配給十二個番社；泉州籍的佃首一人，分配土地三百八十三甲餘，繳納租金稻穀一千五百三十三石九斗五升七合，分配給三個番社；廣東籍的佃首一人，分配土地一百三十五甲餘，繳納租金稻穀五百五十八石八斗三升一合，分配給一個番社。自嘉慶十五年（一八一〇）起，至嘉慶二十三年（一八一八）陸續完成，地方官奏報朝廷，免稅，漢人與番人皆蒙受利益。

光緒十三年（一八八七）清查丈量之後，亦比照「去四留六」的模式，這些保留給番人的田地，皆變成百姓的民田。

除了有番大租之外，還有山租。山租就是百姓與番人私下的租約。阿里山的番人為嘉義地區的熟番，歸化朝廷最久，土地也非常寬闊，山產也非常的豐富。漢人進入此地開墾的，上田每年每甲繳納稻穀三石，中田每年每甲繳納稻穀二石，下田每年每甲繳納稻穀一石。園，則降一等繳納租金，隨著市價折合成紋銀。土產的部分，則按照其所收貨的數量與價值，繳納百分之五，稱之為山面雜租。

乾隆三十五年（一七七〇），北路理番同知，替番人管理這些租約事宜，由官府發給開墾執照。等到清查丈量時，亦比照大租的模式，以十分之六給番人，十分之四給官府，作爲雲林撫墾局的經費。

臺灣的溪流源自內山，引溪流水灌溉土地，先和番人簽訂契約，而繳納水租。這租金的繳納方式不一，有些是銀兩，有些是稻穀，有些送牛、送酒，藉由一些事務、年節來增進彼此感情，以增進利益。所以這也是番租的一種。

屯租

乾隆五十三年（一七八八），欽差大臣福康安奏請朝廷設置屯番，以辦理防務，其內容見〈軍備志〉，這時才有所謂的屯租。朝廷以番人未開墾的土地及抄封參與叛亂之人的田地產業，計八千八百餘甲分給屯田的兵丁自耕自給。後來，又將抄封而來的土地三千三百餘甲撥給在臺的班兵開墾，充當兵餉，但仍不足支付兵餉。

乾隆五十五年（一七九〇），朝廷頒布清查丈量土地，查出非法侵墾的土地田園三千七百三十四甲餘，全部沒收充入官府，作爲屯田，招募佃農前來開墾，並按照土地的肥沃貧瘠、分別訂定租金稅率，每年官府可以徵收稻穀四萬一千數百石。每年的八月、二月將稻穀或兵餉分給屯丁，稱之爲屯租。

乾隆五十六年（一七九一），閩浙總督以書信委託泉州知府來臺灣，查勘屯田，清查土地並以甲爲單位訂定稅率，其詳細如表。每一石的稻穀折合錢幣成一圓，每年徵收四萬一千二百六十一圓四角六分六釐四毫二絲。除充作屯餉之外，若有剩餘則充作隘餉，如還有剩餘則充作開闢水利設施、獎賞撫恤屯丁的經費。開墾的佃戶，每此稟請理番同知發給開墾土地的執照，或稱作「易知」，如契約一般。自此以來，屯田的業務漸漸荒廢，這些土地每每被有勢力的豪傑侵占，或是被佃首隱匿，收到的租金稅賦越來越少，不敷使用。

嘉慶十五年（一八一〇），閩浙總督方維甸（一七五九—一八一五）巡視臺灣，朝廷給各營的屯田的未開墾土地，大多爲奸民串通通事來詐欺、引誘、典賣土地，奸民越界開墾、侵占土地。飭令北路理番同知、鳳山知縣分別勘查南北各營的屯田。如果原來給屯丁開墾的平原地及應該要交屯餉的田園，如遭侵占或未繳稅，同意百姓自首，不追究其罪。又奏明朝廷，清理丈量土地：原先要給屯丁開墾的平原土地有五千零六十九甲，要充作屯務經費的土地有六百二十一甲，應該要徵收稅賦充作兵餉的田園有三千七百三十五甲，此以查明，這些土地不再加租，百姓與番人的土地，其稅賦仍照舊。以此曉諭各級官員及百姓，一時之間臺灣的政務頗有起色，不久又再廢除這些政令。

光緒十三年（一八八七），閩浙總督楊昌濬（一八二五—一八九七）向朝廷奏報：

臺灣當初設置屯田制度，授與各營土地，定立章程，徵收租金來支付兵餉，法令完善、立意良善。但迄今已有百餘年，其累積的弊病越來越重，所徵收的屯租，無法達到其法定的數額，用來支付兵餉，只夠一半。係原給各營的屯田，累次遭遇兵禍，其文書檔案已不存在。加上這些屯田分布在各縣，完全委由佃首處理經營，屯田的界址及其租額，已不得而知，故今日無法詳查。而各佃戶意圖蒙混，以貧瘠的土地來取代肥沃的田園，或者以所租賃的屯田已遭大水沖毀，或受河沙覆蓋無法耕作爲由，希望能獲免其稅賦。所以想要去除這些積弊，應該要分別丈量這些土地，詳細記載並登入圖冊中，以知道這些屯田究竟在哪。這樣對於臺灣的防務或許會有幫助。

這時，臺灣巡撫劉銘傳正在清查丈量土地，認爲屯田既要繳納屯租，又要課徵法定稅賦，考慮其負擔過重，乃減少屯租的稅賦十分之四，並將其改為官租，按照稅率課稅，分給丈量單，與民田相同。開墾屯田的佃戶，仍然多隱匿不報，而且反抗朝廷的政令不繳稅。

光緒十六年（一八九〇），全臺所收的屯租，僅收到法定數額的三分之一。

光緒十七年（一八九一）以後，無人繳納此稅賦。當時各縣的土地大戶，因為朝廷清查丈量土地，招致百姓多毀謗、埋怨朝廷，所以劉銘傳不希望朝廷的動作太大，過於激烈，而讓民怨積累。於是另外籌集其他款項的錢財來支付屯兵的兵餉。屯兵的兵餉先減半發給，而屯租這項目，幾乎廢除了。

隘租

隘丁的設置，是用來防止番人的騷擾。官方設置的關隘，由官方給田讓隘丁耕種，或者支給隘丁錢糧，讓隘丁能養家活口。而民間設置的關隘則由民間自行支付。徵收在關隘附近的田園的租稅，稱為隘租。

隘租的稅率，各地不同，有的每年每甲地徵收稻穀一石，有的最多到每年每甲地徵收稻穀八石，端看其遠近、險阻的差別。在設置關隘時，業主與佃農在開墾前，皆會先商定稅率。一般的稅率為業主收取三分，佃農收取七分，由負責這個關隘的負責人來收租，再分給各個隘丁，官方不過問。後來，隘制日漸鬆弛，名存實亡。鄉里中的土豪劣紳冒充隘首，藉以中飽私囊。

同治十三年（一八七四）欽差大臣沈葆楨（一八二〇—一八七九）奏請朝廷開山撫番，於是以兵來代替隘丁。

等到光緒十二年（一八八六）臺灣巡撫劉銘傳改設為隘勇，徵收防費。隔年，清查丈量土地，先飭令各所屬單位查明隘田的數目，發給丈量單，與民田相同，於是廢除隘租。

卷九　度支志

連橫曰：臺灣，天富之國也；官山府海，利盡東南。荷人得之，欲以掌握通商之霸權。顧其時地利未啓，移民未多，歸入不過十數萬盾，故猶仰東印度公司之津貼也。延平建宅，萬眾偕來，蓄銳待時，百事俱舉。養兵之數，多至七十有二鎮。使鎮為千人，則器械糧秣之數將何所給？而延平乃布屯田之制，自耕自贍，不取於民。諮議參軍陳永華又整飭（整飭，整頓）之，內興土宜而外張貿易，販洋之利歲率數十萬圓，故無竭蹶（ㄐㄩㄝˊ。竭蹶，勉強支持）之患。及經西伐，軍費浩繁，轉粟餽餉，取之無窮；而歷年積蓄，因而漸罄。然猶不斂之民，而以王家所儲者用之。蓋以鄭氏志圖恢復，傾家紓難，固非有自私自利之心也。文武勳舊皆有官田，諸王湯沐之奉，亦別有所給。而土田初闢，徵賦甚輕，故民皆樂業，先公而後私。跡其所以治國治民者，猶有西周遺法。天不祚明，三世而隕，此則無可如何者也。

清人得臺之後，僅設一府、三縣。正供、雜稅多沿舊制，歲入不過八萬八千一百四十八兩，而歲出亦祇五千六百七十四兩。臺灣之兵均調自福建，自總兵以至把總，合以戰守之兵七千四百六十人，俸祿餉糈（ㄒㄩˇ，糧食）歲給四千八百五十一兩。兼以福建各營兵米八萬九千七百八十五石，折價二萬六千九百三十六兩，計為三萬七千四百六十一兩。入款尚有餘裕。蓋其時米價甚賤，銀則貴，殆多今日十倍，故以一府、三縣之大，而經費竟若是之少也。正款之外，尚有私款，可以調劑。其貪者則取之於民，以肥私橐（ㄊㄨㄛˊ，袋子，此指私人口袋），而省中巧宦且以臺灣為金穴矣。雍正以後，拓地漸廣，增設廳縣，而物價亦起，官吏俸祿不足以贍，故有復設官莊之議。並布鹽制，歸府辦之。迨乾隆八年，增加文武養廉（文武養廉，清朝官員於正俸外加給的一種收入），歲出為之驟多。五十一年林爽文之役，用兵逾年，耗財甚巨。及平，尚存兵餉五十餘萬兩。大將軍福康安奏設隆恩官莊，購置田園，徵收租息，以為班兵賞恤之資。又有叛產（叛產，因反叛朝廷而被官府查封充公的財產，詳見〈田賦志〉）數萬石，似可以彌其缺。然多為武弁所吞沒，故臺灣財政猶未裕也。蔡牽之亂，商船多損，貿易遏絕，官民咸受其困。夫臺灣土產，米糖為巨。米糖不能出口，則商務停滯，而農業衰頹，業戶因之而貧，官斯土者亦不能有所沾潤，此其所以交困也。續以英人之役，俶擾（俶音ㄔㄨˋ。俶擾，騷擾）頻年，防洋經費數十萬兩，道府兩庫以是漸罄。然臺灣每有大繇（ㄧㄠˊ，即「徭」，勞役）役，輒由紳富捐輸，急公樂義，故政府亦不致拮据。

道光三十年，兵備道徐宗幹以臺灣財政困難，須謀補救，乃以籌議備貯書上之督撫。其言曰：「自古官有餘俸，而後可以講吏治；即無餘而非不足，尚可責備也。民有恆產，而後可以講風俗；即無產而得以謀生，尚可措理也。唯日不足，而萬無不足之時，其臺灣之官乎？不能謀生，而萬無生之理，其臺灣之民乎？其不足也，皆自至足來也。其謀生之難也，皆自謀生之易致之也。府有叛租（叛租，抄封的官租）、有鹽課，廳有口費，縣有正供、有雜稅，皆有羨餘也，皆有津貼也。倉有餘粟，庫有餘帑，民有餘錢，商有餘貨，昔之官於此者，皆公私綽綽然。加以存項充牣（ㄖㄣˋ，充足），無慮支絀，故至今無不以為臺地之勝於內地，信而有徵。履其地而後知十年前之不如二十年前也，五年前之不如十年前也，一、二年內之不如五、六年前也。其故安在？兩言以蔽之：曰銀日少，穀日多。銀何以日少？洋烟愈甚也。穀何以日多？洋米愈賤也。他郡縣猶或可以補救。臺地居海中，既無去路，又無來路。他郡縣不過曰穀賤傷農，與其穀貴而有損於貧民，不如穀賤而有損於富民。臺民則無業者十之七，皆仰食於富民。富民貧，貧民益貧，而官亦因之而貧。府中叛產每年額徵洋八萬餘圓，皆糴（ㄉㄧˊ，買入穀物）穀完納。今易穀十石纔五、六圓，而額完且多在十圓以上，民間正供少亦在二十圓以內，設法墊納。以昔之有餘，補今日之不足，亦未為苦也。乃逾一年而賤，逾二、三年而更賤，向來承辦之殷戶，今皆紛紛稟退，懇求查抄，以延餘喘。此難之在民者，於昔日至足，而今日至不足也。府庫積欠歷年，統計叛租墊二十餘萬，鹽課欠十餘萬，營中官租欠六萬零。司中按年照額劃扣，庫中按年挪款墊支。此外生息之款，及應由廳縣歸補而未解者，尚有二十餘萬。正供與叛租情形相同，辦公日形竭蹶。是以司庫已扣而府庫未收者，愈積愈多。無怪同任初接交代存庫數十萬，至今日而一空。此難之在官者，昔日至足，而今日至不足也。叛租既不足，尚有鹽項，此向來府中之出息也。乃鹽戶又不能支持。問其故，則以私鹽之日多也。私鹽之所以日多，則以穀價日賤，富民不能養貧民，貧民無所傭趁，無所挑負，而私販餬口也。禁之過嚴，緝之過猛，將趨而為盜矣。往年商船流通，地方繁富，鮮有饑寒者，故窮民無不以臺為退步。今則不然；懦者為道饉餓死，強者犯法以苟免。昔無恆業，而寄居求食，便於自贍；今無生路，而惰游已慣，不耐勞苦。此謀生之難，皆自謀生之易致之也。夫生財之道，不外開其源、節其流。臺地無源可開，但通其流而源自裕。米穀不通，日積日多。望豐年乎，賤更甚矣；抑待歉年乎，賤如故也。蓋由內地食洋米而不食臺米也。不食臺米，則臺米無去處，而無內渡之米船。無內渡之米船，即無外來之貨船。往年春夏外來洋圓數十萬，今則來者寥寥，已數月無廈口商船矣。各廳縣雖有海口，幾成虛設。然無來亦無去，猶可也；而煙土之禁，不弛而弛。即以每人每日約計之，須銀二錢。就臺地貴賤貧富良莠男女約略喫煙者，不下數十萬人。以五十萬計之，每日即耗銀十萬兩矣。此有去之日，無來之日，業數十餘年矣，安得而不窮且盜乎？穀多而銀不缺，銀少而穀易銷，尚可苟延。二者夾攻，其何以堪？且穀已賤或有可貴之日，銀已貴萬無再賤之時。則以洋夷之殖本愈厚，而牟利愈巧也。臺商之貨，糖為主，今聞夷亦販糖矣。臺商困，則臺民敝；臺民敝，則臺吏窮。夫事有便於官而不便於民，或便於民而不便於官，而今則官民皆淪胥以敗。奚暇講吏治哉？奚暇講風俗哉？現存備貯道庫十萬兩，府庫截至夏季止，僅存三萬餘兩。秋餉尚敷，冬季已須別為籌墊。然非有叛租、鹽課等項之羨餘，無可墊也。各處內地劃餉，而由府轉劃者，兵丁不能嗷嗷以待，又須別為設措。然亦非叛租、鹽課等項之羨餘所可措也。此兩項同任未征完及外欠者，將五十餘萬；近年征而未完、欠而未繳者，又將十餘萬。承辦者求退、求查抄之不暇，比追豈能如數？則欲墊而無可墊，欲措而無可措。所恃者道庫之十餘萬兩，例不准無事擅動。然府中既無所籌應，海外兵餉攸關，不得不移借應之。及來年大餉到臺，提還後，所存又無幾。今年冬餉不敷，來年秋餉不敷，後年春、夏餉亦不敷矣。地方殷富之時，干戈尚且屢起。窮蹙（ㄘㄨˋ，窘迫）至此，尤可寒心。萬一偶有蠢動，道庫所存無多也，府庫懸罄也，紳商大半皆破落戶也，智如諸葛，勇如武穆（岳飛），亦束手而無可如何。是非早為綢繆，大為更張，將有坐視其一潰而不可復振者。議者或請減兵額以節餉，曰：止見兵來擾民，未見兵去殺賊。減之似非防患之道，而實所以去患。兵不擾民，民必不亂。宋范鎮所謂憂不在四夷，而在冗兵與窮民也。此一說也。或請籌公費以養吏，曰：於正供劃出，如昔年耗羨（地方官徵收稅金時，會以運送等因素有耗損為由多徵銀兩）歸官，俾得辦公有資。當此國用短絀之秋，尚為官吏計養贍，亦愚且誣矣。然臺地縣官無漕餘（藉漕運而耗羨的盈餘）也，無陋規也，地方紳商無通融借貸也，止有正供之羨，而正供之難征如此。加以兵穀半折等項，按年全數劃扣而後收，總不能清款，並有僅完至六、七分以上者，賠貼從何而來？全臺攤款已十九萬有奇，又從何彌補？即如幕丁之資費，僚友之應酬，眷口之食用，究出於何項乎？賢者虧挪耳，不肖者即不至簠簋不飭（簠簋音ㄈㄨˇ ㄍㄨㄟˇ。簠簋不飭，為官不廉），唯望辦軍需耳。是唯恐不亂也。窮生貪，貪生酷，酷以濟貪，終亦未有不亂者。即唯正之供，民間已有敲骨吸髓之苦。從前臺地郭光侯、洪協因抗糧激成巨獄，尚在殷實之時；今則禍變更易，人心散而盜賊起，所耗於國家者不可以數計。何如先為籌其餼廩（ㄒㄧˋ ㄌㄧㄣˇ，糧食），似費而所省實多。元崔彧（ㄩˋ）曰：『百官月俸不能副養贍之資，難責以廉勤之操。』宜議者增俸鈔民必受恩惠。其有以貪抵罪，又復何辭？此又一說也。或請減糧賦以安民，曰：額賦不能求減。每十石一車，減價收洋十圓上下。其軍餉不敷者，由內地另為籌撥，則民氣大舒，而官無掣肘，始可責其盡心以治民。為此說者，亦知其不可而強為之詞也。然其說似迂，而實為切要之計。明吳甘來曰：『所慮兵聞賊而逃，民見賊而喜，恐非無餉之患，而無民之患。宜急輕賦稅，收人心。』其跡似損，而所益實大。此又一說也。總之，臺地之難，難於孤懸海外，非內地輔車相依（輔車相依，關係密切，相互依存）可比。諺云：『三年一小反，五年一大反。』豈真氣數使然也耶？天地所生以養人者，止有此數。財用有去無來，流民有來無去，欲不擾攘而不能。如咫尺之地，四面皆水，蒿莠叢生，其勢不能相容，非斬刈之，則焚燒之，理勢固然也。為今之計，先其急者。司庫有應發還府庫之項，籌撥若干，以為備貯；或以後扣劃，少為變通；使常變皆有所恃而無恐，即一切支墊亦易於轉運，而不至坐受其困。仍取責欠之有著者，設法追補，兼採眾論之可行者，次第圖維。臺人有云，萬不能斷洋煙，不得已本地聽其種煙，而銀兩或不至外出也；萬不能絕洋米，不得已內地所附近各省均辦採買，而米穀或可以流通也；皆言之易，而行之艱也。朱子所謂『大勢如人身重病，內自腹心，外達四肢，無一毛一髮不受病者。』臺地先設法備貯府庫，殆如奄奄待斃者，進之以參苓，姑延一息耳。近日么麼（么麼，貶詞，小東西）海賊，洋面劫掠，不久即去，而僱備商艘，籌給舟師口糧，已覺摒擋之難。設有大憝（ㄉㄨㄟˋ。大憝，罪大惡極）如曩日朱、蔡（朱濆、蔡牽）者，其若之何？嗚乎！敗壞至此，非一朝一夕之故，其所由來者漸矣。大約元氣之大傷，由於歷年疊次豎旗分類，而又繼以夷氛之擾。其一切逋欠之積重難返也，亦以近年官斯土者，衰病已久也。前官去者去、亡者亡，後人欲求近功速效而不能，悠悠忽忽，文恬武熙，苟安目前，得過且過，而病根日深。不發則已，發則不可問。知而不言，其咎益重。嘗讀雍正年間陝西潘總戎疏（潘之善，於雍正四年任陝西西安總兵，上〈陳沙州夷務疏〉）云：『地方事宜有可設法措置者，以錢糧為重，而斷不肯耗費於無用之地。若地方及營伍事宜，有必用錢糧始得謐安，當以地方為重，而斷不敢博節省之名。』是以不揣狂吠，激切上陳，無任干冒悚惶之至。一為府庫稍輕籌墊也：府中經征叛產，多在嘉、彰兩縣。自道光二十五年風災案內呈報水衝沙壓者不可勝計。勘驗清丈，分別是否堪以墾復，一時未及詳辦，佃戶拖欠有因，而司庫則已全劃，營餉即須全支，佃首不能墊納，府中不得籌款以應，以致日形支絀。可否將加餉六萬四千兩，除叛租征收五萬四千兩儘數支除並鹽課項下撥給一萬而外，再行加撥一萬餘兩，減鹽課應劃之額，以補叛產短征之數？臺地鹽販欠課，與內地鹽商倒懸簽額無二，現在難於瀆求者，以租產先其所亟，而亦知更張之未易也。一為廳員稍輕賠累也：廳員承辦配運，商船日見其少，每屆奏銷，即須由官僱運。鹿口向運本色，船儎（ㄗㄞˋ，運載的貨物）之加貼，盤量之所耗，友丁押運之修伙（薪津伙食），皆在其次；風濤之險，一船失事，則數千圓去矣；盤穀之費，一船上倉，又數百圓去矣。臺、淡二口向俱賷（ㄐㄧ，通「齎」，持）價赴買，而收穀者以穀非臺產不肯盤收，於是私自議折，每十石自十八、九圓至二十二圓為止。縣交一三，餘俱廳貼。淡口並有收本色而交折價者，其賠貼尤重。可否將僱運之事，議一定章，或交穀而酌加倉費，或折價而按照時值？此為非內地收穀廳縣裁減規費，實由船少短配，逼於無可如何。盡歸海外口員賠貼，似未足以示平允也。一為各縣屬庫稍輕籌墊也：縣征正供，皆以為每石折收銀二圓二角，並不為少。而供穀最多之臺灣縣，已僅收二圓，蘭、淡則本收一圓八角。經胥工伙食等項均出其中，即隨征之耗羨、各項之案費亦出其中。其買米給兵，買穀配運，穀價既賤，非無羨餘；而應買米穀，祇十分之三，所餘無幾。僱運則須一三交價，眷穀半折則須一四劃餉。而所收正供中之營租、學租、叛產等項則每石僅折納一圓。又勳業、官租、書院、寺廟等租，均折納一圓二角不等。是名為有餘，而實則不足。所劃、所運、所給，俱應年清年款，方能抵兌。當此民力凋敝之時，彰化至多收七分，淡、蘭、臺、嘉至多收八分，唯鳳山可收至九分，而各項支應不容稍短。是以地方一切公事，有不暇兼顧者。可否將眷穀、半折兩項量為減價，援內地部定例價每石七錢八分之數，照額劃扣？蓋兵祇領穀，近年米價大賤，按二穀一米，每石已得銀一兩五錢六分。銀價大貴，每石已得錢三千二百餘文。在內地足敷買給，似無用每石二兩折錢四千二百餘文之多也。以上姑為目前補救之計，府、廳、縣辦公稍裕，始得盡心於地方公事。即如防冬緝匪、稽查海口，一切須有餘資，乃能應手。而催科聽斷中，不失撫字之道，庶幾海外蒼生，陰受其福，或可望其日久相安，不至生事。若徒恃兵刑，是遏其流而非清其源；且有事以後，必至糜（虛糜、浪費）帑（ㄊㄤˇ，國有錢財）殃民。幸而安定，隱患終在。更可慮者，即使地方無事，萬一兵丁餉項支給不及，尤難約束。昔人所謂兵數不抽，軍餉不減；食既不足，眾何以安？不安之中，何事不有也？今如期支放，近日雖稍形斂戢（ㄐㄧˊ，收斂止息），而間有串通匪徒。攘奪之時，餉項再不能隨時應付，尚可問耶？至道署精兵之經費，船工之賠墊，以各前任捐攤，每年須五、六千兩，此職道己事，不敢嘵瀆（嘵音ㄒㄧㄠ。嘵瀆，嘵嘵狂瀆，無止盡的吵鬧）。唯各屬情形，為全臺休戚所關，既有所見，不敢不據實直陳。為保全地方起見，非謂見好屬員，輕議紛更，喜事多言，上煩廑念（廑音ㄐㄧㄣˇ。廑念，殷切關懷）也。此心無他，諒蒙涵鑒。」於是督撫議奏，歲由福建協濟，財政稍裕，而官民亦相安無事矣。

臺灣之錢，多自各省運來。舊《志》引《海東札記》，謂臺地多用宋錢，如太平、元祐、天禧、至道等年號，錢質小薄，千文貫之，長不盈尺。相傳初闢時，土中掘出古錢千百甕，或云來自粵東海舶。余往北路，家僮於笨港海泥中，得古錢數百，肉好深翠，古色奇玩。乃知從前互市，未必不取道此間，畢竟邈與世絕矣。按笨港古名北港，為宋時海舶通商之口。顏、鄭（顏思齊、鄭芝龍）入臺，亦由此道。故《府志》有臺灣一名北港之言也。惜其所稱古錢，不載年號，漢歟？唐歟？將近代歟？其詳不可知已。永曆二十八年夏，延平郡王經命兵都事李德赴日本，鑄永曆錢。而日本以與鄭氏有婚姻之好，歲以寬永錢相餽。其後人多鎔之，以作鐘鼎之器，至今始絕少也。當是時，海舶通商於西南洋者，絡繹於道，故錢貨多隨商務以來，而呂宋銀尤夥。是為西班牙政府所鑄，面畫王象，則臺人所稱「佛銀」者也，重六錢八分，市上貿易以此為準。三十七年，臺灣改隸，始用清廷制錢。而納稅者以紋銀，權以兩。然銀有爐火之耗，有貼水之費。凡納洋銀者，每兩例加四錢。然後以元寶解省，藏藩庫。臺有所需，乃請而發用焉。鎔鑄之繁，押運之緩，奸吏上下其手，藉飽私肥，而市井之流滯不計也。

初，清廷詔禁前代舊錢。諸羅知縣季麒光上書大吏，略謂：「臺灣民番雜處，家無百金之產。各社番人，不識銀等。其所買賣，不過尺布、升鹽、斗粟、斤肉。若將舊錢驟禁，勢必野絕肩挑，市無收販。煢煢（ㄑㄩㄥ，孤單無依）小民，實所難堪。竊思功令不得不遵，而民情不容不恤。查漳、泉等處，尚有老錢金錢，未盡革除。況臺灣兩隔重洋，實非內地可比。古者一道同風，必俟三年。今臺灣聲教雖通，而耳目未盡改觀，性情未盡孚感，又非如鄭氏之時，興販各洋，以滋其利。若一旦禁革，不特分釐出入，輕重難平；且使從前之錢，竟歸無用，民番益貧而困。敢請俯順輿情，暫行通用。新鑄之錢源源而來，則舊錢不禁而自絕矣。」已而內閣學士徐乾學亦奏言：「閩處嶺外，聽民兼用舊錢為便。」從之，乃罷其禁。

康熙二十七年，福建巡撫奏請臺灣就地鑄錢。部頒錢模，文曰「康熙通寶」，陰畫「臺」字以為別。當是時，天下殷富，各省多即山鑄錢。唯臺錢略小，每貫不及六斤，故不行於內地。商旅得錢，必降價易銀歸。鑄日多而錢日賤，銀一兩至值錢三、四千。而給兵餉者，定例銀七錢三，兵、民皆弗便。市上貿易，每生事。總兵殷化行屢請停鑄，當事者不從。及調鎮襄陽，入覲，力言臺錢之害。旨下福建督撫議奏。三十一年，始停鑄焉。乾隆四年，省中以臺灣錢貴殊常。從前通用小錢，每三文僅值內地制錢二文，而番銀一兩，前易小錢一千五百文，近祇八百餘文。兵民交困。議將收存黃銅器皿八萬餘斤，先於省城開鑄萬貫，儘數運往，以充搭放班兵月餉。至福建鼓鑄之處，另行籌議。翌年，巡撫王士任奏請採買滇銅二十萬斤，照鼓鑄青錢之例，添辦白鉛、黑鉛、點錫，合為四十萬斤，在省開鑄，陰畫滿文「寶福」二字。先後計鑄四萬八千餘貫，以時運至臺灣，流衍市上。而海船自天津、寧波運入者，歲率數十萬貫，每銀一圓易錢二千，物價亦平。米一斗二百，肉一斤四十，生計豐裕，兵革不生。閩、粵之氓（庶民）先後而至，拓地遠及兩鄙。其後乃稍凌夷焉。物盛而衰，固其所也。

咸豐三年林恭之變，攻圍郡治，塘報（向上傳報的文書）時絕，藩餉不至，而府庫存元寶數十萬兩，滯重不易行，乃為權宜之策，召匠鼓鑄，為銀三種：曰「壽星」，曰「花籃」，曰「劍秤」，各就其形以名，重六錢八分，銀面有文如其重，又有「府庫」二字，所以別洋銀也。是為臺灣自鑄之銀。又銷（溶解）舊炮鑄錢，文曰「咸豐通寶」，有值千、值百、值十三種，發資軍餉，略得支持。事後乃少用焉。

八年，許開臺灣為互市。自是西人歲至，設關徵稅，百貨釐金（釐金，稅金）次第舉辦，入款漸多。然關稅歸福州將軍監督，統併南、廈兩口奏銷（奏銷，清代各州縣每年將錢糧徵收的實數報部奏聞）。而釐金初亦不過數萬元而已。當是時，各國貿易，各以其銀。唯香港銀為盛，重七錢二分；次為墨西哥銀，亦重七錢二分。流衍遍及內地，反奪元寶之利。

同治元年，彰化戴潮春起事，北路俱亂。兵備道洪毓琛駐郡籌防，協款未至。請兵請餉，日不暇給。乃向德記洋行借款十五萬兩，約以關稅抵還。不足，又行鈔票。臺灣之借外債始於此。十三年牡丹之役，福建船政大臣沈葆楨視師臺灣。及平，開山撫番，折疆增吏，經費浩繁。奏請臺灣關稅、釐金等儘數截留，以充防務。然猶慮不足，並請以閩海關四成洋稅，撥付二十萬兩，每年湊足八十萬兩，撥交臺灣，以資經畫。奉旨允准。蓋以臺灣孤立海上，為東南七省藩籬，列強環視，爭思染指，固不得如前之閉關自守也。夫欲防外侮，必張內力；欲張內力，必籌財政。築炮臺，練防軍，固為抵禦之具，而興農造士，移民殖邊，以大啟利源，尤為富強之基。故葆楨之汲汲於善後，則其逐逐於創始也。

初，臺灣徵收雜稅，分為水、陸兩餉，歲入不過五千餘兩。而名目瑣碎，影射牽連，輸於官者十，取於民者百，猾胥（ㄏㄨㄚˊ ㄒㄩ，貪財、狡猾的小官吏）土豪，夤緣（夤音ㄧㄣˊ。夤緣，攀附）為利。光緒三年，巡撫丁日昌奏請豁免，臺人頌焉。法人之役，兵備道劉璈（ㄠˊ）治軍臺南，分全臺為五路，駐兵二萬，月需餉銀十二、三萬兩，加以採辦軍器、購用輪船、添造營壘，歲共需銀二百萬兩。是時道庫存款百萬兩，府庫亦五十餘萬兩，全臺正供之外，關稅、釐金、鹽課、阿片歲收約八十六、七萬兩，欲為一年軍費，已苦不足；而福建協濟又未能照數解至。璈以防務緊急，措置為難，稟請督撫，飭（令）善後局預籌，按月指撥，或奏請江西、湖北兩省，以關稅、鹽課月撥十萬兩，以協臺餉，亦為保衛海疆之計。不從。已而法軍來伐，南北封口，詔以「基隆要地，不容法兵久據。臺灣銀米尚未缺乏，且多富戶豪民，尤應切實激勵。如紳民中有能糾義逐法者，朝廷破格施恩，不惜爵賞。劉銘傳向有謀略，著即隨機應變，迅速籌辦。捐餉者從優給獎。總期兵民合一，以紓廑系（朝廷的關懷）。」防務大臣劉銘傳即定捐、借兩法，飭璈辦之。璈以臺灣軍餉先以十個月計之，需銀二百萬兩。全臺各縣，彰化最廣，殷戶較多，應派四十萬兩；淡水、嘉義次之，各三十萬；鳳山、臺灣、新竹、宜蘭又次之，各二十萬；澎湖地瘠，恆春新建，均免派。南北兩郡郊商各十萬，分為十月勻繳。凡家資萬兩者，以五釐計，應捐五百兩，由地方官先給印票，俟奉部章，由官給予實收，從優獎敘。而借者以一分計，應一千兩，亦由官給予印單，定以一年歸還。逾期不歸，逐月加息五釐。俟款到後，本息核還。其家資不及一萬兩者，暫免捐借。捐借之單為三連票，編列號數，由道蓋印，轉發府、縣加印。以一聯給與銀戶，其一存縣，一則送府，彙報備查。臺屬連年豐稔（ㄖㄣˇ，收成），米穀甚多，現在封港，貨銀兩滯，捐借之款，應准八成繳銀、二成繳米。繳米之法，以上白米為率，糙米照加一成，按該屬時價折銀，各就近防米舖具票繳納。官中發餉，搭放二成，由營自向米舖支取。是為臺灣籌辦內債之法。璈以捐借之款，擬行鈔票，即以派辦殷紳，開辦銀號。印訂三聯票式，自行編號，先蓋圖章，送縣加印。左右票根，一存縣案，一存本號，以便核對，而中票行用。銀票分為一圓、五圓，錢票以五百文為率。各縣徵解正供、鹽課、稅釐，均准繳納，民間亦一律通行。如某戶捐借者，至期乏銀繳納，許以田房印契胎押，悉照契面借與五成，月息六釐，多至一分二釐。三年取贖。凡銀號家資十萬以上者，准發鈔票五萬；資愈多票亦愈多。如家資不及十萬，及由非官指名出示者，不得開設。銀號票銀如逢短促，准向道、府、縣三庫暫借接濟。初借歸清，始許續借。出入皆行息五釐。至民間通行銀票，出入均照各省行規，稟縣示遵。是為臺灣行用鈔票之法。

先是內閣學士陳寶琛奏陳持久之策，有議借民債一條。總理衙門議駁，奉旨通飭，故不得行。其時淡水林維源先捐二十萬兩，各屬紳富亦慷慨報效，故防務之中，兵餉得以無缺。軍事稍敉（ㄇㄧˇ，安撫），銘傳任福建巡撫，奏陳設防、練兵、清賦、撫番四事。及建省議成，十二年四月，復與福建總督楊昌濬奏陳改設事宜。略謂：「臺灣為南洋七省藩籬，整頓海防，百廢俱舉。加以改設行省，經費浩繁。如澎湖一島辦防，需銀八十萬兩。業經先後奏請，飭部指撥。此外辦防、製械、設電、添官、分治、招墾、撫番，在在均關緊要。至建立省城衙署壇廟各項工程，雖不妨稍緩，然既已分省，亦不能不次第舉辦。臺地防營除裁撤外，尚存三十五營，分布沿海二千餘里，勢難再減。臣等悉心籌畫，擬由閩海關本年照舊協銀二十萬兩，經臣銘傳咨請署福州將軍古尼音布，嗣後由廈關徑撥解臺。其閩省各庫局，無論如何為難，每年按限協銀二十四萬兩，陸續籌解。並請旨飭下粵海、江海、浙海、九江、江漢五關，每年協銀三十六萬兩，共成八十萬兩，以五年為度。統計閩省及閩海關所協四十四萬兩，合之臺地歲入百萬兩，專為防軍月餉之需。其五關每歲各協七萬餘兩，尚屬輕而易舉，而臺事稍得藉手，庶不致盡託空言。仍求朝廷寬以時日，容臣銘傳分別緩急輕重，次第舉辦。現已奏明清理田賦，並隨地隨事，力求整飭，變私為公。如三、五年後，能照部議，以臺地自有之財，供臺地之用，即當奏請停止協款。一切改設事宜，清單內有未核裁者，容臣等續行奏咨辦理。」當是時，全臺入款歲祇一百十餘萬兩，而地丁稅餉供粟餘租官莊叛產耗羨共有十八萬六千六百六十六兩有奇（ㄐㄧ，餘）。臺灣上田甲天下，而供賦如此之少，則以清廷有永不加賦之諭，新墾田園多未徵租，而各地官業又多中飽，未能涓滴歸公也。銘傳深知其弊，故整理財政，則以清賦為始。隱匿者揭報，開墾者陞科（陞科，又作「升科」，開墾田地滿一定年限後，比照普通田地收賦）。於是課額增為五十一萬一千九百六十九兩餘，隨征補水、秤餘十二萬八千二百四十六兩，加以官莊租額三萬三千六百五十七兩，共徵六十七萬四千四百六十八兩，較舊溢有四十九萬一千五百零二兩。除補水、秤餘以充各項津貼，歲實增收三十六萬三千三百四十九兩，而後可以經營新政也。

初建省之時，奏設布政使下置布庫大使一名，兼理臺灣徵收地丁稅餉等款。吏部議准。以各屬徵收及營兵糧餉，統歸布政使，案照福建舊制核明詳辦，內地布政使無庸會奏。乃設支應、善後兩局於臺北，由布政使管之。而海關事務，照浙江之例，亦歸巡撫就近監督。十三年，奏准每三個月造報一次。臺灣財政至是稍平，而銘傳乃得展布矣。築鐵路，購輪船，闢商場，通郵傳，設學堂，行保甲，製軍器，籌邊防，勸農桑，振工藝，凡百新政，次第舉行。又以外幣紛入，制錢日亡，鄉曲細民，每以小錢之故，攘臂（攘音ㄖㄤˊ。攘臂，激動）相爭，怒起械鬥，殺人罷市，層見疊聞。有司雖歲時示禁，數月而弛。圜法（圜音ㄏㄨㄢˊ。圜法，幣制）之亂，莫此為甚。乃議籌自鑄，飭通商局辦之。十六年，向德國購入機器，設官銀局於臺北，以候補知府督辦。先鑄副幣，面畫龍文，重七分二釐，歲鑄數十萬圓，南北各通用焉。

十七年春三月，邵友濂任巡撫，新政皆罷，而臺灣之生機一挫矣。當是時，海關洋稅歲入五十餘萬兩，洋藥釐金二十萬兩，百貨釐金七萬餘兩，茶釐十三萬餘兩，鹽課十二萬餘兩，腦磺餘利四萬餘兩，兼以正供官莊三十六萬餘兩，計為一百四十二萬餘兩。而福建協餉四十四萬兩，至是停止。於是出款不敷三十餘萬兩。使得竭力整頓，足以彌縫，而友濂乃自畏多事，甘心保守，其足以阻臺灣之進步者大矣。是年，友濂奏請於藩庫地糧項下，除額支外，歲撥臺防經費二十萬兩。倘能再有盈餘，每年奏銷之時，截數報部，專款封留，以備海防有事之用。詔曰：「可。」

先是銘傳在時，部議以臺灣財政漸裕，飭歲解京餉五萬兩。奏准於百貨釐金項下撥付。自十六年起，匯交海軍衙門。嗣接北洋大臣李鴻章來咨，以奏辦關東鐵路，令解天津。而部咨不許開支補水，飭將應解之款，改於地糧項下，按年提解。其已經解者，亦於地糧提還。是為臺灣協濟中央之款。

二十年，臺灣有事，募兵購械，需費頗巨。已而布告自主，設籌防局，各省亦多協濟。臺北既破，劉永福駐南治軍，設官票局於府治，以郊商莊明德辦之。權發銀票，凡三種，為一圓、五圓、十圓。票長九寸二分，闊五寸二分，為三聯式，一存知府，一存局中，而一為用，上列號數及年月日，鈐蓋臺灣總兵、臺南知府及辦理全臺防務總局之印，又有民主國之章。流行市上，衆咸用之。既又發行股份票，則公債也，名曰安全公司。票式鈐印，與銀票同，分為一圓、五圓、十圓。俟克復後，付息三倍，一時頗多派購，藉助餉源。是為臺灣軍事公債。乃未幾而嘉、鳳俱沒，永福宵遁，戎馬倥傯（ㄎㄨㄥˇ ㄗㄨㄥˇ。戎馬倥傯，軍務迫切），檔案盡失，臺灣財政遂不能詳，而僅於故紙中約略得之，具如表。

臺灣縣歲入表（乾隆二十年，據《臺灣府志》）

項目	款數
正供	一萬五千三百五兩四錢（供穀五萬一千十八石餘，每石折銀三錢）
丁銀	六百八十一兩五錢五分四釐
番餉	七十三兩
陸餉	二千三十兩七錢九分九釐
水餉	一千三百十四兩二錢五釐
官莊	一千四百八十六兩一錢九分二釐
鹽課	七百五十六兩一錢四分三釐
計款二萬一千六百四十七兩二錢八分三釐	

臺灣縣歲出表（乾隆二十年，據《臺灣府志》）

項目	款數
分巡道俸銀	六十二兩四分四釐
分巡道衙役	六十八兩二錢

項目	款數
舖兵二名	十二兩四錢
知府俸銀	六十二兩四分四釐
知府衙役	二百二十九兩四錢
同知俸銀	四十二兩五錢五分六釐
同知衙役	一百零五兩四錢
府經歷俸銀	二十四兩二錢二釐
經歷衙役	三十一兩
府儒學教授訓導	八十五兩
府廩生二十名	五十七兩八錢六分六釐
膳　夫	十三兩三錢三分三釐
本縣知縣俸薪	四十五兩
縣衙役	三百零三兩八錢
舖司兵	一百零八兩三錢三分三釐
新港舖司番	二十八兩二錢七分二釐
縣丞俸薪	四十兩
又衙役民壯	八十六兩八錢
縣儒學教諭訓導	八十兩
廩生十名	二十八兩九錢三分三釐
齋膳夫門斗	五十三兩五錢三分三釐

項目	款數
典史俸薪	三十一兩五錢二分
又衙役民壯	六十二兩
新港巡檢俸薪	三十一兩五錢二分
又衙役弓兵	五十一兩二錢六分
兩察院吏役	六十八兩二錢
府縣聖廟香燈費	五兩四分
祀典費	一百九十六兩二錢
鄉飲費	十五兩三分
拜賀費	六錢
祈禱費	三兩
壇廟修理費	四十兩
新中舉人旗匾年額	一兩三錢三分三釐
會試舉人盤費年額	三十兩
進士旗匾年額	二兩
府縣歲貢生旗匾年額	三兩七錢五分
存恤孤貧費	二百六十兩六錢二分六釐
囚犯口糧	三十兩
計款二千三百七十四兩八錢四分六釐	

鳳山縣歲入表（乾隆二十年，據《臺灣府志》）

項目	款數
正供	一萬三千一百五十三兩五錢（供穀四萬五千八百四十五石餘，每石折銀三錢）
丁銀	七百九兩四分五釐
番餉	五百五十一兩三錢八分二釐
陸餉	五百七十三兩八錢
水餉	一千四十六兩五錢三分二釐
官莊	九千三百三十二兩九錢六分七釐
鹽課	一千六百八十兩
計款二萬七千四十七兩二錢二分六釐	

鳳山縣歲出表（乾隆二十年，據《臺灣府志》）

項目	款數
分巡道薪湊銀	四十二兩九錢五分六釐
分巡道衙役	一百六十一兩二錢
知府薪湊銀	四十二兩九錢五分六釐
知府衙役	二十四兩八錢
府經歷民壯	四十九兩六錢
府儒學齋夫	十二兩四錢
本縣知縣俸薪	五十兩

項目	款數
縣衙役	三百零三兩八錢
舖司兵	一百九十七兩九錢四釐
縣丞俸銀	四十兩
又衙役民壯	八十六兩八錢
典史俸薪	三十一兩五錢二分
又衙役民壯	八十二兩
縣儒學教諭訓導	八十兩
廩生十名	二十八兩九錢三分三釐
齋膳夫門斗	五十兩五錢三分三釐
下淡水巡檢俸薪	三十一兩五錢二分
又衙役弓兵	四十五兩二錢六分
兩祭院吏役	六十八兩二錢
聖廟香燈費	二兩五錢二分
祀典費	一百六十二兩
拜賀費	六錢
祈禱費	一兩二錢
鄉飲費	六兩
壇廟修理費	十一兩三錢五分七釐
新中舉人旗匾年額	一兩三錢三分三釐

項目	款數
會試舉人盤費年額	三十兩
進士旗匾年額	二兩
歲貢生旗匾年額	一兩二錢五分
存恤孤貧費	二百七十八兩五錢二釐
囚犯口糧	二十兩
計款一千九百二十兩七錢五分一釐	

諸羅縣歲入表（乾隆二十年，據《臺灣府志》）

項目	款數
正供	一萬四千四百二十八兩八錢（供穀四萬八千九百九十六石餘，每石折銀三錢）
丁銀	一千二十九兩八錢三分九釐
番餉	二百十八兩三錢二分
陸餉	一千二百六十二兩九錢
水餉	七百八十兩七釐
官莊	一萬八千八百八十八兩二錢一釐
計款三萬六千六百八兩六錢七釐	

諸羅縣歲出表（乾隆二十年，據《臺灣府志》）

項目	款數
同知薪湊銀	三十七兩四錢四分四釐
同知衙役	七十四兩四錢
知府衙役	一百九十三兩四錢
府經歷俸銀	十五兩七錢九分八釐
府經歷衙役	六兩二錢
府儒學門斗	十八兩六錢
澎湖通判民壯	一百二十四兩
本縣知縣俸薪	四十五兩
縣衙役	三百零三兩八錢
舖司兵	二百九十六兩八錢五分六釐
縣丞俸銀	四十兩
又衙役民壯	八十六兩八錢
典史俸薪	三十一兩五錢二分
又衙役民壯	六十二兩
佳里興巡檢俸薪	三十一兩五錢二分
又衙役弓兵	四十五兩二錢六分
斗六門巡檢俸薪	三十一兩五錢二分
又衙役弓兵	四十五兩二錢六分

項目	款數
縣儒學教諭訓導	八十兩
廩生十名	二十八兩九錢三分三釐
齋膳夫門斗	五十兩五錢三分三釐
兩察院吏役	六十八兩二錢
聖廟香燈費	二兩五錢二分
祀典費	一百六十六兩
拜賀費	六錢
祈禱費	一兩二錢
鄉飲費	六兩
壇廟修理費	十一兩三錢五分七釐
新中舉人旗匾年額	一兩三錢三分三釐
會試舉人盤費年額	三十兩
進士旗匾年額	二兩
歲貢生旗匾年額	一兩二錢五分
存恤孤貧費	二百三十八兩六錢一分五釐
囚犯口糧	二十兩
計款二千一百九十七兩九錢一分六釐	

彰化縣歲入表（乾隆二十年，據《臺灣府志》）

項目	款數
正供	八千八百二十六兩九錢（供穀二萬九千四百二十三石餘，每石折銀三錢）
丁銀	一千一百三十四兩四錢六分四釐
番餉	四百六十七兩九錢二分
陸餉	四百四十八兩
水餉	二百六兩三錢四分三釐
官莊	四百七十三兩三錢六分六釐
計款一萬一千五百五十六兩九錢九分三釐	

彰化縣歲出表（乾隆二十年，據《臺灣府志》）

項目	款數
本縣知縣俸薪	四十五兩
縣衙役	三百零三兩八錢
舖司兵	一百二十七兩二錢二分四釐
縣儒學教諭訓導	八十兩
廩生十名	二十八兩九錢三分三釐
齋膳夫門斗	五十兩五錢三分三釐
典史俸薪	三十一兩五錢二分
又衙役民壯	五十二兩

項目	款數
鹿子港巡檢俸薪	三十一兩五錢二分
又衙役弓兵	四十五兩二錢六分
貓霧捒巡檢俸薪	三十一兩五錢二分
又衙役弓兵	四十五兩二錢六分
兩察院吏役	六十八兩二錢
聖廟香燈費	二兩五錢二分
祀典費	一百六十六兩
拜賀費	六錢
祈禱費	一兩二錢
鄉飲費	六兩
壇廟修理費	十一兩三錢五分七釐
新中舉人旗匾年額	一兩三錢三分三釐
會試舉人盤費年額	三十兩
進士旗匾年額	二兩
歲貢生旗匾年額	一兩二錢五分
存恤孤貧費	一百九十兩六錢九分七釐
囚犯口糧	二十兩
協濟淡水廳費	二百零三兩二分
計款一千五百七十七兩八錢三分七釐	

淡水廳歲入表（乾隆二十年，據《臺灣府志》）

項目	款數
正供	一千八十二兩一錢（供穀三千六百零七石餘，每石折銀三錢）
丁銀	一百五十七兩六錢七分三釐
番餉	二百六十六兩四錢四分
陸餉	十六兩八錢
水餉	十一兩七錢六分
計款一千五百三十四兩七錢七分三釐	

淡水廳歲出表（乾隆二十年，據《臺灣府志》）

項目	款數
同知俸薪	八十兩
同知衙役	二百零四兩六錢
舖司兵	二百十二兩四分
竹塹巡檢俸薪	三十一兩五錢二分
又衙役民壯	七十兩六分
八里坌巡檢俸薪	三十一兩五錢二分
又衙役民壯	七十兩六分
計款九百零二兩八錢八分	

澎湖廳歲入表（乾隆二十年，據《臺灣府志》）

項目	款數
正供	一百五十九兩六錢一分（地種折銀）
丁銀	一百三十四兩四錢
水餉	四百四十兩八錢六分
計款七百三十四兩八錢七分	

澎湖廳歲出表（乾隆二十年，據《臺灣府志》）

項目	款數
通判俸銀	六十兩
通判衙役	一百七十九兩八錢
祀典費	十八兩
計款二百五十七兩八錢	

噶瑪蘭廳歲入表（道光十五年，據《噶瑪蘭志略》）

項目	款數
地丁	五千五百四十三兩四錢（徵穀九千二百三十九石餘，每石折銀六錢）
耗羨	五百五十四兩三錢四分（徵穀九百二十三石九斗餘，每石折銀六錢）
餘租	一千一百八兩六錢八分（徵穀一千八百四十七石八斗）

項目	款數
鹽課盈利	一千四百七十一兩（年引七千石，每石售銀三錢三分，計二千三百十一兩，除繳引價八百四十兩，實盈此數）
計款八千六百七十七兩四錢二分	

噶瑪蘭廳歲出表（道光十五年，據《噶瑪蘭志略》）

項目	款數
通判俸銀	六十兩
又養廉	五百兩
廳衙役	三百五十一兩八錢
舖司兵	二百四十八兩八錢八分
頭圍縣丞俸銀	四十兩
又養廉	四十兩
又衙役	三十七兩二錢
又民壯	四十九兩六錢
羅東巡檢俸銀	三十一兩五錢二分
又養廉	四十兩
又衙役	五兩八錢四分
又弓兵民壯	六十四兩二錢二分
祀典費	二十兩
計款一千四百八十九兩零六分	

臺灣文官養廉表（乾隆八年頒定）

項目	款數
巡視兩察院	二千四百兩（臺、鳳、諸、彰各解四百兩，府徵鹽價八百兩）
分巡臺灣道	一千六百兩（臺、鳳各解四百兩，諸羅八百兩）
臺灣府	一千六百兩（臺、彰各解二百兩，鳳山四百兩，諸羅八百兩）
臺防廳	五百兩（鳳山解二百兩，諸羅三百兩）
淡防廳	五百兩（本廳耗羨支給一百九十八兩一錢八釐，彰化解三百零一兩八錢九分一釐）
澎糧廳	五百兩（本廳耗羨支給八十七兩五錢二分二釐，臺灣解四百十二兩四錢七分七釐）
臺灣縣	一千兩（本縣耗羨內支給）
鳳山縣	八百兩（本縣耗羨內支給）
諸羅縣	八百兩（本縣耗羨內支給）
彰化縣	八百兩（本縣耗羨內支給）
府經歷	四十兩（臺灣耗羨支給二十兩，府徵鹽價二十兩）
臺灣縣縣丞	四十兩
臺灣縣典史	四十兩（以上與經歷同）
鳳山縣縣丞	四十兩（本縣耗羨支給二十兩，府徵鹽價二十兩）
鳳山縣典史	四十兩
下淡水巡檢	四十兩（以上與縣丞同）
諸羅縣縣丞	四十兩（本縣耗羨支給二十兩，府徵鹽價二十兩）
諸羅縣典史	四十兩

項目	款數
佳里興巡檢	四十兩
斗六門巡檢	四十兩（以上與縣丞同）
彰化縣縣丞	四十兩（本縣耗羨支給二十兩，府徵鹽價二十兩）
彰化縣典史	四十兩
鹿子港巡檢	四十兩
貓霧捒巡檢	四十兩（以上與縣丞同）
淡水竹塹巡檢	四十兩（諸羅縣耗羨支給二十兩，府徵鹽價二十兩）
淡水八里坌巡檢	四十兩（同上）
右巡視御史二、道一、府一、廳三、縣四、經歷一、縣丞四、典史四、巡檢七，計款一萬一千一百四十兩。	

臺灣武官養廉表（乾隆五十年，據《臺灣府志》）

項目	款數
總兵	一千五百兩
副將	八百兩
參將	五百兩
游擊	四百兩
都司	二百六十兩
守備	二百六十兩
千總	一百二十兩

項目	款數
把總	九十兩
外委	十八兩

右總兵一、副將三、參將二、游擊六、都司三、守備十二、千總二十六、把總五十二，計款一萬九千兩。

臺灣武官俸薪表（乾隆五十年，據《臺灣府志》）

項目	款數
總兵俸銀	六十七兩
又薪湊銀	一百四十四兩
副將俸銀	五十三兩
又薪湊銀	一百四十四兩
參將俸銀	三十九兩
又薪湊銀	一百二十兩
游擊俸銀	三十九兩
又薪湊銀	一百二十兩
都司俸銀	二十七兩
又薪湊銀	七十二兩
守備俸銀	二十七兩
又薪湊銀	七十二兩
千總俸銀	十四兩

項目	款數
又薪湊銀	三十三兩
把總俸銀	十二兩
又薪湊銀	二十三兩
外委俸銀	十八兩
右總兵一、副將三、參將二、游擊六、都司三、守備十二、千總二十六、把總五十二，計款六萬六千零十兩；而外委在戰兵之內，不給薪湊銀，月給白米三斗。	

臺灣兵餉支給表（乾隆五十年，據《臺灣府志》）

項目	款數
鎮標三營兵二千七百七十名	共銀五千五百四十兩
城守營兵一千名	共銀二千兩
南路營兵一千五百名	共銀三千兩
北路三營兵二千四百名	共銀四千八百兩
淡水營兵五百名	共銀一千兩
安平水師三營兵二千五百名	共銀五千兩
澎湖水師二營兵二千名	共銀四千兩
計兵一萬二千六百七十名，共銀二萬五千三百四十兩。此外，每兵一月給米三斗，由各縣徵收正供碾放。又兵丁恤賞之款，例由官莊租息支給。	

噶瑪蘭營兵餉表（道光十五年，據《噶瑪蘭志略》；此款定由噶瑪蘭廳入款支給）

項目	款數
都司一員俸廉	四百四十九兩三錢九分四釐
守備一員俸廉	三百三十八兩七錢五釐六毫
千總二員俸廉	三百八十四兩（每員一百九十二兩）
把總二員俸廉	三百兩（每員一百五十兩）
外委四員俸廉	七十二兩（每員十八兩）
戰兵四百六十二名餉銀	八千三百十六兩（每名十八兩）
守兵二百四十名餉銀	二千八百八十兩（每名十二兩）
加　餉	三千三百五十兩四錢（每兵年加四兩八錢，除外委外，共六百九十八名）
月米折銀	三千八十六兩六錢四分（每兵月給米三斗，共七百零二名，年須二千五百七十二石二斗，每石折銀一兩二錢）
眷穀折銀	一千十兩八錢八分（每兵年給穀二石四斗，共七百零二名，須一千六百八十四石八斗，每石折銀六錢）
盤費賞恤等	一千兩
計款二萬一百九十五兩九錢九分	

臺灣勇營月餉表

營制	勇營餉額錢	練營餉額錢	屯兵營餉額錢
管帶官	五〇、〇	五〇、〇	五〇、〇
幫帶官	五〇、〇	五〇、〇	—
文案	三〇、〇	三〇、〇	二〇、〇
冊籍	二四、〇	二四、〇	二〇、〇
帳房	二四、〇	二四、〇	一二、〇
營伍幫帶	一二、〇	一二、〇	三〇、〇
哨官	九、〇	九、〇	一八、〇
哨長	六、〇	六、〇	—
書識	四、五	四、五	八、〇
親兵什長	四、八	四、八	六、八
親兵	四、五	四、五	六、五
護勇	四、五	四、五	六、五
什長	四、八	四、八	六、八
正勇	四、二	三、六	六、〇
伏勇	三、三	三、三	四、〇
長夫	三、〇	三、〇	—

建省以後歲入總表（光緒十四年至二十年）

款目	兩數
地丁實徵	五十一萬一千九百六十九兩（光緒十四年清賦之額）
補水秤餘	十二萬八千二百四十六兩（隨糧徵收）
抄封叛產	五萬六千五百兩（照舊）
官莊租息	三萬三千六百五十七兩（照舊）
隆恩租息	三千七百五十兩（歲收租穀三千七百五十石，每石折銀一兩）
城租	八千兩（歲收租穀八千石，每石折銀一兩）
學租	
陸餉	一萬兩（照舊）
水餉	一千兩（照舊）
鹽課	十三萬兩（十五年實收之額）
腦磺盈利	四十萬兩
商務局	四十萬兩（火船鐵路等款）
電報局	六萬兩
郵政局	三萬兩
煤務局	四十萬兩（十五年收入之額）
伐木局	十萬兩（十五年收入之額）
金沙局	二萬兩（十八年商辦認繳之額）
茶釐局	十四萬四千兩（十六年商辦認繳之額二十萬圓，折兩如是）

款目	兩數
海關稅鈔	九十九萬一百四十六兩（十五年收入之額）
船　鈔	五千九百二十三兩（十五年收入之額）
阿片釐金	四十四萬六千六百四十兩（十七年收入之額）
百貨釐金	七萬五千兩（此款未實）
文口規費	五千兩（十四年歸縣徵收）
武口規費	二千五百兩
福建協餉	四十四萬兩（十七年停止）
計款四百四十萬二千三百二十五兩	

譯文

林金進．注譯

連橫說：

臺灣，是天富之國，有山林與海洋的種種資源，盡收東南沿海的漁鹽貿易之利。荷蘭人得到臺灣之後，想要以此掌握通商貿易的霸權。但當時的臺灣土地尚未開發，移民也不多，一年的收入也不過十幾萬盾，所以還要仰賴荷蘭東印度公司的補貼。

延平郡王鄭成功（一六二四－一六六二）在臺灣建立政權之後，百姓皆來投奔，養精蓄銳以等待復國時機，百事俱舉。臺灣鄭氏的兵眾高達七十二鎮，假使每鎮有一千人，則這些兵眾的軍械、糧食要如何滿足需求？延平郡王推展屯田的制度，兵卒自耕自給，而不需要仰賴百姓的供養。

諮議參軍陳永華（一六三四－一六八〇）又整頓政務，對內開發臺灣，對外發展貿易。發展貿易所得的利益每年獲利數十萬圓，所以沒有財政枯竭不足的問題。

等到鄭經（一六四二－一六八一）率軍西征，軍費浩繁，運送到前方的糧米、軍餉無窮無盡，歷年來的積蓄，因此漸漸地耗盡。雖如此，也不向百姓斂財，而以王室所儲備的積蓄來支付西征的軍費。鄭氏的志向在於恢復明朝的正朔，傾盡家財來紓解國家的危難，本來就沒有自私自利的私心。武將、文臣這些功臣皆有官田可以養活自己；明朝撤退來臺灣的諸位王爺，也另外有所供應。臺灣的土地剛剛開闢，賦稅非常地輕微，所以百姓皆安居樂業，先將官府公家的事做好，才做自家的事。考察其治理國家的事務，猶保留有西周的遺法。然上天不再賜給明朝國祚，鄭氏的政權經過三代即殞落，這也是無可奈何的事！

清朝得到臺灣後，僅設置一府三縣。正供、雜稅多沿舊制，一年的收入僅八萬八千一百四十八兩，但一年的支出也只需五千六百七十四兩。

駐守臺灣的兵卒均自福建調來，自總兵下至把總，加上負責征戰、防守的兵卒，有七千四百六十人，一整年的俸祿需要四千八百五十一兩。加上福建各營所需的軍米八萬九千七百八十五石，以市價來換算爲二萬六千九百三十六兩，合計爲三萬七千四百六十一兩。以收入的款項來支應，尚有餘裕。

當時的米價非常的低廉，而銀價非常的貴，大概是今日的十倍，所以，以一個府、三個縣這麼大的轄區，其歲收的金額如此少的原因在此。臺灣的歲收除了有法定的稅額可以徵收外，尚有私款可以調度。派至臺灣的官吏，若有貪官者，則向民間募款、徵收雜稅來中飽私囊。福建省的奸巧邪詐的貪官汙吏，則把臺灣視爲金穴。

雍正以後，在臺灣所開拓的土地日漸廣闊，所以增設廳、縣來管理臺灣，然而物價亦隨之飛漲，官吏所支領的俸祿不足以養家活口，所以又再提議設置官莊，並公布製鹽的章程辦法，由官府辦理。

等到乾隆八年（一七四三），增加「文武養廉」的經費，歲出的費用突然間暴增。乾隆五十一年（一七八六），林爽文之役，朝廷用兵一年多，消耗的財貨、經費非常多。等到亂事平定，尚存有兵餉五十餘萬兩。大將軍福康安（一七五四－一七九六）奏請朝廷，將此剩餘款用來購置田園，設置隆恩官莊，召募佃農耕種，收取租金，以作爲班兵獎賞撫恤的經費。加上又有從叛黨抄沒的資產稻穀數萬石，可以彌補財政的缺口。然而，這些收入大多爲武官所侵吞，所以臺灣的財政仍不充裕。

海賊蔡牽（一七六一－一八〇九）作亂時，商船大多受損，海上的貿易阻絕，官府與民間皆受其害。臺灣所出產的商品，以稻米、蔗糖爲最大宗。臺灣所產的米、糖不能出口，則商業貿易停頓，連帶農業也受影響，墾首、商人、佃農等也因之而貧困，官府不能從中收取稅金，這就是因交通受阻、不能出口貿易的原因。

接著又有中英之役連年動盪不安（指一八四〇年鴉片戰爭開始的中英雙方衝突），海防的經費耗資數十萬兩，臺灣府、臺灣道這兩單位的公庫所積存的錢糧，漸漸耗盡。然而臺灣每有重大的建設、急須款項，往往由富商、士紳認捐。這些士紳、富商急公好義，所以臺灣的經費方不致於匱乏、困窘。

道光三十年（一八五〇），兵備道徐宗幹（一七九六—一八六六）以臺灣的財政困難，需要謀求補救之道，乃上書給閩浙總督，其內容大致爲：

自古以來官吏的俸祿除了足夠養家活口，還尚有些餘錢，才可以講求吏治清明。即使沒有餘裕，但沒有達到不足的程度，仍可以要求官吏做到完備；百姓有穩固的資產，才可以講究風俗的良善。即使沒有穩固的資產，但可以謀生，尚可以跟百姓講道理。

俸祿不足以養家活口，還未達匱乏的情形，這就是現在臺灣官吏的情形；無處可謀生，一定是無法生存的，這就是現在臺灣百姓的情形。他們雖然有不足的情形，但自己努力滿足自己的需求；他們謀生困難，他們卻努力謀生。

官，有叛租、鹽課的收入；廳，有口費；縣，有正供、雜稅，各級官府皆有盈餘，皆有津貼。倉庫有多餘的米糧，公庫有多餘的錢財，百姓有多餘的錢糧，商人有多餘的貨物，從前治理的臺灣，不論是官府、民間等等皆有餘裕。各項的錢糧、土產皆充滿倉庫，不用考慮財政不足。所以到今天，都還認爲臺灣的財政比內地好上許多，這是有根據的。

現在，到臺灣之後才知道十年前的臺灣，不如二十年前的臺灣；五年前的臺灣，不如十年前的臺灣；一、二年前的臺灣，不如五、六年前的臺灣。這是什麼原因造成的？可以用兩句話來涵蓋這現象：「銀越來越少，稻穀越來越多。」

白銀，爲何越來越少？因爲吸食鴉片的人越來越多；稻穀爲何越來越多？因爲外國的米越來越便宜，臺米滯銷。這在內地的其他郡縣，還可以有補救之道。然而臺灣位居於海洋之中，既無去路，又無來路。其他地方，只不過是穀賤傷農，與其稻穀貴讓貧窮的百姓受到傷害，不如讓稻穀便宜讓富有的人家受到損害。

臺灣沒有家業的人占了十分之七，皆需要仰賴富有人家的供養，富有人家如果變窮了，那貧窮的百姓則會更窮，而官府的稅收也會隨著縮水，財政越趨困窘。

府每年可徵收叛產洋圓八萬餘圓，皆是賣完穀物後繳納的現金。現在每十石的穀物才値洋圓五、六圓，而法定的稅賦每十石的穀物皆在十圓以上，而民間的正供也要在二十圓以內，官府、民間皆設法墊納此款項。

以從前的盈餘來補足今日之不足，也不覺得苦。乃是因穀價一年來已相當賤價，過兩、三年後穀價又更賤價，以前負責承攬租金繳納的佃首富戶，現在紛紛要求官府查抄田產、退租，以求苟延殘喘。這種困境之對於百姓，以前百姓可以富足過日子，現在則不足以養家活口。

府庫未能徵收到的稅金，歷年來統計已用叛產的租金墊付二十餘萬，該課徵的鹽稅積欠十餘萬，軍隊應上繳的官租積欠六萬餘兩。負責財政的官員按照各機關的預算來扣除這些積欠的稅金，公庫則每年挪用其他項目的經費來墊支這不足的款項。

此外，積欠稅金而衍生的利息款項，應該由廳、縣歸補，這未上繳的金額，還有二十萬。正供與叛租的情形大致雷同。該辦理徵收稅賦的公務日漸荒廢，負責財務支出的司庫已將應收入的稅賦計入帳冊中，而負責收取稅賦的府庫卻無法徵收到應徵收的額度，導致積欠越累積越多。難怪官員初交接時，前任官員仍留有數十萬的積蓄，到今日則公庫裡的錢糧已一空。這種困境出現在官員身上，從前經費非常的充裕，而今日卻非常的短缺、困窘。

法定的稅金無法收足，以叛產的租金來墊支不足之處，還可以有鹽稅來補充不足之處，這向來是府中財政調度的方法。但現在鹽稅仍無法補足財政缺口，探究這原因？則是因為私鹽日漸猖獗，影響稅收。

私鹽之所以日漸猖獗，是因為穀價日漸低賤。富有的佃首、鄉紳、商人不能養活這些無家業的貧民。貧民無處可以幫農、打工、謀生活，只好以私販私鹽來糊口謀生。官府禁止的過嚴，查緝的過緊，將讓這些貧民被迫成為盜匪。

往年商船流通，地方繁富，很少有飢餓受凍的人，所以窮苦的百姓也不會認為臺灣正在退步。現在則不然，懦弱的人餓死在道路，剛強的人違法亂紀以求苟延殘喘。

從前無穩固資產的人，寄居在富人佃首之家幫傭、幫工、幫農，還可以養活自己。現在則無處謀生、討生活，因而養成懶惰、遊玩的習慣，禁不起勞苦。這種謀生不易的困境，皆來自於過去容易謀生。

生財的方法，不外是開闢財源，節省支出。臺灣沒有新的財源可以開闢，但日常的支出卻比照之前財政充裕的年代。臺灣的米糧無法銷售出去，米糧越積越多。想等待豐年時可以解困，米價卻更便宜；或者是等待歉收的荒年，期望米價會漲，然米價依舊便宜。是因為內地食用價低的進口洋米，而不吃價高的臺灣米。內地不吃臺灣米，則臺灣所產的米無處可去，沒有運臺灣米到內地的船隻，就沒有外來的商船來臺灣。

往年春夏，外來的商船運送之貨物有數十萬洋圓之多，現在來臺灣的商船則寥寥可數，已經好幾個月沒有廈門來的商船了。臺灣各廳、縣雖然都有港口，但幾乎都成虛設之港，沒有船隻貨運之往來。

如果沒有貨物運進來，也沒有錢糧流出去，還勉強可以支撐。然而鴉片之禁令，朝廷沒有要放鬆而民間卻已放鬆。如果以每個人每天花在吸食鴉片的錢，需要紋銀二錢。以臺灣這地區吸食鴉片的人口，不分富有、貧窮、男人、女人，不下於數十萬人。如果以五十萬人來計算，每天要消耗紋銀十萬兩。這種消耗只有錢糧流出，沒有錢糧流進來，而且這吸食鴉片的現象已經持續了幾十年，怎能不窮困而淪落爲盜賊。

稻穀多而紋銀不缺，或者紋銀少而稻穀容易銷售，尚可苟延。兩者夾攻，怎能忍受。米價便宜，也許還有漲價的日子；而銀價已經高漲，卻沒有再便宜的時候。外國商人的資本越雄厚，其牟利的方式越奸巧。臺灣商人買賣的貨物，以蔗糖爲主，現聽聞外國商人也插手販賣蔗糖，如此臺灣的商人越來越困窘，則臺灣百姓的生計更凋敝。臺灣百姓的生計凋敝，則臺灣的官吏更窮。

唉！事情有方便於官府而不方便於百姓的，或有方便於百姓而不方便於官府的，而現在呢？官府與百姓皆淪落而破敗。如此，哪能講求吏治清明？哪能講求風俗淳厚善良？

現在，道庫存備有十萬兩，府庫截至夏季止僅存三萬餘兩，秋季還夠用，到了冬季時則需要另找財源來墊付這軍隊與官府的開銷。然而除非叛租、鹽課等項目還有餘裕，否則找不到其他的財源可以墊支這財政缺口。

由內地各處籌措糧餉來調度給臺灣，再由臺灣府轉給臺灣道，曠日費時。軍隊的軍餉又不能不發餉，不能讓兵卒嗷嗷以待，因此又要從別處來籌措經費。然而這缺口也無法從叛租、鹽課等項目來籌措，這兩項在任內未徵收及外欠者，將近有五十萬兩。近幾年，應該要徵收而未徵收，欠稅繳不出來的，又將要有十餘萬。承租叛產等等的嫛首富紳要求不再承租，要求查抄，官府應付這些退租、查抄都沒時間了，怎有辦法將積欠的款項如數追回？想要墊付這財政缺口，卻無款項可以墊付；想要另籌財源，卻無其他的財源可以籌措。可以憑藉倚靠的，只有道庫中的十餘萬兩，依例無戰事時不准挪用、動支。

然而臺灣府既無能力可以籌措款項，然而駐臺的士卒軍餉又攸關國防安全之大事，不得不向朝廷借款來因應這財政缺口。等到明年朝廷所撥用的軍餉、大餉到臺灣後，又須先清還之前積欠朝廷的款項，那又所剩無幾。

今年，是到冬季時的軍餉不敷使用；明年，是到秋季時的軍餉不敷使用；後年，連春季、夏季的軍餉也不敷使用。臺灣，在富裕的年代，尚且發生動亂、戰爭；現臺灣的財政、民生困窘如此，更令百姓、軍隊、官員寒心。萬一，臺灣發生動亂、戰爭，道庫所存的錢糧也不多，府庫沒有錢糧可以支應變故，鄉紳富戶大半皆已經落敗無法捐輸給官府。就算智能如諸葛亮，勇武如岳飛般，也束手無策，無可奈何。應該要早早未雨綢繆，大大地改變臺灣的現況，若非如此，萬一臺灣有事，恐怕會一發不可收拾。

朝廷參與此事研議的官員，有人提議減少駐臺官兵的員額以節省軍餉的花費，說：只有見到官兵擾民，未見到官兵殺賊。減少官兵的數量，似乎不是防範禍患的方法。解除禍患的方法在於兵不擾民，民必定不生禍亂。北宋范鎮所說的憂患不在於四方的敵國外患，而在於國內的冗兵與窮民，這是一種說法。

也有人說籌集公費來養官吏，說：從正供裡籌經費，就像以前的「耗羨歸官」，讓官員辦公有另外的經費挹注。在此時，國家經費短缺不足的時候，還再為官員的薪資多少打算，真是愚蠢又欺騙朝廷。然而臺灣無漕運的耗羨之盈餘，沒有這陋規。地方的士紳富商如果無法給官府通融借貸，官府只有正供的稅額，並無其他的項目，而正供已經非常難以徵收了。加上兵穀的採購折半等項目。朝廷均按照臺灣所須繳納的正供金額，去扣除這些應收而未收的積欠正供稅款。每年總無法繳足法定的稅額，僅能繳納十分之七、六而已，要墊付這些缺口該從何處去找款項呢？全臺灣要攤還給朝廷的款項已經有十九萬兩多，該如何彌補這財政缺口？

幕僚員工的薪資，同僚朋友的應酬費用，家眷的日常開銷，究竟要從何處來支付？賢能的人，只好虧空、挪用公款；不肖者，即使不至於貪汙收賄，唯寄望於辦理軍需從中發國難財，他們唯恐天下不亂。

貧窮而生貪念，貪念而表現出嚴酷。以嚴酷來方便貪念的作爲，到最後，天下沒有不亂的。光是朝廷法定的稅額，就讓民間有被敲骨吸髓的苦楚。

從前在臺灣還是殷富的年代，郭光侯、洪協（？—一八四三）因抗拒繳納朝廷規定的稅賦、糧食，就造成動亂；現在，更容易激起動亂，人心四散造成盜賊四起，爲了平亂而耗費國家的資源不可勝數。

如何籌措官吏、軍隊的薪餉米糧，好像是要耗費朝廷很多的錢糧，而實際是替朝廷省下很多的錢糧。元代的崔彧說：「百官每月的薪俸無法養家活口，難以要求官員具備廉潔、勤勞的操守。」應該要研議如何增加官吏的薪俸，百姓必因此而受惠。這些官員如果有因貪汙、收賄而被判刑者，還有什麼話好說？這又是一種說法。

也有人提議減輕臺灣地區的糧食稅賦，以安定百姓。說：法定的稅額不能要求減少。每一車裝十石糧食，減價收受，每車約洋圓十元上下。若臺灣的軍餉不足，可由內地其他地方撥款，如此則民間的壓力大爲舒緩，而官員也無遭到掣肘干擾，方可以盡心盡力地來治理臺灣。提這種建議的人，亦知道這是不可行的，是勉強提出的。然這種說法看起來似乎是迂腐的，但實際是切中需求的計議。明代的吳甘來說：「所擔心的是官兵聽到賊人要來進攻，率先逃跑；百姓見到賊人來攻，卻內心歡喜。恐怕不只是無軍餉的憂患，而是無百姓的憂患。應該急切地減輕百姓的稅賦，來收攬人心。」這種減輕賦稅的做法，朝廷似乎是損失的，但對朝廷的收益來說，實在是很大的。這又是一種說法。

總之，經營臺灣的困難，在於臺灣孤懸於海外，並不像內地各省可以互相依存所能比擬的。諺語說：「三年一小反，五年一大反。」這眞的是氣數造成的嗎？非也，天地生萬物來養人，這才是氣數。財貨只有減少，而無增加；流民只有增加，而沒有減少，想要不動亂也做不到。臺灣這咫尺之地，四面環海，雜草叢生，勢不能容許任其荒蕪，不是砍除這些雜草，就是放火焚燒，這是理所當然的。爲今之計，應先就急切的事務先處理。朝廷的司庫有應撥給、發還臺灣府府庫的款項，應先籌措、撥款給臺灣府府庫若干數額，作爲臺灣府府庫的預備金。未上繳朝廷的款項，有些可以日後待臺灣財政轉好之後再予扣除，應該稍作通融變通，使官員有所依恃而無恐懼，那臺灣的政務易於推展，財政可以調度，而不讓臺灣陷於困境。如果積欠朝廷的款項，有著落之處，將設法追補，萬望朝廷能採取眾人議論之可行者，依急切需求來圖謀進取。

臺灣人說萬萬不能斷絕鴉片，如不得已可以聽任本地種植鴉片。如此，白銀或許不會外流。也不能斷絕洋米的採購，不得已之時，內地各省均要採購米糧，如此，臺灣的米糧或許可以流通。這些都是說的很容易，而做起來卻很難。朱子所說：「一般的情形，人生重病時，先從腹心開始，而外顯於四肢，體表的一毛一髮無不受其牽連。」臺灣應先設法充實府庫的預備金，就像是奄奄一息快死的人，服用人蔘、茯苓，只是讓他再拖延一口氣而已。

近來，海賊在洋面劫掠商船，搶了之後不久即離去。僱用商船，給予舟師的糧餉來剿滅海賊，已經非常難以抵擋海賊。假如有大奸惡之人像從前的朱濆（一七四九—一八〇八）、蔡牽（一七六一—一八〇九）這些大海賊出現，該如何應付？

嗚呼！臺灣的政務、風氣敗壞成今日的程度，並不是一朝一夕造成的，這由來已久。元氣之大傷，是由於歷年來將臺灣分群分類，加上近來受到外國勢力之侵擾。養成政務上的惡習，財政拖欠、積重難返。近年來，調任臺灣爲官者，其政務衰敗、廢弛久矣！前任官員，想離開的會先離開，想要逃亡的會先逃亡。接任的官員，想要追求近功速效，又做不到。官員悠閒懶散，文官安閒自得、武將遊蕩玩樂，只想苟安於眼前，得過且過，造成臺灣的政務更加荒廢，病根日深。不發生事故就算了，一旦發生事故也不探究原因。知道問題之所在也不說也不探討，那過失會更加嚴重。

我曾經讀過在雍正年間陝西西安總兵潘之善上書的奏章，說：「地方事務有可以設法籌措、處理的，以錢糧爲重要的事。不可將錢糧浪費於無用的地方。如果地方及軍隊的事務，有必須動用到錢糧方能平安無事，這兩者須以地方爲優先，而不敢去博取節省公帑的虛名。」所以不加以揣測上意，激切上陳，如狗狂吠，內心惶恐至極。只爲了臺灣府的府庫能稍稍減輕財政的負擔。臺灣府沒收、徵稅的叛產，大都位在嘉義、彰化兩縣。

自道光二十五年（一八四五）的風災，大水沖毀良田、流沙填積於田園的案件不可勝數，已呈報朝廷在案。災後，清查丈量田園是否可以復墾？一時之間也無法詳察辦妥。佃戶拖欠稅賦實在是事出有因，而負責財政收入的司庫，則將此已流失無法耕種的田園土地全納入賦稅的數額中，而軍隊的營餉要全額支付，負責土地開墾耕種的佃首無法繳納該繳納的數額，臺灣府不得不另籌其他款項來支付應對，以致臺灣的財政收入每況愈下。

可否將加餉的六萬四千兩，扣除叛產的稅金五萬四千兩，全數支應之外，並在鹽課這項下支應一萬兩，朝廷可否再加撥一萬兩，以減少鹽課相對的負擔，以補足叛產的稅金徵收不足的數額。臺灣鹽商欠繳的稅額，與內地的鹽商積欠朝廷的稅額一樣，同樣處境艱困，現在很難要求這些鹽商將稅款繳清。以租借給民間的田園土地等優先爲籌措項目，現方知經費籌措之困難。藉此，來爲負責的官員減輕賠償之負擔。

負責航運商務的官員，因爲來往臺灣的商船日漸減少，每次遇到要上報戶部徵收稅金、糧米數額的時候，就須由官方僱用船舶來運送。鹿港的船運，向來只運送船家自家的貨物。僱用船舶來運送，除了運費的補貼、貨物的耗損、船員伙食的費用，然這些費用都是其次。若遇到海上波濤洶湧，一旦發生海難，若有一艘船失事，則數千圓報銷了。如果有運裝稻穀，這一船的米糧，又數百圓報銷了。

臺南、淡水這兩商埠，向來都是先給米糧的價錢後，糧商再前往購買，而收購米糧的商人以米糧不是臺灣所產的稻米爲由而不肯收購，於是買米糧的人與賣米糧的人私下討價還價，每十石的米糧其價格從十八、九圓至二十二圓爲止。縣的收購米糧價格十三圓，應徵收而不足的款項由廳來貼賠。

淡水這商埠，有以縣的米糧的價錢來收購，並有私下議價的米糧來買賣，官員的貼賠更是加重。可否將僱用船舶運送米糧的事情，研定一辦法來辦理，或者運交米糧時酌加倉費？或者將米糧折價而按照市價？販賣米糧的收入減少，這不是因內地收購米糧的規費減少，而是因爲船隻少，運送的量少，逼於無奈。如果這些財政缺口，全數由負責海外買賣、運送的官員貼賠，似乎無法顯現出朝廷的公允。

此外，也可以減輕各縣所屬的縣庫爲籌集墊付款項的壓力。縣所徵收的正供，每石米糧徵收折合成銀爲二圓二角，這已經是不少了。而供應米糧最多的臺灣縣，每石米糧僅收二圓；宜蘭縣、淡水縣則每石米糧僅收一圓八角。胥吏的伙食等費用，均由此項目支應，就連歲正供而徵收的耗羨、各項之費用亦從此項目支應。

買米糧給軍隊食用，買稻穀運送至內地，米糧的價錢已經非常低賤，耗羨這部分就沒什麼盈餘。而應買的米穀數額只買了十分之三，就沒餘下什麼經費。僱請船家運送的米穀則以每十石十三圓的價格交貨，給官員、軍隊眷屬的米，則以每十石十四圓的價格來充抵糧餉月俸。

而正供中的營租、學租、叛產等項目所徵收的米糧，則每石僅折合成一圓。而勛業、官租、書院、寺廟等租金所徵收的米糧，則每石折合成一圓二角不等。在簿冊的數字上，好像臺灣的財政收入有餘裕，而實際的收入卻入不敷出。所要徵收的、所要運送的，所要發給的，都是要在年度內結算清楚，方能完成沖銷。

在此時，臺灣民力凋敝，彰化縣最多也只能徵收到法定稅額的十分之七，淡水縣、宜蘭縣、臺灣縣、嘉義縣最多也只能徵收到法定稅額的十分之八，只有鳳山縣勉強可以徵收到法定稅額的十分之九，而各項支出完全不能短少，所以地方的一切公事，實在沒有能力可以全面兼顧。可否將眷屬的米糧、半折這這兩項減價，援引內地的定例，每石米折合成七錢八分，照此金額發給官吏、軍隊（官吏、軍隊之眷屬的米糧是將所要發給數量，折合成銀兩發給官吏、軍隊，而非直接發放米糧）。

兵卒的兵餉只有領取稻穀，近年來米價大賤，按照二石稻穀換算成一石米，每石米可以折合成紋銀一兩五錢六分。但銀價大貴，現每石米折合成錢三千二百餘文。在內地已經足夠生活所需，似乎不必用每石米紋銀二兩折合成錢四千二百餘文。

以上的種種，姑且爲目前補救臺灣財政的應急之計，讓府、廳、縣的辦公經費稍微寬裕，讓他們可以在公事上盡心盡力。如：冬防、查緝匪徒、稽查海口，這一切的行政作爲，都是需要寬裕的經費，才能得心應手。

朝廷催收稅金，應聽取地方的陳述而做出決定，但不應該有失安撫百姓的道理，如此海外蒼生蒙受朝廷的恩澤，或許可以讓百姓長久相安無事，而不滋生事端。若是倚靠兵威與刑罰，是遏止其流水而不是疏濬其源頭，而且發生事端時，一定是糜費公帑，殃及百姓。若僥倖平安無事，其隱患依舊存在。

更讓人憂慮的是即使地方平安無事，萬一無法如期發給士卒兵餉，將更難約束士卒。從前的人說：「士卒的員額若不減少，則軍餉也不得減少。」連吃都不能吃飽，眾人何以安心？當眾人都不能心安時，還有什麼事是不不會發生的。現在如期發放軍餉，行為稍微收斂些，但偶爾還有串通匪徒的事。戰亂之時，軍餉等不能隨時應付需求，那還可約束士卒嗎？至於臺灣道布署精兵所需的費用及船工費用的支出，讓各前任的官員來均攤，每年要攤還五、六千兩，此為卑職職責所在，不敢以此驚擾聖上。卑職轄下的各級機關的運作情形，其關係著全臺灣的安危，既然知悉各縣、廳的實際情況，不敢不據實直陳。此舉是為了保全臺灣各地，而非討好地方官員、隨便議論時政、製造紛亂、喜歡多言生事。如此讓督撫煩心，只為臺灣的安危，別無他念，希望督撫能明鑑、諒解、包涵。

閩浙總督收到此疏後，由總督、巡撫上奏朝廷，由福建省協助接濟臺灣的財政，臺灣的財政稍微充裕，官吏、軍隊與百姓相安無事。

臺灣流通使用的錢幣，大多由內地各省運來臺灣。舊《志》引用《海東札記》裡的記載，說：「臺灣大多使用宋代時的錢幣，如太平、元祐、天禧、至道等年號鑄造的錢幣，錢幣本身的質地薄而且小，將一千文錢貫穿在一起，也不到一尺長。」相傳，該開闢臺灣時，在地裡掘出古代的錢幣千、百甕，有人說這些古代的錢幣是從由廣東省東部的海船運來臺灣。我前往臺灣北路，家中的童僕在笨港的海泥中，得到古代的錢幣數百枚。古錢幣的質地青翠，是古色奇玩。才知道以前臺灣與外地進行商業買賣，未必不在此地，畢竟這裡與外界已隔離好久了。按照笨港的古地名為北港，為宋朝時代的通商港口。顏思齊（一五八六—一六二五）、鄭芝龍（一六〇四—一六六一）亦是從這個港口進入臺灣。所以《臺灣府志》有記載：臺灣有「北港」這一稱呼。可惜，我手中這古錢幣沒有鑄上年號，它是漢代的錢幣？唐代的錢幣？還是近代的錢幣？這已經不可得知了！

永曆二十八年（一六七四）夏季，延平郡王鄭經命令兵都事李德赴日本，鑄造「永曆錢」。而日本以和鄭氏有婚姻的友好關係，這一年以「寬永錢」餽贈鄭氏。後來的人，多將此寬永錢銷鎔鑄造鐘、鼎這些器具，所以到現在很少出現。

在當時，臺灣與西南洋通商非常的頻繁，海船絡繹於道，所以錢幣、貨物多隨著商務的發展而流通至臺灣來，其中以「呂宋銀」爲最多。這呂宋銀爲西班牙政府所鑄造，錢幣表面有西班牙國王的圖像，臺灣人則稱呂宋銀爲佛銀，重六錢八分，商場上的買賣以此錢幣爲流通的錢幣。

永曆三十七年（一六八三），臺灣納入清廷版圖，方開始使用清廷鑄造的錢幣。以紋銀來繳納賦稅，並以兩爲單位。然而將碎銀鑄造成銀錠時有爐火的消耗，有成色較低的銀兩兌換成成色較高的銀兩貼補的費用。凡繳納洋銀的，每兩按照法例要另加四錢，最後以元寶送繳省府的府庫。臺灣若有需要銀兩，乃由臺灣方面發文請求撥用，鎔鑄紋銀的手續繁複，押運官銀有快慢緩急，這讓奸吏有機會上下其手，從中牟利，藉此私飽。這些奸吏只想藉機謀求私利，而不管市面貨幣流通之情形。

最初，清廷下詔禁用前代的舊錢。諸羅知縣季麒光上書給朝廷大吏，其內容大致如下：

臺灣的百姓與番人雜處而居，家中沒有百金的產業。各番社的番人，不認識紋銀這東西。他們所買賣的不過是幾尺的布匹、幾升的鹽、幾斗的粟、幾斤的肉而已。若將前代的舊錢突然禁止流通，勢必在郊野無人肩挑貨物販賣、市井上無人買賣，這讓孤苦無依的小民，如何忍受。

臣私下想朝廷的詔令不得不遵守，而百姓不容不撫恤。查漳州、泉州等處，還有老錢、金錢在市面流通、也未全面革除禁止。更何況臺灣與內地隔著兩道大海，其情況更不是內地可以比擬的。

古人說要達到風俗相同，也一定要三年的時間。現在臺灣的作息與教化雖然與內地相通，然而他們對事物的看法也未全改變，也未全然感受到朝廷對他們的好與關愛。現無法像之前鄭氏的時候，與海外通商販賣貨物，以滋生其利。若一但禁止舊錢的流通，讓市場的貨幣流通斷絕，是利是弊難以衡量。而且使舊錢全部歸於無用，如此百姓與番人會更加貧困。

敢請朝廷俯順輿情，讓舊錢暫行通用。等到新鑄的錢幣源源而來，舊錢則不用朝廷下詔禁止，也會自行絕跡於市面。

不久內閣學士徐乾學（一六三一—一六九四）亦奏言：「福建位處在五嶺之外，聽任百姓同時使用舊錢，以便民。」朝廷，聽從建議，乃廢除舊錢不得流通於市面的禁令。

康熙二十七年（一六八八）福建巡撫上疏奏請朝廷在臺灣就地鑄錢。不久，朝廷頒下鑄錢的錢模，錢模上有「康熙通寶」四字，又陰畫個「臺」字來和內地各省作區別（備註：在臺鑄造的錢幣，下文都簡稱臺錢）。

當時，天下殷富，內地各省多就靠近礦區鑄錢，臺錢和內地相比稍微小一些，每貫錢不到六斤，所以無法和內地各省流通。商人在臺灣買賣，得到臺錢後，必須先降價將錢幣兌換成紋銀，攜帶紋銀離開臺灣。

在臺灣鑄造的錢幣的量越多，而錢幣的價值越貶值。紋銀一兩值臺錢三、四千文。發給軍隊兵餉按照慣例，給銀七成、錢幣三成。讓官兵與百姓皆獲得便利。市場上的商業買賣，使用臺錢屢屢滋生事端，總兵殷化行（一六四三—一七一〇）屢次向朝廷奏請停鑄臺錢，但負責此業務的官員皆不同意。等到總兵殷化行調離臺灣，調至襄陽鎮任官時，上疏朝廷，力陳臺錢的害處。朝廷下旨，由閩浙總督、福建巡撫研議後奏報。

康熙三十一年（一六九二），朝廷下詔停鑄臺錢。

乾隆四年（一七三九），福建省以在臺灣的內地的錢幣已貴得超出從前。從前通用的小錢，每三文小錢可以兌換內地的制錢二文。而番銀一兩，從前可以兌換小錢一千五百文，最近只能兌換八百餘文。此讓官、兵、百姓的生計越發困難。研議將收存的黃銅器皿八萬餘斤，先在省城鑄造錢幣一萬貫，將此錢幣全數運往臺灣，以充當在臺班兵的兵餉。在福建鑄造錢幣的處所爲何處，則另行研議。

隔年，巡撫王士任（一六八六—一七四四）奏請朝廷，要採買雲南的銅二十萬斤，按照鑄造青銅錢的慣例，再購買白鉛、黑鉛、點錫，合計爲四十萬斤，在福建省鑄造，錢幣陰畫滿文「寶福」二字。先後鑄造四萬八千餘貫，運入臺灣，流通在市面上。

藉由海船從天津、寧波運入臺灣的錢幣，每年有數十萬貫。銀一圓兌換錢幣二千文錢，物價也相當平穩。米一斗，二百文錢；肉一斤，四十文錢，百姓、官兵的生計豐裕，未曾發生戰亂。福建、廣東的百姓先後來臺開墾定居，開墾荒地拓及臺灣南北兩端。後來，乃漸漸的走下坡。事物發展到極點，而走向衰敗，這是理所當然的。

咸豐三年（一八五三），發生林恭之亂，率軍圍攻臺南府城，當時臺灣與內地的交通、音訊斷絕，軍隊所需的軍餉無法運至臺灣，而臺南府庫存有元寶數十萬兩，元寶沉重不易攜帶，知府乃作出權宜之計，召集工匠將元寶鑄造銀錢，這銀錢分成三種：壽星、花籃、劍秤。各以其外型來命名，每個銀錢重六錢八分，銀錢的幣面有花紋，又有「府庫」二字，以和洋銀有所區別。這是臺灣自鑄的銀錢。又銷毀舊炮，來鑄造錢幣，上面有「咸豐通寶」這四字，錢幣的面值有千文、百文、十文這三種，用來發放軍餉，頗得官民的支持。禍亂結束之後，這銀錢很少流通（備註：當時發生太平天國之事件）。

咸豐八年（一八五八），朝廷同意開放臺灣與外國進行商業買賣。從此以後，外國商人每年都來臺灣進行商業買賣，朝廷在臺灣設立海關收取稅金。各項貨物買賣的稅金徵收，陸陸續續地開辦，收入的款項也越來越多。然而臺灣的關稅收入，由福州將軍將軍監督，將臺南府的安平港與廈門這兩港口的關稅收入，上報戶部奏銷。關稅最初也不過幾萬元而已。

當時各國進行商業買賣，各以本國的錢幣來進行買賣，其中以香港銀最為盛行，每一銀錢重七錢二分。其次為墨西哥銀，也是每一銀錢重七錢二分。這些貨幣的流通遠及內地，反而取代了元寶的便利性。

同治元年（一八六二），彰化戴潮春（？—一八六四）起事，臺灣北路全陷入混亂之中，兵備道洪毓琛（一八一三—一八六三）駐屯在臺灣府籌措辦理防務，朝廷的款項未撥入，向朝廷請求增兵增餉，一時之間無法辦到，於是向德記洋行借款十五萬兩，約定以關稅抵還。不足，又發行鈔票來充數。臺灣向外國借錢，就是從此開始。

同治十三年（一八七四），發生牡丹社事件，福建船政大臣沈葆楨（一八二〇—一八七九）來臺視導軍務。等到事件平息後，開墾山林、安撫番人，增設縣分、增加官吏的員額編制，所需的經費非常的浩繁。奏請朝廷，將臺灣的關稅、稅收等全數留在臺灣，以充作臺灣防務的經費。然而仍考慮，經費仍有所不足，並奏請朝廷將福建省海關四成的關稅收入，撥付二十萬兩，每年湊足八十萬兩，撥交給臺灣，作為經營臺灣所需要的經費。朝廷，同意沈葆楨所奏。

臺灣孤立於海外，為東南七省的藩籬，列強環視，爭相染指臺灣，已經無法像以前一樣閉關自守。想要抵禦外侮，必須要先增強內部的實力。想要增強內部的實力，就要先籌措財源。修築炮臺、訓練軍隊，雖然是抵禦外侮必備的要素，然而興辦農業、培育人才，移民殖邊，更是富強的基礎。因此，沈葆楨非常認眞經營、處理善後之事，就要非常謹愼認眞地開創臺灣的種種新政。

最初，臺灣所徵收的雜稅分爲水路運輸、陸路運輸兩餉，一年的總收入不過五千餘兩。而其名目瑣碎，影射牽連，如果供繳官方的爲「十」，那取自於民間的則爲「百」，狡詐的官吏、土豪劣紳，利用此來謀求私利。光緒三年（一八七七）巡撫丁日昌（一八二三—一八八二）奏請朝廷豁免此雜稅，臺灣人稱讚此舉。

中法戰爭，兵備道劉璈（？—一八八九）治軍臺南，將全臺灣分成五路，駐軍二萬人，每個月需要餉銀十二、三萬兩，加上採辦軍器、購用輪船、添造營壘，一年需要二百萬兩。當時，臺灣道的存款有百萬兩，臺灣府的存款也有五十萬兩，除了全臺法定的稅賦外，關稅、釐金、鹽課、鴉片的歲收約八十六、七萬兩，想要作爲一年的軍費，已苦不足。而從福建省協助支援的款項又未能照所需要的數目運送來臺。

劉璈以臺灣的防務緊急，籌措經費困難，稟告總督、巡撫，爲了處理臺灣的善後事宜，請按月撥款。或者是奏請，由江西、湖北兩省，以關稅、鹽課的歲收，每月撥款十萬兩，以協助臺灣所需要的款項，這是爲了保衛海疆的策略與作爲。朝廷不同意。

不久，法軍攻臺（清法戰爭，法國於一八八四進攻臺灣），南北的港口盡被法軍封鎖。朝廷下詔書：「基隆要地，不容許法國軍隊長久占據。臺灣本身的銀、米尚未缺乏，而且有很多富裕人家及仕紳豪傑。應確實激勵富商豪民，報效國家。如果有鄉紳、百姓能糾集義士，驅逐法軍。朝廷將破格施恩，不惜以爵位來賞賜。劉銘傳（一八三六—一八九六）向來有謀略，著即授權劉銘傳隨機應變，迅速籌措辦理。捐助軍餉者，從優給獎。希望兵、民能同心協力，以紓解朝廷的殷勤掛念。」

防務大臣劉銘傳立即訂定捐款、借款兩項辦法，飭令劉璈辦理。劉璈以臺灣的軍餉先以十個月來計算，需要紋銀二百萬兩。全臺各縣，以彰化縣地域最廣闊，富裕的人家較多，應該分攤四十萬兩。淡水縣、嘉義縣其次，應該各分攤三十萬兩。鳳山縣、臺灣縣、新竹縣、宜蘭縣又其次，應該各分攤二十萬兩。澎湖土地貧瘠，恆春縣爲先建的縣，不用分攤。臺南府與臺北府的商號，各分攤十萬兩，分成十個月平均繳納。凡是家產有萬兩白銀者，以五釐計算，應捐款五百兩，由地方官先給印票，等待朝廷同意用印後，由官員收取五百兩，給予從優敘獎。而借款給朝廷的，利息以一分計，金額爲一千兩，由官府給予借據，約定以一年歸還。逾期不歸還，按月加息五釐。等到朝廷運送的款項到臺灣後，本息一次結清；其家產尚未達萬兩白銀者，先暫時不用捐款、借款給朝廷。

捐款、借款的單據爲三聯單，編列號數，由臺灣道蓋印，再轉發給府、縣加印。一聯給捐款、借款的人家，一聯由縣存放，一聯則送府存放，由府彙報備查。

臺灣連年五穀豐收，收成的米穀非常多，現封存於港口。貨物與紋銀兩者皆滯銷，捐款、借款的人家應改准予八成繳銀、二成繳米。繳米的方式，皆以白米爲準，糙米換算成白米應該增加一成的數量，按照該所在地的市場米價，折算成紋銀，各自就近向米舖領取票據繳納。官吏與軍隊中發放餉銀，搭配兩成的領米票據，由各營自行向米舖支領米穀，這是臺灣籌辦內債的方法。

劉璈根據捐款、借款的辦法，擬發行鈔票，立即派令富裕的鄉紳開辦銀號。票號定爲三聯式，自行編號，先蓋圖章，送縣加印。在左、右兩邊的票根，一存在縣府備查，另一存在本號，以便核對，而位在中間的票根，則在市面流通。銀票分成一圓、五圓兩種，錢票一率以五百文爲準。臺灣各縣要徵收的正供、鹽課、稅金均准予用銀票繳納，民間亦是一律通用。如：某一戶人家要捐款、借款者，已經到了繳納的期限，而無紋銀繳納，准許以田地、房屋的契約書抵押，完全按造契約書上的金額借給五成，月息六釐，最多至一分二釐，三年還款。

凡是銀號的家產或資本超過十萬兩以上者，准許其發行鈔票五萬兩。資本越多的，其發行的鈔票金額也越多。如果家產、資本不到十萬兩以上者，若不是由官府指定，均不得開設銀號，發行鈔票。銀號所發行的銀票，如果一時之間周轉有問題，准許向道、府、縣暫借資金周轉。先前借的需先歸還，方准許再續借。向道、府、縣暫借周轉的利息，皆為五釐。至於民間互相通行的銀票，放款、收款均需按照各省的規定，向縣府稟告並遵守。這是臺灣使用鈔票的方法。

最先是內閣學士陳寶琛（一八四八—一九三五）奏請朝廷：永續經營的策略，有商議到向民間借款這一條。總理衙門研議後駁回，朝廷下旨不得實施。在當時，淡水縣林維源（一八四〇—一九〇五）率先捐二十萬兩，各府、縣轄下的富商紳士亦慷慨捐款報效朝廷，所以有關臺灣防務的兵餉這一項，一時之間無缺。

等到情勢稍微緩和後，劉銘傳任職福建巡撫，向朝廷奏報有關臺灣的設防、練兵、清賦、撫番四事。等到臺灣建省後，光緒十二年（一八八六）四月又與福建總督楊昌濬（一八二五—一八九七）奏報有關臺灣改設的相關事宜，其內容大略為：

臺灣為南洋七省藩籬，需要整頓海防，百廢俱舉。加上臺灣又改設成行省，所需經費更是浩繁。光一個澎湖群島，要辦理防務事宜就需要紋銀八十萬兩，此案業已經先後奏請朝廷，等待朝廷撥款。此外，臺灣尚有要辦理防務、製械、設電、添官、分治、招墾、撫番等等，都是均關緊要。至於建立省城的衙署、壇、廟各項工程，雖然可以稍緩，但已建省了，亦不能不依序辦理。臺灣防務的軍力，除了已經被裁撤的單位外，尚存有三十五營，分布在臺灣二千餘里的海岸線上，也很難再裁撤軍力。臣等用心規畫，擬請由福建省的海關照舊有協助臺灣的紋銀二十萬兩，經臣咨請福州將軍古尼音布（？—一八八九），往後由廈門海關這途徑將款項撥給、運送來臺灣。

福建省的各庫局，無論本身財政如何困難，每年應在期限內撥款協助臺灣二十四萬兩，陸陸續續籌措經費，並運送來臺灣。並請求朝廷下詔由粵海、江海、浙海、九江、江漢這五處的海關，每年協助臺灣紋銀三十六萬兩，共八十萬兩，以五年爲一期程。

統計福建省及其海關所協助的四十四萬兩，加上臺灣省的歲入百萬兩，這是專爲駐防臺灣軍隊所需的月餉。其他五個海關每年各協助臺灣七萬兩，尙屬於輕而易舉的事，而臺灣的政務得以有所憑藉，方不致流於口說而實不至。

仍懇求朝廷能寬以時日，容許臣劉銘傳依照事情的輕重緩急，依順序次第辦理。現在已奏明朝廷丈量清理田賦之事，力求整飭，將已被私人呑收的錢財變爲公有。如三、五年後，能按照朝廷所議，以臺灣自己的財力，來供應臺灣自己的需求，當奏請朝廷停止一切協助支援臺灣的款項。有關臺灣改設爲省所需要建設的事項，呈報的清單如有未核定、裁決的事項，容許臣陸續諮詢後辦理。

當時，全臺灣一年的歲入只有一百一十餘萬兩，而土地、人口的稅餉、供粟、餘租、官莊、叛產、耗羨共有十八萬六千六百六十六兩有餘。臺灣的上田數額爲當時之最，而徵收的稅賦卻如此的少，是因爲清廷有「永不加賦」的諭令，新開墾的田地多未徵收租賦，而各地的官家產業又多被不肖官吏中飽私囊，未能將收入歸公。劉銘傳深知此弊病，所以整理臺灣的稅賦，由清查稅賦開始。隱匿田產者補報，新開墾者納入稅收，於是課額增加爲五十一萬一千九百六十九兩餘，隨征補水、秤餘十二萬八千二百四十六兩，加上官莊租額三萬三千六百五十七兩，共徵收六十七萬四千四百六十八兩，較舊有的稅賦增加了四十九萬一千五百零二兩。除了補水、秤餘款項補充各項津貼外，歲入實際增加三十六萬三千三百四十九兩。有此改革與財政收入後，才可以經營臺灣新政。

剛建省的時候，奏請在布政使下設置布庫大使一名，兼職辦理臺灣徵收土地、人口等稅收的業務，吏部同意設置。以各所屬單位徵收稅款及發放軍隊的月餉，由布政使辦理，此乃按照福建的舊制來辦理，不用再知會內地的布政使，於是在臺北設置支應、善後兩局，歸布政使管轄。而有關臺灣海關的事務，按照浙江之前的舊例，亦歸臺灣巡撫就近監督。

光緒十三年（一八八七），奏准每三個月造報一次，臺灣的財政至此稍獲得平緩，而劉銘傳得以施展其長才：修築鐵路、購買輪船、開闢商場、開通郵政、設置學堂、實行保甲、製造軍器、籌設邊防、鼓勵農業生產，振興工藝，凡各類新政，次第實施興辦。

又加上外國的錢幣紛紛流入臺灣，朝廷的制錢又越來越少，鄉間的小老百姓，常常為了小錢的緣故，怒罵動手，以刀槍相見，殺人罷市，屢有所聞。有關官員雖下令禁止，幾個月後即鬆弛荒廢。有關臺灣貨幣的紊亂，沒有比這更嚴重的。於是籌議要自鑄貨幣，飭令通商局辦理。

光緒十六年（一八九〇），向德國購入機器，在臺北設置官銀局，任命候補知府督導辦理此業務。先鑄造副幣，錢幣上有龍紋圖案，每枚重七分二釐，一年鑄造數十萬圓，臺灣各地通用。

光緒十七年（一八九一）春三月，邵友濂（一八四〇—一九〇一）接任臺灣巡撫，劉銘傳所推動的新政全數停辦，臺灣的生機受到扼殺。當時海關洋稅歲入五十餘萬兩，洋藥稅金二十萬兩，百貨稅金七萬餘兩，茶葉稅金十三萬餘兩，鹽課十二萬餘兩，樟腦硫磺餘利四萬餘兩，兼以正供、官莊三十六萬餘兩，合計為一百四十二萬餘兩。而福建省協助臺灣的款項四十四萬兩，至此停止。入不敷出的財政缺口，有三十餘萬兩，如果能全力整頓臺灣，足以彌補這財政缺口，而邵友濂畏懼不願多事，心態保守，不願進取，其阻礙臺灣的進步非常的大。這一年，邵友濂奏請朝廷，在藩庫的土地、糧食這項下，除了固定支出外，每年協助臺灣的防務經費二十萬兩。倘使還有盈餘，仍在每年奏銷之時，將餘款保留於臺灣，已備臺灣海防有事時可以動支。朝廷同意。

早先劉銘傳仍在臺灣主持政務時，朝廷認爲臺灣的財政日漸寬裕，下令臺灣每年上繳京城五萬兩，奏准由百貨稅金項下撥付。自光緒十六年（一八九〇）起，該款項改匯給海軍衙門。後來又接到北洋大臣李鴻章（一八二三－一九〇一）來文諮詢，該款項改撥給天津。而朝廷不許由補水項下支應，改爲土地、糧食項下支應，按年度上繳。如已上繳者，亦從土地、糧食項下提還。這是臺灣協助中央的款項。

光緒二十年（一八九四），臺灣又有事端，召募兵員、購置軍械，需要的錢財非常巨多。不久，臺灣宣告獨立自主，設置籌防局，內地各省亦多協助臺灣錢糧款項。臺北被日軍攻破後，劉永福（一八三七－一九一七）駐屯於臺南，整頓軍務，在臺南府城設置官票局，任命商人莊明德辦理。先發行銀票，面額分成一圓、五圓、十圓。銀票長九寸二分，寬五寸二分，爲三聯式，一存在知府，一存在官票局中，而一爲市面使用，上列號數及年月日，加蓋臺灣總兵、臺南知府及辦理全臺防務總局之印，又有民主國之章。此銀票流通於市面上，一般百姓皆使用此銀票。

後來又發行股份票，就是公債，取名爲「安全公司」。股份票所加蓋的印章與銀票相同，也分成一圓、五圓、十圓三種面額，等到驅逐日軍、收復臺灣後，付利息三倍，一時之間這些股份票多指派購買，以增加軍餉，這是臺灣發行的軍事公債。

不久，嘉義縣、鳳山縣皆爲日軍所攻陷，劉永福遁逃，在戰亂中檔案亡失，有關臺灣的財政狀況遂無法清楚地知其詳細，僅能從現有的檔案中約略得知，如下表。

卷十　典禮志

連橫曰：禮，所以輔治者也。經國家，序人民，睦親疏，防禍亂，非禮莫行。故曰「道（導）之以政，齊之以刑，民免而無恥；道之以德，齊之以禮，有恥且格。」臺灣為海上荒服，我延平郡王闢而治之，文德武功，震鑠區宇，其禮皆先王之禮也。至今二百數十年，而秉彝（ㄧˊ。秉彝，人心所持守的常道）之性，歷劫不沒，此則禮意之存也。起而興之，是在君子。

慶賀

鄭氏之時，朔望必朝。每有封拜，輒朝服北向，望永曆帝座疏而焚之。君雖不在，不敢忘也。歸清之際，每有慶賀，行禮於府學之明倫堂。康熙五十年，巡道陳璸始擇地於城東永康里，建萬壽亭，前立午門，門旁列朝房，後為祝聖殿。五十六年，巡道梁文科修，環以垣，東西闢門，曰敷文、曰振武。六十年，颶風圮。雍正元年，重建，後置僧室，奉掃除。乾隆十七年，巡道金溶、知府陳玉友以地屬城外，啓閉非便，仍行禮於明倫堂。三十年，知府蔣允焄乃擇地東安坊縣學之東，南向，為校士院舊址，結構宏廠（廠，通「敞」），崇臺巨宇，以奉龍幄（ㄨㄛˋ。龍幄，繪或繡龍之帳幕），設東西臺班房廳事，殿門外左右為更衣廳，正南為午門，外為東西朝房，周以繞垣，為東西闕門。凡萬壽令節、元旦、冬至，文武官於前一日齋沐，率屬赴明倫堂習儀。至日四鼓，朝服入宮，文東武西，行三跪九叩禮。先期晉呈賀表，朝服行禮，派員賫（ㄌㄞˋ，此處指攜帶）至省垣附進。

接詔

詔至之時，總督遣官賫送。舟進鹿耳門，傳報。文武官具龍亭、綵輿、儀仗、鼓樂，至西門外接官亭迎接。恭捧詔書置於龍亭，文武官朝服北向跪迎，鼓樂前導，至萬壽宮。文武官東西立，賚（ㄐㄧ，持、攜帶）送官南向立，贊唱：「排班。」樂作，行三跪九叩禮。賫（據上文當作「賚」，本書賫、賚常混用）送官捧詔，讀詔官跪受，詣案前，宣讀。眾官跪聽畢，仍授賫送官，恭置龍亭，又行三跪九叩禮，以次退。詔交知府，分送各縣，宣讀頒佈。

迎春

立春之前，有司豫（預先）塑春牛、芒神，以桑柘布土為之。牛身高四尺，按四時也；長三尺有六寸，三百六十日也；自頭至尾凡八尺，八節也；尾一尺有二寸，十二時也。鞭用柳枝二尺有四寸，二十四氣也。牛色以本年為法。頭、耳、角用天干，身用地支，蹄、尾、腹用納音（六十干支配以五行之法）。籠頭以立春之日干為色。拘（拘，當作「構」）用桑木。索孟日用麻，仲日用苧，季日用絲。造牛之土，以冬至後辰日於歲德之方取之。芒神身高三尺有六寸，一年三百六十日也。服以立春之日支受剋為衣色，剋衣為帶色。髻以立春之日納音為法，罨（ㄧㄢˇ，覆蓋）耳以時為法，鞋袴行纏亦以納音為法，老少以本年為法。塑成置於東郊之春牛亭。先期一日，府、廳、縣各率屬，盛服鳴騶（ㄗㄡ。鳴騶，隨從顯貴出行並傳呼喝道的騎卒）而至，贊導至位前。就位，上香鞠躬拜。獻爵三，讀祝，再拜。禮畢，簪花飲酒，屬官先行，長官次之。迎至府、廳、縣頭門之外。春牛南向，芒神西向。是日清晨刑牲設醴（ㄌㄧˇ，甜酒），府、廳、縣各率屬朝服，贊導至位前。就位，鞠躬拜，獻爵三，讀祝，再拜興。至春牛之前，各官執綵仗（綵仗，裝飾的儀仗），左右立，長官擊鼓，次各擊牛三，揖。至芒神前又揖而退。是為鞭春之禮。

耤田（耤音ㄐㄧˊ。耤田，天子重農而設的農祭）

直省各府、州、縣均於東郊建先農壇，高二尺有一寸，寬二丈五尺，祀先農。旁置耤田，備農具黑牛，擇土宜之穀貯之。以農人二，免其役，給口糧，使耕之。仲春之日，有司先期齋沐。至日，文武官率屬朝服致祭。帛一、羊豕一、鉶一、簠一、簋一、籩四、豆四，行三跪九叩禮。畢，易服，知府秉耒，佐執青箱，知縣播種。其在州縣，則知州、知縣秉耒，佐執青箱播種。耆老一人牽牛，兩農扶犁，九推九返，農夫終畝。既畢，朝服，率耆老農夫望闕謝恩，行三跪九叩禮。耤田之穀，以供祭祀，重農也。

祭社

府州縣皆建社稷壇。府稱府社之神、府稷之神，為紅牌金字。壇制：坐南向北，高三尺，方廣各二丈有五尺，四出，陛（臺階）各三級。歲以春秋仲月上戊致祭。主祭官先期三日齋戒。將祭之前一日，省牲治器，除壇上下，設幕次中門，宿焉。祭日夙興，執事者陳禮器，設社位於稷之東，各列羊豕一、帛一、鉶一、簠二、簋二、籩四、豆四，主祭官祭服行禮，如儀而退，納主於城隍之廟。風雲雷雨、山川、城隍同壇，在社稷之右，亦以春秋仲月致祭。壇高二尺五寸，方廣各二丈有五尺，陛四出，南向五級，餘各三級。雍正二年，奏准風雲雷雨之神居中、山川左、城隍右，禮與社稷同。各以府州縣為主祭，武官陪祭。祭畢，納主於城隍之廟。

釋菜

永曆二十年春，文廟成，延平郡王經親行釋菜之禮。歸清以後，康熙二十四年，巡道周昌、知府蔣毓英重建，是為府學。三十九年，巡道王之麟建明倫堂。自是以後，各府、縣皆建文廟，尊先師也。每歲春秋二仲上丁之日，恭行釋菜之禮。先期三日，地方官齋沐停刑。將祭之前一日，習儀於明倫堂，省牲治器。四鼓齊集，執事者各司其事。文官為主祭，武官陪祭。先祭崇聖祠，禮畢，祭孔子，祀以太牢，舞六佾，以復聖顏子、宗聖曾子、述聖子思子、亞望（望，當作「聖」）孟子配。祭官各就位，啓扉，迎神，舞佾，樂奏咸平之章，行三跪九叩禮，興，樂止。行初獻禮，主祭官詣盥洗所，次詣酒尊所，至神位前，樂奏寧平之章，主祭官跪，皆跪，奠帛，獻爵，叩首，興。跪，讀祝，樂止，行三叩禮，復位。行亞獻禮，樂奏和平之章，畢，復位。行三獻禮，樂奏永平之章，畢，復位。飲福受胙，叩首，興，復位。各官皆行三跪九叩禮，興。徹饌，樂奏咸平之章。送神，各官俱行三跪九叩禮，興。讀祝者捧祝，司帛者捧帛，各詣燎所，望燎，偃佾，止樂，以次退。

祭纛

纛，大旗也。臺灣鎮為掛印總兵，統率師干（軍隊），權在閫外（閫音ㄎㄨㄣˇ。閫外，指統兵在外的將領）。每年霜降之前一日，鎮標城守各營將士，盛裝鎧仗，迎纛於北門外之較場，張幕駐軍。翌日黎明，陳兵致祭，祀以羊豕，獻帛酹酒（酹音ㄌㄟˋ。酹酒，將酒灑地為祭），三獻而畢。揚旗鳴炮，以寓秋獼（獼，當作「獮」，音ㄒㄧㄢˇ。秋獮，在秋天舉行的狩獵）之禮。薄暮，束裝入城，歸纛於廟，各營皆然。

大操

督撫巡臺之時，奉旨閱操。先期，總兵檄（ㄒㄧˊ，文書通報）召各營，駐較場左右。至日，督撫莅場，立於演武廳之中。總兵以下皆執櫜鞬（ㄍㄠ ㄐㄧㄢ，裝武器的袋子）之儀，督撫辭焉。行裝入謁，禮畢。總兵下令開操，為兩軍攻擊之狀，考其優劣，犒以牛酒。副參以下，戎裝佩劍，送迎如禮。督撫回轅（官署），各營亦拔隊歸。

旌表

鄉黨士女，有孝於父母、友於兄弟、守節勵烈者，縉紳列其事，狀於教官，鄰里為之保。教官告之有司，有司詳之督撫，乃具奏。禮部詳覆，下旨旌表，賜帑二十兩建坊，入祀。有司造其家，鄰里以為光，各具賀。祭之日，教官率縉紳行禮，子弟衣冠入拜，恭錄恩旨，藏於家。又有壽躋（ㄐㄧ，登上）期頤（百年高壽），一產三子，為國之瑞，以至急公樂善者，亦各賜匾錫物，昭示後人。旌表之禮，以勸善也。

鄉飲

鄉飲之禮尚矣。漢制饗三老於太學，所以教孝。順治初，詔令京府直省各州縣每歲以正月望日、十月朔日各於儒學行鄉飲酒之禮。先日，執事者陳設禮堂，司正習禮。黎明，宰牲治饌，主席率僚屬司正至，遣伻（ㄅㄥ，使者）速（招請）賓（賓客）、僎（ㄓㄨㄢˋ，輔佐主人行禮之人）。比至，執事報曰：「賓至。」主席迎於庠門之外。賓西行，三讓三揖，而後升堂。東西立，各拜，就坐。執事者又報曰：「僎至。」主席又迎如前禮。已而介（賓客的副手）至，各就坐。執事者告司正（司正，鄉飲酒禮中的監禮者）揚觶（ㄓ，一種酒杯）。司正由西階升，詣堂中，北向立。賓、僎以下皆立。司正揖，賓、僎皆揖。執事者以觶酌酒，授司正。司正舉酒曰：「恭維朝廷，率由舊章，敦崇禮教，舉行鄉飲。非為飲食，凡我長幼，各相勸勉。為臣盡忠，為子盡孝，長幼有序，兄友弟恭，內睦宗族，外和鄉里，無或廢墜，以忝（ㄊㄧㄢˇ，有愧於）所生。」讀畢，司正飲酒，以觶授執事。司正、賓、僎皆揖，就坐。執事者舉律案於堂中，讀律者詣案前，北向立，眾皆立，行禮如前。既畢，徹案。供饌賓前，次僎，次介，次主。賓、主乃起，北向立。執事者酌酒授主，主詣賓前，置席上，稍退，兩拜。賓答拜。執事者又酌酒授主，詣僎前，如前禮。於是賓起酬酒，僎從。執事者酌酒授賓，賓詣主前，置席上，如前禮。介、三賓、三僎以次酌酒，舉爵飲。供湯，復酌酒。三品畢，徹饌。賓、主起。僎、主、僚屬居東，賓、介、三賓等居西，兩拜訖，送賓出門，東西行，三揖而退。凡鄉飲酒，主以府、州、縣為之，位於東南。賓以致仕之紳為之，位於西北。僎以鄉黨年高有德之人，位於東北。介以次長，位於西南。三賓以賓之次者為之，位於賓、主、介、僎之間。眾賓序齒（序齒，以年齡高低為尊卑之別），僚屬序爵。正以教職為之，執事者以老生為之。凡有違犯科條者，不許於良善之席。違者罪以違制。敢有喧嘩失禮者，揚觶以禮責之。然臺灣久已不行，但存其制而已。

祀典

《傳》曰：「國之大事，在祀與戎。」是故法施於民則祀之，以死勤事則祀之，以勞定國則祀之，能禦大災則祀之，能捍大患則祀之。非是族（不同族屬）也，不在祀典。臺灣為荒服之地，鄭氏之時，始建文廟，尊先師也。清代因之，復祀武廟，崇武德也。若夫山川社稷之壇，城隍祝融之廟，名宦義民之祠，凡屬禦災捍患者，俎豆馨香，鼚（ㄔㄤ，鼓聲，此處指敲鼓）鼓軒舞，其禮重矣。延平郡王為臺烈祖，精忠大義，沒而為神，臺人祀之。同治十三年冬，欽差大臣沈葆楨奏請建祠賜謚，以明季諸臣配。功德在民，敻（ㄒㄩㄥˋ，廣闊遙遠）乎尚矣！是篇所載，皆在祀典之列。若夫叢祠薄祭，則缺如焉。

各府廳縣壇廟表

臺南府（附郭安平）

社稷壇	在府治東安坊，舊爲永康里。康熙五十年，巡道陳璸建。
風雲雷雨山川壇	在府治東安坊。康熙五十年，巡道陳璸建。
先農壇	在府治東門外長興里。雍正五年，知縣張廷琰建。
文廟	在府治寧南坊。鄭氏之時所建，祀先師孔子。康熙二十四年，臺廈道周昌、知府蔣毓英改建，中爲大成殿，東西兩廡配祀先賢先儒。前爲戟門、爲欞星門、爲泮池，後爲崇聖祠。三十九年，臺廈道王之麟建明倫堂堂於殿左。五十一年，巡道陳璸建名宦、鄉賢兩祠。五十七年，知府王珍移泮池以欞星門之外。乾隆十四年，廩生侯世輝等捐資改建，正殿居中，左右爲兩廡，前爲大成門，又前爲欞星門、爲泮池，後爲崇聖祠，左右爲禮樂庫、典籍庫。門之左右爲名宦祠，鄉賢祠。門外之左爲禮門，右爲義路。又外爲大成坊、泮宮坊。廟左爲明倫堂。又左爲朱子祠。後爲文昌閣。並鑄祭器、樂器。規制完備。

武廟	在府治鎮北坊。永曆二十二年，鄭氏建，祀漢忠義侯關羽。中有寧靖王手書之額，題曰：「亙古一人」。康熙二十九年，巡道王效宗修，有碑記在廟中。雍正五年，詔以春秋仲月上戊致祭，用太牢，樂舞八佾，追封三代，後殿爲三代祠。此外，在坊里者，列於〈宗教志〉中。
天后宮	在府治西定坊，爲明寧靖王故宅，康熙二十三年，靖海將軍施琅建，內有施琅紀功碑。五十九年，列入祀典。歲以春、秋仲月致祭。乾隆五年，鎮標游擊石良臣，於後殿增建左、右廳，以右廳祀總兵張玉麟。四十三年，知府蔣元樞修，有碑記在廟中。其後疊修。臺灣奉祀天后甚多，其在坊里不列祀典者，載於宗教志中。
府城隍廟	在東安坊府署之右，永曆二十三年，鄭氏建。康熙二十五年，修。乾隆二十四年，知府覺羅四明重修，增建兩廡戲臺，有碑記在廟中。四十二年，知府蔣元樞復修。
龍神廟	在寧南坊。康熙五十五年，巡道梁文科建。
田祖廟	在鎮北坊。康熙五十五年，巡道梁文科建。而鄭氏所建者，一在廣儲西里，一在保大西里，今圮。
倉神廟	在鎮北坊。雍正十年，知縣林興泗建。
風神廟	在西門外。乾隆四年，巡道鄂善建。
火神廟	在小南門外。康熙四十七年，鳳山知縣宋永清建。
海神廟	在鎮北坊，爲赤崁樓故址。光緒十二年建。
五子祠	在鎮北坊蓬壺書院之內，祀宋關閩濂洛五子。光緒十二年，知縣沈受謙建。
朱子祠	在府學之左。康熙五十一年，巡道陳璸建，歲以春秋仲月致祭。
文昌祠	在東安坊。歲以春秋仲月致祭。
名宦祠	在文廟櫺星門之左。
鄉賢祠	在文廟櫺星門之右。
孝悌祠	在府學之右。

節孝祠	原在鎭北坊。雍正元年，奉旨建，祀烈女，節婦。後改建於府學之右。
旌義祠	在鎭北坊。乾隆五十三年，知府楊廷理建，祀林爽文之役陣沒義民，歲時致祭。嘉慶十年蔡牽之役，附祀者二十有七人。
府厲壇	在小北門外。爲康熙辛丑死事臺協水師游擊游崇功棲神之所。前爲地藏庵。雍正元年，巡道陳大輦建。祠有司議舉厲祀，則於其地以行，名爲北壇。歲以清明、七月望日、十月朔日致祭。先牒本府城隍設位於壇之上，祀以羊豕，下設無祀鬼神之位，陳牲焚楮，以妥其靈。乾隆十一年，知縣魯鼎梅修。三十七年，巡道奇寵格重修，有記。縣爲附郭，不別爲壇。
延平郡王祠	在東安坊。永曆間，郡人建，稱開山王廟。乾隆間，邑人何燦鳩資重建。同治十三年冬十月，欽差大臣沈葆楨奏請建祠列祀，春秋二仲，有司致祭。中祀延平郡王，東西兩廡，以明季諸臣配，後殿中祀翁太妃，左爲寧靖王祠，右爲監國世子祠。
施將軍祠	在寧南坊檨子林。康熙二十五年，郡人建，祀靖海將軍施琅。五十九年，地震圮。
吳將軍祠	在東安坊。康熙二十六年，郡人建，祀總兵吳英，欽賜「作萬人敵」之額。祠後有樓曰仰止。乾隆五十三年，知府楊廷理修。後改爲吳氏家廟。今圮。
衛公祠	在東安坊府城隍廟。康熙四十六年建，祀臺灣府知府衛臺揆。
吳公祠	在西定坊關帝廟右。雍正七年建，祀臺廈道吳昌祚。
蔣公祠	在鎭北坊眞武廟後。康熙三十年建，祀臺灣府知府蔣敏英。
高公祠	原在鎭北坊關帝廟左，康熙三十三年建，祀臺廈道高拱乾，後移於寧南坊。
靳公祠	在東安坊。康熙三十六年，祀臺灣府知府靳治揚，後圮。
洪公祠	在東安坊。同治二年奏建，祀臺灣道洪毓琛。
游將軍祠	在小北門外厲壇後。雍正元年建，祀水師游擊游崇功。
王公祠	在東安坊清水寺街。光緒元年奏建，祀提督王德成。

五忠祠	在安平鎭水師協署之左。雍正五年，水師副將陳炯倫建，祀水師副將許雲、游擊游崇功、千總林文煌、趙奇奉、把總李茂吉。
功臣祠	在寧南坊文廟之南，向西。乾隆五十三年敕建，供林爽文之役平臺功臣牌位，則大將軍太子太保大學士貝子公福康安、參贊大臣超勇公海蘭察、成都將軍鄂輝、護軍統領舒亮、護軍統領普爾普、閩浙總督李侍堯、福建巡撫徐嗣曾等三十人。棟宇崔巍，地亦寬敞，有御碑八方，高各丈餘，下承贔屭，鐫御製平臺及諸功臣贊滿漢文各四，上覆以亭。又有一碑立於中，刻詩一首，字大徑寸。文曰：「命於臺灣建福康安等功臣生祠，詩以誌事：三月成功速且奇，紀勳合與建生祠。垂斯琬琰忠明著，消彼萑苻志默移。臺地恆期樂民業，海隅不復動王師。曰爲曰毀似殊致（近來以各省建立生祠，最爲欺世盜名惡習，因令嚴行飭禁，並將現有者皆令毀棄。若今特命臺灣建立福康安等生祠，實因臺灣當逆匪肆逆以來，荼毒生靈，無慮數萬，福康安等於三月之內，掃蕩無遺，全部之民，咸登鑿席。此其勳績固實有可紀，且令奸頑之徒觸目驚心，亦可以潛消狼戾。是此舉似與前此之禁毀雖相殊，而崇實斥虛之意則原相同，孰能橫議？且以勵大小諸臣，果能實心爲國愛民、確有美政者，原不禁其立生祠也），崇實斥虛意在茲。」旁譯滿文。道光二年，飭臺灣縣學教諭鄭兼才、訓導王承緯監修，今漸傾圮。
昭忠祠	原在縣學之左。雍正元年敕建，祀臺灣鎭總兵歐陽凱等，後圮。嘉慶七年，奉敕再建，附於功臣祠之側。十一年，乃設位以祭。道光元年，巡道葉始將康熙以來殉難官弁兵丁一律入祀。十三年，巡道徐宗幹、知府裕鐸率紳士等重修，立牌祀之。光緒十四年，改建於右營埔。
縣文廟	在東安坊，是爲縣學。康熙二十三年，知縣沈朝聘建。中爲大成殿、東西兩廡，前爲大成門，後爲崇聖祠。四十二年，知縣陳璸增建明倫堂於殿右。五十四年，巡道陳璸改建崇聖祠，以左爲名宦祠、右爲鄉賢祠。雍正十二年，貢生陳應魁建櫺星門於泮池之前。乾隆十五年，廩生侯世輝等資重建大成門，左爲忠義祠，右爲孝悌祠。
縣城隍廟	在鎭北坊。康熙五十年，知縣張宏建。乾隆十年，知縣李閶權修，有記。嘉慶十二年，知縣薛志亮乃廣其規，建兩廊。而安平鎭亦有城隍廟，乾隆十四年，水師副將沈廷耀建。五十年，副將丁朝雄修。自後疊修。

嘉義縣

社稷壇	在縣治東南，康熙二十四年建。
風雲雷雨山川壇	在縣治東南，康熙二十四年建。
先農壇	在縣治東南，雍正五年建。
文　廟	舊在縣治西門內。康熙四十五年，署知縣孫元衡建。乾隆十八年，知縣徐德峻改建於西門外。中爲大成殿、東西兩廡，前爲戟門，又前爲欞星門，後爲崇聖祠。
武　廟	在縣署東北隅，康熙五十二年，參將翁國禎建。
天后宮	在縣署之左，康熙五十六年，知縣周鍾瑄募建。
城隍廟	在縣署之左，康熙二十四年建。
邑厲壇	在縣治東北，康熙二十四年建。
名宦祠	在文廟之內。
鄉賢祠	在文廟之內。
忠義孝悌祠	在文廟之內，雍正元年奉旨建。
烈女節婦祠	在文廟之旁，雍正元年奉旨建。
羅將軍祠	在縣治東門之內，雍正二年奏建，祀北路營參將羅萬倉。

鳳山縣

社稷壇	在舊縣治北門。
風雲雷雨山川壇	在舊縣治北門。
先農壇	在舊縣治東門外。

文　廟	在舊縣治北門外。康熙二十三年，知縣楊芳聲建。中爲大殿、東西兩廡，前爲戟門，又前爲欞星門，後爲崇聖祠。四十三年，知縣宋永清重建。
武　廟	在舊縣治東門內，雍正五年，知縣蕭震建。
天后宮	在舊縣治龜山之頂，康熙二十二年奉旨建。乾隆二十七年，知縣王瑛曾重建。
八蜡祠	在舊縣治龜山之北，康熙四十五年，知縣宋永清建。
城隍廟	在舊縣治北門外，嘉慶十九年，改建於今治縣署之東。
邑厲壇	一在舊縣治北門外，一在下淡水。康熙五十八年，知縣李丕煜建。
名宦祠	在文廟之內。
鄉賢祠	在文廟之內。
忠義孝悌祠	在文廟之左，雍正元年奉旨建。
烈女節婦祠	在舊縣治北門，雍正元年奉旨建。
曹公祠	在今治鳳儀書院內之東，咸豐十年建，祀前鳳山知縣曹瑾。
昭忠祠	在縣城外，光緒三年敕建，祀開山殉難之提督王德成、張光亮、李常孚、總兵胡國恆、福建候補道田勤生等，鳳陽柳銘撰碑，在祠中。

恆春縣

社稷壇、風雲雷雨山川壇、先農壇	均未建。
文　廟	在城外猴洞山上。光緒十二年，知縣周有基建。中爲大成殿、爲兩廡，前爲欞星門，後爲崇聖祠，左爲明倫堂，右爲學廨。
武　廟	

天后宮	
城隍廟	
邑厲壇	

澎湖廳

社稷壇、風雲雷雨山川壇、先農壇	均未建。
文　廟	在文澳。
武　廟	舊在媽宮澳之西，乾隆三十一年，通判胡建偉修，今圮。光緒元年，水師副將吳奇勳改建於紅木埕，法人之役被毀。十七年三月，總兵吳宏洛倡捐重建。
城隍廟	一在文澳舊廳署之東，咸豐元年，署典史呂純孝重修，規模不大。一在媽宮城內，乾隆四十四年，通判謝維祺捐建，有碑記；自後續修。光緒十一年亂後，通判程邦基飭紳士黃濟時等重修。
程朱祠	在城內，光緒十一年，通判程邦基建。十九年，紳士蔡玉成等捐資於祠之左建文昌閣，右築講壇。以書院距城稍遠，以此爲諸生講學之所。二十年夏竣工。
文昌祠	在文石書院之後，乾隆三十一年建。光緒元年，紳士蔡玉成等重建，有碑記。
天后宮	在媽宮澳，萬曆間建。康熙二十二年，靖海將軍施琅攻克澎湖，以爲神佑，奏請加封，遣官致祭，鐫文廟中。
風神廟	在媽宮澳城隍廟東。乾隆五十五年，通判王慶奎、水師副將黃象新等捐建。光緒七年，都司郁文勝重建。
龍王廟	在媽宮澳觀音亭之東。道光六年，通判蔣鏞、水師副將孫得發等捐建。
施將軍祠	在媽宮澳。康熙二十四年，人民合建，祀靖海將軍施琅。道光六年，通判蔣鏞籌款生息，祔祀在澎殉難文武官員，春秋致祭。

昭忠祠	在媽宮澳。光緒四年十二月，副將吳奇勳等倡建，祀同治元年之役協營各標調赴臺灣弁兵助勦陣沒者，則署左營守備蔡安邦等暨兵丁一百三十四名。
武忠祠	在媽宮澳協署之西，建置無考。乾隆五十六年，護理水師副將黃象新等捐修。
胡公祠	在文石書院內，祀通判胡建偉等。
節孝祠	在天后宮之西。道光十八年，署通判魏彥儀建，春秋致祭。光緒五年，媽宮澳商戶黃學周、黃鶴年重修。

臺北府（附郭淡水）

社稷壇	在府治東南，光緒十四年建。
飛雲雷雨山川壇	在府治東南，光緒十四年建。
先農壇	在府治東門外，光緒十四年建。
文　廟	在府治文武街，光緒十四年建。
武　廟	在文廟之左，光緒十四年建。
天后宮	在府治府後街，光緒十四年建。
府城隍廟	在府治撫臺衙後，光緒十四年建。
縣城隍廟	附於府城隍廟之內。
厲　壇	在府治北門外，光緒十四年建。
名宦祠	在文廟櫺星門之左。
鄉賢祠	在文廟櫺星門之右
忠義孝悌祠	
烈女節婦祠	

新竹縣

社稷壇	在縣治東門外，道光九年，同知李愼彝建。
山川壇	在縣治東門外，道光九年，同知李愼彝建。
先農壇	在縣治東門外，道光九年，同知李愼彝建。
田祖祠	舊在南門內，乾隆三十四年，同知宋應麟建。道光九年，同知李愼彝移於先農壇之右。
龍神祠	在縣治南門內，乾隆三十四年，同知宋應麟建。
風雲雷雨壇	未建。道光九年，同知李愼彝始設神位，附祀於龍王祠。
文　廟	在縣治東門內。嘉慶二十二年，同知張學溥建。道光四年，同知吳性誠乃竣成之。中爲大成殿，東西兩廡，後爲崇聖祠，左爲明倫堂。
武　廟	在縣治南門大街。乾隆四十一年，同知王右弼倡建。同治十年，邑人重修。
文昌祠	在文廟之左。嘉慶八年，同知胡應魁建。
天后宮	在縣治西門內。乾隆十三年，邑人陳玉友捐建。四十二年，同知王右弼修之。
城隍廟	在縣署之右。乾隆十三年，同知曾日瑛建。
邑厲壇	在縣治北門外水田街。嘉慶九年，同知胡應魁建。
火神廟	在縣治試院之左。光緒十三年，知縣方祖蔭建。
名宦祠	在文廟之左。道光九年，同知李愼彝建。
鄉賢祠	在文廟之左，道光十三年奏建。
昭忠祠	在文廟之左，道光十三年奏建。
節孝祠	在文廟之左，道光九年，同知李愼彝建。光緒十七年改建。
孝友祠	在文廟之左，道光九年，同知李愼彝建。光緒十七年，移祀於節孝祠。
德政祠	在明志書院之左，舊爲敬業堂。咸豐七年，紳士許超英等改祀同知曹謹、曹士桂，後又祀同知袁秉義、薛志亮、李愼彝、婁雲等。

宜蘭縣

社稷壇	在縣治南門外，嘉慶十七年，通判翟淦建。
風雲雷雨山川壇	在縣治南門外，嘉慶十八年，通判翟淦建。
先農壇	在縣治南門外，嘉慶十七年，通判翟淦建。
文　廟	在縣治。光緒二年，進士楊士芳、舉人李望洋等捐建。中爲大成殿、東西兩廡，後爲崇聖祠。
武　廟	在縣治西門。嘉慶十三年，居民原祀於米市街，二十三年，文昌宮落成，通判高大鏞移祀於宮之前殿。
文昌宮	在縣治西門。嘉慶二十三年通判高大鏞倡建，前殿祀漢忠義侯，後殿祀文昌。
天后宮	在縣治之南。嘉慶十二年，官民合建。
城隍廟	在縣治西街。嘉慶十八年，官民合建。
火神廟	在縣署之右。嘉慶二十五年，官民合建。
神祇壇	即邑厲壇，在縣治南門外。嘉慶十七年，通判翟淦建。
名宦祠	在文廟之內。
鄉賢祠	在文廟之內。
忠義孝悌祠	
烈女節婦祠	
楊公祠	在文昌宮之右，供開蘭官長楊廷理七人祿位。

南雅廳

社稷壇、風雲雷雨山川壇、先農壇	均未建。
昭忠祠	在廳治。光緒十九年，巡撫邵友濂建，祀十二年討番病沒陣亡兵勇，友濂題額，文曰：「俎豆同榮」。

臺灣府（附郭臺灣）

社壇	在府治東門外，光緒十五年建。
風雲雷雨山川壇	在府治東門外，光緒十五年建。
先農壇	在府治南門外，光緒十五年建。
文廟	在府治小北門內，光緒十五年建。中爲大成殿、東西兩廡，後爲崇聖祠，左爲明倫堂，右爲學廨。
天后宮	在府治大墩街。
府城隍廟	在府治新莊，光緒十五年建。
厲壇	在府治北門外，光緒十五年建。
名宦祠	在文廟櫺星門之左。
鄉賢祠	在文廟櫺星門之右。
林剛愍公祠	在府治田中。光緒十五年，巡撫劉銘傳據全臺紳士奏建，祀福建陸路提督林文察。

彰化縣

社稷壇	在縣治東門外，雍正二年建。
風雲雷雨山川壇	在縣治東門外，雍正二年建。
先農壇	在縣治南門外，雍正二年建。
文廟	在縣治東門內，雍正四年，知縣張鎬建。中爲大成殿、東西兩廡，後爲崇聖祠，右爲明倫堂，後爲學廨。乾隆五十一年，明倫堂、學廨燬於亂。嘉慶二年，歲貢鄭士模捐修未竣；十六年，知縣楊桂森乃成之，改建明倫堂於廟左。
武廟	在縣治南門內。雍正十三年，知縣秦士望捐建。嘉慶五年，知縣胡應魁移建於同知舊署。
文昌祠	在縣治文廟西畔。嘉慶二十一年，知縣吳性誠建；而縣轄鹿港、西螺、北斗、員林、大肚、犁頭店、牛罵頭等處人士，亦各自建。

天后宮	一在縣治北門內協署之後，乾隆三年，北路營副將靳光瀚建。一在東門內，乾隆十三年，知縣陸廣霖建。一在鹿港海隅，乾隆五十五年，大將軍福康安建。
城隍廟	在縣治東門內，雍正十一年，知縣秦士望建。
龍神廟	在縣治南門內，嘉慶八年，知縣曹世駿建。
邑厲壇	在縣治北門外，乾隆三十五年，北路理番同知李本楠捐建。
名宦祠	在文廟崇聖祠之左，道光十年，知縣託克通阿與邑紳捐建。
鄉賢祠	在文廟崇聖祠之右，與名宦祠同建。
忠烈祠	在縣治西門內，道光二年，知縣吳性誠捐建，祀林、陳、蔡三役殉難文武官兵。
節孝祠	在縣治東門內，建省之後，合祀臺、彰、雲、苗四邑節婦、孝子。
朱公祠	在縣治西門內，光緒十五年，巡撫劉銘傳奏建，祀提督朱煥明，爲戴案義民祠之址。
義民祠	在縣治西門內，乾隆五十五年建，祀林爽文之役殉難義民。
十八義民祠	在縣治西門外。先是雍正十年春，大甲西社番林武力作亂，總兵呂瑞麟率兵討，累戰弗克，番益猖獗，恣焚殺，縣治戒嚴，淡水同知張宏章適率鄉勇巡莊，過阿束社，番突襲之，幾不得脫。鄰近粵人方負耒出，見而大呼，眾爭至，與番鬥，宏章乃免，死者十八人，曰黃仕遠、黃展期、陳世英、陳世亮、湯邦連、湯仕麟、李伯壽、李任淑、賴德旺、劉志瑞、吳伴雲、謝仕德、江運德、廖時雨、盧俊德、張啓寧、周潮德、林東伯。越日，鄉人葬之西門外，題曰「十八義民之墓」。已而番平，大府上其事，下旨嘉許賜祭，各發銀五十兩，飭有司購地建祠，春秋肸蠁，以旌其義。

雲林縣

社稷壇、風雲雷雨山川壇、先農壇	均未建。
文廟	未建，光緒十五年，暫就文昌祠奉祀孔子。

武廟	
城隍廟	原在舊治。光緒十四年，知縣陳世烈建，後移今治，暫蓋竹屋。
厲壇	在縣治南門外，光緒十年建。
朝天宮	在縣轄大糠榔東堡北港街，祀天后，廟宇巍峨，人民信仰。先是康熙年間，僧樹璧自湄州奉神像來，結廬祀之，香火日盛。雍正八年，乃建廟。乾隆十六年，笨港縣丞薛肇廣、貢生陳瑞玉等，捐資修之，以三十八年十月起工，翌年九月落成，費款一萬五千圓。道光十七年，子爵王得祿以平定海寇之役，爲神顯祐，奏列祀典，敕賜「神昭海表」之額，命江安十郡儲糧道王朝偏代祭。咸豐五年重修。
義民祠	在縣轄北港街。林爽文之役，街民固守拒戰，死者百零八人。高宗手書「旌義」二字，刻石建亭，號旌義亭。尋於亭後建義民祠以祀。
昭忠祠	在縣治西南。道光十三年奉旨建，祀張丙之亂殉難官員兵民等，則贈知府銜方振聲、贈游擊馬步衢、贈都司陳玉成等。光緒十四年，斗六鹽館委員葉大鏞監修，以茎葉稅爲祭費。
將軍廟	在都司署內，祀二十四將軍。後楹祀臺灣鎮總兵林向榮。光緒四年，都司淩定國修。
文昌祠	在縣治，同治七年建。又一在林圯埔街，光緒二十年重修。

苗栗縣

社稷壇、風雲雷雨山川壇、先農壇	均未建。
文廟	未建，光緒十五年，暫就文昌祠奉祀孔子。
武廟	
城隍廟	在縣治。

臺東直隸州

社稷壇、風雲雷雨山川壇、先農壇	均未建。
天后宮	在卑南馬蘭街。光緒十五年，統領張兆連建。先是兆連詳請巡撫奏請賜給匾額。十七年，卑南大麻里各社正副社長及通事等捐銀七百五十圓，購置田園，以為祀費。
昭忠祠	在卑南寶桑海濱。光緒七年，同知袁聞柝建。十四年，番亂被燬。十八年，重建於鰲魚山。

譯文

林金進・注譯

連橫說：禮，是輔助治理國家的。要治理好國家，讓人民守規矩，親疏的人都能和睦相處，防止禍亂發生，沒有「禮」是做不到的。所以說：「用政令來管理民眾的社會生活，用刑罰來恐嚇百姓不得踰越社會的秩序，用這種手段雖然能夠讓百姓遵守社會規範不會去犯法，但是百姓卻不知道犯罪是可恥的行爲；若能用道德來規勸民眾，用禮法、習俗來約束百姓，讓民眾來遵守社會規範，那民眾不僅知道犯罪是可恥的行爲，而且還是心甘情願的遵守社會規範。」臺灣原爲海上的荒島，我延平郡王開闢而治理之，文德武功震動閃耀天下，其所依循推動之禮，皆爲先王之禮。至今已有二百數十年，而其秉持常道的本性，雖經歷劫難也未消失，這就是因禮而能存續。開啓並興盛的，是在於君子的作爲。

慶賀

鄭氏主持臺灣政務之時，農曆的初一、十五必定朝拜明廷。每次有加封官吏之時，必定身著朝服向北遙望，向永曆帝所在的方位朝拜並焚燒文書，遙告永曆帝。永曆帝雖不在臺灣，但不敢忘記永曆帝。

臺灣納入清廷版圖後，每有慶賀之事要舉辦時，必定在臺灣府府學的明倫堂。康熙五十年（一七一一）巡道陳璸（一六五六—一七一八）始在府城東方的的永康里挑選土地，興建萬壽亭。前立著午門，午門旁還排列著朝房，後面爲祝聖殿。

康熙五十六年（一七一七），巡道梁文科又再擴建，環繞著建築物修建圍牆，在東西兩側修建大門，取名爲「敷文」、「振武」。

康熙六十年（一七二一），颱風摧毀這些建築物。

雍正元年（一七二三），重建，在後面增設僧室，僧人負責清掃整理。

乾隆十七年（一七五二），巡道金溶（一七〇六—一七七八）、知府陳玉友（一七〇四—一七五四）認爲該建築物位在城外，交通不便利。仍在府學的明倫堂舉辦各項禮儀。

乾隆三十年（一七六五），知府蔣允焄在東安坊縣學的東方挑選一塊土地，蓋了一座面向南方的建築物，爲校士院的舊址。建築物結構宏偉寬敞，高樓巨屋，以供奉龍幄。設置東西班房聽事，殿門外的左右設置更衣廳，正南方爲午門。外側爲東西朝房，周圍以圍牆環繞，東西側興建大門。凡是皇帝生日、元旦、冬至，文武官員在前一天齋戒沐浴，率部屬至明倫堂學習典禮儀式。當天的四鼓時分，穿著朝服進入宮殿，文官在東側，武官在西側，行三跪九叩禮。各縣先呈上賀表，穿朝服行大禮，派官員攜帶賀表至省城。

接詔

皇帝之詔書到達時，閩浙總督派遣官員攜帶詔書並護送前來臺灣。護送詔書之舟船進入鹿耳門時，須將此消息傳報給臺灣的官員知悉。文武官員準備龍亭、綵輿、儀仗、鼓樂至西門外的接官亭迎接。

恭敬地捧著詔書將之置於龍亭，文武官員身著朝服面向北方跪拜迎接。鼓樂在前方開路引導，至萬壽宮。文武官員分站在東西兩側，運送攜帶詔書的官員面向南方而站立，贊唱：「排班」，鼓樂起，官員行三跪九叩禮。

運送攜帶詔書的官員捧著詔書，宣讀詔書的官員跪著承接詔書，到文案前宣讀。眾官員跪著聽宣讀詔書，宣讀完畢後，仍將詔書授與運送攜帶詔書的官員，由他將詔書放置於龍亭，又再行三跪九叩禮。官員依次退場。

詔書交與知府保管，分送到各縣，宣讀頒布。

迎春

立春之前，負責的官員以桑柘布、土爲材質，預先塑造好春牛、芒神。牛的身高四尺，象徵四季。長三尺六寸，象徵三百六十日。自頭到尾八尺，象徵八節（立春、春分、立夏、夏至、立秋、秋分、立冬、冬至）。尾一尺二寸，象徵十二時辰。鞭用柳枝，長二尺四寸，象徵二十四節氣。

牛的體色，以本年的象徵色爲準：頭、耳、角用天干來輪流，牛身用地支來輪流，蹄、尾、腹用納音來輪流。籠頭以立春日之輪值天干之代表色爲顏色，用桑木搭造。繩索，孟日（謂寅、申、巳、亥日）用麻，仲日（謂子、午、卯、酉日）用苧，季日（謂辰、戌、丑、未日）用絲。造春牛所用的土，以冬至節後的辰日於歲德的方位取土、來造春牛。

芒神身高三尺六寸，象徵一年有三百六十日。服裝以立春日之日支受剋爲衣服的顏色，剋衣的顏色爲衣帶的顏色。髮髻的形式以立春之日的納音爲依據，罨耳（禦寒護耳的物品）則以時辰爲依據，鞋、褲、行纏（綁腿布）亦以納音爲依據，是老是少則以本年的流年爲依據。塑造完成後，將芒神置於東郊的春牛亭。

立春的前一天，府、廳、縣各率其下屬，著盛服由騎卒開道而至。司儀至定位，主祭官及陪祭人員就位，上香，鞠躬，拜。獻酒三爵，讀祝禱文，再拜。禮畢，帽冠簪花、飲酒，下屬官員先行離開，長官次之。將春牛、芒神迎至府、廳、縣的頭門之外，春牛面向南方，芒神面向西方。

立春當天，清晨先屠宰祭祀用之牲口，準備祭酒。府、廳、縣各率所屬官員，身著朝服參加祭祀。司儀至定位，主祭官及陪祭人員就位，鞠躬，拜，獻酒三爵，讀祝禱文，再拜，起身。至春牛之前，各級官員執綵仗，立在左右兩側。長官擊鼓，之後又再擊牛三次，拱手作揖而退。又再到芒神跟前，拱手作揖而退。這就是鞭春的儀式。

耤田

各省的各府、州、縣均於東郊建置先農壇，高二尺一寸，寬二丈五尺，用以祭祀先農。在先農壇旁設置耤田（耤田，古代天子、諸侯徵用民力耕種之田），準備農具、黑牛，選擇適合耕種的土地來耕作，並將收成之穀物儲存好。

找兩位農人，免其繇役，由官府給口糧，讓其耕種這塊土地。仲春這一天，負責的官員先行齋戒沐浴。到了這一天，文武官員各率領所屬之官員，身著朝服，參加祭典。

準備帛一匹，羊豬各一頭、鉶一組、簠一組、簋一組、籩四組、豆四組，行三跪九叩禮。禮畢，更換朝服，由知府手持耒，佐吏拿著裝種子的青箱，知縣播種。如果是在州、縣舉辦，則由知州、知縣持耒，佐吏拿著裝種子的青箱及播種。耆老一人牽牛，兩位農人扶犁，九推九返。之後由那兩位農人將整畝田耕耘、播種完畢。典禮完畢後，身著朝服，主祭官率領耆老、農夫，望京城方向謝恩，行三跪九叩禮。

耤田所生產之穀物，用來供祭祀用，以表示重視農業生產。

祭社

府、州、縣皆建有社稷壇。府稱府社之神、府稷之神，爲紅牌金字。社稷壇的規模，坐南向北，高三尺，長寬各二丈有五尺，向四面延伸，臺階各有三級。

每年的春、秋兩季的第二個月第一個戊日舉行祭祀。祭祀前，主祭官必須先齋戒三日。祭祀的前一天，主祭官及助祭者須檢查祭祀用的牲畜和準備祭祀用具。將祭壇上上下下清掃乾淨，在中門搭建臨時的帳棚，夜宿於此。

祭祀當日，早早起床，負責的官員陳設禮器，設置社位於稷的東邊，陳列羊、豬各一頭，鉶一組、簠二組、簋二組、籩四組、豆四組，主祭官著祭服行禮，按照儀式行禮完畢後退出祭壇，將社稷神位供奉於城隍廟。

風雲雷雨、山川、城隍與社稷之神同壇祭祀，其神位擺置於社稷的右邊，亦在春、秋兩季的第二個月祭祀。壇高二尺五寸，長寬各二丈五尺，四面皆有階梯，南方的有五級，其餘方向爲三級。

雍正二年（一七二四），奏准風雲雷雨之神居中，山川之神在左方，城隍在右方，其祭祀之禮儀與祭祀社稷之神相同。各以知府、知州、知縣爲主祭，武官爲陪祭官。祭祀完畢，神位奉祀於城隍廟。

釋菜

永曆（一六六六）二十年，春，文廟落成，延平郡王鄭經（一六四二—一六八一）親至文廟舉行釋菜之禮。

臺灣納入清廷版圖後，康熙二十四年（一六八五），巡道周昌、知府蔣毓英重建文廟，這就是府學。

康熙三十九年（一七〇〇）巡道王之麟修建明倫堂。從此以後，各府、各縣皆興建文廟，以供奉至聖先師。每年的春秋兩季當中第二個月的第一個丁日，恭敬的舉行釋菜之禮。

祭典前三天，地方官齋戒沐浴，停止各種刑罰的處置。祭祀前一天，在明倫堂排演儀式的程序，地方官檢查祭祀用的牲畜與準備祭祀用具。祭祀當日，四更天時集合完畢，負責的人各負責其該負責的事。文官爲主祭官，武官爲陪祭官。先祭祀崇聖祠，禮畢後，再祭祀孔子。以太牢爲祭品，表演六佾舞，以復聖顏回、宗聖曾參、述聖子思、亞聖孟軻爲配享一同受祭。

祭官各就位，開啓大門，迎神，表演六佾舞，演奏咸平之章，行三跪九叩禮，起，奏樂停止。

行初次獻禮，主祭官先到盥洗所，再到酒尊所，到神位前時演奏寧平之章，主祭官跪，陪祭官跪，奠帛，獻酒，叩頭，起身。跪下，誦讀祝禱文，奏樂停，行三叩禮，復位。

行第二次獻禮，演奏和平之章，完畢，復位。

行第三次獻禮，演奏永平之章，完畢，復位。

飲用祭神之酒，接受祭神之肉，叩頭，起身，復位。各官員皆行三跪九叩禮，起身。

徹饌（撤去宴席），演奏咸平之章。

送神，各官員皆行三跪九叩禮。誦讀祝禱文者捧著祝禱文，司帛者捧著布帛，各到焚燒的地方，焚燒祝禱文、布帛，望著祝禱文、布帛火化焚燒，佾舞退場，奏樂停止，按次序退場。

祭纛

纛，就是大旗。臺灣鎮爲掛印的總兵，統帥軍隊，爲掌握軍權的駐外將領。

每年霜降（國曆十月二十三日或二十四日，秋季最後一個節氣）前一天，鎮、標等各地方武官、各營將士，全副武裝，在北門之外的校場迎接大旗，架設營帳駐屯軍隊。

隔天黎明，軍隊排列陣式祭旗，以羊、豬爲祭品，獻帛酹酒，三次進獻後儀式完成。揚旗鳴炮，這寓含著古代於秋收之後，於田野間狩獵之古禮的意思。傍晚時分，軍隊整裝入城，將大旗供奉於武廟，各營皆是如此。

大操

總督、巡撫巡視臺灣時，奉旨操練、檢閱駐臺的官兵。總兵通知召集各營官兵，駐屯於校場的左右兩側。

到了這一天，總督、巡撫蒞臨校場，立於演武廳之中。總兵以下之官員，皆著武裝，背著箭袋，手持長弓。總督、巡撫致詞勉勵官兵。總兵進入謁見總督、巡撫，行禮完畢後。總兵下令操演開始，兩軍演練軍隊進攻防守之陣式、戰技。總督、巡撫考察軍隊演練之優劣，犒賞軍隊牛、酒。

副將、參將以下之武官，著戎裝、佩劍，以軍禮送迎總督、巡撫。總督、巡撫回臨時官署，各營軍隊亦拔營歸建。

旌表

地方鄉里的人士、婦女，有孝順父母，友愛兄弟，守住貞潔的人士，地方鄉紳列舉其事蹟，由教官寫狀紙，地方人士為其作保。教官將此事告知於主管官員，主管官員將詳情告知於總督、巡撫，查實後再上奏朝廷。禮部詳實回覆，下旨表揚，賞賜紋銀二十兩修建牌坊，入祀。主管官員造訪其家，鄰里之人爲其感到光彩，各自準備賀禮。祭祀之日，教官率領地方鄉紳行禮，子弟以其衣冠捧入牌坊供奉，恭錄恩旨，收藏於家中。

如果有人能長壽到一百歲，能一胎生三子，此爲國家之祥瑞。急公樂善的人，亦各賜給匾額，以昭示後人。

旌表之禮，其目的在勸人爲善。

鄉飲

鄉飲之禮，是備受尊崇的。漢朝的制度，在太學設宴款待三老[1]，這是用以教導百姓孝順父母。順治初年，下詔京城、省、州、縣每年的正月十五日、十月一日各於儒學舉辦鄉飲酒之禮。前一天，負責儀式者先布置禮堂，監禮者先溫習禮儀的流程。黎明時，宰殺牲畜，辦理菜餚。主席率領下屬及監禮者先至會場，派人邀請賓客及觀禮者參加。等到賓客到時，負責的人則報曰：「賓客至。」主席來到鄉學的門口迎接，賓客從西邊的步道進入，過程中主席三次請賓客先行，賓客三次推辭，然

1 依據《漢書．高帝紀》：鄉民有五十歲以上，有德行，能率領百姓為善，每鄉推舉一人為「三老」。

後登上堂上會場。主席與賓客分站在堂上東、西兩側，互相拱手作揖後入座。

負責儀式者又再報：「觀禮者到」，主席又再重複剛剛的禮儀。不久，賓客的副手到了會場，各自就坐。負責儀式者告訴監禮者舉起酒器。監禮者由西邊的階梯進入，來到會場中央，面向北方站立。賓客、佐禮者及隨從全都站立。監禮者作揖，賓客、觀禮者皆作揖，負責儀式者以觶來盛酒，將裝酒的觶交給監禮者。

監禮者舉起觶說：「恭維朝廷，按照傳統的典章制度，崇尚禮教，舉行鄉飲酒之禮。不單是爲了飲食而已，凡是我國的人民，無論長幼，要互相勸勉。爲人臣要盡忠，爲人子要盡孝。長幼有序，兄友弟恭，對內要與宗族親友和睦，對外要與鄉里的鄰人互相尊重。不要荒廢這些規矩，以免辱沒了父母。」讀完畢後，監禮者飲酒，將觶交予負責的人。監禮者與賓客、觀禮者皆拱手作揖，就坐。

負責的人在會場中的案桌上拿取律令，宣讀律令的人來到案桌前，面向北方站立，所有的人皆站立，所行的禮儀如前。宣讀完畢，儀式完成，撤去案桌。供應酒食，賓客在前，其次是觀禮者，其次是賓客的副手，最後是主席。賓客、主席等皆起立，面向北方而站立，負責儀式者將已斟酒的酒器拿給主席，主席捧著酒器來到賓客前面，將酒器置放在賓客的案桌上，稍後退一下，對賓客兩拜，賓客答謝回拜。負責儀式者又將已斟酒的酒器拿給主席，主席捧著酒器來到觀禮者前面，所行的禮儀如前。

於是賓客起來答謝、回敬，觀禮的人亦隨從。負責儀式者將已斟酒的酒器拿給賓客，賓客來到主席面前，將酒器放在主席的案桌上，所行的禮儀如前。等到賓客、觀禮者依此酌酒後，舉起酒器飲酒。供應羹湯，又再酌酒，如此三次後，撤去酒食。賓客、觀禮者、賓客的副手及主席等皆起立。主席、僚屬、觀禮者在會場東側，賓客、賓客的副手在西側，兩拜完畢後，送賓客離開，賓、主分別從西、東兩側的步道離開，當中三次作揖以表謙敬。

凡是鄉飲酒禮，主席以知府、知州、知縣擔任，其在會場的位置在東南方；賓客以退休的官員、居鄉的紳士為受邀之人，其位置在西北方。觀禮者，以在鄉里年高德重的人為受邀之人，其位置在東北方。賓客的副手，以年紀次長的人為受邀之人，其位置在西南方。三賓以賓客之次者為受邀之人，其位置在於賓客、主席、賓客的副手、觀禮者之間。眾賓客的位置則以其年齡的高低來排先後順序，僚屬則以其官位的尊卑來排先後順序。

監禮者以教職人員來擔任，負責儀式者以老生來擔任。凡是有過違法犯紀者，不許位列於善良之席，違者以違制（違制，明清時代之法律術語，就是違反聖旨之意）論罪。儀式進行中，敢在會場喧嘩失禮的人，負責舉揚觶的人以禮來責罰之。

然而，鄉飲酒禮在臺灣已經很久沒有舉辦了，僅保存其禮儀制度而已。

祀典

《左傳》說：「國家的大事，在於祭祀與對外用兵。」所以，朝廷的法令若推廣於百姓生活之中，則人民會祭祀之。因勤於事而死，百姓會祭祀他；操勞國事而讓國家安定，百姓會祭祀他；能抵禦大災難的，百姓會祭祀他；能抵抗外患的，百姓會祭祀他。如果不同族屬之人，則不予以祭祀。

臺灣本為偏遠蠻荒之地，明鄭時代，始興建文廟，遵奉至聖先師。清代時，沿襲此傳統，又再興建武廟，以崇尚武德。如果是山川社稷之壇，城隍、祝融之廟，名宦、義民之祠，凡是能抵禦災難、捍衛疆土者，皆對其供奉祭祀品，敲鼓起舞，祭祀儀式可謂隆重。

延平郡王鄭成功（一六二四—一六六二）爲開臺有功的祖先，精忠大義，死後而成爲神，臺灣人建廟祭祀祂。同治十三年（一八七四）冬季，欽差大臣沈葆楨（一八二〇—一八七九）奏請朝廷爲鄭成功建祠賜謚，以明代的諸臣配享。若有功德於民，則人民會深深的感念。這篇所記載的，皆在祀典之列，另眾多的祠廟如果是祭祀不隆重者，則不列入篇幅之中。

卷十一　教育志

連橫曰：嗟乎！自井田廢，而學校息，人才衰；朝廷之所以取士者，唯科舉爾。夫科舉非能得人才也，而人才不得不由科舉，故以管、商（管仲、商鞅）之政治，仲舒（西漢的董仲舒）之經學，相如、子雲（司馬相如、揚雄）之文章，苟非一入主司之目，亦終其身而不遇。是科舉非能得人才也，又且抑遏之、摧殘之，蔀（ㄅㄨˋ，遮蔽）其耳目、錮其心思，使天下英雄盡入吾彀（ㄍㄡˋ，範圍。此句乃唐太宗語，指天下英才皆為其所用），而精捍者亦不敢與我抗，而吾乃可無憂。故學校之設，公也；科舉之制，私也。以私害公，霸者之術也。古者量人授田，一夫百畝，八口之家，可以無饑。設為庠序（庠音ㄒㄧㄤˊ。庠序皆為學校之稱）以教之。八歲入小學，學六甲五方書計之事。十五入大學，學先聖禮樂。其秀異者移鄉學於庠序；庠序之異者移國學於少學。諸侯歲貢少學之異者於天子，學於太學，命曰造士。行同能偶（相同、匹配），則別之以射，論定然後官之，任官然後爵之，位定然後祿之。故古之取士也寬，其用之也嚴；後之取士也嚴，其用之也寬。人才何得而見之哉？

臺灣為海上荒島，靡有先王之制也。荷蘭得之，始教土番，教以為隸而已。領臺之三年，乃派牧師布教，以崇信基督。其時歸化土番，曰新港、曰目加溜灣、曰蕭壠、曰蔴荳、曰大目降、曰大傑顛，各設教堂。每逢星期，眾皆休息，群集於此，禱福講經，以是從者日多。永曆二年，各社始設小學，每學三十人，課以荷語荷文及新舊約。牧師嘉齊宇士又以番語譯《耶教問答》及《摩西十誡》，以授番童。拔畢業者為教習。於是番人多習羅馬字，能作書。削鵝管，略尖斜，注墨於中，揮寫甚速，凡契券公文均用之。故不數年而前後學生計有六百人。然其所以教之者，敬天也，尊上也，忠愛宗國也。故終荷蘭之世，土番無反亂者，則教化之力也。

延平克臺，制度初建，休兵息民，學校之設，猶未遑（急迫）也。永曆十九年八月，嗣王經以陳永華為勇衛。永華既治國，歲又大熟，請建聖廟，立學校。經曰：「荒服（偏遠地區）新創，地狹民寡，公且待之。」永華曰：「昔成湯以百里而王，文王以七十里而興。國家之治，豈必廣土眾民？唯在國君之用人求賢，以相佐理爾。今臺灣沃野千里，遠濱海外，人民數十萬，其俗素醇，若得賢才而理之，則十年生聚、十年教養，三十年之後，足與中原抗衡。又何慮其狹小哉？夫逸居無教，則近於禽獸。今幸民食稍足，寓兵待時，自當速行教化，以造人才，庶國有賢士，邦以永寧，而世運日昌矣。」從之。擇地寧南坊，面魁斗山，旁建明倫堂。二十年春正月，聖廟成，經率文武行釋菜之禮（祭典，見〈典禮志〉），環泮宮而觀者數千人，雍雍穆穆（和諧），皆有禮讓之風焉。命各社設學校，延中土通儒以教子弟。凡民八歲入小學，課以經史文章。天興、萬年二州，三年一試。州試有名者移府，府試有名者移院，各試策論，取進者入太學。月課一次，給廩膳（發給在學生員的膳食津貼）。三年大試，拔其尤者補六科內都事。三月，以永華為學院，葉亨為國子助教，教之、育之，臺人自是始奮學。當是時，太僕寺卿沈光文居羅漢門，亦以漢文教授番黎（民）。而避難搢紳，多屬鴻博之士，懷挾圖書，奔集幕府，橫經講學，誦法先王。洋洋乎，濟濟乎，盛於一時矣！

清人得臺之後，康熙二十二年，知府蔣毓英始設社學二所於東安坊，以教童蒙，亦曰義塾。其後各縣增設。二十三年，新建臺、鳳兩縣儒學。翌年，巡道周昌、知府蔣毓英就文廟故址，擴而大之，旁置府學。由省派駐教授一員，以理學務。而縣學置教諭，隸於學政。其後各增訓導一員。然學宮虛設，義塾空名，四民之子，凡年七、八歲皆入書房，蒙師坐而教之。先讀《三字經》或《千字文》，既畢，乃授以四子書（四子書，即四書），嚴其背誦，且讀朱《註》（朱熹《四書章句集註》），為將來考試之資。其不能者，威以夏楚（夏楚，體罰）。又畢，授《詩》、《書》、《易》三經及《左傳》，未竣而教以制藝，課以試帖，命題而監之作。肄業十年，可以應試。其聰穎者則旁讀古文，橫覽史乘，以求淹博。父詔其子，兄勉其弟，莫不以考試為一生大業。克苦勵志，爭先而恐後焉。舊制：三年兩試，一為科考，一為歲考。康熙二十五年，福建總督王新命，巡撫張仲舉奏准，臺灣歲進文武童各二十名，科進文童二十名，廩膳生二十名，增廣生如之。歲貢以廩生食餼為先後（取得廩生資格的年資先後），年貢一人。將試之時，童生赴縣投考，書其姓名、年貌、三代籍貫，廩生保之。皂隸（衙門中的差役）、廝養（供使役的人）、倡優（表演歌舞技藝為業的人）、賤戶（賤民等級）之子不得試；有其人者，諸生逐之，廩保同坐。臨試之日，知縣入考棚，考棚亦曰校士院，點名給卷，扃（ㄐㄩㄥ，關閉）門而試。兩文一詩，日暝乃出。考官校其上下，數日發榜，而覆試之。遞次而減，以至終覆，乃移之府。各縣俱集，制亦如之。臺灣隸於福建，以分巡道兼理提督學政。雍正五年，改歸漢御史。乾隆十七年，仍歸道。將試之前一日，學政朝服謁聖，至明倫堂，席地坐，中置一案，廩膳生立而讀經，諸生侍。禮畢，入院。先考古學，試以詩賦、策論、經解。新舊生畢至，其不考者聽之。次考舊生；廩、增生員畢至。上舍之外，列一等者，以次食餼。其不考者不得鄉試。試列四等，發學戒飭。三試不至者，褫（ㄔˇ，卸下）其衣頂。次考童生；扃門而試，禁挾書，搜而焚之。數日發榜，拔其尤者十數名而覆試之，照額取進。再錄聖諭，而發紅榜，分發府縣各學，是為生員。學政率之謁聖，禮畢而退。臺灣府學歲貢一人，各縣學二歲貢一人，其後漸增，是曰歲貢，以廩生食餼之先後為序。廩生者，在學讀書，歲給廩餼，故謂之上舍生。凡遇覃恩（覃音ㄑㄧㄣˊ。覃恩，廣施恩澤，多指帝王對臣民的封賞、赦免等），則以是年當貢者為恩貢，以其次一人為歲貢。順治初，詔選府、縣學生之尤者赴廷試，十二年一行，是曰拔貢。雍正初，定為六年一行，府學二人，縣學一人，無其人則缺。乾隆八年，遂定十二年一行，著為例。鄉試之時，諸生赴試；其文優而限於額者，取為副榜。臺灣定額皆正榜，雋者不備，或以副榜足之，謂之副貢。鄉試之後，學政就通省所舉優行生，考取數名，謂之優貢。五者皆為選士。又有納捐者為例貢。雍正二年，詔命各省，凡例貢非廩生者不得以教職用，其現用者皆罷之，所以重師道也。其後廢之，捐納盛行，皋比（虎皮的座席，後指教師的講席）堂皇，且多不通之士矣。故例：三年大比，諸生畢至，天子命使者至其鄉，秋八月，三試於省闈，雋者登解榜，有司表其門，具聘幣，致之京師，曰舉人。明年春三月，天子命大臣扃禮闈而三試之，及第者詔集殿廷，天子親策問焉，遂甲乙其榜，曰進士。臺灣自康熙二十五年設學。二十六年，陸路提督張雲翼奏言：「臺士鄉試請照甘肅、寧夏之例，閩省鄉闈，另編字號，額取一、二名。俟應試者眾，乃撤去。」詔准編字額中一名。三十六年，總督郭世隆以臺士僉（ㄑㄧㄢ，皆）請撤去，一體勻中（撤去額外名額，共分中額），入奏報可。自後每多輟科，渡海危難，試者益少。雍正七年，巡臺御史夏之芳奏准，照舊編號額中一名。十三年，巡道張嗣昌請加解額，巡撫盧焯具奏，詔許加中一名。乾隆元年恩科，福建加中三十名，臺灣亦加一名，遂以為例。嘉慶十一年海寇之亂，臺人多募義禦侮。其明年，糧儲道趙三元巡臺，言於總督阿林保、巡撫張師誠，請加解額，並令臺士選舉優貢。十五年，詔可，遂定三名。

初，臺灣粵籍小試，附於各縣。乾隆五年，巡臺御史楊二酉以粵人流寓已久，戶冊可稽，現堪應試者計有七百餘名，奏准另編新號，四邑通校共取八名，附入府學。俟取進漸多，再將廩增並出貢之處，奏請定議，而鄉試仍附閩省，一體勻中。道光八年，總督孫爾準奏准於閩省內另編字號，別取粵生一名。蓋以粵人來臺，至是已多，釋耒（放棄農務）讀書者亦不少也。

故例：府縣泮額應視錢糧為差。而臺灣自乾、嘉以來，開墾日進，人民富庶，文風丕振，士之講經習史者，足與直省相埒。故至建省之時，全臺泮額驟增，而解額亦定為七名矣。乾隆四年，巡臺御史諾穆布、單德謨等奏請臺士會試，照鄉試例，另編字號，取中一名。部議以臺士與試，果至十人，乃奏請取中一名，著為例。其後遂有掇危科而入詞林者矣。

武科之制，始於唐代；其制與文士等。清代沿明之例，設為甲、乙兩科。其初試武童者，必先通四子書，以文事與武備相為表裏也。其後僅錄武經。每逢歲試，試以刀石馬步之箭，拔其尤者而進之。鄉、會亦同。

初，乾隆二十九年，巡臺御史李宜青歸京覆命之後，奏言：「臺灣四縣應試，多福、興、泉、漳四府之人，稍通文墨，不得志於本籍，則指同姓在臺居住者，認為弟姪，公然赴考。教官不及問，廩保互結不暇詳，至竊取一衿，褰裳而歸。是按名為臺之士，實則臺無其人。臣於上年抵臺，行文觀風，四縣生員祇八十餘卷。詢之官吏，據稱俱在內地。夫庠序之設，凡以宏獎風教，使居其土者知所方向。今臺灣南北二路，廣袤（ㄇㄠˋ，土地南北長度）一千數百餘里，計其莊戶不下數萬，而博士弟子員寥寥不少概見，則皆內地竄名之所致也。查臺地考試，從前具有明禁：非生長臺地者，不得隸於臺學。聖朝作養邊陲之至意，人所共見。又定例入籍二十年，亦無原籍可歸者，方准予寄籍考試。今四府人士，其本籍不患無可以應試之處，而遠涉重洋，或兩地重考，或頂名混冒，藐功令而竊榮名，莫此為甚。請將內地冒籍臺屬各文、武生員，照冒籍北闈中式之例，悉改歸本籍。仍請敕下該督撫，飭行兼管提督學政之臺灣道，嗣後府、縣試及該道考試，應作何設法稽查，識認精細，其廩保等不敢通同徇隱及受賄等弊。斯則海邦皆鄒魯，而作人之化，無遠弗屆矣。」旨下禮部議覆，禮部奏可。是為禁止冒籍之令。及蔡牽之役，臺人士義勇奉公，郊商亦捐餉助軍。事後奏增泮額，並定郊籍三名，附於府學，以為郊商子弟考試之途。

先是順治九年，頒發學規，詔命各學，刊立臥碑於明倫堂，以為教育根本。其所以勉勵之者，則為忠臣、為清官；而所以監督之者，則不許上書陳述利弊，不許結社武斷鄉曲，不許刊文以要（一ㄠ，求取）名譽，違者褫革，有司同罪，可謂嚴矣。夫國家養士，所以培元氣也。東漢太學三萬人，危言深論，不隱豪強，公卿避其貶議，天下視為指歸。宋諸生伏闕撾鼓，請起李綱，三代遺風，唯此相近。今乃並國家大事而不許言，則諸生讀書奚用哉？斁（ㄉㄨˋ，敗壞）亂民彝（一ˊ。民彝，人倫道德），摧殘民氣，其旨酷矣！夫清人以弓馬得天下，入關之後，仍沿明制，以科舉可籠絡人才也，故又範之以程式，約之以楷書。士子束髮入學，窮年矻矻，唯此是圖。其幸而得志者，則可以紆青紫（紆音ㄩ，佩戴。紆青紫，此為紆青拖紫之省，指身上佩戴青、紫色的印綬，比喻地位顯貴）、佩印綬、博富貴，為宗族交游光寵。其不幸而失志者，則侘傺（ㄔㄚˋ ㄔˋ，失志）終身，老死牖下（牖音一ㄡˇ，窗戶。老死牖下，此指不得重用終老在家之意），而無一顧問焉。烏乎（烏乎，通「嗚呼」）！人才之進退，乃以此為權衡，政何由而治，學何由而興哉？康熙九年，頒發聖諭十六條，命各地方官以朔望之日，集紳衿於明倫堂宣講，以俾軍民周悉。雍正元年，又刊欽定聖諭廣訓，頒發各鄉，命生童誦讀。朔望之日，亦集地方公所，逐條宣講。乾隆元年，復頒書院規訓。其所以造士者，可謂切矣。然而學校不興，浮華相尚，文字之獄，捕戮無遺。其所以鈐（ㄑ一ㄢˊ，管束）制士類，玩弄賢才，焚書阬儒，猶未若斯之甚也。臺灣為海上新服，躬耕之士，多屬遺民，麥秀禾油[1]，眷懷故國，故多不樂仕進。

---

1 指有亡國之嘆。《尚書大傳》卷二：「微子朝周，過殷故墟，見麥秀之蘄蘄兮……曰：此父母之國。乃為《麥秀之歌》，曰：『麥秀漸漸兮，禾黍油油。彼狡童兮，不我好仇！』」

康熙二十三年（本篇下表列在康熙四十三年，據《重修臺灣府志》當在康熙四十三年），知府衛臺揆始建崇文書院。十九年（本篇下表列在康熙五十九年，據《重修臺灣府志》當在康熙五十九年），分巡道梁文煊亦建海東書院；各縣後先繼起，以為諸生肄業之地。內設齋舍，延師主席，設監院以督之。每月官師各試一次，取生童各二十名，每名給膏火銀七錢。課外各四十名，每名三錢七分。而山長（山長，書院的負責人）束脩四百圓，加考小課一百二十圓。監院月薪十兩。扃試之日，別給飯膳五十圓，均由學租支之。乾隆五年，分巡道劉良璧手定海東書院學規五條：一曰明大義，二曰端學則，三曰務實學，四曰正文體，五曰慎交游[2]。二十七年，分巡道覺羅四明又勘定之：一曰端士習，二曰重師友，三曰立課程，四曰敦實行，五曰看書理，六曰正文體，七曰崇詩學，八曰習舉業。道光間，徐宗幹任巡道，力整學規，拔其尤者入院肄業。每夜必至，以與諸生問難。訓之以保身立志之方，勉之以讀書作文之法。一時諸生競起，互相觀摩，及門之士，多成材焉。臺郡為首善之區，文風丕振，東西南北各設文社，而以奎樓為中樞；故奎樓亦謂之書院。每有學事，群集討議，以進有司，唯不敢為過激之論，而賞奇析疑，亦以時會文焉。故例：有司下車，必行觀風之試，試以詩賦策論，或詢地方利弊，猶有博採芻蕘（芻蕘，指割草砍柴的人。博採芻蕘，此指不恥下問）之意。古者士傳言，庶人謗，商旅於市，工執藝事以諫。正月孟春，輶人（輶音ㄧㄡˊ，輕車。輶人，駕車者）以木鐸循於路，采其風詩，以陳天子。故王者不出朝廷，而知天下治亂。然而三代以下，天下之是非，一出於朝廷，而不出於學校。是故天子榮之，則群趨以為是；天子辱之，則群摘（ㄊㄧˋ，揭發）以為非。習毒所中，利祿薰心，而道義鑠矣。

2 據《重修臺灣府志》劉良璧所訂學規共六條：明大義、端學則、務實學、崇經史、正文體、慎交游。

光緒十一年，劉銘傳任巡撫，析疆置吏，增設學額。嗣經禮部議准，乃飭各學查明，其由南北兩府學撥歸臺灣府學廩膳附增生員一百五十名、武生八十六名，又由彰化縣學撥歸臺灣縣學者五十二名、武生十一名，撥歸苗栗者十一名、武生十一名，嘉、彰兩學撥歸雲林者四十九名、武生二十二名。原設廩生增額，應照名次由新籍各生幫補。自十八年起，改歸新籍支膳。是時巡撫兼理提督學政，核定考費，歲科兩屆一萬二千圓，南北兩府均半，歲試三千三百圓，科試二千七百圓。而新設之臺灣府，定自辛卯科試分棚開考，即照南北章程，歲科兩試共六千圓，科試二千七百圓，均於鹽課餘款支用。南北兩府考費，則歲試各八百五十圓，科試七百圓，亦由鹽餘支用。

初，臺士鄉試，例由海東書院給發盤費（盤費，旅費），以助肄業諸生。建省以後，官船往來，改發船票。而會試者從前新科舉人在院肄業者給以百圓，雖不在院而連捷者亦同，否則僅給四十圓。應赴書院監督報名，而後分發。若臺北府，則由該府自行提給。臺灣府亦就近報名，送道核給。其所以獎勵科舉者至矣。

當是時，百事俱興，農工路礦次第舉辦，而多借才異國。銘傳乃為樹人之計，十二年先設電報學堂於大稻埕，以習其藝。十六年又設西學堂於城內，聘西人為教習，擇全臺聰慧之子弟而教之，課以英、法之文，地理、歷史、測繪、算術、理化之學。又以中國教習四名，分課漢文及各課程。學生皆給官費，每年約用一萬餘兩。成效大著。臺灣教育為之一新。

夫撫墾之事，為治臺之大政。前者番社雖設社學，又拔其秀者為佾生，以寵錫之。顧此為羈縻（單單籠絡維持關係而非積極應對處置）之策，而非長治之計也。是年春三月，並設番學堂，先選大嵙崁、屈尺、馬武督之番童二十名而教之，聘羅步韓、吳化龍、簡受禧為教習，課以漢文、算書，旁及官話、臺語，起居禮儀，悉倣漢制。每三日，導之出游，以與漢人晉接（接見）。消其頑獷之氣，生其觀感之心。而銘傳又時蒞學堂，以驗諸生功課，極力獎勵，人才之盛，勃勃蓬蓬。再及數年，可以致用。然自邵友濂一至，十七年而撤西學堂，十八年而番學堂亦廢矣。烏乎傷哉！

臺灣儒學表

臺南府儒學	在臺南府治，康熙二十四年建。以下俱附見典禮志各文廟內。
安平縣儒學	在安平縣治，康熙二十三年建。
嘉義縣儒學	在嘉義縣治，康熙二十三年建。
鳳山縣儒學	在鳳山舊治，康熙三十五年建。
恆春縣儒學	未建。
臺灣府儒學	在臺灣府治，光緒十五年建。
臺灣縣儒學	未建。
彰化縣儒學	在彰化縣治，雍正四年建。
雲林縣儒學	未建。
苗栗縣儒學	未建。
臺北府儒學	在臺北府治，光緒六年建。
淡水縣儒學	未建。
新竹縣儒學	在新竹縣治，嘉慶二十二年建。
宜蘭縣儒學	在宜蘭縣治，光緒二年建。

臺灣書院表

海東書院	在臺南府治府學之西。康熙五十九年，巡道梁文煊請建，後爲校士院。乾隆四年，巡臺御史單德謨奏請別建校士院。翌年，巡臺御史楊二酉奏請照福建省直轄之例，以府學教授爲師，考取諸生而教之，給以膏火。於是拔貢生施世榜首捐穀千石，以爲修繕之資，又捐水田百甲以充經費。遂延教授薛仲黃爲師。六年，巡道劉良璧手訂書院學規，二酉立碑記之，今在院中。十五年，知府方邦基、知縣魯鼎梅改建縣署於赤崁樓之右，移書院於舊署。十七年，詔以巡道兼提督學政，歲科校士，遂在道署，而校士院乃曠。廿七年，巡道覺羅四明又就舊院修理爲用，立碑記之。三十年，知府蔣允焄護道事，擇地於府學西崎之下，別建今院，廣三十丈，袤八十丈，東向，講堂齋舍悉備。其後疊修。
崇文書院	原在臺南府治東安坊，爲府義學。康熙四十三年，知府衛臺揆建。乾隆十年，巡道攝府事莊年重修。十五年，臺灣縣知縣魯鼎梅移海東書院於舊縣署，而以舊海東書院爲崇文書院。二十四年，知府覺羅四明乃就府署之東，新築講堂齋舍，立碑記之，現在院中。
南湖書院	在臺南府治法華寺旁。乾隆二十九年，臺灣府知府蔣允焄建，以爲諸生肄業之地。今廢。允焄碑所撰文，載於《臺灣縣志》。
正音書院	在臺灣縣署之左。雍正七年，奉文設立。鳳山、諸羅兩縣，亦設。今俱廢。
引心書院	原在縣治檨仔林街。嘉慶十五年，邑紳黃拔萃就白蓮教齋堂抄用，稱爲引心文社，獨任膏火。十八年，知縣黎溶與拔萃議改爲臺灣縣書院，各捐款置產。嗣移於柱仔行街。知縣姚瑩又捐款生息。光緒十二年，改爲蓬壺書院。
蓬壺書院	在縣治赤崁樓之右。光緒十二年，臺灣縣知縣沈受謙建。
奎樓書院	在臺南府治道署之旁。雍正四年建，爲諸生集議之所。
鳳儀書院	在鳳山縣署之東，嘉慶十九年，知縣吳性誠建。
屏東書院	在鳳山阿猴街。嘉慶二十年，鳳山知縣吳性誠、下淡水縣丞劉蔭棠建。
玉峰書院	在嘉義縣治西門內，爲舊時縣學之址。乾隆二十四年，諸羅知縣李倓改建。

宏文書院	在臺灣府治，光緒十五年建。
白沙書院	在彰化文廟之左。乾隆十年，淡水同知攝彰化縣曾曰瑛建。二十四年，知縣張世珍重修。五十一年之役被燬，知縣宋學顯乃改建於文祠之西。嘉慶二十一年，署知縣吳性誠重修，規模較大。先是嘉慶十六年，知縣楊桂森議以南門外舊倉改建主靜書院，延師主講，以爲貧士肄業之地，勸捐千餘圓，置田生息，後不果建，遂以此租撥歸白沙書院。
文開書院	在彰化縣轄鹿港之新興街。道光四年，鹿港海防同知鄧傳安倡建，中祀朱子，旁以沈光文、徐孚遠、盧若騰、王忠孝、沈佺期、辜朝薦、郭貞一、藍鼎元配，皆臺之寓賢也。光文字文開，故以其表德名書院。傳安自撰之記，載於《彰化縣志》。
龍門書院	在雲林縣治，乾隆十八年建。
藍田書院	在雲林縣轄南投街。道光十一年，南投縣丞朱懋延請南北投、水沙連兩堡士庶議建書院，乃以生員曾作雲、管俊升等董其事，十三年成。內祀朱子爲講堂，旁爲齋舍，費款四千一百餘圓。眾又捐款置田，延聘山長，以爲膏火諸費。貢生曾作霖立碑記之，現在院中。同治三年五月，紳士吳聯輝重建，兵備道丁曰健題曰「奏凱崇文」，以戴潮春之役方平也。光緒十年，聯輝之子朝陽又修之。
英才書院	在苗栗縣治，光緒十三年建。
登瀛書院	在臺北府治，光緒六年，臺北府知府陳星聚建。
明道書院	在臺北府治，光緒十九年，臺灣布政使司沈應奎建。
學海書院	在臺北府治艋舺下崁莊，原名文甲書院。道光十七年，淡水同知婁雲議建，未行；二十三年，同知曹謹續成之。二十七年，總督劉韻珂巡臺至艋舺，易以今名。同知曹士桂自爲山長，諸生肄業者數十人，文風丕振。同治三年十月，重修。
明志書院	在新竹縣治西門內。先是乾隆二十八年，永定貢生胡焯猷以其興直堡新莊山腳之舊宅，自設義學，顏曰「明志」，並捐學租以爲經費。淡水同知胡邦翰嘉之，稟請大吏，改爲書院。翌年，總督楊廷璋立碑記之。三十年，同知李俊原以書院距治太遠，課士不便，議移南門內。四十二年，同知王右弼乃以校士經費存款，以事改建。四十六年，同知成履泰又以南門地勢低窪，移於西門之內。道光九年，同知李愼彝修之。

仰山書院	在宜蘭縣治文昌宮之左。初，楊廷理入蘭籌辦時，以宋楊龜山爲閩學之宗，而蘭之海中亦有龜山嶼，故名仰山，志景行也。嘉慶十五年始建一椽。至二十四年，噶瑪蘭通判高大鏞乃延師開課，而屋漸圮。道光元年，署通判姚瑩改築於後殿左廂，亦祇一廳一室。未幾復圮。十年閏四月，署通判薩廉乃就舊址新築三楹，爲課士之地。自道光初年，以清丈餘款充爲租息，歲入約千圓，以供諸費。
崇基書院	在基隆廳治，光緒十九年建。
文石書院	在澎湖廳轄文澳之西。乾隆三十一年，通判胡建偉循貢生許應元等之請，捐款新建。中爲講堂，祀宋代周、程、朱、張五子，旁爲齋舍各十間，以澎產文石，故以名之。其後疊修。道光七年，通判蔣鏞與副將孫得發、游擊江鶴等捐俸倡修，自爲主講，以束修充工資。九年春，改建魁星樓於巽方，以取文明之象，並請籌款生息。光緒元年，董事蔡玉成邀集士商重議修建，計捐二千餘兩。二年冬落成。規制宏敞。然以經費支絀，玉成又親赴道署稟請籌撥，巡道劉璈許之，而賓興膏火之費始裕。

譯文

陳秀貞．注譯

連橫說：唉！令人感嘆啊！古代「學在官府」，自從西周晚期後，井田制度逐漸衰弛廢除，學校教育廢止，人才就衰落了！

可嘆啊！後來的朝廷，竟然僅透過科舉考試的途徑，來選拔人才、任用官吏。科舉所拔舉的人才，其實倒不一定是眞人才，但是人才卻不得不去參加科考，通過層層淘汰才能崛起，那麼也就難免會有人才被淹沒的情形了。何以見得呢？因爲決定錄取者的人只有主掌考試的考官。舉子的才能，即便和管仲、商鞅一樣精通治理政事，能輔佐齊桓公稱霸諸侯、使秦孝公富國強兵；或是像董仲舒一樣學問廣博，能通曉孔孟思想，令漢武帝奉行治國；或者辭章筆力堪比司馬相如、楊雄，才華驚豔絕倫，他們如果不受主考官的青睞，也是終其一生懷才不遇了。因爲只能用科舉考試選才，一旦應試的文章不被賞識，就失去起用任官的機會，而且再也沒有其他出路了。所以說，這科舉制度不僅無法得到人才，還會抑制阻止人才、摧毀殘害人才！科舉只會遮蔽人們的耳目、禁錮人們的思想！最終，使天下英雄全在掌控之中，讓士人對上效忠對下爲民表率，扮演安定社會的中堅力量，鞏固皇權。於是，頑強不從的人也不敢反抗，而朝廷才可以無憂！追根究柢，科舉取士還是爲了籠絡和控制人心，其目的並不在於培育眞正的良才。所以，設立學校，是爲了天下的公義；而制定科舉，卻是爲了權力的私利。用私利損害公道，只是當權者爭奪利益的謀略與稱霸的手段而已。

古代所施行的教化育才和後世的科舉取才相比，其做法與目的是根本不同的。古代的農耕，是依照百姓的人數撥給田地，一人百畝地，八口的家庭就足以豐衣足食。國家又興辦學校教化人民，八歲入小學，學習六甲、五方、書計的本領。從前是用天干地支相配來計算時日，其中有甲子、甲寅、甲辰、甲午、甲申、甲戌，因而有「六甲」。「五方」則是指東、西、南、北及中央。換句話說，過去的人，孩提時就要學曆法推算、地理風俗、寫字記事和數學計算等知識，樣樣都是生活中實用的技能。等到了十五歲便進入大學，接著學習先世賢人所制定的禮樂文化，明白做人處事的道理，與應對進退的禮節。於是各種優秀的人才得以展現才華，而先人智慧文明的光芒就能傳承與發揚。

那時候，各級學校的名稱不同。最小的教育單位是家設的「私塾」，而五百家的黨則設立「庠」，一萬二千五百家的術則開設「序」，國則設置「太學」。各級學校都要定期選拔成績優秀的學生，送入等級更高的學校，進一步學習更高深的學問。也就是說，鄉校的資優生才可升級進入「少學」，又稱「國學」；而諸侯則須每年從少學選出成績優異的人，推薦給天子，然後再進入太學研習深造。莘莘學子就這樣在學校讀書培育才能，然後逐層選拔，這就是「歲貢」的制度。這裡所說的每歲進貢，不是一般理解的諸侯或屬國派遣使者向朝廷進獻財物，而是指推薦學生，也就是從學校裡篩選人才獻給天子。這樣一群由歲貢選拔而來，學業有成的士子，稱爲「造士」。而在拔舉造士的過程中，對於品行一樣良好，才能同等優秀的人，還要另外考核射箭，表示文武兼備的素質最佳。如此，經過審慎的品評，再核定能力的品級，然後才可授予官職。任命官職之後再依政事的表現授予爵位，依照爵位等級給予俸祿。由此可知，古代選拔官員的來源非常寬廣，但任用的考核卻依序評等，把標準管控得很嚴格。相反的，後世以科舉制度來選拔人才，用考試名額逐層篩選，實際上就是擠進一條極其狹窄的路徑，然而一旦雀屏中選，立即鯉躍龍門，賜封名分地位，而其後任官的績效考核反倒寬鬆。試問：這樣做，眞正的人才怎麼能被看見呢？

臺灣是海上的一座荒島，從來沒有施行過先王的制度。從明末清初，才開始有歷史記載。明朝天啓四年（一六二四），憑藉出色的商業運作能力，躋身海權強國的荷蘭，占領了臺灣。爲了促進貿易，他們必須培養能做事的人才，方便管理臺灣，於是，就開始教育世居此地的原住民讀寫識字。在統治臺灣的第三年，荷蘭政府才派遣牧師來臺廣泛的宣傳教化，教育人民信仰基督。當時歸順荷蘭而接受教化的地區，包括新港、目加溜灣、蕭壠、麻荳、大目降等聚落，這些都是分布於現今臺南地區的西拉雅平埔族群；此外，還有大傑顛社，則是馬卡道平埔族，居住在今日的高雄地區。平埔族的各個聚落，都設立了教堂，每逢星期日，民眾都會休息放下工作，群聚在教堂，禮拜基督、禱告祈福、聽牧師講道，因此參加的人逐漸增多。

永曆二年（一六四八），荷蘭政府開始在各聚落設立小學，每校學生三十人，教授荷蘭語文和聖經。同時，宣教士嘉齊宇士（Canditius）又用原住民的口語翻譯了《聖經》的重要思想，編成《耶教問答》和《摩西十誡》教導原住民子弟，當中成績優秀畢業的人就提升爲教師，從事教學。這期間，荷蘭人教導原住民以羅馬拼音書寫自己的語言，形成了特殊的「臺灣羅馬字」，很多原住民都學會了羅馬拼音文字，從此能夠記錄文字。他們用鵝毛管，略微斜切削尖，再把墨水注入管中，能夠把字寫得很快，只要是訂定契約、書寫公務的文書，都會使用羅馬字，所以沒過幾年，前前後後共有學生六百人了。然而，除了習字書寫文書，荷蘭人當時透過宗教所教育人民的，還有崇拜上天、恭敬尊長、效忠宗族、愛護國家這些倫理精神，因此在整個荷蘭統治時期，原住民都沒有造反作亂的事情，這完全是依靠教化的功用。

永曆十五年（一六六一），延平郡王鄭成功（一六二四—一六六二）收復了臺灣，立臺灣爲

「東都」，赤崁城爲承天府（今臺南市中西區），並以承天府爲中心，劃分東安（今臺南市東區）、寧南（今臺南市中西區）、西定（今臺南市中西區）、鎭北（今臺南市中西區及北區）等四坊，以及二十四里。承天府以北設置天興縣（今鹽水溪以北，涵蓋今臺南市北區、中西區及部分的西部、東北部與南端）、承天府以南設置萬年縣（今鹽水溪以南，涵蓋今臺南市東區、南區及部分的高雄市），積極整頓制度、停止戰事，好讓人民安定生活，投入農事生產。此時的臺灣，尚未恢復元氣，社會秩序雖然逐漸平復，還沒有時間顧及到興辦學校。

永曆十八年（一六六四）三月，繼任的延平郡王世子鄭經（一六四二—一六八一）棄守金門、廈門，而鎭守臺灣與澎湖，於是改「東都」爲「東寧」，自稱「東寧國王」，但在繼位十九年間僅以「延平王世子」自稱，不稱「本王」。奉明朝爲正統，不遵清朝的年號。將天興、萬年二縣升格改爲州制，又增設澎湖、南路與北路三個安撫司，並將原屬承天府之四坊歸天興州管轄。

永曆十九年（一六六五）八月，鄭經請自己的老師陳永華（一六三四—一六八〇），擔任諮議參軍兼統親軍勇衛，執掌具體的政事，推行各項治理措施。陳永華作爲輔弼大臣，用心擘劃，深耕臺灣，素有「東寧臥龍」的美稱。他等到國政運作逐漸上了軌道之後，又見屯墾秋收有豐碩的收成，糧食無虞，就上奏建請興建孔廟，推廣儒家思想；並創立學校，培養人才。世子起初並不同意，認爲：「臺灣地處偏遠，也才剛納入管理，還在創建初期，條件不好；況且這裡土地狹小、人口又稀少，先生想要設辦學校推行儒學的提議，也不是最要緊的，還是先行暫緩辦理，等以後各方面條件允許再說吧！」

陳永華就再上奏章，說明興辦教育的重要，強調國家培養人才是刻不容緩的大事。他說：「從前，儒家所推崇的上古聖王有商湯和周文王，都是因爲施行仁政，才得到民心，進一步就統一了天下。他們一個原本只是部落的首領，一個是諸侯國的君王；所統治的領地都很小，一個只有七十里，一個只有百里，然而，卻能成爲開朝的帝王，成就天下康寧而萬民朝拜的不朽功業。由此可知，想要國家安定強盛，哪裡必須要有廣大的土地和眾多的黎民呢？關鍵只在國君須任用賢能的人才，輔佐治理國家而已。如今我們的根據地『臺灣』雖然不大，但也有千里豐饒的土地，又有一海相隔的地理優勢，能夠休養生息；人民有幾十萬，而民風又非常淳厚素樸，如果能得到賢能的人來治理國家，就可以用十年繁殖人口、聚積物力；用十年興辦教育、培養人才，培植戰力，軍民同心同德，積聚力量，發憤圖強，那麼在三十年之後，實力就足夠對抗中原。又何必擔心土地狹小、人民太少呢？要知道，人之所以爲人，不能只有物質文明。從前孟子就說過：『做人如果光是求吃飽穿暖，住得安逸，而沒有教育，那和禽獸又有什麼差別？』現在，幸好可用軍隊屯墾，百姓糧食已稍能飽足，人民平時在家耕種，戰時則可當兵打仗，當然應該要立即推行教化來造就人才。只要國家有賢能的人，社會就能安定祥和，國運自然昌隆。」於是，世子便同意實施陳永華的教育政策。

至於孔廟的興建地點，最後決定建在臺灣府城南邊的寧南坊（今臺南市中西區）。寧南坊是四坊中占地面積最小的區域，卻是文教最盛的區域。選擇了面向魁斗山（今臺南市仁德區）的方向，並依循左學右廟的規制，在孔廟主體建築旁的東邊興建「明倫堂」，作爲官員與學生聚集講學的最高學府，也就是太學。自古以來，文廟的建築已有定規，各府學、縣學之內，須建一座明倫堂，通常位於大成殿以東或者是正後方。建築的規模和形制則在不同地區和時期，略有差異，少則三間，多則七間。取名爲「明倫」則是「彰明人倫」的意思。儒家主張由親及疏，推己及人，推人及物。因而認爲從宗法制度出發，建立出有秩序的倫常關係，與親愛和諧的社會，就是一種切合「禮」的表現。因此，明倫也是儒學的基礎，所有儒學體系的學校講堂一般都會以明倫命名。

孔廟在永曆二十年（一六六六）入春的正月完工，東寧國延平郡王世子鄭經親自率領文武官員來到孔廟，準備了菜蔬，有芹、棗、栗等作爲祭品，祭祀至聖先師孔子。這是入學的「釋菜之禮」，表示行過拜師禮，開始從師學藝；同時也宣告臺灣開始學習漢人傳統的禮樂文化，以及儒家禮法的思想精神。當時也有許多民眾環繞在孔廟「泮宮」外圍的入口觀禮，共襄盛舉。泮宮這個名稱，從上古一直沿用下來，本意是指周代諸侯所設立的學府名稱，也就是所謂的「郡縣之學」，後來就用來泛稱學校的意思。在那個時候，圍觀的人群竟多達幾千人，而且都能和諧融洽的聚集一處，舉止也都端莊有禮，很有儒家的君子風度。

陳永華所要建立的教育制度，不單有培育英才的措施，也配合了選拔人才的辦法。鑑於明末的科舉已出現空洞僵化的情況，士人只知抄襲八股文範文，卻「東書不觀，遊學無根」，學風流於空疏浮誇而不切實際，甚至到了讀書一世，卻只會空談誤國的地步！因此，在規畫百年大計時，陳永華本於臺灣人民素樸無染的本質，制定了教育、考試、用人三項準則合而爲一的一貫制度。

首先，他下令各聚落開設學校，成立社學，從基礎教育做起。當時臺灣的社學，分漢庄社學和土著社學，急需大量的師資去推行漢文與儒學教育，他便禮聘通曉古今歷史、文章學識淵博的中原大儒，來教育軍民的子弟。凡是兒童長到八歲就入小學就讀，學習經學、歷史和文章寫作。規定天興、萬年兩州，每三年舉行一次大考。州試合格進榜的學生就送府參加府試，府試及格錄取的人再升級考院試。院試主要是測驗學生寫作策論的能力，而策論文章評比的關鍵則是論點，考生必須在文章中議論當前的時事和政治問題，並向朝廷獻策。院試合格取進的人就可獲得「國子監」的入學資格。國家最高學府的正式名稱雖是「國子監」，但人們習慣上仍多稱「太學」。太學生每個月要定期考查課業一次，稱爲「月課」，以督促學習的進度並考核成績。表現突出的太學生，由官府每月發給錢、糧等膳食津貼，藉此減輕學生的生活負擔，以鼓勵專心向學。每三年舉行一次大考，從中拔擢優異的人才，補授官職。分別安排進入六科去歷練，有吏科、戶科、禮科、兵科、刑科與工科等朝廷的中央機構，先從都事職位做起，協助監察六部的事務，藉此熟悉政務，爲國家儲備優秀的治理人才。

一樣是在永曆二十年（一六六六）的三月裡，世子命陳永華擔任國子監的學院一職，主持院務，負責具體教學與考選事宜；又聘請福建省進士葉亨擔任國子監助教，講授儒家經典，悉心教導、培育太學生。從此，臺灣人民開始有了奮發向學的風氣。總之，陳永華建置聖廟、設立社學，以官方力量推展教育，對於中華文化的傳播，以及原住民的漢化，均有重大的影響。尤其他效法先賢所創立的教育制度，可說是很務實致用的一貫制度。從學校選拔儒生，送進太學培育，再隨才補授的一系列做法，一方面是擇優獎學，從寬取才、量才用人的辦法；一方面是重視基礎教育，推動儒家禮教文化的陶冶。使臺灣百年樹人的基業，得到了良好的發展基礎，貢獻良多。

在陳永華積極推行儒學的時候，浙江鄞縣人（今寧波市海曙區）沈光文（一六一二—一六八八）因乘船前往泉州的時候遭遇颶風，正流寓臺灣。他是明末遺老，官拜兵部太僕寺卿，學養精湛，此時正在羅漢門（今高雄市內門區）結廬隱居。沈光文後來又到了目加溜社（今臺南縣善化區），一邊教學一邊行醫，用漢文教育平埔族。

當初跟隨鄭氏父子來臺避難的官員士紳，有很多進士出身的鴻儒博士，滿腹詩書，學問通達。很快便受到極力的招攬，齊聚陳永華幕府，被延請爲學校的教師，彌補了官學師資的短缺。這一群流寓文人，躬逢其盛，成爲孕育臺灣教育的最大資源。他們陳列各種經書典籍，開課講學，頌揚古聖、效法先賢，標榜堯舜、提倡仁義道德。一時之間，陣容浩大，人才薈萃，儒學尊德隆禮的思想大大興盛！

清朝將臺灣納入版圖之後，在康熙二十二年（一六八三），臺灣府知府蔣毓英在東安坊（今臺南市東區）創設了兩所「社學」，教孩童讀書習字、明白事理，也稱作「義塾」。之後臺灣府轄下的臺灣（今臺南市東區）、鳳山（今高雄市左營區附近地區）、諸羅（今臺南市佳里區附近地區）、彰化（今彰化縣與部分的臺中市西南部、南投縣西部、雲林縣北部）等四縣也陸續設置了社學。

康熙二十三年（一六八四），又新建臺灣、鳳山兩縣的「縣儒學」。隔年，福建分巡臺灣廈門道臺周昌，擔任臺灣的最高行政長官，奉命來臺視察。周昌與臺灣府知府蔣毓英，在孔廟舊有的地址上，共同主持了改建學宮的工程，又在一旁擴建了一座「府儒學」。同時，從福建省派駐一位教授來管理教學事務；又在縣學增設一位教諭，由學政直接管轄，之後，又再增設一名訓導。

然而此時的臺灣，蓋好的學宮卻沒有人用，形同虛設；興辦的義學也有名無實，不具成效。百姓不論士、農、工、商，在子弟七、八歲時，還是選擇送他們進入「書房」，也就是到民間私設的學塾讀書，由啓蒙的老師坐館教學。

進入書房讀書，要先從《三字經》或《千字文》讀起。讀完入門的啓蒙讀物之後，老師就教儒家的「四書」，也就是《論語》、《孟子》、《大學》、《中庸》四部經典的合稱。書房給學生安排四書的功課極其繁重，一方面嚴格要求背誦，一方面還要研讀朱熹所寫的《四書章句集註》，努力儲備將來考試的資本。

「四書」的功課是舉業的根本，所以蒙師對那些學習成績差的學生，督促的手段很嚴格，會用木製的戒尺責打管教，使學子畏懼懲罰不敢不認眞學習。等到「四書」講完，就會講授上古的學術——包括用詩歌體裁記錄了各地風俗民情的《詩經》、用散文記錄先秦時代各種政事文獻、政治制度、君臣問答宣講的《尙書》，以及討論先民如何認識、利用自然規律，與社會發展規律的哲學典籍《周易》，除了這三部經書之外，還要讀一部史書，那就是爲了注解魯國歷史《春秋》，而用流暢的散文記述歷史的《左傳》。與此同時，不等這些典籍讀完，老師就會一邊教授「制藝」[1]的寫法；一邊考學生「試帖詩」[2]，就跟科舉考試一樣，老師出考題、當場監考，測驗學習成果。

學生經過長年累月、按部就班的苦讀與反覆答卷的訓練，就把基礎打得很扎實，不過，一旦鬆懈就會前功盡棄。想要完整的修習舉業到學成畢業，前後須有十年的功夫，然後才有能力去參加科舉考試，與天下俊材爭一席之地，所以說「十年寒窗無人問，一舉成名天下知」。學生之中自然也有資質聰慧天賦較高的人，爲求學問淵博、識見不凡，則會多方研讀古文，廣泛的瀏覽史書。於是，在家庭裡，做父親的會告誡兒子、做兄長的就勉勵兄弟，都將參加科舉看作是一輩子最重要的事。士子們勤奮吃苦，激勵向上，個個是競相搶先，只爲謀求做官的晉身之階，唯恐落於人後。

清廷爲了督促士子的學習，對學業有嚴格的要求和考察的制度。按照科舉制度的慣例，院試規定三年中有兩次考試，由各省的學政巡迴各府、縣進行，學政要主持考試，並評定生員的優劣與賞罰。其中一次是「科考」，要從童生中考選秀才，也就是招考入學生員的新生。更重要的，是要甄試欲參加鄉試的生員，錄取成績達到一、二、三等的生員，准送鄉試。另一次是「歲考」，規定生員一年須考核一次。一般的慣例是丑、辰、未、戌年的考試定爲歲試；寅、巳、申、亥年的考試爲科試，甚少變動。

---

1 制藝，又別稱「八股文」，是明清科舉考試所用的特殊文體。制藝的題目一律是從《四書》當中摘錄出來的原文；文章的內容也必須根據朱熹《四書章句集註》來引經據典，代聖人立言。

2 試帖詩是採用八韻排律的形式，比照八股文的結構。命題方式則是擷取前人詩中的一句，或摘取一個典故、一個成語當作題目。

在康熙二十五年（一六八六），經福建浙江總督王新命、會同福建巡撫張仲舉上奏，請求增加臺灣每年歲、科考的錄取名額獲准，於是，臺灣歲考可取進文、武童生各二十名；科考可取進文童二十名。其次，由官府供給糧食、俸祿的廩膳生取進二十名；而在固定的名額之外，增額錄取而不領月俸的增廣生也一樣取進二十名。歲貢生則是以廩生食餼的年資排定先後順序，每年選送年資最久的一人，進入太學修業。

在童試考期之前，應試的童生要先到縣衙投遞報名表，詳細記錄考生的姓名、年歲、外貌特徵、三代籍貫，並且須有該縣的廩生作保，保人必須寫下切結書，擔保童生絕無身家不清、冒名頂替等作弊的情形。應考的資格也有非常詳細的規定，原則上，清代以職業分良賤，衙門裡的差役、供人使役的僕人、以表演歌舞技藝為業的人，以及士農工商四種行業之外的賤民等等，他們的子弟完全沒有參加考試的資格。在童試之中，如果有假冒出身或是替人捉刀的舞弊行為，就算有功名在身，也會革除其功名，驅逐出場，同時當初報名時作保的廩生也要連坐同罪，對考生身分的限制與作弊的懲罰，可以說是極為嚴格。

縣試當天，知縣要到考棚主持試務。「考棚」是試場官員辦公及考生應試的地方，又稱「校士場」或「校士院」。縣試開始之前，要先按照考生名冊點名、發考卷，然後鎖院關門考試。須考兩文一詩，即八股文、策論和詩賦，到天黑才能出考場。試卷由考官閱卷，評斷優劣高低，隔幾天就會放榜，公布合格的名單。依照慣例，會先錄取招考名額的一倍數量，再接著複試。經過幾輪的考試淘汰，取中的人數逐次遞減，直到最後一場才決出中選的名單，提交府試。府試應考的手續、考試的科目都和縣試相同，各縣錄取的童生聚集到府城應考，府試的錄取榜單則上報學政，由學政主持院試。

臺灣隸屬於福建省，由分巡臺灣廈門道兼任提督學政，主持文化教育工作，「掌一省學校、士習、文風之政令」。雍正五年（一七二七），提督學政改由漢御史掌管，乾隆十七年（一七五二）又照舊歸屬福建分巡臺灣廈門道執掌。

院試的前一天，學政須穿著正式的官服，先行至孔廟拜謁孔子，在明倫堂鋪席於地，恭敬的跪坐席上，向至聖先師行禮。堂內要設置一張長方案桌，由廩膳生肅立誦讀儒家經典，其他生員一起陪同，禮成，則整齊地列隊入院。院試要先考古代學術，依舊是考兩文一詩，測驗科目是詩賦、策論與經解。「經解」的意思是指以經文爲題所作的文章，也就是俗稱的「八股文」。按照規定，科考時，新舊生要全部集合點名，不參加考試的人可隨意離場。依次，要先考核舊生。所有廩生、增廣生員全部集合，除了有資格進入太學的「上舍」[3]之外，都須依照科考成績的高下順序，列出等第和排名。

生員參加科考的成績，最優秀的就列爲一等，再依一等生的名次給予定額的錢糧補貼以資獎勵；而那些不參加考核的生員，便沒有參加當科鄉試的資格；科考的成績如果差到列爲四等的人，要降級發回縣學並告誡責罰；若是連續三年不參加科考，則立即革除稱號和名位，剝奪政治與經濟的特權，降爲平民。

在舊生之中參試的生員都完成科考之後，緊接著進行童生的考核。考試一樣是鎖門進行，禁止出入考場，禁止攜帶書本進場，若被搜到有蒙混挾帶的經書，或是暗藏的文章小抄，一律當場焚燒。隔幾日就放榜，選出特別優異的十幾名再行複試，再按照招生名額擇優錄取。繕定名錄後，還要抄錄皇帝告誡德行的詔令，然後用紅榜公布錄取名單及名次，表示榮譽和喜慶。榜文會分送到府學、縣學，張貼公告，上榜的人獲得科舉稱號爲「生員」。至此，士子便已完成童生試的最高階段了。成績優秀

3 上舍生是「監生」的別稱，又雅稱為太學生，是指獲得公家的選拔而進入國子監讀書的生員，或是取得「入國子監資格」的生員。

的生員，分發到府學，其餘分發到縣學。新科生員，需按規定報到，參加入學典禮，因為是以生員的身分入學，還有個特別的說法，稱為「入泮」，是非常莊嚴榮耀的儀式。典禮由學政率領新進生員，至孔廟拜謁至聖先師孔子，再恭聽府學教授或縣學教諭講述經書的要義，然後列隊到廟前的「泮池」繞行三周，並從泮池中採些水芹插在帽子上，所以又稱作「採芹之禮」，入學典禮結束即整隊退場。

按科舉制度，秀才成績優異的，可入京師的國子監讀書，稱為「貢生」，又雅稱「明經」。府、縣的儒學，每年要按照定額，選拔資格較老的廩生，貢於京師，入國子監深造學業，稱為「歲貢」。臺灣府學的保送太學生名額很少，規定每年一貢，選送一人；各縣學則是兩年選送一人，後來才漸漸增加名額。從這個學優保送的途徑入太學的人，就稱作「歲貢生」，而生員出貢的規則，是以廩膳生員領俸祿的年資先後為次序，排資論輩，資格較老的廩生排名在前，一旦成為貢生，就不再受儒學管教了。「廩生」就是稱那些每年度按月發給米糧、俸祿補貼開支的生員，所以又叫做上舍生，資格就依每月參加的考試成績排名而定。在府學教授、縣學教諭等學官進行考核的月課成績越高，公家給的薪俸獎勵就越高，但每年都是有名額限制的。如果恰逢帝王對臣民廣布恩澤的「恩詔之年」，大開恩科，那麼這一年該出貢的廩生就稱為「恩貢生」，然後以次一名的人為歲貢生。恩貢生的地位雖然與歲貢生並無二致，但依照慣例，因為是皇帝所賜的恩寵，為表尊崇至高無上的君權，除非犯有重大罪，否則學政不能呈請革去其科名，可算是享沐皇恩浩蕩的特權了。在順治初年（一六四四），大清因為剛入關不久，急需人才，因此選材從寬。天子下旨，命令學政從府、縣選拔特優生，直接入宮參加廷試，每十二年選貢一次，稱作「拔貢生」。這道破格提拔的聖旨，給秀才開出了一條越過了鄉試、會試的捷徑，實屬天大的獎勵與機會。到了雍正初年（一七二三），更改為六年一次，從府學選送二人，縣學一人，若無符合資格的人則從缺不補。而乾隆八年（一七四三），又改回十二年實施一次，並下令定成常例，不得變動。鄉試的時候，各類生員都能應考，當中若有文章優異但受限於名額無法錄取的人，爲免遺漏人才，就於發榜時額外多取若干名，列於正榜之後，一併錄取，列爲副榜。臺灣的出貢名額全都是正榜，俊材無法盡收，於是也擇優以副榜來補足人才，稱爲「副貢生」。鄉試之後，學政有權從全省所舉薦的優行生之中，考選出若干文行皆美的生員，保送取入太學，稱之爲「優貢生」。以上這五種貢生合稱「五貢」，他們都是憑藉在學期間的月課成績，有特別優異的表現，才能被選拔出來。這樣學業特出的資優人才，人們認定是正途出身，稱作「選士」。

此外，還有一種不經考選的舊例，是透過捐納銀錢米糧的管道，也可升爲貢生，則稱爲「例貢生」[4]。雍正二年（一七二四），下旨明令那些從例貢出身的人，不准和廩生出身一樣擔任教職，已有教師職務的應立即停職，以表示對教師的地位，和從師求學的教育事業予以尊重。只不過，朝廷後來爲解決天災兵禍，財政日益艱難，又廢除了此令。反而廣開渠道，鼓勵商人捐輸銀錢與米糧，斟酌給予官職。捐官的風氣盛行，其浮濫的程度多到難以計算。影響所及，許多例貢出身的人在教師的講席上，反倒坐得堂而皇之了。

按照科舉制度的常規，每三年舉行一次鄉試大考，參加鄉試者，是通過提督學政主持的歲考及科考的優秀生員。這些有資格的生員須到省城集合，由天子選派在京城任官的翰林或內閣學士作爲使者，到各省去擔任正、副主考官，主持鄉試事務。考期是在秋天的八月，在省城的考場一連考三場，

4 例貢生在官場上也頗受歧視，有許多官缺，例如吏、禮二部，都不准此類「異途」染指，畢竟其才學品行未經考校，也無法保證素質優良。例如雍正帝在登基的元年（一七二三），曾下聖諭：「捐納教職，多不通文理少年，以之為學問優長、年高齒長者之師可乎？」

又稱「秋闈」。成績傑出的俊才，依序題名於解試的錄取榜文，以揭曉名次，取中第一名的又稱作「解元」。官員依榜單去到中榜生員所住的鄉里，然後在門閭張貼公告，並將象徵官府聘請任官的禮物送到家，表示對科舉名位的崇敬與慶賀中榜之意。榜文名錄則同時呈送京城順天府，上報天子，賜「舉人」稱號。

到了隔年春天的三月，天子要選派內閣大學士或六部尚書等重臣擔任主考官，集合各省舉人，參加禮部主持的會試，在京城的貢院中閉門鎖院連考三場，又稱「禮闈」。取中者獲賜「貢士」稱號，其中成績特優者，將接受皇帝的詔命齊集宮廷，由天子親臨主持殿試。一經殿試取中的貢士又依成績分作甲榜、乙榜，皆受賜「進士」稱號。

康熙二十五年（一六八六），清廷開始在臺灣設立學校。康熙二十六年（一六八七），福建陸路提督張雲翼（？－一七〇九）爲臺灣的讀書人爭取機會，上表奏請：「臺灣士子的鄉試，請求比照偏遠地區甘肅、寧夏的先例，在福建省的鄉闈，另編字號，給臺灣一至二人的名額，等到應試的人數增多再行撤去。」聖上詔令准予另編「臺」字號，或略稱「至」字號，在福建省額內，保障臺灣取中名額一名，只由臺灣的生員彼此競爭，以示獎勵海外人才的特別優待。

到了三十六年（一六九七），閩浙總督郭世隆（一六四五－一七一六）接受臺灣士子陳情，因眾人皆請求撤去另編的字號，願與福建全省一體共分中額。就入朝向皇帝上書進言，奏摺批覆可行。如此一來，等同於撤去了保障錄取名額的優惠措施，把臺灣的舉人保送名額，一筆勾銷了。從此，臺灣士子便經常放棄科考。加上鄉試必須遠渡重洋，考季又多遇颱風，風高浪急、海難頻傳，願意冒險應試的人更是少之又少了。

到了雍正七年（一七二九），兼理臺灣學政的巡臺御史夏之芳剛剛到任，亟思振興文教，對舉才不易憂心不已，隨即上書奏准臺灣的貢、監生員，恢復舊例另編「臺」字號，在福建省的名額內取中一名。十三年（一七三五），福建分巡臺灣道張嗣昌，建請增加解試的錄取名額，福建巡撫盧焯（一六九三—一七六七）將詳情具表上奏，獲准在省額內再增加一名，於是，合計保障兩名解額。可見清廷對偏遠的臺灣採取了鼓勵舉業的優惠態度。在乾隆元年（一七三六），朝廷大開恩科，福建增加中額三十人，連臺灣也加了一名，後來就以此爲慣例，共計三名了。

後來，在嘉慶十一年（一八〇六）間，閩粵沿海的海盜作亂日益猖獗，戰役不斷，臺灣士紳多捐助軍餉，又自發召募義勇軍共同抵禦進犯的盜匪，才得以順利平定戰事。隔年，糧儲道趙三元奉命巡視臺灣，有感於士紳百姓急公仗義，參與退敵，功不可沒，就將事情的來龍去脈上報閩浙總督阿林保（一七四六—一八一〇）、福建巡撫張師誠（一七六二—一八三〇），請求爲臺灣生員增加解試名額，並請准許臺灣士子可選拔良才薦送優貢生。嘉慶十五年（一八一〇），皇帝詔告准奏，從此保障舉人的名額就以三人定爲常例。

起初，臺灣本就劃歸福建省管轄，福建移民就遷居得較早較多，而廣東移民的人數少，粵籍生要參加童試，就併附在各縣辦理，當然人數漸多的時候就使閩籍生感受到壓力了。[5]

乾隆五年（一七四〇），楊二酉（一七〇五—一七八〇）即以巡臺御史身分上書，報告廣東人遷居來臺的事實。在奏章中，詳細說明粵籍移居的情況，確實是時久經年，也都有戶籍可查，不是虛

5 在乾隆四年（一七三九年），正值三年一次的歲試。當時朝廷派遣來臺擔任巡臺御史的楊二酉，兼理臺灣學政事務，負責該年度臺灣的考試事宜。粵省移民在院試前夕，集體向御史陳情訴冤，表示移居來臺已久，而閩省移民卻依然將粵籍認定是「客民」，不讓在臺應考。雖然御史當場沒有應允粵籍生入場應試，但已了解他們強烈的訴求。

報，總計能夠應試的人已達七百多人，學額問題有待解決。經過禮部以及福建各級地方官員的討論之後，朝廷最後在乾隆六年（一七四一）決議准奏，將原有的臺灣學額歸爲閩籍，再另增編新號給粵籍，四縣的所有縣學中，共取八名專屬粵籍的學額，附入府學。等到粵籍生從縣學取進到府學的人數漸多之後，再將廩膳生員、增廣生員以及出貢的地方，奏請朝廷裁量定議。鄉試則照舊附在福建省的解額裡，一同分用中額。這就是平息學額紛爭的「臺灣粵籍生員增額錄取案」。到了道光八年（一八二八）的時候，閩浙總督孫爾準（一七七二－一八三二）上奏獲准，於是在福建省內另編字「廣」字號，或略稱「田」字號，保障取中粵籍生一名。於是，臺灣的舉人名額才增爲四人，而閩、粵各有解額。這是由於粵籍移民來臺墾殖，人數已經很多了，其中放棄農耕而專心讀書應試的人，也爲數不少。正所謂「朝爲田舍郎，暮登天子堂」，有志入仕就必須讀書，以求一舉中第的機會。爲了謀取前程，在人口增多的情形之下，學額和解額的分配緊張，就是治理移墾社會必須面對的課題。

依照慣例，府、縣儒學招考的生員名額是多是少，應該要比較地方錢糧的多寡來訂定差額。學額的多寡與增刪關係重大，上影響吏治，下關乎民心，競爭之激烈，可謂各地學政工作的必爭之重。臺灣的情形確實較爲特殊，自從乾隆、嘉慶兩朝以來，荒地被開拓成爲耕地的越來越多，人民繁衍眾多且物資安定富足，讀書的風氣便大有振興。士子中能講授經學、研習史籍的人，足以和中央直屬省份相比也毫不遜色。所以到了光緒十三年（一八八七）正式設立臺灣省的時候，全臺重新規畫行政區劃，泮額因此一下子多了很多。不過，解額仍是定爲七名，成長還是太慢。

乾隆四年（一七三九）的時候，巡臺御史諾穆布（？－一七四〇）、單德謨（一七〇〇－一七六七）等人上奏請願，建議臺灣舉人參加會試的名額能比照鄉試的做法，另編字號，專爲臺灣取中一名。最後，聖上雖然恩准，但禮部的決議是要等臺灣舉人參加會試人數達到十人，就得以在福建省額內另編「臺」字號取中一名，並命令定成常規。後來，才開始有進士及第而進入翰林的臺灣士人。[6]

武舉的創制，是從唐代開始，目的是選拔及儲備軍事人才。武進士的選拔程序與任用辦法，和文進士的制度基本相同。清代沿用了明代的舊例，科舉分設了進士、舉人兩科。清朝本就是遊牧民族出身，可謂是馳騁在馬背上，靠著弓馬得天下，自然不忘祖訓，十分重視騎射與武功技能的訓練，因此民間習武風氣盛行。

清朝的武舉制度，最初是規定要考武童試的人，必須先考過「四子書」。明示以文學爲內、武藝爲外涵養兼修，是人才必備的素養。而且，文武科也能互相應試，可以轉換考科，給考生最大的彈性空間，也是爲了鼓勵允文允武，讓士子發揮最大的才能以利爭取功名。可惜文武科分開考試之後，顯然並不利於造就兼備人才的理想，武生多孔武有力卻大多目不識丁，後來情形惡劣到只能測驗考生默寫《孫子兵法》，而且光這個要求都還很有難度，自然也就不問文章只論武藝了。每逢院試的歲考，測試考生開弓、舞刀、舉石、馬射、步射等等，考校體能力量與武術技藝，選拔成績特出的童生進取一級。鄉試中式的舉人去考會試、會試中式的貢士去考殿試時，也是一樣的情況。

乾隆二十九年（一七六四），奉命巡視臺灣的監察御史李宜青，在返京回報工作之後，上書奏報臺灣事宜，說：「臺灣四縣應試，多有福州、興化、泉州、漳州四府的學子，只是略通文辭，在本籍

---

6 在道光三年（一八二三），臺灣舉人的數量達到十一人，終於能依例另編字號，拜保障名額所賜，才有了開臺百餘年以來，首位以臺籍取中「臺」字號登科的進士——出身淡水廳的舉人鄭用錫（一七八八—一八五八），而這個突破對於臺灣的士子真是莫大的鼓舞。

根本無法實現中舉的志向。爲謀求進身之階，就想辦法找到住在臺灣的同姓之人冒認親戚，認作兄弟或子姪等至親，然後絲毫不避諱的用臺籍身分應考。儒學的教官根本無從查問，而廩生出具證明互相擔保，也根本來不及詳查身分。於是弄虛作假的人，只須暗中耍手段，混充臺灣戶籍，就能憑這一個要領，輕而易舉的取走生員的功名，一步登天！這情況，若按照名字去核實戶籍，書面記錄上的名字確實是臺灣的籍貫，但實際上臺灣並無此人，名實不能相符。臣在去年抵達臺灣，到任時推行文治教化並命題考核士子文章，不料全臺四縣的生員只有八十多卷，而那些缺交的生員，經詢問儒學官吏，皆答覆說全都住在內地。

原本國家設立學校的宗旨，就是爲了光大善良風俗、鼓勵文化教育，勸勉人民知曉道德、把握行爲的準則。如今全臺灣的面積廣達一千數百多里，統計村莊家戶的數量不少於數萬，但通過科舉考試而入國子監的太學生人數卻極爲稀少，其中的緣故，從不少端倪可看出大概，癥結就是因爲內地的童生，用不正當的手段列名臺籍所造成的結果。考察臺灣地區的考試規定，從以前就有明文規範，不是生長於臺灣地區的人，不能隸屬臺灣官學。因此，我朝培養人才的苦心、優待邊遠地區的厚意，所有人都能看得很明白。其次，法有定規，入籍二十年，又無原籍可依歸的人，比如在外經商、爲官的人，這些族群是必須寄居外地的流動人口，才准將戶籍設在寄居的籍貫地參加考試，否則一律在原籍應考，不可寄籍。如今福建內地四府的人，在本籍並不缺可以應試的戶籍地，卻遠渡重洋，跨海到臺灣應試，甚至有人在兩地重考、有人冒名頂替混充考生應考，種種作弊的行徑，不一而足，可以說是藐視國家考核學子與錄用官吏的法規，而用非法手段竊奪了榮耀與名位！對於國家考用官員的危害，沒有比這更嚴重的了！

因此，建請陛下將內地假冒籍貫而隸屬於臺灣的文、武生員，依照冒籍入考順天（今北京市）

鄉試的錄取法規懲處，全數改回本籍。其次，再請陛下敕令該省督撫，告誡兼管提督學政的臺灣道，以後的府、縣試以及臺灣道的科考，應當謀求如何考查的辦法，把考生的身分辨識，做到確實無誤，使互作廩保的諸生不敢再有串通勾結、隱瞞徇私，以及收受賄賂等等舞弊的行爲。如此，則沿海的省分，全部都是文化昌盛的禮儀之地，而培育人才的教化，即便再遠的地方，也能到達。」聖上下旨命禮部研議後回覆，禮部奏覆可行，於是頒布了《嚴禁冒籍應考條例》，針對頂考冒籍的惡習，提出鑑別辨法昭告示警。

後來，嘉慶八年（一八〇三），發生了蔡牽海亂，事態嚴重，僵持不下。在海盜侵擾不斷的幾年之間，臺灣士紳紛紛見義勇爲，組織義軍參與平亂；臺灣各地的進出口貿易商業公會，也捐輸了大量物資作爲軍餉，助軍有功。在平定海亂之後，曾有官員多人奏請增加學額；並題定郊籍入泮學額三名附於府學，作爲郊商子弟參加科舉考試的管道。「郊商」是臺灣清治時期重要的商業團體，負責福建、廣東與臺灣之間，以及臺灣本身各地的貿易。他們因經商之故，終年奔波勞苦，又素有栽培子弟的用心，終於皇天不負有心人，獲得了名正言順的學額，爲子孫後代闢出了入仕的階梯。

國家設立學校，是要教化人民，建立文化和諧的社會。學校所培養的人才，首先必須重視操守，涵養品德，應改過遷善，斷然不能亂法犯紀。早在順治九年（一六五二），世祖皇帝命禮部將御製臥碑頒行到全國各府、州、縣學，刊刻的碑文共有「修身、立志、敦品、向學、禁陳言、禁結社」等八項教諭。詔命各儒學在明倫堂設立臥碑，以此作爲學校教育的根本，曉諭生員務須遵守。《生員學規》所要勸勉的是忠君清廉，勉勵生員立志必當做忠臣、做清官。所要訓誡監督的是生員的言論，禁止上書陳述施政利弊、議論政策得失；禁止組織團體結黨營私、憑藉勢力在鄉里霸道橫行；禁止刊印文章宣傳思想、沽名釣譽。若有違反的生員，以褫革功名作爲懲罰，掌理儒學的學官也會判定同罪處分，可以說是很嚴格的警示與規範，不容逾矩。

國家設立學校，是爲了推行教育，以文教禮樂治民。學校，是用來培養人才的地方。國家培育人才，是爲了培養生存發展的的精神與生命力，使國家富強，人民安居樂業，長治久安。從前，在東漢的時候，學校提倡儒術，時人皆崇尚氣節。而後期因戚宦與外戚交替專權，致使朝政紊亂。當時的太學有學生三萬人，人數雖少卻敢於發聲，這股力量，形成了代表道德的第三方。他們在聚會講學之餘，也有談論時事、品評人物的風氣。太學生勇於表達正直的言論，敢於深刻的反思，自覺的判斷是非；他們無懼威勢，揭露豪門強權蠻橫欺壓的惡行；公卿大臣也須躲避這群士人批評議論的鋒芒，而天下人皆跟隨他們的言論，奉爲指標和歸向。在北宋末年，抗金名將李綱，因反對屈辱的割地求和，堅持抗戰，而被宋欽宗罷相，朝廷最終以割地賠款喪國辱權的條件求和，導致群情激憤。當時有太學生陳東，置個人死生於度外，僅憑一腔熱血，發起進諫。並率領數百名太學生一齊拜伏在宮門下，擊登聞鼓鳴冤，上書請求起復李綱，軍民聞訊群起響應，竟至數萬人聚集，演變爲愛國救亡的群眾運動。啊！若要說太學生濟世救民的心志、忠義直言的氣節，大概只有這兩件事，還算能看到上古夏、商、周三代所遺留的風範。沒想到後世研讀舉業的士人，卻連國家大事都禁止談論，那麼要這些未來的棟樑讀書，又有什麼用呢？朝廷下旨頒布的學規禁令，嚴禁諸生批評是非，反而只會破壞道義倫常、折損人心士氣，影響甚大啊！

從白山黑水之間崛起的大清，本就憑藉強大的弓馬軍備和騎射武藝，才能掌控天下，但入關以後，卻仍然選擇沿用前朝的舊制度，來育才選官、治理天下，實在是因爲科舉制度可以籠絡人才，使人才聽從驅使的緣故。士人受限於層層考選的科名，不得不專攻制藝，以期登第。故而又用固定的文章格式與字數等科舉程式，作爲寫作規範；並規定只能寫端正工整的楷書字體。士子在成童的年齡，約十五至二十歲的時候，正值青春，年輕力強，智力機敏的時期，就進入學校研習經史學問，琢磨詞句文章，一輩子勤勉不息，只爲了謀求科舉中第這一件事而已。當中有幸得償鵬舉之志的人，就可以得到高官貴爵，身穿青、紫色的官服，佩戴綁在官印上的青綬、紫綬，爲自己博得榮華富貴，爲宗族、友朋爭得榮耀恩典。那些不幸而失意的人，就只能潦倒落魄的度過一生，就算是老死在窗下，也無人關注聞問！人才的取捨用廢，僅僅用科舉作爲衡量一個人的標準！這麼做，國家政事要憑藉什麼來治理？學校教育又如何能興盛呢？

康熙九年（一六七〇），頒發了天子告誡臣民的詔令：《聖諭十六條》，每條七字，明白的告訴世人必須守法，宣揚做人行事應有的德行。內容則廣泛的涵蓋了孝悌、節儉，農桑、錢糧，學校與法律等等。各地官員每逢初一朔日、十五望日，就要按照規定集合地方上退休的官員和士子，讓這些有聲望的人，全都到明倫堂集會，恭敬的誦讀並講解聖諭，使廣傳軍民大眾，讓人人都能知曉。雍正帝繼位之後，又告誡子民切勿將聖諭「徒視爲條教、號令之虛文」，因此在雍正元年（一七二三）便出版了萬言巨作《聖諭廣訓》，諭示德行道理、訓誡世人守法。此訓諭是以康熙帝《聖諭十六條》爲基礎，加以深入的引申推衍，並解釋實踐的規範而成書。並刊印爲官修典籍，頒發到各地，傳播遍及城市以外的偏遠鄉村，令生員、童生誦讀，奉爲圭臬。每逢朔望之日，也要定期在地方的公所集會，逐條宣讀講述。乾隆元年（一七三六），又頒示《訓飭直省書院師生》規訓，明定各省書院依規戒教訓，約束學生的言行舉止。總之，大清自從入關以來，用科舉取士，作育文武諸生，賦予至高的榮耀名位；康、雍、乾三帝又再三頒布訓諭、學規來約束士子的學問德行，國家造就人才的用心，可說是非常急切。然而學校的教育成效不彰，士人只知追求虛浮華靡的文辭，還相互推崇引爲時尚。而官府又以文字上的解釋附會，牽連攀扯、定罪下獄，抓捕刑戮的羅網大張，查緝嚴密而毫無遺漏。

朝廷又用科舉和學規禁令，鉗制士人的思想，愚弄賢能之才。回顧歷史，就連秦代大規模焚燒儒家典籍、坑殺批評朝政而犯禁的儒生，都還遠遠比不上這用文字論罪的禍害程度。小小的邊陲島嶼臺灣，原本就是海外新近歸服而納入版圖的領土，移居來此耕作開墾、種田務農的百姓，很多是流寓思歸、心懷舊事的前朝遺民。他們留戀家鄉、感懷故國，沉浸在物是人非的亡國憂思，所以多數不願進身爲官，寧願閒居山野，萬事不關心，耕讀爲樂。

直到康熙四十三年（一七〇四），福建漳州知府衛臺揆在臺灣府城（今臺南市中西區）創建崇文書院，臺灣才開始有了著重考核課業、以科舉爲教學目標的正式書院。五十九年（一七二〇），福建分巡臺灣廈門道梁文煊（？—一七二一）也請建海東書院；其餘各縣亦先後陸續興建，用來當作生員讀書求學的處所。

書院內部須設置書房與宿舍，延請教師主持講席，開課授徒，並設有監院專職協助院務工作。書院有很詳細的考核和獎勵制度，因此所需要的經費金額不在少數。每個月，須由官學及教師各考察一次功課，以了解學習成效；挑選考核成績最優秀的生員與童生，各取前二十名，每人發給膏火銀七錢。「膏火」的意思，是指補助學生夜間讀書的燈油費用，也就是書院發給學生的津貼和獎學金。至於正課生之外的附讀生，則取前四十名，每人發給三錢七分。山長[7]的薪俸是四百圓，加考小課[8]補

7 「山長」，就是一院之長，負責主持院務，而最主要的工作則是擔任教學主講，地位崇高，歷來備受禮遇。書院聘請掌教之人，多是學行兼優、隱而不仕的士大夫；且書院多依山林勝地而建，所以稱山長，意思是山中的長老，含有崇敬的意思。

8 所謂「小課」，是指書院因應科舉，為切磋學問而舉行的各科學術考試，包括詩、賦、雜文等，項目不一。這是因為科考取士雖然考的是八股文，但內容還是需要充實的學問，光是賣弄文辭堆砌典故是缺少思想根基、沒有理據的。因此，書院的學科考試，對保證士子的學術內涵，有重要的貢獻。

助一百二十圓。

此外，書院還有負責日常具體業務、協助書院運作的監院，月薪十兩，以及生員參加科舉考試當日，須補貼膳食費五十圓等等花費，用度不小。書院的所有花費，全由學田的租金支應，而學田的來源或由官府公設，或由私人捐贈以補官銀的不足。

乾隆五年（一七四〇），福建分巡臺灣道劉良璧捐出薪俸，發動士紳加入修建海東書院的行列，並親自撰寫《海東書院學規》，共有六大項：一是明大義，二是端學則，三是務實學，四是崇經史，五是正文體，六是慎交游。簡言之，就是明辨忠孝大義、遵守學校規訓、致力實用學問、崇尚通經明史、作文取法程朱儒學，以及謹慎結交朋友等規條。二十七年（一七六二），福建分巡臺灣道覺羅四明（一七一六—一七七七）因重建書院完成，就又詳細考察學規而增定爲八則：一要端士習，二要重師友，三要立課程，四要敦實行，五要看書理，六要正文體，七要崇詩學，八要習舉業。這是勉勵士子在立身求學上，應當做到：端正士風、敬重師友、訂定課程、重視實用、看書析理、文以載道、崇尚詩學、精研舉業。

在道光二十八年（一八四八），徐宗幹（一七九六—一八六六）擔任按察使銜分巡臺灣兵備道。徐宗幹是臺灣任期第二長的道臺，任內致力研擬振興臺灣的方法，整頓軍務、吏治與經濟，官聲廉能。在其治理臺灣的六年期間，不但興辦義學，更廣建書院、極力整治學規，挑選資賦優異的士子入院修習學業。每晚辦公閒暇必參加讀書聚會，與學生們反覆辯論學問，經常教誨學生明達事理保身避禍；訓誡士子立志向上的方針；指導學生讀書與作文的法門。一時之間，生員紛紛起而仿效爭相加入，相互觀摩學習，截長補短，因此門下的士子有很多人成長爲精英人才。

臺灣府城（今臺南市中西區）的交通發達、經濟繁華、文教興盛，是全臺最可作爲模範的「首善之地」。此時學術風氣既得到大力振興，於是文學活動非常活躍，在府內東西南北各處，都有志同道合的文人結成文學社團。文社經常舉行文學聚會活動，交流文章，集思廣益，彼此鼓勵相互切磋，其中又以「奎樓」居於主導的地位，成爲文人集會論學的中心，所以奎樓就被讀書人稱作書院。每當朝廷有文教方面的舉措，文人士子便會聚集在奎樓，共同商議對策，向掌理教育工作的官員進言建議，不過並不敢發表過於偏激的言論。文會中也時常評賞出色的奇文佳句，解析疑義，或是透過評論時事來切磋詩文。

按照慣例，清朝學政及地方官到任時，要出試題考核士子，稱爲「觀風」試，就是要觀察風俗得失的意思。因此歷來官員履新到任時，總要親自命題考校生員作詩、賦、策論的才華，並詢問地方政事，以考察當地的民情風俗與施政得失，很有古時候「博採蒭蕘」的用意。上古的聖王由於很重視體察民情，會把割草打柴這些普通百姓的言論，全都廣加採納，而這種向民間採訪、廣納群眾心聲、聽取庶人諫言的做法，也就流傳下來成爲政教傳統。在古時候，人們如果想要規勸天子改正施政的過失，往往是透過士大夫發言進諫；平民有怨言，就在路邊誹謗譏諷，把心聲傳播給士人知曉；商人由於地位卑賤也無法直接上達天聽，所以在市井中議論；爲君王服務的百工，特別是主掌文藝的樂師和俳優，則利用專業技藝設譬說理，來盡到勸諫的權利與責任。這些做法，都是把批評的意見和建議的想法傳播出去，等待天子來採集和收納。正月是春季的第一個月，帝王的使者就乘坐輕便的車子，搖響木製鈴舌的大銅鈴沿路巡行，號令群眾集會，然後採訪當地傳唱的風俗歌謠，向天子陳述。因此管理國家的君王不必走出宮廷，卻能知曉國家各鄉安定與動亂的情形。

然而自三代以後，天下間所有的是非觀念、善惡標準，就全出自朝堂，而不再出自讀書的士人了。因此，天子所褒揚的榮譽，士人就附和認同以表示尊崇；天子所貶斥的恥辱，士人就羞辱批評以表示譴責。士大夫的思想，被世俗功名的遺毒所影響，心智早就被追求名利爵祿的念頭薰染，已經錮蒙蔽了，而民心所向的道德和正義，也就從士人的口中消損滅亡了。

光緒十一年（一八八五），朝廷開始籌備福建臺灣省的建省事宜，出身安徽合肥的淮軍名將劉銘傳（一八三六—一八九六），受命成爲首任臺灣巡撫。光緒十六年（一八九〇），劉銘傳呈上《增設府縣請定學額折》，建議增加臺灣的學額。後來經禮部決議核准，就令各地官學詳細查明。劉銘傳從南北兩府學，分撥學額到臺灣府學，廩膳生員、附學生員、增廣生員等共計一百五十名，武生八十六名。又從彰化縣學分撥到臺灣縣學，計有生員五十二名、武生十一名；而撥歸苗栗縣學的，有生員十一名、武生十一名，嘉、彰兩縣學撥歸到雲林縣學的，共計生員四十九名、武生二十二名。原定廩生的增加名額，則應該按照名次由新學籍的學生排隊，等候遞補缺額。後來，從十八年（一八九二）起，生員就全改由隸屬的新學籍領取膳食津貼。

劉銘傳接著也將院試的經費提高，所核定的考試經費，計有歲、科兩試共一萬二千圓，南北兩府均分各半。六千圓又分成歲試支用三千三百圓，科試支用二千七百圓。另外，他參照前任福建巡撫岑毓英（一八二九—一八八九）的提議，在彰化縣橋孜圖（現今臺中市）新設立的臺灣府，也預定從光緒十七年（一八九一）辛卯年科考開始，分設臺灣府儒學考棚開考。就按照南北府學的辦理規則，核定了歲、科兩試共計六千圓，科試也是可用二千七百圓。院試的考費全部從鹽稅收入來支用，在扣除支付鹽務行政經費後，所得的結餘款項，提撥給考費花用。南北兩府的考費，則是歲試各分配八百五十圓，科試分配七百圓，一樣也是從由鹽稅結餘款支用。劉銘傳提高學額，又增加考費的經費，也就等於提高了士子支領廩膳的經費，他對鼓勵向學、培育人才的重視，與推廣教化事業的決心，由此可見。

早先，臺灣士子去參加鄉試，照例由海東書院發給往返福建的旅費，資助讀書修業的秀才，使能專心備考。建省以後，有官船往來，就改發輪船的船票。於是，劉銘傳爲了鼓勵人才，凡是參加會試的考生，只要是從前錄取新科舉人的時候，是在書院修課的學生，就發給百圓的津貼費用；而新科舉人次年又連續考中，錄取進士的人，雖然不在院內就讀，也享有同樣的津貼。不具備這兩樣資格的考生，也給予津貼，只是減低金額，只補助四十圓。這是象徵尊敬學業，鼓勵舉業，同時也是爲了使清貧的士子，不致因短少路費而缺考。這些士子須到書院統一識別報名資格，然後分發補助金。如果是隸屬於臺北府學的舉子，就由臺北府自行提撥經費發放獎勵。而省會臺灣府因尚未完工，也是就近報名，然後再送臺灣道審核發放。總之，像這樣用直接補貼考生來獎勵科舉的做法，可說是非常有鼓勵作用的了。

這時候，臺灣的各項建設都有待發展。劉銘傳在臺灣推動現代化的設施，農、工、路、礦等民生事業先後陸續開辦，當時的臺灣，堪稱「一隅之設施，爲全國之範」，一躍而成爲全國最現代化的省份。但是因爲幾乎都要向外國借用人才，劉銘傳因而積極進行興辦教育、培育人才的長遠計畫。

光緒十二年（一八八六），首先在臺北府大稻埕（現今臺北市大同區）創立了「電報學堂」，開始學習十九世紀初發明的通信技術，爲電信工程工業打下基礎。十六年（一八九〇）又在臺北府城內開設「西學堂」，培養翻譯和技術人員，開啓了官方創辦西式學校的先聲。他直接禮聘西洋人擔任主講教習，都是很精通專業領域的師資，然後從全臺甄選聰慧的子弟來教導，教授英文、法文，以及地理、歷史、地勢測量、地圖繪製、數學、物理與化學等等專業學科。又聘請了四位中國教習來輔助教學，分別傳授中文、習寫漢字，以及傳統儒家文化的經史課程。首批學生有二十幾人，全部發給公費，鼓勵就學。一年的用度大概需要一萬多兩。辦學的成效的非常顯著，學生課業的表現優異。這兩所學校規模雖小，但卻是孕育臺灣新社會精英的搖籃，標誌了進步的象徵。臺灣的教育也因加入了重視實用與操作的西式教育，展現了全新的蓬勃氣象。

清治時期，招撫原住民與開荒種作這兩件事，是清廷治理臺灣的重大政策。過去在原住民聚落裡，雖然興辦了社學；也選拔優秀的學生，擔任孔廟舉行祭禮時跳佾舞的童生，表示恩寵賞賜。但這些只是籠絡的手段，而不是長期安定的辦法。所以，同樣是在光緒十六年（一八九〇）春天的三月間，劉銘傳在臺北府城東門天后宮設立了原住民學堂（今臺北市中正區）。先從泰雅族聚落大嵙崁（今桃園市復興區與大溪區一帶）、屈尺（今新北市新店區一帶）、以及馬武督（今新竹縣關西鎮東部山區）挑選二十名兒童來教導，大多是聚落酋長的子弟，具有示範作用。

學堂不但給予免學費的優待，還供給充足的教育資源。聘請羅步韓、吳化龍、簡受禧三人擔任學堂教習，課程包括漢字、算術，還要學講全國通用的「官話」北京方言，也教閩南語，學生的生活作息也完全學習漢人的習慣和禮儀。此外，教師每隔三天就帶學生外出走動遊歷，讓他們與街市上的漢人多接觸親近，熟悉人們的日常舉止和風俗，慢慢去除頑強凶悍的習氣，自然而然的激發觀察和感知的意願，接受薰陶教化。劉銘傳又時常到學堂裡，檢查學生的功課，並盡力給予獎勵。於是，人才逐漸蓬勃的興盛起來，有如一股盎然的生機，再過幾年就能學有所成，然後到社會工作，貢獻長才了。然而人去政息！自從接任的巡撫邵友濂（一八四〇—一九〇一）到任，在光緒十七年（一八九一），就以經費不足無法維持的理由，裁撤了西學堂，隔年番學堂也被廢除了，教育改革的措施就此無疾而終，真是可悲可嘆！令人感傷到極點啊！

臺灣儒學表

臺南府儒學	位在臺南府城（今臺南市中西區），康熙二十四年（一六八五）創立。以下皆附錄於〈典禮志〉中各文廟的記載。
安平縣儒學	位在安平縣城（今臺中市西屯區），康熙二十三年（一六八四）創立。
嘉義縣儒學	位在嘉義縣城（今嘉義市東區），康熙二十三年（一六八四）創立。
鳳山縣儒學	位在鳳山縣舊縣城（今高雄市鳳山區），康熙三十五年（一六八六）創立。
恆春縣儒學	沒有設立。
臺灣府儒學	位在臺灣府城（今臺中市西屯區），光緒十五年（一八八九）創立。
臺灣縣儒學	沒有設立。
彰化縣儒學	位在彰化縣城（今彰化縣彰化市），雍正四年（一七二六）創立。
雲林縣儒學	沒有設立。
苗栗縣儒學	沒有設立。
臺北府儒學	位在臺北府城（今臺北市中正區），光緒六年（一八八〇）創立。
淡水縣儒學	沒有設立。
新竹縣儒學	位在新竹縣城（今新竹市北區），嘉慶二十二年（一八一七）創立。
宜蘭縣儒學	位在宜蘭縣城（今宜蘭縣宜蘭市），光緒二年（一八七六）創立。

臺灣書院表

海東書院	位在臺南府城府儒學的西側（今臺南市中西區忠義國小校內），康熙五十九年（一七二〇），福建分巡臺灣廈門道梁文煊奏請創建，由臺灣道負責管理。後來用作考棚，書院幾乎荒廢。乾隆四年（一七三九），巡臺御史單德謨奏請另外建造考棚，書院才恢復了講學功能。隔年，巡臺御史楊二酉兼提督學政奏准仿照福建省直隸省

海東書院	會的書院事例，請臺灣府儒學的教授擔任主講教師，考選生員入學修習學業，給予膏火費津貼，栽培良才。於是，拔貢生施世榜疏財仗義，最先捐出稻穀千石，作爲整修房舍的資金，又捐水田百甲作爲興辦書院所需支用的費用。知府錢洙遴選了數十人入學，並聘請進士出身的府學教授薛仲黃擔任教師，比照省會書院規制。乾隆六年（一七四〇），分巡臺灣道劉良璧又重修，並親自撰寫書院學規，書院蓬勃發展，巡視臺灣監察御史兼理提督學政楊二酉也在院中立碑，記載此事。十五年（一七五〇），臺灣府知府方邦基（一七〇一－一七五〇）、臺灣縣知縣魯鼎梅要改建縣府官署，就擇地蓋在赤崁樓的右側，其後再將舊縣署修復整理，將書院搬遷過去。十七年（一七五二），朝廷詔令以巡道兼理提督學政，負責歲、科考校士子，所以就近在道署舉行考試，而考棚就荒廢不用了。廿七年（一七六二），福建分巡臺灣道兼提督學政覺羅四明就將閒置已久的舊考棚重新整理用作書院，並立碑記錄。三十年（一七六五），分巡臺灣道蔣允君護持科舉，捐出薪酬，選擇臺灣府儒學的西坡下，重建新的書院。蔣允君撰有〈改建海東書院碑記〉一文，詳細記載籌建過程與建築規格。東西寬三十丈，南北寬八十丈，大門朝東。講堂、宿舍設備齊全，規制宏大，是全臺最具規模的書院；加上師資精良，和完善的教育資源，有「全臺文教楷模」之稱，在臺灣最負盛名，無出其右者。後來又經過多次整修。9
崇文書院	位在臺南府城東安坊（今臺南市東區），原來是府義學。康熙四十三年（一六九五），臺灣府知府衛臺揆改建創立。由臺灣府購置學田用作學租，由知府任命院長，還有監院處理庶務，管理由府撥給的經費。每月初二舉行「官課」，由知府主持；每月二十日舉行「師課」由院長主持。從此，臺灣便開始有了以準備科舉爲目標的正式書院。乾隆十年（一七四五），臺灣道攝任臺灣知府莊年（一七〇三－一七五五）又加以翻修整理，並比

9 光緒二十一年（一八九五），進入日治的初期，日人創設「臺南第一公學校」，以臺南孔子廟為校舍，西側的海東書院也成為校舍的一部分。後來又曾幾度被改為不同學校的校舍，最後在昭和四年（一九二九）移到現址。十一年（一九三六）被拆除，改建為武德殿（今忠義國小禮堂）。武德殿發源於日本的警察系統，是練習武道的道館，之後又擴展推行到城市與學校。其建築完全是日本傳統社殿的風格，海東書院的形制再不復見。現存清乾隆五年（一七四〇）「學憲楊公興行海東書院碑記」、道光八年（一八二八）「海東書院樂捐生息碑記」、清道光十年（一八三〇）「海東書院膏伙經費捐輸碑記」、清道光十年（一八三〇）「海東書院膏伙經費捐題碑記」等石碑，都保存良好，今日立於臺南市中西區的大南門碑林。

	照海東書院延請府學教官掌教的前例，聘請了府學訓導擔任主講，但不知何故，不久又荒廢。十五年（一七五〇），臺灣縣知縣魯鼎梅將海東書院遷移到舊縣署，而把舊有的海東書院改爲崇文書院（今臺南市中西區）。二十四年（一七五九），臺灣府知府覺羅四明因其空間過於狹小潮溼，就請當時前後任臺灣縣知縣宋源、夏瑚協助，又捐俸又勸募，才在府衙東側新建了講堂與宿舍，而廚房、廂房、器具也無不周備，特撰〈新建崇文書院記〉刻石立碑記錄始末，石碑在日治時期還立在院中。[10]
南湖書院	位在臺南府城法華寺旁（今臺南市中西區），乾隆二十九年（一七六四），分巡臺灣道蔣允君所創建，作爲生員修習學業的場所。[11] 如今只存當年蔣允君所撰寫的〈新建南湖書院碑記〉，收錄在《臺灣縣志》。
正音書院	位在臺灣縣署的左側（今臺南市東區），雍正七年（一七二九），臺灣府知府代理福建分巡臺灣道俞存仁奉詔設立。雍正皇帝鑑於福建、廣東兩省舉人鄉音特重，政令的正確傳達和意見的交流溝通，都很困難。於是，敕令兩省在各地設立特殊教育機構，教授全國通行的官方語言，因應治理政務的需求。所以包括臺灣的臺南、諸羅、鳳山、彰化等四縣，全都設置了正音書院，教授北京方音，以通曉官話。至乾隆朝，皇帝命地方官員應於平日行事，就要勸導士、民熟習官話，就將閩粵兩省各地的正音書院一律廢除，並於乾隆十七年（一七五二），改成了四縣的公館。

10 澎湖廳唯一的進士蔡廷蘭（一八〇一—一八五九）、彰化縣進士丘逢甲（一八六四—一九一二）等人曾先後擔任崇文書院山長，對府城文教貢獻頗多。日治時期，書院曾被充作軍營使用，為學租財團所有。後來被譽為「臺南消防之父」的營造業者住吉秀松，在書院舊址的地基上建造私人宅邸，建築所用的石材構件有可能取自崇文書院。民國初年（一九一二），又分派為「薛岳將軍」宅邸。其工藝精緻，規模宏大，保存良好，為臺南市現存稀有的二層樓構造的大型日式住宅。民國一百零九年（二〇二〇），臺南市政府已指定為直轄市定古蹟。

11 原先，法華寺前有數畝沼澤地，蔣允君將其闢建成南湖，作為旱澇蓄洩調節水位之用。因風景優美，又傍湖建造了幾座學舍，然後在法華寺左側蓋講堂，創建了南湖書院，延師掌教，這是其任內除了改建海東書院之外，又一個致力文教事業的具體成果。到了嘉慶年間，物換星移，南湖因泥沙淤積而荒廢，書院也因環境不佳影響居住健康而被廢棄了。

引心書院	原在臺灣縣城樣仔林街（今臺南市中西區），起初，在嘉慶十五年（一八一〇），沿用白蓮教齋堂而設立。監生黃拔萃是地方鄉紳領袖，一向熱心捐輸，他以個人名義出資整修，後又獨資支應生員的津貼費用，改稱「引心文社」。十八年（一八一三），臺灣縣知縣黎溶與黃拔萃協議改爲縣制的臺灣縣書院，兩方皆捐款置買書院房產。後來遷到杜仔行街（今臺南市中西區）呂祖祠，二十四年（一八一九），臺灣縣知縣姚瑩（一七八五—一八五三）又捐款，以所孳生的利息支應書院所需花銷，後來被廢置。到了光緒十二年（一八八六），改名爲蓬壺書院。
蓬壺書院	位在臺灣縣城赤崁樓的西側（今臺南市中西區），光緒十二年（一八八六），臺灣縣知縣沈受謙提倡文教，購入赤崁樓北邊的土地，將遺址填平後在上面興建屋舍，並將呂祖祠內已廢置的臺灣縣書院遷往此地，取名「蓬壺書院」。[12]
奎樓書院	位在臺南府城巡道署旁邊（今臺南市中西區），雍正四年（一七二六）福建分巡臺灣廈門道吳昌祚創建。起初是創建「魁星堂」，用作士子定期討論書史、交流詩文的聚會場地。[13]

12 建築的規模很大，包括書院本體、文昌閣、海神廟以及祭拜朱熹等五位大儒的五子祠。光緒二十一年（一八九五），即明治二十八年，日本正式統治臺灣，推行日文新式教育，廢除漢學，書院便停止運作。日治期間曾先後用作醫院與日文學校校舍。書院的講堂跟五子祠，後來因為時有颱風及地震侵擾而倒塌。到了民國七十年（一九八一），蓬壺書院被劃歸赤崁樓的範圍，開放參觀。七十二年（一九八三），指定為國定古蹟。沈受謙題撰的「蓬壺書院」匾額，現仍懸掛在保存良好的門屋建築遺蹟，這也是清代臺南所建書院中唯一留存的遺蹟。

13 歷經乾隆朝多次修建擴增，到了嘉慶六年（一八〇一）魁星堂增祀倉頡並新建廂房。十一年（一八〇六），按察使銜分巡臺灣兵備道慶保，又捐資改建增加設施，將魁星堂、倉聖堂等整合成「中社書院」。十九年（一八一四），按察使銜分巡臺灣兵備道兼督學政糜奇瑜又集資改建擴大規模，到廿一年（一八一六）落成，形式為文昌閣，改稱「奎光閣」。樓高三層，一樓為文昌祠，主祀魁斗星君，並祀文衡聖帝、文昌帝君二位神牌。二、三樓為奎樓。到了道光十三年（一八三三）時改名為「奎樓書院」。書院應該是授課講經的所在，而奎樓只是文社的功能，名實不副，只因為士紳鴻儒慣常聚集此處考究文藝、議論時事，其重要性足以引領府城

鳳儀書院	在鳳山縣署的東邊（今高雄市鳳山區），嘉慶十九年（一八一四），知縣吳性誠爲振興文風乃捐資創建，命候選訓導歲貢生張廷欽主持興建事宜。14
屏東書院	位在鳳山縣阿猴街（今屏東縣屏東市），嘉慶二十年（一八一五），知縣吳性誠創建。命歲貢生郭萃、林夢陽共同籌備勸募、主持工程，作爲阿緱士子講學的處所，以提振學風。15

的文教風氣，遂稱之為書院，而與崇文、海東、蓬壺並列為府城四大書院，殊為特例。日治時期，因道路規畫遷到現址，又在昭和二十年（一九四五），因第二次世界大戰美軍空襲行動，毀於轟炸。現存規模是民國四十四年（一九五五）重建，僅一層建築，舊時遺蹟只剩下前簷廊柱與圍牆大門門柱。

14 到了光緒十七年（一八九一），舉人盧德祥又重新整修。建築群除了有講堂房舍，又附設歲、科試的考場，座位可容四百人。日治時期充作街役所（鳳山市公所前身）員工宿舍。民國九十三年（二〇〇四）指定為直轄市定古蹟，民國九十八年（二〇〇九）重新修復整建，發展為觀光園區，是臺灣現存規模最大的書院建築。

15 建成之初，一度因經費拮据，僅樹立本體而未加華彩，無以為繼。經下淡水縣丞劉蔭棠會請郭萃等士紳協力勸捐，方添漆繪，使形制更加完備。其後又經士紳蕭啓邦等人接辦，陸續購置租產，致力經營，營運經費方不虞匱乏。書院成立後秀才輩出，惠及鄉里，對傳承文化與教育事業頗有貢獻。光緒三年（一八七七），書院同仁共立「屏東書院章程」，並刻石立碑記錄，以傳久遠。詳述書院沿革、重修、勸捐與置產等情形；文末開列章程九條，宣告書院產業管理、祭祀、租用、人事費用等規定。碑文現存，曾收錄於《明清碑碣選集》、《南碑集成》、《屏東古碑集》。日治初期，書院廢除，改為孔廟，僅餘春秋二季祭典活動的功能，主祀孔子，配祀孟子、顏回、曾子、子思四大賢人，以及周敦頤、朱熹、程頤、程顥、張載五大儒者。原址在屏東市中山公園內，後因推行市區改正，一度有拆除之議，後在東京帝國大學藤島亥治郎博士的建議下保留，於昭和十三年（一九三八）將孔廟原樣拆遷至現址。後因長期缺乏經費修繕，多呈破敗，直到民國六十六年（一九七七），屏東縣政府延請知名建築師漢寶德先生主持修復計畫，六十八年（一九七九）完工，終於使孔廟恢復舊貌。民國七十四年（一九八五），屏東縣政府因建築極具歷史文化價值且保存尚稱完善，指定為縣定古蹟，一百一十年（二〇二一）因木造結構漏水損壞，縣政府斥資整建為觀光園區，隔年完工開放，現作為民眾休憩遊賞與藝文展覽場地。

玉峰書院	位在嘉義縣城西門內（今嘉義市東區），是過去嘉義縣學的舊址。玉峰書院以遙望玉山群峰而得名，其創建年代與原址不詳。乾隆二十四年（一七五九），諸羅縣知縣李倓重新改建，設立書院。16
宏文書院	位在臺灣府城（今臺中市西屯區），光緒十五年（一八八九）知縣黃承乙、士紳林朝棟、吳鸞旂、吳海玉等創建。17
白沙書院	位在彰化孔廟左側（今彰化縣彰化市），乾隆十年（一七三二），淡水同知攝彰化縣曾曰瑛創建。二十四年（一七五九），知縣張世珍重修。五十一年（一七八六）因林爽文之亂而毀於戰火，知縣宋學顯才又在文昌祠西側改建。嘉慶二十一年（一八一六），知縣吳性誠又修復整建，規模加大。原先是因為在嘉慶十六年（一八一一）間，知縣楊桂森發動提議，用南門外的舊倉房改建為主靜書院，聘請教師擔任主講，作為清貧的士子修業讀書的場地。向官民勸募到捐款一千多圓，買了學田招佃收租，用學租生養利息以支應書院的經費，後來因故沒有建成，就將這份租金調撥歸屬白沙書院使用。日治時期遭拆除。
文開書院	位在彰化縣轄鹿港之新興街（今彰化縣鹿港鎮）。道光四年（一八二四），鹿港海防同知鄧傳安首倡創建。18 講堂正中主祀閩中大儒朱熹，又配祀沈光文、徐孚遠、盧若騰、王忠孝、沈佺期、辜朝薦、郭貞一及藍鼎元

16 五十一年（一七八六）因地震損毀。到了道光六年（一八二六），福建省臺灣府諸羅縣溝尾（今嘉義縣太保市）人浙江提督王得祿請假休養在家，與地方士紳捐銀五千圓，又在城西門外重建。光緒十二年（一八八六），祖籍廣東家住嘉義縣山仔頂（今嘉義市東區）的連榜進士徐德欽，應臺灣府嘉義縣知縣羅建祥之邀，擔任玉峰書院講席，並重修書院。徐德欽並非嘉義第一位進士，但其與後人皆致力文教，影響深遠。書院遺址現在是嘉義市震安宮，奉祀保生大帝。

17 進士丘逢甲曾任院長，舉人林文欽、生員吳鴻藻為董事。日治時期被拆除。

18 鄧傳安因有感於鹿港文風已盛，卻無求學場地，而舉人林廷璋等士紳也建議在當地興辦書院。於是就率先捐出千圓以身作則，勸說民眾捐錢，鹿港郊商及鄉紳也贊助支持興建。但書院建設過程波折頗多，例如在〈詳報捐建鹿港文開書院牒〉記載，鄧傳安在道光六年（一八二六）因海防公務，不能兼顧工程，次年六月才回鹿港廳任，卻發現書院已停工，又捐了七百圓。書院落成後，藏書二萬餘部，約三十萬冊；延聘名儒執教，鹿港的財富與文風，可謂極盛！鄧傳安親自撰寫〈新建鹿港文開書院記〉，說明依循傳統禮制，若祭祀孔子有違禮法，所以就祭祀宿儒先賢，以提倡固有的文化與學術，可謂用心良苦。

	等，這八位賢人都是臺灣的隱士遺老。又為了表彰明末大儒沈光文對臺灣教化的功業與德行，書院就以他的字「文開」命名。創設過程的幾篇相關文獻，多收錄在周璽總纂的《彰化縣志》。19
龍門書院	位在雲林縣斗六門（今雲林縣斗六市），乾隆十八年（一七五三），貢生鄭海生、丙生吳嘉會、富紳張良源、陳子芳等創立。20
藍田書院	位在雲林縣轄南投街（今南投縣南投市）。道光十一年（一八三一），南投縣丞朱懋邀請南北投堡、水沙連堡的士紳與民眾，一起商議興建書院，提振文運發展。並由生員曾作雲、管俊升等管理建築工事，在十三年（一八三三）完工。中有主祀朱子的講堂，旁邊有作起居用的宿舍，共花費款項四千一百多圓。眾人又捐款購置了學田，以學租支應書院運作、聘請山長，以及供應獎學金等各項經費。貢生曾作霖立碑記載建院經過。在同治三年（一八六四）五月，官紳吳聯輝又重新整建，兵備道丁曰健題字「奏凱崇文」，以紀念戴潮春之亂剛剛平定。到了光緒十年（一八八四），吳聯輝的兒子吳朝陽又重新修復整理。21

19 光緒二十一年（一八九五），乙未戰爭爆發，日軍駐紮於此，書院廢除。昭和十八年（一九四三），改為「北白川宮能久親王紀念館」。到了民國六十四年（一九七五）冬，書院遭回祿之災，正殿、後殿受損，並波及文昌祠，因此一度荒廢。民國七十四年（一九八五），鹿港文武廟建築群，因文開書院居左、文祠居中、武廟居右的三合一式傳統文教祭祀空間，見證了歷史傳承，具有保存價值，指定為縣定古蹟，並加以整建修復，開放參觀。

20 有另一個說法是說書院的倡建，乃是住在林內的名宦奉政大夫大學士鄭萃俳等發起，地方士紳集資捐獻。龍門書院的興建，促進了讀書尚禮的風氣，斗六門文士輩出，因而文風薈萃，私塾林立。自乾隆二十五年（一八四五）至光緒二十年（一八九四）的百餘年間，斗六門有不少文科功名，晉翰林書院侍講學士的，有鄭天球（鄭萃俳之子）；中進文進士官至吏部主政的，有張覲光；中試文舉人的有吳兆亨等七人，鄉試文秀才上榜的多達三十一人，占雲林秀才的半數，足見斗六門書香風氣之盛。日治時期，遭皇民化運動波及而被拆毀。

21 書院歷經了多次遷建、整修，已無原貌，目前的規模，只有前進還可以看出書院的外形，但也只剩下祭祀的功能，當地居民常稱之為孔子廟或文昌祠。因有歷史價值，民國七十四年（一九八五）指定為縣定古蹟。

英才書院	位在苗栗縣城（今苗栗縣苗栗市），光緒十五年（一八八九）創立。22
登瀛書院	位在臺北府城（今臺北市中正區），光緒六年（一八八〇），臺北府知府陳星聚號召官民集資創建。23
明道書院	位在臺北府城（今臺北市中正區），光緒十九年（一八九三），臺灣布政使司沈應奎創建。24

22 這一年苗栗設縣，因縣衙尚未興建，知縣林桂芬到任，先借住文昌祠辦公。舉人謝維岳首先提議，在文昌祠的倉頡廳設立英才書院，提振文風；於是勸募經費興辦，並擔任董事，光緒十八年（一八九二）落成，作為苗栗地區主要的教育機構。因為有書院，文昌祠正殿案桌設有神位牌，中間是「至聖孔子神位」，左書「文昌帝君」，右書「蒼頡聖人」，與魁星爺神像一併供學子朝夕膜拜。日本治臺（一八九五）時，書院也隨之廢止，直到昭和二年（西元一九二七），苗栗詩社在此創辦，在文昌祠及熱心人士的支應下，栗社詩人每月開課或舉辦擊缽吟詩大會，延續傳統漢學文化。每月集會的詩稿都油印成詩集專刊發行；每年春、秋擇日舉辦詩人大會，成為中北部最著名的吟詩大會，盛況空前。由於日治時期，曾用作憲兵駐屯地、公學校分教場和支廳宿舍，因而遭到嚴重破壞，直到戰後才得以重新整修。民國七十四年（一九八五）指定為縣定古蹟。

23 最初書院的位置是在臺北城府後街的考棚，考棚原是由熱心公益的艋舺貢生洪騰雲捐輸用地與建造經費，在這之前，全臺只有臺南有考棚。此事有「急公好義坊」表揚其義舉，現為三級古蹟。光緒十六年（一八九〇），知府雷其達又在西門內新建書院（今臺北市長沙街）並遷移。日治時期，臺灣總督樺山資紀將書院改名為「淡水館」，曾先後用作官員俱樂部、市民士紳集會所與私立臺灣文庫，最後在明治三十九年（一九〇六）被拆毀。如今在南投縣草屯鎮還有建於道光二十七年（一八四七）的登瀛書院，保存良好，已於民國七十四年（一九八五）指定為縣定古蹟。臺北與草屯都有的登瀛書院，命名是取自「十八學士登瀛洲」之意；兩者的交集，即是在擔任臺北知府前，曾短暫任職中路撫民同知的陳星聚，良吏振興文教惠澤後人之功，亦可見一斑。

24 原本是高級官員出差在外的行臺，是辦公、開會兼住宿用的房舍。其後，改成淡水縣衙。後來，因縣衙遷址，巡撫邵友濂認為屋舍閒置實屬可惜，就向士紳勸募，改設書院，直轄於巡撫。又聘請剛從臺灣府儒學訓導卸任的淡水縣舉人張贊忠為山長，張先生聲譽極高，學生多達五十餘人。二十一年（一八九五）日本正式統治臺灣，師生星散，書籍和課堂作業一無所存。到了明治三十七年

學海書院	位在臺北府城艋舺下崁莊（今臺北市萬華區），書院原名艋舺，因覺名稱不雅而稱「文甲」。書院創建與學田的設置，皆由歷任淡水同知主導與推動而成。道光十七年（一八三七），淡水同知婁雲倡議創建，但因故尚未實施；二十三年（一八四三），同知曹謹接續完成興建。二十七年（一八四七），閩浙總督劉韻珂巡查臺灣來到艋舺，又改名並題額「學海書院」，初到任的淡水同知曹士桂親自擔任山長，生員在學修業的多達數十人，地方文風因而大振，惜因積勞成疾，後由大龍峒（今臺北市大同區）舉人陳維英接任山長。同治三年（一八六四）十月修復整建。[25]
明志書院	位在新竹縣城西門內（今新竹市北區）。乾隆二十八年（一七六三），原籍福建省汀洲府永定縣的大墾戶胡焯猷創建。[26]胡焯猷捐出了興直堡新莊山腳（今新北市泰山區）的老宅，門上懸掛匾額，題寫「明志」二字，[27]房舍陳列，頗具規模，又捐水田、作物，使學租能永續生息，專用於教師的束脩與學子獎學金的經費。淡水同知胡邦翰（一七一二—？）很贊許這項興學的義舉，將詳情向上級稟報，請求改爲書院。隔年，閩浙總督楊廷璋（一六八九—一七七二）核准成立，同時親自撰文立碑，表揚其新建書院嘉惠士子，可爲楷模。三十年（一七六五），同知李俊原認爲書院距縣城太遠，要考察士子的學業，交通不夠便利，商議移往南門內另建

（一九〇四），院舍皆被拆毀。如今只有民國七十二年（一九八三）由臺北市文獻委員會設立的「明道書院舊址」碑，還記錄了書院簡史，立於舊址（今臺北市中山南路，臺灣大學附設兒童醫院後方）為歷史留存一抹紀念的痕跡。

25 書院一直是清治時期淡水廳的最高學府，同治六年（一八六七）設立艋舺義塾，以及光緒五年（一八七九）設置淡水縣儒學，都附設在這裡。到了日治時期，書院先是被公家徵收，後又標售，由吳昌才標得。在明治四十一年（一九〇八），掌管景美集應廟的高姓族人，認為當地風水既佳且建物古雅，承購之後改作高姓祠堂，改稱為「有繼堂」，迄今仍在使用，保存良好，是目前臺北市碩果僅存的一座書院建築。因具有保存價值，民國七十四年（一九八五）指定為直轄市定古蹟。

26 胡焯猷原本是位貢生，年少時除了四書五經，也對醫術有興趣，曾為臺北府的百姓治療瘟疫。與友人合資成立「胡林隆墾號」申請開墾，佃戶超過百人，創業勤懇。因有感於淡水廳沒有適當的求學處所，欠缺學術風氣，就想拿積蓄開設一間義學。

27 此名典故出自三國諸葛亮〈誡子書〉：「非澹泊無以明志，非寧靜無以致遠。」意在期許地方子弟，求學應當志存高遠。

	書院。三十四年（一七六九），由於胡焯猷年過七旬而辦義學，捐助資財又占財產三分之二，感動了新莊的大墾戶監生郭宗嘏，響應捐出大筆的田產林園資助書院經營。四十二年（一七七七），同知王右弼又運用考試的經費存款改建書院。到了四十六年（一七七九），同知成履泰則因為南門地勢太過低窪，再度遷移，才搬到西門內的現址，道光九年（一八二九），同知李慎彝（一七七七—一八五五）曾加以翻修整理。[28]
仰山書院	位在宜蘭縣城西邊的文昌宮左側（今宜蘭縣宜蘭市）。起初，嘉慶十五年（西元一八一〇），臺灣府候補知府楊廷理（一七四七—一八一三）奉命負責開發噶瑪蘭事宜。[29]因為思及宋代楊龜山[30]，在宜蘭的外海也有「龜

---

28 而遷移到竹塹的明志書院，規模雖然比較小，卻依舊是重要的文教中心。當時「開臺進士」鄭用錫博讀經史，尤精於易經，從道光十七年（一八三七）起，擔任明志書院的講席長達八年，期間纂修《淡水廳志稿》四卷，又開啓竹塹詩社吟誦雅集之風，於教育事業振興文風，功不可沒。而明志書院的泰山舊址，則在光緒二十一年（一八九五），因臺北知府管元善下令廢除書院之名，改稱新莊山腳義塾。日本治臺後，新竹明志書院被拆除；泰山義塾也逐漸式微，最終僅存祭祀功能，損壞嚴重，雖於大正十年（一九二一）有胡焯猷後人胡全擔任管理人，發起募捐重建，惜經費不足，整修程度有限。昭和十八年（一九四三）總督府頒布廢止令，書房與義塾一律勒令停辦。到了民國九十二年（二〇〇三），終因年久失修倒塌，後經新北市政府指定為歷史建築，進行古蹟修復與整建，於民國九十四年（二〇〇五）恢復日治時期舊觀，收藏書院相關文物及舊建築物件，並規畫展示功能，開放參觀，作為歷史的見證。重修後，「興直保新建明志書院碑」移至正廳收藏；大門匾額題寫「明志書院」；正廳匾額題寫「北臺首學」，主祀儒學大師朱熹夫子神位，旁祀胡焯猷、郭宗嘏二位先賢祿位，表達尊師重道的教育精神，並感念先人餘蔭庇佑後世的恩澤。當地村里道路，仍以明志、義學命名，又有王永慶創設的「明志科技大學」，也是秉持勉勵後學效法先賢的宗旨命名。

29 楊廷理曾多次擔任臺灣知府、臺灣道道臺。一生三進臺灣，三任臺灣知府，五入噶瑪蘭，為噶瑪蘭廳成功設治的最大推手，後世感念其功績，尊稱為「開蘭名宦」。當時，已有來自福建漳州（今漳州市）的四萬多人，移居此地開墾耕作。嘉慶十七年（西元一八一二），正式設置噶瑪蘭廳，楊廷理擔任首任噶瑪蘭廳通判，隨即創建書院，推行儒學。

30 楊時，晚年居於龜山而得名「龜山先生」，乃是閩南理學的鼻祖，是大儒朱熹的學問源頭。

	山嶼」在前，正好既可配合地名又可激發嚮往的情懷，所以將書院取名「仰山」，以表示嚮慕景仰，推崇先儒的學問和德行。書院在草創之初，苦於缺少經費，就只在文昌廟的廟地上簡單的建造了一間屋舍，供學子讀書自修。一直到二十四年（一八一九），噶瑪蘭通判高大鏞才開始延請教師開課講學，而教室卻已近於頹廢。道光元年（一八二一），署通判姚瑩就把書院改建到宮廟後殿的左廂房，不過也只建了一廳一室而已，沒過多久又倒塌損毀了。道光五年（一八二五）通判呂志恒以文昌宮東廂爲書院位址，又在街口建一門樓，門額上題寫「仰山書院」。十年（一八三〇），署通判薩廉才，在舊址上新建了三間房舍，作爲考核士子學業的場地，外通官廳，內增廚灶，才較具規模。自從道光初年（一八二一）起，對土地做詳細的丈量，稅收支應辦公花費後，剩下的結餘款就作爲學租生息，每年收入約有千圓，終於能用來供應書院各項花費。31
崇基書院	位在基隆廳城（今基隆市中正區），光緒十九年（一八九三）基隆廳通判章瑞坦與舉人江呈輝倡議創建。32

31 當時縣試的地點北在淡水廳（今新竹市），南在臺南府，來回將近一個月，應試的人數也不多。經地方官員及士紳爭取後，才在道光十九年（一八三九），將縣試、府試併歸於噶瑪廳辦理開考事宜，主考官為地方首長，也就是噶瑪廳通判或宜蘭縣知縣，就近錄取童生，直接選送院試，考棚就設在文昌宮西側。道光二十九年（一八四九），進士出身的雲南太和人董正官擔任噶瑪蘭通判，注重人才培育，親自兼任仰山書院的山長，每月兩次考核學業進度，期勉學生敦品勵學。因十分欣賞楊士芳的文采，在縣試時錄取為第一名。依照慣例，地方首長取進的第一名就是保障名額，所以楊士芳咸豐三年（一八五三）考中秀才，後來成為宜蘭唯一的進士，貢獻鄉里。清治時期，臺灣東部被稱為「後山」，宜蘭因而開發較晚，但儒學仍很發達，仰山書院既是後山唯一的書院，延請的山長又多是舉人名士，一時人文薈萃，成為杏壇豐碑。道光年間，宜蘭士子百餘人，共同倡議成立「仰山詩社」，定期在書院聚會，以詩文會友。道光二十年（一八四〇）有開蘭舉人黃纘緒，之後中舉者不勝枚舉。咸豐年間，大龍峒舉人陳維英曾任主講，光緒年間開蘭進士楊士芳亦曾掌教，致力培育英才，宜蘭因而文風鼎盛，有「淡蘭文風冠全臺」的美稱。日治時期以後，書院講學漸廢，建築亦逐漸廢棄，原址現為民居，而文物散失殆盡。

32 經費多來自江呈輝向地方士紳勸募得來。除了民間集資之外，通判章瑞坦也從稅收支應，撥給公帑作為建房及開辦費用。二十一年（一八九五）書院落成，基隆廳唯一的文舉人江呈輝即受聘為山長，通判章瑞坦亦親自考核士子學業，本應發揮書院傳揚儒學、

文石書院

位在澎湖廳轄文澳的西側（今澎湖縣馬公市）。乾隆三十一年（一七六六），通判胡建偉依貢生許應元等人的請求，捐款創建。中爲講堂，祀宋代周、二程、朱、張五位大儒，兩旁各有學舍十間。因爲澎湖盛產文石，所以用文石給書院命名，胡建偉兼任山長。之後歷經多次重修，在嘉慶四年（一七九九）時，通判韓蜚聲特重文教，故捐獻自己的養廉銀重修書院，並於後院建魁星樓。道光七年（一八二七），通判蔣鏞與副將孫得發、遊擊江鶴等捐出薪俸發起重修，並親自擔任主講教師，將教師的薪酬也捐作書院的工資。九年（一八二九）春，又將魁星樓遷移改建到東南方位的現址，意在象徵教育開化，並請士紳籌款，以專款的利息供應書院支出。同治十二年（一八七三），名儒林豪將魁星樓改名爲「登瀛樓」，取士子登瀛之意，勉勵學子立志要大如鯤鵬。該樓後來在光緒元年（一八七五），由董事蔡玉成邀集士紳商賈重議修建，共計捐輸二千多兩，於隔年冬天落成，建築的規模宏大，形制寬敞，當時的山長施槃特爲此事寫了〈登瀛樓落成記〉。後來因費用欠缺，不夠支付，蔡玉成又親自到道署稟告，請求籌措撥付，巡道劉璈（？—一八八九）准其所請。於是書院爲資助應考鄉試的士子須要準備的旅費；爲表示禮遇而要舉辦的盛大慶功宴，以及學費、月考的獎學金等所需的經費，才算充裕。[33]

作育人才的教育功能，卻因正逢臺灣被割讓給日本，開課不久就被拆除。但在江呈輝及其門生許梓桑，以及礦業鉅子顏雲年、顏國年兄弟的支持贊助之下，基隆詩社林立，盡力保存傳統文化。在民國三十四年（一九四五），臺灣光復後，基隆市政府設有「書院里」以紀念先賢創設書院的教化精神，但行政區域屢經變革，書院的遺址如今已無從考查。

33 光緒十一年（一八八五），書院因中法戰爭損毀嚴重。二十一年（一八九五）三月，日軍占領澎湖後，書院就被改作野戰醫院使用。昭和六年（一九三一），地方集資修復，改為孔廟，後來在民國五十二年（一九六三）年重修，原有建築除魁星樓之外，均已非原貌。如今發展成澎湖孔廟園區，存留的古蹟只有魁星樓與石碑六面，由澎湖縣政府先後在民國九十一年（二〇〇二）及九十二年（二〇〇三）登錄為歷史建築。石碑計有「文石書院碑記」、「文石書院門額」、「倡捐襄舉賓興記」、「孔子廟重修捐題碑記」、「古蹟保存所記」以及「聖廟重修落成記」。這些碑文記載的時間縱軸，從乾隆年間跨到昭和年間，展現了歷史沿革，以及興學的不易。而出自通判韓蜚聲手筆的書院門額，也別具深意，一則，韓蜚聲自稱的別號「鵝湖」，是對於江西鵝湖書院深表景仰。二則，特將落款題為「鵞湖韓蜚聲書」，又含有勉勵士子的寓意，讀書就應該要學習宋代儒者切磋學問、辯論求真的精神。

臺灣通史　上
原文＋白話文注譯

作　　者── 連　橫
校　　閱── 魏千鈞
發 行 人── 楊榮川
總 經 理── 楊士清
總 編 輯── 楊秀麗
主　　編── 蘇美嬌
封面設計── 姚孝慈
出 版 者── **五南圖書出版股份有限公司**
地　　址──台北市大安區 106 和平東路二段 339 號 4 樓
電　　話──02-27055066（代表號）
傳　　眞──02-27066100
劃撥帳號──01068953
戶　　名──五南圖書出版股份有限公司
網　　址──https://www.wunan.com.tw
電子郵件──wunan@wunan.com.tw
法律顧問── 林勝安律師
出版日期── 2024 年 1 月初版一刷
定　　價── （全套三冊）2500 元

國家圖書館出版品預行編目資料

臺灣通史：原文＋白話文注譯／連橫著；（上中下・三冊）.--
初版.-- 臺北市：五南圖書出版股份有限公司, 2024.01
冊；　公分
ISBN 978-626-366-445-6（全套：平裝）

1.CST: 臺灣史

733.21　　　　112012939